中華大藏經 續編 180

漢傳撰著部（一） 第六册

中華書局

第一八〇册目録

○九四五

大乘法苑義林章師子吼鈔

大乘法苑義林章師子吼鈔卷第三自第三門始至此門中舉異計外道終。

南都藥師寺傳法相宗沙門釋基辨撰

章第三詮宗至說爲宗別。《鈔》曰：自下第三門，此門大分爲四，初、敘立此門由，二、辨古立宗別，三、敘今家宗別，四、總結。初中有三，初、標牒此門，二、釋詮宗二字，三、釋各異二字，今則初、二、三也。

第三詮家各異者，初標牒科門也。秋篠曰：內外、大小各有所宗，其宗非一，故云詮宗各異。云云。

夫論宗已下，釋詮宗二字。論宗者，即詮宗也。崇、尊、主義者，由俗典釋宗字也。《漢書》顏師古注曰：宗，尊也，有德可尊也。云云。《周易》曰：同人于宗。注：同于主也。云云。又宗者，尊也。《書經》曰：崇信姦回。云云。由此等俗典，今云崇、尊、主義。

聖教所崇等下，明今正名宗義，謂取世俗崇、尊、主三義，今於聖教中所崇、所尊、所主之處，今名爲宗，故結云名爲宗故。又助釋宗者本也，聖教雖多言，其中有爲本源處，故今詮示其本源處故云詮宗，此即所尊、所主之處爲本也。

且如外道下，釋各異二字，謂內外、大小所主、所尊各各別異故云各異。

章然古大德至《涅槃》等是。《鈔》曰：二、辨古立宗別。

古大德等者，依《法華玄贊》云：此方先德總判經論有其四宗等。云云。又《無垢贊》曰：此方先德依現所有經論義旨總立四宗。云云。併撿此等，今此云古大德指舊譯人師。

一立性宗者，性謂體性，即法體恒有宗也。

《雜心》等是者，成立三祕[一]法皆有體，薩婆多部，是迦旃延《雜心》《婆沙》之類。已上《無垢贊》意。二破性宗者，《無垢贊》曰：諸法有相都無實性，破前立性。《玄贊》曰：《成實論》是，破法有體，唯有相故。云云。

《成實》等是者，有部《雜心論》但明人空不明法空，《成實論》第十三、十四文，盛辨人、法二空，立性空義，即是破實性故，云諸[二]法無實體破性宗。

問：等言等取何論？答：於小乘論說一分二空文，如四《阿含經》等一分說二空文也，《舍利弗毘曇論》等亦辨二空，等此等經論也。

三破相宗者，《無垢贊》曰：非但性空，諸法相狀亦非實有。云云。

《中》《百》等是者，等言等取《般若經》及《十二門論》等。《玄贊》云：《般若》等是破法相狀亦成空故。云云。《無垢贊》云：《般若》等經，《中》《百》等是。

四顯實宗者，明一切法真實道理，隨其所應有空有有，顯真實中道義也。《玄贊》《無垢贊》意。

《涅槃》等是者，《無垢贊》云：《涅槃》《華嚴》《楞伽》等是。《玄贊》云：《涅槃》《華嚴》《法華》等是。由是等言自可知也。

章今即不爾至後陳小乘。《鈔》曰：此下三敍今家立宗別。此中有四，初、科文，二、陳異宗中陳外道，三、陳小乘，四、辨大乘，今即初也。

今即不爾者，問：何故今家以古立四宗爲不爾耶。答：如《無垢贊》云：若其經論唯有爾許，可定四宗，只如舊《阿含經》云舍利弗入涅槃時，無色界天淚下如春細雨，大衆部經，何宗所攝。《梵網六十二見經》并《舍利弗阿毘曇》，正量部教，《三彌帝論》，上座部論，如是等經論並非四宗，何得唯言總有四宗。今依新翻經論，總依諸教，教類有三，三時教也。以理標宗，宗乃有八。云云。具如《無垢贊》《玄贊》中，爾此八宗但論內道。由有如是不攝盡經論故，云今即不爾也。餘處立八宗，但論内道，今章所論内外道大小乘總合論，故異宗與自主别立科也。

於中分二等者，總分科也。陳異宗中下，别分科也。

章陳外道者至第十卷説。《鈔》曰：此下二陳異宗中陳外論。此中有四，初、舉十六異論説處，二、示總略頌，三、别明十六異論宗，四、總結，今即初也。

九十五種者，《涅槃經》第十《一切大衆所問品》説九十五種外道，又《華嚴經》第十八同説，《智度》第七，《分别功德論》第二，《婆沙》六十六，及《薩婆多論》第五，廣明如彼。

《瑜伽》第六、七者，卷初紙已下也，《顯揚》第九、十亦爾。

章彼論皆云至十六異論。《鈔》曰：二、示總略頌，《瑜伽》《顯揚》共同説，故云彼論皆云也。然檢現本，今此所舉《顯揚論》頌，《瑜伽》作計無因斷空，最勝淨吉祥。按此頌中以執、見、計三字分别，十六之中初十是執，次三是見，後三是計。執、見、計俱以邪慧爲性，然如次寬、狹、中。邪慧俱心、心所，共名爲執，故爲寬。計謂計度思慧，尋、伺爲性，是爲中。見最狹，俱邪慧。《瑜伽》計、見性同故，云計不云見。《顯》《攝》分寬、狹、中分别，至實意全無違。又此十六異論中，如計我論依薩見起，斷、常二論依邊見起，勝、淨二論依見、戒二取起，餘論皆依耶見起，邪見最寬，非唯謗無見是邪慧，故就根本，如是五見攝盡。

章一因中有至一切法生。《鈔》曰：此下三别明十六異論宗。此中文有十六，即十六異論，今則第一異論也。

雨衆外道執者，謂數論師之大弟子，十八部主，雨時生故名雨，彼之徒黨名衆。又云：彼門人多如雨際時雨，故云雨衆。又云：彼十八部主名筏里沙，此名爲雨，雨際生故，云云。彼計法略爲三，中爲四，廣爲二十五諦。

除神我諦，中間二十三諦名果，自性名因，果住因中，仍無别體，如金爲環，雖因果相殊，更無别體，名因有果。

常有果性者，《顯揚》云因中當恒具有果性，《瑜伽》亦説常常時、恒恒時於諸因中具有果性，謂從前際來因中常有果性故云常常時，向後際去亦恒有故云恒恒時也。今文但云常，然有如是意，此常言不可易易視。

如禾以穀等者，論曰：又諸世間欲求此果，唯取此因不取餘因。倫釋曰：如求酪取乳，求瓶取泥，不取餘因，當知乳中先有酪性，泥中先有瓶果性。云云。《瑜伽》《顯揚》説彼立四理計，今此所出其第二理。

不爾，應一切等者，論曰：若不爾者，應立一切是一切因，又因求一一果取一切因，又應從一切一切果生。云云。今章此中取第二，謂爲[三]一酪果應取一切法爲因，以諸因中俱無酪果性故。今云：上一切言謂一一果，《瑜伽》等中破此第一異論有四箇量[四]。

章從緣顯了至宣吐顯了。《鈔》曰：二、明第二異論。

謂即僧佉等者，問：上所言雨衆外道即是數論宗攝，如何第一、第二論有差别作詮宗各異耶。答：古有四義。一、景師云：因中有果論中有二師。第一師立因中有果，從緣而生，如上所説。故先難云：果先是有，復從緣生，不應正理。第二師立因中有果，但從緣顯，及聲顯論師立諸法上皆有常住之聲，與所詮法合，從緣顯之，今之所破。云云。今謂，《瑜伽論》文所破，此第二師。二、基法師云：此義不然，以論云謂即因中有果者計故非兩師。因明亦言，如佛弟子對數論師立聲滅壞，名能别不成。數論者計有生者生必滅故，如何説有能别不成。故知前後同一師計，前言生者表是有義，或設遮故。云云。三、《周記》初義云：數論宗中有十八部計執不同，如小乘等。四、同後義云，或可二宗取義有别，雨衆偏談有宗，數論舉勝顯理，是同互舉也。云云。此四義中，以基師爲優，能順論故，謂第一、第二前後同一師計，此中以第二爲根本計，第一末計，既云雨衆，不云僧佉。第一異論言生者，是有義，非生滅義，故《周記》兩釋亦有理。《瑜伽》《顯揚》共說，彼如是思：果先是有，復從因生，不應道理，然非不用功爲成於果，彼復何緣而作功用，豈非唯爲顯了果耶。彼作如是妄分別已，立顯了論。云云。由此論文難因生立第二，故景師説亦爲有道理。故總合四釋言，則第一論立本不離末、末亦不離本計作一異論，此中云因中常有果性爲宗肝要，其設生言，此示有義，非云生滅義。第二異論立從緣顯了，即彼轉變無常義作一異論，以從緣顯了言爲宗肝要。若就計者言，則同一計，若就異論言，則爲各異也，以同一計舉兩處，如次下時外道出兩處，事我外道亦爾。《瑜伽》《顯揚》共破有多比量，今舉一二。量云：汝宗之果應不顯，常有性故，猶如未顯。又云：汝宗之因體亦應爲障，體常有故，猶如於果。又云：汝宗果體亦應不顯，即因體故，如自性因。

若非緣顯等者，立理申己見也。不作從緣顯了論，但作第一論，則不應道理。

聲論者言下，敍聲顯論師立從緣顯論説，當知聲相論者亦不應理。此中差別者，外聲論師起如是見，立如是論，聲相常住無生無滅，然由宣吐方得顯了，是故是論如顯了論，非應理說。

數數宣吐者，示從緣義，謂從勸勇、作意、尋伺、思慧，由此等故，擊臍輪等風，乃至展轉擊咽喉脣舌等，勇鋭無間之所發顯，此云由數數宣吐也。

章三去來實至今取外道。《鈔》曰：三、示第三異論。

去來實有宗者，《瑜伽》《顯揚》中，外道、小乘一處總釋，如薩婆多等，今此章但就外宗論。

勝論外道者，《十句論》云：時如何。謂是彼、此、俱、不俱、遲、速詮緣因，是爲時。云云。又云：此十句義幾是所知，幾非所知。一切是所知，亦即此詮因。云云。今云：去、來者是時也，過去是彼時也，未來亦爾。而此、彼時，詮緣因，名爲時實。實者諸法體實，時即實有，故名時實。又此十句義能詮之因，此因實有，雖去來世，實有體性，故勝論宗云去來實有爲此宗也。

及計時等者，按《提婆論》中謂第十七外道時論師作如是説，時熟一切物熟，時散一切物散，是故我論中説，如被弓箭射時，不至不死，時到則小草觸即死。一切物時生時滅，是故時常，生一切物。云云。彼等立量云：去、來定有，世所攝故，猶如現在。廣破如諸大乘論中。又《百論疏》下曰：釋時有二，一内、二外，内外各二。外中二者，一、計時常是萬物了因，故《智度論》云：時是不變因，時體是常，故名不變，了出萬物故稱爲因。又名不變者，物自去來，而時無改易，故名不變。衛世師九法中時是主諦之一法。二者、計時是生因，能生萬物，亦名生滅因，謂由時故萬物滅也。内法二者，一、數論明因法假名時，離法無別時。二、譬喻部別有時體，是非色非心。云云。此中取外二時，今作第三異論也。

章四計我實至薩埵覺等。《鈔》曰：四、示第四異論。

計我實有宗者，《提婆論》中説，第十二外道摩陀羅論師也，亦云事我外道，彼計：别有一我，實有一物，能生萬物。

謂獸主等者，謂有外道名播輯鉢多，翻爲獸主，《俱舍》三十。云牛主，如一瞿聲别目於牛通名於獸，但言牛主，未善方言，非但與牛而爲主故，如伏犧等。已上《成唯識疏》意。獸主外道計：我量極小如極微量，有自在用，小輕利故，潛轉身中能作事業爲能作者。

一切外道等者，一切外道離蘊我皆此中攝，如數論神我、勝論我實、尼揵子我等。故《開發》曰：勝論等一切外道皆作此計。云云。是故云獸主等，等言等一切外道離蘊我也。

有我薩埵等者，《瑜伽》《顯揚》舉我六名，一、我，二、薩埵，三、命者，四、生者，五、養育者，六、數取趣，今等五、六。然《瑜伽》八十三十五丁左。說有八名，今此六加意生及摩納縛迦爲八。若依《大般若》四百十一。合說有十三，加士夫、作者、受者、知者、見者。又說十五，加使者、作者及使受者。又《般若》第七說有十七，前十五中加起者、使者。又說十九，前十七中加使知者、使見者。若依世親《金剛般若論》但有四種，約三世總別，我、總。衆生、過去。命者、現在。壽者，未來。具釋如《樞要》上本。

有我者，我謂主宰，即我、我所見，現前行故，舉有能緣以顯所緣我體有。

有薩埵者，此云有情，謂諸賢聖如實了知唯有此法更無餘故，顯有法性更無餘物，情是性義，或復於彼有愛著故。愛者是情義，能生愛故名爲有情，此准《瑜伽》釋。若依世間釋，情謂情識，我有情識故名有情。

有命者者，色心相續名之爲命，者是主義，我有此命故名命者。有情愛故名有薩埵也。

生者等者，謂具出現起等十事故名生者，具如《樞要》釋。

由起五覺等者，《周記》曰：謂我見色，我聞色等是。云云。《開發》曰：謂若無我，見身色時，即應於身唯起色覺，不應起於有情之覺，如是乃至於心境界識隨轉已，唯應起於心覺，不應起於薩埵之覺。既於五蘊各別見已，不起蘊覺，起有情覺，我能見色，或復起心，我不當見，如是乃至謂愛情覺，故知決定實有我也。又無我者，不應起我以身當觸諸觸，或復起心我不當觸，又於善業我當造作，或復止惡，不善亦爾。如是等事，皆由我覺行爲先導，故定有我。云云。今按，此《開發》釋，由《瑜伽論》文，今章文云五覺，色等五蘊覺，及色、聲、香、味、觸五覺，唯前文應知。

謂見色時等者，舉五覺中一，令例准知。等

言等取餘四覺時，然《瑜伽》《顯揚》先不思量我有情覺，卒爾而起有情之覺，與由先已思我當作等而有作業之二上，立起五覺令知有實我，併讀應知而已。破此異論如《瑜伽》《顯揚》及《成唯識》等，此師本計離蘊有我故，計所見色等爲我覺是顛倒覺。

若彼異蘊計有我者，我有形量等，不應道理。彼離蘊我或如指量，或如芥子，故有形量。獸主遍出無慚等類也。此難我有色不成。總立量云：離蘊之我應無形量等五，許離蘊故，如兔角等。

章五諸法皆至亦是此攝。《鈔》曰：五、示第五異論。

伊師迦計者，下章云：僧佉喻名。云云。謂喻常見云伊師迦，非計執人之名。《伽抄》曰：伊師迦者，西方二釋，一、近王舍城有伊師迦山，大而且固，譬我高大、常住、堅固。或復有草名伊師迦，其性貞實曾無衰落，譬我常住。按《涅槃經》云：七法不可毁害，如伊師迦草。云云。《瑜伽》《顯揚》中説積聚而住如伊師迦，此即譬常住、堅固也。然今章及《開發》中云伊師迦計，似計執人，西方呼常見人云伊師迦故，今以譬示計執人，故云伊師迦等作如是計，亦云伊師迦計，雖似違論，意味無違。

我及世間等者，《伽抄》曰：世間有二，一、五蘊世間，二、國土世間，數論師計二皆常住，或隨其所應，餘師所計。我者自我，世間者他我，下諸常見皆依此計。

皆是常住者，《瑜伽》《顯揚》作皆實常住，即論釋皆實常住云：非作所作，非化所化，不可損害，積聚而住，如伊師迦。云云。《伽抄》釋云：作者有二，一、自作，謂宿作因。二、他作，謂空、時、方、我、本際等作。此非二作者作，名非作所作，亦非自在天及梵王等諸變化者之所變化，名非化所化。此依八十七卷釋，由性常故，不可損害，如山地等積聚而住。云云。

即計全常等者，《瑜伽》《顯揚》説，謂計前際說一初常者，說一分常者，及計後際說有想者，說無想者，說非想非非想者，後有計諸極微是常住者，作如是計。云云。《抄》釋曰：六十二見中，四十見是常見，謂四一切常，四一分常，有想十六，無想八，俱非八，諸論并計極微體性常住，勝論、順世皆有此計，具釋全常、分常等，如下《六十二見章》。破此等異執，如《瑜伽》《顯揚》《成唯識》等。

章六諸因宿作至不復有漏。《鈔》曰：六、示第六異論。

諸因宿作者，何云諸因。謂彼家經說，凡諸世間所有士夫補特伽羅所受，皆由宿作爲因。云云。由是應知，諸世間所受果之因云諸因也。

謂離繫親子等者，《瑜伽》《顯揚》云無繫外道，謂尼虔子，今言昵揵陀弗呾囉，翻爲離繫子。苦行修勝因，名爲離繫，露形苦行離諸繫縛，本師稱離繫。亦云親，彼門徒末部名之爲子，本末合呼云親子。

亦云無慚等者，《成唯識疏》一末八十九丁。云：亦云無慚，即無羞也，露形少羞恥。彼言離三界繫縛，佛法毀其露形無慚羞，名曰無慚。西方外道裸形無衣者多，故云裸形外道，則餘亦通。《破涅槃論》中，有爲二師處。已上《三十疏》一本末說。

謂現所受苦等者，凡諸世間所有士夫補特伽羅現所受苦也。

皆宿作爲因者，論云：謂由宿惡爲因。

若現精進便吐舊業者，《周記》曰：由現在時能引苦行助捨宿業，不更常屈，由今作以爲因故，害彼宿業不令感果。便吐者，棄捨之義，以其宿業有多種故，故現在行能修治故。云云。

由不作因等者，謂不作不善業云不作因。《伽抄》曰：謂宿惡業苦行便吐，現新惡業由不作因之所害令不起，新、舊二業既盡，後無有漏。

問：若現精進吐舊業者，何故名宿作因耶。

答：彼人但據感報正因必是宿業，故名宿作，復說由現苦行能吐宿惡也。

如是於後等者，論曰：謂一向是善性故，説後無漏。

由無漏故業盡者，謂諸惡業盡。

由業盡故苦果盡者，謂宿因所作及現法方便所招苦惱。

由苦盡故得證苦邊者，謂證餘生相續苦盡，此即無繫外道計也。又《百論疏》曰：勒沙婆者，此云苦行仙，其人計身有苦樂二分，若現世併受苦盡而樂法自出，所説之經名《尼犍子》，有十萬偈。如《方便心論》云：有五智、六障、四濁，以爲經宗。五智者，謂聞智、思智、自覺智、慧智、義智。六障者，一、不見障，二、苦受障，三、愚癡障，四、命障，五、姓障，六、名障。四濁者，一、嗔，二、慢，三、貪，四、諂也。而開[五]因中亦有果亦無果，亦一亦異以爲經宗，故名世尊。《婆沙》云：尼乾子計内外物有命根，故不斷生草，不飲冷水。云云。又《百論疏》曰：尼犍子此云無結，依經修行離煩惱結，故以爲名。亦名那耶修摩。舊云《尼犍子經》説有十六諦，聞慧生八，一、天文地理，二、算數，三、醫方，四、呪術，及四韋陀，故云八也。次修慧生八。修六天行爲六，及事星宿天行爲第七，修長仙行爲八也。

問：何因緣故尼犍子作宿作因計耶。答：《瑜伽》《顯揚》説：彼見世間，雖具正方面[六]而招於苦，雖具邪方便而致於樂，彼如是思：若由現法士夫作用爲彼因者，彼應顛倒。由彼所見非顛倒故，是故彼皆以宿作爲因。由此理故，彼起如是見立如是論。云云。

問：如是宿作因如何破耶。答：應難彼云：若用宿作爲因者，汝先所説由勤精進吐舊業故，現在新業由不作因之所害故，如是於彼不復有漏，不應道理。若用現法方便爲因者，皆由宿作爲因，不應道理。云云。新亦作惡，非唯宿作。量云：現在惡因於此身有能招苦，惡因攝故，如宿惡因。

問：若爾，如實因相如何。答：或有諸苦，唯用宿作爲因。自業增上力故，生諸惡趣，或生貧家等。或復有苦，雜因所生，如因邪事王，因先善業得事王君，邪事爲因而返招苦，二業果熟故名雜因。又如商賈等業，因先善業應獲富財，誑語諂逗遂獲珍寶，二業俱熟，是名雜因。如是由先獲財善業，今者應熟，假現農業，或假劫盜，或假屠害，便獲富樂，名雜業。有雖商賈等乃至屠害，不獲財富者，先無善福可獲果故。如新所造引餘有業者，即是一切順現受業，養父母等乃至工巧業處現獲珍財，皆順現業。已上《伽抄》。

章七自在等至我等爲因。《鈔》曰：七、示第七異論。

自在等因者，自在者，事大自在天外道計。等言等取自然、大梵、時、方、虛空、我等。

此等皆事自然者，事大梵等，因言諸世間士夫取受苦樂果等諸法，從此等一因生計也。

或事自在天者，計一切法從自在一因生等，謂不平等因者計者，或釋，因一多果故，以因果不平等云不平等因者也。《義演》云：彼外道以自在天與一切世間萬物爲平等因，而能生諸法，然佛法家毁責因一多果，以云不平等因也。云云。以後義爲好。

如莫醯伊濕等者，《成唯識疏》一末。曰：若言莫入聲。醯伊濕伐羅，是大自在天，若長言摩平聲。醯伊濕伐羅，是事大自在天者。如言佛陀是覺者，若言抱徒憨是事佛者。今破事大自在天者執。云云。今云：今亦雖應云摩醯，上句既云隨其所事即以爲名故，但取自在爲名，不云事自在，今非唯自在，合取一切一因生計爲此異論，故於唯自在不云事。

總上句中，標牒云隨其所事也。等言等取大梵等。

或執諸法者，《瑜伽》《顯揚》俱説，凡諸世間所有士夫補特伽羅所受彼一切，或以自在變化等，由是此諸法言通所受苦樂果等也。

大自在天變化者，《提婆論》説：作如是説，果是那羅延所作，梵天是因。摩醯首羅一體三分，謂梵天、那羅延、摩醯首羅。地是依處，地主是摩醯首羅，於三界中所有一切命非命物，皆是摩醯首羅天生。彼身者，虛空是頭，大地是身，水是尿，山是糞，一切衆生是腹中虫，風是氣，火是煖，罪福是業，是八種是摩醯首羅身。自在天是生滅因，一切從自在天生，從自在天滅，名爲涅槃。故自在天常生一切物，涅槃因也。云云。《倫記》二曰：彼計自在天有三身：是提婆破涅槃論説。一、法身，遍於虛空，謂此天法身遍常，身如空量，無別居處。二、應身，唯在彼天，如佛法立報身。三、變化身，隨六道起。形隨六道教化衆生，然多住雪山北面，或在南海末剌耶山頂，云云。彼所計就法身而談。

或丈夫變化者，論曰：或餘丈夫變化爲因。云云。《周記》曰：《章》世間丈夫等者，執有丈夫能與一切諸法爲因，與大自在天等相似。云云。《倫記》二曰：丈夫，神我也。云云。

或大梵變化者，《提婆論》説：言大梵者，圍陀論師説，從那羅延天臍中生大蓮花，從於蓮花生梵天祖翁，彼梵天作一切命無命物，從梵天口生婆羅門，而臂中生刹利，兩髀中生毘舍，從兩脚生首陀。一切大地是修福德戒場，生一切花草以爲供養，化作山野禽獸，人中猪羊類等，於戒場殺害供養梵天，得生彼處，名涅槃。云云。又是本際外道計，《提婆論》第二十外道本生安荼論師，彼説，本無日月星辰、虛空及地，唯有火、水，時大安荼生，如雞子，周匝金色，時熟破爲二段，一段在上作天，一段在下作地，彼二中間生梵天，名一切衆生祖翁，作一切有命無命物，如是等物散没彼處，名涅槃。云云。

或時、方、空、我等者，此中時外道如前。何故兩處舉之耶。謂前約去來時實有，今約一因生邊。

又方者，《提婆論》説：方論師作如是説，最初生諸方，從諸方生世間人，從人生天地，天地滅没還入彼方，名爲涅槃，是故方常。云云。

又空者，《提婆論》説：彼計虛空是萬物因，最初生虛空，虛空生風，風生火，火生烟，烟生水，水即凍凌堅作地，地生種種藥草，藥草生五穀，五穀生命，是故我論説，命是食，後時還没虛空名涅槃，虛空是常名涅槃因。云云。

又我者，如前事我。

等者等自然等。自然外道計，如刺荆針無人作，孔雀等類種種畫色皆無人作，自然而有。

爲因者，從此等隨一因能生諸法。

問：何因緣故起如是見耶。答：見諸世間於因果中不隨意轉，故作此計。謂見有情欲修淨因，不遂本心反更爲惡，欲生善趣，反墮惡道，意求受樂，反受諸苦，既不隨意，與受相違，故知别有作者生者。已上《開發》《瑜伽》取意。

問：如是計執如何破耶。答：《瑜伽》《顯揚》《廣百論》中廣破，復《成唯識論》同破。量云：大自在天決定非常，是能生故，如地水等。又量云：汝言無欲及緣起時欲緣應起，許自在天體恒有故，如餘起時。此餘一因生計，亦同此破。

章八害爲正至皆得生天。《鈔》曰：八、示第八異論。以殺害爲正法計，故云害爲正法宗。

謂淨競劫等者，論曰：然於諍競惡劫起時，諸婆羅門違越古昔婆羅門法，爲欲食肉，妄起此計。云云。《周記》曰：諍競劫起者，成劫之末、住劫之初名諍競也。文意説：此之大地名爲福場，欲以吐捨，由依此場爲祀初故，故能所害及助伴等能生天等故。云云。

若爲祀祠等者，論曰：若於彼祠中呪術爲先害諸生命，若能祀者、若所害者、若諸助伴，彼一切皆得生天。云云。破曰：汝説呪術體是善者，善法則應自感受(七)果，何顯待殺生後、待呪術轉，殺非法以爲正法，方感樂果，不應道理。

章九邊無邊至俱不俱等。《鈔》曰：九、第九異論也。依止靜慮宿住通後方起此見，於彼世間住有邊想，住無邊想，住世間亦有邊亦無邊，住世間非有邊非無邊。

此中，住有邊想者，但觀壞劫間斷之時，不見後成，便起邊想。

次住無邊想者，若見成劫，不見壞時，起無邊想。

次住亦有邊亦無邊者，若依十方周遍廣求

時，於上下處所見極邊際，起亦有邊想，傍運神通，至一二千界，不至三千，謂其無邊，起亦無邊想，由異生類神境智通不越三千故也。若爲治此執，但依異文，義無差別，則於世間起非有邊非有邊想。此准《瑜伽》第七、《顯揚》第十釋。若由八十七説，與是稍異。彼云：若時憶念成劫，生三妄想。若一向憶上下邊際，住有邊想。若一向憶傍無邊際，住無邊想。若下上及傍二俱雙憶，起亦有邊亦無邊。若時憶念壞劫分位，起非有邊非無邊想，諸器世間無所得故。《成唯識疏》《對法疏》等由此八十七説，各舉一執，亦不相違。

俱不俱等者，亦有邊亦無邊云俱，非句云不俱也，如《瑜伽》《顯揚》具破，如下《六十二見章》具辨。

章十不死矯至無亂外道。《鈔》曰：第十異論。

不死矯亂者，外道自言：我師所事天常，名爲不死，已見諦理得無漏定，名爲不死。故一不字以通二處，又雖自謂不死無亂，而實未得。若人問不死法時，以不解故，於不死法假託餘事，矯亂避之，故名矯亂。彼言：我之所事不死淨天教命於我，若有來問不應正答，答則生過，但應隨問而生異答，若得答不死天無亂問，故得生彼天。今毀之言，名爲矯亂。此有四計〔八〕，一者、念我不知善惡，人問我，我不得答，我若答，輕笑我無知，故我不應説天祕密。二者、行諂曲者作是思惟，我淨天之祕密皆非許記別，如前説。三者、懷恐怖而無記別，懷恐怖故，如前説。四有〔九〕、愚昧專修正行不能矯言，但作是念，有問我，我當返詰〔一〇〕，隨我所問，我當一切隨言無減而即〔一一〕順之。具如《三十論疏》六末。等。

由《瑜伽》而釋不死無亂外道者，外道自言：由答不死天無亂問，後得生彼天。今毀之言，名爲矯亂，自稱云不亂，毀云矯亂也。此四依怖妄請邪見無知愚鈍得起，又四皆緣先所聞教，皆前際攝，已上《對法疏》《三十論疏》。如下《六十二見章》。

章十一諸法至無因而起。《鈔》曰：第十一異論也。有二無因論，一、從無想天没來生此問(三)得宿住通，不能憶彼出心已前所有諸位，彼便執我本無而起，諸法如我亦應一切本無而生，便執我及世間無因而起。已上《婆沙》百九十五(三)、《三十論疏》《對法疏》等，就無想天没依靜慮得宿住通者而釋如是。又《倫記》中景云：依靜慮及宿住隨念，過去空劫一切皆無，後忽然有，起無因見。二、由尋伺不憶前身，作如是執，無因而起。此即《瑜伽》第七説。論曰：或復有時見諸因緣空無果報，謂見世間無有因緣，或時欻爾大風卒起，於一時間寂然止息，或時忽爾暴河瀰漫，於一時間頓則空竭，或欝爾果大敷榮，於一時間颯然衰頓，由如是故起無因見。云云。《對法疏》等舉此二，《唯識論》説二無因論故，又《瑜伽》八十七亦説二無因也，如下《六十二見章》。今云：諸法無因故，以二無因，不論是則唯無想，難云諸法，有後妄尋伺起無因故，令一切無因，我及世間之言亦攝一切盡。

章十二七事至七事斷滅。《鈔》曰：第十二異論。《成唯識》等所言七斷論，謂欲界人天爲二，色天合爲一，四無色爲四，故有七斷滅。《瑜伽》《顯揚》説：我有粗色，四大所造之身任持未壞，爾時有病、有癰、有箭。若我死後斷壞無有，爾時我善斷滅。如是欲界諸天、色界諸天，若無色界，空無邊處所攝，乃至非想非非想處所攝，廣説如經，謂説七種斷見論者作如是計。周云：除地獄等，彼等是粗故。云云。《對法抄》三曰：七斷滅論者，一、我有色，粗四大種所造爲性，死後斷滅畢竟無有，見身死後有而無故。若自若他之我，皆以粗大種所造，死後斷滅，現在此身亦得，後生他身亦得，後皆准之。《婆沙》二百云：彼見此生受胎爲初、死後爲後，便作是念：我受胎時本無而有，若至死位有已還無，名善斷滅。二、我欲界天死後斷滅。《婆沙》曰：我欲界天死後斷滅，畢竟無有。彼作是念：我既不因産門而生，本無而有，有已還無，如慧星等。三、我色界天死後斷滅。同云：我色界天死後斷滅，畢竟無有。彼作是念：我既不因産門而生，本無而有，由等至力有已還無。又云：此第三斷見皆緣已離初靜廣(一四)染有情，而起彼斷見已得定，未得離初靜慮染所起天眼，唯見下地起斷見也。四、我空無邊處死後斷滅。五、我識無邊處死後斷滅。六、我無所有處死後斷滅。七、我非想非非想處斷滅。《婆沙》云：有執空無邊處爲生死頂，乃至有執非想非非想處爲生死頂。此中，後四執彼彼他爲生死頂故。云云。彼計，今自死滅之時，業隨身滅，後若有身，應不作因得果起，果若起者，便有不作而得果失。已上《伽抄》。破此計曰：彼計蘊無常故，既計無常展轉生起，明非斷滅。量曰：未得阿羅漢諸死後蘊皆不斷滅，計無常故，如前生位。

章十三因果至一切皆空。《鈔》曰：第十三異論也。

皆空者，皆謂一切，空謂撥無因果者，謗無因行即因空也，謗無果異熟即果空也，故云因果皆空宗。

諸邪見外道計者，總起撥無邪見通内外道。謂般若等密説空教，似都無而非一向空，不能解故，將爲顯了撥一切空。又於法相不如理思故，便撥無諸法，此即内道邪見。外道邪見如今所論，《瑜伽》《顯揚》通内外道明此異論，今但明其中外道，故簡云邪見外道計，邪見數非一故云諸。又《成唯識》六及五十八説邪見差別，執前際二無因論，四有邊等論，四不死矯亂論，及計後際五現涅槃論，如是邪見攝十五見。今此所明不然，除此等十五見所餘撥無諸見，此見相寬，如增上緣，餘所不攝皆此攝故。一者、名寬，不正名邪，一切不正見皆此所攝。二者、義寬，諸邪解者皆入此攝，《成唯識》等就此義寬攝也，如下《六十二見章》。

無愛養等者，總舉邪見。《周記》云：此計執云：我身不由父母等之所愛養。云云。即謗無父母，云無愛養。等言等取無施與，無祠祀，無實事。

見行善等者，釋因果空名，撥無因果，行謂是因，趣謂是果。

或總誹等者，釋皆空名，今此文略。具明外道邪見有六，一、無施與、愛養、祠祀，二、無妙行及果異熟，三、無彼世間、無此世間，四、無母、無父，五、無化生有情，六、無世間真阿羅漢。初無施、無愛、無祠有三解：一云：如《布絶經》説，無施者汎明布施，無愛養者對悲田，無祠者對教田。二云：無施者謂敬田，無愛者悲田，無祠者不現前境。三云：無施者對非親，無愛者對已親，無祠者不現前境。又《對法論》中，此撥無見爲四，一、謗因，謂無施、無愛、無祠，即無妙行。二、謗果，謂無善惡異熟果。三、謗作用，有三，一、世間，二、父〔一五〕，三、他〔一六〕生等，四、謗異〔一七〕事，謂無有學、無學真福田也。具釋如《對法抄》。

問：何因緣故起皆空見立誹撥論。答：撥布施者，謂由世間靜慮及爲性尋思，見世施主一期壽命恒行布施無斷絶，從此命終生下賤家貧窮匱乏，彼作是思：定無施與。撥愛養者，依世間靜慮，見母命終已生而爲女，女命終已還作其母，父終爲子，子還作父，彼見父母不決定已，作如是思：世間畢竟無父無母。撥無祠祀者，無以財食供養三寶所生妙行，又無殺人畜祀天等惡行。無惡行以〔一八〕妙行，然撥無故是邪見。此等雖次撥妙行中攝，撥無敬田過失重故別舉。次撥妙行及果異熟者，謂依世間靜慮，見有一人一期壽中恒行妙行，彼命終已墮於惡趣生諸那落迦，又有一人一期壽中恒行惡行，彼命終已往善趣生於天上樂世界中。彼作是思：定無妙行及與惡行，亦無妙行、惡行二業果熟。此即撥無因果也。三、無彼世間、無此世間者，謂由世間靜慮，見有一人，刹帝利種命終之後，生婆羅門、吠舍、戍陀羅諸種姓中，或婆羅門命終之後，生刹帝利、吠舍、戍陀羅諸種姓中，吠舍、戍陀羅等亦復如是。彼作是思：定無此世刹帝利等，從彼世間刹那刹〔一九〕等種姓中來，亦無彼世刹帝利等，從此世間刹帝利等種姓中去，此等故無此世亦無彼世。四、無父、無母者，如前無愛養因緣，撥無悲田故過失重，亦別舉示。五、無化生有情者，謂由世間靜慮，復見人身此身命終或生無想，或生無色，或入涅槃，求彼生處不能得見，彼作是思：決定無有化生衆生，以彼處所不可知故。六、無世間真阿羅漢者，謂或於自身起阿羅漢增上慢已，臨命終時遂見生相，彼作是念：世間必無真阿羅漢。廣破此等惡見如《瑜伽》《顯揚》中。

章十四妄計至非梵王子。《鈔》曰：第十四異論也，謂妄憍種姓論以立宗也。

鬬諍劫等者，成劫末、住劫初，此時存在婆羅門名爲鬬諍劫諸婆羅門。

是最勝種者，論曰：婆羅門是最勝種類，刹帝利等是下劣種類，婆羅門是白淨色類，餘種是黑穢色類，婆羅門種可得清淨，非餘種類。可得清淨者，修行潔戒可得淨故。

腹、口所生者，彼執，大梵腹臍，臍中生蓮華，華生梵天，梵天口生婆羅門，臂生刹帝利，髀生吠舍，跟生首陀，故婆羅門是最勝姓，餘三下劣。婆羅門從梵所出，梵所變化，梵王體胤，餘姓非梵王子。

問：何因緣故起如是見立姓勝論耶。答：以見世間真婆羅門性具戒故。謂見内出家真淨梵行諸律師等真婆羅門，云性具戒也。有貪名利及恭敬故，謂彼見真淨律師真婆羅門，而貪名利恭敬，方便自顯自德驕故，是妄計也。作如是計也。

章十五妄計至亦復如是。《鈔》曰：第十五異論。此中有三類清淨妄計，一者、五現涅槃第一清淨，二者、水等清淨，三者、戒等清淨。

此中清淨者，我解脱名清淨。

現法涅槃外道者，即今此所云於諸天微妙五欲堅著受用，是即名得現法涅槃是也。是略舉也，若具言，則名爲五現法涅槃。一、見現在受人天五欲樂，便謂得涅槃。二、厭五欲，現住初定以爲涅槃，引在身中，名爲得樂。見他現在住定亦爾，下皆准知。三、厭尋伺故，現住第二定以爲涅槃。四、厭尋伺喜故，現住第三定以爲涅槃。五、厭諸欲及入出息，現住第四定以爲涅槃。此《對法抄》等意，由《瑜伽》《顯揚》釋。

二、水等清淨外道者，論曰：若有衆生於孫陀利迦河沐浴支體，所有諸惡皆悉除滅。如於孫陀利迦河，如是於婆湖陀河、伽耶河、薩伐底河、殑伽河等中沐浴支體，應知亦爾，第一清淨。又《西域記》四曰：閻牟那河東，行八百餘里，至殑伽河，河源廣三、四里，東南流入海處，廣十餘里。水色滄浪，波流浩[二〇]，靈怪雖多，不爲物害，其味甘美，細沙隨流。彼俗書記謂之福水，罪咎雖積，沐浴便除，輕命自沈，生天受福，死而投骸，不墮惡趣，揚波激流亡魂獲濟。提婆菩薩破此執教誨，如彼記。云云。又第二。曰：至於年耆壽耄，死期將至，嬰累沈痾，生涯恐極，厭離塵俗，願棄人間，輕鄙生死，希遠世路。於是親故知友，奏樂餞會，泛舟鼓棹，濟殑伽河，中流自溺，謂得生天，十有其一。云云。又第五。曰：大施場東合流口[二一]，日數百人自溺而死，彼俗以爲欲求生天，當於此處絶粒自沈，沐浴中流，罪垢消滅，是以異國遠方相趨萃止，七日斷食，然後絶命。云云。又《百論疏》曰：外道謂恒問[二二]是吉河，入中洗者便得罪滅，彼見上古聖人入中洗浴便成[二三]故，就朝、暝及日中三時洗也。云云。

乃至廣説者，《瑜伽論》中雖説水等清淨，今略中故云乃至廣説，如次前引。

持牛、狗戒等者，外道持彼彼戒求道，無利戒禁，謂持此等戒得第一清淨，即戒等清淨。論曰：復有外道計，持狗戒以爲清淨，或持牛戒，或持油墨戒，或持露形戒，或持塗灰戒，或持自苦戒，或持糞穢戒等，計爲清淨。云云。

此中持狗戒者，作狗聲、食穢物以爲狗法，如是持戒生天。

又持牛戒者，如《俱舍論》説，合眼、低頭、食草以爲牛法。彼見牛死得生天上，即尋此牛八萬劫來猶受牛身，名[二四]達爾前有於天因，謂牛死得生天，是故相與持於牛戒。

持油墨戒者，《略纂》曰：以油和墨塗身爲戒。云云。

持露形戒者，諸離繫外道戒。《恩傳》四曰：離繫之徒則露質標奇、拔髮爲德，皮裂足皴狀如隔河之朽樹。云云。離繫清淨如上已明。

持塗灰戒者，事自在天餔多之輩，以灰塗體用爲修道，遍身艾白，猶寢竈之猫狸，中印度惡醯掣呾邏國，此輩尤多。《恩傳》四，《西域記》四。持自苦戒者，如十種苦行[三五]，以常立爲道，自墜高巖求道，以赴火爲道等。《西域記》五曰：中印度鉢羅耶伽國大都城在殑伽河南、閻牟那河北，其合流口，諸外道修苦行者於河中立高柱，日將旦也，便即昇之，一手一足執柱端，躡傍杙，一手一足虛懸外申，臨空不屈，延頸張目，視日右轉，逮于晡暮方乃下焉。若此者其徒數十，冀此勤苦出離生死，或數十年未嘗懈怠。云云。

持糞穢戒者，《恩傳》四曰：徵伽之流披服糞衣，飲噉便穢，腥臊臭惡，譬如溷中狂豕。云云。

問：何因緣故起如是計耶。答：《周記》曰：謂此外道得宿命智，曾見有人溺有[三六]河水，又牛食於草，狗食不淨等，以宿命智觀見此等死後皆得生天，遂於水中者，上真專持以爲戒定。

問：五現法涅槃計何因緣故起耶。答：論曰：彼謂得諸縱任自在，此是總明諸自在者。一、欲自在，即天妙欲故，境隨意用故，二、觀行自在，即前觀自在，謂四靜慮自在，今名五現法涅槃也。具破如《瑜伽》等中。

章十六妄計至日月星等。《鈔》曰：第十六異論。

妄計吉祥者，供養日月星辰最爲吉祥故名。

歷算外道者，論曰：歷算者作如是計。云云。

若日月薄蝕等者，謂若世間日月薄蝕，星宿失度，所欲爲事皆不成就。若彼隨順，所欲皆成，由是應勤供養日月及諸星宿。若能如是，最爲吉祥。

應勤供養等者，論曰：精勤供養日月星等，祠火誦呪安置茅草，滿甕頻螺果及餉佉等。

問：何因緣故起如是計耶。答：有獲得有漏靜慮，世間同謂是阿羅漢，有求富樂，便往請問，然彼不知業果之相應緣生理，但答彼云：汝等應勤供養日月。已上論取意由《開發》。薄蝕者，《周記》云：常明日氣往回之薄虧毀曰蝕。《釋名》云：日月即虧曰蝕，稍毀虧也，如虫食草木葉也。《倫記》曰：外道無知，忽見衆生苦樂報熱[二七]，遇當如是日月薄蝕星度如此行時，即言日月等作。云云。

章乃至廣如至陳外道也。《鈔》曰：陳外論中，第四、總結成。

彼論者，《瑜伽》六、七，《顯揚》九、十，如彼廣說。《廣百論》十二應併考。

章陳小乘者至莫過十一。《鈔》曰：自下辨今家立宗別中，第三陳小乘。此中有五段文，初、總束出數，二、破古師說，三、舉新譯家，四、結陳小乘，五、總結異宗，今即初也。

問：何故部有二十，總束則宗爲十一耶。

答：部者部黨，約人分部，故無黨則不名部。雖分部黨[二八]，末部同根本故，其所主義有不違者，故總束同所主者，合爲十一也。《開發》云：義類同故，合爲十一。

章古來相傳至亦在其中。《鈔》曰：二、破古師說。此中有三，初、難部執異論，二、難《文殊問經》譯家，三、結文，此即初也。

古來相傳者，真諦三藏云，聞相傳說有十八部，《部執論疏》記之，《宗輪疏》亦載之爲錯。

十八部等者，古有十八部論，復有經說金杖爲十八段，故真諦三藏欲合根本成十八部故，遂略大衆一部，復減西山住部。若取大衆一部便成十九部，故《部執論疏》躊躇此成十九，强欲爲十八，合出家外道大天所分支提、北山二爲十八部。如是不悟部之本末多少，遂減去大衆、西山二部但爲十八。此真諦《部說異論》所翻，《宗輪疏》中難之爲錯，章主意但除根本上座、大衆二，就末部有十八，若并根本即有二十，故佛懸記《文殊問經》云：十八及二是謂二十。云云。由此等義，真諦所聞古來相傳十八部說，今爲錯失也。

依古真諦法師等下，難真諦三藏由古相傳翻爲十八，敍錯失由。

部成十九者，總難真諦法師。

大衆分出下，具敍如真諦譯部應成十九由。

分出七者，如新翻則自根本大衆部流出八部，并本有九，然如真諦略西山住部故分出但有七，故并本有八，真諦錯也。

大衆并本應成九部等者，舉新翻成九難。遂脱西山住部者，是正舉真諦所翻誤也。

上坐部等者，《宗輪疏》此意難言：若意欲得有十八部者，何故上坐部中并本合説乃有十一，大衆部中但説末分有七，不論根本大衆。今應立理言：若如真諦所欲，則豈大衆部非十八攝。若言上座部亦根本故不入十八部數，則恐離雪山別有上座耶。舊論既云分爲二部，一、説有，二、雪山，是故以雪山、上座異名同體，以上座爲入十八數，何故嫌入根本大衆，但取本上座入十八數耶。已上《宗輪疏》意。今難意由是解，義意自知。

章《文珠[二九]問經》至乃有十二。《鈔》曰：二、正《文珠問經》譯宗，此經有二卷，隋闍[三〇]那崛多譯，或云梁扶南僧伽婆羅譯。今云：《文珠所説般若經》，僧伽婆羅譯，恐以是濫《文珠問經》歟。然少不同者，《文珠問經》云佛説合分成二十部，此是非誤，云大衆部但合本末爲八，上座部總本末爲十二，是翻譯家錯也。若如新譯，則説大衆總九，上座總十一，舊翻違之，是故錯云也。不云十八部，説二十部，故非大錯也，少錯故云小不同。

彼經偈言下，舉經文示譯家失。《宗輪疏》中指示此非云：以何知非。上坐部中離上坐外別説雪山部，今新舊部執皆言上坐亦名雪山，不可離雪山部外別有上坐部，故《文珠問經》譯家，上坐部總爲十二非也。其上座部中已言十二，其大衆部乃總言八，於大衆部末計四時分中，略去無説假部。又應云西山住部，云東山住部。即結謬云，不悟上坐與雪山同，分爲二部，復略去大衆部中所分説假部一也。

體毘履者，此翻云上座。

是謂二十部等者，大衆分出七，上座分出十

一，合十八。此合大衆、上坐本二，云二十部。

皆從大乘等三句，同文舉來。雖說二十等下，舉新翻論對破。雖說等四句釋，然少不同。此經譯家說本末合有二十，故非如偏出本强減末爲十八大錯失，但於分出增減過故，前云少不同。

《宗輪論》說下，舉新譯本末合二十部。

然《文殊問經》下，正對破示譯家謬。

章故知皆是翻譯家誤。　《鈔》曰：三、總結古說錯。

故知者，承上皆是指上所云真諦及闍那崛多兩家也。

章今依新翻至爲十一類。　《鈔》曰：此下陳小乘中，三舉新譯家說。此中有十二，初、標牒，二、第一類，三、第二類，四、第三類，五、第四，六、第五，七、第六，八、第七，九、第八，十、第九，十一、第十，十二、第十一，今即初也。

爲十一類者，如先已辨。

問：撿《法華》《無垢稱》兩贊初，云以類准宗，宗乃有八。舉八類宗，其中初六小乘，後二大乘。由是則小乘有唯六宗別，與今章所云以十一類爲宗如何有別。答：兩贊中約諸法有無、假實分類立宗，故但小乘宗有六。今此章中，由《宗輪論》分部執別，彼疏明宗義本末、同異科云：雖有二十部不同，合爲十一段，以一說部、說出世部、雞胤三部，共大衆部合敘，西山、北山二部，共制多山合敘，法上、堅胄[三]、正量、密林四部，共犢子部合敘，故有十一段也。云云。

章一者大衆至大義如是。　《鈔》曰：二、明第一類。

四部宗說者，問：此四部宗類同故爲第一類，則何故以何義別分此四部耶。答：如此四部，其所說義全同根本大衆部，故此章爲類同。然如一說部，以其所說皆爲假名，如說出世部，立有無漏假實，如雞胤部，以對法爲證立是，由是雖所說同，作部差別。

一切如來無有漏法者，《宗輪疏》釋曰：約法爲論，十八界等在佛身時，皆名無漏，非如薩婆多等云前十五界唯名有漏，與大乘云佛十八界唯無漏全同，然無漏體與大乘別也。非漏貪等。相應，非漏有漏善。所縛，故名無漏。諸佛所有三業皆亦是無漏，故諸如來無有漏法。

佛身、壽量悉無邊際者，明身與壽量無邊。

初釋如來色身無邊際者，《宗輪疏》曰：此部意說，佛經多劫修得報身圓極法界，無有邊際，所見丈六非實佛身，隨機化故。云云。此即佛酬因感果，報身無有邊際也。

又釋壽無邊者，同疏曰：報身無限，多劫修得故，實壽命亦無窮盡，簡定、願力云實，與大乘所言同。爲利有情，多劫修道，修集福、智資糧酬得實身。有情界不盡，壽命亦無窮，利益有情無息日故，無有情界盡故，諸佛報身亦無邊壽量。與餘部由神足引令壽長大爲相違。此四部意說實命、身無邊。

眼等五識等者，有染對犢子部立五識非染，五識身有煩惱云有染。

有離染者，對薩婆多五識無離染，五識有聖道云有離染。清淨能斷道云離染。《宗輪疏》曰：離染五識有二說，一說，爲加行意識離染行，今作也。引生聖道，五識聖道。如見道時聖道便起此雖非斷盡云無漏也。故五識名離染，非能斷染。此約修入者說。二說，既許五識體通無漏，上文說如來十八界無有漏法。說能五識離染。此約佛識，即由聖道力能離五識染法也。

色、無色界等者，《宗輪疏》曰：三界之中許皆有色微細五根、四大於彼色、無色得有故無色界有根則有識故。具六識身。

問：無色既有色，何名無色界。答：有細無粗色故名無色界。今云細者，大乘所云之種子事也，又約定果色云有微細根、大也。

五種色根肉團爲體者，非如薩婆多等云身等色根亦非二事，以淨妙故，如珠寶光。此四部計，無別淨色名眼等根，肉團不淨故不見色，唯識能見，非根有能，乃至觸境亦爾。《了義燈》云：此通有、無漏，此四部說佛十八界唯是無漏故，佛五色根肉團是無漏。云云。

無爲有九者，一、擇滅，二、非擇滅，三、虛空，四、空無邊處，五、識無邊處，六、無所有處，七、非想非非想處，八、緣起支性，九、聖道支性。《開發》解云：初之三種同諸宗説。四無色者，彼界所依別有無爲，是滅諦攝。能依細蘊自是無常，下蘊非微細，界非殊勝，無別所依，無爲所攝，能依心等能緣上下，無隔礙故，無別所依。無色不然，唯緣自上，有隔礙故，別有無爲。緣起支性即生死法性，謂生死法定無明等後方有行支等，老死支等前有生支等，無有行等，非癡等生，非緣餘法，或無緣起，此理決定由所依常故，所依理説是無爲攝。其無明等十二差別，自是無常，是有爲攝。聖道支性即聖法性，一切聖道性能離染，此理決定由所依常故，所依理是無爲攝。其八差別自是有爲，此由生死及以聖道各別有理，爲隔礙故，故二相違，能、所治別。云云。

去、來世無者，《宗輪疏》曰：現有體用，可名實有，去、來體用無故，並非實有，曾有、當有名去、來故。云云。

問：四部俱立現在有體，過、未無體，如何爲四部別耶。答：四部所立大同少異。一者、大衆部，現在實有體，過、未非實有體。二者、一説部，説世、出世法皆無實體，是故三世名皆是假名，無體可得，其假名中有現在有體，過、未無體名也。三者、説出世部，説世間法但有假名，都無實體，出世之法非顛倒起，道因道果皆是實有。世間皆假，由是三世假實，亦世間則假名無實中立現在有體，過、未無體。若出世間，則於實事立現在有，過、未無。四、鷄胤部，同大衆部也，以對法爲據立。

一刹那心等者，《宗輪疏》曰：除佛餘凡聖心雖緣共相，一刹那心亦緣自性，一法之自相也。能了一切法，然不能證了其差別。佛經多劫陶練其心，了一切心無過佛者，故佛一刹那心能了一切法差別、自、共相各各差別。自性，自、共相各各自性。而能證知，餘部佛心一念不能了一切法，除其自性、相應、共有。一切法言中，薩婆多除其自性，謂緣一共相時，必其自相同時緣故除之。又上坐部、法藏部，除其相應，計同聚心相應法亦互能緣。又化地部西方師，緣共有法，慧俱五蘊名俱有法，能緣之。

道與煩惱等者，此四部末計之執。《宗輪疏》曰：本計雖許別有隨眠，然道聖道。起時一念。不言同念，隨眠與聖道智之同念。今末部。說：隨眠既許恒有，無心位、善心位恒隨身。故聖道起各十隨眠。俱現前，如煩惱得與道聖道。俱故。今言煩惱，即是隨眠，今末部立煩惱即是隨眠故，理必煩惱非現纏，與聖道俱。若現纏，染淨相違故，無與聖道俱義。《周記》曰：此有二義，一、現無間種解脱道斷故，無間斷與種得俱。二、道與未斷煩惱種類俱，非正斷之義者，是故言俱。問：道俱煩惱種何而住。或依色根明闇有異，不得依道，廣如疏。大義如是者。具如《宗輪論疏》，今舉大略。

章二多聞部至一切有部。《鈔》曰：三、舉第二類。

佛五音者，簡佛所餘音。是出世教者，此五音聲教，體超世間，亦以聲體超世。能引他出離道起，故名出世。謂詮無常、苦、空、無我、涅槃寂靜此五教聲，聞皆利益，稱可於法體，其體非不了義，亦定出離道，餘教不爾，故此五教音是但出世。若離此五，雖八道支、七覺等教，皆非出世，如次下明。

餘義多同等者，雖引大衆後起此部，多聞所執殊，《宗輪》同説有部。

章三説假部至大衆部計。《鈔》曰：四、舉第三類。

苦非蘊者，苦謂逼迫義，五蘊體非逼迫故非是苦。意云：五蘊一一自相。若色蘊中，五根、五境各自相，是云蘊體。受蘊自相，樂、捨二受，是云蘊體。餘例應知。論云：諸行相待假立苦故，《宗輪疏》云：欲界劣上界名苦，乃至有頂劣無漏名苦，故云相待。諸蘊有苦相合説名苦，蘊體非苦，生滅等法行蘊中生等四有爲相。並非行苦，其蘊等上業用。皆實有。次章文云：若在蘊等，聲等便實，雖有積聚，不説依、緣，以名蘊故。

十二處非真實者，《開發》曰：解云：以説依、緣皆積聚故，雖積聚義説名爲蘊，體非積聚，故不名假。所依、所緣要體積聚方能生故，是即假有。意處雖無有積聚義，然現在識不名爲意，入過去時方名意處，體非現在故非實有，同大衆部等過、未無故。云云。《周記》釋曰：此師計一切諸法有實有假界、處攝者，緣積聚是，其有蘊中攝者，我積聚故，便是實有。處雖是緣等，計今是假，從多分言爲假無失。云云。

問：蘊、處義積，得名實，諸處雖復言緣，然但義積，何得名假。復心無爲并是實故。答：依、緣多方假故，多分爲假，亦無有失。

問：界與蘊、處義既不同，爲假爲實。答：檢《宗輪論》，已上《周記》。今云：《宗輪論疏》中，有此問，無此答文。《開發》中以二義答。初義云：十二是假，義准知故，六識界實，故略而不論。後義云：十八界雖有依、緣，不約依、緣生識名實，種族、因義、種類義別，是界義故。雖有二説，後説爲勝。云云。

由福故得聖等者，福謂施、戒等有漏福業。《疏》云：現見修道，不能得聖果，故知聖道不可修慧成，但由持戒、布施等福業得聖果，時至便成聖果，故不可修慧力得聖果。

餘義多同等者，結略。

章四制多山至大衆部説。《鈔》曰：五、第四類宗。

一切菩薩等者，解云：三劫皆是異生攝故，猶生惡趣。云云。

三劫者，外凡初劫，煗法第二劫，頂法第三劫。《疏》曰：未得忍位，四善根中忍位。猶是異生，此諸菩薩不能脱離生惡趣，猶生於彼。云云。《周記》曰：此三部計，菩薩煩惱未能斷盡故，不脱惡趣。云云。今云：大衆等四部云謂利生故，以願力生惡趣，又薩婆多等云謂利有情生惡趣。今此三部云凡夫未斷故不脱。

供養塔廟等者，《疏》曰：以無情法不能受施利益施主生歡喜心故，無大果少福可成。由此準知，以物施法亦無大果，是此宗義也。云云。化地部末計同是，法藏部翻是立。

第五類。

章五説一切至一名二色。《鈔》曰：六、示説一切有者，彼説三世實有，法體恒有故，云説[三二]一切有。

一法有者，明法體恒有所立。

二時有者，明三世實有所立。

謂心、心所等者，就五法立法體一切恒有，此五法既立有，一切法有自成立已。

去、來、今三等者，就三世立世實有，成立三世實有已，故一切世有自成立已。

諸是有者下，以二法攝一切，重明法體恒有。

一名二色者，《疏》曰：色相粗著，易知其體，稱之爲色。四蘊無爲，其體微隱，以名顯之，故總稱名。云云。《周記》：問曰：名謂非色四蘊，如何無爲攝入名中。色、名言云攝一切法耶。答：名有四蘊，名云不攝無爲，寄名顯詮，無爲亦得在名中攝。云云。今云：此部以一切法如是相攝，云二所攝等，而明法體有。《無垢贊》曰：二有法無我宗，謂薩婆多等。彼説諸法二種所攝，一、名，二、色。或四所攝，謂去、來、今及無爲法。或五所攝，一、心，二、心所，三、色，四、不相應，五、無爲。故一切法皆悉實有。云云。已上《無[三三]贊》。由是應知，今云二所攝立法體有也。

章六雪[三四]山部至中住梵行。《鈔》曰：七、立第六類。

謂諸菩薩等者，此部云菩薩是異生，即同薩婆多三劫、百劫俱是異生。《俱舍·賢聖品》説三劫、百劫俱是異生，初劫是外凡，二劫煖法，三劫頂法，百劫下忍。云云。

菩薩入胎等者，此部立菩薩爲利益故，知生受生故無貪愛，即異薩婆多立化生有貪愛心，又異大衆等四部立以願生。

無外道得等者，《開發》解云：以邪教理無得通者，設有能成靜慮、無色，定慧不均亦無通起，現見能飛、知宿住等，皆是呪藥、神鬼等力，非是通力。內法異生依內教修，可有得者。云云。異薩婆多立外道能得五通，又化地部、法藏部同此部說。

無天中住梵行者，化地部亦同說。《開發》解云：以天女色勝過人故，故生彼者無住梵行。准是聖者欲天皆無，或初、二果亦無有。云云。異薩婆多以比丘生忉利天厭欲經說因緣，有天中住梵行者。梵行者，清淨云梵，近女行淫名非梵行，翻是云梵行也。

章七犢[三五]子部至名爲住果。《鈔》曰：八、示第七類。

補特伽羅者，此云數取趣。

名生死往來者，所謂我執。

非即蘊非離蘊者，《開發》解云：非即蘊非離蘊，亦非無爲非有爲，故不可說藏攝。若此實我即蘊者，蘊滅我滅，應是有爲，亦應成斷。若離蘊者，蘊滅我有，應是無爲，亦應常住。佛說無我，但無外道即、離蘊我，既不可說，亦不可言形量大小等，受者乃至成佛此我非無。云云。不可說者，此部立所知法藏總有五種，三世爲三，無爲第四，不可說爲第五。

五識無染等者，由《開發》及《宗輪疏》意云：五識但有無記，都無善惡，無分別故，染及離染由分別生故，五識身無染、離染。

若已得入等者，《開發》解云：別緣四諦各有三心，謂欲界苦有其三心。一、苦法智，初觀欲苦。二、苦法忍，重觀欲苦。初見此諦，見理未周，故復重觀。三、苦類智，合觀色、無色界苦，以苦諦三界盡故不重觀。四諦各三，應有十二，說名行向，住果第十三心。有說：第十三道類智心第二剎那，名爲住果。有說：十二別觀四諦，第十三心總觀四諦，故最後念方爲住果。前三類智無二念故，於二說中後說爲勝。云云。《周記》所釋與是相違，不詳其所由。《記》曰：十二心頃說名行向者，謂初斷欲界惑起法智類，斷上二界離上二界惑。以下智欲惑斷盡未盡，并更重印更起苦智忍，上二界惑一時令斷，更起苦法智。此有三心，四諦成其十二，總名爲四。道諦之後更起一心，名爲住果，此有二種：一云，此心唯即道諦，一云，總即四諦。

問：何故先起法智不起法忍。答：部計如是，不可强責。云云。今云：與章主説似相違，不知違由，更考。

問：此五部宗義一類，何故分爲五部耶。答：如《宗輪論》云：因釋一頌執義不同，從此部中犢子。流出四部，謂法上[三六]、賢胄[三七]、正量[三八]、密林山四部。所釋頌言：已解脱更墮，墮田貪復還，獲安喜所樂，隨樂行至樂。具敍四部別釋，如《宗輪流[三九]》中。

章八化[四〇]地部至無爲有九。《鈔》曰：九、示第八頌。

去、來世無等者，與根本薩婆多相違立是。

四聖諦一時觀者，《開發》解云：空、無我行隨一總緣，故四聖諦一切觀察。餘行但是聖道前修，故聖道生無由現起。云云。此是見道作共相空、無我觀，入空、無我頓一時遍觀四諦，此同大衆部計。一時觀者，不以次第歷觀諸諦，名一時觀。

問：如何四諦一時能觀耶。答：於諸諦中唯頓現觀，約見現觀説頓現觀，非緣事現觀，此與大衆部同，異薩婆多十六心漸觀。

定無中有者，同大衆部，謂設天死生人，或人死生天，都無中間生隔，前滅後即生，故今不説別有中有。此是化地部本計，末計立有中有。薩婆多立欲、色界定有中有，無色無中有。

亦有齊首等者，《開發》解云：齊者至也，至生死首故云齊首，謂不還者生有頂天，必不起下無漏聖道，斷自地惑取無學果，至命終時煩惱自盡得阿羅漢，入般涅槃，故此爲爲[四一]至生死首。以至極故更無生處，雖聖道不生必盡生死入涅槃故，非如餘部生餘地中，雖不起下淨無漏定，聖生有頂必起無漏無所有處，能盡自地所餘煩惱。自地無聖道，欣樂起下故，然無所有最隣近故，起彼現前盡餘煩惱。云云。

有世間正見者，有漏慧伏煩惱故。推求名見，得正見名。已上《開發》。又《周記》曰：是決斷之智，世間之見亦能決斷故，有世間正見。云云。《宗輪疏》曰：不邪推求故。云云。今云：雖似釋異，其體是一。

無世間信根者，世間信等不堅固，易改轉故非增上，不得根稱，然且舉初，餘四亦爾，故無世間信等五根。

無出世靜慮者，解云：靜慮是粗，外道異生皆能共得，故唯有漏。此靜慮言通色界六地，理實亦無無漏無色。彼論説色別有天住，靜慮等外別有無漏九地，聖者所得之定，然不名靜慮及無色故，但名爲定。

無無漏尋者，異有部立無漏尋、伺。解云：尋是粗故，體唯有漏，伺是細故，可通無漏。然八聖道中，正思惟唯是有漏，體是尋故，助道支故，説名道支。或正思惟亦名無漏，但是思慧，非體即尋。

善非有因者，異有部立善作有因，解云：實非是善無因，而但非正因能感生死，以義應言善非爲因。若助不善業令感人天，亦有此理。今非正因能感三有。

若爾，色、無色業性類是何。答：是微劣不善業感，由善資助故，得如是感福果，即不善業通色、無色。《周記》釋曰：如彼論説，亦如大乘勝義不善，雖有漏善，而於勝義總名不善。云云。

預流有退者，《周記》曰：此師意云：此預流初得果，但斷分別，俱生一分未能伏斷，所以有退。若薩婆多，後三住退，預流不退，堅固故。此等言退，但法樂，不退果。云云。今云：此同大衆部等四部，異薩婆多。

無爲有九者，一、擇滅，二、非擇滅，三、虛空，四、不動，五、善法真如，六、不善法真如，七、無記法真如，八、聖道支真如，九、緣[四三]起支真如。解云：彼説無爲九體各一今云各一物體有立。得，緣同餘部。意云：得謂擇滅、非擇滅之得，緣謂虛空無爲作諸法緣，説此得、緣義同餘部。不動無爲，於上二界斷定障得，亦總立一定障名動，今由斷得故名不動，其性皆善。定障者，苦、樂受是散動故名動。善、惡、無記如，三體各一，但一無爲。但名一理，一真如理。性皆是善。道支、緣起，義同大衆，道支、緣起有爲性是無爲也。然各一理，無爲一理也。今據勝者但言道支、緣起。

章九法藏部[四三]至大衆部計。《鈔》曰：十、示第九類。

佛在僧攝者，《周記》曰：有經言：佛爲上首僧，故知佛在僧。

問：彼宗佛既在僧，如何得有三寶。答：佛爲僧中上首故，開之名爲佛寶。佛爲上首亦有三寶，具事理和故僧中攝。云云。

佛與二乘等者，解云：解脱所證可説各異，聖道能證明昧有異。云云。

無外道得等者，此説同雪山部、化地部，異有部及犢子等四部，如前可解。

阿羅漢身等者，《宗輪疏》曰：身無漏有二義。一、非漏依故，無學蘊不起漏故。二、非漏境故，雖生他漏，不增長故，他緣無學身雖生煩惱，漏不隨增也。如滅、道諦煩惱雖生，不增長故。然無學蘊別有一類，異有學等，得無學時方起現前故。設退無學住有學位，起煩惱時，此有學蘊依緣得起煩惱等者，此非無學身之五蘊，無學蘊滅，學蘊生故。然今此宗無學未必許有退義，然作此解，於理無違。

章十飲光部[四四]至法藏部説。《鈔》曰：十一、示第十類。

若法已斷等者，異薩婆多法體恒有。《宗輪疏》曰：法謂煩惱，未斷之時，過去有體名有。煩惱若爲無間已斷解脱遍知，過去煩惱體即非有，不同薩婆多等，其煩惱體法體恒有，遍知、未遍知俱有。

若業果已熟等者，既唯辨業。業謂若果未熟，過去有體，業體。若果已熟，業於過去其體即無。然非業果唯果法，過去因生已念念滅，因生已無故念念滅也。不待已斷遍知等故。待已斷遍知有生滅[四五]，但煩惱也，故今云不待。

諸有學法有異熟果者，《宗輪疏》曰：此有二解。一、即無漏有學法即無漏。不招有漏果，爾名有異熟果。但前引後曾無漏。等流果等，變異而熟，名有異熟果。此異熟果體實無漏，薩婆多等不許名無漏異熟故。二、云有學法。即感有果，如初、二果，未離欲界修惑，所有無漏感欲界果，不還果有學無漏法。感上界果。類此此未全離上界修惑故，感上界有果。應知，以煩惱未盡，無漏未圓故。無漏未圓，則無漏感三有果也。又《開發》中以有學法通有、無漏爲論也，與《宗輪疏》但約學法無漏作二解稍異，然實義無違，恐繁不舉。

章十一經量至一切有部[四六]。《鈔》曰：十二、示第十一類。

有勝義補特伽羅者，解云：計有實我，唯聖者知，然不同彼犢子部等所計之我非即、離蘊，此計別有，然體微細不可施設。

異生位中等者，解云：謂無漏種法爾成熟，非異生位無漏現行。亦言亦有有漏法。

有根邊蘊等者，解云：根邊蘊者，細意名根，是生死根本故，由此爲根有五蘊起，故名根邊。末名邊，根本之末邊故。

一味蘊等者，無始時來微細意識一味而轉，無有間斷及轉易，此識蘊非色攝，即具四蘊。色、受、想、行。此一味蘊是根本故，不説言邊，其餘間斷轉易五蘊，是末起故，名根邊蘊。

章此中所陳至如《宗輪論》。《鈔》曰：第四、結陳小乘。

章上來總是陳異宗也。《鈔》曰：第五、總結異宗所陳。總言所彰如前，總料簡之總也。

章列自主中至後列中主。《鈔》曰：敘今家宗別中，第四辨大乘。此中有三，初、示科文，二、列邊宗，三、列中宗，今即初也。

自主者，主謂所主，即所宗也，今列大乘宗之別故云列自主。

邊主者，邊宗也。邊言有二義，一、邊側義，二、邊鄙義，今取初義不取後説。如《辨中邊疏》言：邊者邪惡有失之號，中者正善離過之目，即明破邪顯正言辨論也。又邊者簡偏説有、偏説空教，彼雖正善，而非是中，故言中、邊，不云邪、正。云云。今亦以教邪非名爲邊，雖大乘正善宗，教但居偏故言邊。《疏》所言二義如次邊鄙、邊側，此中所明雖舉空宗，今對中宗云邊主也。

問：若對中言，則何故不云空宗云邊主耶。答：若舉有、空、中三宗，則應對中云空宗。今不論有宗，故云邊主，不云空宗。

問：何故不論有宗耶。答：有宗名雖亦有大乘教，專於小乘所稱之名，今列唯大乘宗科故，但云邊主，不云有宗。又今云列邊主，敍以大乘空之教示立廢詮中道之所宗，翻令識有以大乘緣生有之教立廢詮中道之所宗，彰邊言通空有，名爲邊主。若云空主，則闕此意，故云邊主，不云空主。今云：雖有此等義，如實義如次明，謂清辨以真空俗有教立中道義，若不云邊但云空宗，則應云唯以真空爲教，立俗有教一向不彰，以真空俗有教立所宗，是偏説有、偏説空教故，今云邊主不云空主，此説爲勝。

中主者，護法宗所言，於真諦邊非有非空中道，於俗諦義亦説空不空。此中道義，真俗俱中之教以彰中道宗故，今云中宗。

問：真俗二諦俱非有非空，以何分真俗耶。答：真諦非有非空廢談顯旨，旨是中道宗，《法華論》所言證甚深，《攝大乘》所言證相大乘。又俗諦非有非空依詮顯旨，旨者是中道宗，《法華論》所説《阿含》甚深，《攝論》所言教相大乘，審思可知。

問：俗諦非有非空，何教文是耶。答：下《唯識章》中釋遣虚存實唯識云：此觀中，遣者，空觀對破有執，存者，有觀對遣空執。今觀空有而遣有空，有空若無，亦無空有，以彼空有相待觀成，純有純空，誰之空有。故欲證入離言法性，皆須依此方便而入。云云。此方便者，唯識觀。又《深密經》中説三性三無性，明非有非空，《成唯識論》中説能熏、所熏同時同處非即非離，復説心與心所非即非離，三世因果識相識性，非一非異深妙離言，妄情妄執性是離言，説離言影像等，此皆俗諦非有非空中道，至下具釋，思准可知。如是今家所立大乘教旨，真俗俱中故云中主。又邊主、中主俱所成立之根本中(四七)道，上牒列自主分邊中故，自主諸(四八)大乘宗也，非離言中道則非自大乘主故。若不以中道爲宗，則非大乘。如《中觀論》説：因緣所生法，我説即是空，亦爲是假名，亦是中道義。云云。是故邊與中，是教門名。依邊之主，依中之主，俱依主釋。若中主名，通持業釋，教與旨俱中故。然中道無二故，主之言是通，以依主釋爲勝。又以教旨俱中彰顯了義，持業亦勝。

問：今家以説空教彰中道旨，有釋義文耶。答：《辨中邊》長行，世親自釋，如次下釋。又《般若心經幽贊》説：大聖法王證法自性，善巧方便應彼機宜，離言法中以言顯説，欲令隨獲中道實相故。有頌《中觀論》。言諸佛或説我，或時説無我，諸法實相中，無我無非我，與今家説心、意、識八種，俗故相有別，真故相無別，既曰離言，無別者無別亦無不別，何別不別之有。全無相違。故今釋云中道無二，智者應知。

章列邊主者至名爲邊主。《鈔》曰：第二、列邊宗。此中有六。初、標牒，初四字是。謂清辨等二句，二、舉流傳空教人。

清辨者，《西域記》第十曰：南印度大安達邏國周六千餘里，國大都城周四十餘里，城南不遠有大山巖(四九)，婆毘吠伽唐言清辨。論師住阿素洛宮待見慈氏成佛之處。論師雅量弘遠，至德深邃，外示僧佉之服，內弘龍猛之學，聞摩揭陀國護法菩薩宣揚法教學徒數千，有懷談議，杖錫而往。至波吒釐城，知護法菩薩在菩提樹，論師乃命門人曰：汝行詣菩提樹護法菩薩所，如我辭曰：菩薩宣揚遺教，導誘迷徒，仰德虛心，爲日已久，然以宿願未果，遂乖禮謁菩提樹者誓不空見，見當有證稱天人師。護法菩薩謂其使曰：人世如幻，身命若浮，竭日勤誠，未遑演議。人信往復，竟不會見。論師既還本土，靜而思曰：非慈氏成佛，誰決我疑。於觀自在像前祈請三歲，願留此身見慈氏佛。觀自在尊現妙色身，爲教示往執金剛神所，至誠當遂此願。論師往祈，三歲之後，神現授祕方，示此大嚴內有阿素洛宮。專精三歲，呪芥子以擊石巖壁豁開。是時百千萬衆觀覩忘返，論師辭衆從容而入，唯有六人從入，餘皆怖駭莫敢履户，謂是毒蛇之窟。論師入已，石壁還合。云云。神異如是，度生善巧階位高下，非凡所測。敍所弘宗義，如《掌珍論理趣述贊》一曰：佛滅度後九百年間，有應真大士，厥名清辨，身同數論之儀，示無朋黨執，心處釋迦之理，宗無偏帶之情，時人號爲妙吉祥菩薩，神異聖德，廣如別記。云云。

朋補龍猛者，龍猛舊云龍樹，具如別傳記神德。《幽贊》曰：聖龍猛者[五〇]爲除有執，採集真教究暢空宗。《理趣述贊》上曰：龍猛釋云：就勝義諦一切皆空，教既無教，亦無不教，體亦無體，無不體，於世俗諦説有句言章論，廣如清辨《般若燈》説。云云。《金剛般若會釋》上云：依龍樹義，執有俗諦名增益，撥真諦無名損減[五一]。又真諦中非無非有，故執有爲增，執無爲損。云云。龍猛所造《中觀論》《十二門論》《智度論》等廣深説此旨，皆由詮皆空教示中道實相旨。清辨朋補北[五二]等論意造《掌珍論》，等言舉清辨等取智光、師子光。

《般若經》等者，三舉所依經示法性不可言。

雖一切法皆不可言者，雖是與奪辭，以示中道。空之言非無一切法，是與已奪云皆不可言，是故説皆空皆廢詮中道。

一切法者，指一一緣生法，《中觀論》説因緣所生法一句是也。

由性空無者，此約依詮説性空無，如《幽贊》説：依勝義諦，一切皆空也。雖此真空性非空有，寄詮勝義理皆性空。云云。謂寄詮談勝義，但應云性空無，由是不可説爲空爲有，廢詮以稱法性，是所以由空教立中道旨。由言第七依聲，又第三具聲，檢者自知。

乃至有爲、無爲等者，明一切不可言相。乃至之言攝略一切名相，有爲者世俗諦，無爲勝義諦。今此文意，彰由性空無不可説真諦無爲。爲空，俗諦有爲。爲有。以爲空爲有與真俗分二，中間置乃至言示一切不可言也。

約勝義諦下，四明寄詮真空俗有。清辨論師寄詮立如是宗教，然本邦東大寺相承三論宗教，羅什三藏相承，嘉祥一家所傳，龍樹菩薩所旨非如清辨，立三箇中道故，一、真諦中道，二、俗諦中道，三、二諦合明中道。故真空俗有宗教，《中論》文意雖如是意亦有，嘉祥所傳、羅什相承所云，説諸法空玄旨，真俗倶中，因緣所生法，我説即是空，説因緣生法非實有，法體空，空全體緣生法假名有，説空處，假名有全，空有宛然，故非有非空中道，是寄詮强名云真空也，必以清辨所立不可爲三論本旨也。

故説頌言下，明由依詮門所敍清辨本頌，《掌珍論》上二丁。説此頌釋曰：此真性言自勝義諦，依勝義諦，約人，出世人所知。約法，殊勝智之境也。有、無爲法皆是空，故彼宗世俗皆性非空，故龍猛等論中説世俗有。

真性有爲空等者，此頌清辨論師以《大佛頂經》所説文立自比量，若以此量對護法宗，則有一分所別不極成等失，如《成唯識論》中。若不對護法但於自，無有失。立量云：真性有爲法應空，因緣生故，如幻。又量云：真性無爲法無有實，不生起故，如空花。

乃至不立三性等者，五別遮世俗門彰真性空，翻顯唯識三性等法門是世俗門。乃至者，彰雖應云一切皆空，乃略所餘但舉唯識三性爲皆空。

問：何故略所餘教門但云不立唯識三性耶。

答：是正次明中主教門故，相對敍明。彼師意言：經説唯識三性等者，皆依世俗，非勝義門，世俗諦中識心最勝故言唯識，非無境等，如言王來非無臣佐。彼宗意言：真俗空有，如眼有翳見有空花，眼翳若除空花遂滅，真空俗有其理定然。云云。

此由所説等者，六結邊主。此謂如云如是，指承上辭，謂雖立真空俗有，今如前云，勝義皆空之教示故，以示不可言，故名邊主。由者第三具聲，故者第五所因聲，謂由以所説勝義諦中皆唯空依詮爲能作具故，彰不可言中道，離不可言無應皆空處，彰皆唯空依詮遍轉中道置故字釋邊字置由言，釋主言置故字，結云名爲邊主。

章列中主者至非空非有者。《鈔》曰：此下，三列中主。此中有四，初、標牒，二、舉所依經辨真俗中道，三、舉所依論寄言詮辨唯識中道，四、結中主，今即初二也。

謂天親等二句，舉弘傳中主人。天親等如別傳，等取護法等十大論師戒賢等。

輔從慈氏者，以《瑜伽師地論》等五論爲中宗本論，無著、天親等諸論師各造末論弘傳四方，故云轉從。又言天親輔慈氏者，爲以次所引《中邊》慈氏本頌成可言中道義，是天親造長行釋此義，今引是成立今家中宗〔五三〕，故云天親輔慈氏也。立不可言中道邊主亦爾，今家成立可言中道教亦中義，以次下所引慈氏頌爲今家中主本據故也。

護命《解即〔五四〕記》一曰：佛滅後九百年，無著菩薩出世，往慈氏所請説大乘，慈尊爲説《中邊》頌，無著受得已便付世親，世親得已造長行釋。云云。是故不云無著輔從慈氏，而云天親輔從也。

問：前清辨等云朋補龍猛，今家中主云輔從慈氏，何故爲此別耶。答：清辨去龍猛、提婆出世已及二百年，故不云輔從，但取朋所立補處所宗之義云朋補也。又天親、無著親面受慈氏所傳故，取隨從輔翼義云輔從也。已上。

《深密》等經等下，二舉所依經辨真俗俱中，等言等取《華嚴》《楞伽》《法華》等，如上已辨。

何故舉標《深密》等餘經耶。答：《深密經・勝義諦品》説勝義諦相與諸行相不可施設一相異相，示勝義諦遍一切一味法，此即真諦中道。復《一切法相品》《無自性品》中説三性、三無性，示一切法皆無自性、無生無滅、本來寂靜、自性涅槃，此即俗諦中道。由真、俗諦示中道相，以《深密經》爲本，故先標舉是也。

依真、俗諦等者，總明《深密經》中依二諦説中道。若就《勝義諦品》所説遍一切一味相釋有空、不空，則空是無相，不空是有相。經説言：法涌，我説勝義，無相所行，尋思但行有相境界。是故法涌，由此道理當知，勝義超過一切尋思境界。説俗諦中道文，即不可言中道〔五五〕。又若就《法相品》説三性相俗諦理，釋一切法有空、不空，則遍計所執性是空無。經説言：即依他起相上，由遍計所執相，於常常時，於恒恒時，無有真實，無自性性，圓成實相當知亦爾。復依他起性、圓成實性是不空。經説言：若諸菩薩如實了知依地〔五六〕起性，即能了知一切雜染相法，如實了知圓〔五七〕實性，即能了知一切清淨相法。又就《無自性品》説一切法無生無滅、本來寂靜、自性涅槃俗諦道理而釋一切法有空、不空，則相無自性是空，生無自性、勝義無自性是不空。經説言：勝義生當知，我依相無自性密意説言一切諸法無生無滅、本來乃至涅槃。何以故。若法自相都無所有，則無有生，無生則無有滅等，於中都無少分所有。又勝義無自性。何以故。法無我所顯勝義無自性〔五八〕，於常常、恒恒時，諸法法性安住無爲，一切雜染不相應故，本來寂靜等。又生無自性。何以故。依他緣力故有，非自然有，是故名生無自性性。今總合此等真、俗二諦空、不空義，云説一切法等，一一當經文深應檢尋。

世俗諦理下，別就真、俗諦明有空、不空。此有二，初、明世俗諦空、不空，次、明勝義諦空、不空。今談俗諦空、不空，於四重世俗諦，第二道理世俗法門，故云理不云中。

又世俗諦者，依詮門也，此能詮上所詮道理，談時之中道非有非空，今示故云理也。

遍計所執者，如常釋。

情有理無者，但是凡夫起能執心，名能遍計，體是有法。所變影像體亦有法，名所遍計。遍計所取當情顯現，名凡夫境，非説爲境故即是所緣緣，但作所緣不能作緣。當情現故云情有也，無體性故名爲理無。

有爲、無爲等者，有爲謂依他起性，無爲謂圓成實性。理有情無者，依、圓二性非如計所執雖體性無但隨妄情假立名，其體緣起道理而有故道理有，非隨情有故云情無。今云：於世俗諦理，於一一法，計所執無，依、圓二性有，故是説依俗諦一切法有空、不空也。《中邊論》説：有爲、無爲是有，我及我所是無。現本情無下脱此十六字，此即舉世俗諦有無證。

勝義諦中等下，明真諦空、不空。謂勝義諦有四重，一、世間勝義，謂蘊等三科。二、道理勝義，謂苦等四諦。三、證得勝義，謂二空真如。四、勝義勝義，謂一真法界。今一切法中，且取一法，以勝義諦論有無時，若約於此三科、四諦等四真起妄執，則其體都無，如《深密經》及《成唯識論》具説，亦若離計執安住法性照了四真，則其體緣起有、勝義有。於一法上以四真實照了時，自如是有無宛然，於一切法亦復如是。此即於四真諦論體有無，非如世俗諦，但於理世俗，故今云中不云理。又説於四真中，一法一法悉是四真，舉一法不可云三科、非不三科，非四諦、非非四諦，非二空真如、非不二空如，非廢詮、非不廢詮。故一法一法上，有與無同時同處，欲言其體，非言所及。以何指示其體。强名云非空非有。

非由體空等者，簡別邊主不可言。

《成唯識》説等者，舉勝義諦不可言之證。論第七文，疏七本廣釋。

章寄言詮者至中道義立。《鈔》曰：三據所依論寄言詮辨中道。

問：次前所言依真、俗諦明空、不空，亦是依詮談旨，可謂寄言詮門。然今但此慈氏頌，何故云寄言詮耶。答：前所舉《深密經》等，依真、俗諦説空、不空，亦雖依詮談，於依詮中，總依真、俗諦説故，明依勝義諦一切法體性不可言。上來雖總合真、俗明非有非空，所要明不可言中道已，自下明可言中道，故別指云寄言詮者也。又不可言中道，邊主亦言，今家以可言中道成立中主，故爲示教理俱中，真俗俱中此不共義，今別標云寄言詮者也。又今明非勝義諦唯一真如，真諦四重論所説故，但不約一真法界，亦約唯識三性可言門示空、不空立中道宗，此依詮中可言門故，今別牒云寄言詮者也。

故引慈氏等者，唐譯《辨中邊論》第一《相品》初頌，此本頌大慈氏尊爲無著菩薩所説本頌，故云慈氏所説頌。此頌有二頌，辨依妄分別明三性有無相。此中初頌正解有無相，後頌結列有無辨契中道之相。

虚妄分別有者，能取、所取遍計所執，緣此執境分別，名妄分別。乃是依他，以是能緣非所執故，非全無自性，無始時來虚妄分別因緣重[五九]習力故，變似所執分別，故名爲有。遍計所執能取、所取，名爲虚妄。虚妄之分別，依士釋名。非二取即分別，持業立號。然此但約染分説妄分別即依他有，非依他中唯妄分別，淨分別亦説依他故。

於此二都無者，明妄分別之上能執、所執永無。於此者，於謂境第七，此謂妄心。二都無者，能、所取二，或我、法二，實性都無。然准《深密經》説，於圓成實亦起計執。經曰：於依他起及圓成實執著遍計所執自性，由是因緣生當來世依他起性，由此因緣爲煩惱、業、生三雜染所染，於生死中長時馳騁、長時流轉無有休息，或在那落迦，或在傍生、餓鬼，或生天、阿素落、人中，受諸苦惱。如是計所執相，都無所有。善男子，譬如清淨頗胝迦寶，若與青染色合，則似帝青、大青末尼寶像，由邪執取帝青、大青末尼寶故，惑亂有情乃至廣説。如彼清淨頗胝迦上所有帝青、大青、琥珀、末羅羯多、真金等相，於常常時，於恒恒時，無有真實，無自性性。如依他上遍計所執無有真實，圓成實上遍計所執當知亦爾。云云。如是緣圓成實及唯識相，方起於執，皆是妄分別上能取、所取，此皆無真實故，云二都無。

此中唯有空者，此顯真如是妄分別之性。此謂妄分別，中謂境第七於聲，唯言決定義，有空者具足空性即真如。若但言空，則空無義，言空性者，以空爲門，顯空性即真如。梵云瞬若，但名爲空，言瞬若多，故説真如，名空性也，以多此翻是性義故。謂於妄分別上，離二取之空性具有也，即妄分別中離於二取唯有真如，真如是即妄分別體，故二取空無性名真如，亦名空性，略但名空。

於彼亦有此者，此顯妄分別不離真如。於彼者，於謂境第七，彼謂空性，亦謂即也，此謂妄心，有謂依他有。意言：於彼真如中，即但有此虚妄分別，都無二取。如《辨中邊疏》言：謂若於此虚妄分別，彼二取非有，由彼二取性非有故，觀之爲空，即餘論説無知無也。其妄分別亦有彼真如，真如之上有依他起，此之二性是二取餘，體非無故，如實知有，即餘論説有知有也。即三性中初性是無，後二性有。

故説一切法等下，重欲成前義故有此一頌，故置故説二字，承上起言。

一切法者，明寶〔六〇〕思總料簡。八卷《私記》云：問：今頌中道義，三性相對説歟。又於一法成中道義歟。答：又尤長義意甚深，今採要引之，謂《中邊》此頌一宗淵源，無著觀此頌昇地上，天親由此頌向大。若就世俗門辨，則三性相對論有、空，論辨已畢，一法一法上觀心推求，三性宛然不可言同一時處，一法一法不可言空有，三性歷然故。此句言一切法，一一法也，如是釋勝義門釋，真、俗同處不可分局[六二]，自可知已。《中邊疏》曰：其二取體是無法故，非有無爲，依他、圓成二體有故，名一切法，二取雖無，不失自體，非可軌故，不可稱法。此中言法，可軌持故，二取空性即是真如，空之性故，故説二字欲顯頌第二句也。謂依前頌所説之理故，《般若》等經説此二性一切之法，以名非空非不空也。

非空非不空者，空性及妄分別，此二性體非無，故云非空，而於其非空處，遍計所取二取非有。説非不空者，體是無義，此即彰於一一法有無同時處具足。

有、無及有故者，下一故字通上三種，謂有故、無故及有故。何故二性非空。謂是有故，以是彰前非空法體，即前頌分別及空性二有。復何故計所執爲非不空。謂體無故，以是彰無體，釋前頌中於此二都無。復何以故於彼亦有此。謂二性互同一時處有故，妄心中有空性，空性中有妄心。《成唯識疏》釋曰：虚妄分別俗諦，即俗諦中有真諦空，即真諦空中亦有虚妄分別，即真中亦有俗諦。二諦必相有無，一無時亦無二故，相形有也。云云。

是即契中道者，由有、無及有，於一一法同一時處，非空處即非不空也，不可思議，三界虚妄分別心，即離言大牟尼境，故云契中道。《中邊疏》曰：中謂非邊，道者真智，此理深妙，故合真智。又言道者，遊履之義，即是真如智所遊處。此中所説有無義趣，妙合真如大道理也，離於過失故言中道。云云。同論長行釋曰：如是理趣妙契中道，亦善符順《般若》等經説一切法非空非有。云云。

此即建立三性等者，示此《中邊》頌寄可言門説中道。此即者，指前所舉頌，頌中就妄分別説故。今云：唯識談空、有及空性，即如次計、依、圓三性故，云建立三性唯識。

我、法境空者，計執體無。

真、俗識有者，真實唯識即圓成實唯識實性，無所得境。又因緣唯識即依他起識相，俗故相別，二識體非都無，名云識有。如《二十論疏》釋，此真、俗識相、性非空，性有故，亦非有，執無故，故云非空非有，是即中道義宗成立。

章即以所明至如別章說。《鈔》曰：四、結中主。即言承上，所明者，天親等輔從慈氏所明中道之義以爲宗也，是結教、理俱中已。

如別章說者，《成唯識疏》七末、十七丁。《辨中邊疏》上、《心經幽贊》等是，具如彼說。

章此中略敍至如別處解。《鈔》曰：第三門大段第四總結。此中者，標舉上所明。略敍者，總略敍部宗。

朋諍所宗者，即上來所明外內、大小所宗。在此四字，謂朋諍言有三種別。一、曲計執見取自爲朋諍，明者朋黨，諍者見取也。即上所舉十六大異論也。二、由隨聞決定自爲朋諍，朋者部黨，諍者十八人諍一白氎，雖成十八段，不失白氎之體也。即上所明小乘二十部所宗是也。三、由隨機善巧自爲朋諍，朋者隨機根別，諍者善巧方便，《瑜伽》十五所說教導論，今約多分云朋諍。即上所明邊、中二主是也。《瑜伽》十五說論體中教導論，是對機起論，心無偏黨對機教導，然今朋諍言之釋用之，多分是朋黨故用之。又於能說邊雖無朋諍，對朋諍有、空機，說空、有大乘令無朋諍，約所化機云朋諍，非約能說邊也。

問：如來設教本爲除諍，諸弟子衆同稟爲師，何因去聖未淹，廣興鬭訟。共受遺訓，言義便乖。

答：諸佛出世實爲含識，所化機別故教有殊，見者不同，隨聞生著，於餘未達起不忍心。然百歲前雖有異見，由亞聖力人法一味，衆爲已宗人黨法殊，唯分成異。故《涅槃經》三十四云：迦葉菩薩白佛言：世尊，如來具足知諸根力，是故能知一切衆生上中下根、利鈍差別，知現在世衆生諸根，亦知未來衆生諸根。如是衆生於佛滅後作如是言，如來畢竟入於涅槃，或不畢竟入於涅槃，乃至彼云，或有說言，有十方佛，無十方佛。知其如來具足成熟知諸根力，何故今日不決定說。

佛解意言：正由如來知諸根故，所以於法作不定說。諸比丘等不解我意，隨所聞已作決定解。廣解如經，即顯異計皆有聖言，由不了知即各別執。已上《開發》。由如是義，小乘朋諍隨聞決定故分部計，自可知也。

問：大乘宗以空、有示中道，何故用空、有二門耶。答：《華嚴經》說：一切有無法，了達非有無。云云。《涅槃經·高貴德王品》說：諸佛菩薩有二種說，一者、有性，二者、無性，爲衆生故說有法性，爲諸賢聖說無法性。又《仁王般若·二諦品》說：有無本性二，譬如牛二角。照解見無二，二諦常不即。解心見不二，求二不可得。非謂二諦一，非二何得一。於解常自一，於諦常自二。通達此無二，入真第一義。云云。又《菩薩瓔珞本業經》下云：佛子，二諦者，世諦有故不空，真諦空故不有，二諦常爾故不一，聖照空故不二。云云。又《涅槃經·師子吼品》說：十二因緣名爲佛性，佛性者即第一義空，第一義空名爲中道，中道者即名爲佛，佛者名爲涅槃。云云。內病乃多端，爾有無爲病根，如以宿食爲百外病根本，此有無病障中道之根本，故大乘宗以有、空教示中道意在是。

其以諸教下，簡別別部所明一一所宗，非今所論。《對法疏》一曰：良以所明說一切法非空非有中道之義，以爲宗也，此說《瑜伽》十支論教通所宗趣。若以自部所重所尊以爲宗者，此論初明三科體事故，以三科爲此論宗。云云。准此釋義，一切諸教有通、別所宗，准自可知。

別處者，彼彼別處也。

章第四體性至後彰小乘。《鈔》曰：自下第四門，大分爲六段。初、標牒，二、分科，三、彰異計外道教體，四、彰異計小乘教體，五、顯大乘教體，六、示有師傳結第四門，今即初二也。

問：此第四門論教體，然但云體性不同，如何不云教體耶。答：此章初總標五門云諸教業宗體名，初教言別第一門，教益有殊也，通則教言及業宗體名四，第二時利若離設教無時利故，第三詮宗亦離教示無所宗故，今亦復爾，故教一字有通、別二意。又初教字但初門教益教，非通後門。第二時利云時即教時，時言外無云教時之教。第三詮宗云詮即教故，無別應加，今門云體性亦同。又此一門明教體中，總明一切法，體性有四，具辨故。於此門有通論一切法體性之義，但云體性不同，不云教體、論體等也。

章彰外道者至六順世論。《鈔》曰：此下第三舉異計外道。此中有九文，初、總舉大類外道名，二、數論教體，三、勝論教體，四、明論外道，五、結成上三計唯取聲爲教體，六、聲顯教體，七、聲生教體，八、順世教體，九、總結數，今即初也。

大類者，部黨多類名爲大類。

數論者，梵云僧佉，此翻爲數，即智慧數，數度諸法根本立名。從數起論，名爲數論，論能生數，亦名數論。其造數論及學數論，名數論者，此即劫初劫比羅仙所立論名，具如《成唯識疏》一末。及《因明疏》等。

勝論者，梵云吠世史迦，此翻爲勝，造六句論，諸論罕匹故云勝也，或勝人所造故名勝論。

明論者，學《四明論》婆羅門等計。《四明論》者，即《四吠陀論》，由《西域記》一曰：其婆羅門學《四吠陀[六三]論》，舊云《四韋陀》，又云《四皮陀》，訛也。一云、《阿由吠陀》，此云壽，亦云命。謂養生、繕性等。二云、《夜珠吠陀》，此云祠。謂享祭、祈禱等。三者、《沙摩吠陀》，此云平，此云等。謂國儀、占卜、禮法、音樂、兵法、軍陣。四、《阿闥婆拏吠陀》，此云術，諸方術。謂呪術、異能、伎數、禁呪、醫方等。此《四明論》，劫初梵天化身來下人間口誦，唯婆羅門姓誦，不令餘姓誦。諸婆羅門計執云《明論》聲常，誦者即梵天王，非是造作者也。執此《四明論》表詮諸法，唯此聲常，所詮定故，言水常水，言火常火，言常恒常，言無常恒無常，定不可改，不變異故。除《明論》聲自外餘聲可是無常，唯《明論》聲能爲定量表詮諸法，是故唯常，如《成唯識疏》一末。釋。又《廣百論》七曰：古者黠慧婆羅門隱造明書，言自然有，唯得自誦，不許他觀。讚婆羅門最爲尊貴，刹帝利等皆是卑賤，給施所須獲無量福，愚夫無智不能測量，謂真福田信敬供養。云云。又《因明文軌疏》曰：古昔黠[六三]慧婆羅門造《吠陀論》，此云明也，舊云韋陀或云皮陀，皆訛也。埋之隱處，詐白國王云：我夢見某處有自然《吠陀論》。王使取之，果如其語，因是即謂《明論》自然，非人所造，梵王等但誦出已，非是造者。今云：此等說西方傳蓋也。今此云《明論》者，指明論外道計。《成唯識疏》一末曰：《明論》聲常，是婆羅門等計。吠陀者明也，明諸實事故。彼計：此論聲爲能詮定量表詮諸法，諸法揩量，故是常住，所說是非皆決定故。餘非揩量，故不是常，設有少言稱可於法，多不實故，亦名非常。梵王誦者，而本性有，然聲性非能詮。云云。

聲顯論者，因計立名，如次文明。

聲生論者，此亦由計立名，如次文明。

順世論者，《法華玄贊》七曰：路伽耶陀者，舊云惡答對人，正云路迦也底，云順世外道。明此外道計，如《瑜伽》六、《顯揚》九、《廣百論》二、《俱舍》十二具明。

章數論教體至即歸本故。《鈔》曰：二、明數論教體。

說有二種者，非彼說立二種教體，就彼立本與末不離判釋教體，自有二種說成，故云說有二種。

依本教法等者，《金七十論》立二十五諦中爲四。一、本非變易，謂即自性，能生大等故名爲本，不從他生故非變易。二、變易非本，有二說，廣如彼。三、亦本亦變易，亦有二說，如彼。四、非本非變易，謂神我諦。又曰：大等二十三皆有三德，樂、苦、癡，末有三德，故知本有三德，末不離本故。云云。是故本者自性，末者中間二十三諦，教法者彼所立。若由彼師教示諸法根本，教體即以自性，離自性無法根本故。未生大等但住自分，名爲自性。若生大等，便名勝性，用增勝故。《開發》云：數論教體有二：一、本，二、末。本謂三德，一切法三德成，攝末歸本，即自性故，末謂五唯中聲唯量。

三德爲體者，《金七十》曰：本有三德，一、薩埵，二、剌闍，三、答摩。謂自性變異生因，三德合生變，譬如有多縷和合能生衣，三德亦如是，更互依故能生果。云云。總名自性，别名三德，德者功德也，具釋如《因明疏融貫鈔》中。《周記》釋曰：本即自性者，似大乘攝相歸性。末即聲者，亦如大乘性用别論。彼宗不立名、句、文故，但以聲而爲教體，勝論亦同。云云。

依末教法等者，准本教法應思擇之。

五唯量者，聲、觸、色、味、香，何故名云唯量耶。謂唯者決定，量亦定義，唯定用此成五大、五根故，色成火、火成眼等。

然是轉變等者，簡餘師所立，數論宗但立轉變無常，不云滅壞無常。彼立初從自性轉變生大等，後神我受用已，大等變壞時，還歸自性，但是隱顯，非後無體滅名無常，體皆自性，更無别體，故云然是轉變等也。

滅壞之時等者，釋然是轉變由。

問：此師不云滅壞，何故今云滅壞之時耶。答：《周記》釋云：末即本故，名爲滅壞，非云滅無之無。云云。今詳曰：此釋亦雖有理，今少不穩，更設三解助之。一云：滅壞之言約他家言，謂從他家見滅壞時，即還歸本故，是轉變非滅壞，是釋上句然是轉變句也。二云：准《三十論疏》，滅字應作變，彼云後變壞之時還歸自性。三云：准《開發》，云然是轉變非性滅壞，後相滅時歸三德故。云云。若爾，滅字恐誤，應作相字也。三釋任意，彼立轉變故，雖聲爲教體，約本即自性爲教體，離聲無能詮者故，云聲爲教體。

章其勝論師至無常無礙。《鈔》曰：三、明勝論教體。

諸德者，二十四德，德者德相，彼論説實之標幟故。彼亦不説名等，故但聲爲教體。

無常、無礙者，彼説所作皆是無常，又説以餘物爲因生無常。彼説聲有三種因生，一、合生爲因，二、離生爲因，三、聲生爲因。合生者，有觸實、合、勢用俱，有觸實空處合爲因。離生者，有觸實、離、勢用俱，有觸實空處離爲因。聲生者，有觸實、合、離、勢用俱，無障空處聲爲因。如是合、離二，彼説所作無常，以作無常爲因聲生故云無常。又二十四德立無動作、無細分，故是無礙。今云無常簡二聲論常，又云無礙簡順世等。《周記》問云：數論聲量依於自性，立末教體爲二，勝論聲亦依於空實，何故不説教體有二耶。彼答曰：數論聲量本體自性，故教分二。勝論聲德雖依於實，體非實攝，故教但一。

問：勝論同異既是聲性，教體何不兼同異耶。答：教必能詮，不取同異。云云。已上《周記》。

章其《明論》者至即是聲故。《鈔》曰：四、舉明論外道教體。

婆羅門等執等者，如前具釋，彼以能詮定量起執，然聲性非能詮故，云不取聲性等。

其能詮聲等者，梵王誦《明論》聲云其能詮聲，此唯詮表《明論》所詮之義。

此教是常等者，梵王誦《明論》聲，表詮諸法爲定量故，呼水定水等，如前所敍。今云：此教梵王教示呼火是常恒火等，故云是常。梵王隨誦出能詮聲，其所詮義爲定量故，云所詮定故也。此三句結《明論》言教以常聲爲教體。

餘一切教等者，除梵王誦出《明論》聲，其餘一切教皆是無常，不定量故。雖有少言稱可於法，多分不實，故云皆無常聲。以要言之，若梵王誦《明論》教，是常聲爲教體，其餘一切教體，以無常聲爲教體也。

章説聲不論至即是聲故。《鈔》曰：此四句，五明已上三師唯説聲別不説名等。次所舉聲顯、聲生計尋伺所發聲故，立名句具聲，故於此處結上來三師。《周記》曰：其《明論》等者，問：《明論》聲常，云何常耶。答：有兩釋，一云：恒指定故，名之爲常，非體常住，名爲常也。二云：體常住故，名爲常也。若爾，云何不恒聞耶。答：但緣闕故隱而不聞，非體滅已。若爾，已起聲聲以何得止。答：散處盡也。下聲論計常聲，准是知，後釋爲勝。云云。今云：此記釋雖設二義，未穩。章主意云：爲指定故，聲教常住，呼水則常水等，非拘聞不聞，音止不止論常無常已，云能詮聲常，能詮表水已，常恒詮表水已，其音教不朽故，云《明論》聲常也。

章聲顯論者至體性常住。《鈔》曰：此下六示聲顯論教體。此中有六文，初、標，二、總牒計，三、舉立聲多體計，四、舉立聲一體計，五、示多與一二之計中，各有全分常與一分常之二計，六、結聲顯有四計，今即初、二也。

章此計有二至常聲爲體。《鈔》曰：三、示常聲多體計。

此計有二者，標牒一體、多體二計。

一者隨一等者，正舉多體計。

各各有一能詮等者，此計意說，一切諸法一一物體各各隨一有能詮表，其詮常聲，於水物體能詮表水，其詮表常恒水。如是一一法上，如是常住能詮聲多體，故云各各有一等。已上明聲體本有。

猶如非擇滅者，如一一法上有緣闕不生非擇滅無爲常住有。

以尋伺等所發下，明待緣顯。

尋伺等者，以尋伺、名句等，於發聲緣尤爲主故。先舉尋伺，等言等取作意、脣[四]舌動等緣。所發音者，音響。彼説聲總有三類。一者、響音，雖耳所聞，不能詮表，如近坻語別有響聲。二者、聲性，一一能詮各有性類，離能詮外別有本常，不緣不覺，新發緣具方始可聞。三者、能詮，離前二有。此三中，以第三今論爲教體，第一響音顯發之緣，第二於能詮上常住。

今用衆多等者，結以常聲多體計爲教體。

章二者一切至非能詮體。《鈔》曰：四、明常聲一體計。

共有一等者，正是一體計，釋聲體本有。猶如真如者，喻一相一味。

以尋伺等下，釋待緣顯之。

今者唯取等者，結以一常聲爲教體。

章此二之中至猶如音響。《鈔》曰：五、示上二計。各有全分、一分二計，此二之中，二句標牒。一計全分下，正明全分、一分二計。

章故聲顯論至各通内外。《鈔》曰：六、結聲顯論。

章其聲生論至所發生故。《鈔》曰：此下七舉聲生論。此中有七文，初、標，二、總示計，三、示體多計，四、示體一計，五、明二有二，六、結聲生計別數，七、結二聲論計數，今即初二也。

由音響等者，釋待緣生之。

章此計有二至響非能詮。《鈔》曰：此文三、四科，准前可知。

今取新生等下，結教體。

章此各有二至各有四種。《鈔》曰：此五、六、七三科文也，准科可解。《周記》曰：問：所詮之法體既成多，新生能詮隨彼所詮亦應是多，如何今計一耶。答：彼説云：聲若生已，總成爲一，如河水衆多流歸渤海已，總名爲海。云云。今云：此釋尤妙。

章順世外道至四大爲體。《鈔》曰：八、舉順世論教體。

一切皆四大等者，此外道計，此唯執真有實常四大生一切有情，一切有情稟此而有，更無餘物，後死滅時還歸四大。

問：此外道以有質礙四大極微爲一切法能生。若爾，以色法爲成心法耶。答：《義燈》設三釋會釋。一云：細妙四大造心法無礙，粗大造色法有礙。二云：雖唯造色，准理亦合造心、心所。三云：四大不造心法。又《演祕》中舉《燈》三釋已，復設一釋云：彼計：能造四大無有礙、無礙別，但所造上有差別。《義藴》用《祕》一釋爲正。今云：以《祕》釋爲是正，能順彼計故。《廣百論》二十四丁。云：順世外道作如是解言：諸法及我，大種爲性，四大種外無別有物，即四大種和合爲我及身心等。云云。由是應知彼所立。

章合勝、數論至外道教體。《鈔》曰：舉異計外道中，第九總結數。十二外道者，一、數論，二、勝論，三、《明論》，四、順世，如是四加聲顯四計及聲生四計，總合十二。

大乘法苑義林章師子吼抄卷三終

安永五年申正月十六日夜，於平安城五條橋新善光寺寓舍任愚見所及，草草書記之了，偏祈大乘學業復古令正法久住于世而已。回向四恩法界海，迴向無上大菩提。法相大乘末學沙門基辨。大同房，生五十九歲。

校勘記

〔一〕「祕」，底本原校云甲本作「科」。

〔二〕「諸」，疑爲「諸」。

〔三〕「爲」，底本原校云甲本後有「求」字。

〔四〕底本原校云：「原本冠註曰：四箇量，第一量云：汝之果體應非決定，果相即因相故，猶如因相。第二量云：因中無果，以未生故，猶如兔角。第三量云：一切果法不從因生，是已生故，猶如因相。第四量云：汝之自性亦應異，果變異故，如穀、麥等。」

〔五〕「開」，底本原校云甲本作「明」。

〔六〕「面」，疑爲「便」。

〔七〕「受」，底本原校云甲本作「愛」。

〔八〕底本原校云：「原本冠註曰：論七六丁説四種不死矯亂外道，如經廣説。」

〔九〕「有」，疑爲「者」。

〔一〇〕「詰」，底本原校云甲本作「諾」。

〔一一〕「即」，底本原校云甲本作「印」。

〔一二〕「問」，疑爲「間」。

〔一三〕「五」，底本原校云甲本作「九」。

〔一四〕「廣」，疑爲「慮」。

〔一五〕「父」，底本原校云甲本後有「母」字。

〔一六〕「他」，疑爲「化」。

〔一七〕「異」，疑爲「善」。

〔一八〕「以」，底本原校云甲本作「似」。

〔一九〕「那刹」，疑爲「帝利」。

〔二〇〕「浩」，疑後脱「汗」字。

〔二一〕底本原校云：「原本冠註曰：合流口者，殑伽河南，閻牟那河北，至鉢羅耶伽國大都城據南兩河間。」

〔二二〕「問」，疑爲「河」。

〔二三〕「成」，疑後脱「聖道」二字。

〔二四〕「名」，底本原校云甲本作「不」。

〔二五〕底本原校云：「原本冠註曰：十種苦行，《倫記》六上曰：墮在二邊中，明苦行邊，略有十種。一、依棘刺修斷瑜伽。二、依灰坌。三、行木杵，夜即卧上。四、行著板衣，夜卧板。五、如狐蹲住，乃後夜不至於地。六、如狐蹲坐，後分至地修斷瑜伽。七、有外道相續事火，一日三事。八、在水中著柱，始終一手執一柱，一脚踏一柱，一日三度昇柱觀日，隨日而轉。九、一足立柱，隨日而轉。十、除此九計，所餘邪行九十六種外道等。」

〔二六〕「有」，疑衍。

〔二七〕「熱」，疑爲「熟」。

〔二八〕「薰」，疑爲「黨」。

〔二九〕「珠」，疑爲「殊」，下七「珠」字同。

〔三〇〕「閻」，底本原校疑爲「闍」。

〔三一〕「堅胃」，疑爲「賢胄」。

〔三二〕底本原校云：「原本冠註曰：《宗輪論》《部執異論》云説一切有部，《十八部論》云薩婆多部，《文殊問經》云一切語言部。」

〔三三〕「無」，疑後脱「垢」字。

〔三四〕底本原校云：「原本冠註曰：《宗輪論》《十八部論》《文殊問經》同名雪山部，《部執異論》云雪山住部。」

〔三五〕底本原校云：「原本冠註曰：《宗輪》《十八部論》《文殊問經》云犢子部，《部執異論》云可住子弟子部。」

〔三六〕底本原校云：「原本冠註曰：法上，《三論玄》《部執異論》名法尚部，《三論玄》釋云曇無德部，非也。」

〔三七〕「胃」，疑爲「胄」。

〔三八〕底本原校云：「原本冠註曰：正量部，《文殊問經》云一切所量部，《部執異論》云正量弟子部。」

〔三九〕「流」，疑爲「疏」。

〔四〇〕底本原校云：「原本冠註曰：《十八部論》云彌沙塞部，五部律也，《部執異》云正地部，《文殊》云大不可棄部。」

〔四一〕「爲」，疑衍。

〔四二〕「緣」，底本作「緑」，據文意改。

〔四三〕底本原校云：「原本冠註曰：《十八部論》云曇無德部，即四分律也，《文殊》及《部執》云法護部也。」

〔四四〕底本原校云：「原本冠註曰：《十八部論》云迦葉惟部，《文殊》云迦葉比部，《部執異論》云善歲部。」

〔四五〕「城」，疑爲「滅」。

〔四六〕底本原校云：「原本冠註曰：《十八部論》云相續部，《部執異論》云說度部。」

〔四七〕「中」，底本原校云甲本前有「是」字。

〔四八〕「諸」，底本原校云甲本作「者」。

〔四九〕「嚴」，疑爲「巖」，下一「嚴」字同。

〔五〇〕「者」，底本原校云甲本作「等」。

〔五一〕「滅」，疑爲「減」。

〔五二〕「北」，疑爲「此」。

〔五三〕「宗」，底本原校云甲本作「主」。

〔五四〕「即」，疑爲「節」。

〔五五〕「說俗」至「中道」，底本原校云甲本爲傍註。

〔五六〕「地」，疑爲「他」。

〔五七〕「圓」，疑後脱「成」字。

〔五八〕「性」，底本原校云甲本後有「性」字。

〔五九〕「重」，疑爲「熏」。

〔六〇〕「寶」，底本原校云甲本作「憲」。

〔六一〕「局」，底本原校云甲本作「離」。

〔六二〕底本原校云：「原本冠註曰：玄應音云吠陀，此云分，又云智。云云。」

〔六三〕「黠」，疑爲「黠」。

〔六四〕「辱」，疑爲「唇」。

大乘法苑義林章師子吼鈔卷第四 自第四門中大文第四彰異計小乘，至明護法教體第六科終。

南京藥師寺留學傳法相宗沙門基辨撰

章彰小乘者至六經量部。《鈔》曰：自下第四門中，大文第四彰異計小乘。此中有九文，初、標牒，二、分大類，三、舉大衆等，四、舉一説部，五、多門部，六、説假部，七、説一切有部，八、經量部，九、總結，今即初二也。

章其大衆部至爲其教體。《鈔》曰：三舉大衆等。其大衆已下十五字，標牒。

佛一切法等二句，約法明佛十八界唯無漏。《宗輪疏》云：十八界等在佛身時，皆名無漏，諸佛所有三業，皆是無漏故。諸如來無有漏法，皆是出世者，上句佛字通此句，此一句約佛色身明佛唯無漏。《宗輪疏》曰：論諸佛世尊皆是出世。疏釋曰：此部意説，世尊之身並是出世，無可過故，唯無漏故，唯佛世尊下過一切無所劣故。離一切諸戲論云無劣。不可毁壞，出過毁壞，皆是出世，約人爲論，無漏身故。

佛所出言等者，如前已釋。疏曰：佛所説語令他利益，無有虚言不利益者。義謂義利，皆饒益也。

佛一切語等者，如前已釋。

佛一切時等者，示任運説。疏曰：此部等説，諸佛説法任運宣説，不須思惟名、句、文等，任運自成應理言教勝名、句等，常在定故。不思名等，然聽法者謂佛爲其思惟名等而宣説法。《周記》曰：問：佛一切時不説名等，如何復言以名、句等而爲教體。答：言佛不説名等者，但如來不起思惟名不説也。又言，以無漏體實有聲、色、句業爲體者，據任運説，如天鼓等，亦不相違。今云：不説名等者，名、句、文是共相，佛常住無上寂然法性故，心無分別，不轉共相，云常在定。《無性攝論》九二十四。曰：有頌曰：那伽行寂定，那伽住寂定，那伽坐寂定，那伽臥寂定。此即説常在定相頌，小乘論中亦引此頌。

即是無思業者，結佛任運説法。

自成事義者，自謂任運，事謂能詮名等，義謂所詮理。

以其無漏等者，結大衆等三部教體。無漏者，簡除一説部餘諸部。

體是實有者，簡一説部全，説假部一分。

聲、名、句等者，簡多聞部及有部有説。

章其一説部至以爲教體。《鈔》曰：四、舉一説部。《宗輪疏》曰：此部説：世、出世法，皆無實體，但有假名，名即是説。意言：諸法唯一假名，無體可得，即乖根本所説別分。

今取無漏等者，結一説部教體。無漏者，同根本大衆部，説佛音聲皆是無漏。

假聲、名等者，彰此部本意，云假聲、名等，云名等所簡，准前可知。

章多聞部説至是無漏故。《鈔》曰：五、舉多聞部。

如來五音等十二句，《宗輪論》文，疏釋曰：音謂音聲，即是教體，此音聲教能超世間，亦能引他出離道起，故名出世。謂詮無常、苦、空、無我、涅槃寂靜，此五教聲必是出世。

與五俱起等者，《疏》曰：若離此五，雖八道支、七覺等教，皆非出世。其八道等作此行相，亦是出世，謂此五教，聞皆利益，稱可法體，既非不了義，亦非方便説，定是出世。

設引出離道等者，《開發》曰：設是餘音與五俱起，隨順五音亦名出世，一切餘教皆是世間。

不決定故者，疏曰：既不決定引出離道故，今總説是世間教。今云：如來五音外餘音，雖非不引出離，不決定引故，不云出世。上五音引出離，既云決定能引，餘音翻是，云不決定，意自可知。

論説言音等下，正釋此部教體。論説言音者，《宗輪論》中既云佛五音。

故佛諸教等者，結釋此部教體。有漏者，如來餘音，無漏者，五音及隨順五音餘音。

以佛五音等者，釋無漏教體之由，佛有漏教體翻是可知。又《開發》舉異説云：又解：彼論但説根本不言名等，依實論則通取名等以爲體性，亦無有失。云云。

章其説假部至以爲教體。《鈔》曰：六、舉説假部。此部意説，一切法若處等門，體非實有，若蘊等門，是爲實有，由是聲、名、句、文亦准是釋。聲、名、句等四字，標牒就能詮教而論。

若在處等下，明假聲、名等爲教體。等言，十二處向内等。

以説依、緣等者，積聚法皆假故，爲所依、爲所緣之義，非初不積聚，但一物有故説依、緣，必積聚體非實有。

若在蘊等下，明實聲、名等爲教體。等言五蘊向内等。

雖有積聚下，通伏難明蘊門實。難云：積聚是假，則蘊體何非假耶。積聚名蘊故。今通云：雖積聚假義釋於蘊，五蘊一一法體無依、緣義，以立蘊門故，蘊等門皆體實有。

聲、名、句等二句，明通蘊、處二故。次句明教體，通假、實二故。

通有漏下，結此部教體。疏曰：既世、出世法皆假有實，故從所立名説假部，謂能説者聲、名、句等。若以處門是假，若以蘊門是實，通有漏者，佛假名而説，通無漏者，佛實義而説。《部執疏》云：大迦旃延先住無熱池側，佛入滅後二百年時，方從彼出，至大衆部中，於三藏教明此是世尊假名而説，此是實義而説。大衆部中，有不信者，亦有信者，遂别分部。

章説一切有至勤求起故。《鈔》曰：七、舉説一切有部。《婆沙》百二十六十二丁。説：佛教名言，善耶。無記耶。答：或善或無記。云何善。謂佛善心所發語言乃至語表。云何無記。謂佛無記心所發語言乃至語表。《俱舍光記》一餘四十八丁。廣釋，往見。又依《婆沙》《俱舍》，此部計中自有二别，一唯取名、句等，一唯取有漏善聲。由是諸師有其三釋，有説：但以聲爲教體，以性是善，三無數劫所勤求故。名、句、文三但是佛教能詮作用，非正教體，是無記故。有説：但用名等爲體，能詮表故。有説：音聲及名、句、文爲其教體。今依《婆沙》評家正義，以聲爲體，其名、句、文别雖有體，但是作用，唯無記故。已上《開發》取意。今此章由《婆沙》《俱舍》但舉二計。

評家評取等者，結有部教體。

此中唯有漏善聲者，此部立前十五界唯有漏，故佛十五界亦唯有漏，雖有漏，三劫勤求故名善。今此所舉有部正義評取也。《周記》曰：問：小乘師難《般若經》言，汝受持無記名等，如何得此大果耶。《般若論》答曰：汝法無記，我法是善。准此問答，彼宗即以無記名以爲教體，如何今云以善聲爲教體耶。答：彼部救曰：二十部内，知汝於誰獨言我，故以善聲爲體亦不違。又彼亦難即是《婆沙》以名而爲體者，非是此師，故世親言，汝唯無記。若爾，此問即無違妨。

章其經量部至無過、未故。《鈔》曰：八、示經部。此師以不相應行爲假、空，如俱舍師朋此部破有部，故名等是假。

雖彼不立等下，正明彼教體。彼意：名等但在聲屈曲故，雖假云名等，其實是聲，然無屈曲聲無詮表故，是非教體，故今云仍不取聲等。

取有漏聲等者，結此部教體。有漏者，立前十五界唯有漏故。

聲上假等者，示無屈曲聲無詮表，聲非教體。然聲處攝者，名等假立，十二處門論其體聲處攝。

前薰於後等者，此師計過、未無體，唯現在是法體故。以假法爲教體，全無其理，故以聲處攝者爲教體也。前謂前念，後謂後念，前念薰習後念，現在唯一法有實體處，展轉聚集爲教體，念念相續，有屈[一]曲聲薰一處爲教體也。

問：經部以聲爲教體，以何爲證。《順正理論》第十四卷破經部云：汝不應立名、句、文身即聲爲體。《開發》曰：然依彼宗，有作三釋。一云：十二處中實聲爲性，離聲無別有能詮故。二云：於實聲上有假屈曲以爲體性，法處所攝，唯是意識所緣境故。三云：通用法處、聲處以之爲性。

章如是合説至彰異計也。《鈔》曰：九、總結小乘，總是第一等二句，以總結異計秘門也。

章顯大乘中至後顯中道。《鈔》曰：第四門中，大文第五顯大乘教體。此中大分有二，初、分科，次、正彰，今即初也。

邊體者，邊主所彰教體故，云邊體，真空俗有故云邊也。

中道者，中主所明教體，寄可言明教體中道，故教體即可言，以識變明教體。三性義立，即可言門。中道故不言中體，直云中道也。

章顯邊體者至聲爲教體。《鈔》曰：此下第二正彰。此中亦大分爲二段，初、邊主教體，二、中主教體。初中有四，初、標，二、正彰邊體，三、邊、中對辨明俗有教體，四、結邊主教體，今即初二也。

龍猛、清辨等者，《對法抄》中云依清辨明龍猛言。又《理趣述贊》云龍猛釋言，就勝義諦一切皆空等。今檢《十二門論·觀因緣門》云：衆緣所生法，是即無自性，若無自性者，云何有是法。又《中論》説因緣所生法，我説即是空等。其餘説無自性文，悉今所云一切無相諸法皆空之文也。今總合云龍猛、清辨咸作是言也，此是由龍猛所論、清辨《掌珍論》中，明此真空義。

何教何爲體者，《理趣述贊》及《對法抄》所言，教無所教，體亦非體也，一切皆空無故。

世俗諦中等者，清辨舉《般若燈論》說，以俗有義明教體，亦言亦勝義諦中說諸法空云無教無體。

句、言、章等者，明由《般若燈論》說立俗有之教體。

章梵云鉢陀至立以論名。《鈔》曰：二、邊、中對辨明俗有教體。

爲跡者，《無垢贊》一曰：最初音聲能集顯法，名之爲跡。教爲理之跡，如尋跡以得象，故得教而觀義，不立字、名，初立此跡。云云。《周記》云：此翻爲跡者，如尋象跡，所見跡處即見其象，若尋其句即見其義。若梵云幡陀，則此云足，長聲呼故跡、足有別也。云云。

當古之句者，舊云句，新云跡，護法宗所言之名身、多名身，但顯法體不顯義故。

句有二種等者，此中初集法滿足之句，清辨等所言句，非護法宗之句。所言名身、多名身，如說不生亦不滅，不來亦不去，一[三]亦不異，不常亦不斷。此一句義雖未圓，亦名爲句，法滿足故。二顯義周圓句者，此即護法宗所言之句也，非清辨宗之句。所言梵云縛迦，此翻云言者是也，如說諸行無常，有生滅法，生滅滅已，彼寂爲樂，此一一句義皆足故。

此當中道等者，《無垢贊》中云當護法名，《對法抄》中云當瑜伽宗所說名，亦云中道所說句。由此等說，護法論師由《瑜伽論》所立宗家，今名中道也。

所說名者，此有名及名身、多名身，今取名身、多名身云所說名也。

梵云縛去聲。迦等者，《無垢贊》一云：梵云縛迦，此云言也，顯義周圓名之云言，即當護法所說之句，即顯義周圓句也。由外典釋，古云之言，秦、漢已來乃有句稱，故句與言其體是一也。以法滿足名爲句，如上已釋。

梵云鉢剌迦羅等者，《無垢贊》一云：章是明義、段義，一章一段以明諸義，如上已明，是外典所言篇也。外書：篇者遍也，明而遍也。

此無所當者，《對法抄》中云中道無此，《瑜伽論》中但説圓滿句、不圓滿句等，不説章故，云無所當也。

梵云奢薩咀等者，如常應釋。

章此四能詮至《智度論》文。《鈔》曰：四、結邊主。

此四能詮等者，《無垢贊》云：此四以聲而爲體性。云云。由是此四二字牒上所釋句、言、章、論四，意言：雖立句、言、章、論别，論其體性，則俱以能詮聲爲教體也。

此准《般若燈論》等者，一部十五卷，偈本龍樹造，與《中論》頌同本異譯。又釋論本分别明菩薩造，大唐波羅頗密多羅三藏譯，《因明大疏》曰清辨《般若燈論》釋，由是則分别明與清辨别人。清辨既作《般若燈論》之釋故也。或云：智光論師云分别明，大妄説。

《智度論》文者，今勘[三]。

章顯中道者至義得顯故。《鈔》曰：自下長文正彰之中，第二中主教體。此中大分爲十，初、標牒，二、論定正教體，三、牒正教體，四、明龍軍、無性教體，五、牒舉護法、親光等教體，六、先舉四重出體，七、正明護法等教體，八、約四重出體明教體，九、明識上名句聚集，十、以三性五法釋，今即初二也。

《瑜伽·攝釋分》等者，現本作《攝決擇分》，大誤。第八十一卷《攝釋分》初，有釋經體文，如此處引。《攝釋分》者，於造論法用猶未分明，今略攝釋經論法用以爲一分，名《攝釋分》。是故此分最初明經體，論本由經故，在造論法用初。《攝決擇分》自第五十一卷至第八十，於《本地分》中不盡之處，廣決擇説，名《攝決擇分》。故現本云《攝決擇分》八十一文大誤。論文曰：云何爲體。謂契經體略有二種，一、文，二、義，文是所依，義是能依，如是二種總名一切所知境界。《開發》解此文云：文是能詮，義是所詮，依能詮文，義得顯故，故說文是義之所依。文之與義俱生說、聽了意識故，總說文、義名所知境。此中意說，文、義俱能生解心故，故能、所詮名爲教體。《顯揚》十二亦同，理實能詮總四法體，聲、名、句、文。於《瑜伽》等但文爲能詮，存略也。云云。

由能詮文等二句，章主之文，釋文是所依等論文。論定五教體由《瑜伽論記》，以能、所互通二義釋云：由文顯義，文是所依，義是能依。又由義起說，則義是所依，文是能依，今《瑜伽論》依前義明。云云。然今章主所造章疏明教體，但取云由能詮文，義得顯故，文即所依。《瑜伽》之文，不取義是所依義之而釋。文是能詮根本，若無能詮文不能生解，故但以文是所依之釋明教體也。又教者能詮，以能詮文爲正教體，由教成理，故明教體但以文是所依而釋，可知。《周記》中舉二解，非章主意。又《增明記》一曰：問：名、句、文中，何唯取文。解有二說，一云：文集成名，名集成句，文是本體，名、句是義，是故舉體不取義。一云：舉一取二故有名、句。今云：此二解俱用。《瑜伽・攝釋分》說：文有六種，一、名身，二、句身，三、字身，四、語，五、行相，六、機請。云云。淄洲曰：此文攝名、句等五，六皆顯義故。云云。此是二解中由後解也。又《開發》曰：理實能詮總四法體，謂聲、名、句、文，於彼論中但說文者，存略故也。云云。由是則名、句、文中隨一云文，此亦二解中由初解也。又《開發》云：又是所依能詮根本，名句不能生解，但說其文。云云。此是二解中由初解也。又《倫記》曰：文者是顯了義，由文令彼名、句呼召諸法分明顯了。以是名、句所依處故，亦名爲字，不可改轉義名字，可改轉者是名以隨所詮種種轉變故。云云。此亦由初解同。

章能詮文中復分爲二。《鈔》曰：三、牒正教體。大凡論教體有二，一、就能、所詮名教體，

二、就唯能詮名教對[四]。

初能、所詮共名教體者，謂《瑜伽》說經體有二種，一、文，二、義，文是能詮，義是所詮。既云經體有二種，而一文二義，合能、所詮爲教體之證，由是今章主《開發》中云：文、義俱能生解心故，故能、所詮俱爲教體。云云。能詮者，聲、名、句、文四法，總名能詮體。境、行、果一切法，是爲所詮義。能、所詮皆名教體。云云。已上《開發》。又《無垢贊》中亦總約能、所詮明教體，四重出體，亦分能詮出體與所詮出體，以釋教體，以《無垢稱經》文爲證，文長恐煩不述。且舉牒文言：若依護法等，勝[五]世俗皆以能詮、所詮二法而爲教體。云云。《理趣述贊》等亦就能、所詮辨。

二就唯能詮辨教體者，《開發》曰：然諸聖教多分唯說能詮名等爲教體者，差別生解勝所詮故，又能說者勸心發故，《瑜伽》《顯揚》別義說故，取所詮表亦爲教體。實理言之，表召諸法別生解者，其義即非故，諸教中多依能詮聲、名、句、文以辨教體。云云。由此義故，《三十論疏》亦云：經體雖二，今取能詮聲、名、句等，正教體故。又云：護法意說，性用別質，教體即是能說聲等。《對法疏》亦同說，說者、聽者俱以聲字已上集現爲教體故。《二十論疏》亦云，皆以聲、名、句、文爲體。由是應知，雖有以文、義相生爲教體之文，正與邪之教體同舉示故，文、義並舉，其實正教體唯能詮聲、名、句、文也。今此所云能詮文中者，彰就正教體而論也，以說不說說故。

章一者龍軍至一師所說。《鈔》曰：自下四明龍軍、無性等教體。此中有十三，初、標牒，二、舉《無性論》，三[六]、舉佛地論一師說，四、寄難成，五、成佛不說，六、舉不說證結歸唯識成俗中教體，七、問答唯心變教體，八、問答識上聚集顯現，九、總以五心聚集明七心、十二心，離五心別無故，十、結成答問，十一、明十二心，十二、明七心，十三、結俗諦中道義，今即初也。

龍軍論師者，《俱舍・破我品》云：昔有大德名曰龍軍，三明、六通，具八解脱。云云。勝莊《梵網述記》上云：西方有三釋，第一、那伽犀那，此云龍軍。云云。有人由是作一解云：即勝軍論師，按《西域記》九四丁。云：勝軍梵云闍那犀那。云云。今云：大妄説不可用，然按秋篠《增明記》第一引《西明疏》曰：有影無本者，那伽犀那，此云龍軍，即是舊譯《三身論》主，彼説佛果唯有真如及真如智，無音聲等麁相功德，堅慧論師及金剛軍皆作此釋。堅慧論師即是《寶性論》主，北印度人也。云云。由是應知，龍軍所造《三身論》中，説佛果有無音聲功德爲所據，今云龍軍論師也。

無性菩薩者，無性《攝論》第一初丁。説聞者識上聚集現相爲體性，如次下引。有問予曰：章主立佛不説法義，必以此無性《攝論》第一初丁。説聞者識上聚集顯現以爲體性之文爲所據，由是皆謂無性但立佛不説法人，然按無性《攝論》四十一丁左。論云：此中教者，如《十地經》薄伽梵説：如是三界皆唯有心。文。釋曰：《十地經》者，於彼經中宣説菩薩十種地義，此即安立十地行相名、句、文身，識所變現聚集爲性，謂彼聖者金剛藏所變影像爲增上緣，聞者身中識上影現似彼法門，如是展轉傳來于今，説名爲教。云云。由此文應知，無性亦立佛説法人。既云金剛藏識所變影像爲增上緣，聞者識上影現爲增上緣影像，是能説者識上文義影像現。若爾，無性論師立佛説法自顯然，故章主云以無性但立佛不説法人，恐似麁漫，此難如何通耶。予答曰：此無性第四説金剛藏識等之文，非滅[七]佛説法義之文，此即成佛不説法之文，謂《十地經》非釋迦佛説，勸金剛藏菩薩令説十地法門是也。金剛藏菩薩往昔爲聞者時，以變現影像爲增上緣也。若由根本佛邊，則唯大定、智、悲故，此《十地經》亦以聞者識上所變影像爲經體也。既云如是展轉傳來于今，明知根本佛是不説法，雖爾以聞者識變展轉來今意自明，必以此文不可難也。又一解會云：無性《攝論》意，金剛藏菩薩意識之上變現文、義影像，安立十地法門，此能説人，所説法，即自如來妙定所變現，非如來第八因緣變。設雖安立種種名句説十地皆妙定心相，非如來第八所變聲境等，故云唯有三法，佛不説法，理無相違也。二解之中，初解爲正。

及《佛地論》一師所説者，所説二字通龍軍及無性也。《佛地論》第一三丁。有二師説，其中一説是佛不説法義也，如次引。

章其無性云至以爲教體。《鈔》曰：二、舉《無性論》。此有二文，初、正舉無性，次、章主以相傳義釋成今文，即此二文也。

此中即是者，《無性論》中於上句釋經字，云貫穿縫綴説名爲經，其經中今云此中，故次結成句云爲體性文，此成經體也。

隨墮八時者，此四字古來有疑難，雖古今有通釋，其義意難辨折，故今設四門以通釋古難顯如實義。一者、述大唐三藏相傳義，二者、舉古師難，三者、舉古通釋，四、今義通釋。

初述大唐三藏相傳義者，《開發》曰：墮謂墮在。言八時者，相傳三釋：一云：即是聖教中説八囀聲時。二云：《華嚴》八會以爲八時。三云：西方時分晝夜各四，故名八時。今依後説隨墮八時聽聞正法，義寬通故。云云。明西方時分，《西域記》二，《寄歸傳》三。

二舉古師難者，唐靜法寺慧苑《華嚴刊定記》云：八時者，舊人四説。一云：如來説法於八囀聲中，隨用一聲逗機説故。一云：佛説《華嚴》八會時故。一云：依聲《明論》，晝夜各有四時，如來隨於此時應機説故。一云：依《十地論》，如來説法離八非時、依八正時故。《十地論》十一云：如王懷憂惱、病、恚、着諸欲、險處、無侍衛、讒佞、無忠臣，於此八難時，智臣不應語。法王亦如是，非時不應説。云云。釋曰：尋上諸説，雖各有據，然勘梵本並不相應。謂梵稱一瑟吒，此云欲樂，梵言遏瑟吒，此謂之八。而

《攝論》梵本則是一瑟吒，非遏瑟吒也。由其兩音相濫，致使翻譯者謬傳，既翻欲樂名八，亦復虛加時字故，勞諸德擾動智海，玉巵雖寶，無當奈何。是故正譯應云：隨墮欲樂聞者識上直、非直説聚集顯現。釋曰：此文意顯聞而欲樂成聚集故。已上《刊定記》文。又《唯識演祕》曰：又薦福等〔八〕三藏和上義淨。釋曰：隨墮樂欲時何所以者，解云：梵云一瑟吒，此云樂欲，言頞瑟吒，此云八時。《攝論》梵本云一瑟吒，明是樂欲。云云。又《義蘊》一舉《法苑》三解已云：此皆未可。今准義淨三藏說，梵云一瑟吒，此云樂欲，若言頞瑟吒，此云八時。古德錯翻名八時，應云樂欲，此解爲正。

又我朝近代有信培者，淨業之徒自稱解得唯識，講《三十論疏》數度。予志學之後，倍〔九〕彼講席，退顧輒慨其講唯識而非唯識，雖口説大乘法相，不識以離言説爲大乘教，自墮小乘。講者既爾，聽者悉至不辨大小乘之菽麥。今也他家講尊被害信培之毒，至謗大乘者甚多矣。予肅然慨嗟于是年久，具如《法相玄論》之初辨拆〔一〇〕焉。如是信培者遂作《唯識疏集成編》，彼編之中引《刊定記》已云：今謂，俗典不言乎，中心疑則其辭枝，疏主釋墮八時猶豫不決，是故説分三義，儻有具不決，則不詢之親教三藏法師何也。疏主雖復已詢三藏法師，或亦不決乎。又三藏曾在天竺稟受此論於諸論師之日，亦不之詢何也。三藏或務在稟傳幾經論，不遑決擇一一文句是非邪正如何如何乎。或雖三藏不能無有千慮一失乎。撲揚巧設救釋，然義淨、慧苑等，雙舉梵漢方音以申對辨，其失叵免，邑師判斷爲正，尤有理也。云云。已上《集成編》。

三舉古通釋者，《唯識演祕》中，舉樂欲與八時二義已曰：問：二箇三藏並親步祇園同覽梵與〔一一〕，忽焉一義解成楚越耶。答：二俱無失。何者。一物名義含多，且如帝釋具有十號，前釋據歷時聲而文義起，故云八囀八時，後解依自慕法而教體生，乃云隨墮樂欲。

問：論本若有一頌七二言，前後三藏有隨取一想也，梵本未必無二字，如何得言隨取一耶。答：何廢無性所製之論前後不同，二德所覩而本有別，亦猶此方諸述作者先後迴互，其類實繁，以此准彼，斯亦何失。云云。已上《演祕》。又我朝近代泉州堺浦有海雲堂居士名鳩者，聲德獨高，道穎五畿，芳傳四主，學苞大小，緇素欽挹，業崇《維摩》，時賢敢恭，遂釋墮八時文云：隨謂隨於時時也，墮謂率爾心也，八時謂八箇刹那也，時者猶言度，應知度度各別隨墮也。故舉世俗八時與《華嚴》之八會以示其例，令其八時亦有差別，即囀聲八度之時也。其如[梵字]等，或[梵字]等，名爲隨墮八時，蓋善囀聲者自知焉耳。云云。已上《東海傳》。自慧苑亂轍以降，被障妄雲，諸德智日不見昭然，今也居士勤以通釋，可謂子[三]古疑雲少披，忽見慧日斜暉也。已上海雲居士義。

四今義通釋者，三門分別，初、辨古非，二、辨古是，三、彰如實義。初辨古非者，靜法、惠苑叨以梵本難八時義，此起妄謬之基矣。若三藏云以梵云一瑟吒、此云欲樂爲謬，則應如汝所難，若三藏云以一瑟吒梵本雖應正翻欲樂，今義翻爲八時，則汝如何難。大抵翻譯文例非唯敵對，多用義翻，譯場之法，至人不可解文，則必用第二展轉訓釋法令解意味。《玄贊》三曰：然今經文恐人不解，翻譯之家遂依第二展轉訓釋法而釋，然少不次，以義正之，不違聖教。若別義釋，便是人情，非爲聖教。云云。今亦是第二訓釋法也。今舉示一二例，梵云素怛覽，敵對應翻云綖，存方土可信故義翻云經。又梵云毘奈那[三]，敵對應云調伏，存易解故義翻云律。又梵云捺落迦，敵對應云不可樂，存易解亦義翻云地獄。又梵云商羯羅塞縛彌，敵對應云骨鎖主，准世所言翻天主。如是等類非七、八、九，經論之中自可檢知。今亦如是，《攝論》梵本既云一瑟吒，正翻應云欲樂。雖然，若云欲樂，則汎漫以不具彰名句及五心聚集現義故，今爲委聚集現義，義翻以云八時。非墮在已，若墮在時，八時皆欲樂故，總言則是欲樂，別言則是八時。唐三藏非不用梵一瑟吒此云欲樂，故彼所難非今所關，彼見遏瑟吒此云八，眩迷梵音相近，淩三藏爲謬傳，惠苑輕蔑賢善之罪所不輕也。惠苑不全解聚集顯現義故，以八時言爲無用義，妄昧尤甚。惠苑由來有以梵本亂正翻之癖，彼實智解玲瓏，雖應云玉巵無當，此非寶，有智之人勿爲妄説所率失也。又《義藴》中朋輔薦福三藏，以云八時爲誤，是亦不全解聚集顯現之義故。義淨三藏不具顯法相之人，故唯以總合欲樂一義翻是，大唐三藏以法相大乘示中道人故，今爲令聚集顯現微細明著，義翻以爲八時，有智學者必勿眩迷。又近來信培所言，雖似蚊蠅作聲，少附惠苑、道邑驥尾，動黄口疑三藏，妄談不足論已，彼云中心疑故既分三義，此是何之言乎。大抵解大乘深遠之教，設多義彰所含實理，是古學之風也。今家章、疏必設多義以令至其真實，信培由來有評多義以爲一途之癖，後學必勿惑此説矣。此斥古非已。

二辨古是者，《演祕》中設救釋，問答有二，其中初問答有少理，次問答似無理。又設救釋雖可爲是，釋八時言不盡義，故妨難不已。又海雲居士釋八時言云八囀聲八度之時，此釋甚好，然不辨相傳三釋之所由，未盡之釋也。問：下章云合有五刹那所依之聲於心上現，依之見則鳩師釋八時云八箇刹那，似乖理，如何。答：刹那，時之通名，聲是名等所依也。云諸惡者莫作時，在五箇時節，名、句所依之聲心上顯現故，云合有五刹那也。云八刹那亦無過也。約增長則有字、名、句五十聚集，約合説則但有五刹那，所依之聲心上現也。所依之聲者，攝假隨實釋也。是敍古是已。

三彰如實義者，《開發》中舉相傳三釋，以八囀聲爲初，《華嚴》八會爲次，世俗八時爲後，此狹爲初寬爲後也。又今此章次，又初世俗八時，次《華嚴》八會，後八囀聲之時，此即自寬向狹之釋。雖有前後之異，理無相違。

初云隨墮世俗説日夜八時者，約聞世、出世

間一切法，晝夜八時之中隨墮在一時，心之上五心聚集、名句聚集，云隨墮八時等也。若於本邦，則晝夜十二時之間，隨墮在日中或日没見聞如是如是法事，一時其識之上五心聚集、名句聚集，餘例准知。

次云隨墮《華嚴》八會時者，且舉《華嚴》八會令例餘會，謂此亦八會之中，隨墮在一會聽法識上五心聚集、名句聚集，云隨墮八時等也。

後云隨墮詮辨諸法八轉聲時者，謂如説一時婆伽梵，此八轉聲中隨墮在第二業聲，聞者識上五心聚集、名句聚集。復如云王舍城耆闍崛山中，此八轉中隨墮在第七轉於聲，聞者識上五心聚集名句聚集。餘轉聲中墮在聚集，例自可知。海雲鳩云：墮者率爾心也。今云：未穩，隨謂墮在義，八轉一一有墮在義。墮在言中五心具足聚集，非唯率爾，故海雲所釋爲不盡理。又鳩云：八時者八箇刹那也，時者猶言度，應知度度各别隨墮也，即是八轉聲八度之時也。云云。今云：此釋雖有理，釋通漫也，以刹那釋時言故。又鳩云：舉世俗八時與《花嚴》八會示例。云云。今云：此釋未穩，《開發》中既約寬狹釋故，三義共皆是聚集顯現，寬、中、狹之相也。

由是應知，隨墮八時言，明聞法者識上五心、名句聚集顯現時時墮在。設八之言，且欲由世俗説以日夜八時明墮在相。此日夜八時中，《華嚴》八會時，八轉聲時，同一時墮在故，令同八數，云八會、八轉，非必局八，必勿膠執。如《開發》言：今依後説隨墮晝夜八時聽聞正法，義寬通故。云云。

問：日夜八時義如何寬通餘耶。答：初、舉寬日夜八時，通一切世、出世間《華嚴》八會、《般若》十六會諸會等，此等皆攝在日夜八時中故，此爲寬通。次《華嚴》八會雖在日夜八時中爲狹，對八轉聲時則亦以爲寬，故是中也。《華嚴》八會中一會具八轉聲時，故以八轉時爲最狹也。是故以寬置初，正今由是説隨墮八時，《無性論》意故。

問：若爾，爲何説《華嚴》八會及八轉時耶。答：世俗八時墮在同時，八會、八轉亦墮在聚集顯現故，欲令委細聚集現相，説如是三義也。《開發》中自狹向寬次第相攝，准是可知，理全無違。

問：以何知爲彰聚集顯現相云隨墮八時耶。

答：《開發》中問云：如何過、未無體，應識上聚集相無，云聚集解生耶。答：此問引無性墮八時之文，舉相傳三釋故，此三釋即聚集相委細説，自可知也。《三十疏》《對法疏》等，皆答應聚集，無問云隨墮八時，檢可知已。此可辨事寬狹也。

問：若爾，何故不翻云樂欲，云八時耶。

答：於八時中，隨墮何時，亦皆無非欲樂，故云隨墮八時，則欲樂義自含隱。若但云隨墮樂欲，而任梵本，則漫中之漫，每一囀聲有聚集現之義，遂不明顯。故隨墮言含欲樂義，令了知一一囀聲有聚集現等義故，云隨墮八時也。上來釋隨墮八時已。

聞者識上者，此即彰佛不説義故作此簡也。

直、非直説者，諸家釋紛紜，《決擇記》曰：章直、非直説者，略有三釋。一切聖教明長行名直，頌名非直。二、據十二分，説最初契經名爲直説，據初略説未委細明，餘十一部之説子細具陳，説名爲非直。三、從所詮名詮自性，名爲直説，句詮差別，言非直説。云云。又《唯識義演》但用此第一釋。又《華嚴刊定記》一舉五釋，初三釋如《決擇抄》，第四釋云：直爾説法名爲直説，以譬喻説名非直。第五釋云：如實説者名爲直説，方便説者名非直説。云云。又《開發》中出三釋，如《決擇抄》，復設別解云。又今別解：顯了説者名爲直説，密意説者名非直説。云云。又有解：不爲屈曲表彰，但直生解文義，説云直説，屈曲軌範表彰差別之名、句、文，説云非直也。云云。近來信培者作《集成編》，評此等説云：今謂：雖與説區，以長行爲直説，頌爲非直爲優，而引《瑜伽》二十五、《顯揚》六、《成實論》一爲證。今云：信培之此評也，雖精而勤，失多含之義。由來信培好加取捨，是彼之癖也。上來所釋之諸義門，在此直、非直説言，而含容《無性論》

意明一切直、非直説義識上聚集顯現，必不可取捨。此下章中云長行爲直，頌爲非直，此由別義，深思可解。

聚集顯現者，此聚集有二。一者、名句聚集，由《婆沙》、十四。《正理》十四。意，章主立之，《大論》等不説之。二、五心聚集，由《瑜伽論》立是，然此章及《對法疏》及《開發》，説五心、名句二箇聚集，《三十論疏》但説五心聚集，名、句集處必有五心集現故但存略，其實二箇不可分離。然無性意取何聚集云聚集顯現耶。謂既云文、義相現，故知名、句聚集。是故《開發》曰：彼論於八時中隨墮何時，聞者識上有直、非直十二分經聲、名、句等聚集顯現，以爲教體。云云。無五心集，則名、句集亦無故。雖不可分離，今以能詮文爲正教體，故以名、句聚集爲正聚集也。

此意即取等下，二章主以相傳釋成文。

隨世俗説者，《西域記》二、《寄歸傳》三等，明西圓方俗説。《西域記》二二十一行。曰：六時合成一日一夜，夜三晝三。居俗日夜分爲八時。晝四夜四，於一一時各有四分。《南海傳》三云：若依方俗或作三時、四時、六時，如餘處説。

章《佛地論》云至佛實無言。《鈔》曰：三、舉《佛地論》一師説而釋。此中二文，初、正舉《佛地論》文，二、章主釋文，此文有此二祕。

本願緣力者，《唯識義演》曰：如來因位發願云：衆生見我者，於自識上文、義相生。佛雖不説法，由衆生有善根力故，即衆生自識上有文、義相生也。云云。近來信培評是云：佛願文、義相生者鑑説也。佛以慈悲願樂説法度生，此云本願非必願文、義相生。云云。今云：信培所言尤爾，《義演》釋不是也。此章下明護法等意云：此師意説：衆生本願願聞佛説。云云。翻是可知。

自意識上者，自謂各自，其可聞者之各自識。若地上薩埵爲可聞者，則此意識察智識故，所現文、義亦即真無漏相。又若地前凡夫名可聞者，則此意識有漏善意識故，所現文、義亦其體有漏善，似無漏相。

文、義相生者，如上已明。文有二釋，一者、淄洲由《攝釋分》意曰：文者六文。《最勝疏》一曰：此六文中，正文唯文身。是餘名文者，名、句從所依，語從能依，行相約所顯義，機請據能起，相從名文故。《揚[一四]釋分》曰：如是六種皆顯於文，若闕一種不能顯義，由能顯義是故名文。云云。二者、章主由能詮根本釋云：文是所依能詮根本，名、句不能生解，但說其文。云云。義亦有二意，一者、淄洲由《攝釋分》釋曰，義者十義[一五]。《攝釋分》具說十義如上。《最勝疏》曰：此中依所詮及所爲並名爲義，十俱所詮。云云。二者、秋篠《增明記》云：文集成名，名集成句，文是本體，名、句是義，是故舉體不取義也。云云。此意，名、句雖是能詮，於能詮中分體與義，義是差別，是故今云文、義相生，名、句、文相生，非以所詮名義。此二之中，以第二家爲今章意，章主此段最初牒云能詮文中故。相者影像相分，生者生變，謂由佛本願爲增上緣力，自第八識中意識種子，生變似文、義能緣見、所緣相。其能緣見今云自意識上，其所緣相云文、義相。

此意即是等下，章主釋成。

爲增上緣者，釋緣力字，示非因緣。

此文義相下，亦是《佛地論》文。

自者自身一聚，親者簡增上緣，善根者種子名根，有漏善、無漏善種子。又善根者前念相續所修善根，是約現行，此現行所熏成之有漏、無漏善種子名力。力者切力切能，即是種子，謂此文、義相雖各自親依託所修善根種子力現起，而不唯自力起，以佛本願爲增上緣起故，就根本緣其文、義相云佛說。

佛實無言者，結不說法。

章故無性云至佛云何說。《鈔》曰：四、寄難成。

無性云者，《攝論》第一初丁左。文也。

若爾云何等者，《攝論》中正難文。按彼論文，本論初説薄伽梵前已能善入大乘菩薩，爲顯大乘體大故説，然《無性釋》云聞者識上顯現爲體，由是此難勢起。難意言：若言聞者識現爲體，則云何云已入大乘菩薩説耶。非聞者識，彼已入菩薩能説故。已上難。

彼增上生等者，此下八句《攝論》中正答文。彼者指何人耶。答：此古來有二釋別，一者、指已入菩薩云彼。《決擇抄》由是作二釋。一、菩薩本性之教名增上縁而生起者，心上所現影像之教，此影像教以增上縁言菩薩説，約實自變。二、云菩薩實不説法者，菩薩爲人説故，約是云增上生也。二者、指如來云彼。《唯識義演》由是作二釋。今云：二家之中云指菩薩爲准《攝論》文，然《決擇抄》所言爲穿，由是却《義演》第二釋爲勝。今別釋云：約本如來增上而生故，佛云彼。雖佛不説，已入菩薩爲聞者時，佛增上已入菩薩自意識上文、義相生。由此熏習力故，已入菩薩在定爲增上縁，地前凡夫等聞者識上文、義相生。是故論文云菩薩説，亦已入菩薩實不説，但在定爲增上，聞者識上文、義相生，正指菩薩云彼，約本亦指佛云彼也。

譬如天等增上力等者，《周記》曰：謂有婆羅門事天等自求聰明，專以欲夢中見未與呪論等，彼天實非將呪論等而與此人，但爲增上，彼人夢中自得呪論。云云。《玄贊》一引此喻已舉一喻曰：如母嚙指，子作喚解。云云。此周魯參故事，舉此故事次引一字不説經而結。

若離識者佛等下，此結寄難成識上顯現爲教體。若離識者四字，若不爾者，意《周記》釋難意云：此無性爲經部等執心外之名以爲教體，今設難云：佛如何説令他得解。彼返難云：云何不解佛現名等。答云：非聽者識之所現起，如非所縁，云何親能生聞者解言爲教體。云云。

章此就本縁至實不説法。《鈔》曰：五、成佛不説此言，指上來所引《佛地》無性所言。

本縁者根本增上縁，本謂前所言本願也。

唯有、無漏等二句成無文、義之由。今按，此二句龍軍論師所造《身[一六]論》之文。何以得知。謂《唯識開發》中，初云龍軍論師等云舉此唯有無漏等文，次云無性《攝論》云而舉隨墮八時之文，後云《佛地論》云而舉如來慈悲本願緣力之文，《法華玄贊》中亦云龍軍等云而舉此唯有文及佛慈悲文，由是自知，此唯有文龍軍論師之文。加之《玄贊》中云：龍軍等言：佛唯有三法，謂大定、智〔一七〕，非久離戲論，曾不説之。云云。以是撿《唯識開發》，彼云：龍軍等云：如來唯有無漏大定、智、悲、寂靜涅槃、真如之理，無動無轉、無説無示，但衆生有感，於自識心文、義相生，謂佛説法，佛實無言。云云。以是復撿《西明疏》所引龍軍論師所造《三身論〔一八〕》之文云，龍軍即是舊譯《三身論》主，彼説佛果唯有真如及真如智，無音聲粗相功德。云云。此文如次，大定、真如。大智、真如智。悲，無音聲粗相功德。由此等文對校，忽焉知此文唯有三法即龍軍之文焉。近來學者無曾知此等之所由，深思學人須詳察焉。又《唯識演祕》中問曰：言唯有三法證無文、義，若爾，應無色身。答：有二釋，一云：亦無有所見者，亦唯能見識之變矣，如文、義等。二云：佛離戲論名等故，依本願大悲變現色身，令物覩益，故非戲論，色身故。有評曰：按《佛地論》《唯識論》十，前義爲本，至文自悉。云云。今云：《演祕》所釋以無色身爲如實義，此釋於龍軍義實爲允當。若於無性爲有妨難，云何有妨難。無性《攝論》説佛有他受用、變化二身故，無色身義於無性不可成。又以《唯識》第十文雖成無色身義，此亦未穩。第十論云：有義：如來五根、五境妙定生故，法界色攝。云云。此意引識所緣。本疏釋曰：如來根、境皆以意識妙定爲先方變，本識隨變，設第八變妙定生故，法界意識所緣。所攝，今云：《對法抄》云：又諸菩薩雖入滅定，而起威儀遊諸淨土，此由定前意樂擊發本識相分現諸威儀，後雖滅之，威儀不滅，由第八識持緣彼故，此位威儀依何本質。不爾，八地已上菩薩入滅定位，無前意識擊發威儀，即應不成念念入定，亦非不起定現諸威儀，如是便違處處經論，《無垢稱經》等。云云。今本疏所言，以意識妙定爲先方變，本識隨變者，此亦由意識妙定擊發本識相分，色身自現。此雖本識變自妙定生故，第八變色身，此定果色，法處界所攝，非五根、五境義也。非佛以外所餘菩薩及異生等，雖依此佛所變上變爲佛身土，然佛變細，妙定力生故。餘變者麁。佛變細者，非五境攝。妙定所生故。根、境既無，如五識亦非五識界。根雖非實，似其根相故佛現有，他不變根，但似境，以相麁故，可變用故。《無垢稱經》中，如來之心恒在定故。云云。已上本義文。由本疏意，此第十卷妙定生義，可言或有色身或無色身。若第八識變亦自妙定生故，若無第八實變色身，則應云無色身。既妙定所生色身有故，復應云有色身，如《演祕》等。由第十論文，但云無色身，則失本疏意，必勿偏執，是故今會言，則無性《攝論》說有他變用變化身，此約妙定所生身。復云唯有無漏大定、智、悲，約第八變亦妙定生，無因緣故。《演祕》答釋甚爲不是。

若依聞者等下，於上句佛不說法之義道理極成，即聞者識文、義相現爲教體義自炤灼故。今於此文明聞者識文、義有有、無漏心現之別。若依者，猶云若就。

有漏心現等者，地前凡夫爲聞者時之心現相。

無漏心現等者，地上薩埵及八地上無漏後得之心現相。

即似無漏等者，《唯識演祕》中問曰：佛無文、義有漏識變，云何言似。無所似故。答有三釋。一云：名等佛識雖無，然聽法者謂佛實說故，自心上有似文義。雖無本質所似名等，似自內心，故亦無失，如言似我，向內似故。二云：似佛無漏非文義也，無所似故，文、義之言相從來也。三云：七地已前有漏心位而過少故，名似無漏，非約影、質名相似也。揆揚評取三義，初釋爲好。今云：三釋俱有妨難。難初義云：若言聽法者謂佛實說，自心之上有似文義，似自內心故向內似，爲似無漏，則地上能聞者亦應似自內心文義相起，云何不云似無漏，而云真無漏耶。真無漏何故非似內心相耶。有此妨故，初義不成。《義演》亦不取此初義。難次義云：若似佛無漏故云名似無漏，則地上無漏心及八地上後得，何故不名似無漏。皆是應似佛無漏故。地上無漏聞者文、義，八地已上後得文、義不似佛心，不應道理故。次釋亦不成。難後義云：疏意通言諸有漏心所變文、義不唯七地，豈地前等不聽佛説。若許聽者，自識所變，豈不得名似無漏耶。既得名似，故此釋亦不成。此難《演祕》中難意也。

今明如實義者，不簡地前、地上，聞者有漏心現無漏影像，不拘文、義，總名似無漏。對地上菩薩無漏心及二乘無學并如來心相名真無漏，名似無漏，以一切真無漏爲所似故，一切有漏心現無漏影像名似無漏。翻是應知，佛識上等所現有漏非真有漏，《唯識》第十説真善無漏界攝故，可名云似有漏，如《二十論疏》末辨。

問：此文似無漏云聲、名、句、文，真無漏但云文、義，有何所由作此差別耶。答：併撿《三十論疏》《對法抄》等，《三十疏》中云似無漏文、義，真無漏文、義，不作差別，《對法抄》中似無漏云聲等，真無漏云名等，此亦無別。由是撿今章意，真無漏云文、義，俱於能詮名爲文、義，義是名句，如前已辨。故諸疏、抄作例全無相違。

此即如來等者，此言承上來説，此即結成不説義。

章故《大波若》至不違唯識。《鈔》曰：六、舉不説證結歸唯識成立俗中教體。此中文二，初、舉不説證，二、結成，今即初二也。

《大波若》等者，四百二十五十八丁。云：我昔於甚深般若波羅蜜多相應義中，不説一字。

《文殊問經》者，彼經下五丁左。云：我成道來，雖得阿耨多羅三藐三菩提，不説一字。云云。

《涅槃經》等者，經第十四、三十九、第二十六廣説。云云。經第十四，依法身云不説。又三十九，諸佛無異説故云不説。又二十六，依計執無云不説。等言等取十卷《楞伽》第六、四卷《楞伽》三、四十左。《金剛般若》。十卷經第六云：我從某夜得最上覺，九（一九）至某夜入般涅槃，於其中間不說一字，亦不已說、今説、當説。云云。又四卷經三云：如來不說墮文字法，文字有無不可得故。云云。

《十地》亦言等者，晉經二十六、三丁左。唐經三十七。三丁左。

問：三界唯識文以何成不説義耶。答：一切法唯自識所變故，唯聞者識所現文、義爲教體，自可知此義成已，即佛不說法義也。

故知教體等者，二六結上成唯自心變文、義爲教體。唯識變義成已，則可言中道成。中道教體顯然，修唯識觀者應自知。

章問何故佛寶至故唯心變。《鈔》曰：七、問答唯心變教體。

何故佛寶等者，謂於三寶中，佛寶即取有本質，然今説法法寶教體云佛不說法故，是無本質，唯自心變文、義相，何故佛寶與法寶中有如是異耶。是問文、意也。答：教法戲論等者，一切法性以不可言證知故，不可教示，然今教示爲教法寶，不稱離言法性，故云戲論。由耳根意生，緣教名聞，通緣一切名、句、文三屈曲生故，皆是意識所變現事，爲教法體，唯自心變，自可知已。餘非戲論等，除教法寶所餘理、行、果三云餘。

問：此三何故非戲論。謂理法寶以絶言如理爲本質，行法寶以真如智爲本質，果法寶以真如子真如智之冥合爲本質故，云非戲論。

故取本質等者，翻成但教體説唯自心變之由。

《無垢稱經》等下，舉教法是戲論之證，經第三十二丁。《不思議品》文也。

法非是聞、覺、知者，法謂法性絶言妙法，是非見、聞、覺、知所及。《無垢稱疏》五本。曰：真如法中無四境故。四境者，《對法論》曰：眼所受是見義，耳所受是聞義，自然思構應如是如是是覺義，自内所受是知義。雖大乘中根、識、心所和合名見等，然根之義强故得名。《瑜伽論》云等，文長往見。

若行見、聞等者，《對法疏》一八十三左。曰：准

《瑜伽》第二、十八丁。九十三十一丁。之説，眼根名見，意由耳生，緣教名聞，通緣一切名、句、文三屈曲生故。覺者即是不依見等獨生。意識及第七識知者，即是[三〇]耳、鼻、舌、身五俱意識，第八心品及諸定心。云云。如是見、聞、覺、知四境，依有漏差別心而建立之故，説真如妙法非見、聞等四境也。

非求法也等者，此法者指絶言法體，謂見、聞、覺、知求教法寶，此體以世俗論論，即是見、聞、覺、知皆意識變，非求真如法寶，故經云法非見、聞、覺、知也。

故唯心變者，結教法寶唯自心變，謂教法必見、聞、覺、知求之，是非實求法故無本質，唯自心變。

章問若取佛説至聚集顯現故。《鈔》曰：八、問答識上聚集現。今此問以有宗三世實有義而難識上聚集。

答取佛説等者，若以佛説爲本質云聞者識變，則無此難，故云義即可然。

若聞者心等下，正難不許佛説法，唯聞者識所變爲教體之義，子細研究，道理難決，故此難來也。

過去未來等下，正難意也。《順正理》十四、《俱舍》第五敍有宗義曰：我宗皆有三世非無故，後待前能生名等。云云。有宗義既如是，故於大乘立過、未無體後立聚集顯現義，大生疑故，今此問自起也。

答無性解云下，正答文也，如前已釋。

謂八時中已下，章主釋文。

章《瑜伽》説心至自當廣釋。《鈔》曰：九、總以五心聚集明七心、十二心，離五心無七心、十二心，故總合爾。大凡辨聚集顯現有二：初、五心聚集，二、名句聚集。然此《章》中，及《對法疏》《唯識開發》，二聚集俱明，《三十論疏》但明五心聚集不明名、句，謂名、句與五心聚集顯現必是同時。云説諸惡者莫作時，同時有二聚集顯現故。此中有六文段，初、列五心名，二、示句法，三、明言諸時有二心，四、明言行時，五、明言無時，六、明言常時五心等方具足，今即初也。

如《五心章》等者，建立五心源由《瑜伽》第三意地三，如次下《五心章》。

章如聖教説至有起盡法。《鈔》曰：總明中第二示句法。

如聖教者，北本《涅槃經》十四《聖行品》文也。有四句文，其中今學初二句。此次但舉諸行無常句總明五心、七心、十二心，離五心無七心、十二心故總明。今此諸行無常句，二種句中第二顯義周圓句，句義俱圓滿故。《增明記》云：以眼、耳、鼻、舌、身名集法滿足句，以不生亦不滅等句爲顯義周圓句非也。《對法疏》明五心聚集已云：此中且依句義圓滿以辨五心，非一切教皆定如是有但説名。如説佛言，一字五心生，如説天接，二字之内五心亦生，如説慈氏佛，三字亦生，如是乃至事緒究竟，隨字多少五心方具，如應當知。云云。《五心章》云：若説事理未究竟已來，五心不具。云云。今云：若委細論，則就諸行無常一句，有五心、名句聚集以成一句，同一時心上現然。今此章句初明五心聚集，次明名、句聚集。〇今且揭五心、名句文同時處現圖示。

〇五心、名句字同一時處心上顯現圖

且據七心示之，十二心例可知。

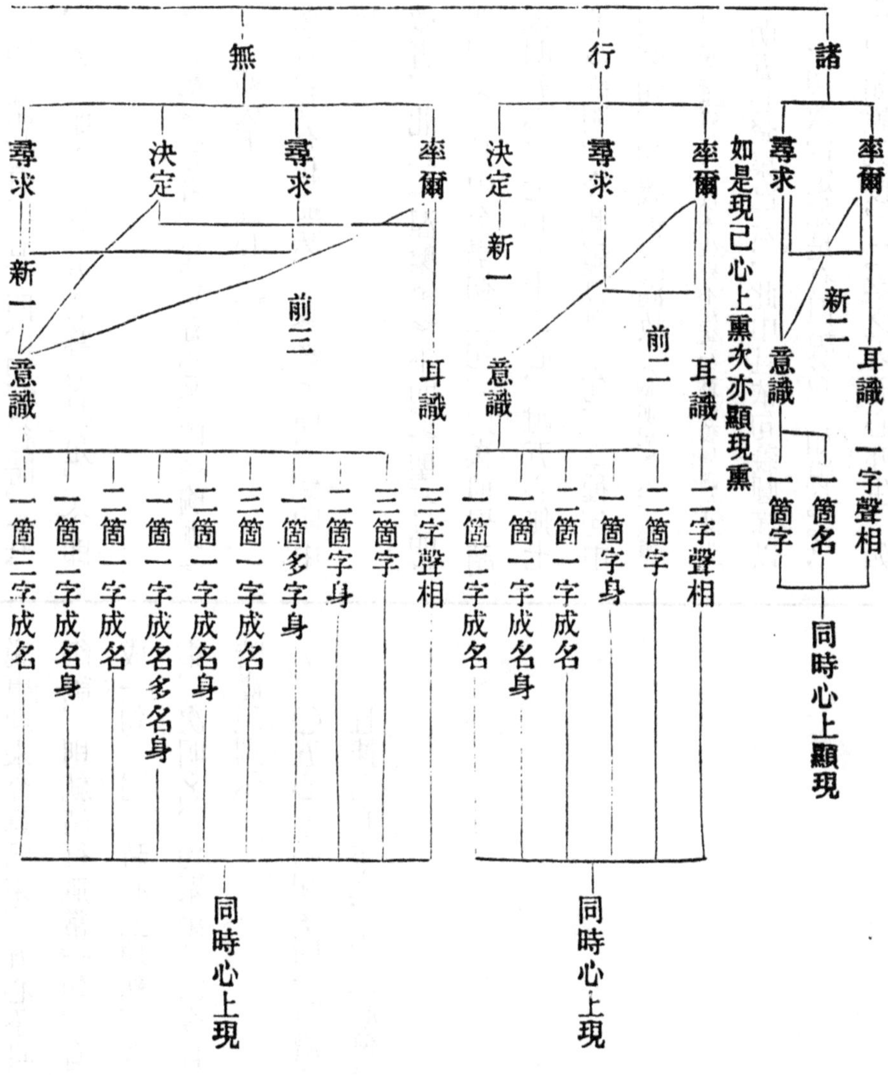
諸
率爾
耳識
一字聲相
尋求
新二
意識
一箇名
一箇字
同時心上顯現
如是現已心上熏次亦顯現熏
行
率爾
耳識
一字聲相
前二
尋求
決定
新一
意識
二箇字
一箇字身
二箇一字成名
一箇一字成名身
一箇二字成名
同時心上現
無
率爾
耳識
三字聲相
尋求
前三
決定
尋求
新一
意識
三箇字
二箇字身
一箇多字身
三箇一字成名
二箇一字成名身
一箇一字成名多名身
二箇一字成名
一箇二字成名身
一箇三字成名
同時心上現

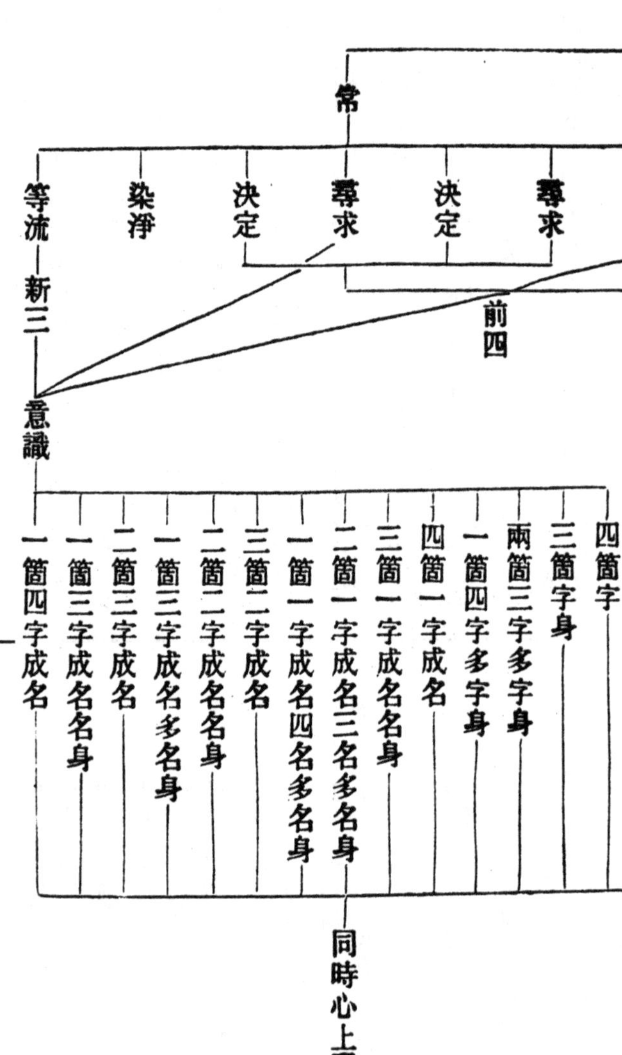

已上心相合十六心，聲相七，聲字相二十，名相三十五，總合七十八相。前後念聚集成一句也。

率爾，《義鏡》云：率爾者，忽然也，謂此初心忽然也。謂此初心忽然墮在所緣境中，名率爾墮。尋求，同曰：尋求者，尋謂思尋，求謂推求也，即於初心所墮境中思尋推求，名尋求心。決定，同曰：決斷，定謂印定，於第二心所尋求境決斷印定，名決定心。染淨，同曰：深〔三〕謂染污，即不善性并有覆無記。淨謂淨業，即是善性及無覆無記。由第三於所緣境得決定已，此位方得染淨性成，名染淨心。等流，同曰：等謂均等，流謂流類，由第四心染淨已成，彼所引故，今此位中或善或染流類均等故，名等流心。等前心流故，名等流心。

《瑜伽》八十一云：所成句者，謂前句由後句方得成立，如說諸行無常，有起盡法，生必滅故，彼寂爲樂。此中爲成諸行無常故，次說言有起盡法，前是所成[三]即所成句，後是能成即能成句文。云云。《顯揚》十二亦復如是。又《增明記》一云：諸行無常者宗也，有起盡法者喻也，舉燈光等生必滅故因也，由是道理，彼寂涅槃以爲勝樂。云云。

章如言諸字至必意識生。《鈔》曰：三、明言諸時有二心。《唯識演祕》曰：此一段文據彼七心及十二心合而作法思惟可委。云云。同《義演》曰：此一段文總約七心辨。若新新解下，明十二心。云云。今云：《成唯識疏》中明五心聚集文，及今章文全同，然《演祕》《義演》兩家分科中，以《演祕》釋爲准疏文，《義演》不准，故爲不是。今助《演祕》所釋解云：如言諸字至教體亦成，總合七心、十二心而釋，即是釋五心聚集也，離五心無別七心、十二心故。

若新新解下，別明七心、十二心中，初明十二心，既於初字下，次明七心，云合有七心也，故今此文明言諸時有率爾、尋求二心。今按《開發》，就諸字聚集舉西方相傳三釋，與《義燈》中《要集》所舉相傳三釋，全無相違。

《義燈》所出《要集》西方三釋[三]

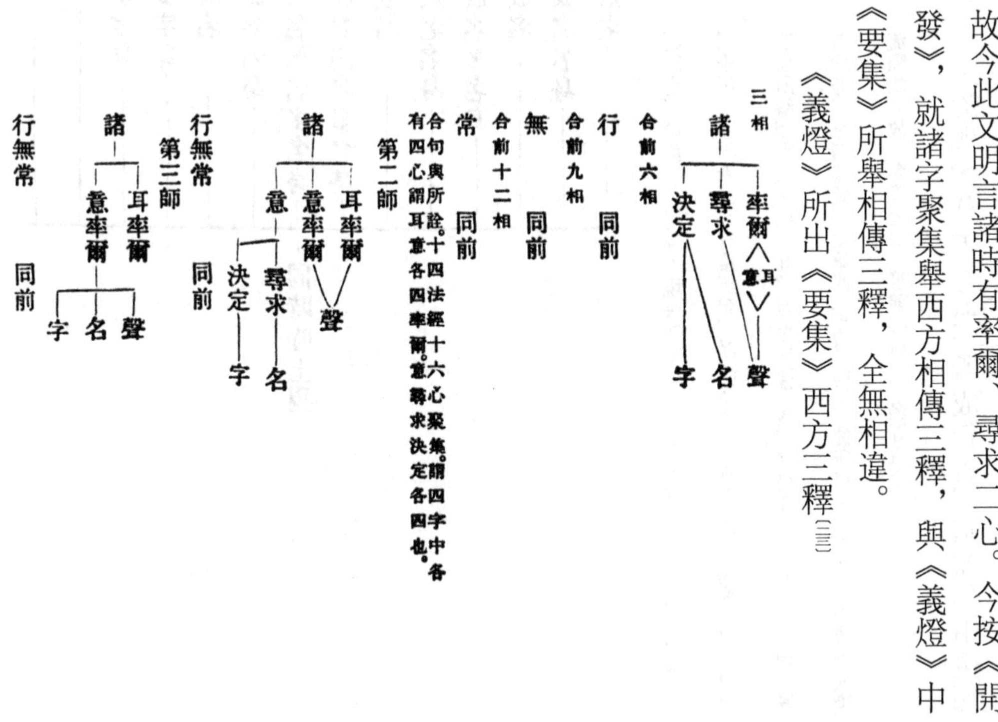

然其第一釋中別舉有説，其有説意與今章及《唯識疏》所言全同，《開發》三釋明五心名等同時集現故，文長煩言，今採要示。一云：説諸字時有率爾、尋求、決定三心，諸言目一切故。二云：説諸字時，耳識同時意識率爾起，但領受聲。續起尋求心時，其同時意識上，於其尋求。所緣境中而決定，尋求時必緣名字等故必得決定也。三云：率爾耳識唯緣聲明，率爾意識亦緣名等故，率爾識有決定心。今云：雖如是三釋，俱約辨五心名等同時聚集。今此章及《成唯識疏》，唯約五心而釋，《開發》中所言有説，云初聞諸字無決定心是也，與此章云未決定知諸所目故全同。其實雖五心與名字同一時聚集，但就名字言五心，與就句義云五心，各約一邊論之，智者應知。

率爾心已者，秋篠《義鏡》曰：初率爾者忽然也，謂此初心忽然也。謂此初心忽然墮在所緣境中，名率爾墮。云云。

必起尋求等者，《義鏡》曰：尋謂思尋，求謂推求，即於初心所墮境中思尋推求，名尋求心。云云。必言示必定率爾心後起尋求，初心者率爾心也。

雖多剎那等者，示若尋求無間心散亂，則尋求亘多剎那，行解是一不決定。

未決定知諸等者，釋多剎那總名尋求所由，此即《開發》所言有説義也。此不約名，但約義論，智者勿濫。

如《瑜伽論》等者，此取意引舉率爾次必尋求起之證。

又一剎那五識生已者，明率爾墮心，五識隨一緣境，是率爾墮心也。今此《瑜伽》文説率爾墮心唯五識，又第三及七十六《深密經》説通意識也。又云：何率爾墮心通五識及意識耶。答：率爾五識同時意識亦名率爾心也。《瑜伽論》三説，意識任運散亂，緣不串習境時，無欲等生，爾時意識名率爾墮心。有欲等生，尋求等攝故。云云。《五心章》引是云：且如眼識初墮於境，名率爾墮心，同時意識先未緣是，今初同起亦名率爾。云云。今云：此章所舉約相勝説，率爾於五識勝，尋求於意識勝故。今此偏説，非云率爾五識無同時意識也。

從此無間等者，釋前文云必起尋求續初心起。《周記》釋曰：又一刹那至必意識生者，證率爾後必有尋求。又五同時雖有意識，今言無間識生者，尋求識生。云云。

必意生故者，《周記》所覽本作必意識生，《對法疏》與此章同，《成唯識疏》作必意識生故。今檢，無故字本爲勝，有識字本爲正，以《周記》所覽本爲是。

問：凡論五心，唯在六識，將通七、八耶。答：如《開發》言，然此五心，彼《瑜伽論》隨其相顯，但約六識而分别之，七、八相續，五心相隱，所以不説。云云。如《五心章》中。

章復言行時至生即不定。《鈔》曰：四、明言行時。

由先熏習等者，初聞諸字起率爾、尋求二心，熏習第八本識，説由熏習勢。聞行言時，連帶諸字率爾、尋求解生。如何解生。謂有三心現。

有三心現等者，謂於行字慧解心生，此云三心現，所謂率爾、尋求、決定之三心現。

決定知諸等者，釋決定心生。決定者，《義鏡》曰：決謂決斷，定謂印定，於第二心所尋求境定斷印定，名決定心。云云。

知諸因等者，示連帶上字解生。

問：今云三心現，爲十二心歟。將七心歟。答：此且就十二心釋，故云率爾、尋求、決定三心現。若約七心，則言行時率爾、尋求，取先起者，但決定心爲新起心。今總合七心、十二心明，有智學者審詳可知，勿概見必爲難。

問：七心、十二心别爲何分是。答：古來有三釋。初、《義演》云：若諸行等四字通説，即有七心。若四字等一一别説，即有十二心。何以故。新新解故。二、《同學鈔》云：七心聚集明利根人，十二心聚集説鈍根人，而利根人知諸法自性之時，兼知其差別，是故五心聚集多少不同。云云。三、近來信培解云：七心、十二心二種聚集非關利鈍，此是以境有舊與新爲別。又云：章主以五心爲正義。云云。今詳：信培之所言破云利鈍，釋約境有舊新，似未穩當。此中云境新，豈非鈍根耶。隨云境舊，亦豈非利根者生解一時悟故，就境舊解生，一一非新生耶。今云：七心、十二心如《義演》釋，由通説與別説之二，有七與十二之別。然七與十二同一時處，七心集處必有十二集，十二集處即七心集，而其體五心集，但是約義邊別立七與十二之別，不可必膠執而論也。若膠執論，則失今此文總合意。《周記》曰：然無七心、十二心兩種別明，故此總中含七、十二，於理無違。《義演》中亦有約唯七心釋之文，爲不穩當。以要言之，大抵五心於一字上亦有，此在七心、十二心，今約就諸行無常句明五心立也。

故《瑜伽》説等者，舉尋求無間決定心生之證。第三五丁。説：從此無間，或時散亂，或耳識生，或五識身中隨一識生。若不散亂，必定意識中第三決定心生。云云。《倫記》一舉三藏相傳西方三解，其第三解曰：若此五識同時尋求、決定意識，則緣彼五識曾所緣境生。

此言無間者，由與五識同時親依五識生故，緣無間此是同時無間，非前後無間也。云云。今云：此第三解同時無間義，就五俱意識辨，又由最勝子解西方第二解也。云：乃明五識後尋求、決定二意識，緣過去五識所緣境生。由追緣五識所緣境故，唯緣過去境生，或時緣五識所緣境。云云。若由此解，則前後無間及同時無間二義，前後就五後意辨，同時如是，此解爲優。

生即不定者，謂決定心生即爲不定也。

章雖知自性至許散亂故。《鈔》曰：五、明言無時。

自性者諸行二字也，此未知差別故，但可謂名，名謂自性故，云雖知自性。然未知義者，義謂差別，意言：雖知諸行名，未辨知諸行名此何差別。

爲令了知故者，諸行若常若無常，爲令知此差別，復説無字。

於此時中等者，説無字時云此時中。

有先三心者，此且約七心明，若心七，則説無有先率爾、尋求、決定，復於無字但尋求心爲新起心。又若約十二心委細釋此有先三心四字，則諸言有率爾、尋求，復行言有率爾、尋求、決定三心，應云合有先五心。然今言有先三心，是於諸與行言所起率爾、尋求二心相無別故，相攝以言有先三心。

於無字上等者，此約十二心云無字上有率爾、尋求二。若約七心釋此文，則此中但取尋求心爲新起心，如是含七心、十二心，故《唯識演祕》中云七心、十二心合作法，尤爲穩當。《義演》但云總約七心辨，爲不盡理。

未決定知等下，明説無字時却起尋求所由。

未決定知等者，説無字時，但尋求心，無決定心所由。

即從決定等者，正明説行字時，決定心後還起尋求。上二句明所由，次二句正明事。《五心章》中明亂起、不亂起分別，今云即從決定等，其中亂起也廣如彼辨。

論但定説等下，此舉自決定起尋求證，即《瑜伽》第三文，如前已引，但定説三字正成今義，謂率爾、尋求此無間次第生不亂起故，不亘多刹那，無間次第生。《瑜伽論》中但説率爾、尋求無間生，不説尋求以後無間生，故此文亂起之證也。

尋求以後等者，《瑜伽論》既不説尋求以後亦無間生故，尋求後或起率爾，或起決定故。今説無時，從行字決定後却起尋求，此爲亂起也。

許散亂故者，一本作許亂起故，《成唯識疏》亦作亂起故，《對法疏》中作散亂故，與現本同，雖無違害，作亂起故爲勝。

又《唯識義演》中，釋即從決定已下文云：問：若云從決定心後却起尋求者，如何前言先無字上但有二心，謂率爾、尋求耶。若不然，彼約亂起故，云於無字上却起尋求，而無率爾，故知亂起尋求非七心攝，但尋求前行法。今約無間次第生故，聞無字時有二心也。云云。今謂：此答甚爲不是，如理不識此文一段七心、十二心合作法，故作此謬。謂若約七心時，於無字上但有尋求，此即亂起，爾如理云亂起尋求非七心攝，甚不是也。夫云亂起者，謂五心不次第起也，既於無字自先決定却起尋求，是亂起也。故七心必是亂起，而云亂起尋求非七心攝，大妄謬也。復今章文云於無字上但有二心，此是亂起次第十二心也。從決定心起無字率爾、尋求故，爾如理釋云無間次第生，甚不是也，不叶章疏文故。

章復言常時至方乃得轉。《鈔》曰：六、明言常時。

五心並具者，於説常時五心並具，此約十二心而明，五心中率爾、尋求如前已釋。

染淨、等流心者，《義鏡》曰：染謂染淨[三四]，即不善性并有覆無記，淨謂淨潔，即是善性及無覆無記。由第三心於所緣境得決定已，此位方得染淨性成，名染淨心。等謂均等，流謂流類，由第四心染淨已成，彼所引故。今此位中或善或染流類均等，名等流心，等前心流名等流心。云云。

由前字力等下，明説常時五心聚集力故句義成滿。

由前字力等者，諸行無三字起率爾、尋求、決定等，由其勢力展轉熏習，種、現展轉熏習也。《演祕》中云已下明七心，尤不是也。

連後字生等者，今聞説常時，前前熏習諸行無三字連常字，心上聚集顯現，此時一句成，故名最後時。於最後字時，始解諸行無常句義圓滿究竟，義解決故。染淨、等流二心，方當其時乃得轉起，等流五識爲染淨意所引生起，如《五心章》及《唯識論》。

章故雖無過至教體亦成。《鈔》曰：明龍軍、無性等教體中，十結成答問。故字承無性解云已下義，意言：如是聞者識上五心聚集一時顯現故，雖無過、未體，教體自成。

章若新新解至故成十二。《鈔》曰：明龍軍、無性等教體中，第十一明十二心別作法。

若新新解者，《周記》曰：新新聞説而生解也，一一字別名爲新新，非要隔越多時聞故名新新也。云云。

即於末後等者，《同學抄》曰：問：本疏中付依諸行無常一句明五心生起義，且説後字之時，前字所起率爾等心爲聚集顯現耶。若説後字時，前字心生者，率爾心但一念也。諸字率爾等至行字，則率爾心云何多念相續耶。況尋求心於不了境轉，若説行字之時決定心生，其時云何尋求心並起耶。加之説常字時染淨心生，而前字率爾等三心此位生，則未轉依位前三心無記也，其時意識豈一念中通三性耶。若依之爾則見本疏等文，明連帶解生。説行字時，前二心生，述新新解，末後十二心一時聚集。云云。由是可知後字位前字心悉皆生起，此兩端如何會耶。答：別起五心，先字位心不至後念。《義疏》五心一時聚集，是故説行字時，連帶不忘諸字，決定心位緣諸字故。決字[一五]心上以義立率爾、尋求等也。新新解生時，若至説常字，兼緣前三字故。染淨心位義説餘四心，既非別體，故後字時，一見分中十二心聚集顯現，自可知。云云。今云：此答尤妙，實是相傳珍義，甚可愛樂。然答云未轉位前三無記，其時意識豈一念中通三性耶之難未分明。今答曰：《對法疏》中明五心聚集教體三性分別，舉二義，取其初義爲善。初義曰：有義：五心皆通三性，初三心無記者，據多分説，境若增强爲不定故皆爲教。云云。《五心章》曰：若在因位，境强勝諸識雜生，並生五心，皆通三性所攝。云云。《義鏡》曰：如定中聞聲，耳俱意識率爾是善。云云。由此等釋應消疑難。又難云率爾心應多念相續之答，亦未分明。今答云：若三世實有，則應如所難。今過、未無體，得意識隨念分別故，如一念意識緣過去多事故，非多念相續也。

第一有二者，謂諸字有率爾、尋求二也。第二有三者，謂行字有率、尋、決三也。第三有二者，無字有率、尋二也。第四有五者，常字有率、尋、決、染等五也。

故成十二者，結十二心。《演祕》曰：若新新解已下明十二心。云云。《同學抄》曰：凡見疏前後，上來七心、十二心合明之了。次若新新解已下明十二心聚集，次既於初字下明七心聚集也。總別廢立，本疏文相雖不分明，《義林章》中有此意無失。云云。

章既於初字至一時聚集。《鈔》曰：第十二、別明七心。此章文悉義意易了，然《對法疏》及《成唯識疏》中，至此別明七心文，文省略故其義難了，依是學者多設劬勞。近來信培對辨《三十論疏》與總料簡之異，以此章文爲優，信培由來有評立優劣之癖，此是具略異耳，何優劣之有。復《成唯識疏》及《對法疏》云於後後字等，略第二已下尋求，然信培謬解云行無二字爲後後字，以常字爲末後，而自迷以爲劣。今云：於後後等者，於行無常三字有尋求、決定，若具言則應云諸字未有尋求，行有決定，無有尋求，常有決定。今略合云於後後字者尋求、決定，復云末後乃有等，謂於後後行無常三字，隨應有尋求、決定了。其句末後有染淨、等流二心也，如是解則與此章意全等同。

復難云：《成唯》《對法》二疏云五心方具等，何云明七心文耶。答：總釋聚集文也，與此疏併考可知。

章如是方名至應具廣之。《鈔》曰：第十三、結俗諦中道義。

如是者，承上來所明隨墮八時聞者識上五心聚集顯現之相。此中雖明七心、十二心等相，但言其所□則五心聚集現故，云如是方名五心具足。

故唯識教等者，承上已正結可言中道。故者承五心聚集，謂聞者識上五心聚集顯現以爲教體故，是即離心變無別教體，唯識變是中道故，俗諦可言中道義成，離中道無別教體也，故云唯識教等。

問：何故明龍軍、無性等教體，以五心聚集示聚集顯現，又明護法等教體，以名句聚集示聚集顯現，有何所由。爲此意別耶。答：如上已明，五心與名、句同一時處聚集顯現，雖無差別，若一處明，則意味煩重難了故，隨文便初明五心聚集，次明名、句聚集。

問：如何隨文便。若龍軍、無性等立聞者識上文、義教體故，以心識一義明五心聚集。護法、親光等立能説者識上文、義爲教體，是亦雖識變，約能説立故，以名等聚集明教體，至如實義，五心、名等一時聚集，自可了知。是故《開發》中，龍軍、無性教體下，明聚集現，五心、名句共論。至護法文略之，具如彼。

章二者護法至親光等説。《鈔》曰：顯中道不有十文中，第五牒舉護法等教體。

勝子、親光者，護法門人，親光説是《佛地論》第二有義也。

問：《佛地論》第一有義與無性同，何故前不云親光，但云《佛地論》一師説耶。答：親光是護法門人故，以與護法同義爲親光本義故。今此云親光，勝子説本出《釋論》中。

章凡論出體至故皆無證。《鈔》曰：顯中道不有十文中，第六舉四重出體而明。此有二四重，初四重中文有五，初、標牒，二、攝相歸性體，三、攝境從識體，四、攝假隨實體，五、性用別論體，今即初、二也。

凡論出體等者，凡者汎爾汎漫也，出體者出諸法體也。今此所明四重出體，非但論教體，示總論諸法體例，故云凡論。又此四重出體非局唯護法而論，無性等義亦攝在此四重體中，無周一切不攝，故云凡論也。如《成唯識疏》以無性爲攝境從心，以護法爲性用別論。又如《二十論疏》立增上緣、因緣性相別論，無性、護法俱爲性用別體。又《開發》中以清辨、堅慧、護法爲攝相歸性門，復以龍軍、無性及護法等説爲性用別論，復以清辨、護法爲攝假隨實門。又如《無垢稱贊》以四重出體辨能、所詮文、義體。如是此四重出體圓妙自在論諸法體之法門，非必膠執守株之論，有智學者深應觀察。如次下言，雖説一體，義不違三，故此四體攝法義周，隨其所應釋一切法，而此四體約義用分，不乖真俗法相道理，一一法上具此四體，一體具三，圓妙自在，深應了知。

又《華嚴探玄記》中明經體立十門，第一、小乘，唯本無影。今云：此賢首説，未穩。如何。則小乘教中不見本質、影像之説故，此第一門不立。彼救言：小乘立實有法體，是即慈恩家所言本質。復雖小乘有行相名，不言影像名故，今爲無影，恒有法體爲質。今云小乘唯本無影，何咎之有。斥救云：慈恩家所言本質名，以影像所依托起名爲本質故，此本質體不定，謂他識所變爲質，自種子爲質，或前念現行爲質等。若彼不言本質名，以義彼恒有法體，今爲質。何故。小乘所云行相，能緣心上行所緣相故，即與大乘影像齊。有何所嫌不以義，今言無影。爾以義但云唯本，有何別意。進退不穩。第二、護法説法義，亦本亦影，以此名目立第二門當護法，佛説法義爲他家始教。今謂：此亦不爾。如何。則彼家書云始教就法相義別門，若爾，今所云亦本亦影者，非云性相差別，謂與亦乘亦大釋亦言義同，同依一所依之義云，亦非言本影、性相差別。彼救云：《三十論疏》既云護法性相別論，是非法相義別門。云云。今斥云：若爾，《二十論疏》，龍軍、護法共爲性相別論，何今龍軍爲終教就體性鎔融門教攝。又亦本亦影則攝相歸性門，非性相別論釋。故彼説不穩當。即大乘始教。第三、龍軍等不説法義，唯影無本，即大乘終教。云云。

今云：如是十門亦應有如今家四重出體，雖説一門義不違九之義。若不爾，云第一唯本無影必定唯本無影故，非唯影無本，唯影無本必是此非彼，則此是同勝論計執故。賢首宗談圓實具德，故應定如今家四重出體。

一攝相歸性體等者，此下二明攝相歸性體。

即一切法皆性真如者，一切法謂今所攝相，相者相狀，即依他起諸有爲法，相狀別故，一切法云相。性者實性，即真如理，是諸有爲真實性故。由此諸法性即真如，即本來自性清淨涅槃。

故《大般若經》等者，經五百七十八。十六丁。《述贊》曰：一切有情皆如來藏者，如來歲[三六]者即是真如在纏之名，出纏之時名法身故。藏謂庫藏，諸佛所有一切功德皆在其中，名如來藏。現行功德未能起故，不名法身。又此真性正實如來藏在纏中，名如來藏，一切衆生皆有真理。云云。又曰：又由此性體遍三業，能令三業普皆賢善，故名普賢。然今菩薩普賢本性即如來藏故，説普賢菩薩自體遍有情體故，有情者皆如來藏。云云。

《勝鬘經》説等者，《經述記》下曰：第二明不異。然此二法依如起，離本無末，虚幻所生生死二法。今如來藏猶波即水，但由世門假立説故，云有生死，窮其實，真外無妄。

《無垢稱》言等下，經第二《菩薩品》文也。

一切衆生皆如來者，由《無垢贊》釋曰：此總顯依如，汎然總顯一切依如，欲明如中無授記故。一切有情及一切法此總依如，於中一切賢聖依如，於中彌勒別亦依如，欲顯凡聖、人法總別皆依於如。空理義云：皆依如者，皆性空故。應理義云：用依性故，體依性故。云云。

問云：何云用依性，體依性耶。答：喻之五趣身而示焉。或云人身，作人用故。或云畜生身，作畜生用故。或云地獄趣身，作地獄趣用故。或云天趣身，依天趣用故。今此言衆賢聖及彌勒是用也，作賢聖及彌勒用爲別故。如是五趣身作用差別，論其性，則地獄身地、水、火、風四大種，人、畜、天身悉皆其性，離四大性無別。若忘地獄、人、畜、天身作用，但觀四大，則五趣身都無差別，至衆賢聖、彌勒亦復如是。如是觀察，應識用依性。又於五趣身，人是眼、耳、鼻、舌、身、頭目、手足、皮膚等爲體相，地獄趣身、畜生趣身、天趣身，皆以眼、耳等爲體相。如是體相觀其性，則眼是四大，耳、鼻、舌等是四大，至手足、皮膚亦是四大，一切眼、耳、鼻等悉皆四大無別。若忘眼、耳、鼻等體相，但觀四大，則一切五趣眼、耳等體相，但是周遍四大種都無別，至一切衆生亦復如是，如是觀察應識體依性也。如是觀已，應觀總別依如也。如謂諸法真實緣起法性，謂空無我所顯真如，有無俱非，心言路絶，與一切法非一異等，是法真理故名法性，强名云真如。如是離言緣起法性，總别皆是。且觀一衆生，皆是離言緣起法性，至一切衆生一一無不離言緣起。若忘一切衆生相觀離言緣起，都無差别。又一切色心等諸法亦復爾，皆是離離言緣起無別性。若以離言緣起之智觀色、心諸法，色、心諸法都無差别。又衆賢聖、彌勒亦是離言緣起法體，都無差别。如是論名以攝相歸性門而論。

諸經論説等二句，明餘經論亦有此説，例准令知。《華嚴經》説有爲生滅法是真如相，又有論説淨法界等流教法等，亦説諸佛真如爲體等，不違枚舉。

一切有爲等下，章主釋攝相歸性之文也。

是如之相者，差别爲相，即經所説一切法亦如也。一切衆生、衆賢聖、彌勒等，皆一切有爲、無爲法言中攝。

譬如海水等者，舉喻成。《周記》曰：問：如波依水，相異體同，同滋潤故。如色等法而望於如，體相俱異，何得爲喻。答：有二釋，一曰[二七]取不離一邊爲喻。若約體相可爲喻者，如草木等依於地是。波一一相雖異，眼中濕性不異於海，色等相若異，色中如性而亦不異，無障礙處真如性也。後釋爲勝。云云。近來信培評此決釋問答云：此問賢首家之所難也，不許真如隨緣故。水波喻不成難也，有此難故。《決擇抄》中以二義會，彼抄雖以後義爲勝，以前義爲正，而波一一相已下爲第二解。云云。今云：《周記》所答尤爲麁漫。今別答云：汝問意未穩便。如波依水相異體同者，體言有二，體性與體相二。相言亦二，相用與體相二。既彼云同滋潤故，爾則云體性明，例是如色等有爲法是生滅法，如真如無爲法是常住法，是云相異。如波紛亂相與水湛然相既異，而如滋潤性水波同，色等有爲法與真如無爲法，絶言性全相同故。彼問中云望於如體相俱異，何得爲喻。不辨體相，猥作此問，爲大妄謬。答中以無障礙處爲真如性，是亦不是。無障礙虚空無爲雖是，亦如相非如性，云真如猶是如相非性，本性絶心言處，有爲法緣起本性亦絶心言處，故云性同。又如信培未辨菽麥者，於真如緣起説與賴耶緣起説喜云優劣，彼不知本識緣起即離言法性，作別一箇真如者與本識緣起法別之見，故空起此妄解，於法生優劣，但是相待假妄心所變，汝心妄優劣，不關我心平等正見。學者深思。此波之體等二句，示不離如。體者體性，波是濕潤爲性，水亦是濕潤性，譬之一切法不離如，故云豈異水乎。

一切諸法等者合法，《周記》曰：一切諸法猶如波浪，四緣會者猶如水、風，成其體相者即同於水。言四緣者，謂因緣、增上緣如是等法皆不離如。云云。今云：成其體相者即同於水者，大妄謬也，謂應云同於波。次云然不離如，是同於水。學者簡擇。

有漏種子等者，此本識與種相望論攝相歸性，示前攝相中亦有攝相歸性釋，令不執性言但如相言是有爲法。《成唯識疏》曰：本識無記。望種，三性。四出體中攝相歸性故皆無記，種從現行望於本識，相用別論故通三性。云云。

亦復如是者，例同前攝相歸性故。

皆無記者，有漏種子雖善等三性種，種子則必依附本識自體，本識性無記故。有漏種其性無記，如是釋則攝有漏三性種相歸本識無記體也，故云亦復如是等。

章二攝境從識至誠證非一。《鈔》曰：三、明攝境從識體，亦名攝證從心，亦名攝餘歸識。

即一切法等者，如《二十》《三十唯識論》及下《唯識章》《華嚴》等説三界唯心者，《二十論》初説，安立大乘三界唯識，以契經説三界唯心。

云云。彼《疏釋》曰：《華嚴經》第九卷云：心如工畫師，畫種種五陰，一切世界中，無法而不造。如心佛亦爾，如佛衆生然，心佛及衆生，是三無差別。云云。《三十論》第七卷及《心經述贊》中引是釋。

心所從王等者，《無性釋》四、七丁。《成唯識》七八丁。廣明，即隱劣顯勝。

《唯識》如是等文等者，説唯心、唯識教文，處處有之。由《開發》釋，《大般若》五百九十五説，菩薩摩訶薩如實通達一切諸法顛倒所起虚妄心觀。云云。又清辨《掌珍論》説，謂一切法真性皆無，但隨妄情色等是有，故聲、名等體即妄心，非離妄心有別性故。云云。又馬鳴《起信論》説。一切諸法唯依妄念而有差別，若離心念則無一切境界之相。又説，三界虚僞，唯心所作。云云。一切聖教説心變教皆是此門。

問：以攝相歸性門攝一切相差別，令歸真如一性。今亦立攝境從心門攝一切境差別，令歸唯心一門。何故如是爲前後二重差別耶。答：真如

謂彰無差別，如説一切法亦如是，以差別法相令歸無別，此是以無差別教示令知差別相之極，邊際。此云攝相歸性。又唯心謂彰緣起有別相，如説三界唯心，是以一切諸法令歸緣起有別，此是以緣起有別教示令知一切法相之極，緣起極離言悟入中道。《成唯識》七説：頌言：心意識八種，真故相有別，俗故相無別，相所相無故。云云。賢首家所言始教就法相差別門，終教就體相鎔融門。以今家見之，則體相鎔融即是攝相歸性也，法相差別即是攝境從心也。

問：《探玄記》一曰：謂衆生心内佛爲佛心中衆生説法，佛心中衆生聽衆生心佛説法，如是全收，説、聽無礙，是謂甚深唯識道理。云云。此説與今家所言攝境從識門同異如何。答：此即今家所言攝境從心門，既云唯識道理故。又此是攝相歸性門，既衆生心、佛心，説、聽差別説爲全收無礙，全收無礙是離世間不思識異故，相無別法門故，是攝相歸性門，而非攝相從識門也。又

衆生心與佛心，説與聽雖異，同時同處非即非離，如能熏所熏同時同處非即非離，亦如鬼、傍生、人、天各隨其附〔二八〕應等事心異故，則亦是攝境從識門，非飯〔二九〕門也。又可，此是攝相歸性門中攝境從識門也，以是爲實義。

章三攝假隨實至此類非一。《鈔》曰：四、明攝假隨實體。一切諸法如幻假有，其假有中因緣變者爲實，其餘爲假。論第八説：依他起性有實有假，聚集、瓶、盆等。相續、過去、未來。分位不相應行。性故，説爲假有，心、心所色從緣種子。生故，説名爲實。若無實法，假法亦無，假依實因而施設故。云云。又《瑜伽》一百卷説有六假：一、聚集假，二、因假，三、果假，四、所行假，五、分位假，六、觀待假。如是三假、六假但開合異，皆是離因緣變，餘體無故攝一切假，隨實教示皆是此攝，假隨實門説。今云：如説瓶等，舉聚集假以隨實法，云諸不相應等，舉分位假以隨實法，餘假隨實例准可知。如《無垢稱經・香臺〔三〇〕品》説：無垢稱言，此土衆生剛强難化故，佛爲説剛强之語，語即音聲以爲體。云云。如是等文是也。又《義演》中舉名、句、文示攝假隨實義，近來信培此爲不是。今云：《義演》非謬，且舉名、句、文釋，令例餘也。

《對法論》説者，論第一四十文也。

是説不害等者，是亦分位假，《對法》第一及《成唯識》第六説也。

章四性用別論至此類衆多。《鈔》曰：五、明性用別論體，亦名性相別論，亦名相用別論。如是名言隨處相違，此有二義。一、種種名言世俗施設故，相待立名，必非唯名，性待相而性，亦待用名相，待性待用亦復如是。假實立名亦隨世俗説，故執名言，非大乘解，如真心要決辨。二、一一名相離言體故，性必非性，離相性無故，相必非相，亦例可知。

色、心假、實等者，現本作色、心及眼、名別處故，不是。《二十論疏》及《對法鈔》作色、心假、實各別處收，由《無垢贊》等釋，此爲是正，今且舉色、心及假、實令例准餘。別論色與心，又別論假與實，不善等三性各別論，或體與用，性與相各別論判，曾不須相攝，云性用別論也。

《瑜伽》等說者，論五十四六丁。文也。

色蘊攝彼十處、界等者，《周記》曰：此有二義。一、既言色蘊攝十處、界，此即離境而各別論。二、但言攝十不攝餘二，是即色、心各別說也。所以今言五蘊即是性用別論收。又有二義。一云：五根各各別處，即是別論。一云：色者心家之用，今色蘊攝十處，不言於識，即是性用別論。云云。今云：《周記》所釋以相攝義釋各別論也，若以不攝義釋，則云色蘊攝十處、界者，說假實各別體，色蘊是能攝積集故，離十處無蘊義故，此爲假也。十處、界所攝本體，此即體實離蘊義，一處一處各別緣起有故，名爲實也。又《成唯識疏》以護法取能說者文、義爲教體，爲性用別論，此是分本、如來。末、聞者。真、如來。似、聞者。本質、如來。影像、聞者。性、如來。用聞者。立教體故，爲性用別論也。《二十唯識疏》中立增上緣與觀因緣，爲性相別論。故護法、無性教體俱爲性相別論，增上緣爲性，觀因緣爲相。由此等釋，今此章所言云色蘊攝十處、界等，且俱示一例，必勿守株，故總結云此類衆多。

章又有四重至詳而易入。《鈔》曰：此明後四重出體，總結初後四重，是本出釋論。彼論云：二、爲開闡因緣、唯識、無相、真如令修觀行有差別故。云云。

一真如者，《無垢稱經》《序品》。說：能善分別諸法相，於第一義而不動。又《聲聞品》說：能以食平等性入一切法平等性。又《菩薩品》說：一切衆生皆如也，至彌勒亦如也。又《不二法門品》中，三十三大士題不二法門，三十一菩薩說無差別之相，以爲大不二法門，皆以無相破於相，故並是今言第二無相教體，義猶龕顯。妙吉祥答以無言、無說、無示難諸問答爲入不二法門，是以真如教體破無言說，以詮顯之，猶非深極，依詮顯故，亦即第二無相教相。教相者即法門。第三證得勝義唯有無垢稱，默然無言，正智正證真如之妙，是爲真如教相，法門。深復深也。又《華嚴經》《離世間》《不思議》二品所說，皆是此教相也。又《涅槃經·梵行品》說：善男子，如來有時演說世諦，衆生謂佛說第一義諦。有時演說第一義諦，衆生謂佛說於世諦。是則諸佛甚深境界，非是聲聞、緣覺所知。云云。《起信論》說：一法界大總相法門體。云云。《中觀論》說：因緣所生法，我說即是空，亦爲是假名，亦是中道義。如是等文並說真如教相。即是法門。

二無相者，《無垢稱經·聲聞品》說：法常寂然，滅諸相故。法離於相，無所緣故。謗諸佛、毀於法、不入衆數，終不得滅度。《起信論》說：一切法從本已來，離言說相，離名字相，離心緣相。《中有〔三二〕》等論說一切法皆空。云云。如是等文並說無相之法。

三唯識者，《無垢稱經·序品》說：直心是菩薩淨土，深心、大乘心是菩薩淨心〔三三〕。又說：心淨國土淨。又《華嚴》《深密》說唯心、唯識法門。又《起信論》等說，一切境界唯心妄起。又《二十》《三十唯識》說，如是教等皆是唯識教相。

四因緣者，《無垢稱贊》三本曰：應理義云，法門有四，一、因緣，二、唯識，三、無相，四、真如。《無垢稱經·序品》說：待因緣故，諸法立善惡業。又《方便品》說：是四大種所合成身，無常、無强、無力，如來法身無量善法共所集成。云云。《法華經·方便品》說行因，即經八《甚深壽量品》說願因，云每自作是念等。又《天授品》說求因，《方便品》說說因，云唯以一大事因緣故出現於世。又《華嚴經·法界品》說佛於過去行得一微妙音能應一切。又《雲集品》說：無量無數劫，此法甚難值，若有得聞者，當知本願力。云云。又《性起品》說：令諸衆生於是見聞，而得成彼金剛種子。云云。又諸經中説諸因緣及五種姓等是。又《瑜伽》《顯揚》《對法》《唯識》《攝論》等，説本有所熏種子及種子生現行道理、五因十因、十二有支、三緣四緣等是。又《起信論》説二種生滅依於無明熏習而有，所謂依因、依緣。又説四種法熏習等是。

如是等文並説因緣教相，如是四重中，真如法門最爲深妙，心境冥智，神會達理，契真智，滅障習，立一切法，故最專一。次無相法門通談無差別相故，依詮門故，少麁亦細，仍有無相當心，未爲正證。次唯識理觀麁亦細，説有内心之相狀故，麁於無相。次因緣事法最爲麁顯，故居最末。且因緣中亦有唯識，唯識亦是因緣法故。亦有無相所緣，無相不離因緣、真如之體。亦是因緣，由因緣攝一切法故。乃至真如中與一切法不異不一，隨應不違前三門義。今隨事相麁細不同，説此四種，非定名別，此就所詮義而談。若就能詮教，則文説真如處無餘三，文説無相無餘二法，文説唯識無餘一法。此就文句，非就多句及一章假論。上來釋後四重，全由《無垢稱贊》而釋，《釋論》及《無垢贊》，因緣爲初，自麁至深妙次第也，是約觀行次第。今此章真如爲初，自細出麁次第也，就明教體，約能説教示次第。《周記》曰：一真如二無相者，而此之二種如何別耶。云云。今云：但有問無答釋，真如與無相之別，如上已釋。《周記》未見《無垢稱贊》，故作此難歟。

問：《成唯識疏》《對法疏》中，但明初四重，不説後四重，何故不説耶。答：《成唯識疏》、本論既但説唯識，自泯後一，別不説真如、無相。又《對法疏》，此本論既説三科體事，此即唯識、因緣二教非餘，故不明後四重也。

此二四體等者，一總結初後四重。上來所明四重出體，攝法義周如不〔三〕文言，雖説一體，義不違三，即一一法各各有此四種體故。云云。且就護法、安慧立論辨，則安慧雖明攝境從心唯識教門，於攝相歸性門而釋，立唯自證分及八識能遍計等，是護法於性相別論門論攝境從識教故，立四分變現，新舊合成六七能遍計、佛身十八界無漏等是。又此章及《對法疏》中，以攝境從心釋龍軍及護法教體。若依本能説識心爲體，此護法義。若依末能聞識心爲體，是龍軍等義。雖本末有異，同是攝境從心。又《開發》中以清辨及彌勒、無著、護法等説爲攝相歸性，復以龍軍、無性等及護法、親光等説名相性別論。此意言：護法取説者真教爲教體，此根本質真善無漏故，此爲性。龍軍、無性取聞者似法爲體，此枝末故，佛素願力所現用故，是爲相、用。性、相相望立此二師義故，於性、相別論立護法、無性二義。又俗諦爲相，真空爲性，云攝相歸性，則是清辨攝相歸性。若可言爲相，不可言爲性，護法等攝相歸性。又《二十論疏》以增上緣與親因緣相、性別論，釋護法、無性教體，如前已明。如是章主以四重體釋義，隨其所應處處爲異，後學勿事謬註浪設疑難。

隨其所應等者，彰今此所舉兩四重體，非但釋教體，是釋一切法之論體。

今隨義便等者，意言：雖非但釋教體，是論一切式。今任明教體義之便，敘此兩重出體。

庶後學等者，勸策。由是應知，諸學者能識此二四重體，以審察一切法，則易悟入其性、相也。

章護法等説至似文義相。《鈔》曰：十文科中，第七正舉護法、親光等教體。此中有六：初、出佛説法教體，二、舉誠證成，三、會不説言，四、出無漏教體之證，五、辨有、無漏、三性，六、明但取能詮者文義爲教體，今即初也。

謂宜聞者本願等者，所化衆生機緣已熟，堪宜聞説法者，云宜聞者。本願者，諸有情類無始時來，所化種姓法爾繫屬，此所化屬彼佛，彼所化屬此佛等，此事不謬，是故今此處願聞佛説，本有屬此佛欲聞説法願故，此本願緣熟，云本願緣力。然由《佛地論》曰：謂宜聞者，善根本願緣力，如來識上文、義相生。此中善根者，即欲用説法之善根力故，是本願力，此等雖無善根二字，義意無違。

如來識上等者，識上所明無性義中，如來顯現根、境從妙定生。今此師意，如來識上文、義相現爲妙定生，將如何有别。答：無性意：如來所現一切色相皆是定心，無别第八識變實用境，故云唯有大定等。護法意云：如來第八識上實變五根、五境顯現故。今云：實能、所詮文義爲體，實意尤深，學者勿忽諸。

又問：《同學抄》中有立義云，此師意於教體有本末，若論根本法實，能説者所變名等是也，既云根本，故知意兼末教也。是以《二十唯識》云展轉增上力二識成決定，《十地經論》判説者、聽者以二事究竟，既引此文爲護法教體之證，知説者真教，聞者似教，但爲教體也。有漏心所變名等，根本真教被攝受故，無教體成有漏之過也。云云。此義可爲正義耶。答：此非正義也。海住山上人意云凡護法意，性、用别論故，唯取説者真教爲教體也。凡性、用别論假用别論，更非相從門也。若如本門，以聞者所變名等從本質教爲教體，非性、用别論義。是以《總料簡章》明性、用别論云：唯取根本能説者識上所現聲、名、句、文。又明攝境從心，取根本者，能説者名等，若取末者，能聞者文、義也。云云。已上上人義。攝境從心門相從門故，兼取聞者所變名等也。

次云二識成決定者，説、聽會遇故云爾，非云取聞者所變爲教體也。又《十地論》中雖云説者以聲與字二事説法究竟，聽者亦以此二事聞法究竟，非云説、聽文、義俱爲教體。云云。已上《同學抄》。

此師意説下，章主釋文。似文、義相者，彰以佛識上文、義爲本質，以聽者識上文、義爲影像，云似、文義也。

章故升攝波至實亦説法。《鈔》曰：二、舉佛説法誠證。

《升攝波葉喻經》者，此經引用但非一處，《瑜伽》六十四、七丁。《顯揚》六十二丁。及《識身足論》等中引用此經。又《玄應音義》二十四三十左。云：《升攝波葉經》，亦言申怒林，或作申怒波林，樹名也，此譯云實大，舊言《葉喻多少經》是也。云云。又《略纂》十六二十丁。云：升攝波者樹名也，即舊申怒林者，訛也。云云。又《決擇抄》上本二十二。有二義：一、非別有經，諸教中説葉喻處名《升攝波葉喻經》。二、別有一經，雖西方有，今散流未流至此。云云。又《貞元釋教目録》，別有一卷，《葉喻經》一卷。云云。

我未所説等者，《對法疏》曰：《葉喻經》説：佛取樹葉以問阿難，比其林葉所有多少。復告慶喜，我未所説乃有爾所。云云。與此章同。《法華玄贊》一曰：由此經説，我所説法如平〔言〕中葉，未所説法如林中葉。云云。《開發》引此經云：我未所説乃有爾所，已所説者如平中葉。《涅槃經》十三，迦葉亦引此事以難世義。云云。

故諸經首等者，此結佛説法證，意言：由上來所説故，佛有説法義成，是故如來教傳法者，經首皆置我聞等言，故不可云佛無言説。

問：以佛説法義，則此經即爲證據，若由佛不説法義，則此經林葉喻如何通。《演祕》答此難云：據爲本緣令諸有情識變法解，名我已説如手中葉，未爲本緣，衆生自心未起法解，名我未説如林中葉，約爲增上名説、不説。云云。

《二十唯識》等者，彼《疏》下三十五丁。曰：近善知識聽聞正法，正性決定，能教者識成悲決定，能聞者識成慧決定。近惡友時成邪定亦爾，即能、所教二識決定。云云。《義演》釋展轉增上力義尤好，《演祕》由《二十論疏》釋二識決定，此亦爲好。

是故世尊等者，結佛説法義。

章言不説者至理有無疑。《鈔》曰：三、會不説言，《開發》中會佛不説文云：由八義別意故說佛不說，實非如來絕無言說。云何爲八義。一、依諸佛自性法身，如來無言說故。如《金剛般若》及《涅槃經》十四等。二、依諸佛自愛(三五)用身故云不說，唯佛所知，非餘境故。三、約諸佛所說無異故云不說，不說異諸佛法故。此二義如《般若論》及《涅槃經》三十五等。四、佛不說墮文字法故云不說，佛知諸法離文字故。如《楞伽經》第八卷等。五、約圓成實真如之理故云不說。如《大般若》三百六十四及五百七十一等。六、約依他緣生之法故云不說，緣生虛幻非實境故。如《涅槃》第十四、《無垢稱》第一卷。七、約遍計所執自性故云不說，妄情計度性都無故。如《涅槃經》第二十六及《般若經》處處。八、佛所說非聞者識親所緣緣故云不說，親所聞者自所變故。諸經所說唯識皆是。以此八門釋佛經中不說法言，攝義皆盡。已上《開發》文。

是密意說者，如《開發》所言，含八種義言不說故，今云密意也。

於真如性等者，此下釋密意說有五義，此即第一義，《開發》八義中第五義也。

實無諸事等者，此第二義，《開發》八義中第一義也。謂如來法身真實無言說，無名句等諸事，云實無諸事。

故《波若》云等者，舉證成，經是羅什譯《金剛般若波羅蜜多經》一卷，十三丁。又菩提流支譯天親《能斷金剛般若論》下十六丁。文也。

音聲者，名、句、文。

不見如來者，以言說修行，則不見法身佛。彼經云：若以色、聲求見如來，是行邪道，不能見佛。

推功歸本等者，此第三義，《開發》第二義。《周記》釋曰：此中意云：推功舉本，法身說法，應、化非說，推功歸本，無法可說，意在於是。云云。天親《能斷論》之上之說，如次下引。

計取瓶中等者，此第四義，《開發》第七文。

於依他起等者，此第五義，《開發》第六義。如《無垢贊》云：此下經云：譬如幻人爲幻人說法，其性非無，然假非實。云云。又天親《能斷論》

上亦同說。

都無實説者，以能説者變現，實有一物能説者都不可得，能説能聽俱緣生故，非有似有，如幻假有。

聽者心識等者，是亦非實物有，識上變現文、義，則道理有，不可疑也。

章故諸教體至亦唯是善。《鈔》曰：四、舉無漏教體證。此中有三，初、總示。

故諸教體等下，承上結牒。故者，承上也。諸教者，一切經論總云諸教，皆是諸教示故，諸論根本既是佛經故，出體應如經説故。今云諸教者，但取經論。

取本無漏等者，上來會不説言成佛説法義已，是故一切經論教示體性，取根本真無漏佛識上所變現文、義以爲體性，是結牒上所成立義。

若取能詮等者，如已明，雖能、所詮俱爲教體，差別生解，勝於所詮，故今文、義二中取能詮爲教體。若由此義，則義言謂名句。今云：唯聲、名等之唯言通上，云若唯取能詮之意也，乘文句便置下句焉。

如是成立無漏聲、名、句、文爲教體義已，次、正舉證文。已下五箇證文，一箇結文。

有《十地論》説等者，此下二舉五箇證文，論第二十三丁左。之文也。

二善字者，彼論釋云：善字者有二種相：一、隨方言音善隨須[三六]故，二、字句圓滿不增不減[三七]，與理相應，故言善字。云云。章主於此章及《二十》《三十唯識疏》《對法抄》等，引此《十地論》文爲真善無漏文字之證。若爾，則善字者真善無漏文字也。然賢首《探玄記》十二十八丁左。釋曰：論中善字者，是善巧之字故有二義：一、巧同他音，二、詮文周備，如論應知。云云。若由此釋，則善字者善巧之字，《十地論》文亦應有善巧意。由是近來信培評云：賢首《起信玄讚》同今章主，爲真善無漏證爾。至《探玄記》釋云善巧字，詳此是賢首初雖同疏主，後讀《十地論》似斥慈恩。云云。今詳曰：按《十地論》意，非唯善巧義，論中所言意存二義。若由第一隨方言音善隨須(三八)義，則此是善巧義。若亦由第二與理相應義，則理即真善無漏智所證理，事相應故，善字者真善無漏能詮教也。謂善巧言通地前故，雖應有有漏善巧，今《十地論》所云善字無漏善巧。又地前善巧，自住前凡夫見，則雖可云善巧，對望地上善巧，則非善巧，不自在故。論云説者、聽者俱以二事而得究竟故，若以此善字對能説者，則真善無漏善巧字。若對聽者，即通有、無漏善巧云善字。然今以能説者真善無漏文、義爲教體故，今但取説者邊故，取真善無漏善巧名字云善字也。故章主爲真善無漏之證，如信培評，不辨菽麥之説，實不可取也。

又《解深密經》等下，第二證也，經第四五丁。之文。

《瑜伽論》等者，此七十八引《深密經》所明，故非別文。

《成唯識論》等者，此引《成唯識》第九援《深密》《瑜伽》明第九地文釋前文，此舉釋文成，非與前別註。

謂法無礙解者，第九地所得八地已上任運無功用無漏故，第九地得四無礙解，非無漏則非無礙解。又經云斷愚，此即斷所知法執得第九地無漏故，斷於無量名、句、字陀羅尼自在所障愚，今得法無礙解也。云斷愚，云無礙，云名、句、字，真善無漏名、句、文之證也。

《對法》等云下，論第一七丁。之文，是第三證也。

成所别者，就釋此名，《瑜伽》等論未見其釋。今合諸家釋有九種釋。一者、十二分教是成滿聖之所引生，名成所引。二者、成滿聖者爲諸有情施設言教，亦立道理之所引起，名成所引。三者、成謂成實，謂利樂所起之聲，名成所引。四者、成者成就，即得異名，諸得聖人莫問有、無學，但利物爲法所起言教，名成所引。已上《演祕》

四釋，彼評曰：第一、二局，第三理通，第四《祕》自義。五者、諸聖者成立教理引發聲。六者、成所作智所引聲。已上二釋，《百法論義宏疏》中二釋也。七者、成就無漏者所引聲故。八者、成謂實也，真實利益衆生所引之聲教故，名成所引聲也。已上二釋，《義藴》中二釋也。九者、成是滿義，成滿諦智諸聖共許因成起説，名成所引。此一釋疏主自釋，《對法疏》二出之。近來信培評此九釋曰：如上八釋就成聖二字起釋，疏主就成一字起釋，能合論文。云云。今云：信培評實允當。

問：此文云何爲真善無漏名、句、文之證耶。答：今云諸聖所從聲，聖言是無漏自可知焉，所説之説是名、句、文，所謂起也。《疏》釋云：因成起説名成所引聲。云云。謂諸聖者因成諦智，起名、句等説也，爾名成所引聲。名、句、文，聲上分位假立，離聲無體，攝名、句等從實體聲。《對法論》中無所聲二字故，是無漏名等之證也。

《成唯識論》第二等者，第四之證，云無礙故是無漏也。法、詞二字是即聲、名等故，名無漏聲、名等證也。

《金剛般若》等下，第五之證，天親論下八丁左。之文。《周記》釋曰：此論被外人難云：若持名、句、文以爲教體者，此名、句、文既唯無記，如何受持無記名等而得無量百千功能耶。天親答云：我法是善，汝[三九]唯無記。此意證云，欲成聲、名、句、文俱是教體。云云。

此義不然者，天親難外人云名等無記之詞。

是故一法寶等者，證成我大乘名、句等是真善性故，受持此一文、一句法寶，則勝獲得世門無量珍寶，是即非真善無漏名、句、字不能如是勝故，以爲證也。

是故當知等下結文，結成真善無漏聲、名、句、文爲教體。成此義已，世尊説法義自成立。

章此通依他至可通成實。《鈔》曰：五、約三性相有、無漏而辨。此中有五文，初、約計、依、圓三性辨，二、約隨轉門辨，三、示如實義，四、舉通有、無漏證，五、約地上、地前辨有、無漏，今即初也。此者指根本世尊識上真善無漏聲、名、句等。

從衆緣起等者，明通依、圓由。此但約世尊辨，若從能説有漏文、義，唯屬依他不通圓實，如《成唯識疏》及此章次下辨。

可通成實者，無漏依他、圓成實攝，如《深密》説，是本依他故，云可通，不云唯圓成。

章《佛地論》説至唯是無記。《鈔》曰：二、約隨轉門辨。

隨轉門者，《釋論》説二種理門，其隨一也。彼曰：一爲開闡隨轉、真實二種理門[四〇]，令知二藏、三藏法教不相違故。云云。《佛地論》中云麁相相似説，即隨轉理門，亦云如實義説，即道實理門。《佛地論》一九丁。説：有義：十八界通有漏、無漏皆有善性，然據二乘境界麁相相似説，言十八界中十五有漏，八無記等。云云。

十五者，五根、五境、五識。

八者，五根、三境，即香、味、觸，《對法論》四具説。

隨轉門者，爲令小乘者易解了，隨轉彼所立説，名隨轉理門。

及二乘者者，《三十論疏》作二乘等身，《對法疏》與此章同。今云：身者，二乘能修所依身也。者言假者，即身。意云：二乘以第六識成就無漏，第八猶是有漏，十五界是第八變故，二乘智尚不及，不能成無漏，故約二乘者身，十五界有漏故，云及二乘者也。

問：隨轉門與二乘者之間置及字，云何相違義以云及耶。答：隨轉門自大乘，據二乘麁淺説也。二乘者者，約二乘所依身辨，有此別故置及言。

章今依大乘至諸教中説。《鈔》曰：三、示如實義。《成唯識》第十説護法正義曰：故佛身中十八界等，皆悉具足而純無漏。又説：佛識所變有漏不善、無記相等，皆從無漏善種所生，無漏善攝。云云。由是應知，佛身所現相等，無不真善無漏者，故聲、名、句、文是無漏善也。

後得説法者，問：何故今云後得説法耶。答：根本智上無説法故，云後得説法也。

問：若爾，何故《楞伽經》説法身説法耶。答：《燈》云：推功歸本，復是無分別智所緣之境，因境起智，言法佛説法。《楞伽經》説法佛説法者，離心相應體故，内證聖行境界。《燈》釋云：寄詮談之，云離心相應等故，是名法佛説法之相，非是真智正證如時，能證、所證有此行解名爲説法。云云。《同學抄》曰：説有二種：一者、有起作説，謂有説説也。二者、無起作説，謂無説説。前是報、化，後即法身，《楞伽》説法佛説法，據無説之説。云何法身爲無説説。謂由衆生證達理故了解一切，名法身説，如聞説法而了達故，名之爲説。云云。已上《同學抄》。今云：法佛説法，説内證聖行境故，根本無分別智境，謂非説法，非對機説故。非不説法，同時對一切諸機盡故。非對機與非不對機，同一時處心言俱絶。是故，或處約非對機説法邊，説法佛無説。或處約非不對機説法邊，説法佛説法。天親《般若論》説：應、化非真佛，亦非説法者，説法不二取，無説離言相。云云。又佛説法必由正思性故，是云後得説法，緣俗諦智説示法故。如《成唯識》十説：緣真如故，是無分別，緣餘境故，後得智攝。其體是一，隨用分二，了俗由證真故，説爲後得。智一分二，因有二類種，果恒唯一，一種生二用現行。已上《論疏》。又大圓鏡智如阿賴耶亦緣俗故，《佛地經》説如來智鏡諸處、六根。境、六境。識六識。衆像現故，其餘誠證如《成唯識》第十。又平等性智遍緣真、俗爲境，《佛地經》説平等性智證得十種平等性故。如《佛地論》五及《三十論疏》五本。《莊嚴論》説緣諸有情自他平等，隨他勝解示現無邊佛影像故，由此此品通緣真、俗二智所攝。又妙觀察智緣一切法自相、六[四]相皆無障礙，二智真、俗。所攝。又成所作智，此品亦能遍緣三世諸法，《佛地經》説起作三業諸變化事，決擇有情心行差別，領受三世事故，不遍緣無此能故。如是四智淨法界法身體，論説法身有三相別故，三相即三身，由是真、俗二智同時處現觀察可知，四智、三身不可分離同一時處自可知，是故根本與後得同一時處不可分離。然今云後得説法，性、相別論而已，根、後一處之相以觀心可求已。

章故《佛地論》至漏及無漏。《鈔》曰：四、結通有、無漏證。

《佛地論》者，第一，九丁。《成唯識》者，第十文。

皆通有漏等者，如上已辨。《成唯識》下説：有義：如來功德身上如應攝在蘊、處、界中，彼三皆通有漏、無漏云云。由隨轉門則十八界有漏，若由真實門則皆是無漏。此文結上，故云故也。

章若十地菩薩至説之爲教。《鈔》曰：五、約地前、地上二乘凡夫辨漏、無漏。

若十地若薩等四句，約能説者第八識變而釋。《周記》曰：若十地菩薩至是有漏者，自所發聲第八變故，是第八相故，是有漏。

問：二乘有漏理即無疑，菩薩唯是有漏，於理難悉。十地菩薩妙觀等智，能變化身爲他説法，化身所發聲、名、句等，豈非無漏。答：化有即質、離質不同，即質是有漏理易悉，離質之者由妙觀等擊發自第八變起化身，化身聲等有故，亦是有漏。故《佛地論》云：平等性智擊發圓鏡起化身故，非妙觀等變爲化身。

問：何故菩薩變金酪等即是無漏，第六變所作變化身即是無漏，第八變作所變化身即是有漏。答：佛意難知，聖教自説，不可徵詰也。

問：能説之心既是無漏第六意識，如何所説而以第八有漏聲等而爲體耶。答：如絃管聲由心而發，雖非即心，亦内外異，然成音韻，得有詮表，故無漏識發有漏聲，理亦何違。成爲增上緣擊第八識而起於聲，不違唯識。雖第八識不緣名等，由意識故，今於聲上而有名等屈曲之相，理亦無違。如彼聲等有屈曲相，一切説法皆爾也。

准此相例，妙觀亦變異他聲等而是無漏。《章》言唯是有漏者，且約《佛地》起第八説。

若爾，如何會《佛地》文。答：今且言者，《佛地》本言第八變，不障妙觀亦變也，道理甚難應。

問云：菩薩無漏第六識通果等類，自第八識亦變彼不。答：杖自變以爲本質而亦變之，然化受用第六所變之者，論實變，通果等亦但説彼第六變者，以其本心第六變令他用故。以是知，妙觀變身，於理應好，更思。云云。

又《唯識義演》曰：問：亦如初地已上菩薩妙觀察智所起化身身所有聲，爲有漏耶，爲無漏耶。答云有漏者，如何説言他。若無漏者，如何色根有漏聲是無漏耶。答：有二種解。一云：化有二種，一、即質化，二、離質化。若即質化聲等是有漏，爲即以本質身而轉變故。若離質化聲是無漏，雖無文證，以理通無漏爲勝。二云：離質化身亦是有漏，由觀察智擊發第八而方變。設此解以何爲證。如《佛地論》云：要由平等智擊發大圓鏡智，鏡智變起他受用身。云云。此亦如是。云云。今云：《周記》及《義演》論化身説法，此是傍論。今先釋今章文相，則第八識不入佛位，則是有漏識。自有漏識所變聲等，是有漏識相分故，云唯是有漏也。《義演》曰：菩薩後得説法，何故唯是有漏。云云。答：以此聲是第八識相分故，第八見分既是有漏，明知相分亦是有漏。云云。

若聽者識等下，上來敍菩薩等能説聲、名、句等唯是有漏已，次敍聞者識上所變文、義通有、無漏。

若聽者識下四句總敍，一切異生下別敍，有二文，初敍有漏，次敍無漏。

初中，一切異生唯有漏，自可知。二乘人有漏心聞法者，所變文、義唯有漏。菩薩乘人亦地前有漏聞法者所變文、義唯有漏，初地已上、七地已前出觀心有漏故，以其心聞法者所變文、義唯有漏也。合之一處，云皆唯有漏也。

若一切等下，敘唯無漏。凡夫無無漏心，故不言異生。

七地已前等者，自初地至第七地之間入觀心時，第六二空平等、妙觀二智起，以此後得智聞法者所變文、義唯無漏也。八地已上人，出觀心俱是無漏，平等、妙觀二智任運無功用起，是時聞法者所變文、義一切無漏。

隨其所應等者，總示上來所辨有漏、無漏文、義，隨彼彼分齊名爲教。此中今家明經論體，取根本世尊所說真實無漏文、義爲教體也。

章然同所敬至同識性故。《鈔》曰：六、明但取能說者文、義爲教體。

然同所敬等者，然言承上轉辭，謂雖隨其所應說、聽賢聖有、無漏文、義皆名爲教，然今家爲教體處，取本質無漏三寶。

同者，一切衆生有信者皆同一心敬重無漏三寶故，云同取敬。

本質者，簡即質離等化身說法。

無漏三寶者，下《三寶章》所明真實三寶，《攝論》初言稽首大覺諸如來、無等妙法、真聖衆是也。

故今教體等者，正明今家所立。

本質者，簡化佛說法。

佛等者，舉釋迦佛等餘佛也。

任運而現者，簡第六妙定所現文、義，是第六變，即菩薩等亦所變現故。諸佛變現聲等，第八識任運變，非妙定第六識所現，爲彰是云任運現也。

非有漏戲論者，《玄贊》一曰：親光等言佛身具有蘊、處、界等，由離分別，名無戲論，豈不說法名無戲論。云云。又《佛地論》一說：如實義者，如來身、土甚深微妙，非有非無，非是有漏，亦非無漏，非善非惡，亦非無記，非蘊、處、界等法門所攝，但隨所宜種種異說。云云。此即示遮戲論相。

聲等者，彰今取能詮文爲教體。

《攝大乘》云等者，《無性論》八之文也，此舉佛境界任運現之證。

於能説者等者，彰雖取佛説聲等爲教體，不違唯識，此即顯示可言中道。

若聞者識等者，彰聞者識變文、義不爲教體，以有漏三性教爲體，不可敬重故。由次上釋，雖聞者中亦少分以無漏文、義有爲體，今約多分云教唯有漏也。

同識性故者，明教唯有漏之由。聞者識以第六識變爲教體故，有漏識變有漏聲、名等故，聲、名等相與識同性，云教唯有漏也。此亦約多分説，准前可知。

大乘法苑義林章師子吼鈔卷第四尾

安永五丙午歲正月二十九日，於平安城五條御影堂境内寓舍，任愚見早早抄記之。

回向四恩法界海，回向無上大菩薩。護法正宗末學沙門基辨。大同房，五十九歲。

同第十五年二月三日，於東都淺草延命院來二月五日開演之用意校正之。

校勘記

〔一〕「屇」，疑爲「屈」。

〔二〕「一」，底本原校疑前脱「不」字。

〔三〕「勘」，底本原校疑後有脱文。

〔四〕「對」，疑爲「體」。

〔五〕「勝」，疑後脱「義」字。

〔六〕「三」，底本作「二」，據文意改。

〔七〕「滅」，底本原校疑爲「成」。

〔八〕「等」，疑爲「寺」。

〔九〕「倍」，底本原校疑爲「侍」或「陪」。

〔一〇〕「拆」，疑爲「析」。

〔一一〕「與」，底本原校疑爲「經」或「典」或「夾」。

〔一二〕「子」，疑爲「於」。

〔一三〕「那」，疑爲「耶」。

〔一四〕「揚」，疑爲「攝」。

〔一五〕底本原校云：「原本冠註曰：十義者，一、地義，二、相義，三、作意義，四、依處義，五、過失義，六、勝利義，七、所治義，八、能治義，九、界分，十、廣義。」

〔一六〕「身」，疑前脱「三」字。

〔一七〕「智」，疑後脱「悲」字。

〔一八〕底本原校云：「原本冠註曰：《對法疏》一明三身已，云所餘義門如《三身論》别章等説。云云。」

〔一九〕「九」，疑爲「乃」。

〔二〇〕「是」，疑後脱「眼」字。

〔二一〕「深」，疑爲「染」。

〔二二〕「咸」，疑爲「成」。

〔二三〕底本原校云：「此圖表原本作冠註。」

〔二四〕「淨」，疑爲「污」。

〔二五〕「字」，疑爲「定」。

〔二六〕「歲」，疑爲「藏」。

〔二七〕「旦」，疑爲「但」。

〔二八〕「附」，疑爲「所」。

〔二九〕「飯」，疑爲「餘」。

〔三〇〕「臺」，疑爲「積」。

〔三一〕「有」，疑爲「觀」。

〔三二〕「心」，疑爲「土」。

〔三三〕「不」，疑爲「下」。

〔三四〕「平」，底本原校疑爲「手」，下一「平」字同。

〔三五〕「愛」，疑爲「受」。

〔三六〕「須」，疑爲「順」。

〔三七〕「滅」，疑爲「減」。

〔三八〕「須」，疑爲「順」。

〔三九〕底本原校云：「冠註曰：《祕》云：汝者彼小乘薩婆多也，我者天親自指。云云。」

〔四〇〕底本原校云：「冠註曰：隨轉、真實，《釋論》中亦云實義門、隨機門也。」

〔四一〕「六」，疑爲「共」。

大乘法苑義林章師子吼鈔卷第五（自顯中道十科第八約四重出體明教體，至第五門竟。）

南都西之京藥師寺傳法相宗教沙門基辨撰

章依前所説至性即真如。《抄》曰：自下十文科中第八約四重出體明教體。此中有六文，初、標牒，二、攝相歸性釋教體，三、攝境從識，四、攝假隨實，五、相、用別論，六、結成示一一法有四出體，今即初二也。

依前所説等者，標牒。

依前第一等者，六文中第二約攝相歸性釋教體。教即真如者，教是色、名、句等，是云即真如故攝相歸性。聞者似法，説者真教，俱淨法界平等所流。約本爲言，此教亦以真如爲體，則以末攝本爲攝相歸性。今此所言教即真如者，不爾，不約本末。教體全真如，次云一切亦如故。

《般若論》説等者，舉教是攝相歸相[二]之證。天親《能斷金剛般若論》上十三丁右。之文也。此中云説法離言相，即是教體真如。

《無垢稱》語大善現等者，經第三《聲聞品》舊《弟子品》。之文也。大善現者，《疏》云：梵云摩訶蘇補底，此云大善現，舊云須菩提，此云善吉，訛。應云佛世善能現生，或宿發大願，善能現前了達空義。或舍衛城中有大長者，名曰牞留，祈天而得，初生現時，其室空寂。相師占云，名爲善現。現者生也，生時室中一切空寂，表其長大善解空義，故名善現。云云。

文字性離等者，舊經文與新經少異。《無垢稱贊》釋曰：應理義云，不但所詮無有諸法，相性離言，理亦離言。或此非唯言理離性，依之文字亦離性相。於一能詮音聲之上，極略相名字，中相名，廣相名句，皆假施設，體都非真。法既非法，非非法，言亦非言，非非言，文亦非文，非不文。遮名文字故，唯言非。一切法中離言之事即依他起，離言之理即是解脱、涅槃、真如。云云。今云：性離無有四字彰性離言，是即解脱者，是離言之理也。

解脱相者等者，《無垢贊》曰：應理義云，一切法中離言之理即是解脱，解脱即是諸法本體也，故名爲即。今云：文字即教性離，解脱者即真如，彰教體即真如，是攝相歸性。

又云一切亦如也者，如前已辨。

又云法非見、聞等者，文如前已辨。法者，法性。非見聞等者，示性離言，即教體真如也。

故知教體等者，結攝相歸性。

章依前第二至識成決定。《抄》曰：三、示攝境從識教體。

若取根本等者，明護法等教體是攝境從識。

若取於末等者，明龍軍、無性等教體亦攝境從識。

故天親云等者，舉説、聽二識俱爲教體之證。展轉者説、聽展轉，二識者説、聽二識，具如《二十論疏》下釋。

成決定者，説者成悲決定，聽者成慧決定也。

章依前第三至名成所引。《抄》曰：四、約攝假隨實明教體。

體唯是聲者，《成唯識疏》曰：能説能聽所有名等，聲上屈曲，離聲無體故假從實。體即是聲，此即第三攝假隨實。云云。

《對法論》説等者，既云成所引聲，不云成所引名等，此攝假名等隨實聲説。

章依前第四至聲二善字。《鈔》曰：五、約相、用別論明教體。

唯取根本等者，以護法、親光等説爲性、用別論教體，故云唯取。《成唯識疏》曰：護法意説性、用別質，教體即是能説聲等。云云。

假之與實義用殊故者，《周記》曰：謂即第四相、用別論出體者，唯取如來能説法者等。何以故。是根本故，如來識上聲與名等，假、實異故，名、義用殊也。云云。《唯識義演》亦云：名、句與聲各别處攝，即是第四性、用别論。云云。今詳云：《義演》釋非也。若以名、句、聲别處攝爲性、用别論，則《成唯識疏》中何故云無性取攝境從心，護法取性、用别質耶。不稱《疏》意爲非。無性所立既許聞者識上聲、名、句、文爲體，何故取此聲、名、句等云假與實義用殊，不攝性、用别論耶。有此難故，《義演》爲非，決擇《周記》亦謬。若取如來識上聲、名、句假、實各别云性、用别論，則何故今此章云唯取而但舉護法義，不云無性聞者識上聲、名、句亦假、實各别義用殊耶。故《周記》誤。今敍如實義曰：護法師意：説者識上真無漏文、義顯現，聞者識上似無漏文、義顯現，真無漏是爲實，似無漏是爲假，如是云假、實義用殊，而爲性、用别論。護法等意，取説者與聞者真無漏實與似無漏性、真法能説者。用似法聞者。别論。無性等意，不分真、似，但取聞者識現故非性、相别論，但攝境從心教體。是此章文，《成唯識疏》意也。若由《開發》，則聲與名、句别論故，以龍軍、無性入性、相别論，復以無性聞者識上名等與護法説者識上名等義用殊故，無性、護法相對爲性、相别論。若由《二十論疏》，則以增上緣與親因緣性、相别論，亦以無性、護法爲性、相别論。如是理故，以樸揚、如理釋爲不是也。

《十地論》云等者，《周記》等由此證文生迷眩謬。彼師意云：既舉證云一聲二善字，故去聲與名、句假、實殊。今云：不然，此師不得《十地論》爲證之意，今云善字是真善無漏之證，此成能説者真教之義，故知此證文明以真似二教、假實各别、性相别論也。

問：今云假實、真似二教，真教即佛説真無漏法，似者衆生聞法名似無漏，此約護法，云真、似二教易了。若由無性，則佛既無言説，對何名似。前既云似無漏文義爲體，如何。答：《演祕》意答云：佛雖無言説，衆生見佛謂佛實説法，遂生説法之解，故言似也。云云。有難似無漏名曰：

有漏心名似應理，無漏心實，云何稱似。今云：此難不爾。但不親得境，影緣名云似也。言真教者，即真無漏本質之教，名爲真教。諸佛所説法皆真如海，故云真教。總言，則真、似言相望，其體非一。龍軍、無性下所云即似即真，凡聖相望，於聞者識立真、似故。地前凡夫等爲似，地上薩埵及二乘無學爲真，第六觀察智顯、不顯相望，立真、似名。今此所云假、實言爲真、似，因果二位相望，根本佛説名實名真，枝末聞者等覺已下名似。又根本本質名真，影像枝末名似。

章如前教、理至準此應知。《鈔》曰：六、結成示以四體分別一切。

如前教、理等二句，結以四重體釋教體。

教、理者，前來所舉教、理二證。

成此體訖者，成立教體，訖者結成之辭。

此中四體已下，正示以四重體分別一一諸法。

約義用分者，如云四分識義用分，是四分合識體。今亦如是，且舉一法，四重出體悉皆具足，非以攝相歸性論此一法已，故云不能以餘出體而論。例如今明教體，舉能詮文一法，以護法言，則性、相別論，以無性言，則攝境從心。又非云論攝相歸性處無餘出體，例如《起信論》雖約攝相歸性而論，其一論中云三界虛僞、唯心所作等，是即攝相歸性上攝境從心門。復立生滅及不生滅四法熏習三細、六麁等法相差別而論真如隨緣，是即攝相歸性上性、相別論門。復如説生滅與不生滅和合名阿梨耶，是雖有計名字相不覺假名無實相，但名阿梨耶，攝計名等不彰，是即攝相歸性上攝假隨實門。是且以他家論示其法則，如《成唯識論》等是攝境從心門之論，其上有攝相歸性、（如云識性心言絶等。）攝假隨實、（如説識四分攝假我法。）性相別論。（如諸八識等一切法相。）例准可知，故今云四體約義用分也。

不乖真俗等者，明約義用分由。且舉一法論，有攝相歸性門，是攝俗歸真。復有攝境從心門，此中有攝俗境從俗心，如説一切法唯識所變。有攝真境從俗心，如立十真如云是亦唯識。有攝俗境從真心，如説心佛及衆生，此三無差别。有攝真境從異心，如説真如亦假施設名。

及無别者，謂無别亦無不别，相是俗諦，性是真諦，假是俗諦，實者是真諦。真有四重。如是四重出體，離真、俗無所論。

法相理者，即法性也。《顯揚論》説：性者諸法相，若自相，若共相，若假立相，若因相，若果相，總名爲性。云云。如是四重出體，論諸法相即是法性，故云不乖。

雖説一體等者，四重出體中，舉一出體論，餘三出體自理具足，故云義不違三。

即一一法等者，以此四體論一切法，一法一法具此四體，准此教體應論一切法體也，故云准此應知也。

問：於初四重出體，一體義用，舉一不違三道理，由上來釋自是顯然。又於後四重，一體義用，舉一不違三道理，如何辨是耶。答：後四重中，舉一義不違三，且論因緣，種子生現行，現熏種，十二有支，十因四緣，能熏、所熏等。則於唯識論唯識，亦不離因緣。種子生現行，現熏種等。又論因緣唯識，則若離無相，則是小乘教，非大乘教。如説大乘緣起深妙離言等。又説三法展轉因果同時是，是等皆不離無相談因緣。又説以有所得故非實住唯識，亦説心、意、識八種真故相無别等，皆是不離無相談唯識。又説非因非不因等，以真如緣因緣。又識差别相約理俗説，真勝義中心言絶故之文，及説無别亦無不别。説智都無所得、爾時住唯識等，以真如説唯識無相。又《起信》一論雖説真如法門，其中説離言説相、離名字相、離心緣相，由無相門而談真如。亦説離心無六塵境界，由唯心門而談真如。亦説生滅因緣等，由因緣門而談真如。餘皆例准知，是皆説一義不違三，自可知也。

章雖顯教體至聚集解生。《鈔》曰：自下十文科中，第九明識上名、句聚集。此中有十三文，初、結前寄難生後，二、明字、名、句相，三、明聚集義，四、明字一名一例，五、明字三名四例，六、明字六名十例，七、明字十名二十例，八、明字十五名三十五之例，九、明圓滿句，十、結成五字心現正答前難，十一、示有、無邊聚集，十二、明就薩婆多教義不成，十三、結成大乘聚集顯現，今即初也。

義有多途者，上來所明無性等、護法等初後四重出體，是云多途。

而未解釋唯識等者，意言：上來雖以多途明教體，未解唯識上名、句等能詮教相現也。

如何說者等者，寄難生後，上來以教、理二證，唯取能說者識上名、句爲教體，已辨釋竟。其識上名句者，如何能說者識上聚集名、句等，亦令聞者識上名、句聚集有解生耶。

章《顯揚論》中至非小乘義。《抄》曰：二、明字、名、句相。

《顯揚論》中等者，此第十二卷取意文也，取彼論中無相濫者作四句也。

有字非名字等者，即字界阿哀[三]等聲無所詮故。《顯揚論》說：又若有字，名所不攝，則唯字無名。云云。

有名非句等者，謂一字名及二字等所成之名，但詮自性非差別者。若二字等詮差別者，非此中攝，即名爲句。《顯揚論》說：略名者，謂一字名。廣名者，謂多字名。云云。今章文但取略名云一字名，不取二字名等，有詮差別濫句者故，次句攝故，非無二字名等。

句必有名字等者，第三亦句。《顯揚論》說：字身是句所依，句必有名，若唯一字則不成句。云云。是故句必有名，名必有字，今此章言句必有名、字者，此名謂名及名身、多名身等，此字謂除一字一字名，餘字身、多字身等。又名亦必有字者，亦言亦句，一字、一字名、字身及多字身等。

問：何故一字名不名句耶。答曰[三]：但云苦云樂時，但詮自性不詮差別故，一字名非句所攝。

字不必有名等者，此第四非句。字有一字非

所詮，故云不必有名。

名不必有句者，一字名必非句者，及二字名非句者，此云不必有句，取《顯揚論》意立此兩句。

既大乘中等者，欲立次所言聚集現義，簡非小乘名、句、文。小乘者指薩婆多等，何故簡非是耶。謂若實有名、句、文，則不能説、聽識上聚集顯現，故彰與小乘別。大乘名、句、文，聲上屈曲分位假立，如《成唯識》等中。又解：《瑜伽》《顯揚》等中，不説名、句聚集義，但説五心聚集。然名、句聚集，本出《婆沙》十四十五丁。及《正理論》十四，二十二丁。章主今取《婆沙》《正理》所説，迴大乘識上聚集義成立。是故今不簡非小乘義，則恐後學誤全同《婆沙》《正理》説，作此簡已。

章今準此義至諸佛聖教。《抄》曰：三、明聚集義。此義者，大乘所立假立名等文。

如聖教説等者，北本《涅槃經》十四二十一丁左。及《瑜伽》八十一、二丁。《七佛略戒經》云聖教，舉一頌文。然今但約初句以明聚集，如次下辨。第二句以下聚集相，准例應知。

章説諸字時至非此所明。《抄》曰：四、第一番明一箇字、一箇名。

唯有一字者，一箇字也，即成名一字也。及依一字等者，辨集現相。一字者，一箇名也，但詮自性不詮差別。

名於心上現者，如是一箇字一箇名諸字，於聞教者識心上變現。

此即一字等者，結義，此者指上句。

一字成名之義者，諸之一字成諸之名，即詮諸自性諸者非一。之義者，差別云義。今云：唯有一字及依等者，此即諸一字成諸名之差別，今明故云此即之義也。

亦有一字等者，如阿哀等字，無處詮故，雖云一字，無一字成名義，是非此所明。今此所云一字，是一字而成名之一字，字是諸一字故云一字，其一字有成名義故，云一字成名義，即種種義。如是一箇字一箇名，同一時心上聚集顯現也。

章復言惡時至二字所成名。《抄》曰：五、第二番明三箇字、四箇名。

雖入過去等者，明識上聚集現相。大乘立過去無體故，現在無以前念實有應本質者，雖然前念聞諸言熏本識已，其本識刹那生滅至此現在。

由熏習力者，前念熏習因緣力。

唯識變力者，至此現在當念聞說惡字時，前念熏習諸字自第八識作因能變，與惡字同時第六識上變現，此云唯識變力。又解：但云由熏習力，不云唯識變力，則不成佛識上聚集顯現義，佛無熏習故。

仍於此念者，聞惡字當念也。

即有二箇等下，明聞惡字當念心上名、句集相。

此初明字、字身二箇一字者，諸惡如是一字數二故云二箇。

一箇字身者，以體、依、集三義，雖釋身言，今取聚集。《婆沙》曰：身者何義？謂是二名聚集義。云云。《俱舍》《正理》以體義釋，非今所用，謂諸惡如是二合云身，如是身但有一故云一箇。

兩箇一字等者，明一字成名謂諸惡，如是一字名有二故云兩箇。

一箇一字等者，明名身，謂諸惡如是一字名二合爲名身，此名身但有一故云一箇。

一箇二等者，此明二字成名，無名身及多名身，無字故，謂諸惡如是二字名但有一故云一箇。如是三箇字、四箇名合有七相，一時心上聚集顯現。

章又言者時至字多字身。《抄》曰：六、第三番明六箇字、十箇名。此中有二文，初、明字三位，二、明名三位，今即初也。有者彰心上現，謂聞說者時，餘莫等字亦在未來，其前諸惡二字雖入過去，還由前念熏習力故至于後念，聞說者故。已下十六相自心上現，故云有也。《開發》中具陳是，《對法疏》及此章略不説，令例上知。

三箇一字者，明字，謂諸、惡、者，如是有三，故云三箇。

兩箇字身者，明字身，謂諸惡、惡者，如是二合，有二之身故云兩箇。

一謂諸惡等下，章主加註釋文。道空評曰：此中多本文與註錯雜，如一謂等二十九字是，讀者知焉。云云。今云：如道空評，此等皆章主註，次下尤多，然非錯雜。此是慈恩一家造疏文例，釋本文中，至難解處必加注釋，加已續前敘本文，似以意味不續有亂脱文。他家講師不識有所由，或云錯亂，或云落脱，或云基法師註文拙于賢首，如是等評，妄昧者之所致。基辨謹按，此是印度註釋文例。何以得知。謂閲《二十唯識順釋論》，護法菩薩釋二十本論文中，至難解文，註釋復加註釋多。梵本既如是故，大周義淨三藏如梵本翻譯，曾不更作是。至大唐遍覺三藏所翻《瑜伽》《顯揚》《對法》《觀所緣緣論》等中，其例非一，後學識印度文例，勿必穿是。已上註文註。

一箇三字等者，明多字身，西方以三已上云多。謂諸惡者，如是三字多合集，但有一故云一箇。

章三箇一字至下準應知。《鈔》曰：者字下二明名三位。此亦二，初、一字成名，二、二字、三字成名，今即初也。

三箇一字等者，明一字名，謂諸、惡、者，如是一字成名有三故云三箇。

二箇一字等者，明名身，謂諸惡、惡者，如是以一字名二合成名身，有二故云二箇。

如前字等者，注釋二箇言，二合云身，二合有二故云二箇。

一箇一字業者，明多名身，三已上云多。謂諸惡者，如是以一字名三合成多名身，但得有一故云一箇。

論雖以二等下，註釋多名身。論者，《瑜伽》《顯揚》《對法》等。

雖以二説身者，現本作雖二説不是，謂《瑜伽》等論以二名合説名身，三名已上合説不云身。然今以三名云多名身，似違《瑜伽》等論，如何。有如是妨難故，今置雖言，與奪通難。《唯識樞要》上末二十七。曰：問：如多名身、名身，論但云但有二種，何故名多。解云：身雖有二，名有其多，多名之身，名多名身，非多身之名。云云。由此文意可解今文。

今取三字名等者，正通難文。現本有脱落，古本文云：今取三字名名身故，多名之身，名多名身。云云。此通意云：身是聚集義，今由多名之聚集故，依主得名。

不取四字等者，三已上名多故，雖四字名等亦多名之身故，應云：今文多名身言攝非今所用故今不取。此重通難。

下準應知者，於諸惡者莫作五字而論故。於次下雖有四名多名身及五名多名身，於四名多不取五字者，於五字多不取六字者等，准是應知。

章兩箇二字至所成之名。《抄》曰：明名三位中，二明有二字名二位，三字名一位。

兩箇二字等者，明二字名。

諸惡、惡者，如是二字名有二故云兩箇。

亦二二合説者，註釋兩箇言。

一箇二字等者，明二字成名身。

諸惡惡者，如是二字成名身，但有一故云一箇。

一箇三字等者，舉三字名一位，至是但一位，無名身與多名之二位。

謂諸惡者，如是三字名但有一故云一箇也。

上來所明六箇字、一箇名，合十六相，聞者字時心上顯現。

章復言莫時至字多名身。《鈔》曰：此下第七第四番明有十箇字、二十箇名，餘作字等亦在未來等相，准前應知。此中有二，初、明字三位，二、明名四位，今即初也。

四箇一字者，明字位。諸、惡、者、莫，如

是四字各别故云四箇。

二箇字身者，明字身位。二合云身，諸惡、惡者、者莫，如是二合得有三故云三箇。

亦二二合等者，註釋三箇言。

兩箇三字等者，明多字身位。其中此三字多字身，多字之身，非多字即身。謂諸惡者、惡者莫，如是以三字合集有二故云兩箇。

三三合説等者，註釋兩箇言。

除初後一字者，釋三三合説。

云諸惡者，則除後莫一字餘云三字多字身，是一箇，即今初云三合是。

又云惡者莫，則除初諸一字餘云三字多字身，即是一箇，次云三合者是也。

一箇四字多字身者，此明四字多字身，諸惡者莫作，如是四字多合集但有一故云一箇也。

章四箇一字至名多名身。《鈔》曰：下二明名四位。此中四，初、明一字名三位，二、明二字名三位，三、明三字名二位，四、明四字名一位，今即初也。

四箇一字等者，明一字成名。諸、惡、者、莫，如是一字名得有四故云四箇。

三箇一字等者，明名身。二合聚集云身，謂諸惡、惡者、者莫。如是以一字名二合，有三故云三箇。

謂二二等者，明身義。註釋三箇言。

二箇一字等者，明多名身。此三名多名身，諸惡者、惡者莫，如是以一字名三名多合集有二，故云二箇。

謂三三合等者，註釋二箇言，明多名身義。

一箇一字等者，明四名多名身，諸惡者莫，如是以一字名四名多合集，但有一無餘故云一箇。

章三箇二字至名多名身。《鈔》曰：一、明二字名三位。

三箇二字等者，明名位。諸惡、惡者、者莫，如是二字名有三各别，故云三箇。

謂二二合説者，註釋三箇字。

二箇二字等者，明名身位，即二字名名身。諸惡惡者、惡者者莫，如是以二字名二合集，得有二故云二箇。

一箇二字等者，明多名身位，諸惡惡者者莫，如是以二字名三多合集，但得有一故云一箇。

章二箇三字至所成之名。《鈔》曰：三、明三字名二位、四字名一位。

二箇三字等者，明名位。諸惡者、惡者莫，如是以三字名各别，得有二故云二箇。

更互除初後等者，註釋二箇言。

一箇三字等者，明名身。諸惡者惡者莫，如是以三字名二合集，但得有一故云一箇，至是無多名身故但二位。

一箇四字等者，四明四字成名一位，此但有名位，無名身、多名身二位。

諸惡者莫，如是四字名但有一，但有四字更無餘故。

上來所明字有十箇，名有二十箇，合三十相，於聞莫時，於自心上聚集顯現。

章又言作時至有一十五。《抄》曰：此下八第五番明十五箇字、三十五箇名。此中文有六，上來雖不分手科，今文長故，如是分爲六文也。初、明字、字身、多字身有十五，多字身有三字、四字、五字一多字身也。二、明一字成名等三位有十五，三、明二字成名等三位有十，四、明三字成名等三位有六，五、明四字成名等二位有三，六、明五字成名有一，總結成名等，今即初也。

五箇一字者明字，諸、惡、者、莫、作五字各别爲字故云五箇。

四箇字身者明字身，諸惡、惡者、者莫、莫作，如是二合作字身成四箇。

謂二二合説者，是註釋文也。

三箇三字等者，明三字多，諸惡者、惡者莫、者莫作，如是三字合成身故云多，即成三箇故，云三箇三字等。

二箇四字等者，明四字多，諸惡者莫、惡者

莫作，如是四字合集成身有二故，云二箇四字等。

一箇五字等者，明五字多，五字合集但有一箇。

至此總合等者，總計示有十五。謂字各各別自有五，字身二合有四，多字身中三字有三，四字有二，五字有一，總合有十五也。

章五箇一字至五名多名身。《抄》曰：此下六段文中，二明一字成名等三位有十五。此有五文，一、名，二、名身，三、三名多名身，四、四名多，五、五名多。

五箇一字所成等者，舉一字名。

四箇一字等者，二明名身，謂諸惡、惡者、者莫、莫作，如是二合云身，以一字名如是二合故云名身，二合有四故云四箇。

謂二二合説者，是註釋文，釋四箇言。

三箇一字等者，三明三名多，謂諸惡者、惡者莫、者莫作，如是以一字名三合故，云三名多名身，三合有三故云三箇。

謂三三合説者，註釋三箇言。

二箇一字等者，四明四名多，諸惡者莫、惡者莫作，如是以一字名四合故，云四名多名身，四合有二故云二箇。

更互等者，註釋二箇言。

一箇一字等者，五明五名多，謂諸惡者莫作，如是以一字名五合故，云五名多名身，五合但一故云一箇。

章四箇二字至四名多名身。《鈔》曰：此下六段文中，三明二字成名等三位有十。此有四文，初、名，二、名身，三、三名多，四、四名多合有十箇。

四箇二字等者，一舉二字成名，謂諸惡、惡者、者莫、莫作，如是二字名有四故云四箇。

謂二二合説者，註釋四箇。

三箇二字等者，二明名身，謂諸惡與惡者，惡者與者莫，者莫與莫作，如是以二字名二合故名云身，如是名身有三故云三箇。

二箇二字等者，三明三名多，謂諸惡、惡者、者莫、惡者、者莫、莫作，如是以二字名三合故，云三名多名身，如是多名身有二故云二箇。

一箇二字等者，四明四名多，謂諸惡、惡者、者莫、莫作，如是以二字名四合故云四名多名身，如是多名身但有一故云一箇。

章三箇三字至名多名身。《鈔》曰：此下六段文中，四明三字成名等三位有六。此有三文，初、三字名，二、三字名身，三、三字名多合有六箇。

三箇三字等者，一明三字名，謂諸惡者、惡者莫、者莫作，如是三字成名有三故云三箇。

謂三三合說者，註釋三箇言。

二箇三字等者，二明名身，謂諸惡者、惡者莫、惡者莫、者莫作，如是以三字名二合故云身，如是身有二故云二箇。

一箇三字等者，三明多名身，謂諸惡者、惡者莫、者莫作，如是以三字名三合故云多名身，如是多名身但一故云一箇。

章二箇四字至成名名身。《鈔》曰：此下六段文中，五明四字成名等二位有三。此中有二文，初、四字名，二、四字名身合有三箇。

二箇四字等者，一明四字名，謂諸惡者莫、惡者莫作，如是四字名有二故云二箇。

更互除等者，註釋二箇言。

一箇四字等者，明名身，謂諸惡者莫、惡者莫作，如是以四字名二合故云身，此身但一故云一箇。

章一箇五字至有三十五。《鈔》曰：此六段文中，六明五字成名有一，總結名、名身、多名身，謂諸惡者莫作，如是五字成名，但一故云一箇。

至此總合下結。有三十五者，一字名有十五，二字名有十，三字名有六，四字名有三，五字名有一，都合有三十五也。

章合有一句至以圓滿故。《鈔》曰：明名、句集中，第九明圓滿句。

合有一句者，上來所敘名等聚集，總合有諸惡者莫作一句。

義究竟故者，彰圓滿句。《瑜伽》八十一二丁。曰：若唯言諸惡，則文不究竟。若言諸惡者，則文雖圓滿，義不究竟。更加莫作方得圓滿，即圓滿句。云云。

梵云阿耨瑟多等者，此舉八字句梵名示圓滿句。《瑜伽倫記》三十一下二十八丁。曰：如說諸惡者莫作者，依《婆沙》云，此不長不短八字爲句，此間舊譯但有四字短。師云：梵本實有八字，漢語但四字。今問三藏，亦云梵本八字爲句。依梵本中，又有者字故，依此間語，合有五字，加其者字，所以須安者字。義勢若同，不須隔別，義勢若別，則須隔之。如說諸惡者，直牒惡法，今牒諸惡，欲何所爲。欲令莫作。由有二義故，須安立者隔之。云云。已上《倫記》。又《辨中邊述記》上一丁。曰：彌勒本有百十二頌，世親釋有七百頌，皆以不長不短八字爲句，三十二字爲頌。云云。由此等說，此諸惡者莫作一句，依梵本言，則八字圓滿句，若翻則作五字一句也。然近來堺浦鳩居士者云：《章》中云梵云阿耨瑟吒掣陀，即八字成句，不長不短。以圓滿故者，此文示隨墮八時聚集句法。云云。今云：此說前所言相傳三釋中，自八囀聲時而出。阿耨瑟多掣陀，義翻云圓滿句，今取八字八度之時，句法聚集顯現之義，尤爲有理。

章此中皆取至不可爲難。《鈔》曰：十、結成五字心現，正答前難。

此中者，上來所明字、名、句三，指是云此。中者，第七囀能差別聲。

無間相合者，簡隔越合云無間，若諸與惡聲間隔不相續，則不成聚集現，故云皆取無間等也。

所隔之字等者，諸與惡之間，或山字、海字等無用字隔越也。今云取無間相合，爲成次倍倍增長也。

此中且依倍倍等者，此中言指上字、名、句聚集作法，名、句倍倍聚集增長作法，且示此作法也。

合有五刹那等者，雖字、名、句倍倍增長作法如前，合言則但説諸惡者莫作五刹那聲。刹那者表各别，《開發》云：五字各别音聲。云云。所依者，聲是字、名、句之所依，能依是字、名、句，是攝假隨實釋。雖字、名、句倍倍聚集，其字、名、句離聲非有故，云合有五刹那等。

於心上現者，隨實言，則但説諸惡者莫作五聲相心上現。

不可爲難者，正答難辭。《周記》有二義：一云：不可難前明聚集作法。二云：不可難今家所言説者識上聚集義。云云。今云：此二中以第二爲勝。前難文云：未解唯識，如何説者識上聚集令聽法者聚集解生。今正答此難云：總言於能説者識上，諸惡者莫作五字聲相現時，字、名、句、聲一時聚集説是，隨説聞者識上五刹那聲相現，即字、名、句聚集。如是説、聽俱識上顯現，名唯識教性，非如薩婆多等實有名、句等故，皆是唯識教體。

章此依一句至理即無邊。《鈔》曰：十一、示有無邊聚集。

此者指上來所説，意言：上來所説圓滿句之一句，字、名、句、聲都合有五十六相聚集顯現，欲云次無邊聚集，先結前云有五十六聚集。

都合總有五十六聚集者，現本作尚有不是，復作五十聚集，脱六字不是也。《周記》曰：問：字、名及句即五十一，更有五聲即五十六，何故言五十一耶。答：雖有五聲，意在名等聚集顯聲，不詮義故不説之，所以但有五十一也。又解：合五爲一，并句合有五十二，恐文錯也。或有本言五十者，亦是錯也。或復除彼句之與色，且約字、名、句結數也。云云。《開發》中釋五十六相云：總説名及名身并多名身有三十五，并前字等十五，總合有五十法相。復有圓滿句之一句，及以五字名別音聲，并前合有五十六。云云。今云：五十一與五十六，開合異，字、名、句五十一離聲別無故。雖不舉五聲，全無相違，故《周記》初解爲是。又解：此章文既云字、名、句、聲故，別舉五聲，以云五十六能叶章文，作六爲勝。

若約一頌等者，明無邊聚集，如一句有五十六相聚集，一頌有四句故，有二百二十四相聚集。一段、一卷、一部隨頌數多少字、名、句、聲聚集，其相無邊。

章若薩婆多等至顯名等故。《鈔》曰：十二、明就薩婆多教義不成。

薩婆多等者，《正理》十四曰：我宗皆有名等非無故，後待前能生名等。云云。《俱舍》第五亦說有宗義。今大乘難，彼宗不許熏習，亦不許俱起，故說惡時，諸字過去落謝。彼雖立過、未有體，大乘論中處處破已，過去無體成立義已，過去無體，已滅無熏習故，無聚集義，此總難聚集義不成。

次第而生等者，別難。彼不許俱起故，惡字時無諸字，者字時無莫字，次第生故，遂聚集義不成。

無熏習故等者，亦別難。彼不立熏習故，至後念前滅字不可現，故聚集義遂不可成。

故彼教義等者，結成彼非。

亦非由前等下，舉彼救難。彼救云：由前念字等勢力，末後字等能生名等，今以非一字難。

過去無體下，立理難，自可解。

章故我今時至爲救體故。《鈔》曰：十三、結成大乘聚集顯現。

故者，承上起下，小乘義不成故，今立大乘識變教體也。

我者，大乘自指。

今時者，簡小乘等次第生，大乘立當一念一切聚集現故，簡云今時也。

其說法者等下，約因位說、聽而釋。

由初諸字等下，約說、聽俱由熏習後識聚集

顯現。

若除佛餘説者，則由前熏習，此當念欲説時，識上聚集顯現今説法。若聞者，則如前已辨聚集顯現。

若是佛説等下，約佛説者明聚集現，謂佛果上雖無新熏，自本熏無漏性自在變現識上聚集。《周記》曰：問：凡夫等有熏習，可於識上連帶解生。佛無熏習，如何聚集顯現耶。答曰：佛智如鏡，任運自現，一切文、義不假熏集連帶方生。

雖無過、未等者，簡薩婆多，成立唯識教體。

今以大乘義因果二位唯識教性自成。

説者、聽者等下，舉結護法義，兼及龍軍、無性等。

俱以聲字等下，結能詮唯識集現教體，俱字説聽俱也。意結護法云説者，結龍軍等云聽者，今同結故云俱也。聲字者，字言攝名、句。

二種究竟者，聲、名、句、文聚集圓滿爲究竟也。

上來識上名等聚集門竟。

章於此四種至故不取之。《鈔》曰：十科之中，第十、以三性、五法釋。此中有四，初、總明以此門釋之由，二、别以三性門釋，三、以五法門釋，四、令例知一切。

以圓成等者，即三性門。《解深密經》第二、《瑜伽》、四十六。《顯揚》、十六。《攝論》、無性第五。《成唯識》八，説圓成等三性。

及相、名等者，是五法門，一、相，二、名，三、分別，四、正智，五、如如。《楞伽》、十卷七文亂，四卷三文正。《瑜伽》、七十二、七十三、七十四。《中邊》二、世親《攝論》五、初丁。《顯揚》六初丁。説五法。

唯大乘義者，此三性、五法唯大乘教所説，非小乘教所論，故云唯大乘義。

大乘義中等下，明蘊等三科以不論教體之由，蘊、處、界三科門，道理世俗、世間勝義法門。《雜集論》等全説大乘三科，《瑜伽》六百六十法就十二處明，《五蘊》説大乘五蘊，故云雖有蘊、處、界等。

體性易故者，三科體性至以易了，又以三科論判教體亦易。

復濫小教者，小乘論教除三科法無餘所論故，其名相全同小教，故云濫也。

故不取之者，今以三科不判四重出體。按《開發》十門之中，第七有以三科判教體門。且就五蘊言，則第一攝相歸性，體既真如，即非蘊攝，真如非積集故。第二攝境從心，體唯識蘊。第三攝假隨實，名等無别唯聲故，體即色蘊也。第四相、性别論，聲是色蘊，名等是行蘊也。又處、界門中，第一攝相歸性，體是真如，法處、法界。第二攝境從心，且約心王、意處、意根界及意識界，亦心言攝心所。約其心所，法處、法處界。第三攝假隨實，聲處、聲處界。第四相、性别論，聲處、聲界，法處、法界。已上採集《開發》意爲幼學示焉。

章三性體性至通二性故。《鈔》曰：二、别以三性門釋。三性者，一、計取執，二、依他起，三、圓成實，舊譯論中云空、假、中是，如次配知。

遍計所執等者，具如《成唯識》第八。二十六丁。

遍計者，能遍計、護法第六、七識，安慧諸八識。所執。體唯我、法，性、相都無。

遍計之所執情有理無。各有二體者，《開發》曰：依他二者，有漏、無常。

圓成二者，常與無漏也。

諸無漏法等者，有爲無漏四智心品名圓成實，《深密》《唯識》。故云諸無漏法。

故《攝論》説若等者，引諸無漏圓成之證。無性《攝論》五三丁。説四清淨，彼曰：云何應知圓成實自性？應知宣説四清淨法。何等四清淨法？一者、自性清淨，謂真如、空、實際、無相、勝義、法界。二者、離垢清淨，謂即此離一切障垢。三者、得此道清淨，謂一切菩提分、波羅蜜多等。四者、生此境清淨，謂大乘妙正法教。云云。《周記》曰：《攝論》若説者等者，此文意證無漏之智皆圓成實。四清淨者謂常、樂、我、淨。云云。如是四法總攝一切清淨法盡。今云：此引《攝論》證諸無漏法皆名圓實，以四清淨盡一切無漏。無漏者清淨，故字承上爲證之辭。

《瑜伽論》説等者，論七十二四丁左。之説，是圓成實常住之證也。

一切有爲等下，釋依他起無常，依衆緣起是無常故。

其前教體等者，已上出三性體已，辨四出體，謂攝相歸性，即是真如故圓成實，其餘三出體通依他、圓成二性故，云可通二説。自餘三出體中，以無漏聲名、句、文或攝無漏心，或以無漏名等攝無漏實聲，或無漏與有漏相、性別論，故今云無漏有爲通二性故也。

章五法體性至義准應悉。《鈔》曰：三、以五法門釋。

如《五法章》者，鳩集諸經論五法説辨其體性，如《成唯識論》第八三十三丁左下。廣説。此云《五法章》，義準應悉者，五法體性即是計、依、圓三性，是故以五法辨教體，亦准前三性門應悉。由《成唯識》八引諸經論説五法文釋已，云：諸聖教中所説五事，文雖有異，而義無違，然初所説不相雜亂。云云。初所説者，《瑜伽》七十二、三、四文。

今由此《瑜伽》判教體者，攝相歸性，體唯如如，餘三出體。若無漏聲、名、句等，則皆正智所攝，彼説一切無漏有爲皆正智故。若有漏聲名、句等則攝境從心，皆分別攝。又若通有漏、無漏聲等，既取能詮，皆名中攝。若兼取所詮，亦相中收。如是準應解也。

章餘一切章至準義知之。《抄》曰：四、令例知一切。

餘一切章者，或辨有漏、無漏教體章，或心、境不同章，假、實不同等，於教體分別，於此體性不同一門，已總略顯示，故更別立門不分別是，後學準前應解。

章此中所説至如餘章説。《抄》曰：體性不同門大段有六之中，第六示有師傳結第四門。此中所説者，此體性不同門所説。

皆是大師等者，大唐遍覺三藏云大師。

別加者，於門弟子中各別加指麾也。

傳者實雖等者，章主自云傳者文拙，傳者之謬。至所詮義，唐三藏之所傳，皆以可爲壯觀，雖然，由文拙有不顯壯觀處故云或也。

冀諸相有智下，謙辭。

其間引證等者，示以大乘爲證，以小乘不爲證。

如有謬錯等者，謙辭，推訂正于後學。

箴規者，箴謂割也，規謂正也。《詩經》：灣〔四〕水規宣。王注：正君云規也。

上來合是等下，結成第四門。

如餘章説者，《對法抄》及《開發》等中説餘義。

章第五得名至後論今論。《抄》曰：自下當章五門大段之中第五門也。

得名者，一切得名，謂名、名身及多名身，俱云得名，舊所云集法滿足句，亦是新家得名。

懸隔者，差別之異名，猶云天地懸隔。

此第五門大分爲三文，初、分科，二、談古譯説，三、舉今家釋，今即初也。

章談古説者至資亦負焉。《鈔》曰：二、談古譯説，此欲述今釋，先斥非古謬。

古師解釋等者，釋指舊譯釋家，別指真諦、淨影。

但隨己情者，此下正斥非。此四字正斥大旨，舊人不識西域相傳有一別論，但以自意成一解義故，云但隨己情。

既無依據等者，斥不依西域相傳一別論。

義與體乖等者，如次委辨。

或云當體等者，至或兩體相違。此下文正舉古師隨情爲解。《周記》釋曰：當體彰名者，此當持業。從能依者，是亦持業，亦有財釋。從所依者，此當依主。從數者，是帶數。相應爲號者，此即隣近。

問：古之所釋與今所釋，雖名自別，義即無差別，何故非之耶。答：偶雖相當而無憑據，或於一法名就義釋，乃至亦名相違，爲□□故今非之也。云云。今詳云：《周記》不爾，古師云當體彰名，是非當持業釋。今釋所言持業釋者，就體用不離彰名，約能持邊彰不離義名持業釋，約同所依彰不離義名同依釋，如下具釋，故古師所言非今釋持業也。又古師云從能依以受稱，是非持業亦有財。今釋所言持業釋，非從能依以受稱，有財亦爾。若不爾，則持業、依主、有財三釋，以何差別。是故《周記》云持業亦有財，所判未穩。又古師云從所依以立名，是非今釋依主。依主、依士約能依邊立名，此今家所傳，故《周記》所判爲不盡理。或《唯識》四末曰：即似舊言從所依得名。云云。章主既云似，然《周記》云當，似與當意不同，自可知也。次章文云依謂能依，故云當者不是也。古師所言不辨體、用不離及能、所依，能、所有別，是皆不識西域相傳之所致也。故上章文云義與體乖，遂成疎謬也。

如是種種解釋不同下，章主判古説，文有二，初、正判斷，次、述古説謬之所由。

今云如是種種等之八字，結上標牒，起次判文。

並率己情等者，正判文也，謂古師不識西方立六箇釋解名句義，任自己情設種種釋，云當體彰名等，自情所發非但六故，所解釋亦自不同，是皆不識西方有立別論名六合釋之典據之所致也，故云未爲典據也。

諸師紛亂等者，敍不由西方典據之弊。諸師自情各各不同，所解亦異，不識西方典式，以何爲定量判斯異解。互起異端，諍論遂不得止。異端者，猶云異心。

令後學徒等者，謂古師所解不由西方，任自

情故，諍論是非遂不決擇，後學徒泣多岐，鴻疑碩滯，何時得止。故云無可從受也。

皆由翻譯之主等下，二敘古謬之所由，謂舊譯人師皆自胡國出，故不善西方言音，無識斯六合釋典則，語言設且通同，遂無彰玄之方便，是故師資共失義，故云師資墮負也。

章論今釋者至娑者合也。《鈔》曰：自下此門大段中，第三敘今家相傳軌式。此中大分有四，初、標牒釋別論名，二、總釋，三、別釋，四、結略。初中有二，初、標牒別論，今釋者下是也。

今釋者，對古説作是牒。

西域相傳者，大唐遍覺三藏西遊之日，既在西方存此相傳，六合釋必在八囀聲處，即彼土聲明記論之法攝，故云西域相傳。

皆依別論者，謂總解諸法名義，皆立一箇之別論而解釋。《周記》曰：西方別傳別有立論釋，此釋名《六合釋論》。云云。今此云別論者，此六合釋論，即彰今釋與舊師別也。

梵云殺三磨等下，次正釋別論名。《周記》曰：殺三磨娑者，梵具云殺婆，存文略故俱云殺也。云云。今云：梵音殺三磨娑，此云六合，於印度立別論，其數既六，故以六名。以任自情設數多釋，豈可爲典式乎。故以古説爲疎謬也。

章諸法但有至無一義名。《鈔》曰：此下今釋之中，第二總釋六合。此有二，初、辨六合釋所在，二、明設六釋相，今即初也。

有二義已上等者，正彰六釋所在。《三十論疏》云：言無爲者，是非六釋，無二義故。如云鶻路破，雖有三字，共目一色，無別體義不可別釋，以無合故。云云。謂設六釋，由多義濫，以六釋決判義相當處，非拘字多少也。然離合法式中〔五〕，云若單一字名即非六釋，以不得離合相故。此等釋皆就字多少辨六釋，大爲疎謬，不識今家章疏之所致也。

爲名者等者，名之言必但非二字所成名，集法滿足句亦在此名之言。如上既辨，須審察焉，如《三十論疏》中，釋謂異熟、思量及了別境識之句以六合釋，即在多名身中而用六釋，併讀可知。

唯一義名下，示無六釋處。

一義爲名等者，如《顯揚》十二説：隨義名者，謂質礙故名色，領納故名受，能照能燒故爲日，如是等名。云云。今謂是等皆一義名，非質即礙故名色，亦非質之礙故名色，非領之納故名受，領即納故名受等，自應准知。質是色，礙亦色，領是受，納亦受，無以何應分之由，即是一義名，故云不從他法而立自名。

二義爲名等下，示六釋之所爲，謂於一名上若有二義，必有疑難，爲令決了立六釋判。如云有漏，若言有言云欲、色有果，漏之言云煩惱，則有之漏，依主釋。又若言有言是能有，即隨增義，漏言煩惱，則持業釋。決如是濫，是六合釋所用。

故六合下，結二義已上有六合釋也。

章初但別釋至後乃合之。《鈔》曰：自下總釋中，第二明設六釋相。此中有四段文，初、略明離合相，二、廣明，三、簡濫，四、由義示別名，今即初也。大抵用六合之法，初作離釋，次成合釋，隨離釋別合釋亦自爲別，於其別處立六箇釋名六合釋。如《對法疏》一解論題，初廣散釋，次略合釋，由無著論言爲簡聲聞阿毘達磨，復舉大乘云大乘阿毘達磨，則大乘是總，阿毘達磨唯此別名，大乘之阿毘達磨，依主釋也。此初離次合之式法也。又此大乘等本佛經稱，彼是所集，論是能集，論以大乘阿毘達磨爲集名爲彼集，有財釋也。若説論是大乘阿毘達磨之能集名爲彼集，依主釋也。具如《對法抄》首，是亦初離次合，由離合異之式法也。近來我朝學者讀今家章疏，不辨無持業、依主之名處，亦由離釋而合釋有異，不須離釋，浪但作爲合釋，皆是妄謬矣。蓋夫新譯論疏之名句，一一無不六合、八囀處故，以六合、八囀不研究，則大失於本旨，學者須審察焉。

今此所言別釋二義等者，此示離釋法。

後乃合之者，示後必用合釋也。

章如説佛陀至此別解已。《抄》曰：設六釋相之中，此下第二廣明離合相。此中文三，初、示離釋之相，次、示合釋相，三、結歸六合釋，今即初也。

如説佛陀等者，且舉一物示離合例，是非就佛陀言示例，但就覺者翻名而示。又可，對次所云雖二字，若一義無六合，今亦示二字，梵名立二義則有六合。

者是主義等者，下正離釋。主是人，人是五蘊假和合故，云通於五蘊。

覺是察義下，明覺言非人。

章有覺之者至故名爲合。《抄》曰：第二、示合釋相。前離釋中云覺是智義，者是主義。覺與者既是別物，今合立名有何所由耶。有此疑故，今文合釋通彼疑也。謂覺察是能覺用，者是持用人，體有言彰人有用，以主者體有能覺用，立名云覺者。若云覺智五蘊一分故非別物，則五蘊體持能覺用，此合釋持業釋。五蘊亦用，能覺亦用，同依一大牟尼體，則同依釋。又若言能覺但在果位，五蘊通二位之名，覺是用，者是體，於此義邊以能覺爲他物，則自從他財而立已稱云名覺者，有財釋。今文以有覺者釋覺者名，爲彰上離釋中所云，者言通五蘊，覺但屬智，是即別義，不可云覺、者一。今合釋中，云有覺者故，存持業、有財兩釋，於中持業尤勝，有覺之有彰人有用，有釋此文言，覺者翻名，是彰體聲。云云。今詳曰：有釋通漫，梵語八轉姑置焉，今此章文以有覺者爲覺者義，必非體聲，彰五蘊體持能覺用故，由此釋第二業聲，帶業用聲故。

問：若爾，今文云如説佛陀名爲覺者，此覺者言第二業聲，則應加空點云佛南。漢音呼。既但云佛陀，云何應云業聲耶。答：佛陀是覺，梵言，爾今翻云覺者，則加[illegible]點云[illegible]没[illegible]馱引。是第三轉能作作具聲，此是彰覺言，能覺之覺非所覺，如是能覺之用於五蘊假和合人體而有。此有義，主者上所作業，所作業必帶能作義而彰，故有能作作具□没□馱引。能覺之用者故，云有覺者則第二轉業聲也。

章釋此合名至名六合釋。《鈔》曰：三、結歸六合釋。謂西方云殺三磨娑，此云六合，以二義別，今合有六種故，立別論名云六合釋也。

問：若爾，物無離釋則應無合，何故於西方不云六離釋而云六合釋耶。答：離釋是常途釋，若云合釋，則以初有離釋，今合立名自可知，於離之處非立釋名，但於合處立六釋名故，西方云六合不云六離也。

章雖如菩提至諸難者故。《鈔》曰：設六釋相中，三簡相濫，即彰此六合釋非在字身、多字身上，而但在名身、多名身及集法、滿足句、句身、多句身。謂若雖字數有多義是一，則不可離故，亦無合者故，於一義何用六合。由是六合釋在二義已上，雖有多字於一字處無六合也。

雖如菩提等者，舉例示。《幽贊》下。云：菩提云覺，末迦名道。云云。舊翻菩提云道，今家不用。

理目一體等者，覺謂慧心所，故菩提二字但一慧體。

既無相濫等者，結成一義無相濫。

六合之釋等者，明二字義一無六合釋之由。諸名者一切立名，謂一切立名中，以二義合爲一名故。

二義相濫起疑難者，非六合釋則不可決了故，立此別論。

已上簡濫已。

章此六合釋至名之爲合。《鈔》曰：設六釋相中，第四由義示別名。此非西方所稱名，章主以義示此別名。亦者亦六合名。

章此六者何至六帶數釋。《鈔》曰：論今釋中，第三別明六合釋。此中有四，初、徵起，二、列名，三、別舉，四、示有所傳結，今即初二也。

此六者何者，徵起也。

一持業釋等者，二列名也。新羅元曉曰：問：既有持業，何無持體。如自體分等，若對依主應有依伴，如天人師等。對有財釋有無財釋，如窮子等。對隣近釋有疎遠釋，如天扇等。對相違釋有順屬釋，如師之徒等。若有帶數何無帶時釋，如朝華等。若如是者，應有多釋，何云六耶。解云：諸依伴名入有財釋，其天人等師所有故。從本立名入持業釋，體以所依爲其業故。無財之名亦持業釋，窮困爲業無別貧故。疎遠之名是依主釋，以天爲主得彼名故。帶時之釋皆入第六，所帶類異而帶義同。從多舉數兼攝餘類，所以唯六無所增也。云云。已上元曉《深密經疏》。今云：此元曉所解未盡，問之中云何無持體等，此答無文。今助加云：持體即持業釋，如自體分，自體即分故，一體持業用是持業故。其天人等師所有故等者不可也，天人對師依他主法，依天人有師義故，依主釋，入持業釋者尤非也，無一體持業用義故。又云帶時釋皆入第六之所解，元曉謬釋。今詳云：既云帶數，其中何有帶時釋。若帶時之名，隨應依主釋。如朝華等，依朝之華，云帶義同。從多舉數者，尤亂漫也，帶餘物名隨應餘五釋攝。又問中云有順屬釋如師之從等，元曉解無此答。今云：此亦依主釋也。如是研究，唯六不可增減，故西方唯立六種云六合釋。

章初持業釋至名同依釋。《鈔》曰：自下第三正別舉釋。此中有六，初、持業，二、依主，三、有財，四、相違，五、隣近，六、帶數。初中有五，初、牒本名，異名，二、釋本名，三、釋異名，四、舉例示，五、結略，今即初、二、三也。

初持業釋亦名同依者，初、牒本名、異名。今言：持業與同依，雖於一事體上全同一處，且由義邊別立二名。雖爾，同依義處必有持業，持業處亦必有同依顯然，故云亦名同依也，亦言示非別處有也。

問：若爾，爲何立同依、持業二名耶。答：成同依、持業二名，雖同處事，由離釋儲異合釋名。且如藏識，藏此用，識是體，識體持藏之業用，如是釋則持業。若翻云藏是體，持識之用，亦持業釋。又藏及識，此二之用，一體持藏與識之兩用，則同依釋。又如云石硯，石與硯之二是業用，於一物體持二業用，此名同依。亦若云石是體，持硯用，則此名持業。又如云唯識，若云識是體，唯是用，識體持唯用，是一體持一用，則名持業。亦若云識及唯俱用，則名同依。以要言之，則體用本不離故，云石硯處可云一體持一用，亦可云一體持二用，故持業、同依名異體同，是故別立同依不爲七合釋。《周記》曰：亦名同依者，同依釋，二法同依一體。持業釋，一業依一體。此二不同，如何體一。答：有二法俱是業用，此同依也。是體所持，亦名持業。云云。

持謂任持等者，文自易了。

體能持用等者，此四字解持業釋之要句也。

《成唯識論》四曰：此持業釋，如藏識名，識即意故。云云。《疏》四末五十丁左。曰：意是自體，識即是意，於六釋中是持業釋。業謂業用，體能持用，即似舊真諦師等。言功能受稱，此六釋名皆二法相對辨差別釋，非一一法究理括盡。云云。

名同依者下，如前已辨，自可知也。二義同依等二句，是釋同依之要。今云：總解諸名義，於一名義由作離釋別，有持業、有依主，復有財等，無一離釋有多合釋。今是於一離釋，有同依處必有持業故，雖名異體同，由離釋儲立此二名，自可知已。

章如名大乘至少名同依。《鈔》曰：此下四舉例示。此有四文，初、以大乘二字例，二、以《攝大乘論》名例，三、以唯識《成唯識論》名例，四、以藏識名例，今即初也。

如名大乘者，牒也。

《無性釋》云等者，無性《攝論》第一之文也。

亦乘亦大者，是以同依釋，於一體上持乘與

大二用，亦乘與大二義同依一所依體，此四字上具此二義故置亦言，如《章》具辨。

問：此亦乘亦大四字，以同依釋自可知焉，以持業釋意如何。答：謂乘與大之言各有爲用爲體義，互一體持業用故，云亦乘亦大也。

大者具七義之下四句，離釋大乘二字。爲次以同依與持業，於釋亦乘亦大。

七義者，七大義，《瑜伽論》四十六、十七丁。《顯揚》第八、十五丁。《雜集論》十一、三丁。《金剛般若論》二、十二丁。《大莊嚴論》十二皆説七大義，少有同異，會釋相違如餘處明。今且由《雜集論》釋，則一、境大性，無量教法爲境界故，《金剛般若》云法大，《莊嚴》云緣大。二、行大，行二利故，《金剛般若》云心大，《莊嚴》云行大。三、智大，了二空故，《般若》云信解大，《莊嚴》云智大。四、精進大，三劫修難行行故，《金剛般若》云淨心大，《莊嚴》云勤大。五、善巧大，不住生死涅槃故，《莊嚴》云巧大。六、證得大，證得百四十不共法故，七、業大，窮生死際作佛事故。云云。大謂弘廣，與如是七義相應形小之稱。

具者相應之義，形者形對之辭。

乘者運載義等者，教、理、行、果健運濟行者義。

若乘若大等者，下合釋同依。乘謂運載用，大謂七大用，二用同依教、理、行、果一體，此是以同依合釋大乘名。

其體大法等者，此以持業合釋大乘，謂教、理等其體大法，能有運載功用，是以持業釋大乘。《周記》曰：大是其體，乘是其用，名爲大乘。

問：如言藏識，先説於用，後説於體，何故今言大乘先體。答：但體能持用之義，即名持業，不名先後。此未必然，若爾，何名同依。應更解云：如説經爲大乘，大乘體即是經，大之與乘同依此經，名同依也。云云。今云：此釋尤妙。

諸論之中等者，論章疏共多分以持業釋，不用同依。以持業言，則以體用不離之義，同處有同依義故，別用是少。

章《攝大乘論》至《攝大乘》也。《鈔》曰：二、以《攝大乘論》名例。

《攝大乘論》亦復如是等者，問：次依主釋中，亦舉此《攝大乘》以釋，何故今亦舉此論名釋耶。答：近來有神光者解云：此中攝及論相對，通持業、依主。若亦本釋相對論，則唯依主釋。今即攝與論相對明，攝謂能攝教亦即論，以爲持業，俱是教故。云云。今云：此釋尤好。問：攝與論相對通持業、依主，若爾，持業、依主以何差別耶。答：以攝之言若爲能攝，則能攝即論教，持業得名。若爲所攝，則攝之論，依主得名，至次自知。

許能攝教等者，明以《攝大乘論》名爲持業得名所由，謂論即言論教示也，許能攝盡大乘言教即是言論故，此論名持業得名。

故無性云下，引證成能攝教即是論，無性《攝論》第一十二丁。之文也。

盡其所有等者，盡者攝盡，其者指本經，無別説故者，意言：説此論名《攝大乘》，離攝盡本經所有大乘綱要，無別言教論説故，名《攝大乘論》，是即能攝言教即是論教之義。

此以本經等者，承《無性釋論》章主釋文。《周記》曰：問：大乘之名既非言論，《攝大乘論》何非依主。答：論能攝彼大乘綱要，即能攝論名《攝大乘》，故是持業。云云。今云：本經者，《阿毘達磨經》，是今名大乘也。末論者，無著所説言論教示名攝。

非以本經等者，簡依主之濫也。若言以本經《攝大乘品》名《攝大乘》，則但論一字在無著末論，依本對無著末論，本經爲他。經《攝大乘品》之言論，則依他法體，故依主釋。今以非一字簡，云非以本經等也。今更問：《攝大乘論》之名，如何以持業、同依之別而釋。答：無著所説言論此體，能持、能攝之用，則持業釋也。又言論教示是用，能攝亦是用也，此是二用依斯一體，同依釋也。

章又如唯識至故皆持業。《鈔》曰：舉例中此三舉唯識《成唯識論》例。

識體即唯者，唯謂簡別，遮無外境。識謂能了，詮有內心。識體即唯，持業釋也。已上《三十論疏》序。謂識是體，言一切法體變，則自遮無外境，是唯之義故，識體必持唯用，持業釋也。

能成之教等者，以《成唯識論》四字示例而釋。《三十論疏》序曰：成者乃能成之稱，以成立爲功。云云。又云：以教成教，資教成理，即成是論，持業釋也。云云。《周記》曰：准西方說，云識唯成，今順此方言，云成唯識。由此道理，乘之大性，亦依此釋。云云。今云：能成者，能成唯識言教。即是論者，能成唯識言教，即十卷言論，持業釋也。由此論題分持業、同依釋，則言論體持能成用，是持業釋。若能成是用，言論亦用，二用同依一體，同依釋也。今此章且就持業言，同依非急所用故。

章於識名中至持業亦爾。《鈔》曰：舉例之中，四舉藏識名而示。

於識名中者，於識多名中，今以藏識名釋，第八識具有能藏、所藏、執藏義故名藏識等，具如《成唯識疏》中。

藏體即識等者，今約藏爲體，識了別爲用，辨持業釋。翻言亦得，體是識，藏是用，識體持藏用，體用不離，從何亦無違，必勿謬執。又藏是用，識亦是用，二用依一所依體，則同依釋也。

章如是種類至不能煩述。《鈔》曰：持業釋中，五結略。

章依主釋者至名曰王臣。《鈔》曰：別舉釋中，第二明依主釋。此中有四，初、牒本名、異名，二、就本名釋，三、就異名釋，四、舉例示，今即初二也。

依主釋者二句，初、牒本、異二名。

亦名依士者，今云：依主、依士全同一處事，非別義。雖爾，望體用義邊別，且立二名，依主義處必有依士義，依士義處必有依主，體用不離故。雖一事，由作離釋時有就體與用別，且立此二名也。

依謂能依者，二就本名釋，正彰依主、依士共能依非所依。前所言同依釋之依言，是所依非能依，依主、依士之依言，是能依非所依。

主謂法體下，立二義釋主之言，一、不約喻，二、約喻。此初不約喻就法體釋，如勝論外道立實句義，舊人梵云陀羅驃，此云主諦，此主諦即諸法體實，故主之爲言體也，故云主謂法體也。

依他主法等者，是依主釋之眼目也，如云眼識，眼根云眼，眼識云識，俱是本識之上彼彼種子各别各自所變，俱雖本識變現，因緣變故，各守自性，各一箇體相主法。既云眼根有礙變現，眼識無礙變現，爾今名眼識，令依託他法體眼根，以立自眼識名云眼識，爲彰此識以眼根爲所依託有别用，此識能依他眼根能依之用，依他主法云眼識也。耳識等類一切之上取能依託他有法體者之邊得名者，是依主，就能依他法體邊立名故，云依主不云依士。《成唯識論》說：彼依主釋，如眼識等，識異意故。《疏》四末云：其第六識，體雖其識，而非是意，非恒審故。彼依主釋，主謂第七，即似舊言從所依得名，於今家亦如云眼識，雖有從所依眼根立名之理，於今家云所依之言，若云所依處，則指法體之名，故濫自從自法體立名。今如云眼識，非依自法體，依他法體立名故，於印度立名云依主釋。舊人所言雖義相似，義與體乖也。

或主是君主等者，次約喻釋主之言。

一切法體等者，大凡一物一物自主自性，喻如各守一家主人，故法體各别義，名爲主也。

如臣依王等者，今云：此喻言互不相依，非云勝劣。他家學者誤作勝劣釋，云依主是勝，依士是劣，妄昧之判不可取也。謂臣依王，但以王爲所依，臣是能依，無臣爲所依、王是能依。眼識依眼根亦復爾，但眼根爲所依，識是能依，遂無識爲所依、眼根是能依義，今喻是云如臣依主。

王之臣故等者，如云眼之識、耳之識等。

章士謂士夫至二釋亦爾。《鈔》曰：三、釋異名。

士謂士夫者，今云：士夫功用云士夫也，非云士夫之體。《了義燈》一本曰：有解：六釋中，依士、依主作四句辨云：有依士非依主，如取之蘊，以取是所非心王。有依主非依士，如蘊之取。《燈》主破云：此不應爾，若依士、依主二不相攝，應有七釋。云云。今云：若有七釋，則違梵云殺三磨娑，此云六合，故云依主、依士別爲大妄謬。

問：何故上釋主言云主謂法體，今釋士言云士謂士夫，設此二釋耶。答：上約體辨所依，明就能依釋之名，今約用辨所依，明就能依釋名，自能依他有此二別故。

問：若爾，依主、依士應別，如何免應有七釋難耶。答：此難不爾，依主、依士之肝要，舉自能依他以立名也。故以就能依立此釋名爲要，非關所依，雖所依有體用別，能依義邊無別故，不分爲二釋也。

又按：章主就立依主、依士二名，而恐後來謬爲二釋，爲是今釋主與士之言各設兩釋，初、不約喻，二、約喻釋。初釋主言有二中，第一、不約喻義，如云邊主、中主，此非約喻，約法作言主也。第二、約喻義，如云主人公辨真，是約喻就人作主言也。次釋士言有二中，第一、不約喻，約法體名爲士夫用也。第二、約喻就人作士夫用之言也。此中以一切法法體有用約法言，如農夫耕作禾稼等名士夫用。又以人作功用約喻言，如作意心所有警發用云士夫用。由如是道理，主與士全是一體，同具人、法義，彰自能依他之義以立名也。

問：主、士之言具人、法二義，則何故舉依士、依主兩名耶。答：主謂法體，士謂功用，自能依他，有依體，有依用，故立依士、依主兩名。雖爾，體用不離同一處故，是非二箇釋也。

問：依法體之釋自可知焉，依功用之釋如之

何。答：如八轉聲中第三具聲，多是依士釋也。《三十疏》等第三囀上依士釋也，如云由擇力所得滅名擇滅，又云能成之論，依士釋也。又同〔六〕《大疏》中，云由旨因由，第三囀聲攝，皆是由功用立名故云依士釋，無體則無用，故全同一釋也。且就別言，則應如是。第六屬聲能依義，第七依色能依義，多分由法體故，云依主釋也。

二釋亦爾者，近來神光釋曰：二釋亦爾者，此亦前持業釋中，説諸論之中多多〔七〕持業，少名同依。云云。今云：此釋不爾。二釋者，一不約喻、二約喻之兩釋也。亦爾者，例釋主言立不約喻與約喻二釋。由上來所明道理，依士、依主同一體義，自可知已。大唐清涼國師、宋永明禪師、明藕益禪師等，以勝劣分士、主，是爲二釋，悉皆不知西方一箇別論名六合釋，爲如是謬而已。

章於論名中至類亦應知。《鈔》曰：此下四舉例示。此中有四，初、舉《攝大乘論》而例，二、以成唯識例，三、以《成唯識論》例，四、以眼識例，今即初也。此初之中有二文，初、本釋相對釋，二、理教相對釋，今所牒文有此二文，於論名中等二句標牒，應冠二相對釋之首解。

以本經中等者，正本釋相對。此意言：《攝大乘》三字，本經《阿毘達磨經》中《攝大乘品》，此《攝大乘品》名《攝大乘》。

此論解彼等者，今無著所造言論，解彼《攝大乘品》，名《攝大乘論》，謂論一字在無著言論，《攝大乘》三字是本經名，此無著言論依他《阿毘達磨經·攝大乘品》立名也。

義可應言等者，已上離釋已，已下合釋。

依論《大乘品》等者，依望自無著言論而可言他，所主法體《攝大乘品》，立論名云《攝大乘論》，依主得名。若云依《攝大乘品》功用，則是依士釋。依他法體及依他功用義，以云依主亦云依士也。

若許論亦名等者，以攝、論二字教、理相對而釋，此文甚難了。今助文解云：若以許攝言不見《攝大乘品》之攝，而以攝言爲論中事，論言亦有名攝，則攝言通言論中所詮理，論言是能詮言教，依《攝大乘》論中所詮理。之論教，依主釋也。文中有離釋、合釋，准例應知。

章唯識之成名成唯識。《抄》曰：二、以唯識言例。謂依唯識理之能成言教，唯識二字所詮之理，成之一字能成之教，依他法體唯識之理之能成教，名成唯識，依主釋也。

章以理爲成至亦是依主。《抄》曰：三、以《成唯識論》而例。以成唯識三字爲論中所詮理，離成唯識理外別無論中所詮理故，論是能詮言教，依成唯識之論，依主得名。謂論中成唯識理，是爲他體，言論由是起，則依主釋。又以成唯識理爲功用，言論由其功用起，則依士釋也。

章於識名中至類此應知。《鈔》曰：四、以識名例。

識名者，諸八識名，此四字標。

如名眼識等者，眼根他法體也，由是之識，依主得名，如前已辨。又眼根是能照之用，由此用之識，依士得名。

章有財釋者至不及有財。《抄》曰：別舉示中，第三有財釋。此中有四文，初、牒本名，二示不用異名，三、釋有財名，四、指示例，今即初文也。

有財釋者四字，舉本名也。

亦名多財等者，二、示不用異名。今云：雖有財，若少財，世人不名有財，故云多財則是有財，自可知焉。

不及有財者，彰有財釋實義。意言：有財、多財雖是一，此釋名以能有爲要故，今云不及也。

問：何故云不及有財耶。答：有者，能有之義也。能有者，能自在之義。若人於自居處積集無量財寶，雖然，於此金銀不能自在用是，世人不稱有財之人。又若雖於自居處無畜一錢，能自在用他處財，則人皆稱云有財之人，今有財言亦復如是，如次具辨。

章財謂財物至而爲名也。《抄》曰：三、釋有財名。

財物者，今云：功用云財物，若無功用物，非財物也。

自從他財等者，以此釋爲有財釋之要也。今謂他財者，他有功用喻以名他財，自從他財用立名。

問：若爾，與依主何别。謂依主自依他體處立名故云依主，有財不爾，以能有爲有財，以能依爲依主之依，以是爲别，能有以他物用爲我物用也。以他用屬己義邊立名，他用全爲己用義名爲有。譬如所驅役他人屬己爲己用，名我能有僮僕。

如世有財等者，世人持財用名爲有財，持財之體不名有財也。今亦如是，自持他用，從他財用而立己稱，名爲有財也。

章如論名中至故有財釋。《抄》曰：四、指示例。此中有三，初、以《阿毘達磨集》例，二、以《成唯識論》例，三、以對法藏例。今即初也。

今以彼大乘等者，爲集者，所集用也。謂以所集用名能集論名云集論，此即能集論自從他所集用而立己論稱，名《阿毘達磨集論》也。《周記》曰：《章》如論名中至《阿毘達磨集》者，問：阿毘達磨以爲所依，依主釋亦有何過。答：理實亦得，《俱舍》頌説攝彼勝義依彼故，此立《對法俱舍》名。攝彼勝義者，有財釋。依彼者，即依主釋，即依主亦無妨矣。云云。今云：《周記》所言未了，謂大凡六合釋隨離釋别，或有依主、有財兩釋在，或餘釋亦得故，不可言必有依主處定有有財，隨得名離釋别，有無並不可決定。縱《俱舍論》名雖有兩釋，以是不可例同於一切，如眼識等名，豈有從他財立己名義耶。故《周記》所言未穩。又曰：問：依主、有財兩釋何别。答：以己依他而立自稱，名爲依主。以他屬己用標自名，即有財釋。又如云《阿毘達磨集論》有財全取他以標名，依主釋者自他兩義立號。如云眼識等。更檢《俱舍》云：以又全取他名名全分有財釋，自他兼取名一分有財釋。如云《阿毘達磨集論》，如云乘大性有財釋。云云。已上《周記》。今云：此中一分有財之名，恐未穩也。《二十論疏》云乘大性有財釋，是全分有財釋也。乘言通能、所，所乘是所化生及教、理、行、果之一分也，能乘即大性。今取爲自所乘名，此即自從他能乘即大性財物而立己稱，有財釋。乘大二字全他財物，今日有其財物故，是全分也，云《阿毘達磨集論》亦是全分有財也。

問：持業、依主、有財三釋之别如何。答：持業一體持業用，同依二用依一體。依主以自能依他體，依士以自能依他用。有財取他用屬己。屬者能有，多財雖有財，能有之義不彰故不取。

章此論以唯至亦有財釋。《抄》曰：二、以唯識例示。

此論以唯識等者，唯識謂本經唯識之理。成者，《三十》本頌能成本經唯識之理故，《三十》本頌名成唯識，故成唯識三字他功用，爾今取名此釋論，故有財釋也。

章以阿毘達至義皆類然。《抄》曰：三、以對法藏例示。

以阿毘達磨等者，阿毘達磨此翻云對法，俱舍此云藏，對法是所藏，藏言通能、所，自能藏從他對法即所藏之用而立己稱，爲能藏名，如前阿毘達磨集應准知也，必以《俱舍》光、寶二記等所云所依包含義而不可混交釋也。由此軌式會得有財釋已，而後解光、寶釋，光師引《正理》非誤。

章相違釋者至是相違義。《鈔》曰：自下第四相違釋。此中有三，初、明相違釋之名，二、指示例，三、示彰相違釋文例，今即初也。

二義者，差别云義。

所目自體等者，二義所目自體各殊等云相違也。

章如攝決擇至名曰相違。《抄》曰：二、指示例。

此非五識等者，簡持業釋。

亦非五識身地等者，簡依主。

亦非以五識等者，簡有財也。

共立一稱等者，以兩名爲一名。然尋其義，體各别名相違釋也。

章今以義準至類此應知。《鈔》曰：三、示彰相違釋文例，如文自知。

章隣近釋者至名隣近釋。《抄》曰：自下第五隣近釋。此中有二，初、釋隣近名，二、指示例，今即初也。

俱時之法等者，同時並起法中，義用增勝，自體從彼增勝而立其名，名隣近釋。

章如説有尋至名有尋等。《抄》曰：此下二指示例。此有三文，初、舉有尋有伺，二、舉示念住名，三、舉示意業，今即初也。《周記》曰：如説有尋及有伺等者，問：如言念住，體即慧，全隱己稱從他亦名。今者尋伺及相應法名尋伺地，隣近可成，全從他者，有尋有伺名如何名隣近釋。答：尋伺名爲尋伺地者，持業釋也。今言隣近相應法，則具如欲界、初静慮心及心所，總得名爲有尋有伺，無尋唯伺亦准此知。云云。

但尋伺增等者，有尋有伺地所起一切心、心所法，皆是有尋有伺地體也，然尋伺增故名有尋伺。

章亦如念住至名爲念住。《鈔》曰：二、舉念住示。

念住者，《瑜伽》二十八説：念住何義。答：若於此住念，若由此住念，皆名念住。於此念住者，謂所緣住。由此念住者，謂若慧、若念攝持於定，是自性念住。所餘相應諸心、心所，是相雜念住。云云。

章意業亦爾至類此應知。《鈔》曰：三、舉意業示。《成唯識論》曰：審、決二思，意相應故，作動意故，説名意業。《疏》曰：近意之業，意相應業，名意業，隣近釋。依意之業，依主釋也。

今云：體是思，雖然，意相應故，意增勝故，名爲意業。《周記》曰：意業爾者，思是業體，隱思之名從相應意以立稱也。

餘一切法等者，例示餘法。

章帶數釋者至准此應知。《鈔》曰：第六、帶數釋，如文自可知也。此中有二文，初、釋帶數名，二、舉例示。

章此中六釋至相如餘處。《抄》曰：别示六合中，第四示有所傳結。

依共傳者，西方共所相傳此六合别論。

如餘處者，《成唯識疏》《對法疏》《樞要》等也。

問：《了義燈》一本二十丁。云：《要集》云：三藏相傳約分爲四，一、用自非他，二、用他非自，三、自他俱用，四、自他俱不用。持業唯初句，依主唯第三，有財唯第二，相違唯第四，隣近通二、三，帶數初及三，乃至帶數三句。如四正斷，即初句，四即正斷故。如四神足，即第三句，四屬欲等，非神足故。如説三藏法師，亦是第三句。若但言三藏，是第二句，三即是藏，俱非人故。已上《要集》。《燈》主評言：彼釋極廣，恐煩不具，然准此釋，有相雜亂，六釋簡濫，應可思之。云云。此《要集》説，如何雜亂耶。答：云依業唯初句，此釋無濫。云依主唯第三者有濫，並自他依他體立名云依主，爾以自他俱用句爲依主未穩。次云有財唯第二句無相濫，以他用屬己爲己名，是有財故。云相違唯第四者有濫，自他互不用，應云相違。若自他俱用，是應不相違，如云五識身相應地、意地，是互相違。此中何爲自爲他，互爲自他，自他俱用爲名，何云唯第四耶。有濫難了，云如説三藏法師亦是第三句，是亦有濫。有財亦有如是類，如云乘有大性有財釋，大性之乘故。如云三藏之法師，是等相濫。

問：依主是如云眼識，眼根之識也，何非自他俱用耶。答：雖舉自他，自能依他法體主，是依主要，隣近釋中，如云意業，是自他俱用，有如是相濫故。云依主唯第三，未盡有此等濫，故《燈》主不取此四句。

章謂此六中至且指綱要。《鈔》曰：大文第四結略示有餘義。

初持業釋等者，示六合釋必有八囀，今章主章疏中以六合、八囀釋成名、句、義，不遑枚舉焉。蓋六合與八囀相攝，必不可配以示則，但隨處可意悟已。雖然，幼學迷多歧故，今且指示方隅。

六釋之中相違釋者，曾無餘釋，是非體聲則以何爲相違。而立相違釋名故，相違釋多是體聲。

又持業釋者多在境第七及第五所因，如說圓成實於彼是境第七，依他即圓實故。亦說由假說我、法等，此是第五所因聲，離假施設無別我、法，假即我、法故持業釋。由是自知，有持業處多境第七、第五所因。

又依主者多在第三及六，依第七，其相易知。《因明前記》中云：三、五、七中無依主釋。云云。此是妄說，不可取用，違今家章疏故。

又有財釋者在業聲爲聲，其相微隱難知，如云《大乘阿毘達磨集》、《大乘阿毘達磨》根本佛經爲能集，論是爲所集，取所集之業用爲財即詮所作所造業，能集之論有之，名《阿毘達磨集論》。若所集之《大乘阿毘達磨》不彰所作業用之財，則如何能集之論云有之而名有財釋。故以所作、所集、所造之業用囀彰有財釋，又爲《大乘阿毘達磨》所集之能集論，以與黨順助義有他財，不順助則不可有，亦是第四爲聲。如說刀藏，爲刀之藏故，亦是爲聲，有財釋也。

又隣近釋者，亦業聲或屬聲，如說有尋有伺，諸相應法皆是此體，但尋伺增名有尋有伺，是爲隣近釋，是取尋伺所作、所造業用勝爲名云隣近，離尋伺體上所作、所造之業用勝別無隣近體，此即業聲。若爾，與有財何異。又屬有尋有伺之諸心、心所法，是名有尋有伺，是第六屬聲。又帶數釋必兼餘五釋，準可詳已。如是六合、八囀相攝，皆是約多分，學者須審知焉，廣明如漢語八囀聲學則中，恐繁且止。

更有釋名等者，未詳。

如《宗輪疏》者，現本《宗輪疏》無此釋文。如《三十論疏》中云，如《樞要》説歟。

章前總料簡至幸留意焉。《抄》曰：當章大段第三文釋結勸信。

前總聊簡等者，彰通一切教立此總料簡，除此章中所敍所餘學業，皆用此總料簡須併察一切。若講別部等者，欲講除《唯識》餘別部論疏，則用此章文併學焉。

結歸自義者，結歸今欲講各自之義也。如《對法疏》《三十》《二十唯識》等初皆用是，往可見。此中所有等十，勸信。

皆於大師等者，彰由師傳製此章。

但傳之等者，謙讓勸信。

已上總料簡章訖。

大乘法苑義林章師子吼鈔卷五尾

安永第五丙申歲仲春中六日，於平安城五條新善光寺境内雲林庵，早早隨解生義分，不顧管見筆記之訖，後日無憚是正而已。

回向四恩法界海，回向無上大菩提。應理圓實宗末學近住基辨。大同房，生年五十九歲。

同十一年丑二月十五日，於東都淺草延命院，近近開演之用意校正之了。

校勘記

〔一〕「相」，疑爲「性」。

〔二〕「哀」，底本原校疑爲「衰」。

〔三〕「曰」，底本原校云甲本無。

〔四〕「灣」，底本原校云甲本作「污」。

〔五〕底本原校云：「原本冠註曰：明智旭所造之書，此本由明昱六合式明，昱誤由僞書。彼書所言與今家章疏之説相違，故不足依用也。」

〔六〕「同」，底本原校云甲本作「因」。

〔七〕「多」，疑爲「名」。

大乘法苑義林章師子吼鈔卷第六

《五心章》。

南京留學慈恩末資釋基辨撰

章率爾等五心至問答聊簡。《鈔》曰：今釋此章大分爲二，初、標法作門，二、隨門分別，今即初也。

率爾等五心者，是標法也。

問：爲何大乘教説此五心耶。答：此分別心生次第，小乘諸部説心生次第，是故大乘亦説此法相也。

問：小乘諸部説如何。答：若正量部《明了論》説立四心，一、初主識，二、隨行識，三、變行識，四、丈夫識。云云。又上座部立九心輪[二]，一、有分識，二、引發，三、觀見，四、尋求，五、貫徹，六、安立，七、勢用，九[三]、還，謂還有分識。若依《成實》説識、想、受、行四心，彼説受等皆悉差別前後而起，非離心外有別受等與心俱起。前三無記，第四行陰。通三性，又初通六識，五識、意識。後三在意。不與五俱起故。今大乘由《瑜伽論》約六識明五心次第生，七、八常起故不論次第也。上座部所言引發似大乘率爾，彼説尋求此亦同立，彼言貫徹似此決定，彼言安立似此染淨，彼言勢用似此等流。

以十二門分別等者，此下作門，如文可知。

章第一列名至五等流心。《鈔》曰：自下大段，第二、隨門分別。此中有十二段，即十二門分別，如次應知。其第一門列名，其中有四文，初、標，二、正列名，三、舉所據證，四、章主釋文，今即初、二也。

一、率爾心者，《義鏡》曰：率爾者忽然也，謂此初心忽然墮在所緣境中名率爾墮。云云。二、尋求心者，同曰：尋謂思尋，求謂推求，即於初心所墮境中思尋、推求名尋求心。三、決定心者，同曰：決謂決斷，定謂印定，於第二心所尋求境決斷、印定名決定心。四、染淨心者，同曰：染謂染淨[三]，即[四]即不善性并有覆無記。淨謂淨潔，即是善性及無覆無記，由第三心於所緣境得決定也，此位方得染淨性成名染淨心。五、等流心者，等謂均等，流謂流類，由第四心染淨已成，今此位中或善或染流類均等名等流心，等前心流名等流心。今五心言，亦攝心所，定相應故，今從主、勝故唯名心。若心王名心，是當體名，若數法名心，從勝爲名。

章《瑜伽》第一至身識亦爾。《鈔》曰：三、舉所據證，《瑜伽論》第一八丁右。之文也。

由眼識生等者，率爾由五識生，故今且就眼識言故云由眼識而生三心可得，耳識、鼻識等亦准是可知已。是且約散心論，定位意識率爾聞聲等如至下辨。

謂率爾心等者，次第生起如上已明，至下亦辨。

善、不善轉者，論曰：此後乃有等流眼識善、不善轉，而彼不由自分別力，乃至此意不趣餘境，經爾所時眼、意二識或善或染相續而轉，如眼識生，乃至身識應知亦爾。云云。就云善、不善轉，西方兩解，一云眼識唯一刹那，一云亦得相續，如《成唯識》第三説，以云多相續爲勝。《義鏡》曰：善、不善轉者，此明依意引力方成善惡也，五識率爾雖引生意，而五等流但依意力方成善惡，故云善、不善轉。

如眼識生等者，類釋耳等。

章由初三心至實兼後二。《鈔》曰：四、章主釋文，明但云三心可得，不説五心可得。

由初三心者，率、尋、決三心，此三同無記性故，今云性類同故。然此且從未轉依位中境説，若强勝境則三心共通三性，如熱地獄等。然釋[五]此論文章家存二釋，第一釋初云：如今文性類同故，但説初三心。第二釋次《伽抄》曰：初説三心，諸心生時多起三故，後二心不定，但説三言。

云云。已上由《義鏡》增加云云。

實兼後二者，今云：但非三心性類同，後二心亦有無記性起故，若爾，染淨無記者指何物耶。謂染之無記有覆無記，淨之無記是無覆性，等流自可知已。其實可云五心可得，然論云三心可得，諸心生時多分前三心性類同故云三心可得，後二心多分善與不善相續轉故不云五心可得，少分後二心亦同性起故云實兼後二也。《義鏡》中引神廓《攝論疏》之謬而辨，恐繁不敘，往彼見焉。

章第二辨相至率墮境故。《鈔》曰：此下第二辨相門。此中有六文，初、辨率爾墮心，二、辨尋求心，三、辨決定心，四、辨染淨心，五、辨等流心，六、類釋耳等。初中有四，初、約五識辨率爾，二、約同時意識辨，三、舉意識率爾證，四、約同時意率爾。

第二辨相者，五字標牒。

且如眼識等者，初辨五識率爾，如文可知。

同時意識等者，一辨同時意率爾。

先未緣此等者，此者不串習境，若爾，何故不云境，云此耶。答：今所緣與能緣俱未起云先未緣故，若但云境則不彰能緣未起，故今云此，如《俱舍論·隨眠品》中所説見此所斷之此言。

今初同起者，今初二字示率爾心，同謂與五同時能、所緣起。

問：此同時意識率爾所緣之境緣何境耶。

答：三藏解云：西方有三説。初師云：意識率爾唯緣過去曾所緣境。次最勝子解云：意識任運率爾之心通緣三世及非世法。無爲。第三師云：意識率爾唯緣過去境，以緣不明了故，與五識同時分別意識唯應説緣現在境。已上《伽抄》。今云：此中第一説唯説獨生意識率爾等，第二説不簡獨，俱總相云此説意識率爾心，第三説差別獨與俱而説也。今章文既云同時意識，故是與五識同緣之境，云同起故。

故《瑜伽論》等者，三舉證，第一證也。故言承上同時意識故，此論文證五同緣意率爾心也。

是秋篠意。

任運散亂者，任運言彰與五同緣，由非是作意力起名率爾墮心，雖不作意，任運起故。云云。散亂者，簡定位意。

不串習境者，《周記》曰：未曾更境雖說曾更，未得解，皆名不串習。云云。

無欲等生者，欲謂希望，即尋求分別。等言等取尋、伺，是即彰任運起率爾也。

有欲等生等者，簡尋求意非率爾。

又《解深密》等者，經第一《心意識品》之文。此第二證也，證五識必有同緣意。必定之字此證字眼，謂五識必任運，與其任運五識心定俱起意識故。今云：意識有率爾心。

一分別意識等者，秋篠曰：眼等五識雖無分別，而依分別意識而起，即以第六分別根本乃得轉故，云一分別意識俱時而轉。云云。今云：《深密經》及《決擇分》意就五識俱有依中、分別依云一分別等，今此引意以前引《瑜伽》第三文證有任運無分別起意識名率爾墮心。次今引《深密》《決擇》文證五識起必定俱時有意識轉，故此一分別言是同文舉來，須取捨爲證。又言，分別有三，一、自性，二、隨念，三、計度，今此分別言三俱具足，意識必三俱具故。然今所證成任運不作意意識，故三之中但取自性分別，自性是任運分別故也。二解之中取捨應任意也。

故眼俱意等者，章主文，結同緣意名率爾也。秋篠曰：總說率爾有其三種，謂五識率爾、俱意率爾、獨意率爾，今此舉初與二。云云。

章此既初緣至希望境故。《鈔》曰：二、辨尋求心。

此既初緣未知等者，示率爾起尋求相。初緣者，率爾也。《周記》曰：未知何境等者，問：既言未知善惡，不起尋求、決定理應知善知惡，若爾應名染淨心，何名決定耶。答：此但知染淨，而心未起染淨，故亦無失。云云。今云：此問答尤妙。

與欲俱轉等者，明尋求相。

章既尋求已至印解境故。《鈔》曰：三、辨決定心。

識知先境者，此四字決定心之相，謂尋求已後是意識相，如先已明。《瑜伽》三說：五識無間所生意識或尋求或決定，唯應説緣現在境。云云。識知者印解先境者，先所尋求境。

次起決定等者，此文應意續上句尋求已句而解，具作文則應云：既尋求已，次起決定，識知先境印解境故。又言：識知先境者是尋求已之相，識知者非印解，但知先境已相。次起決定下正決定相，印解境故四字釋決定相。二解之中後解爲勝。

章決定已識至染淨心生。《鈔》曰：四、辨染淨心相。

識境界差別者，識謂識了，境界者先印解境，差別者染淨差別，是辨決定已之相。

取因等相等者，正是染淨境相，即起染淨心也。等言等取耶[六]因、俱相違因。《瑜伽》三六丁。説：耶、正、俱相違行因相，由思了別，謂邪、正等行即身語業[七]，是行之因，即善惡境，由了此境相等故，思作諸業起善惡等事，故言取正因等相。

於怨住惡等者，秋篠曰：於怨住惡等者，於所憎境起瞋等染，於可愛境起貪等染，或翻是起無瞋等淨，於可憎愛能忍能離故，於中起捨住平等心也。云云。

染淨心生者，明非但知染淨染淨心生爲染淨心相，謂非染淨並生，由先決定或染或淨隨應心生云染淨心生。

章由此染淨至名等流心。《鈔》曰：五、辨等流心相。

意識爲先引生眼識等者，秋篠曰：等流心有三類，謂五識等流、同緣意識等流、獨生意識等流，文雖無別，説理唯必應然。中間三心多唯意識，其類有二，謂五後意識、獨生意識，以義而准，尋、決二心亦有五識。云云。今云：如《成唯識》五說：有義：六識三性容俱，率爾、等流眼等五識或多或少容俱起故。繫示圖云：

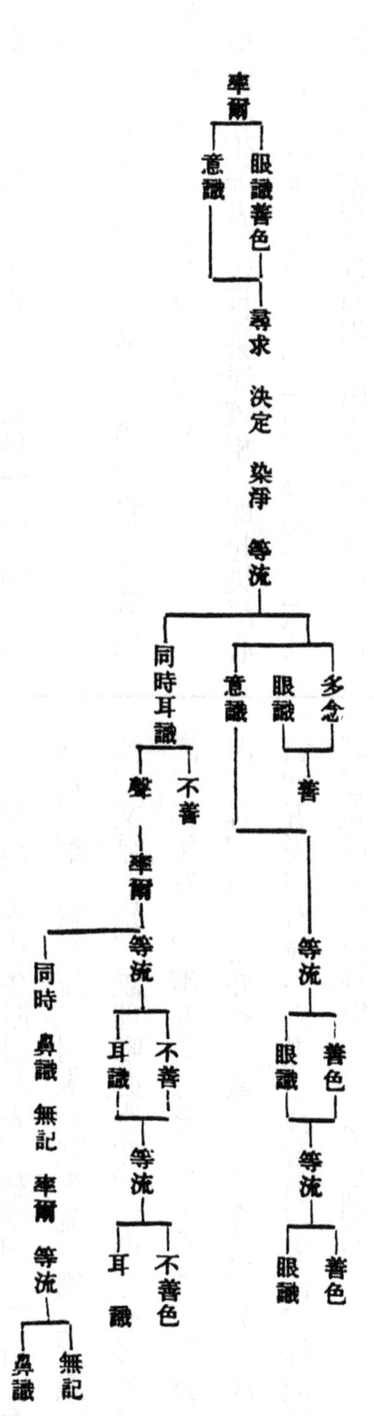

順前而起者，順謂等也，等前前念相。而流爲等流心。

章如眼識生，耳等識亦爾。《鈔》曰：六、類釋耳等。今且所説，約眼識生五心次第相説，約耳等識生説五心次第相生亦復如是，故云亦爾。

章第三八識至非恒續識。《鈔》曰：自下第三門，此中大分有四文，初、標牒，二、由文而説，由《瑜伽》而釋，三、盡理而説，四、判前科明六識具心多少，今即初、二也。

《瑜伽》第一者，第一卷八丁右。之文。

不説七、八者，第七末那雖有染淨轉易之義，而恒相續，前後相似，故不説五心。若第八識恒時相續一類無記，無改轉義，不立此五。但前六識有三性轉易之義及間斷心，由是説五心，故《瑜伽》中但言六識不説七、八。云云。已上秋篠。今云：不説七、八者，非云七、八全無五心，盡理明，七、八亦有爾，《伽》文由粗相但有六識，今彰此義云不説七、八也。秋篠釋雖説七、八全無，前六必有，盡理未彰，次又間斷識方有五心，與不説七、八之釋義別，故秋篠釋此文不盡理也。

又間斷等者，前六識云間斷識非恒續識，有間斷故方具此五心也。此彰但間斷識有五心，成此義故云又也。

章然第七識至可説具故。《鈔》曰：此下第三盡理而説。此中有三文，初、約未轉依明第七識有後三心，二、約界初生明第八識有四心，三、約界初生及轉依位明第七識，具心多少。今即初也。

緣境恒定者，第七識未轉依位恒決定緣第八見分，此彰無率爾。

任運微細者，彰無尋求心，第七任運故無尋求。微細故無三性轉，尋求分别之心三性轉粗相故。

一剎那中等者，彰此第七雖有三心，非前後起，於一念中此後三心具。

章第八不爾至無欲俱故。《鈔》曰：二、約界初生明第八識有四心具，謂因第八有除尋求所餘四心。

界初生等者，於三界中有易界、地受生，其時有色與無色，境有寬狹，故至受生改易必有率爾。

有色、無色等者，明有率爾由。

決定、染淨等者，《周記》曰：境有新舊等者，由於三界生前後别，總合而言具足四心，初生界時有率爾故。約剎那説，但有三心，於境無疑名爲決定，是無記性名爲染淨，是故前類故即名等流，第七品亦爾。云云。已上《周記》。

境有新舊者，示有率爾亦有決定，易界、地時第八所緣三種境有新舊故，若新則起率爾，若舊無率爾。

但決定、染淨心或前後相望等者，明釋等流三心具。

唯無尋求者，第八識不與欲等俱故，無希望等無尋求心。

章因第七識至有率爾。《鈔》曰：三、約界生及轉依明第七識具心之相。因第七識四字標也，界雖初生下約界初生時第七識而明。

境恒一類等者，無始時來一類不易，以第八見分爲所緣境故無率、尋二心，一類不易決定心起，起我、法執故唯染，此染淨心、等流心者念念相續可知。

初轉依等下約轉依位第七而明，見道初無漏時第七識初轉一分平等性智，故爲有率爾。此轉依初一念除尋求、等流三心具起，所緣境即第八見故，初決定已，無尋求心，唯淨轉故，初一念淨，是初念故無等流心，率爾心起，同一念即決定、染淨心起，故云即是等。

第二念後等者，第二念已後類初念起，相續有等流心，是時三心具，前三心中第二念後無率爾心，故前二決、淨，今是起等流也。或念念有率爾，則可謂四心。

二念義合等者，初念與第二念合説有四心也。由是則第二念但三心生也，《周記》釋同是。

或第二時等下明第二念已去，出觀已復入觀時具心。

更起淨識者，更謂再也，秋篠曰：或第二時更起淨識者，若中間息，後更起時，初念即具四，是前等流故，是亦一念即具四心。云云。《周記》曰：更起淨識初念即是至心等流故者，此約初念即具四心，是前有漏等流故。云云。

《周記》問答。問：前念出觀時有漏心，更起淨識入觀時是無漏心，前、後念漏、無漏異，何故名等流耶。答：《周記》意云：由緣於事所現心品等同，故名等流。

問：初地於七唯緣諦理，有漏、無漏不同，何名爲流。答：《周記》意云：約修道中於六法空後得之智能引於七，緣於事故，據容有説，非是一切。云云。更有二解，恐繁不舉，是委如《決擇抄》中往見。

今云：《周記》釋迂迴。《章》次文釋，更起淨識初念四心之由，而云是前所起心等流故。由是按此等言，如護法正義所言等無間緣之言，雖中間有出觀漏心，前念入觀無漏與今念入觀無漏等同類似，故云合有四心，云前所起心等流也。

今創墮境等者，明更起淨識有率爾由。今云：再入觀之初念有率爾，第二念已後無漏相續決、淨、筆(六)三心也。

章此中且依至所具諸心。《鈔》曰：自下第四判前科辨六識具心多少。此中有二，初、正判前科，二、辨六識具心多少，今即初也。

此中者，指今此《五心章》所論。

且依論説等者，論者指《瑜伽》第三但約六識而説。上來已明七、八識亦是隨應具五心，雖然，今此中捨而不論故云且也。

七、八道理等者，彰七、八具心雖無文證以理今論。

章理而言之至勢力勝故。《鈔》曰：此下第二辨六識具心多少。此有三義，今即第一師義也。

理而言之等下，總敘第一師意。

因果合説等者，第六意識唯因位具五心，前五識因位、果位合説爲有五心。

因但有四下具敘第一師義，此師意説，五識亦有尋求、決定二心但無染淨，因位五識勢力劣故不如果上。

尋求、見聞已下立理令五識有尋求，謂尋求分別之間，眼識以見物尋求，或耳識以聞物尋求，鼻識等准知。如是見、聞尋求之間既名尋求，五識隨意轉，有希望故可名尋求，而五識隨轉明。

不爾此等者，正立理。若不五識有尋求心，則此見、聞未了之意識心應與五俱不轉。秋篠意曰：《瑜伽》文中説五俱意隨五亦名率爾准是自知，意俱五隨意應名尋求，此時意俱五有欲等生故。云云。

率爾一念等者，《周記》意云：率爾過去已，決定在未來未生，其間五與意俱現在前時，若非尋求，即此是何心攝耶。已上《周記》取意。有此難故，云便爲大失。

決定意識等者，成五識有決定。秋篠意曰：決定亦與五識有尋求意同，尋求已謝，染淨未生，五隨意轉，若非決定，則是名何心。故知五識亦有尋求、決定二心。

因中五無等下，成立五識無染淨。此師正成立一義，成立意云：因位五識勢力微劣，故以自力不成染淨，故立因但有四。問：若尋求、決定意俱起五識名尋求者，染淨意識俱起五識亦應名爲染淨心耶。有如是難故，第一師義不成。

果即具有者下二句，明果五識具心。

章有義八地至七、八各四。《鈔》曰：此第二師義。此師意説，因位五識亦有染淨，舉例成因五識亦具五。

五識自在者，任運爲自在。

前後相引等者，前念、後念相引亦成染淨。

許七、八識等者，舉例成。

故知五識等下，結成第二師義，此義爲正義。次下舉證成自在位任運五識相續義故。

章此中有義至許亂生故。《鈔》曰：此第三師義。秋篠曰：傳説此泰法師義，元曉法師亦作此説，如《金鼓疏》。云云。又曰：此師意者，《瑜伽》既云前三心中，初是五識，二在意識，又言等流心時方有眼等，故知如文唯有二心。云云。

許亂生故者，若率爾心緣串習境，此心無間生決定心，如論説言：五識無間所生意識，或尋求或決定，故知未必生尋求心，乃至等流應知亦爾，是名亂生。此亂生心皆前等流故，五唯有率爾、等流。

章今此且依至易識境故。《鈔》曰：下第二師會第三師所引證文，今此者指第三師爲證《瑜伽》前三心中初是五識等文。

顯勝法説者，粗相門也。秋篠曰：初是五識等者，依粗相門中容無雜易識境界，然非盡理，餘所有文皆准是會。云云。

《瑜伽論》言等者，論第一八丁右。文也，此舉第三師所證文。又言染淨是意識等者，此亦論同處文。

且依於一中等者，正會之文也。

一者，就一邊不盡理也。

中容無雜者約五識、意識率爾無記而故云中

容。意識但有尋求、決定、染淨，此約意識有分別一邊而説，不論與餘識並生，故云無雜。

易識境説者，間斷轉變易脱云易識也。

章何因不許至理必相續。《鈔》曰：正斥第三師義，初、敍理，次、引證成。

何因不許等者，初立五識有尋求理，雖尋求未了時，見聞未了之間數數尋求，何所由故不許見聞未了數數尋求。若許則意識與五俱起尋求也，故知五識有尋求心。

《成唯識》云等者，論第四文也，次引證證五識有決定、染淨、等流，此《唯識》文成立任運決定不假尋求。

五識身理也必等者，説五識相續故證有決定、染淨、等流也。秋篠意曰：得自在位者，八地以去并佛果位也。任運者，於境自在不假分別故云任運。決定者，更無疑慮也。不假尋求者，無所未知故。如是五識起故，彼五識身何不相續耶。所以引此《唯識》爲證，謂自在位已串習境未必尋求然後決定，翻是准知，若自在位未串習境，其五識中無唯率爾不起尋求，故知五識具有五心。已上秋篠意。

故知五識等者，結第二師義，於理爲勝，《瑜伽》既會故云不違《瑜伽》也。

章第四刹那至無微細者。《鈔》曰：自下第四門。此中有七，初、標牒，二、明五識率爾唯一刹那，三、明意識率爾唯一刹那，四、明尋求、決定多刹那，五、明染淨刹那有一多，六、明等流有二説，七、結成，今即初二也。

五説率爾等者，標別科，《瑜伽》第三已下舉證成。

又非五識身等者，《成唯識》四依此文略有三師解。一者、難陀等解云：五識自他、前後不相續故，必第六識所引生，唯第六識爲開導依。《義燈》云：此師准文不許五識俱生，亦無二刹那續，亦非更五互生。若前若後心意識起，是故五識必用第六爲開導依。云云。今云：且如眼識，一念起已二念不續，唯一刹那故，身類前後不續也。又云：他前後，則如眼識以耳識等爲他，鼻、舌識等亦復以眼、耳等爲他。云不相續，思准可知。二者、安慧等義云：前五識有三位，若論多分，一刹那生，一、未自在位，二、率爾遇境位，三、遇非勝境位。如是三位前後念不相續故，説非五識有二刹那相隨生，如等流心及自在位遇强勝境，五識前後相續，故知五識前六識内隨以何識爲開導依。三者、護法正義云：自類開導。非今所論。

又一刹那五識等者，《周記》曰：説率爾後必有尋求。云云。

故五識率爾等者結成五識率爾唯一刹那。

尋求未了等下，明尋求心同起五識是尋求心、非率爾心，此即簡濫。

故五識身等者，成五識率爾無多念。

説五識身有尋、伺等者，明五識有尋求，此由《成唯識》七以二釋委説云。有義：尋、伺亦五識俱論，五十六文。説五識有尋、伺故。五十六曰：問：二禪已上有尋、伺眼識現在前，云何此地無尋無伺等[九]。故知五識有尋、伺。有義：尋、伺唯意識俱，《大論》第一説尋求、察[一〇]等法皆是意識不共法故。然説五識有尋、伺者，顯多由彼起，非説彼相應。云云。由此二説故，今説五識有尋、伺及無尋、伺之二義會以成立五識有尋求義。

有廣尋求者，秋篠云：深廣行相即尋求行相也。云云。今云：此釋未穩，五識尋求謂見聞未了之尋求，故令託見聞廣尋求云五識有尋求也。此文意言：《伽》五十六説五識身有尋、伺者，就有能令託見聞廣尋求也。

無尋、伺者等[一一]者，會《伽》第一文等説尋、伺意不共法，就五識無與欲俱尋、伺而説，欲等五識上無故。

亦有尋求者，亦言亦意識有尋求，五識亦有尋求，諸處所説。此下會説五識無尋、伺，此設二義會。

無有決定尋求者，此第一會通。由尋求直起決定之尋求心，但是意識，非五識用，故云無有決定等。生決定尋求云決定尋求，此但意識所有之用，非五識用。五識尋求，見聞未了時尋求，以是爲別也。

無深廣行相者，此第二會通。雖爲見聞未了尋求名廣尋求，於五識上無有深廣尋求之行相也。說之爲無者，由此等義相，五識上無諸處說五識無尋、伺。

非無微細者，非云五識上無微細見聞未了之尋求也。秋篠云：微細尋求是體尋求。今云：此釋未穩。

章若獨生意至理亦不遮。《鈔》曰：此下三明意識率爾唯一刹那。此中有二，初、會違，後、敘異說，今即初也。

若獨生意等四句，標牒此科略成。亦者，亦五識率爾。

《瑜伽》第一等下舉二箇違文，雖復相違等下正會。秋篠釋曰：如是相違故今會之，若具應言初是六識而次二心必是意識，初一念中略不說意亦有率爾，即是就一相粗顯而說，非盡理說。云云。

既無唯字等者，是結會意，既不說唯率爾，意識唯次二心故，不遮初心亦有意識，後二心中亦有五識，故云理亦不遮也。

章有說意識至前後爲善。《鈔》曰：次敘異說。

有說意識等者，此說許例意識多念，率爾亦多念，《周記》由此說意會《瑜伽》五識一念久曰：然言一念據間斷境云，然理難悉。已上《周記》。前解爲善者，彰此解不正。

章初墮境故至亦多念起。《鈔》曰：明決定、尋求多念。

後非率爾者，最初墮境名爲率爾，第二念後必追尋前或即決定，故云後非率爾。

決定多刹那等者，非初尋求即起決定，又非初決定即能起染淨，故尋求、決定通多念也。

尋求未知一句，彰尋求未知多念。

雖知未起等者，彰決定多念。

又定中聞聲者，上來就散心明尋求、決定多念已，此下就定心明尋、決多念。《瑜伽》六十三《三摩呬多地》末說：若遇聲緣從定而起，與定相應意識俱轉餘耳識生，非即彼定相應意識能取此聲。云云。由《婆沙》《發智》等舉因緣曰：如大目連獼猴池側坐無所有處定，有象哮吼、猨猴戲聲，即便出定。云云。若由《發智論》十九。云：起定聞，非在定。是薩婆多義。若由《瑜伽論》，聞聲已方出定，若先不聞如何出定。是大乘義。《成唯識》五十九丁。說：非唯彼定相應意識能取此聲，若不爾者，於此音聲不領受故，不應出定。非取聲時即便出定，領受聲已若有希望，希望是何。後時方出。在定耳識率爾聞聲，理應非善，此身識無記。未轉依者率爾墮心定無記故。云云。又《顯揚論》說：又處定中取外聲時，當知由二種取，一、由了別定所緣境及種種所緣境意識故，二、由此俱生耳識故。廣如彼說。如是舉定中聞聲事證尋求多念。

已得自在等者，證決定心多念，即《成唯識》四之文也。論曰：若自在位，如諸佛等於境自在，諸根互用，任運決定不假尋求，彼五識身寧不相續。云云。今云：未轉依位，意識由尋求、決定。果位不爾，恒決定故無尋求。

故決定心等者，結決定多念。

章染淨心至即等流故。《鈔》曰：五、明染淨心有一、多刹那，謂五俱意染淨多念相續，獨意染淨唯一刹那也。

亦復如是者，多念相續如決定多念故云亦復。秋篠曰：染淨心中若五後起亦通相續，未起五識時不名等流故，無緣過去起染淨心，後緣類境時方起等流故，以難生故，理通相續。云云。今云：秋篠意以五俱意及五後意成染淨心多念相續，後緣類境時方起等流五識，此等流五識以難生故五俱意多念相續也。又《周記》曰：多念相續以難生故者，謂五識染淨必由他引故云難生，既許難，滅應非易，故多念相續也。恐明餘識，故次釋云此依五識。云云。今云：秋篠所釋不是也。云等流五識難生故染淨多念相續故，此非章文意也。又《周記》所釋尤爲穩當。《周記》云：五識染淨即五俱染淨也，五俱中五識染淨心由他引故云難生，由難生故滅亦爲難，故云多念相續（三）。此釋實妙，尤可翫味也。

此依五識等二句，舉五識等流彰五俱意染淨多念，五俱意染淨必有五識等流故。釋五俱意染淨故，五識染淨自是多念可知。

若意等流等者，明獨生意染淨唯一念。秋篠曰：若獨生意等流心者，染淨唯一念，次第二念以去即屬等流故。云云。

次第二念下，明唯一念由。

章唯等流心至理必相續。《鈔》曰：六、明等流有二說。

唯等流心等者，標牒。

意識等流等者，別辨意等流。

一云五識等者，明五識等流第一說。

如前所說者，《瑜伽》第三卷云：又一刹那五識生已，從是無間必意識生。云云。此文云五識者不唯率爾，文不簡故。五識等流亦一刹那，今指此文云前所說。已上秋篠。

二云五識等者，明第二說。此意言：《瑜伽》云一刹那五識等者，唯説五識率爾不説五識等流，故知五識等流多念相續。

一刹那者等者，會《伽》第三文。秋篠曰：五識等流多念相續，若不爾者，即違上文等流眼識善、不善轉。云云。

故《決擇》亦説等者，舉證明等流心多刹那。《決擇》者，《瑜伽》五十二初丁右。文也，文曰：若此六識爲彼六識等無間緣。此意云：前念五識爲後念五識爲等無間緣，前念第六爲後念第六爲等無間緣也。

故等流心等者，章主久成等流多念。

《唯識》亦言等者，第四卷文也。具文云：若增盛境相續現前，逼奪心身不能暫捨，時五識身理必相續，如熱地獄、火增盛故，惡增境。戲忘天六欲天中上四天，善增境也。等。等憤恚天。秋篠曰：初引《決擇》意言，若五識一刹那，何等流無間後引唯識。意境既於情故通多念。云云。熱地獄者，無間、熱等也。

戲忘天等者，等憤恚天。《瑜伽》第五曰：有欲界天名戲忘念天，彼諸天衆或時耽著種種戲樂久相續住，由久住故忘失憶念，由失念故從彼處没。或有天名意憒恚天，彼諸天衆有時展轉角眼相視，由相視故意憒轉增，意憒增故從彼處没。云云。

問：此戲忘、憒恚二天何天所攝耶。答：大乘說，則《瑜伽》說，即六欲中上四欲天，下二天忉利、四王可他殺故，此中無戲忘、憒恚二天，應有道理。又小乘說，《毘婆沙》百九十九十五丁。有二説，一云住妙高層級，二云即三十三天。云云。

理必相續者，《唯識論》說，境相續現由〔三〕時五識身必相續。云云。

章故今正義至普通多念。《鈔》曰：七、結成刹那多少。

多唯一念者，問：前文云，若獨生意、若五俱意，率爾心位唯一刹那，如何今云率爾多唯一念。既云多唯，知少分通多念，如何。答：秋篠意云：五識等率爾名一刹那者，總多生滅爲一刹那。《仁王經》云：六十刹那爲一念，一刹那有九百生滅。當知刹那言亦總多生滅，由是當知多者極多也，謂率爾心經時極多，經於六十刹那故云多唯一念，極小經一二生滅，由此義故《瑜伽》等云一刹那等。云云。今詳云：秋篠雖有道理，甚爲迂迴。今文云多唯一念者，多言非對少分多，多之爲言皆也，五識、五俱意、獨生意之率爾皆唯一刹那也。章主《成唯識疏》一末釋論説勝論實等多實有性曰：六句義中無一分爲非實有者，故多是皆義，非對少分多，六句義皆實有，故論云多實有性。云云。今文亦准此釋義，以皆義釋多字，唯言決定義，率爾心皆是決定一刹那故云多唯一念也。

餘四多相續者，此多言對小分多，故少分一刹那有餘四心故，爲明非皆義不云唯也。

或並通多念者，率爾及餘四心皆並通多念也。此是約念念新生義，率爾亦念念相續，故云並通多念也。秋篠云：是亦約多生滅，甚不可也。

章第五亂不至後明亂生。《鈔》曰：自下第五門。此中有四，初、標牒，二、示總科，三、明不亂生，四、明亂生，今即初、二也。

章不亂生中至亂心不亂。《鈔》曰：此下第三明不亂生。五心不亂而生也。此中有二，初、標分科，二、隨科釋，今即初也。秋篠曰：言自他者，且五識中，眼識名自，耳等名他。

問：何有自亂心不亂、無他亂心不亂，有他亂自不亂、無自亂他不亂。答：他亂心不亂當於他亂自不亂，又自亂他不亂當於自亂心不亂，故不別說。云云。又《周記》曰：問：何故不有自亂他不亂句耶。答：與第三名字有異、義無別，所以合說。云云。又曰：又爲五句，一、他亂自不亂，二、自亂他不亂，三、自他俱亂，四、自他俱不亂，五、自他心不亂等，思作可知。云云。

章自他俱不至故得染淨。《鈔》曰：此下二隨科釋。此中有三文，即三門科，今即初科也。《周記》曰：自他俱不亂者，說五識自他皆不亂，不說意識，以必有故。云云。今云：或五識、自。意識、他。俱時五心次第不亂生起，是云自他俱不亂也。不亂者，最初之所緣境上，專注自他識五心生起，因是但於五識隨一與五俱意上立之，非五識互爲自他，五識彼彼所緣境各別，不可同專注一境故。

及爲因故等者，秋篠曰：染淨心生由二因生，一、由分別，二、由先所引。

言分別者，曾未得境分分別故。

光〔一四〕所引者，前已得境今諳委故，意識染淨具由二因，五識染淨唯由一因，謂先所引。今說五識染淨心，故〔一五〕此所引故乃至染淨法生也。

然此不由自分別力者，爲明二因中闕分別因。云云。又曰：此初門意總顯者，自識五心次第續起，他識中間無雜而起，故云自他俱不亂。云云。

唯由引生等二句，章主文也，謂五識染淨心由意識染淨所引而生，故云由引生也。

章他亂自不至續初心起。《鈔》曰：此下不亂生第二門。此中大分三文，初、標牒，二、釋自不亂，三、釋他亂。第二中有三，初、正釋，二、舉證，三、舉有説辯釋，今標牒及第一初科也。

謂有他識等二句，釋他亂二字，正爲彰自不亂。

問[一六]生者，間雜而生也。

他識者，且以眼識見色率爾起名爲自識，則其餘耳等識是他識也。

自識五心等二句明自不亂，前後不亂次第而起也。

如眼觀色等者，舉例示，決定以後有所論故且略。

章故《瑜伽》説至起尋求心。《鈔》曰：明自不亂中第二舉證。初文證率爾後心尋求生也，第三卷五丁右。之文也。

問：從此無間等者，説五識率爾後意識生，若爾，證他亂也，非自不亂證，何故引成自不亂耶。答：五識生已從此無間必意識生者，彰五俱意故，於五識邊於五識自不亂，於意識邊亦於前五識所緣境起尋求故是亦不亂。今取五識自不亂義爲證。

故《瑜伽》又云等者，第六十三九丁左。文，是亦證與定中意同時耳識並轉率爾、尋求續起。

故五率爾後等者，此約緣不串習境而説，若緣串習境，義即不定也。如前已辨。

章有人説言至違教理故。《鈔》曰：明自不亂中第三舉異説而辨釋。

有人者，新羅元曉師也。彼師所造《金皷經疏》中具明。《濟恩傳燈録》云：《金鼓經疏》八卷，元曉，外題云《金光明經疏》，内題云《金鼓經疏》。

不然違教理故下，正辨異説是非。

教者，《瑜伽》第三文也，云一刹那五識生已，從此無間必意識生。言意識者，即尋求也。

理者，若未串習境起率爾後必尋求生，其理

決定。秋篠意曰：此有師意：違教理故云違教理，違《瑜伽》等教理故。若已串習，或自在位，率爾心後不起尋求即起尋求，如《瑜伽》說：五識無間所生意識，尋求或決定。

說或言者，顯非定一，然從多分尋求先生，加[一七]《纂》中說。云云。

章《瑜伽》又云至隨一識生。《鈔》曰：明不亂生第二門中，第三明他亂。此中有四，初、舉證文，二、示尋、決間亂起，三、示決、染間亂起，四示染、等間亂起，今即初也。秋篠曰：此文唯說尋求，後不定則不說，決定後及染淨後不定理皆通故，如《伽抄》說。云云。今云：此立他亂自不亂之證五識率爾，第二念五俱意尋求故，五識亦見聞未了尋求。然尋求後或散亂緣餘境，或且眼識於色境雖自不亂，餘耳等隨一生，是即他亂也。

章故尋求後至即起決定。《鈔》曰：二、示尋、決間亂起。

或入餘心者，示他亂相，尋求心後必應起決定，中間隔亂不起決定，餘耳識等生起率爾等，云入餘心。秋篠曰：入餘心者染淨等心也。今云：此釋不是。謂今所明門他亂自不亂也，故入餘心者他識亂也，若云染淨等心入餘心則可謂自亂也。不合次句故爲不是。

或起決定者，示自不亂相，尋求次起決定即不亂。

雖起餘心等下，明從他亂起自不亂相。

他境非上勝等者，恐識字脫，應作他識境歟。意言：尋求後起，緣餘境心中間隔亂時，其他識緣境若非强勝，不能引脫自識。引脫者易遺云脫，引者被引自識易遺云引脫，今彰他識境非上勝則不能自識被引他識易遺也。

他識久不生下，明雖他亂，境劣弱故，却作自不亂，他境非上勝故，他識不能久歷多念生在，復却自不亂心起也。

入眼識決定者，示還作自不亂。

決定起時或還等者，示却入眼識決定。其決

定起時有二箇相。一者、他識久不生故，復還起眼識尋求引決定生。二者、他識久不生故，眼識即起決定。

章決定爲因至更不別説。《鈔》曰：三、示決、染間亂起。

染淨起位等者，示他識既滅，自識入染淨位有二箇相。一者、他識既滅，自識還入決定引染淨心。二者、他識滅，自心即起染淨。

下皆準知者，明次染淨、等流間有他亂，亦有二箇相。

章許多念故至亂自不亂。《鈔》曰：四、示染淨、等流間有他亂。

許多念故者，秋篠曰：眼識染淨心難生故多念相續，此依正義許五識有染淨心故。

眼意二識等者，示等流相。且舉眼識等流，令知耳識等流等，故云乃至。意識必與五識俱起有尋求、決定、染淨、等流四心故，云眼、意二識等也。

章三、自亂心至下皆準知。《鈔》曰：此下明不亂生中第三門。此中有五，初、標牒，二、明尋求心時自亂，三、明決定心時自亂，四、明染淨心後自亂，五、結成，今即初、二也。

自亂心不亂者，秋篠曰：謂耳等識雖不間生，而眼識中餘境雜境起，餘境心滅還起自心，故云自亂心不亂也。云云。

如眼先觀等下，二、示尋求自亂。

見像色已等者，示自亂已作心不亂。像色者，一上好像色即自亂像色。

却觀衆色者，歸先見一大衆色也，即示還作心不亂也。

或却起尋求下，示作心不亂有二箇相。一云：却觀一大衆色不起率爾，未能熟還歸本，故[一八]尋求而後引決定，以許尋求二句明自亂已後，還本尋求無有過失。

或即起決定者，二箇相中第二相。二云：先率爾後，若久尋求已將熟時，作自亂已還歸心不亂，則不起尋求即起決定也。

章或從初心至始起染淨。《鈔》曰：三、示決定已自亂相。

初心者，自識率爾心也。

至決定已者，明初心至決定心不亂。

復見火色等者，示決定後自亂相。

隨多少心者，自亂後多念少念隨應有別故，云隨多少心。

既是火已等下，示還歸心不亂相。

却觀衆色者，先所言如眼先觀一大衆色之衆色也，次亦同是還歸前也。

始起染淨者，此亦有二箇相，准上應知。上既云，下皆准知，故今略。一云却起決定引生染淨，二即起染淨。

章染淨心後至亂心不亂。《鈔》曰：四、示染淨後自亂終七字，五結成。

或觀雲色下三句，示自亂相。

却觀衆色二句，示還歸心不亂。

皆準前説者，准前示二箇相。

章上來明不至亂心亦亂。《鈔》曰：自下第五門，大段第四明亂生。此中有四，初、結前生後，二、分科，三、明他自並亂，四、示自與心亂，今即初、二也。

章他亂自亦至尋求決定。《鈔》曰：此下三明他自並亂。此中有五，初、示且以眼識緣像色爲自識，二、示他耳識亂起，三、示他鼻識亂起，四、示他舌識亂起，五、示他身識亂起已，還歸自眼識亂起。一心下，皆有自亦亂相。

謂他亂者，他識亂自識生次第。

又自亂者，五識中各自識亂，五心次第生也，今即初、二也。

別有色至下，二示他耳識亂起。

像遂放光等者，示他亂後還歸自識亦自亂。

後復起率爾等者，逢像遂放光時，像先已見故不起率爾，故云起前尋求。然放光今新見故，起前尋求後復起率爾、尋求、決定也。

章復別有香至至染淨心。《鈔》曰：三、示他鼻識亂自亦亂。初三句他鼻識亂，像光變色等四句自亦亂相。

像光變色等者，像光先已見故，至決定心如前，今逢變色，是既新故，決定心後復起率爾等，是名自亦亂。

章復值上味至尋求、決定。《鈔》曰：四、示他舌識亂自亦亂。

復值上味下，他舌識亂也。

多少心已者，五心中或二三等多少心隨應起故，云多少心已。

却觀像光等者，明自亦亂相，光或大小，今新故，復起率爾等。

章如是乃至至名之爲亂。《鈔》曰：五、示他身識亂自亦亂。如是者承上，乃至者略中間，謂今此所敍就眼識爲自，以餘耳等識爲他而論，復以耳爲自，以其餘爲他等，自准可知，今略此等故云乃至。

復觸妙觸等者，他身識亂起相。

却觀像光等者，自亦亂相。

光即離質等者，是既新故，復起率爾也。

或二或三等者，率、尋二爲或二，率、尋、決爲或三等。

名之爲亂者，結他亂、自亂二。

章若連次起至餘心例然。《鈔》曰：翻示不亂，前亂相一一下應置此不亂文，此翻自亦亂也。

餘心例然者，今就五識而論，於觸生意及五俱意而論亦應例知。

問：等流心後更起前四心耶。答：秋篠引元曉《金鼓經疏》云：等流五識無間不起尋求、決定，所以爾者，生已決定方起染淨，染淨心後起等流，故知此無間還起染淨心等。如《金鼓疏》，今章家意無分明文，唯義而言，許等流心是多刹那故，等流後更不起前心。云云。今詳曰：秋篠所言尤善，元曉説失五心實義，等流心後逢別境界率爾等生，別五心次第生，等流無間還起染淨心等者甚不是。若染淨中隨一染一淨等流無間起則可，謂等流非名染淨，等流已前一染一淨偏增起已，念念相續是等流，等流後別起一染一淨，由別尋求、決定勢力，故云等流後起等流甚不是。

章自亂心亦至餘作法同。《鈔》曰：明亂生中第四明自與心亂相。秋篠曰：唯由眼境識心俱亂，不由聲等境亂，故云自亂心亦亂也。云云。

唯以自他等者，示與他亂之別。自他者自識、他識，前就他識所緣境，今就自識所緣境差別。自能緣心錯亂，是云自亂，於自亂心五心生起次第亦錯亂，故云心亦亂也。

章第六諸心至得俱起故。《鈔》曰：自下第六門對辨八識五心俱起。此中有五文，初、標牒，二、辨八識五心俱起。

《瑜伽》等說者，舉證。《瑜伽》五十一六丁。文，《成唯識》第五亦說，等《唯識》說。《瑜伽論》說：藏識恒與末那俱轉，意識起時二俱轉，所謂意識及與末那，若五識中隨起一識則三俱轉，第七、六、五之中一，乃至或時頓起五識則七俱轉，第七、六、前五。云云。故知諸識五心彼此展轉一時並起。

章亦有眼識至一心俱起。《鈔》曰：三、辨眼識、耳識五心俱起。今明從五心初闕一，其餘四心俱，且舉一例而示而已，此耳識先起，眼識後起俱之例。

眼識尋求等下，明尋求歷多刹那故，有與耳識決定等三，或染淨等二俱。

章亦有眼識至理此可知。《鈔》曰：四、辨五識五心俱起，文顯自知。

理無遮故者，以理立故作此言也。經論說八識俱起故，五識五心俱起亦道理應爾。

如眼識生等者，舉眼識俱，令例准餘也。秋篠曰：同時意識理有無疑，故不舉之。

問：具如眼識率爾無記生，耳識等流善性，與此二識俱起意識爲是何性。解云：若眼識率爾境强，耳識等流境劣，即隨强性定，若等流境强即隨彼性定。

問：若爾，等流耳識俱起意識既是善性，何引無記眼識。無記不違善惡，而違無記故。解云：如定中意識既是善性，而得引無記耳識，何妨耳識等流俱起意識雖善惡性，而得引無記眼識。此義稍難，學者應思。云云。今云：此釋尤妙，由《成唯識》五意。

章有説不得至故不説之。《鈔》曰：五、辨異説。

不得者，不許俱起。

既非正義者，小乘薩婆多等不許六識一時俱起，今此有説同異部義，心不並生故，云既非正義也。

章第七初後至少境現故。《鈔》曰：自下第七門。此中有五文，初、標牒，二、辨初多後少，三、辨初少後多，四、明中三心不辨多少，五、約果位辨中間三心，今即初、二也。

初者率爾、尋求也，後者等流心也，廣者多也，略者少也。

率爾、尋求心多等流心少者，五識同時各遇異境，發初、二心，未起餘心，于明[一九]眼識忽遇新境即起率爾乃至等流，此時名爲率爾、尋求心多等流心少。云云。已上秋篠取意。又《周記》曰：初多境現有等者，後等流但有一、二等思。云云。

章或有率爾至別別遇故。《鈔》曰：三、辨初少後多。秋篠釋曰：五識同時各遇新境，起率爾心乃至染淨，未起等流，以許五識染淨多念故。時一眼識更遇新境，起率爾乃至等流心，即眼識同時意識染淨引起眼識等流及前四識等流，於此時中合有眼識率爾、尋求二心及今取引六識等流，故云初、二心少，等流心多。云云。《周記》曰：等流心多者，率爾心據境名多，後等流心多心相續名多。云云。今云：此釋尤好。

由前前染淨等者，此今所引六識等流，依前五識俱起意識染淨勢力之所引生，故云由前前等也。已上秋篠。今云：由前前下明初、二心少、等流心多所由，由前前等十一字明等流心多由。

前前者，前五識俱起意識染淨勢力，既有染淨心數五，故今云前前。

別別遇故者，明初、二心少由。於等流心多時中，同時眼識率爾、尋求境，與同緣意識別別遇境故，云初、二心少，於此時中應有物故。

章中間三心至不辨多少。《鈔》曰：四、明中間三心不辨多少。

多說意識者，中間三心有二意存。一者、中間三心但在意識粗相義，若由此義，一意識中既無並起，不辨多少。二者、許尋求、決定位中起五識如實義，若由此義，多少准前。

章若在果位至多少不定。《鈔》曰：五、約果位辨中間三。秋篠曰：若在果位，隨所有心一念具故，皆得俱起，餘文可知。云云。

隨應無失者，隨其所應云得俱起無失。

既許因位等下，准因位並有五心，果位並起，自可准知。

章第八諸位至有未知故。《鈔》曰：自下第八門，明因果二位五心具、不具門也。此中有六，初、標牒，二、明因位五心具由遇新境，三、明遇舊境五心不具，四、明有率爾必有尋求，五、明八地上及佛果位不假尋求，六、明三乘通論無漏位有尋求心，今即初、二也。

此說五心者，此《五心章》說五心義，唯依因位新知境界。

次第別生者，五心次第別生。

有未知故者，示率爾、尋求具。

章若遇舊境至一念不續故。《鈔》曰：三、明因位遇舊境五心不具。若遇已串習境，則率爾、尋求無所用故，但有後三心。

一念不續故者，尋求以去多得相續，若餘緣集，或念一念故云一念不續故。已上秋篠。今云：尋求心在多刹那，尋求已去多分相續，小分不續。今云或唯等流或唯染淨或唯決定，是餘緣所隔故，一念不得相續，或唯決或唯染等也。

章無唯尋求至所餘識故。《鈔》曰：四、明率爾必有尋求。此約因位遇新境時，若新知境，起尋求時必先起率爾然後尋求。若遇舊境，有唯尋求不起率爾。

《瑜伽》説故者，《伽》第三云：又一刹那五識生已，從是無間必意識生。言意識者即尋求也。

非所餘識者，此所餘言有三意别，一者、第七、八識名所餘識，《周記》曰：非一切識有率爾已即有尋求，第七、八識雖有率爾無尋求故，即於七、八等名之爲餘。云云。二者、自在位識名所餘識，秋篠曰：若自在位，難起率爾任運決定不假尋求，故簡之也。云云。今云：二意之中以《周記》爲勝。三者、未自在位亦有唯率爾無尋求心。何者。若率爾心緣串習境，此心無間生決定心，如《瑜伽》言五識無間所生意識或尋求或決定，故知未必生尋求心。此是新羅元曉《金鼓經疏》意也。今云：元曉師意非今所論，今所明但於五識而論，元曉師就意識，秋篠引是令雷同義，故爲不是。

章《成唯識》説至故但有四。《鈔》曰：五、明八地上及佛果不假尋求。

任運決定等者，《周[三〇]》曰：此據緣理名爲任運，於藥病等八地已上猶未善可起尋求故。云云。

章三乘通論至如前已説。《鈔》曰：六、明三乘通論無漏位有尋求。《周記》曰：三乘通等者，菩薩有四，二乘無漏後得聽法有尋思故作斯説。然實理者唯依大乘，亦得具五，七地已前識得聽法亦有尋求，八地已上未善藥病亦有尋求。云云。今云：無漏位中若有希望即有尋求也。

即諸刹那等者，古來有二釋别。一者、秋篠曰：無漏位中一向是善，無有三性轉易之義，不説五心，但諸刹那義别説具，非前後起。二者、《周記》曰：非於一境得有五心，尋求、決定兩相違故，於刹那滅多境決與不決定别合而言之可有五。或云：但總了境義合尋求，境以解故名決定也。云云。今云：二説中以秋篠爲勝。

如前已諸者，如前八識有無下辨。

章第九三性至一切多善。《鈔》曰：第九門。《瑜伽論》說等者，秋篠曰：即依任運次第而生，故《唯識》亦云：未轉依者率爾墮心定無記故，若境强勝，諸識雜生五心皆通三性所攝，如定中聞聲，耳俱意識率爾善等。

問：初三無記者，四無記中何無記攝耶。答云：四無記中唯異熟、威儀，非工巧、通果，工巧、變化緣不習境故。又彼二心至等流心方得起。云云。今云：秋篠釋未了，四無記中異熟可知，五識緣五境是。威儀、工巧有任運與加行二種別，其中加行起者無率、尋，唯決定已下二心有之，變化全加行起，決、染等三如《燈》中辨，任運威儀、工巧從異熟種起故。此中異熟威儀率、尋易了，工巧率、尋難了，劬勞可知。秋篠所釋約粗相說。

此依因位等下，章主文也。此者指《瑜伽》說，中容者簡境界强勝者，如前已辨。强勝者五心通三性起，故云初三心無記。就境中容者，無亂境者，簡前云他亂、自亂。若亂生則五心通三性起，若無亂起則初三心無記，後二通三性。

五識中一等者，簡諸識雜生，諸識雜生則並生五心，皆通三性。今云初三無記，就五識中隨一與五俱意而起。

連續生者，簡五心並生者。

若無漏位等者，明轉依已去五心性。一切多善者，釋此多字古來二家。一者、秋篠意。言多者皆義，非謂簡少故云多也，故《纂》中云：一切皆善。云云。二者、《周記》意，約識而論，第八唯無記性，第七不定，非總是善故言多也。云云。今云：二家中以秋篠意爲勝，有證文故。然《周記》亦爲有道理，固無漏位中第八識是無記性故，云對少多亦爲有理。

章第十緣生至智者應思。《鈔》曰：第十門緣生者，自他互爲緣生也。

總別者，六識總起五心總起，又一識起一心

起是別，今明是故云緣生總、別也。

爲無間生者，秋篠曰：多識引生一識，一識引生多識，互爲無間起故云爲無間，不取等無間緣，不齊等故。今云無間者，若約刹那論，即後起無間也。若親相生論，是同時無間也。云云。《伽倫記》一下云：三藏舉西方三説，第三説云：《瑜伽》言無間者，由與五識同時親依五識生故緣無間，此是同時無間非前後無間也。又《周記》曰：爲無間生者，説自他識能互相引，自他心無間生，非自他識爲等無間緣名爲無間。云云。今云：《周記》釋引字云能互相引，此釋爲勝，同時無間義能彰故。秋篠所釋雖無違害，於引生言同時之義未痛快故，劣于《周記》。

故多率爾等者，秋篠曰：識既如是，諸心亦爾，故云多率爾引生等也。今云：此且約意識染淨心引五識等流而釋，若由《瑜伽》微細論，則意識染淨心所引故，眼等五識染淨心生等也。

許一識一心等者，秋篠曰：《纂》中改此文云：又許一識一心與多識別心一念生。故今准《纂》意，得者與字，引者別字，蓋是後人謬寫得別乎。云云。今云：若准《纂》文，則約意識率爾與五識率爾俱而論。又若准章文，則約意識尋求得五識率爾，引六識尋求心同一念生也。兩本俱有意，必不可是非。秋篠曰：云《纂》中改此文不可也，《纂》是一義，此章亦一義，以《纂》不可改此章也。

諸識一念得具五心等者，即一念中眼識率爾、耳識尋求、鼻識決定、舌識染淨、身識等流俱時而生。眼境新遇，餘皆舊境，爾時意識爲名何心。隨偏增名，或皆得名，謂緣眼境名，率爾墮一乃至緣觸名等流心，如果位中一念具四，此亦如是。所以爾者，境有新、舊，引生別故。云云。今云：境有新、舊，識引生別，故其別心一念引生故，云一念五心具也。

章第十一何至緣現在境。《鈔》曰：第十一門三量分別。此中有五文，初、標牒，二、約因果二位五識而論，三、論二位第七識，四、論二位第八，五、論第六意識。初中有二，初、明因中五識，二、明果中五識，今即初也。文顯易知。

章果中五識至非世之境。《鈔》曰：二、明果中五識。

果中者，佛果位中。

所有四心者，佛位除尋求心，故云四心。

亦唯現量者，亦因位現，佛果上後得有分別智生故云唯現量。

緣三世境者，此義《佛地》《唯識》二論說成事智緣境有，二師中第二護法正義。《成唯識》第十說：有義：此品亦能遍緣三世諸法不違正理。《佛地經》說：成所作智起作三業諸變化事，領受去、來、現在等義，若不遍緣，無此能故。隨作意生隨事相境起化業故，後得智攝。云云。此護法正義，又次下《唯識章》述二義。其初義云：成事世俗，行緣淺故。云云。既名緣事智故，非緣如智，非如智，是俗智，故不緣非世境，但云緣二世境。有義亦緣非世之境者，此有義次下《唯識章》有二義中第二義也。彼云：或亦通真，自在滿故。云云。無爲之法不墮三世故云非世，既自在滿，何不緣真。故云緣非世境。

章第七因位至及非世境。《鈔》曰：三、明第二位第七識。初明因位。

許有三心者，但有決定、染淨、等流三心，無率爾、尋求二也。

皆非量攝者，因第七識計度我、法相狀故，此三心皆非量攝。

本質境及影像唯定理在者，因位第七所緣本質第八見分。及影像者，第七我、法計度相狀。唯定理在者，第七但任運緣，無隨念分別，亦無尋、伺、計度，故唯定現在境。行相者，第七所執我、法相也。《周(三)》曰：今言行相非謂見相，當情執我之相，是名非世故。云云。

非世境轉者，秋篠曰：非世境者有二，一者、未轉位所執實我名非世境，二者、已轉位無我之理名非世境也。云云。《周記》曰：緣非世者即是無爲，彼緣龜毛亦名非世，本無體故。云云。又云：《周記》釋爲好，秋篠亦有理。

果位有四心下，已轉以去諸位名云果位，初轉依已去有率爾故，合前三心云有四心。皆唯現量者，初轉已去，平等智故是唯現量，非計度故非非量攝。

通緣三世等者，《成唯識》七説：平等性智遍緣真、俗爲境。云云。故緣俗三世爲境，緣真非世爲境也。

章第八因果至及非世境。《鈔》曰：四、明第八識二位。第八識因果二位俱任運現故無分別，故云唯現量。

在因緣現在者，因位第八緣種子、有根身、器界故云緣現在。

果緣三世等者，《成唯識》十説：大圓鏡智緣真如境，是無分別，緣餘境故後得智攝，其體是一，隨用分二，了俗由證真故，説爲後得。云云。此中緣三世即云緣餘境也，云及非世境者即緣真如也。

章第六意識至及非世境。《鈔》曰：五、明第六意識。此中有五文，初、標，二、定位第六，三、散位獨頭，四、會違，五、明五俱意，今即初、二也。

定位五心等者，秋篠曰：離散分別證行而轉，故唯現量。

問：染淨之心，論説分別，云何皆説無分別耶。答：論就散心依別義説，若依通義，何妨亦有是現量攝。云云。

章若在散位至世、非世解。《鈔》曰：三、明散位獨頭第六五心。

通比、非量等者，此總言也。若別言之，五心中初三心，若異熟心及三無記異熟、威儀、工巧。爲三心者，皆是比量，無倒執故。二種二〔三〕心皆緣三世分別而起，不名現量，染淨心中染邊唯非，淨邊唯比，若無記者通比、非量。初云獨散意識，初三心者，隨何無記皆緣過去。通緣三世者，獨散意識隨念分別故緣過去，亦尋、伺、計度故緣未來事。及非世境者，若獨散意緣心變如，緣似非世境，又起實我、法執，是亦非世境，體都無故。境者，影像相分。

行相亦作等者，第六心上行解，即作世、非世行解云行相也。

章《瑜伽論》説至多分緣故。《鈔》曰：四、會違也。

問云：獨生意識五心通緣三世、非世境者，何故《瑜伽》第三卷云意識任運散亂，緣不串習境時無欲等生，爾時意識名率爾墮，唯緣過去境耶。解云：釋此《瑜伽》文，唐三藏説西方三解。一云：獨生率爾若在散位，唯緣過去，論説唯緣過去境故。二云：獨生率爾通緣三世及非世境，唯緣過去文屬下文故。三云：獨生率爾唯緣過去，義同初師，然解論文與初少別，謂意識經爾唯緣過去境，以緣不明了故次起五識，與五識同時分別意識或尋五識或定五識，既與五識同時意識故，唯應説緣現在境。若此五識同時尋求、決定意識，則緣彼五識曾所緣境生。此言無間者，由與五識同時親依五識生故緣無間，此是同時無間，非前後無間也。已上取意《伽抄〔三三〕》。《周記》曰：約五後意多分緣故者，前言單顯緣三世者，約長時言，此《瑜伽》文據刹那説，但緣前念五識境故。云云。今云：《周記》意由西方第三師義。約五後意多分緣故者，章主由西方第三解釋緣過去句也，此意釋言：《瑜伽》説意識率爾緣過去者，五後意識緣五識曾所緣境，故今説緣過去也。秋篠曰：釋五後意識尋求等心，於先已緣境雖不起率爾，若新境至時亦有起率爾，此率爾心亦緣過去，五後意識有分別故，非謂緣先過去境更起率爾，故不相違。

問：若爾，何故《伽》云五識無間所生意識或尋求或決定唯緣現在等耶。答：就刹那説實緣過去，今就一運現在故説緣現，猶如一生名爲現在。云云。今云：若無間者同時無間，非前後無間，則約五俱意識而論，即現在同時所緣境，其時所緣境前念五識所緣境故。有處云約過去，若無間者云前後無間非同時無間，則五後意識緣五識曾所緣境，其曾所緣境約五識則過去，約意識則現在。此現在境，意識相分前念五識所緣境故，亦名緣過去，於理無違。

章與五俱意至明了取故。《鈔》曰：五、明五俱意五心。此中亦有五文，初、標，二、陳那義，三、如實義，四、別論，五、心五會違，今即初、二也。

與五俱意八字，總標也。

有義唯現量等下，二、明陳那義，秋篠曰：此即三量不並師義也，於一事境相違作用不得俱生，故不並也。云云。

作證解故者，明唯現量所由。《理門論》云：意地亦有離諸分別唯證行轉，此文即明五俱意亦現量也。

陳那菩薩等者，舉證。

設五俱時等下，章主文也。

緣十八界等者，此義違《成唯識》等說五根比量得，除佛及定心并第八境所餘，並是比量得。

隨五現塵等者，五識所緣現在五塵云五現塵也，明五俱意緣十八界亦現量攝之由。今謂：實難五根比量得非現得，攝根隨境云現量攝，隨五塵現根識明了取處名現量也。其實非十八界別別云現量得，隨應總合五俱意識緣處，云緣十八界亦現量得也。

章有義不定至及非世境。《鈔》曰：三、明如實義。此師說三量並師也。

性尚不同等者，立理。秋篠曰：五心之中若率爾位，或有異性，如定中聞聲等，或有同性，如餘散率爾等。若尋求等二性同無記性，四、五兩位並通三性，今總顯之云性尚不同。云云。五俱意識所有五心三性尚異，何況三量中唯現量耶。

《集量》不說等者，會《集量論》。《集量》意說五俱意識亦有現量，不說唯是現量。

何得定判等者，判唯是現量是即定判，定判是堅執比度。秋篠曰：堅執比度等者，此非量也，汎爾緣瓶亦是非量，非必堅執，今約多分對比度義名堅執耳。云云。何得二字遮許五俱唯定現量，於理未可四字結非。

故五俱意義等者，問：何故義通現、比等耶。答：與五同時緣十八界，同緣五境現量所收，於眼等根比量所攝，非稱境知非量所攝，即一刹那意通三量。量謂能緣識之功能，非一眼識尚有多能，此亦何失。然由其境明昧等故，善令意識有三量起，故云五俱意義通現、比等。

通緣三世等者，此即通緣十八界，是必非一念緣，但非云現量緣，以三量義通緣也。

已上總論五俱已。

章若緣一境至緣過去境。《鈔》曰：四、別論五俱明五心三量。

與五一俱者，五識中隨一俱，五俱意云五一俱。秋篠所覽本作一五俱意相同。

問：與五識中隨一俱意，何故云五俱意耶。答：秋篠曰：言一五者，且五識中隨各取一別得總名，故云一五，如呼一人名六羣比丘，以同數故。云云。

率爾等流等者，是無分別緣故云定唯現量。

中間三心等者，明尋求、決定、染淨三心，就此三心不與五俱者，五後意識緣刹那過去，通比、非量也，故今云刹那論之等也。

章《瑜伽論》言至故論偏説。《鈔》曰：五、會違。《伽》第三六丁。文也。問：率爾、五後、尋求等意緣過去者，何故《瑜伽》言五識無間所生意識尋求、決定唯應説緣現在境等耶。故今會云：此約事緒究竟名爲現在。

此依方位等者，此依五後意所緣境上五心生，彰已能、所緣事究竟分位云緣現在境也。次文云：若説理事，未究竟來五心不具。云云。故今云事緒究竟、事理究竟也。

《瑜伽》自言等者，《伽》三六丁左。文也。此者指五後意，彼境者五識所緣境也。《略纂》中徵起云：若爾，三心義重二途，若約剎那名緣過去，若約事竟名緣現在，義既不定，云何言唯。今救之云：論云唯緣過去唯緣現在者，唯有三義，今取簡持說唯緣等，此義云何。若約剎那名唯緣過去，即簡相續時，若約事竟名唯緣現在，即簡餘現在隨事有簡故無有妨。已上秋篠取意。

染淨亦爾等者，上來引《瑜伽》辨尋求、決定緣境會違已，此文明染淨心，初三心同性故，論先說初三心略染淨，故今明云亦爾，謂如其五後尋求、決定，五後意識染淨亦爾。若約剎那名緣過去，若約事竟名緣現在，故云染淨亦爾。

三心性同等者，論說初三心不說染淨，初三心三性性同，故論偏說初三心。雖然，論染淨緣境例初三心可起而已。云云。《周記》曰：獨頭意識云何得緣現在。義與未來復有何別。答：不作過、未行解行解[二四]，直於所緣而作行解名現在，作過、未解未來更思。云云。

章第十二問至非圓滿故。《鈔》曰：第十二門餘義問答分別。此中有六文，初、標牒，二、五心數多少分別，三、通無漏問答，四、通三界問答，五、說五心所爲，六、幾字具五心問答，今即初、二也。

答據極多分等者，秋篠曰：顯善[二五]意者，不增不減顯心生分位，極多有五，遮心外境界，極小有一，即三界唯心，所謂本識。約本體唯一，約分位唯五，故非增減。《纂》云：上座部立九，太增則有餘過，訶梨跋摩立四，太減則不足過，有[二六]遮餘部增減過故唯立五心，不增不減。云云。

極小有一等者，約本體但說一，非具五心，心生緣境義非圓滿故，說心生在五心義不增不減。

章問此五心至亦通無漏。《鈔》曰：三、通無漏問答。

答五皆通者，五心皆通無漏。

聞聲定心等者，舉例而示。

因無漏心等者，明無漏心有尋求。

或説尋、伺等者，立無漏心有尋求理，就尋、伺通無漏義有二師説。一云：尋、伺於五法中唯分別攝，唯有漏故。論第五云：諸尋、伺皆分別，有分別非尋、伺故。二云：《對法》第十及《十地論》第一等説正思惟是語言因，故知尋通無漏。尋既爾，伺亦然。由是於五心有漏、無漏義亦有二師説。一云：五心唯有漏，諸無漏位一向是善，無有三性轉易之義，不説五心。二云：《瑜伽》釋家最勝子菩薩言：如佛、菩薩神通等心任運而起，率爾之心緣三世境，尋求、決定等緣前類境等，由是明知，五心皆通無漏。二説之中，以第二爲今家義。《倫記》中舉三藏傳西方三説，第二師義，此最勝子解也。

與欲俱故者，無漏心與欲俱，與欲俱故有尋求，故云通無漏。

章問通三界至隨應可俱。《鈔》曰：四、通三界問答。

一一心中等者，五心一一皆緣三界，故三界五心有。

三界諸心別識類等者，眼、耳、身識二界二地，鼻、舌二識一界一地，六、七、八三識通三界九地，所具諸心隨應可俱。已上秋篠。

章何故須辨至唯識相故。《鈔》曰：五、説五心所爲。

答爲令了知等者，答意云：爲令了知二定説此五心也。

爲令了知等者，顯入生空也，入法無我等者，顯入法空也。

何故此文知顯入二空。答：爲令了知心生分位前後差別非常、一故，由斯速入補特伽羅無我之性。又欲令知前後諸心所緣境界皆不離心，唯於心上聚集現故，由斯速入諸法無我唯識之性。已上秋篠取意。

問：此五心以何爲體。答：未見教文出此體性，然理言之，即八總聚心、心所法而爲其體。諸心、心所初墮於境，總有率爾，俱於境即有決定，隨於何性得有染淨，等流可知。

問：若有於欲名爲尋求，若欲用殊尋求可成餘所非欲，如何依總立五心耶。答：總聚但得有欲即成五心差別，非一一皆令有欲，思之。又此五心通三界有，不可唯依尋、伺等立。云云。已上《周記》。

章問此説五至乃至無量。《鈔》曰：六、幾字具五心問答。

且依此方一字等者，有云：依梵本語，一字無詮，二字已上方有詮表，故無一字所成之名。由是考《顯揚論》第十二，有字非名，即字界阿阿等聲無所詮故。若依此等説，今檢唐言，故有一字所成名也，故今云且依此方等也。

但聞一字時等者，秋篠曰：依唐方言説佛字時，名句已竟，意解悉圓，故雖一字説具五心，法字亦爾，餘准可知。云云。

章聞緣解了至説具五心。《鈔》曰：此文明五心具時，具五心但在聞緣解了，非云限字數五心具足[二七]。

若説理事等者，《纂》云：若名句竟意解圓時具五心者，但聞半名半詞意解不圓，此時若不具五心則起何心心[二八]耶。又自斷云：夫五心者，但説心生分位，無勞簡其圓、缺，故心不起則已，起必具歷五位，唯除强緣聞舊而起。秋篠救之曰：言圓者究竟義，生解究竟故名爲圓。若聞半名等時名句未竟，五心何具。事究竟意解圓時方具五心等，故半名時隨境心生，未必具五，故簡圓、缺，允當深廣。云云。

若聞了訖者，現本作聞了説不可也，南京古本作訖字。

章隨爾所時至深爲允當。《鈔》曰：辨餘義文，一事究竟經歷多念故，云隨爾所時。

隨彼意識等者，若意識起尋求，其時五識亦名起尋求。秋篠曰：依此文證可知，五識尋求是位尋求非體尋求。云云。

故六具五、七、八唯四等者，結文可知。

已上《五心章》訖。

大乘法苑義林章師子吼鈔卷第六尾

安永第五仲春二十一日，於平安城五條新善寺内雲林庵，以愚見解説之次，草草不憚拙智，任義解生書記。云云。

慈恩末資近住基辨。生五十六歲。

回向四恩法界海，回向無上大菩提。

校勘記

〔一〕底本原校云：「原本傍註曰：無性《攝論》二。」

〔二〕「九」，疑前脱「八返緣」三字。

〔三〕「淨」，底本原校云甲本作「污」。

〔四〕「即」，底本原校云甲本無。

〔五〕底本原校云：「原本傍註曰：《伽論》三心可得文。」

〔六〕「耶」，底本原校疑爲「邪」，下一「耶」字同。

〔七〕「業」，底本原校云甲本作「行」。

〔八〕「筆」，疑爲「等」。

〔九〕「等」，底本原校云甲本後有「云云」二字。

〔一〇〕「察」，疑前脱「伺」字。

〔一一〕「者等」，底本原校云甲本作「等者」。

〔一二〕底本原校云：「原本冠註曰：由難生故滅亦難者，五俱意識起時染淨心生，此六俱中，五識染淨必由意識引故云難生，難生必難滅，故多念相續。此妙釋也。」

〔一三〕「由」，底本原校云甲本無。

〔一四〕「光」，疑爲「先」。

〔一五〕「故」，底本原校云甲本後有「云」字。

〔一六〕「問」，疑爲「間」。

〔一七〕「加」，疑爲「如」。

〔一八〕「故」，底本原校云甲本無。

〔一九〕「明」，底本原校云甲本作「時」。

〔二〇〕「周」，疑後脱「記」字。

〔二一〕「周」，疑後脱「記」字。

〔二二〕「二」，底本原校疑爲「三」。

〔二三〕「伽抄」，底本作正文，據文意改爲注文。

〔二四〕「行解」，底本原校云甲本作「解心」。

〔二五〕「善」，底本原校云甲本作「答」。

〔二六〕「有」，底本原校云甲本作「爲」。

〔二七〕「足」，底本原校云甲本作「不」。

〔二八〕「心」，疑衍。

大乘法苑義林章師子頻伸鈔卷第七《唯識章》。

南都西京藥師寺沙門慈恩末資釋基辨撰

章《唯識義章》至歸攝二空。《鈔》曰：自下《唯識義章》。此章大分有二，初、分門，二、隨門解釋。今云：此云章者，俗與所言篇自(一)也，如《論語》云《學而》《爲政》。此所分門者，如《學而》篇分十六章，《爲政》篇分二十四章，如《詩經・關雎》篇分三章等，自可准知。今所云章中分門解釋，由西方道俗共傳訓詁式，如《婆沙》說，必不可以支那論也，如諸契經所說。且初如標牒五蘊者，是即《五蘊章》也。於此章中，云蘊有五，一者、色蘊，二者、受蘊等，此即分門，所餘准知。初中有二，初、總標，《唯識義章》四字是也。二、立門名，今所牒是。今即此二科也。子島曰：此十門中初三門顯唯識境，次六門明唯識行，後一門明唯識果。云云。基辨曰：問：何爲以境、行、果辨唯識耶。答：光觀所知境，唯識方起勝行行，唯識因行既備，果德乃圓，果唯識故爲三也。此皆由《瑜伽》《攝論》之釋例，最勝子《瑜伽釋》中釋《瑜伽》名云：境瑜伽、行瑜伽、果瑜伽。又《攝論》十殊勝，前八是因，後二是果，於前八中初二是境，次六是智，智即行也。子島曰：問：第一門出體之中既明能觀，是行唯識，何但云境唯識耶。答：出體中雖説行、果，皆是觀行者之所觀也，爲令行者覺知所觀、能觀體性及行、果等最初出體，能、所觀體。是故偏判爲所觀境也。又問：第四門何識爲觀門。既有所觀識，如何云行唯識耶。答：第四門顯能觀識，雖有所觀是因能觀，非門正意，故云行唯識也。已上子島。

章第一出體至二能觀體。《鈔》曰：自下大文第二，隨門解釋。此中大分爲十，即十門解釋也。此下第一出體門，大分爲五，初、標門總出體，二、明所觀體，三、明能觀體，四、明五種唯識，五、立六門唯識，今即初也。

此有二種等者，今問：此下出體門既分五科[三]，其文顯然可知，然今初云第一出體者，此有二種，而初出所觀體，後出能觀體，是唯五科中第二、三科，何故餘四科此不舉列但舉能、所觀二耶。答：五科之中第五、六門，唯識第四科五種唯識中第一境唯識，文云於境唯識種種異説故，又第四、五種唯識皆是所觀所攝故，第四科即第二科攝。由是可知，此出體之要但在能、所觀二，故總標云此有二種等也。

章所觀唯識至爲唯識故。《鈔》曰：自下第二明所觀體。此中有二，初、總出體，二、別出體。略有五重已下文也。

以一切法者，有二説別。一者，《中邊》一云：一切法者，有爲、無爲二法。云云。二者，《對法》十二云：一切法者即三自性，謂遍計、依他、圓成。云云。子島此二説中，取《對法》説應釋一切法言。云云。今問：何故子島取《對法》不取《中邊》云云。答：由《深密經·一切法相品》説一切法相者，遍計、依他、圓成之三性相，故《對法》説爲好。何故不取中邊耶。答：由《三十論》二，無爲有二，一者識變無爲，二者法性無爲云云，謂識變無爲依他起性相，法性無爲圓成實性相。故《中邊》説雖説依、圓不説遍計，故不取。問：何故不説計執不取耶。答：計執唯妄情起，依他起計執本來都無，故《中邊》説亦雖盡一切法相，而違五重唯識觀門通觀有無爲唯識相，故不取也。有謂依、圓，無謂計執故。

通觀有、無等者，明以一切法爲所觀唯識自性所由。有謂色、心等法，是即心、心所所變故名爲唯識，無謂龜毛、過、未等法。是亦説意不壞法現前故是亦唯識，故知一法一法唯識所變是依他緣起有，了達緣起有則名了計執都無體用，一法緣起有，一切法亦緣起有，即於一法名遍計、依他、圓成三性相具足，是非有非空中道。《華嚴經》説：一切有無法，了達非有無。云云。嘉祥《十二門論疏》云：萬病之根本，宿食爲本，三界沈淪之基，以有無爲本。云云。

問：遍計等三性有無法爲唯識體，其證如何。答：《成唯識》九説：唯識性略有二種，一者、虚妄唯識性謂遍計所執，二、真實唯識性謂圓成實。復有二種，一者、世俗，謂依他起，二者、勝義，絶言無別，亦無不別。謂圓成實。云云。

問：三性中遍計所執其體既無，如何得言唯識性耶。答：右三家釋別，一者、《周記》《邑記》同云：遍計雖都無體，由妄識變，亦名唯識。云云。二者、《義演》《泰抄》同云：遍計所執體雖是無，然不離唯識性，以不離識義名唯識。云云。三者、芳野信叡意云：攝假隨實名唯識。云云。子島由松室意判三家云，以芳野釋爲今章意。下第七門云：心所變無依他起攝，真如理無圓成實攝。由此章文爲芳野義之證。而子島別設一釋云：依簡去計執得唯識顯現，是故遍計名爲唯識，如聖教中由斷煩惱得菩提故，以煩惱爲菩提。云云。基辨詳曰：三家釋中以《周記》《邑記》尤爲勝，《義演》《泰抄》釋雖稍同《周》《邑》二記，云以不離識義名唯識之釋，濫真如識之實性不離識故名爲唯識，不辨別識變與非即離之不離識，故其釋不痛快。《周》《邑》二記云由妄識變亦名唯識，尤爲殊勝。此云護法[三]可言中道義，子島別解潤色《周》《邑》二記説，尤爲是正，但芳野義可謂非章意。今更詳曰：松室取芳野釋，恐爲不穩，云何。則假實言隨相望體爲別。若以圓成爲實，則依他性是假，若以依他爲實，則計執是假，若廢詮實，計、依、圓三性皆假，所以芳野云攝假隨實，尤爲通漫。復松室以下第七門釋會，以芳野爲好。今謂：是亦不盡。若由第七門，則可言以無攝依他假有，亦以無攝真如實理，所以芳野所釋不爾爲漫。

章略有五重至理有情無故。《鈔》曰：此下二別出體。此中有六，初、初重觀門唯識，二、第二重所觀唯識，三、第三重所觀唯識，四、第四重所觀唯識，五、第五重所觀唯識，六、總結五重。初中有七，初、總標，二、別標，三、明初重觀方法，四、舉證成觀，五、藥病相對明觀門德，六、勸學觀行者，七、示修觀地位分齊而結，今即初、二、三也。

略有五重者，初總標也。

問：何故立五重觀門耶。答：觀門次第從粗至細，故有五重，由《心經幽贊》如是。子島。問：此五重，章主今初立耶。答：《燈》中溜(四)洲曰：所詮之理既有五重，能詮之教亦有五重，或以世親五理成佛五重教，乃至已下子島加。以護法五重教成戒賢五理，以戒賢五重教成唐三藏五重理，以唐三藏五重教成今章主五重理，亦翻以今章主五重教成唐三藏五重理等，自准可知，故是師資相承之觀法也。已上子島。

一遣虛存實識者，別標初門，此別標中初遣虛，觀遍計等五句是也。後存實。觀依他等五句是也。《心經幽贊》科文聞書曰：中川實範上人言：世之中遣虛存實義説音假，令野末山奥法相大乘宗極世傳知。云云。我宗學者於此初重觀門努努不可忽緒(五)也。

觀遍計執所等者，此下三明初重觀門方法，今云：此初重觀門雖地上修證，別自地前進初地之觀門，是名發得無漏智方便觀，至下具辨。《成唯識疏》七末云：知遣虛者名備資糧。十位(六)、十行、十回向也。

資糧者，福、智二莊嚴也，謂於遍計妄情起實有我、法。執，於依他、圓成起空無見。此是說筆次第也，若觀心行解上執實我、法，起實有計執時，於其處即空，無依、圓，起空執。空、有二執於一法上同時處現(七)。子島云：今依唯識觀觀一法唯識時，以空觀遣有執，以有觀遣空執。云云。今云：如次下明。

唯虛妄起者，由護法正義，能遍計識名虛妄識，謂實我法離虛妄熏力所變現識相，推求都不可得，非虛妄識外有別起者故。此文唯虛妄即起，起謂變現，是果能變。

都無體用者，實我、法計所執唯虛妄識變現，現起都無別物，故云都無也。

應正遣空者，觀都無體用之外無別應遣空

觀也。

情有理無故者，明遣空由。情有者，唯虛妄起故云有，情謂妄情即能遍計識，如前已辨。理無者，都無體用故云無，理謂道理，以四道理[八]推求，應緣起理都不可得，故云理無也。

觀依他、圓成下明存實觀。依他者，依他衆緣而起之相，即俗故相有別之觀也。圓成者，圓滿成就真實之性，即真故相無別之觀也。

諸法體實者，諸法謂有爲、無爲一切諸法，體者體相、體性，謂依他是諸法體相，圓實是諸法體性。《三十頌》說圓成實於彼故，《成唯識》第八引《厚嚴經》說不見圓成實，非知幼[九]事等故。依與圓非即非離廢詮中道，由是應知，體相與性同時同處非即非離廢詮中道，故今云體都廢詮中道，應知一法一法相性、真俗、依圓非即非離廢詮中道，以是爲諸法體。實者，直也，遍也，猶云真實，譬如樹木之真意至枝葉、根末無所不遍而能長養。依、圓二性亦復如是，一切諸法一一無不依、圓，若無依、圓，無識相性，無識相性，無真俗別，若無真俗，以何有凡聖因果等差別？亦以何有一切諸法？依、圓遍一切法，其體離言中道，故云體實。

二智境別者，圓成，正智之境，依他，後智之境，故云二智境界。《二十論疏》一曰：諸佛正體、後得二智所知諸法，謂依他性、圓成實性，二性非無，此之二性性離言說，戲論所執，非謂知此二性亦無入法無我，即於三性但知初無、餘二性有名爲唯識。

問：既云依、圓二性非無，若非無，二智境有別，何故復云二性離言耶？答：依他是俗智境[一〇]，圓成是真智境[一一]，無始已來別起真俗二智，真俗境別緣執熏習，内因力故久沈生死不知法性，地前熏修漸起正智，初地根、後二智顯了。雖然，至第五地初真俗合觀，由此合觀熏故，至佛果上二智從一種生，如《成唯識》十説：緣真如故是無分別，緣餘境故後得智攝，其體是一隨用分二，了俗由證真故。《疏》云：因有二類種，果恒唯一種，生二用現行等。云云。由是可知，依、圓真俗法體離言故，果恒一種，生二智能緣，繩、麻一時緣了，故云二智境界二性離言也。

應正存有者，觀依、圓二諸法體實二智境已，即正存有，此有離言緣起有也，故云理有。

又情無者，如是離言緣起，因緣唯識、真實唯識，非虛妄識上所變現，故云情無。《周記》曰：問：情體是有，如何説無。答：妄計之情不稱依、圓二性，故云情無也。云云。

問：遍計遣空、二性存有之意如何。答：子島曰：凡夫執心之前實我、實法之相，當妄情顯現，今觀行者觀實我、法虛妄顯現，體用都無之時妄情斷故，我、法執相不更顯現，是名遣虛。依、圓二性諸法體實，執心之前雖不顯現，觀行者前如理顯現，故觀依他諸法相、圓成諸法性，是名存有。云云。已上子島。今云：此解亦説筆次第也。若以此解觀心，則觀計執都無同處，即依、圓體實如理顯現，一法一法識變觀處，計、依、圓三同時非即非離離言中道也。

章無著頌云至是即入三性。《鈔》曰：此下四舉證誠成立遣虛存實。此有二，初、舉《攝大》三名，二、舉《成唯識》，今即初也。

無著頌云者，無著本論頌文，故云無著頌云也。無性《釋論》六、十八紙。世親《釋論》六十五紙。有此頌也，此二頌中，初頌四尋思觀，後頌四如實觀。

名事互爲客者，一切凡夫無始時來緣諸法時名爲先緣，名謂諸法名言也，事謂諸法體相，由名執體實有，由體執名實有，或水、或火等之名及體也。是爲名、體屬著，謂名與體屬著，是即遍計所執，體用都無，不可得也。互爲客者，暫住非常住者名客也，謂名無與非常恒屬著者，隨緣暫名暫有體故。若云爲客，爲事，名是爲客，非常屬故，爲名，事是爲客，非常爲故，然愚迷者於名與事謂常屬著，是即遍計所執。今由四尋思觀尋思名、義、自性、差別假有實無，故知名、事常互爲客非主實，是名四尋思觀。

其性應尋思者，其性者，海住山云：觀名事屬著令離，則遺所執顯依他也。云云。今云：此釋意以互爲客云其也，性之言謂互爲客體相，觀其體相則離所執，故云應尋思也。今私解云：其之言指上句名、事名，事體相名性，愚夫迷思名事屬著，是云其性，計所執。然今尋思名、義、自性、差別假有實無，是即觀互爲客非主實也。

於二亦當推，唯量及唯假者，於二者，子島云：於自性、差別二。取意。海住山云：於名與義二。取意。今私解云：於上句所言名與事二，名謂能詮，事謂所詮，即名與義，此名與義各有自性、差別，此二言二種二。梵言特縛炎，但名爲二，即一名身中自一種二，汎言二也，即是一種二。又梵言特縛曳者，即二名身中自二種二義，故今此言於二者特縛曳之二。此二言中有名、義、自性、差別，是二種二。《周記》曰：思名、義俱自性、差別名之爲二。云云。謂於上句名、事之一各具自性、差別之二當推也。亦當推等者，亦互爲客尋思。推者，海住山云：尋思義也。當者，勸策修觀行者。上句應言亦爾。唯量及唯假者，彰依他非計執。唯量者，私云：標事觀唯有分別，即唯識門也。故《周記》曰：名、義俱有其識，名爲唯量。云云。唯假者，私云：標名觀唯有假立，即言説門也。故子島曰：謂於自性及差別中，亦當推尋唯有分別、唯有假立。云云。假立者，宗等多言爲能立。能立者，安立之異名。此句意謂：此名與事，自性、差別二種之二，標事唯有分別，亦標名唯有假立差別言説，都無真實自性差別。

實智觀無義者，此一頌文説四如實觀。實智者，前四尋思所引四如實智觀也，謂如實遍知此名、義、自性、差別離識非有，識亦非有，觀無實境離能取識，寧有實識離所取境？是名如實觀。義者，境界義也。《周記》曰：觀無其境，名爲無義。云云。海住山曰：觀無義者，觀遍計無也。云云。

唯有分別三者，子島曰：分別三者，謂名分別、自性假立分別、差別假立分別。云云。海住山曰：唯有分別三者，三分別也，三分別者如子島釋。《成唯識》九説如實遍知名、義等四無實境，離能取識是也。

彼無故此無者，《周記》曰：境既是無，能取之心亦復無有，故云彼無故此無也。非是識體而總是無，但無彼執實能取也。云云。子島曰：謂義無故，觀此三種分別亦無也。云云。海住山曰：彼無故此無者，中忍位觀能取無也，彼者指心外名、事、自性、差別一切境義也，此者指能緣三分別也，無彼所執境義故無此能緣三分別。今云：此釋潤色《周記》。又曰：此無者，似無依他實無所執也，似指心實無心上計執也。實智觀無義者，印所取無也，彼無故此無者，觀能取無也。云云。已上海住山。今云：此三釋意固也，以海住山爲詳釋也，此皆《成唯識》九説寧有實識離所取境之意也。

是即入三性者，子島曰：如上所説即是悟入三種自性，謂初頌前半觀名與事更互爲客，即是悟入遍計所執自性，初頌後半觀彼二種自性、差別唯有分別唯有假立，即是悟入依他起自性，第二頌中即是悟入圓成實自性。云云。海住山曰：此一句總結。云云。今云：第二頌似泯能、所取住無所得，非安立觀似證唯識實性也，故云是即入三性也。

問云：無著二頌文云何總結云是即入三性耶。答：初頌之中名事互爲客等二句，彰遍計所執唯虚妄起都無體用，故互爲客文明唯虚妄起，翻示名、事屬著都無體用。其性二字由海住山云應尋思互爲客性，若爾，則尋思唯虚妄起觀都無體用，故可云悟入遍計所執性唯虚妄起都無體用也。於二亦當推已下，悟入名、事依他性，實智觀無義二句重觀依他起性，是爲悟。次句彼無故此無，悟之泯能、所故，以四如實非安立智以悟入圓成實性，故云是即入三性也。

章《成唯識》言至誠證非一。《鈔》曰：舉證之中二舉《成唯識》而成，論第七二十五丁。之文也。《疏》七末三十八丁右。此引文中，初引釋識言證存實義，後引唯言釋證遣處(三)義。總顯者，顯唯識言有深意趣，即是初地所證百法明門，故彰修唯識觀則入初地證百法明門。顯者，表也，《疏》曰：此識言所表。云云。

一切有情者，子島曰：若依取蘊建立有情，則佛無有漏非有情攝。若示現者，佛亦有情故，佛亦在六十二有情中。云云。已上取意。今云：由《成唯識疏》意二之本五十七丁。曰：論離有情法有二意，一、内有情數法名不離有情法，外無情法名離有情法。今云：是隨轉理門也。二、識所變法不離有情。今云：本疏一本説有情之體本識也。法，即非情，山河、草木等。法，亦不離有情法，無法如龜毛等。名離有情法。今云：是大乘義。由如是大乘義，則一切有情言攝入一切業果示現色身，及所變山河、草木、飲食、車乘等，皆是本識所變有情法故。已上由本疏私立此義。

所變相、見者，心、心所所變相、見即是色法。

分位差別者，色、心、心所分位差別，即是不相應行。

及彼空理等者，彼謂心、心所、色、不相應行。

空理所顯等者，《成唯識疏》七末二十八丁。説：及彼二無我空理所顯真如，以空理爲門顯真如也，空性即是二無我理，由此理故便顯真如。云云。又《二十論疏》上。曰：圓成實性，依他起上遍計所執空無之理，真實唯識即是識性。云云。今云：於依他起心、心所、色、不相應行一法一法空無實有固執，則圓實性無爲法性自顯現了，是名二空所顯真理。於此法性無爲立六無爲，真如亦是假施設名，如食油蟲，此法真理二空之所顯故，云彼空理等也。

識自相故等者，釋上五名唯識之所由也。《成唯識疏》七末。曰：所以許有識自體者，識自相故。許心所，識相應法故。許見、相分者，即心及心所二體所變故。許不相應者，即前三分位故。許真如者，即四實性故。如是五法皆不離識，總名爲識，非無心所等，此識言所表。云云。

識自相故者，八識心王也。何故此云自相。謂能、所變之根本故，如《對法論》説四根本實色名色自相，能、所變相離八識心無變現由，是根本義故，云識自相也。

識相應故者，六位五十一心所。何故此云相應耶。三所和合似一，如《楞伽》七説如日與光非即非離。

二所變故者，心及心所爲二，此二所變現之色法故。

三分位故者，心、心所、色三分位名不相應行，不相似彼三故名不相應。行謂遷流，簡無爲法。

四實性故者，心、心所、色、不相應爲四，真如此四實性故。

唯言但遮等下，引唯言釋證遣虚義也。《成唯識疏》七末二十八丁。釋此文云顯唯言所遮。云云。謂示本來都無云遮，唯言但遮一切愚夫通二乘等執定離諸識實有色等，爲不實故，妄顛倒故，今遮總云唯也。

實有色等者，等心、心所、不相應、無爲，即遮遣計執五法事理唯虚妄起，體用都無。

如是等文等者，意言：諸教之中多説悟入三性之文，皆應引成也。

上來明方法訖。

章由無始來至事理爲空。《鈔》曰：自下五病藥相對明觀門德。此中三文，初、明初重遣存觀門起由，二、病藥相對，三、正明觀德，今即初也。

由者所以，秋篠曰：所以此初重觀門起者，由諸有情無始已來執遍計識法爲有，撥真俗事理爲空，是故最初遣彼迷執令知法性，所以初如是觀也。

無始來者，釋是立二家釋，初、他家義，後、今家義。初他家義者，三論宗嘉祥《中論疏》六末。曰：論主解説無始有四意，一、小乘人言有生死長遠，始不可知。論主由佛意，佛經説無始者非是有生死長遠故無始，明生死始不可得，即是生死無有根本。二者、佛意明無始者，即兩捨。明其無始，辨其無有始，非謂有無始，故始、無始五句不作，即令悟入實相。三者、佛經明無始，即無有終，亦無中間，如樹無根亦無枝葉，以無始及中間故無生死，亦無終故無涅槃，即顯六道本不生、今不滅，不生死、不涅槃，而大小乘人不解此意。四者、後得説生死長遠，令大、小乘起厭離，懃習觀行斷諸煩惱也。云云。已上論宗義。後今家義者，《無性釋》一十二丁。曰：無始時者，初際無故。云云。今云：此釋當他家明生死始不可得。又章主《勝鬘[三]述記》下曰：無始者，顯無本際，是常起義也。云云。今云：此釋當他家第二、第三兩義意。此中常起者，無始、中、終，不生死、不涅槃、不生不滅之義也。又無本際者，辨其無有始也。

撥事理爲空者，今云：此有二種，一者、別起惡見撥無依他、圓成，二者、雖別不起惡見，執實我法者必撥依、圓，若不撥依、圓，實有執不起也。

章故此觀中至對遣空執。《鈔》曰：二、病藥相對明遣虛存實。故此，故謂承上句云有空同時處起，此謂指初重觀門故云觀中遣者。

空觀者，此句示能治藥，唯虛妄起都無體用之觀即是能治空藥。

對破有執者，對所治病，謂以唯虛妄起都無體用空藥治實有病。

存者有觀者，此亦示能治藥，依、圓諸法體實之觀即是能治有藥。

對遣空執者，亦對所治病，謂以依、圓諸法體實之藥治撥無依事、圓理空病。

總言之，隨病有病、空病同時起病。説藥，不用遣空觀、有有觀一時觀之藥，則不能治有、空同時起執病，唯識觀是此藥。病息藥亡，病癒已則無病，無病對何名藥。有、空病癒已，但見非有非空廢詮法體也。執藥有教、空教。成病，有執、空執。悟病悟有執知空之藥，悟空執知有藥。成藥，一法一法唯識所變，云觀之當體是此藥也。非空非不空，即有即空，既絶百非，又亡四句。已上總意可言中道之意，大乘光法師《百法論疏》意。又子島意曰：遺虛之處遺計執本來都無已，則依、圓二性存實之義自然顯了，即一念處遺虛存實義具，今病藥相對説，則一念住觀空計執破增益執，存依、圓破損減執也。已上取意。

章今觀空有至誰之空有。《鈔》曰：三、明觀德，是即中道觀，護法正義。秋篠曰：此中有三觀，謂空、有、中。

言遺者空觀者，當清辨學徒義，偏學《般若》《中》《百論》等，立真諦理，依他、圓成其體亦空。

言存者有觀者，當《瑜伽》學徒義，偏學《深密》《瑜伽》等意，立真諦理，立依他、圓成其體定有。今云：此《瑜伽》學徒者，非護法宗，偏執任文取《深密》《瑜伽》等意，不知可言中道是護法宗極而唱依、圓體有者也。

言今觀空、有而遺有、空者，當護法正義，圓悟諸教立真非有非空，心言絶故，破有説無、破無説有，有無二説皆是世俗，勝義理中有無俱絶，今述其意，故云今觀空有而遺有空。云云。子島曰：由所治病有有與空，能治藥亦應有空、有，若所治病無增、損者，應能治藥亦無遺、存。云云。今詳云：子島所釋任文取義無和[一四]，秋篠配三觀今文爲護法正宗義，誠巧妙哉，所不能及，中宗學者不可不識也。義雖無加，今私加解云：今觀二字須深用意，但於言詮云有及空，則如偏執青[一五]辨及《瑜伽》文者，皆悉墮偏有偏空，如實學護法論師可言中道宗義者之解，今住唯識變觀觀一一諸法，則於一法一法計執本來都無體用，依他緣起有圓成真實，有同一時處自顯現已，即遺、存一時觀也，具釋應言今修唯識觀一念。觀空計執本來空無。有諸法體實依他緣起有，圓成真實有。而住觀當體。遺有實有病。空，撥依、圓病。觀空都無體用。遺有，實有病。觀有緣起有、真實有。遺空，撥依、圓病。故上句先空後有，云觀空有，此示藥。次句先有後空云遺有空也。此治病。

有、空若無等者，明一法一法非有非空廢詮中道，意謂：住唯識觀一念當體有空二病並除，何藥之有。故以無言示中道也。由是應知，以治病全體爲藥，故有、空病執全分即是空、有教藥全分。所以何者。謂實有執全分是法體。性本來。空都無。故，以空唯虛妄起都無體用。觀藥治此有病，亦撥無空執全分性緣起有，執全分緣起有處起。以有依、圓諸法體實。觀藥治此空撥無。病。若爾，有、空非病，能治藥故，非不病，是所治執病。故，非藥非不藥，觀一切法唯識變時，一法一法於一念上有緣起有依他，真實有圓成。空都無。同一時處宛然顯現，故強名云非有非空心言絕境也。已上私解。海住山曰：今觀空、有下彰由有所治有、空病有能治空、有藥也。已上《四帖抄》。今云：由子島有此科也。

以彼空、有等者，今釋此文爲三，一、出古釋，二、判是非，三、敍今義。

初出古釋者，古來四家釋別，一、芳野信叡，二、秋篠善珠，三、子島真興，四、海住山。上人。初、芳野義云：今此文略，具足應言以彼有、空與彼空、有相待觀方正觀成，然今有、空病中且舉後空，空、有藥中且舉後有，若不相待，純有是誰之有。以無空故，何得是有。純唯空者，是誰之空。以無有故，何得是空。云云。西大寺常騰亦同釋。二、秋篠義云，空者所治病，有者能治藥，遍計所執有、空雖異而體虛妄，故總名空，依他、圓成空、有雖殊而體非無，故總名有。迷悟相對方成觀行，若純迷無悟，若純悟無迷，誰之迷悟。云云。三、子島義云：此文重成前理也。以彼空、有者舉觀之藥也，純有、純空者舉執之病，誰之空有者，意云：若所治病純有純空，無有、空相並者，能治之觀亦但可有偏空偏有之觀，爲誰相並有空、有之觀乎。云云。四、海住山科云：以彼空、有等下彰無有、無病不可有空、有藥也，於一法上三性不可言空或有也。云云。

第二判是非者，初、判芳野義云：設具應言之釋，釋雖勞煩，意無違害。然今有、空病中且舉後空等，此釋穿鑿尤過。若不相待下，其釋尤勝。次、判秋篠云：空爲病有爲藥者，此釋未穩。

有何所障不云空爲藥有爲病耶。復計執總名空，依、圓總名有之釋亦爲不然，不辨别病藥之差故。又迷悟相對等者，此亦不穩。上句所言空、有二字，若無藥義但云病義，以何爲據以相待言爲迷悟相對耶。釋意有餘，却於章文有言不足失生故爲不穩。又純字釋，約迷悟故尤爲難解。子島亦判此兩家云：二記意旨各殊，不可定判，然章文顯然不可致劬勞，二記俱煩，如文可察之。云云。三、判子島云：言重成前理之釋亦無味釋，未必然也。以彼空、有句釋爲觀之藥，以純有、純空爲執之病，此解不穩。有何差别彼空、有句爲無執病義耶。純有、純空豈局爲病。故此亦爲不穩。四、判海住山云：但示科，無詳釋，以藥病相對、一法三性、離言中道義示科，實爲允當。

第三敍今義者，以彼空、有等下，准海住山科明一法三性非有非空中道觀門。

問：此文云以彼空、有相待觀成，如何相待耶。答：此文以空、有二字病藥相待觀成，謂若以空言爲病，則下有言爲藥，亦以空言爲藥，則下有爲病。今此空、有二字含如是病藥之義，病藥相待，云以彼空、有相待觀成，即是於觀一法一法唯識所變，以知緣起有能治藥，撥無空病自除，其以有藥空病除處，即以觀計執無都無體用。能治藥固執有病亦除，如是唯識住觀一念，示成安立、相待。非安立泯能所觀成。俱學觀故。今云：以彼空、有相待觀成，復重應言，觀唯虚妄起都無體用處，即觀依、圓諸法體實，此一念觀望知有執病都無體用。邊，雖名空藥，治有病。望知唯虚妄起邊，知緣起有，依、圓謂法體實。空病撥無依、圓。自除，所以有、空藥病同處同時具足，非空非不空，非有非不有，一法一法廢詮中道，一念當體藥病俱亡，非藥非不藥，如是住觀名空有相待中道觀成，是以相待假觀廢詮中道真觀成立。此云可言中道，是名護法宗，名慈恩一家所立，我門學者以但偏學《瑜伽》《深密》等法相不可濫竽，謹勿忽諸。

純有、純空等者，純謂偏也，意言：我宗所

云空、有相對中道觀成故，實有病全體都無體用，觀體都無名爲空藥，撥無空病全體撥依、圓緣起有起，故於緣起有藥空病起也。若爾者[一六]病法體空藥，空病法體有藥，所以病藥俱亡、有空俱滅。然有偏學者有觀是偏有觀，對何空病名爲有藥。又空觀是偏空觀，對何有病名爲空藥。失中道觀成義墮偏執學非護法宗，今遮是，次句云誰之空有也。誰之空有者，意言：若偏空觀則本來無物，更今空何物云空觀耶。若偏有觀則本來有物，云何今更有何物云有觀。云云。所以翻知，空對有、有對空，於一法一法具法體，即是非有非不有等，自可觀知焉。已故上人釋此文云：於一法上三性不可言空或有也。云云。

章故欲證入至方便亦入。《鈔》曰：此下第六勸學觀行者。此中有四，初、示初重觀門發無漏智方便，二、示實證位心相，三、遮妨難，四、遮唯識執，今即初也。海住山示此文科云：故欲證入等者，顯法體離言，爲除執用空有言、非空有言稱法體也。云云。今詳曰：此釋雖文有此意，失故欲二字意，故不盡意。

故欲證入等者，故欲二字，子島無釋故言，但釋欲言，海住山二字俱無釋。證入者，若約分證，則證入初地真見也，若約圓證，則證入佛位也。今且約分證釋，爲先德義，我亦從之。釋此文意古有二家，今加私義爲三義。初、子島曰：意言：若欲引起無分別智證得真見道離言真如，則要先資糧及加行位可修如是遣虛存實觀。云云。次、海住山曰：此遣虛存實觀多實證方便故，以地前爲本，實地上根本、後得二智亦可攝遣虛存實也。又以根本智真觀或名存實，正證法性故，或名遣虛，所執悉不現故，又名中道，非有非空是爲實義云。有云：空由此方便欲令證入中道也。云云。今詳二家云：子島所釋以初重觀爲真見道證入方便，意義雖不詳，實章主意。又海住山所釋意有三。初、以初重觀爲實證之方便故，地前所修本觀。次、地上根本智亦明攝此初重觀，此兩段意可謂章主意，具明根本智名遣虛存實義，誠妙釋哉。後、明根本智名中道義，以云空云有立，以此初重觀爲方便觀義。此解也，以次文非謂有、空等文釋欲證入依此方便之言，雖可有此義，違論第九文以非安立俱合觀爲四加行觀，及承前相待觀成之文。今置故言，意遂不顯，故此釋粗相，應依實義。第三、敍今義云：文初故言承上起下，由是今釋云：由如上所言空、有相待中道觀成故，若觀行者欲證入初地真見所證真實唯識離言法性，皆須依此有、空安立、非安立相待中道觀成，方便證入初地真見，此文意也。

問：何故作如是解。云云。答：《成唯識》九說：故說菩薩此四位中，猶於現前安立少物，《攝論》所說故言似義，心上變如相觀也。謂是唯識真勝義性，以彼空所執都無。有依他緣起。二相未除，帶相空、有相狀。觀心有所得故，相似觀行唯識。非實安住真唯識理，彼相能所、空有。滅已方實安住。安住真實唯識。又此位菩薩於安立諦、有差別名言。非安立諦無別絶言似相。俱學觀察，爲引當來二種見真見、相見。故，非安立諦是正所觀，非如二乘唯觀安立。云云。由是可知，前所明云空、有相待觀成等，復云有、空若無等者，安立、非安立俱學觀察，爲引後念真見勝方便也。如《成唯識疏》言，知遣、存者名備資糧，資糧者福智二莊嚴也。云云。地前觀行專以善備福德、智慧資糧總名資糧位，其中別義第十回向滿心名加行位，雖別立名於備資糧義全無差別，故此初重觀行證入真見離言法性之方便也。

章非謂有空至性離言故。《鈔》曰：二、示實證住心相，正是地前、勝進、地上所修入之心相。子島科曰：此文遮堅執。云云。海住山曰：敍實證位法體非空、有，此段明廢詮門。云云。今詳云：二家科中以海住山爲勝，子島科不穩，非謂等二句雖似遮執，爲明次證真觀位已下文有此文故，是亦表中道文非遮文也。遣、存同時故雖似無害，以存實示科時，令人信學，於遮表並文但舉遮言難入故不穩也。然釋文意子島爲勝，謂所觀之法非體決定是有是無，諸法體性言語道斷言詮不及，有無分別皆斷滅故，但是世俗虛妄施設。何以知者。證真實位一切諸法非有非無，離諸分別，性離言故，若諸法體者無定者，無分別智應非證實。云云。由此等釋，此文示離言中道唯識觀也。

章説要觀空至真體非空。《鈔》曰：三、遮難。難云：若言證真觀位非有非空，則如何《般若經》等説要觀空證入真觀耶。今文通之子島科曰：此文通伏難。云云。今詳云：未穩。但應云遮難，無伏意故，牒難通非通伏故。海住山科曰：此文明諸教觀空，説證真理空我、法非空真如也。今詳云：此科爲好，説要觀空二句牒難，謂要觀彼下正通文也。意言：要觀彼遍計所執本來空無爲所由門故，悟入真實唯識法性，真實法體不可云空。《廣百論》曰：聖智所證非有非無而有而無。云云。

章此唯識言至亦應除遣。《鈔》曰：四、遮唯識執。子島科曰：亦遣執之詞。云云。海住山曰：明唯識實有執亦無。云云。今詳云，子島不委，以海住義爲是。釋此文意者，古有三家。初、芳野義曰：執心所取真實唯識應非實識，執心所執故，猶如心外境。云云。二、秋篠義曰：如《成唯識》二説：若執唯識真實有者，如執外境亦是法執。云云。子島同之。三、松室立三段義證曰：一、中上意位發下如實智觀能取空，即《唯識》曰：既無實境離能取證，寧有實識離所取境。云云。海住山由此證。二、世第一法位發上如實智雙即二空，即《中邊》曰：由唯識智，無境智生，依無境智生復捨唯識智，境既非有，識亦是無，要託所緣，識方生故。云云。三、世第一法位決定印〔一七〕可非唯識、非不唯識，即是能治唯識實有執，是即符順非空非有中道之理也。已上三段松室義證，第三無證。由是子島助立證曰：《二十論》云：餘識所執，此唯識性其體亦無，名法無我。云云。《疏》釋云：若執唯識，亦計所執，除入法空名法無我，若不執時，此唯識體性離言故，非除入空。云云。今詳云：三家之中以松室義爲勝。《三十論》説：現前立少物，謂是唯識性，以有所得故，非實位(一八)唯識。云云。是執唯識實有，若不除遣之，則難引發真見道故。應知，若説唯識，緣其言義，一念當體空、有二執同時遮遣，故唯識教名爲可言中道教也。

章此最初門至思量、修、證。《鈔》曰：明初重觀中第七示修觀地位分齊而結。子島科如見。子島意釋此文曰：此最初觀地前位中思量，地上位中修行，於究竟位證之。地前位中雖加行位亦有修慧，以時短故不説有修，見道位中雖有所證而未圓滿，故不説之。云云。又資糧位唯有思量，無修、證，加行位唯有修，見、修二道唯有修、證，佛位唯有證。云云。已上子島。又由《金剛般若會釋》云：十住、十行位依因緣門作唯識觀，由緣起有教云依因緣門。十回向位依唯識門作無相觀，平等如相云無相觀。四加行位依無相門絶言緣起教。作真如觀。云云。

於一切位者，地前、地上、佛位。思量、修、證者，地前量思初重觀門，地上修初重觀，佛位證入離言法性，今總云於一切等也。又可若約分證，初地上云證，則地前、四加行位是修，資糧位是思，住前信解唯識分齊，即聞慧故，攝入住內，可云量也。

章二捨濫留純至不言唯境。《鈔》曰：自下第二重所觀唯識，此中有五，初、標牒，二、示第二重觀門方法，三、引論示方法，四、章主文總結此觀大旨，五、舉證而示有佛説，今即初、二也。

捨濫等者，初標牒也。

雖觀事理等下，二、示此觀方法。雖觀事理之二句，明此重觀門思量解了初重觀門已後思量此觀，雖觀二字正示初觀已住此觀。

事理者，真圓。俗依。二。

皆不離識者，存實觀也，存五法事理不離識處此重觀起。秋篠曰：雖觀事理等者，通伏難。云云。初重觀中既説諸法皆不離識，若爾，應唯有識無境耶。彼復難云：境、識俱有，如何但言唯識非境。云云。次通云：心起必託内境生，故但識言唯，不言唯境。云云。今詳云：此釋尤有道理。

然此内識等者，正示捨濫留純也。初觀不離識已，故五法事理悉是識變，今指其識變五法事理云此内識，於其内識事理有心能緣。有境，所緣識變之境。能緣見分。心起必託心内所變境影像相分。生故，此是内境，四分合識體故。唯境與唯識名異體同，雖然，若云唯境濫外境故，捨濫留純一識觀唯識，是此觀方法也。謂心内所變境離能變無所變，離所變無能變，故觀唯境亦是唯識，故觀唯識當體内境具足，如是觀心名捨濫留純也。海住山曰：捨濫之濫有二義。一、名濫，似取外境名唯故，境有二種中濫内也。二、體濫，依他依他似外相。法能濫所執固執本（一九）境。也。《周記》釋曰：境之體通於内、外，外無内有，識唯是内，若境言唯，恐濫外故。云云。今詳云：此二義俱得可解。

章《成唯識》言至如外都無。《鈔》曰：三、舉論示方法，論十三十一丁。之文也。

識唯内有等者，海住山釋此論意云：敍云唯識不云唯境之所以也，識有内識無外識故名純也，境通内、外境故有濫也，留純識云唯識，捨有濫境不云唯境也，設雖存内心境云唯境有心外境故可濫彼也。非但名濫，境體亦濫，謂染依他内境濫所執外境也，凡夫不捨妄情染依他。之間所向，境雖依他，識變。帶實有相故，必迷執發業，感果必捨也。已上上人。

境亦通外等者，亦于内境，子島曰：境亦通外者，即境相分内是依他、外是計執，以非心變法説之爲外，非體實有名外，恐心内境濫心外之境故，但言唯識也。外境之言有兩重外，《泰抄》曰：有兩重外。一者、依他是内，計執實我、實法名外。二者、親所緣緣名内，疎所緣緣名外。云云。

愚夫迷執等者，由《疏》意，迷執於境者，一、謂所執爲實，二、謂親取心外境，依是故言迷執於境。云云。

起煩惱業者，迷執起貪等煩惱，由煩惱起有

漏善惡業。云云。

觀心懃求等者，觀三界唯心造作，則誰有對。吾心起貪等感〔二〇〕者，不起感故不作善惡業，不造業故自得出離，不解觀心沈淪生死，哀愍彼故説唯識言。

章由境有濫至留説唯識。《鈔》曰：四、章主文，總結此觀大旨。由海住山科。子島科曰：此釋重名。今云：無味。

章《厚嚴經》云至皆此門攝。《鈔》曰：五、舉證示有佛説。

《厚嚴經》云等者，《成唯識》七。引之，《義演》曰：《密嚴經》同本也。云云。唐三藏將來梵本未翻譯化，後不空三藏等翻譯名《密嚴經》。已上傳説。神泰《佛地論疏》曰：法師持梵本來，若翻則可五六卷，然未翻也。云云。

心、意、識所緣等者，由本疏釋云，心者第八識，意者第七識，識者前六識也。所緣者，相分也。皆者，指心、意、識。非離自性者，所緣相分不離能緣識體也。云云。音石導曰：自性者，後三分。云云。又《演釋》曰：意説所緣見、相分皆不離識自體分之自性也。云云。今詳云：疏主既釋所緣相分不離能緣識體。云云〔二一〕。能緣言中推見分已，何故又《演》云但不離自體分。云云。而緣識爲見分之體言爲自體分之釋工，而却失疏主意，音石實得《疏》意，後三分能緣識體故。

故我説一切者，由本疏釋，我者，佛自指己身。一切者，一切有爲、無爲法也。

唯有識有餘者，結内境攝識。意言：一切有爲法離能緣識體變現，更無餘心外物，又一切無爲法離能緣識性真如，更無餘別物也，故疏釋自性言云：或理體即義之所依本事。云云。已上私。

《華嚴》等説等者，《成唯識疏》七末。曰：三界唯心即《十地經》第八卷第六地文，《華嚴》所説。云云。同《演祕》曰：案彼經第十九頌晉經第十二。云：譬如工畫師，不能知自心，而由心故畫，諸法性如是。云云。音石云：晉經第二十六明第六地中文。文云：了達於三界，但從貪心有。云云。《二十唯識疏》上。引經文曰：心如工畫師，畫種種五陰，一切世間中，無法而不造。如心佛亦爾，如佛衆生然，心佛及衆生，此三無差別。已上晉經第（三）。如無性《攝論》第四釋。

《遺教經》言等者，具云《佛垂般涅槃略説教誡經》，全一卷，六紙。後秦三藏羅什譯也，大唐西崇福寺智昇所撰《開元釋教録》判爲大乘經，又終南山道宣所撰《大唐内典録》爲小乘經，又真諦所譯天親所造《遺教經論》云爲菩薩説，今章主判爲小乘經，溜洲等亦同判。今讀經檢説相，全小乘教，非大乘教。

問：此經文以何爲捨濫留純之證耶。答：制心無事不辦，以是爲證也。

皆此門攝者，結證也。

章三攝末歸至法必無故。《鈔》曰：自下第三重所觀唯識。此中有四，初、總標，二、示此觀方法，三、舉經論證而成，四、章主文總結此觀，今即初、二也。

三攝末歸本識者，思量遣虚存實觀唯識已，於存實觀中，先第二重心境相對，泯境觀識，唯境亦是唯識相也。如是觀第二重唯識已，復於存實觀此攝末歸本唯識也，謂前留純心中有本及末。此本、末言寬通，今分六相開示，一、約四分言，相、見是末，自體分本，又四分一一是末，説四分識之義用分故，四分合識體是本。二、約事理言，則事是末，理是本也。粗顯名事，微隱難了爲理，如是事、理以四分別，則相、見二是事名末，自證、證自證二是理名本，微隱名理。又以四分合，則四分一一是事名末，四分合識説非即非離，故微隱名理即是名本。三、約八識言，則第八識是理名本，説所緣行相不可知故，七轉識是事名末，第七有因位轉易，前六有三性轉易故。四、約種、現因果言，則種子是道理名本，微隱故，現行是事名末，粗顯故。五、約識相、識性言，則識相是事名末，識性是理名本，是微隱故。

又以識相、識性不離心，則識相、識性是事名末，不離心處是微隱相名本。大[三三]、約真、俗云，則真爲本，俗爲末，或真、俗二爲末，廢詮一實爲本等，思准可知。如是一切本、末，今觀攝末觀本，一切本、末悉是識變一法，一法具足圓滿。今觀唯識，於留純觀唯心變中，其心變有本與末，今歸本觀唯識也。然今此章等且舉三分本、末一隅示已，一切攝末歸本唯識觀皆此門攝已，上總標失。

心内所取等者，二、且舉一隅示方法。心内者，簡心外妄執。所取境界影像相分顯然者，粗顯易知。

内能取心等者，能緣見分作用亦爾者，見分自體分緣外之作用故名爲作用，是亦粗顯故云亦分也。

此是相分等者，見、相如牛二角，自體分如牛頭，角依顯生，離牛頭外非有牛角，若別處有非名牛角。《成唯識疏》一本。曰：若無自證，二定不生，如無頭時，角定非有，及無鏡時，面、影不起，皆於識上現相貌故，故説二分依識體生。云云。由如是義，云俱依識有。

離識自體本等者，無鏡時，面、影不起之道理，思准可知。

章《三十頌》言至能變唯三。《鈔》曰：此下三舉經論證而成。此科由海住山。此中有三，初、引本頌證攝相、見末歸自體本義，二、引《釋論》成三分本、末義，三、引本經成三分本、末，今即初也。

由假説我、法等者，論曰：愚夫所計實我、實法[三四]，世間我、法。都無所有，但隨妄情而施設，故説之爲假。無體隨情假也。内識所變似我、似法[三五]，聖教我、法。雖有而非實我、法性，然似彼現，故説爲假。有體施設假也。已上論文。此釋由假説我、法一句。

有種種相轉者，論曰：我種種相謂有情、命者等，世間。預流、一來等。聖教。

法種種相者，謂實、德、業等，世間法。蘊、處、界等，聖教法。轉謂隨緣施設有異。已上論文。相者相狀，轉者是起義。

彼依識所變等者，此二句正舉攝末歸本證，先由假説等二句非攝末歸本證，然不舉此二句，則云彼依識之彼言不可解故，同文舉來。

識所變者，相、見二分也。

此能變者，識體自體分也。顯識所變現相、見二分，識自體分能變現相。

唯三者，第八、七、前六三能變識。此識爲本，相、見二分起故爲末，是攝相、見末歸識體本，云此能變唯三。

章《成唯識》説至自體起故。《鈔》曰：二、引釋論成，論者一之文也。《疏》曰：是釋變義。護法等云：諸識體即自證分，轉似相、見二分而生。云云。

相、見俱依自證等者，《疏》曰：若無自證，相、見二分定不生，如無頭時，角定非有等。云云。此攝相、見末歸自證分本故，是彰攝末歸本也。

章《解深密》説至唯識所現。《鈔》曰：三、引本經成，經第三《分別瑜伽品》之文也。海住山釋云：識者自證分、見分也，見分爲標云識，是取能緣用也。所緣者相分也，唯識者自體分也，所現故者相、見二分也。由是三分本、末義分明也。云云。由此釋應審知。

章攝相、見末至皆此門攝。《鈔》曰：第三門之中第四結成此重意。子島科曰：此章家成《深密經》意。云云。海住山科曰：總結。云云。今云：子島科不爾，總結前文也，非但成《深密》，故以海住山爲是。《三十頌》及《釋論》文亦攝相、見末歸識本故，皆是攝末歸本之證。於一一證文下，雖應有此二句，恐煩，但於末證結爲此重證。

所説事理等者，明諸經論所説理事、真俗等，亦本與末故，皆此門攝。

問：其以理事、真俗攝此門如何。答：芳野曰：若攝事末歸理本名爲唯識，若於事中攝相、見末歸於識本名爲唯識，皆是攝末歸本門攝。云云。已上芳野。

問：以事末歸理本名唯識，則與第五重遣相證性有何差別耶。粗顯相是事，微隱性是理故。答：第五重遣事相證理性名唯識，此攝事相歸理性名唯識，彼遣此攝，此爲二差別也。已上私說。

章四、隱劣顯至唯顯勝法。《鈔》曰：自下第四重所觀唯識。此中有四，初、標牒，二、示此觀方法，三、舉慈尊頌成此重觀，四、舉佛說結，今即初、二也。海住山曰：此觀起前重攝相、見末歸自體已，其自體中有心王亦有心所，說唯心不說唯心所，所以心所劣心王勝也。云云。今云：心王與心所如日與光非即非離，如十卷《楞伽》七、十六丁。《二十論疏》、上。《三十論疏》七本。具明。或承他家講學者問，予云：心王可稱唯識，心所不可名唯識，如《二十論疏》言，若約世俗，心王與心所別，若約勝義，心王與心所如日與光非即非離。云云。由是今約世俗云，則心王與心所各別，故應非唯識。復隱劣顯勝名唯識，則既隱劣心所已但顯勝心王云唯識故，心所應非唯識耶。如之何。余答云：《二十論疏》中云約世俗，就心王、心所之相有別而論故，是五蘊相四重俗諦中第二道理世俗。復云約勝義如日與光，是即四重勝義中第一世間勝義，故以心王、心所別即說如日與光，明非即非離絶言。所以何者。心王、心所相應緣了境時，如畫師資作模填彩，無離總相取別相理，如離光無日，無光非日，故心、心所緣境同時同處非即非離，而其緣境影像相分四分合識體故，心、心所體同時同處非即非離。真與俗亦如是，非即非離，是云大乘真俗妙理，如《三十論》[三六]及《疏》七說，汝由小乘取說真俗實有固執，問難大乘真俗妙理說，汝於大、小乘不辨菽麥，識知無上大衆施設建立於緣絶言真如無分別慧已，後應扣我門户求已。復此隱劣顯勝唯識觀，於攝末歸本觀已起，所以顯勝言中隱劣唯識觀，如言王來非無臣從，攝末歸本而隱劣故，心王、心所俱入唯識言也。復問：既此章文云唯顯勝法，明知唯以心王名唯識，如何。答：唯顯勝法法〔二七〕，經説唯心不説唯心所，如雖云王來，但顯勝法，非無臣從。復唯識之言彰唯識變現義，心所亦四分變現故，唯識言攝心所已。

心及心所等下，二、示此重觀方法。子島曰：是標重意，雖心、心所各自體分變似相、見二分顯現，然諸教中但説唯心不言心所者，心是所依，爲主勝故，心所能依，如臣劣故，隱劣心所顯勝心王，但言唯心不言心所也。云云。

章故慈尊説至別染善法。《鈔》曰：三、舉慈尊頌成此重觀。此中有二，初、舉慈氏頌，二、章主釋成《莊嚴》頌意，今即初也。此頌無著《大莊嚴論》所説慈氏頌也，釋此頌文大有二家。一、《楞伽》《中》《百論》師及經部妙音等，諸心所立心分位。二、論主護法論師義立心、心所別體，緣起各別故也。如《成唯識》七具明二家，今由護法正義釋也。子島叙《論疏》意曰：心所法與心王別體，然言心王似心所現者，心所如臣，依心王勢力生故，云心王似心所現，非謂心王即心所。云云。

許心似二現者，意言許心王似見、相二變現也。

如是似貪等者，似心外所許實有二分等法，故名爲似。貪等者，等取瞋等一切染法，謂心所依心勢力生故，如心王似相、見現，心所亦現相、見，似實有貪等一切染法相、見。

或似於信等者，是亦如前心所亦現相、見，似實有信等一切善法。

無別染善法者，無心外別實有染善法，皆是心、心所相、見，然心所依心勢力生故説似彼現，是云如日與光之義也。

章雖心自體至非不能似。《鈔》曰：二、章主釋成慈尊頌也。論有二家中，是由護法正義釋也，心所離心王有別體之義也。

亦各能變者，亦心王能變相、見，是有別體

義也。

以心勝故等者，音石導曰：以心勝故者，初句應云許心、心所似二現，今但云許心者，以心勝故。云云。

章《無垢稱》言至皆此門攝。《鈔》曰：此門大文第四舉佛説結，經第三《聲聞品》之文也。舊經《弟子品》文。今所引文，舊經之文，而題《無垢稱經》言用之也。《無垢稱經》文曰：心雜染故有情雜染，心清淨故有情清淨。云云。心者第八本識，有情者五蘊假者，具釋如本論四。秋篠釋此章引用意曰：理而言之，心所垢故有情垢等，以心勝故偏但舉心也。云云。

章五遣相證至應求作證。《鈔》曰：自下第五重所觀唯識。此中有九，初、標牒，二、釋遣相與證性示此觀方法，三、舉證成，四、章家引無性解意釋先頌意也，五、章家成前此中所説等文義，六、別釋遣相，七、釋不遣淨依他由，八、二性相對明遣斷義，重成上義，九、漏、無漏二智相對明其行相，今即初、二也。子島曰：前第四重隱劣心所顯勝心王名唯識已，今此重意其心王中事、理相對遣事證理名唯識，此重意也。云云。海住山曰：前重隱心所説唯心已，其心王有事、相、用，有理、性、體，今重觀依他細分故，一切相、用、事自不現，是云遣相，一切性、體、理自顯然，是云證性也。云云。云：海住由子島也。

識言所表等下，二、釋遣相與證性示此重觀法。子島科曰：明正體智證圓成理。云云。今云：子島但釋證性名也，恐意不盡，文既云遣而不取，明知釋遣相與證性。秋篠釋此文云：識言所表具有五法，謂識自相等，五中前四事、後一理，今遣事、相、用，證理、性、體，即顯遣二性證圓成也。云云。子島曰：識言所表等者，前四重識言有事與理，事爲相、用等四句正此重方法也。云云。今云：諸家釋意言：識言者，前四重識言有事、理也。已上子島。具有事者，秋篠云：五法事、理，五法之中前四事、後一理。云云。基辨詳此意云：識言即八識，識自相事。復有心王必有心所，如日與光。今第四重隱劣顯勝，是識相應故之事也。又其心、心所必有所變境，此境中有捨濫留純，其留純識内境有所變相、見、色法，第八識及前六識之境也。此有攝末歸本，即識所變故事也。又其能變、所變顯現中有得、非得、衆同分、命根、名、句、文等分位差別，是攝末歸本識中所云識分位故事也。如是前四位事，前四重識言具故，今此第五重識言亦前四重具足。理者識實性故，理即二空所顯真如，是亦前四重識言具足識實性故之理。今此第五重遣，證爲肝要，諸學者須審知遣、證意，故秋篠爲是。又詳云：事爲相，用者，相謂識相，即心、心所、色、不相應等也，用謂義用，即俗諦相有別義也。何故遣之不取。謂此是凡夫所執境故，染依他帶實有相故。理爲性體等者，性謂識性，即絶言真如云也。體謂體實，即真諦相無別一實如也。若求作證修達至佛智境，諸佛證智不可言境故也。絶言緣起處一切相，用同時圓成也，依、圓絶言依他起亦名圓成也。

章《勝鬘經》説至性清淨心。《鈔》曰：三、舉證而成。此中有二，初、舉經，二、舉論，今即初也。經説自性清淨藏中文也，具文曰：自性清淨心而有染污難可了知。云云。此經《述記》下曰：自性清淨藏在纏也，性雖本淨而爲客塵所染污故，不可思議如來境界。何以故。剎那善心非煩惱所染，是無垢如故，剎那不善心亦非煩惱所染，此心與煩惱既不和合一味，何得説有染心耶。心者，真實義，謂真如也。然雖性淨，爲五住地之所染也。此自性清淨心有情染淨依[二八]，二名實難了知，惟佛世尊如實知見，非除上智菩薩所餘聲聞情能測處。云云。已上《述記》。又嘉祥《寶窟》曰：自性清淨心言亡慮絶故，難可了知。云云。由此等説，芳野先德釋此章曰：此文通證，不取染、淨依他起性，此遣相義。唯説真如性離諸染污，諸法中實心之本體。此證性義。云云。已上芳野。

次第三門中章主釋曰：明體不染真實法性，名自性清淨心。云云。故知，唯真如圓成實性即唯識實性，自體殊勝應求作證。染、淨依他義不爾，故遣相證性，是證離言唯識中道也，故以此文爲遣相證性唯識也。

章《攝論》頌言至如蛇智亂。《鈔》曰：二、舉論而證。

《攝論》頌言者，無性《釋論》六丁。云如有頌言於繩謂蛇智等，今所引文此是陳那所造《解舉論》中由無著所造《攝大乘》本論意所略出頌文也。無性引之云有頌言，而今云《攝論》頌言也。《解舉論》一卷，二紙半，陳三藏真諦譯。其頌文曰：於藤起蛇智，見藤則無境蛇，若見藤分已，藤智如蛇智。云云。今章所引新譯，三藏雖訂譯文，至實理全無違。

問：無著本論如何説耶。答：彼論曰：如闇中繩顯現似蛇，譬如繩上蛇非真實，以無有故。若已了知彼義無者，蛇覺雖滅，繩覺猶在。若以微細品類分析，此亦虚妄，色、香、味、觸爲其相故，此覺爲依，繩覺當滅。如是於彼似文似義六相意言[二九]，伏除非實六相義時，唯識性覺猶如蛇覺亦當除遣，由圓成實自性覺故。已上無著本論。今云：此是本論之中悟入三性之文也，悟入初二性是相似觀，悟入後一性是實證觀也。

於繩起蛇覺者，無著本論曰：如何悟入唯識性。謂名與義、自性、差別、假自性、差別義，如是六種義皆無故，所取、能取性現前故，一時現似種種相義而生起故，如闇中繩顯現似蛇，譬如繩上蛇非真實，似無有故。已上本論。《無性釋》曰：如闇中繩顯現似蛇，由此譬喻成立通達三種自性，譬如繩上蛇非真實，以無有故。如是似名、似義意言依他起上，名等六種遍計所執亦非真實，以無有故。名等六種者，一、名，二、義，三、名自性，四、名差別，五、義自性，六、義差別也。已上無性釋文。神廓《攝論疏》曰：於繩謂蛇智者，迷於繩境謂是實蛇，此譬迷内意言所現法義謂外實有文。神泰曰：疏曰：於繩上起是蛇之覺，喻依他上起有計所執覺，已上二師疏文。今云：二疏所釋與今章意全無違。

是繩了又無者，無著本論曰：若已了知彼義無者，蛇覺雖滅，繩覺猶在。已上本論。《無性釋》曰：又於此中，如依繩覺捨蛇覺，如是依止唯識顯現依他起覺，捨於六義遍計執覺。已上無性釋。神廓疏曰：見繩了義無者，見繩之時了蛇義無，此譬證意言時了彼心外情有義無也文。神泰疏曰：見繩了義無，喻見依他性了遍計所執也。已上二疏文。今云：與此章意無違。

證是彼分時知如蛇智亂者，無著本論曰：若以微細品類分析，此亦虛妄色、香、味、觸爲其相故，此覺爲依繩覺當滅。如是於彼似文、似義六相意言，伏除非實六相義時，唯識性覺猶如蛇覺亦當除遣，由圓成實自性覺故。已上本論。《無性釋》曰：如依色等細分之覺除遣繩覺，如是依止圓成實覺遣依他迷亂之覺也。文。神廓《攝論疏》曰：證見彼分時者，證見彼繩覺猶迷如蛇智亂故須除遣，此譬證意言智如向外執猶是迷亂，故須除遣也。云云。神泰疏曰：證見彼繩色、香、味、觸分時，證見彼圓成實分時，知取繩之智亂如取蛇智亂，喻知取依他性智亂如取遍計所執性智亂。云云。是等所釋，與今章意全無相違。

章此中所説至遣依他覺。《鈔》曰：第四、章主引《無性釋》之意解先頌意。此中所説者，承前引《攝論》頌起釋也。子島先德觀解此頌意曰：煖、頂二位依能取識觀所取空，少分悟入遍計所執，都無。中忍之位似如實智觀能取空，全分悟入遍計所執，都無。是爲依依他覺遣所執覺。已上初、二句解了。然今此能觀四尋思、四如實如蛇智亂，故名爲迷亂覺。何故名迷。謂法執所引帶相觀心。故，相縛有所得。未脱故，此迷亂依他覺，依他識相俗故相有別之心觀。入見道實證細分也，喻如見麻。時不現在前，繩相不現，謂見道位一切相分(三〇)不現是也。即是説爲依圓成覺無所得識性覺。遣依他覺。有所得識相覺。故《中邊》云：發生正性聖慧無戲論平等平等之慧也。之時，除遣如實觀。有所得觀也。又海住上人觀解此頌曰：頌文初句意，依他上起所執，次句觀唯識繩依他緣起觀。了無所執妄境也，此次句餘意及第三、第四句。然而見實繩不見假繩尚是法執，現前立少物也。唯識實有執是也。如蛇智亂云唯識實有執。觀依他如幻，雖知唯識道理，尚有法執，有所得執。故未證真理如蛇智亂於繩起執也。也，已下第四句餘意，明實證衆分之相。作能取無觀遣一切執已，起無分別智平等平等證圓成也。證圓成麻。已，後見依他繩。實如幻，無實繩相也。又基辨私觀解此頌意曰：今日凡夫見山河、草木、瓦礫、堂舍、屋宅、道路、飲食、車乘等謂名、事相屬實有一物，是即蛇覺，依他上起計執。然於山河、草木乃至飲食、車乘等，起此等色、香、味、觸四塵，隨共業所助感異熟識上共相種變見種種相差別，皆是妄熏所現，非實有性體。之覺，是即起繩覺遣蛇覺，是名觀依他遣所執也。而又觀此異熟識變業果能變緣起之性，如見水處即火，見火處即水等，變現山處即平地，變平地處是山，變林處是屋宅，變飲食處即糞穢，變糞穢處即飲食等。若爾緣起此色。處即彼色、香、味、觸。緣起彼色、香、味、觸或有等。處，即此色空或能緣慮。同時同處非即非離，離境無識，識處即境，非境非不境，非識非不識。《二十論疏》下曰：不知此影像，非繩非不繩，非蛇非不蛇，遂執爲蛇，不稱影像，影像是意識變爲離言影像。云云。如是觀察唯識絶言緣起衆分時，自知現前立少物，以爲唯識，以爲絶言，以爲緣起，如見實繩，不見假繩，尚是法執，即空有相未泯，如蛇智亂，譬觀依他雖知唯識，尚帶法執未稱真理，而今觀知染依他尚是可斷，泯空、有能、所相，唯證不可言緣起性，則所謂見繩緣起。衆分衆相不可言處。遣於繩覺，有所得見緣起覺。是云喻見圓成遣依他覺也。見麻遣繩覺，不離麻而見繩。後得智上雖種種有差別相現，不離絶言境，則亦圓成實攝也。

章此意即顯至不復當情。《鈔》曰：五、章家重成前此中説等之義也。

此意即顯者，示重成前文意。

所遣二覺等者，子島由《義燈》意釋曰：依依他繩。覺所遣所執蛇。覺，與依圓成覺麻覺。所遣依他繩。覺，論其實體即是第六、分別、俱生。第七俱生。能遍計心，妄情。故名依他。所以者何。繩、蛇二種能緣之心染分依他，可斷法故。可斷者，明來暗必去義，可斷也。實蛇者，所執之覺，通我、法二執。實繩者依他之覺，唯法執也。故今云所遣二覺，皆依他起也。云云。今云：遣言有二，一者、除遣，謂遣染依他，如明來暗去也。二者、不現遣，亦云不除遣也。謂無分別智證真如時，一切相、用皆不現前，不作相分故名爲不除遣。此由《解深密經》，子島立此二義也。又《周記》曰：繩、蛇二種能緣心名爲二覺，是染依他可斷法故名遣也。云云。《清記》及《義濱[三一]》等同是。

斷此染故等者，子島曰：《珠記》云煩等位中伏名爲斷者，偏說依他覺所遣蛇覺計執。之義。《叡記》云入見道位斷名爲斷者，偏說圓成覺所遣繩覺。之義。由是並用此兩師義，爲能契文相也。云云。基辨云：就斷此染故之言，染者，染依他也。《疏》十末所言有漏依他也。斷者，論第八所說三斷之中隨應有焉。如《疏》十末三十丁。釋，有漏依他有二，一、障法，如論十說障、治相違名捨者，二、非障法，謂所餘有漏法、有漏善、三無記法、熟生無記法也。劣無漏法。此亦有漏依他法攝。論十說所棄捨中攝。斷此者，論十云：真無間道現在前時，障、治相違，明來暗去。彼便斷滅，二障種依他法斷也。永不成就，彼種斷故，不復現行，妄執滅法，所執我、法不對妄情，亦說爲捨。文。《疏》云：實我、實法自性本無，但對妄情，妄似於有，今斷妄情，染依他。無境對心，假說此境亦名爲斷，由此理名捨執。文。今私曰：妄情妄緣起道理名彼種，悟虛妄起都無體用已，妄緣起心相不起，名斷染依他。斷言隨有身性斷，體虛妄故，自性斷也。復有離縛斷[三三]，緣彼雜彼虛妄心起，今斷是故，離縛斷也。復有不生斷。妄情依他緣缺再不生，無妄情無應起妄執，此是爲不生斷也。

所執實蛇等者，《周記》曰：如次我、法二執所攝。云云。基辨私云：斷此染者，斷染依他也。芳野云：《攝論》頌文，唯證不取染分依他起性也。云云。

不復當情者，不當情顯現也。

章非於依他至皆互除遣。《鈔》曰：六、別釋遣相義。

問：何故非皆互除遣。答：依他有二，一、染分依他，二、淨分依他。見道已上後得智中，斷染分依他，非斷非障有漏異熟無記法等。染分及以淨分無漏依他，若斷則應無後得智所緣依他故。如前已引論第十有漏依他有三種，其二種中，初障法依他必除遣，後非障法依他謂有漏善種現，異熟、威儀、工巧三無記法種現，異熟生無記稱[三三]現，劣弱無漏法種現，十地間後得智所緣境。第十地竟金剛心解脱道時自棄捨，故論第十名所棄捨也。是等大圓鏡智第八識顯現時自不顯現，是不除遣，十地間後得智所緣境，今云非皆除遣。

問：若爾，若云不遣依他之意也。遣相證性之義不成，不遣依他故。答：如《唯識義演》云，於真觀絶言。位，雖無依他，無依他相有別。不遣其體。子島曰：無分別智證真如時，一切相、用皆不現前，不作相分故名遣相，非如煩惱斷除其體。體相云云。基辨云：此釋尤妙。如前所明二種遣中，第二不除遣，根本智證如時，一切相用不現，不作相分狹[三四]帶逼附體相故名遣相。

章蛇由妄起至繩喻依他。《鈔》曰：七、釋不遣淨依他由，即明依、圓二性遣、證差別，謂蛇所緣由虚妄緣當情顯現，蟠體螫用却不可得。喻今日凡夫由虚妄熏，飲食、車乘等所緣當情顯現，執實有體，推求其體、用，都不可得。繩依麻生，糺體結用非無其事。喻因緣變性境色、香、味、觸等，體用非無其事。以麻喻真理，以繩喻依他，故知依他非無亂體，依真如理所生用故，即緣後得智所緣依他，非障有漏淨依他也。其體非無也。已上由子島釋。秋篠曰：蛇體、用無者，以名爲用。又非無假用者，以功能爲用也。云云。

章知繩、麻之至須聖道斷。《鈔》曰：八、本、後二智相對明遣斷別，重成上義也。

知繩、麻等者，知絶言緣起理名知繩、麻，體、用。麻是絶言，繩是緣起，根本智證，後得智知，今明後智遣斷。故云知也。本、後二智證依、圓二性時，二取自泯故，云後得智淨分依他變現，知麻見繩故，蛇情自滅，乃至名遣所執。

蛇不當情者，計執性相不當情顯現也。

非如依他等者，非如染分依他煩惱，不善、有覆無記。別起聖道無分別智。而斷除除遣。之也。今文既云須聖道斷，明知此云依他是淨[三五]分、依他非淨分。

問：實繩之覺亦是所執，何但云蛇情滅故，

不云繩情滅耶。答：古來有二家釋。芳野云：理實應云實蛇計執我、法。實繩依他法執。之情自滅，然約顯故偏舉蛇也。云云。又松室云：信叡所釋不爾，既云非如依他染依他實繩。須聖道斷，如何可言實繩自滅。云云。子島由是。今云：松室不爾，以芳野釋爲勝，謂如前頌言，證見彼分時知如蛇智亂，今文云知繩、麻體、用，明證見彼分時，故云蛇情自滅。文中證見繩分時，繩智如蛇智自滅，准文可知也。

章故漸入真至我、法便息。《鈔》曰：九、漏、無漏相對明其行相。

故者承上起下。

漸入真等者，明加行智悟入。

達蛇空者，悟入遍計所執本來都無，喻達蛇空。

悟繩分者，悟入一切唯識所現，喻悟繩分。

證真觀位等者，明起無漏智，頓入通達位，謂於四加行位修四尋思、四如實觀，則能、所自泯，世第一法無間引入真見，是名證真觀也。

而俗事彰者，後得智次根本智起，了依他法也，如《成唯識》八引《厚嚴》頌說：非不見真如，而能了諸行，皆如幻事等，雖有而非真。由此義云，照真理而俗事彰。

理、事既彰等者，根本、後得二智所緣理、事已彰，我、法二執自然息滅，如明來暗去，謂悟證大乘緣起深妙離言正理，則悟常如圓實故，淨分依他所緣自在顯現。如是悟入深妙緣起即法性，則計所執本來都無故，自性應斷，遂不顯現，故云我、法便息也。息者，入地已上，後得智所緣二執障、治相違，自性應斷。又理、事並彰，絶言圓緣起依故，我、法是不生斷。

章此即一重所觀體也。《鈔》曰：明所觀體中大文第六總結五重唯識。《周記》曰：此即一重所觀者，明出體中有能觀、所觀兩重不同，上來所明兩重中之一重所觀體也。子島曰：此五重唯識攝一切法盡爲所觀，《心經幽贊》曰：如是所說空有、境心、用體、所王、事理五種，從粗至細展轉相推唯識妙理，總攝一切也。云云。取意。

章能觀唯識至而爲自體。《鈔》曰：上來明所觀體已，自下出體五文中第三段明能觀體。此中大分爲三文，初、正明能觀體，二、以位配釋，三、諸門分別。初中有五，初、出體舉證，二、破古師，三、通難，四、結今義，五、明能觀通有、無漏。又初中有二，初、正出體，二、舉終成，今即初也。能觀唯識四字標牒。

以別境慧等者，是即初示今家正義。《成唯識》五説：云何爲慧。於所觀境簡擇爲性。云云。是故簡擇觀察得、失、俱非得勝解，是慧功能也。由此義以別境慧爲能觀體，今家正義也。子島曰：觀相一切相即識想。以俗智地前有漏善智，地上觀識相後得有分別智也。爲能觀體，若觀性一切性即識性。以真智爲體，能觀體，地前觀識性似無漏智，地上真智也。俱是別境慧也。云云。

章《攝大乘》第至顛倒智故。《鈔》曰：二、舉證而成以慧爲能觀體，《無性攝論》六。十二紙左，所舉本論之文也。

爲何義故等者，《無性釋》曰：問入唯識所須。云云。《神廓疏》曰：此問意云：此唯識性既是難入，爲何義利乃於地前長時修此難行加行入於初地唯識性耶。云云。今云：神廓由《無性釋》。

由緣總法等者，《無性釋》曰：緣一切法總相所顯真如爲境，謂大乘教中所説一切法皆真如爲性，故緣真如即是解了一切法性。若不爾者，雖經多時多時修行。無分別智亦應不生。言出世者，是無漏故。私云：地前似無漏智已上文，大乘教施設建立離言説之證。

止觀智故者，由三摩呬多、此云等引。無顛倒智故。云云。子島曰：護命僧正云。《法花解節記》三十卷有之。

問：本論云止，梵云奢摩他，此云止，爾何無性釋文云由三摩呬多。以三摩呬多梵名而釋。今案：子島案也。梵云奢摩他，此云止者，諸定通名。定有三種，謂等持、等至、等引，通云止，即專注義也。本論相對觀言故總云止，總指定云止也。無性釋文別爲出其定體云三摩呬多，即表三種中等引定也。云云。已上子島。基辨私云：梵云三摩呬多，此云等引，但定非散，通有、無心，爲等所引，能引等。等引。二釋如常，檢《攝大乘》本論之文，此文答爲何義利入初地唯識性耶之問文也，然本入初地唯識性之心，依第四靜慮心捨受心也。而起故，緣總法真如之心是等引心，非通欲界等持定心。若但云止，則諸定通名在欲界，故本論中雖總作言，《釋論》中彰緣真如智由第四定等引，云由三摩呬多也，故能觀智但無顛倒智也，以慧爲體。由三摩呬多言非云能觀體，簡欲界散定爲依起慧，非能觀體也。

章或有解言至而爲自性。《鈔》曰：此下第二破他師。此中有二，初、舉他師義，二、今家破，今即初也。

有解者，未詳其人。芳野云：神廓法師也。云云。子島云：檢《廓疏》，無此說。云云。

章此亦不然至現觀智故。《鈔》曰：二、今家破。

此亦不然者，問：亦言亦何物耶。答：右有二義，一者、義寂，《廣章》十二卷有之。《廣章》改文云此不應然。云云。二者、子島曰：《總料簡章》中多破他師，故至此章云亦。云云。基辨私立二義云：一者、彰除今家以慧爲體義，餘所言義悉皆不然，亦之爲言總也。二者、若如有解云通以止觀爲體，則甚難了，謂止之觀爲體歟。若爾，則有太增過[三六]。又通以止與觀爲體，則有太減失[三七]。如次章文破，進退生疑故。今云亦不然，亦之爲言俱也。

若取相應等下，由子島意舉四失破。四失者，一、太減失，二、太增失，三、名體不順失，四、聖教相違失。

初太減失者，辨諸法體有三種，一、自性體，二、相應體，三、眷屬體也。今家言能觀以慧爲體者，是自性體也。若如有解云通取止者，三種體中何耶。若取相應體，則除色蘊，以餘四蘊應云爲體，如何但取四蘊中定心所云唯取止耶。有太減失。又若兼取眷屬體，則總以五蘊爲體，而云唯取止，則亦有太減失。

二太增失者，觀謂慧名，是非定名，故今家取自性體，云以別境慧爲觀之體，而有人解，並亦取定，云通以止爲能觀體，則望自性體，其體甚增過也。

三名體不順失者，既云能觀體是慧數、止體是定，何云定爲能觀體耶。雖章文中不舉過數，委探義趣有此三失也。

四聖教相違失者，次引《無性》一五十右文。云唯識現觀智故之文，是即示聖教相違失也，論第一五丁。取意也。今云：子島四失釋誠妙釋，我黨所不及也。

問：云何有相違失耶。答：《無性釋》能入智云唯識現觀智，何云通止與觀耶。故有聖教相違失也。唯識者，無分別智入真觀時，離其相見、能所分別，但有自體故名唯識。現觀者，現觀真如故云現觀也。已上神廓取意。

章又云由三至止爲觀體。釋曰：三、通難。此有二，初、正通難，二、引證，今即初也。他師難今家云：若唯以慧爲觀體，則何故《無性釋》云由三摩呬多耶。今文通云：無性於無顛倒智上，加由三摩呬多之言，爲簡資糧位散慧，唯取加行位定慧，定爲所依觀慧起故。所以何者。修尋思、如實智勝唯識觀，必居定中所修故也。若唯散位，慧獨起時，不修唯識觀耶。答：亦修之，但有推求之用，簡釋力用難專注一境故尤爲微劣，是凡夫所修唯識觀行相也。資糧之位，定散間雜，少勝凡位，然不如加行位居定而修觀修也。也。已上子島取意。

章《攝論》又云至乃至廣説。《鈔》曰：二、引以定中所起之智爲觀體證，《無姓〔三八〕攝論》六七丁右。之本論文也。

四尋思者，於名、義、自性、差別推求籌度假有實無，名四尋思。推求名尋，籌度云思。

四如實者，從前尋思所引果相，如實遍知此

名等離識乃識非有，名如實智。

如是皆同等者，由四尋思、四如實智了達名等四種境義實不可得，是即尋思、如實智行相。此文既以推求、籌度至無妄倒處名四尋思、四如實觀，故知以定中所起慧爲能觀體。《周記》曰：由尋思、實智二種之觀名義相屬而不可得，相屬名同。云云。今云：此釋實爾，名義屬著不可得觀是四尋思觀也。

問：何故以此如是皆同不可得加行位文，爲以定中所起智爲觀體之證耶。答：此文既以推求、籌度至無顛倒處名四尋思、四如實觀之證，所以如何者，《分別瑜伽論》中說此二觀云菩薩於定位，觀影唯是心，故定無觀之二字說定中起智觀唯識也。

以諸菩薩如是等者，明以推求釋尋思字，以慧爲能觀體。

諸菩薩者，舉能修人。

如是者，承上。

如實爲入等者，明四尋思觀相。

似文者，能詮教，似義者，所詮義，影像、文義似於本質，依他文義似於心外，故名爲似。

意言者，能緣意識。《周記》曰：似文、似義意言推求等者，即能、所詮名爲文義，識變此二名之爲意言境，即此文義及大乘法等爲所觀境，以爲方便而能引得唯識觀也。文。

推求文名等者，正明尋思觀行相，故知既云推求以慧爲能觀體也。

乃至廣說者，《攝論》文長故存略也。

章《喻[三九]伽》《對法》至皆慧爲體。《鈔》曰：

《喻伽》者，論三十六二十一紙已下。說四尋思、

第四、結今家義。

四如實智。

《對法》者，論第十一九紙已下。說推求爲四尋思，由尋思如實了不可得名如實智。《喻伽》中說於諸名等，或離相觀或合相觀名四尋思。又說如一切色等想事，性離言說不可言說，若能如是如

實了知，是名事尋思所引如實智。由此等義云皆慧爲體，是即結成今義也。

章尋思唯有至智通無漏。《鈔》曰：此下第五明能觀通有、無漏。此中有二，初、正釋，二、會違，此即初也。謂四尋思觀唯有漏，在地前故，如實智亦是無漏，通地上故。《瑜伽論·真實義品》說如實智正智所攝，約無漏如實觀說也。

章《攝大乘》云至非加行智。《鈔》曰：二、會違也，《無性攝論》六初紙。之文也。

多聞熏習所依者，所依謂依聞所熏心體及身名爲所依也，此云有漏多聞熏習種子也。《攝大乘論》釋是說非阿賴耶識所攝，若以此說云爾，則可言唯識觀不通有漏。《周起〔四〇〕》如是。

此文唯舉無漏等者下正會，意云：彼《攝論》文唯舉法爾無漏種子，在地前位被聞等熏，功能增長，假名聞熏，稱非藏識，非謂能觀皆唯無漏。已上子島。

在彼位者，四加行位也。

名爲聞熏者，以有漏善心聞淨法界等流教法熏第八識名爲聞熏，故其實雖聞熏是有漏，今由有漏熏種，本熏無漏種子自用增長，今取其邊設名聞熏。

稱非藏識者，本熏無漏種子增長，非阿賴耶識所攝。

不爾四尋思等者，立理成也。已上能觀體中，初正明能觀體訖。

章此雖總說至一因二果。《鈔》曰：自下明能觀體三段之中，第二、以位配釋。此中大分有三，初、結前生後舉位別，二、約因位釋，三、約果位釋，今即初也。

此雖總說等四句承上起下，此者指上來所說，不分二位說能觀體，故云總說也。

一因二果者，秋篠曰：地上名果，地前名因，非唯佛果即名爲果。云云。又《周記》曰：有漏名因無漏名果，因中無漏亦名爲果，因所生故。云云。今云：此章所言，如此等釋。

章[四二]因通三惠至非生得善。《鈔》曰：此下第二約因位釋。此中有二，初、約因位明觀體，二、舉證，今即初也。

因通三慧者，簡果位唯修慧。

唯有漏者，示加行位觀體。秋篠曰：此即能入，非是正入，故唯有漏。云云。此釋尤妙，以有漏善根聞熏增長本熏無漏種子，世第一法無間無漏種子始方現行，故正入無漏智現行也。今論有漏觀體，是即能入也。

此唯明利者，簡生得善微劣。今所言三慧能觀是加行善，故云明利也。

章故《攝論》云至道修等。《鈔》曰：一、舉證，有二箇證，此是第一證也，論無性。六二紙左。之文也。

似法、似義等者[四三]《周記》曰：意引勝解證其自觀，餘見道等文同故來。云云。今云：此釋尤妙，說勝解行地故，是因位以慧爲能觀之證也。

似法似義者，明所入境界之相也，觀實無似假、法義有也。

意言者，顯境界之體也，謂似法、似義相皆意言識能觀心上所變現也。

大乘法相等者，明境界之因也。

所生起者，明境從因生也。子島明此意云：即此所緣似法、似義意言是《華嚴》等大乘法相聞熏所生起。云云。今云：聞淨法界等流教法，從所熏習所生意言識上似法、似義之相，是從聞慧生故，能觀是以慧爲體也。

勝解行地者，明能入位，資糧、加行二位名勝解行地，謂於此二位觀一切法唯識相、性，但隨聽聞思量生勝解印持，故生印持行解云勝解行地也。

見道、修道等者，《周記》《叡記》俱云：正說勝解行地，見道、修道同文舉來。云云。

章《成唯識》云至引發真見。《鈔》曰：此第二證也，論第九四紙右。取意也。

聽聞、思惟等者，明因能觀通三慧。

起尋思等者，明加行位雖有聞、思，專在修慧。

章果唯無漏至爲自體故。《鈔》曰：此下以位配釋中，第三約果位釋。此中有三文，初、約果位明觀體，二、舉證，三、辨根、後二智，今即初也。

果唯無漏者，簡因位能觀慧唯有漏。

修所成慧等者，別體三慧中修慧也。

通以正智等者，加行、根本、後得三智之中，以根、後二智爲果位能觀體也。

章《攝大乘》等至如其次第。《鈔》曰：二、舉證《無性攝論》六三紙左。之文也。等言等《成唯識》也。《無性釋》曰：如理通達故者，能入在見道中，如理通達此意言故。云云。

治一初[四三]障故者，同釋曰：能入在修道中，由此修習對治煩惱、所智障故。離一切障故者，同釋曰：能入在究竟道中，最極清淨離諸障故。云云。

見、修、無學等下，章主略文配屬。

章證真理識至不引教成。《鈔》曰：三、辨根、後二智。

真理識者，即真如識實性也。

俗事識者，淨分依他四智，心現諸法識爲主故。

文多義顯者，秋篠曰：《佛地論》三云：緣真義邊名無分別智，緣俗義邊名後得智。此等諸文處處非一，故云文多。云云。

已上明能觀體，三假之中第二以位配釋也。

章上來雖復至而爲自體。《鈔》曰：自下第三段諸門分別，於此中由子島釋分橫豎科。私記曰：此中有豎有橫，豎中有四：一、唯識，二、唯識觀，三、唯識三摩地，四、正證唯識。橫中有五，一、能觀所觀門，二、有漏無漏門，三、定散分別門，四、三慧分別門，五、三智分別門。豎中一一各有橫五門，基辨云：此橫豎釋誠妙哉矣，實所不及。此中豎者，常途諸門分別，橫者橫通，通豎四門，各有門故。

次二箇文，豎科中初、二門也。

上來雖復辨等者，結前起後復辨。今云：上來別明能、所觀，然今文不云雖別辨而云復辨，以何義云復耶。答：復者重也，上來所明初所觀體後能觀體爲兩重明已，簡次總合能、所觀分別云復辨也。

總義說者者，總合能、所觀作分別也。

若總言唯識者，豎初門也。

通能、所觀者，以橫初門分別，即五門分別。子島曰：但言唯識豎初門。境智合故通能、所觀，豎初門中橫初門也。若加觀言豎第二門。但是能觀，豎第二門中橫第二門也。諸法唯識是智之所觀，智觀唯識從境所觀。爲名云唯識觀，此名橫論漏、無漏、定、散等皆具足也。云云。秋篠云：且所觀中真如識性唯是無漏，此能觀智唯在定非在散，何故不分別之耶。解云：雖有餘義，今約能、所故且不論。云云。子島亦由此義。又《周記》中以此豎四門云四重聊簡從寬向狹，初唯識門通能、所故爲寬，次唯識觀門此能非所故云向狹也。通有無漏者橫第二門，通散及定者橫第三門，以聞、思、修者橫第四門，加行根本等者橫第五門也。既豎第一唯識門爲寬，故橫五門悉具應知，所觀境中一切唯識變故。次第二唯識觀門，橫第一能、所觀中，但欠所故爲狹。

章若言唯識至思通三智。《鈔》曰：此豎第三門。

三摩地者，此云等持，《中邊論疏》云：平等持心專緣一境故名等持。

通有、無漏者，三摩地平等持心故通有、無漏心，以有漏智觀唯識故。

唯定非散者，問：《瑜伽釋》中云三摩地名通定、不定，本疏及《義燈》中俱有此文，何故云唯定非散耶。子島答曰：但云三摩地，必通定、散，若加唯識言，云唯識三摩地之時，唯定非散，作尋思等勝唯識觀必居定故也。云云。

唯修慧非聞、思者，基辨云：四加行中四如實觀，故唯修慧，四尋思觀通聞、思故。

今問：此唯識三摩地者，是能觀也，何故橫初門分别不云能非所耶。答：雖是亦能非所，既云三摩地故，非所顯然，故今略也。又前門既舉，故今此略也。

問：以何所由云能非所。既云三摩地，明是定非觀，何唯云能觀耶。子島意答曰：是爲出定中唯識觀之體，云唯識三摩地，非云三摩地爲能觀體也。

問：以何以唯識三摩地爲狹于唯識觀耶。答：唯識觀通定、散，此唯識三摩地唯定非散，彼通三慧，此唯修慧，故從寬向狹也。

章若言正證至得非加行。《鈔》曰：此竪第四門，根本智證真如，後得智悟依他，名之爲證。從寬向狹，思准可知。

章此非義説至至下當知。《鈔》曰：此遮難。難云：若唯識三摩地及正證唯識之時無聞、思者，何故《十地經》説八地已上於一切法能堪、能思、能持。即論云：如次即是聞、思、修慧。云云。八地已上既有聞、思，何況地前及七地以前乎。而何云唯修慧耶。今通云：唯識三摩地及正證唯識中云唯修慧，此非義説，約别體三慧。《十地論》等説約八地已上義説三慧，於一修慧以義分三也。

不爾等下立理，若義説則後二門唯識應通聞、思。

《十地論》説故者，論第十二七紙左。説義説三慧通聞、思。

至下當知者，下《三慧章》具明。

已上明能觀唯識已，自下第一出體中，第三段明五種唯識之文也。

章然總遍詳至不過五種。《鈔》曰：當章大段十門之中第一門有五文，如前已别。自下其五文中其第四門也，明五種唯識。此有七文，初、總標，二、明境唯識，三、明教唯識，四、明理唯識，五、明行唯識，六、明果唯識，七、結成，此即初也。

遍詳諸教等者，總攝經論散説唯識束爲五類也。子島曰：《心經幽贊》云：有情不知真妄境界，起惑造業受衆苦果，哀愍如是等，立此五種唯識，一、爲令知真妄境説境唯識，二、爲合[四]捨惑立教唯識，三、同爲令捨惑立理唯識，不知大乘正教理者立邪教理起諸惑故，四、爲令捨惡行業立行唯識，五、爲對治苦果立果唯識也。云云。

章一境唯識至皆境唯識。《鈔》曰：二、明境唯識，就所觀境説唯識故云境唯識。

《阿毘達摩經》云等者，《無性攝論》四及《成唯識》七明悟入唯識四智之中，説第一相違識相智之文也。又《對法》五六紙。曰：由四種因知所緣境體非真實，謂相違識相故，無所緣境識可得故，不由功用應無倒故，隨三智轉故，由道理能取體性亦非真實。三智者謂自在智、觀察智、無分別智。爲顯四因，乃説頌曰：

鬼傍生人天，各隨其所應，等事心異故，許義非真實。於過去事等，夢像二影中，雖所緣非實，而境相成就。若義義性成，無無分別智，此若無佛果，證得不應理。得自在菩薩，由願[四五]解力故，如欲地等成，得生[四六]者亦爾。成就簡擇者，有智得定者，思惟一切法，如義皆顯現。無分別智行，諸義皆不現，當知無有義，由此亦無識。

鬼、傍生等者，六頌之中第一頌也。《無性釋》此第一頌曰：此相違者識所變現各别同一處也。餓鬼由業力，江河悉成火見膿血處，魚等傍生即見舍宅遊路，人是處見有清冷水波浪湍洄，天見種種寶莊嚴，若入虚空無邊處定，即於此處唯見虚空。若以是等實有非心所變，何故一水成火等。皆是業類各變不同，故知一切境唯識所變。已上《無性釋》意。

各隨其所應者，鬼、畜、人、天等各各自類共中不共業現不同云隨所應。

等事心異故者，示四境同一處有也，《攝大

乘》四釋等事言，説同於一事見彼所識有差別故。已上《攝論》。又《成唯識》七云：即於此處。此處二字釋等事言，於言境第七聲。又玄範《對法疏》曰：事是處義，以四境相違，因在一處故，知識外本來無境。云云。

心異者，心言含二義，一、集起名心，二、能緣名心，今二義共得。云何二義共得。謂由業緣從賴耶識所積集種現，起能緣觀所緣相分。心，在同一事處各各緣見差異，此云心異也。

許義非真實者，靈雋唐三藏門人。《對法疏》曰：既相違事相、見二分事體。同一處有故，説義非真實。云云。子島曰：義者，境也。云云。如是等文等已上經文，此下章主文也。

如是等者，子島曰：等取《對法論》有五行頌，遠取一切唯識之所觀境名境唯識也。云云。

但説唯識所觀等者，此七字，境唯識之要也。但言簡説能觀者，今但説所觀境者，云境唯識也。有隨從他家講學者來余講場發問云：此等事心異故文，以梁譯《攝論》併讀云一境應四心，《成唯識疏》七末。破是云：今新譯意云今。言：境非定一故，應言一處解，解者，見等三分變現緣了究意〔四七〕。成差證知唯有識。云云。舊人翻云一境，大唐譯云一處，云何爲此違耶。答：舊人未識盡識變實義，漫云一境四心，眑澮相承膠執舊譯文者，謂別有一境於其處四心起。今家學徒如是膠執，爲非知識變現實義焉也。今詳爲汝開演識變實義，謂境是所緣相分，離能緣見分上餘無別處現相分者，如無離鏡光處別有面影現，説離能緣無所緣、離所緣無能緣故，是即説能、所緣如實義也。復今由共、不共變現彰等事心異如實義。按《瑜伽》六十六説共、不共之相分爲四種，一者、共中共相，二者、共中之不共相，三者、不共中共相，四者、不共中之不共。此四種中，三與四非今所用，以一與二而當開示等事心異之如實義，令了知識變相。蓋諸趣業果變現中，諸趣共起同一能緣所緣、同一受用，云共中共業感相。又諸趣中於同一共起能緣、所緣處因，由諸趣隨類各别共業增上，一趣共同起能、所緣以爲受用，云共中不共相。分所言等事心異者，謂共中不共者，於鬼、傍生、人、天四趣同一共起水之能緣、見分。所緣相分。處，因有四趣各别業緣，鬼忽起火能、見。所相。緣，魚、龍等傍生忽起宅路能、見。所相。緣，天起瑠璃寶莊嚴地能、見。所相。緣，人起清冷波浪湍洄能、見。所相。緣，入空定者忽起唯空能、所緣，見、相。由此道理，經説等事心異。等事者，彼四趣共業所感相，心異者，四趣各别不共業相。我宗意謂：等事之事具能、所緣，若云不具，則應非事，應不名事，一切不具能、所緣者，如龜毛等體自應無，無，云何得名事。今不名事，不可名火或水等也。又心異之心亦復應爾，必應具能、所緣，若云不具，則應非心，應不名心。悉許心是能緣，此心不具所緣，則何能緣之。有面，影不現，則何名鏡。由是應知，經説等事，論云一處，此處之言如十二處之處，釋云生長門義，彰六根、六境是六識之生長門，今所言處亦義意同，謂四趣共見相，四趣同能、所緣遊履處故。論説爲處，經約四趣共能、所緣之相爲四趣各互不共水、火含瑠璃之能、所緣。相遊履處説之爲事。事謂體相，無事相指何物名遊履處。若有人云鬼趣初不見水唯見猛火乃至入空定者初不見水唯見虚空，則如人趣初見水爲水、見火爲火有何差别。爲四趣各感不共業相故，於共能、所緣各各不共能、所緣起，説共中不共相。且如薄福鬼，惡業深重，由饑渴不可堪見水，走往欲飲膿血滿不可飲，饑渴深極，縱雖膿血將飲，忽爲猛火。初見水是四趣共相，欲飲見火是薄福鬼一趣不共乃至人趣初見水亦是四趣共相，復見清冷波浪湍洄爲可愛思，是人趣不共相。子島釋云：共變水處鬼變一猛火，傍生變一宅路，人變一水，天變一瑠璃。云云。

問：若爾，何故大唐三藏如舊人不云境，新翻云處耶。答：若但云境，則如小乘學者恐謬云但所緣境實有一物，爲用示離能緣無所緣、離所緣無能緣如實義故，翻云處不云境也。

又如《無性釋》四説云：如餓鬼、傍生及諸天、人，於同事見彼所識有差別。云云。今釋此文云：此中見彼者，見彼四趣共相，所識者，所了別，了別謂見、相二分變現。又可，所，謂所緣，識，謂能緣也，有差別者，四趣不共相有別也。已上基辨私釋。又《無性論》曰：若許外境都無實性，一切皆從内心變現，衆事皆成。云云。又《成唯識疏》曰：菩薩之智了知此相唯是内心故，一切法亦唯心變。云云。由此等理，以廣大平等心觀察，於一切有情同一共見處，各自業緣種種能、所緣相變現，若於此相不生固執觀察法體，非共相、非不共相，是即大乘絶言緣起妙理。

問：如是四趣不共相，三類境中何。答：此是因緣變性境，業緣所生任運變，由此等理舊人翻云境，不盡心變實義也。

章二教唯識至皆教唯識。《鈔》曰：三、明教唯識，謂教示唯識名説唯識也。秋篠曰：前後諸佛説唯識教，互傳彼説，故名教唯識也。云云。今云：此釋尤好，通指説唯識教故也。芳野曰：如來説唯識略教，未廣研覈成立道理，故名教唯識。理實而説，通教、理二，有能詮、所詮故。云云。今云：此釋亦好，總顯如來説唯識教故。子島云：《樞要》曰：《成論》本教釋彼説故，名教唯識。云云。今詳子島釋云，此釋未盡。《樞要》但就《三十唯識》本、釋二論，釋教唯識也，餘四種亦復相同。今此章所明取一切唯識、唯心等，如來及菩薩所説名言名教唯識，故今但以《樞要》釋未盡。設雖不説唯識言《成唯識》本教釋論，一切云教唯識也。已上。今釋章文云：此章所明五種唯識，謂境之唯識名境唯識，雖不説唯識名，就所觀境談唯識理，云境唯識，説鬼、傍生、人、天等文是也。二、教唯識，謂如來、菩薩説唯識名言，開示諸佛證智不可言境，云教唯識。三、理唯識亦復如是，謂非示但唯識名言，專説示唯識中道理也。行、果唯識，亦准可知。

由自心執著等者，此是十卷《楞伽》十卷文，經説言：由自心執著，心似外境轉，彼所見非有，是故説唯心。云云。今云：此頌中説唯心名，故教唯識文也，章主既云説唯識教者皆教唯識故。

《華嚴》《深密》等者，晉譯《華嚴》二十六説三界唯心文，及《解深密經》第三《分別瑜伽品》説諸識所緣、唯識所現等文也。等言等取《瑜伽》《對法》《攝大衆[四八]》《唯識》等論。

説唯識教等者，此四字爲教唯識之要也。

章三理唯識至皆理唯識。《鈔》曰：四、明理唯識。

《三十頌》者，論第七卷文也。

是諸識者，三能變識及心所。

轉變者，有護法、安慧二意，廣如彼疏。

分別者，見分。所分別者，相分也。

由此彼皆無者，由謂故也，由，故義也。論釋上句説能取相故，亦説見所取故，而其次句云由此正理，故此由言所由也，由，故義也，必不可以第三轉釋也。此，謂上句所明識變之正理也。彼，謂我、法二執。皆，謂一切義[四九]、法二執。無，謂本來都無體用。論釋此一句意有護法、安慧義別，今由護法義解，其意云：由三能變心、心所法轉變相、見二分之正道理，彼我、法執一切本來無故，是此一句意也。

故一切唯識者，承上句所明識變正理，結成一切唯識道理，此句意也。故者，承上。是諸識轉變已下，正理之詞也。次長行釋既云是故，是言承上義自炳然。一切者，若有爲、若無爲、若假、若實一切諸法。唯識者，彰結理唯識也。子島引《樞要》釋未盡，如上已辨。芳野云：此文雖有能、所詮，而能詮爲教，所詮爲理。云云。今云：此釋尤爾。

問：此理唯識文示唯識名，云故一切唯識，何不云教唯識耶。答：云故一切唯識，非示唯識名，以故言承上所論識變正理，如上已辨。示理唯識，自可知已。有他家講學釋此句故之言，云承上句彼皆無之三字，妄謬甚矣，違長行釋意故。

又教與理雖不分離，就示唯識名邊云教唯識，就立唯識理邊云理唯識也。

問：子島《私記》引《音石釋》云：立唯識有二門，一、別門唯識，即識自相故等五，二、總門唯識，即不離識，故一切法總名唯識也。云云。子島以此釋成教唯識，云何云示唯識名耶。答：音石二門唯識是理唯識、非教唯識，故子島釋未穩。又强會約教理不相離邊，子島作此釋歟。

如是成立等下，結成理唯識也。成立唯識道理六字，理唯識之要也。

章四行唯識至皆行唯識。《鈔》曰：五、明行唯識。

菩薩於定等者，《成唯識》九引《分別瑜伽論》彌勒頌文，此名慈尊教授頌，頌言：菩薩於定位，觀影唯是心，義想既滅除，審觀唯自想。如是住內心，知所取非有，次能取亦無，後觸無所得。

由本疏意，此二頌中，初一句資糧位，第二句四加行煖位，第三、四句頂位，即四尋思位也，次頌上二句下忍位，第三句中上忍位，即四如實觀，第四句入見道也。子島曰：此但指示，菩薩所修地前、地上有漏、無漏六度萬行皆是行唯識。云云。今云：此釋尤好。今章主意以唯識、唯心觀行一切爲行位，別名行唯識，今引此教授頌且指示，例實所餘處亦説故。若云一切行皆唯識，則理唯識，不云行位別，非行唯識。

四種尋思等者，等言等見、修二道，此唯非云於定位頌中四尋思等，《瑜伽・真實義品》等所説四尋思四如實等。若子島意云頌中所説四尋思等故，云此但指示則未穩也。

章五果唯識至皆果唯識。《鈔》曰：六、明果唯識。此舉三證釋，初、《佛地經》，論四十一丁左。次、《如來功德莊嚴經》，此未度，至《成唯識》第三所引。後、《成唯識論》。論第十卷。

諸處、境、識者，處謂六根處，境謂六境，識謂六識。論十八界影像皆於中現者，十八界影像皆於大圓鏡智中顯現也。

無垢識者，果上第八識證，古師依《楞伽經》立爲第九識，非也，此是圓鏡智相應識，名轉因第八得。

淨無漏界者，因義、性義名界。

解脱一切障者，影大牟尼凝寂相，離障是凝寂故。

此即無漏界者，此謂二轉依妙果。無漏者，性淨圓明。性淨者，離相應、所緣二轉義，又簡二乘無學、善有漏等蘊也。圓者，簡一切有學無漏。明者，簡二乘無學無漏。界者，論云：界是藏義，此中含容無邊希有大功德故，或是因義，能生五乘世、出世間利樂事故。云云。

不思議者，超過言議，微妙甚深，自内證故。

善常者，順益相名善，無變易名常。

安樂解脱身者，無惱害衆相，寂靜名安樂。解脱身者，離煩惱障也。

大牟尼名法者，離所知障，具無邊德，名爲法身。論十曰：大覺世尊成就無上寂默法故，名大牟尼也。云云。《疏》釋曰：梵云牟尼，此云寂默。法者，離言法也。云云。謂無上寂默大功德法所莊嚴故，亦名法身，今云名法。

如是諸説下，章主文結成果唯識也。

章此中所説至唯識皆盡。《鈔》曰：七、結成五種唯識，如文易知。

章然諸教中至種種異説。《鈔》曰：自下隨門解釋中第五段，立六門唯識，明隨機異説。此中有三，初、總説，二、正立六門，三、評六門而結，今即初也。

就義隨機者，義謂義道萬差，今就此立六門故云就也，機謂機宜千品，今隨是立故云隨也。

於境唯識等者，子島釋曰：依義道萬差、機宜千品，於一境唯識種種異説。

問：五種唯識中亦有教理等，何故但於境唯識致異説耶。答：有情不了真妄境故，起惑、業、苦流轉生死，故佛爲令悟其境界，就義隨機致種種異説。又境唯識其義寬廣，通一切唯識故也。

云云。今云：此釋本由論第十意，誠可言妙釋也。

章或依所執至虚妄現故。《鈔》曰：二、正立六門，此即第一門也。

問：次前文以此《楞伽經》説等者，經第十三丁。文，子島曰：《楞伽》説等者，經第十三丁。文，子島曰：

《楞伽經》説等者，經第十三丁。文，子島曰：次前文以此《楞伽》文爲教唯識，今復此云於境唯識異説，前後相違如何。答：前以指説唯心爲教唯識，今以由自心執著等爲所觀境唯識，故簡云依所執以辨唯識。又境唯識寬通故，教唯識亦爲所觀境唯識也，以引《華嚴》《深密》等文亦相同也。又立境、行、果三時，以教、理二攝境一。云云。今云：此等所釋尤妙。但依等二句，此章主文也。

章或依有漏至説唯識故。《鈔》曰：此第二門，此中就世間言，説三界是世間，世間是有漏，故云依有漏也。

章或依所執至二執生故。《鈔》曰：此第三門，此所引由假説我、法之文。假有二種，一、無體隨情假，即世間我、法，謂有情、命者等是世間我，實、德、業等是世間法。二、有體施設假，即聖教我、法，謂預流、一來等是聖教我，蘊、處、界等是聖教法也。世間我、法是依所執辨唯識也，由無體隨情假立故。無體者，理無故都無體用，隨情者，情有故唯虚妄起。又聖教我、法是隨有爲以辨唯識，由有體相、見。施設假立故。有體者，理有情無故，佛、衆生、心上有自證、相、見，是理有故。施設者，隨緣現。能成熟者，佛心有自證、相、見、種子因緣力，則成熟衆生心上亦有自證、相、見、種子因緣力，亦有衆生宜聞本願增上緣力故，佛妙觀察智識上宜聞得益似我、法相、見分生，是爲本質，宜聞者識上亦似我、法相、見分生，是皆因緣、增上緣力生，緣起顯現云假施設也。

依識自體等下，是章主文，謂由識自體起見、相分，是依有爲辨唯識也。又《周記》意曰：依見、相分生我、法執，是依所執辨唯識也。今云：起見、相分一句貫通上下，上依識自體句之相屬隨有爲以辨也，冠下二執生故之句則依所執以辨也。有體與隨情言，倶是見、相分故。道空師考云：二執生故下，一本有世間聖教説我、法故之八字，今云：有八字爲正也。

章或依有情至有情雜染。《鈔》曰：此第四門。

或依有情者，有情言有二義，一、云五蘊假者，二、云情識變現。如《三十論疏》釋。有情體是本識，故以情識變現釋經有情染淨，則五蘊假者亦在其中，故以第二釋爲正。

《無垢稱經》者，第二八丁。之文也。

章或依一切至唯識所現。《鈔》曰：此第五門。

或依一切等者，由《中邊論》以有無諸法爲一切法，《深密經》所説即以一切法爲識所緣，故云唯識所現，是或依一切法辨唯識也。

章或隨指事至辨唯識故。《鈔》曰：此第六門。

或隨指事者，古來有二家釋，一者、義濱《法苑記》曰：雖一切法唯識，而唯指鬼等四道果故，名爲一事，於一處涉入變故，且爲一事也。云云。二者、子島《私記》曰：此釋不爾，隨指一事辨唯識之門也。共變水處，鬼變一猛火，傍生變一宅路，人變一水，天變一瑠璃，即是各各識變唯識也，故云隨指事也。云云。今云：子島爲勝。隨者，隨其所應之隨也。事者，境事之事也。

章如是等輩至具廣分別。《鈔》曰：第五段有三中，第三評六門而結。

唯第五教等者，子島《私記》曰：《楞伽經》云諸法不離心，《樞要》判云唯此一門具攝諸法，據不離識義邊，《楞伽》文義盡，據依心生境邊，《深密》文盡。云云。今云：此釋尤妙。

或束爲三等者，以五種唯識攝境、行、果三，如《唯識義演》云：境中攝理、教二爲三。又秋篠云：三性爲所觀境，三慧爲行，二轉依果爲果。

章第二、辨名者。《鈔》曰：當章大文第二辨名門。此中大分爲七，初、總牒，二、釋識字，三、釋唯字，四、會違，五、約六合釋，六、通伏離[五〇]，七、結釋，今即初也。

章梵云毘若至者了別義。《鈔》曰：二、釋識字。此有三文，初、釋識名義，二、明識言表有五，三、通離，此即初也。

梵云毘若底等者，若順唐言，先舉用，後舉體，故云唯識。今章主隨天竺語，先舉體，後舉用，以識唯次第釋也。

識者了別義者，由《二十論疏》有粗、細二了別，前六識粗、細了別，七、八唯細了別也。

問：於了別麁、細相如何。答：麁謂粗顯，緣境易了，細謂不可知，緣境難了。

又問：如何前六識緣境麁或細耶。答：前五識任運變緣性境，無分別故難了名細，若與六同緣等流五識易了名麁。又第六識多分麁可了，定位第六、現量第六識細也，無分別緣故，七、八唯細了別自知，任運一類故。

章識自相識至應非唯識。《鈔》曰：釋識字中，二、明識言表有五。《三十論》七二十五丁。說此五法事、理不離識。

識自相等者，別門唯識，識自相謂心王能變自相云識自相，若不能變，無所變故。識相應謂心所，與能變識相應起者心所法也，識所變謂色法，識分位謂能變識所變分位假名施設不相應行，識實性者謂無爲法，是能變、所變識之實性，此云別門。

五法事、理皆不離識者，此名總門唯識，子島釋此文曰：識實性義即是不離義也。以不離義名唯識，是以決定義名唯也。

今問：章文云五法事、理皆不離識，音石由是五法事、理別說名別門唯識，以皆不離識名總門唯識，總括五法名也。爾，子島釋何故云識實性義即是不離義也，以不離義名唯識是決定義耶。五法之中前四法亦不離識故，是亦可云但以決定義爲唯識歟。若爾，則以何別，由前四法無簡持唯義，但云以決定義名唯耶。答：此子島釋由秋篠云，若以不離識不説唯，則真如非識變，由何名一切唯識耶。今詳此等所釋，秋篠所云無害，子島由是釋云識實性即不離義，則有妨。今章文云五法事、理皆不離識故爲不穩，復何云識實性不離識之唯言以但決定義而釋耶。今章文云五法事、理皆不離識名唯識，以簡持、決定二義名爲唯也，於識實性用簡持義簡固執真如，持與依他不離真如故，是亦與餘四法同有簡持義，故子島釋未可也。

不爾真如等者下，立理，秋篠曰：若以不離識不説唯，則真如非識變，由何名一切唯識耶。此文意也。

章亦非唯一至不名如也。《鈔》曰：釋識字中，三、通伏難。有兩重難，初難云：依他内境其體非虚假，何言一心，豈無餘物耶。今文亦非唯一已下通此難。

更無餘物者，秋篠云：真如及無漏種名爲餘物。云云。子島破之云：真如及無漏種以不離義名識已，何亦以餘物真如無漏性。云歸識耶。云云。今云：子島破妙當，心内所變境皆應云餘物故。

非攝歸真等者下，第二重通難也。難云：若云一切法皆歸識名唯識者，何《無垢稱經》等云一切諸法皆如耶。今此章文意通之，通意云：義濱釋此文言：且此門總立識攝，若約歸真如門，識亦説名一切法皆如。云云。子島大此爲是，誠深妙釋，得大乘離言實意。後學勿忽俱胝和尚一指如是。

章梵云摩呾至此翻爲唯。《鈔》曰：當門大科中，第三釋唯言。此有三文，初、舉梵名，二、舉唯三義，三、取捨三義，今即初也。

章唯有三義至非無臣佐。《鈔》曰：二、舉唯三義。三義共成識上義。

一簡持義者，簡去處即持取，如明來暗去。

心、心所等者，等見、相分、色、真如等。

故舊《中邊》頌者，真諦譯之論上。初丁左。《私記》明引舊論由，謂表之中者，以五法事、理不離識，表識言義之中此二俗事、真理。決定，顯無實有俗事二取物。

三顯勝義者，子島曰：問：若雖舉識勝理等心所，則應云識言有顯勝義，而何云唯言義耶。答：若不加唯言，不可顯識勝義，今以唯言顯識勝義，故云顯勝義。云云。今云：此釋尤爾。

章今此多取簡持解唯。《鈔》曰：三、取捨三義，謂今此唯識之唯言，諸教文中多分取簡持義而釋，少分用餘義也。

章識者心也至論稱唯識。《鈔》曰：當門七科中，第四會違。此有三文，初、以爲根本義而會，二、約因果而會，三、約心識無二而會，今即初也。子島作科曰：會中有三釋。一云：經云唯心，論云唯識，心、識是一。二云：經由集起、綵畫義，論由分別、了達義。三云：經通因果總名唯心，論唯在因但名唯識也。云云。今云：章意雖有如是三意，由文作科則意難了故，今改作如前。

由心集起等者，具應言心集起爲主之根本，心綵畫爲主之根本也。

心集起者，《成唯識》五八紙。說：第八名心，集諸法種，起諸法故。云云。由《二十論疏》，集起有二：一、行相集起，二、種子集起，初通諸識，後唯第八。云云。今云：今所言集起言含二集起，通諸八識說故。

心綵畫者，《華嚴經》曰：心如工畫師，畫種種五陰，一切世間中，無法而不造。云云。故以綵畫義名爲心也。

爲主根本者，雖心所亦集起、綵畫，以心集起、綵畫爲主、爲根本，故云唯心也。又此心有分別、了達之根本義邊，約此義邊論云唯識，爾唯心、唯識非別體有，約爲根本義邊，別經與論別立名也。

章或經義通至說識爲唯。《鈔》曰：二、約因果會，謂因位有集起義，果位亦有，故通二位，總云唯心也。

在因位中等者，粗、細了別，是因位心易了貌也，故論就因位易知貌云唯識也。

章心、識名異至名之差別。《鈔》曰：三、辨心、識無二會，現本脱心、識名異四字，基辨私以《二十論疏》文意補以釋之，應理有此四字故。無性《攝論》四七紙。云：心、識是一。云云。《二十論》云：等者，彼《疏》釋曰：謂諸經論大、小乘。所説心、意、識及了別，此之四名其體無異但名差別。云云。今云：其體無異者，小乘實義，今用是釋隨轉理門。

初小乘通義者，《婆沙》七十三十二紙。云：心、意、識三，聲雖有異，而無差別。云云。《俱舍》四十三紙左。云：心、意、識三名，所詮義雖有異而體是一。云云。

次大乘義者，《瑜伽》六十三十二紙右。説：復次，此中諸識皆名心、意、識。又《成唯識》五八紙。説：如是心、意、識三，義雖通八識而隨勝顯等。云云。今云：説通義皆隨轉門，大乘實義由《楞伽經》九，賴耶名心，末那名意，前六名識。《瑜伽》《唯識》等論用之爲不共説。

章識即是唯至依主無失。《鈔》曰：當門七科中，第五約六合(五二)合釋，謂識體持簡持、決定、顯勝之唯業用故持業釋也，或順世尊下以依主釋。《三十論疏》一末。明順世計曰：彼計唯執有實常四大生一切有情，一切有情稟此而有，更無餘物，後死滅時遂歸四大。云云。今云：由《廣百論》，此外道色、心共四大爲性故，今云成立境唯也。

及清辨等者，《三十論疏》一曰：然清辨計總撥法空，爲違中道强立唯境，諸心所現即是唯境，有何失也。云云。又三論宗學徒難曰：清辨宗中無説唯境之文，如何相宗學徒陳妄語耶。此難如何通。答：相宗學徒通云：三論諸師不善自宗，不得清辨之意云爾也，彼宗立五佛性中，云因緣一法轉而爲五，故知有境也。是音石僧都釋。

爲簡於彼者，若云心内境，則云唯境亦雖無害，爲簡順世、清辨境唯，今以識之唯云唯識也。

章爲令捨識至説唯識言。《鈔》曰：當門七科之中，第六通伏難，難文在《樞要》中。《樞要》曰：問：何故四依勸依智不依識，此論名唯識不名唯智耶。如《唯識章》釋名中釋，今章立五段釋通此伏難。五段者，初、因果相對釋，二、能所相對釋，三、主能相對釋，四、欣厭相對釋，五、約歸主釋經論違，今即初也。

爲令捨識者，識是了別，智是簡擇，若但了別無簡擇用，別著事故，著事是生死之本，故令捨識。今説唯識，而依能智者，簡擇達理，是涅槃因，故今令依。

章若能觀中至故名唯識。《鈔》曰：二、能所相對釋。

智强識劣者，能觀謂智，簡擇觀察此名爲智，故能觀中簡釋決斷用强，識但了別境，無簡釋用劣。

若以爲爲境等者，意言：若以能觀智爲所緣境，能觀智皆不離能緣心，今以能觀智爲所觀境，故名唯識。

問：云何以能觀智亦爲所觀耶。答：見道十六心中，類忍、類智緣前正智，即是五智爲所觀境。又大圓鏡智現三智影，即是三智爲所緣境，此類非一也。此子島答，釋尤妙釋。秋篠未明了。

章又不離依至故可依智。《鈔》曰：三、主能相對釋。

不離者，《清素記》曰：有二意，一、不離識，二、識是主，故云唯識。今云：清記釋未痛快。意云：能觀智謂慧心所，即不離心王，以不離義攝從依主，論云唯識也。

決斷從能等者，意言：智是決斷義，是故四依中從功能云依智也。

章又從欣爲至唯毘若底。《鈔》曰：四、欣厭相對釋。

從欣爲目者，秋篠曰：智是涅槃之因以爲所欣，識是生死本故爲所厭，故從偏增得名不同。云云。今云：秋篠所釋尤爲是正。

皆般若者，以識性真如爲實相般若，以心、

心所、色不相應爲眷屬般若，以此照真、俗智爲觀照般若，能詮真、俗教爲文字般若，此真、俗智所照二諦境界爲境界般若，故云皆般若也。

並唯毘若底者，因果二位俱名爲識，故今云並。

章攝法歸無至一切皆般若。《鈔》曰：五、約歸主釋經論違。

一切法皆如者，《無垢稱經》所説也。餘文可知。

章是名第二辨名號也。《鈔》曰：當門七科之中，第七結釋也。

章第三離合會釋者。《鈔》曰：當章第三門。此中八文，初、標牒，二、釋此門名，三、明一名類，四、明二名類，五、明三名類，六、明四名類，七、明五名類，八、總結會釋，今初也。

章離者別也至非體異也。《鈔》曰：二、釋此門名。

離者別也等者，離合之言，簡非六釋離合也。秋篠曰：別者屬諸經論，同者屬此唯識，今此門中，和會解釋故名會釋。云云。義濱曰：謂諸經論種種説名差別唯識差別，若合解者但是唯識。云云。基辨云：何故唯心中道等名唯是唯識耶。答：觀一法唯識所變時，依、圓同時同處具，一切名差別無不依、圓者，依他是緣起，圓成是絶言。若離絶言，緣起説名差別，是非大乘，故云但是唯識也。

諸觀等者，等一名、二名等。能所、真俗等皆是觀，故云諸也[五三]。

章一名有三十一類。《鈔》曰：自下三舉一名類離。此中有五，初、總標，二、舉四類，三、舉一三類，四、舉十四類，五、結一名類，今即初也。

章《華嚴》等中至名爲唯心。《鈔》曰：此下二舉四類。此中六文，初、舉唯心，二、舉中道，三、舉般若波羅蜜多，四、舉一乘，五、評四類，六、別釋。一乘名通能、所觀，此即初也。

遮境離識者，遮小乘等執離心外有實境也。

章《辨中邊論》至名爲中道。《鈔》曰：三、舉中道名。

遮邊執路者，路謂心之遊履處，邊執者，小乘諸法實有執及清辨學徒諸法皆空之執，名邊執路。

中邊者，《中邊疏》云：中謂非邊也。道者，遊履之義，即真如智之所遊處。云云。《中邊論》慈尊頌云：是則契中道者，《疏》云：謂一切法非一向空，亦非一向不空，如是理趣妙契中道，亦善符順《般若》等經説一切法非空非有。云云。古師引《寶積經》雖釋中道名，今家以《中邊》頌釋。《心經幽贊》曰：無著菩薩後請慈氏説中道教，雙除二執，頌曰：虚妄分別有。云云。

章《般若經》中至波羅蜜多。《鈔》曰：三、舉般若波羅蜜多名。《幽贊》上曰：福智俱修，眷屬般若。有空齊照，境界般若。尋詮會旨，文字般若。究理解生，實相般若。慧性慧資皆爲般若，能除障智證法真理，衆德之首，萬行之導，雖獨名慧，攝一切法。云云。今云：唯慧，非波羅蜜多，施等皆爾，如《三十論》九説。

章《法華經》中至名曰一乘。《鈔》曰：四、舉一乘名。

究竟運者，《玄贊》四曰：由過此外無別勝乘，依理究竟最爲殊勝，故説爲一。云云。子島曰：究竟者一義，運者乘義。云云。

問：何故究竟義名一耶。答：《玄贊》四曰：一有三義，一、簡別故名一，謂昔日説二，今時説一，故知所詮理極一而爲實，能詮之教二即稱攝，無別二理以爲極也。二、破別故名一，謂二乘不知二爲方便，執二乘果以爲真極，今説二涅槃但爲化城，説二菩提但是羊、鹿權教所設，非是二果所得、所證菩提、涅槃真勝極也。破彼二乘者。情執有二果極故，説爲一乃至廣説。三、會別故名一，謂教、理、行、果皆有根本及以方便，會漸悟者，先二乘中所修成得教、理、行、果爲大方便，依是本論，初地已上離分段死，見道已前教、理、行、果爲不退地之根本因等。云云。

問：何故乘義名運耶。答：《玄贊》云：乘是運載義，運載行者，自運運他至於彼岸，皆名爲乘。云云。

問：因行能自運至果可名乘，佛果自運息應非是乘體。答：有五義，一者，運載以名乘，因中通二運，廣至果廣他運，由是亦名乘。二[五三]。廣如《玄贊》。三者，二乘唯自運小尚得乘名，況佛廣運他，何理非乘攝。四者，因中理智能變運，二用勝故得名乘，果中理智因修成，因乘種類亦乘攝。五者，因中二運常增進，作用現勝得名乘，果中自運窮未來際，令他增進得乘稱。云云。

大乘法苑義林章師子頻伸抄七尾

安永第五仲春黑月盡日，於平安城五條新善光寺内雲林庵，以愚見解説之次，草草不憚拙智，任義解生書記之了。

回向無上大莊嚴，回向四恩法界海。傳法相宗末學沙門基辨。大同房，生五十九歲。

同第十巳年仲春，於東都淺草安部川町延命院，爲三子講《法苑章》之砌校正了。

天明六年午十月二十三日，於南都興福寺妙光院再校了，爲來未年於平安城京極善長寺設講筵用意也。基辨。六十九歲。

寬[五四]政第二歲次庚戌九月上旬，飛鳥御殿門主御所望故講演斯章，講演隙隨觀解義訂正之畢。

回向無上大菩提，回向四恩法界海。

藥師寺三松院釋基辨。生年七十三歲。

校勘記

[一]「自」，疑爲「目」。

[二]底本原校云：「原本、甲本傍註曰：出體中分爲五，初、標門總出體，二、明所觀體，三、明能觀體，四、明五種唯，五、立六門唯識，識明隨機異説。」

[三]「法」，底本原校云甲本後有「宗」字。

[四]「溜」，疑爲「淄」，下一「溜」字同。

〔五〕「緒」，疑爲「諸」。

〔六〕「位」，疑爲「信」。

〔七〕底本原校云：「原本、甲本冠註曰：今云：若有人起實我、法執，則與其有執同時處空無依、圓故，空、有二執一念當體起。若爾，則撥無真俗法寶，撥無十方賢聖佛、菩薩故，日夜觀之應怖畏當來墮獄，聞思淨法花等流教法應令本有無漏種增長。」

〔八〕底本原校云：「原本、甲本冠註曰：證誠觀待、作用、法爾之道理。」

〔九〕「幼」，疑爲「幻」。

〔一〇〕底本原校云：「原本、甲本冠註曰：若有漏心緣有分別俗智，若無漏心俗智通無分別、有分別。」

〔一一〕底本原校云：「原本、甲本冠註曰：若有漏心緣圓成境非真智境，有分別必起影像緣依他，攝如心變真如。若無漏心緣初地、第四地根本無分別智，後得有無分別智前後念起，爾無漏後得繩、麻一時緣故，如凡夫無緣如起影像。若第五地真、俗合觀，熏習後根，後同時起佛果恒一性也。」

〔一二〕「處」，疑爲「虚」。

〔一三〕「鬘」，底本作「鬢」，據文意改。底本多處「勝鬘」誤作「勝鬢」，以下皆據文意改正，不另出校。

〔一四〕「和」，疑爲「加」。

〔一五〕「青」，疑爲「清」。

〔一六〕「者」，疑爲「有」。

〔一七〕「印」，底本原校云甲本作「即」。

〔一八〕「位」，疑爲「住」。

〔一九〕「本」，底本原校云甲本作「外」。

〔二〇〕「感」，疑爲「惑」，下一「感」字同。

〔二一〕「云云」，底本原校云甲本作「耶」。

〔二二〕「第」，疑後脱「十」字。

〔二三〕「大」，疑爲「六」。

〔二四〕底本原校云：「原本、甲本俱冠註曰：護法釋曰：世謂隱覆，可毁壞義，俗謂顯現，隨世流義。世俗諦中，如世間世俗名隱顯諦，隱覆空理，有相顯現，如結手巾爲兔等物，隱本手巾，兔相顯現。」

〔二五〕底本原校云：「原本、甲本俱冠註曰：本疏一本云：聖者正與理相應，於事無擁，目之爲聖。又契理通神妙名聖。又聖者正也，心與境冥，智與神妙會名聖。此所説教名聖教。」

〔二六〕底本原校云：「原本、甲本冠註曰：論七九丁云：若依世俗，説離心別有心所，即第二理俗事事差別故。若依勝義，心所與心非離非即，即第二真因果，非即離故，此即約理真俗示妙理也。故真與俗非即非離，絶言境界。」

〔二七〕「法」，底本原校云甲本無。

〔二八〕底本原校云：「原本、甲本冠註曰：今問：何故自性清淨心爲有情染淨依耶。答。」

〔二九〕底本原校云：「原本、甲本冠註曰：一、名，二、義，三、名自性，四、名差別，五、義自性，六、義差別。意言，第六意識所緣境云意言。」

〔三〇〕「分」，底本原校云甲本作「用」。

〔三一〕「濱」，疑爲「演」。

〔三二〕底本原校云：「原本、甲本冠註曰：本疏八末五十丁左云：緣彼之彼言善等法也，謂有六識煩惱緣彼有漏相法生，若斷能緣煩惱流説所緣境名得斷也。雜彼者，第七識起煩惱時，雖不第七識緣彼六識等法，六識等由第七識成有漏性，六識三性位，第七識惑恒起俱，第七識惑斷時，六識等法名爲得斷也。」

〔三三〕「稱」，疑爲「種」。

〔三四〕「狹」，疑爲「挾」。

〔三五〕「淨」，底本原校云甲本作「染」。

〔三六〕底本原校云：「原本、甲本冠註曰：有太增過失者，問：何故云止之觀爲體云有增失。云云。答：章主意但以別境慧爲能觀體。今云：依止之觀爲體，則止是定，通名故，一切定與觀應成爲觀義，是太增失。」

〔三七〕底本原校云：「原本、甲本冠註曰：有太減失者，問：何故有太減失。云云。答：爲體言，若相應體，則相應者應非止觀慧心所起時必應有心王及遍行等，云何但定相應是太減失也。已上兩過由子島爲此釋。」

〔三八〕「姓」，疑爲「性」。

〔三九〕「喻」，疑爲「瑜」，下二「喻」字同。

〔四〇〕「起」，疑爲「記」。

〔四一〕「章」，底本脱，據文意補。

〔四二〕「此是第一證也」至「等者」，底本原校云甲本無。

〔四三〕「初」，疑爲「切」。

〔四四〕「合」，疑爲「令」。

〔四五〕「願」，疑爲「勝」。

〔四六〕「生」，疑爲「定」。

〔四七〕「意」，疑爲「竟」。

〔四八〕「衆」，疑爲「乘」。

〔四九〕「義」，疑爲「我」。

〔五〇〕「離」，疑爲「難」，下一「離」字同。

〔五一〕「合」，疑爲「離」。

〔五二〕「諸觀」至「諸也」，底本原校云甲本無。

〔五三〕底本原校云：「原本、甲本冠註曰：《贊》曰：二者體能通二運，能體並名乘，佛果德體能爲二運，非要廣用方名爲乘。云云。」

〔五四〕底本原校云：「此奥書依甲本補之。」

大乘法苑義林章師子吼鈔卷第八

《唯識章》之餘。

南部西京藥師寺傳法相大乘沙門基辨撰

章此之四名至後得唯俗。《鈔》曰：舉四類八文之中，五評四類，四名一一各别釋通能、所觀及真、俗，如子島《私記》具辨。今略辨者，初、唯心之名通能、所觀及真、俗境觀，謂八識心、心所總名心故，心是能緣故名能觀，八識後三分互相緣故，第三、四分爲量果時爲能、所量，第三爲能量，第二所量。亦成所緣境，亦他心智所緣爲通所觀。此八識心、心所若無漏成真諦無別。境觀，若有漏成俗諦有别。境觀也。如上所明約依他唯心而釋，若約識性唯心釋，則通能、所觀真、俗，能、所觀等皆是絶言境界，非即非離。若約集起釋，則能、所觀等皆是集起故。

二中道之名通能觀、所觀等者，謂聖者能觀

之智、所觀之境皆離邊執故，皆是名中道，通真、俗諦，准唯心絶言相自可知已。

三般若之名通能、所觀等者，謂般若者智也，故是能觀，他智以能觀智爲所緣故亦通所觀。通真、俗諦准上可知。《清素記》曰：般若簡擇性，何有能、所觀別耶。答：般若有五種，觀照等能，文字等所，故皆得有。云云。子島曰：觀照般若正是智體，此亦通所觀，所謂如妙觀察智之大圓鏡智所緣也。

四一乘之名通能、所觀等者，謂約一乘有因、果、理、智，智是能觀，理即所觀，通真、無漏心緣加、根、後三智。俗有漏心緣加、根、後三智也。諦，准前可知。已上子島。

若言證者等者，簡觀行言證也。此古來有兩釋異，一者、《義濱記》曰：入觀時名爲證者，爾時後得唯證俗淨依他。故。云云。二者、《清素記》曰：若依觀行，後得亦能變影觀真。若依證説，本根本智。知真非俗，後證俗非真，用各別故。云云。

二釋之中，子島以後説爲勝也。

章《法華》有説至不與乘名。《鈔》曰：舉四類六文之中，別釋一乘名通能、所觀。此中有三，初、舉古説，二、章主破立義，三、結一乘名通因乘，今即初也。

《法華》有説者，問：何人説云有説耶。答：古來有多説，按嘉祥《法華玄論》一曰：昔在會稽撰擇法華宗旨凡有十三家，今略明，世盛行有其三説。第一説者，以萬善因爲一乘。《法華玄》六以此説云莊嚴運法師説。第二説者，以佛果智爲一乘。今章所云有説是。護命僧正《解節記》曰：此有説者光宅寺法雲法師説，光宅《法華疏》云：三車但是果非因，即果地究竟盡、無生二智爲大車體。云云。門外三車云果也。又傳説靈範師説，有《法華疏》五卷。云云。已上《解節記》文。第三説者，通因果爲一乘。已上《法華玄論》三説也。子島曰：古來釋此有説人作多説中，或傳説云嘉祥吉藏法師也，而引《義疏》五成。云云。子島評是爲不是。何不是。謂是嘉祥所破也。《法華玄》第六舉光宅、莊嚴運法師二説已破曰：大車互執，云因或果，文義共傷，今當具説。若言大車但是果，則下何得云乘是實車真至道場耶。是一不可也，更有十一不可。又莊嚴義亦不爾。若云大車但是因，則下合中何因緣故舉果德合耶。云云。是故此章云有説者非指吉藏法師。此師既云萬行爲因車、萬德爲果車也，故知此云有説者光宅法雲法師也。已上子島。

但説三車等者，古師舉由果智由。今云門外，外之言是果也。宅中出者之出者言是因行也。

衣裓、机案及門者，《法華經》二所説也。《玄贊》五曰：裓音《説文》從衣，戒聲，宗廟奏戒樂樂衣也。《玉篇》裓，古來反，音戒也。今傳釋云：裓，孤得反，音克，衣襟也。不知所説。然今女人衣有前裓，可當衣襟，天仙之衣應是彼類。案即是几也。云云。

及所者，從宅内欲出諸子者凡三也，一、衣裓，二、机案，三、門也。經《譬喻品》。云：舍利弗，是長者作是思惟：我身手有力，當以衣裓若以机案從舍出之。云云。《贊》五曰：身有力者，謂二真智，佛以智爲體故。手有力者，謂六神通，外作用故。佛作此思惟，我悉具足此二勝德，二乘種姓衆生雖無修行大乘求出宅意乃至中根獨覺不能行一乘因，不假佛神力，但應藉佛智慧之用，如彼中子不能從門不假人手，但授机案令其自昇從舍與出。又下根聲聞不能行大乘之因，亦不能因佛智慧力，廣與之神通，如彼小子不能從門不能昇案，但以衣裓裹之而出。云云。此即經説衣裓、机案之意也。三、門者，經同品。曰：復更思惟，是舍唯有一門而復狹小，諸子幼稚未有所識戀著戲處，或當墮落爲火所燒，口而告之言：汝等所可玩好三車，今在門外，可以遊戲。已上經文。云云。《贊》五曰：三乘之教合名爲門，理出教之外，故名門外。又此門者三乘因行，果出因中，故云門外。此中定取分别種智以爲車體。云云。今此有説意，謂乘名但在車，然車在門外非在宅内，門外是果也，故一乘名在果智。

於宅内有者，衣裓、机案及門，此之非車非乘，在宅内故是因。因無車故，因行非乘，但在果智也，故云不與乘名也。

章理亦不然至大乘故説。《鈔》曰：二、章主破立自義。章主意釋衣裓、机案文云：望可用之功能可云二乘之因行，然而但思惟不用，故爲思大乘果化之喻。已上章主意。古師以衣裓、机案爲二乘因行之喻，章主爲思大乘果化之喻，此破意付但云以果智爲一乘體。今家正義以因、果理、智爲一乘體，非破衣裓等之義也。云云。《周記》曰：古人意説，宅外之者名之爲果，衣裓及門並爲因，衣裓、机案二乘因行。若正解，三車亦是因行。若爾，何故説在於門外。答：以教爲門，或出分段，故言門外。云云。今云：若以所證理爲一乘，則以教爲門也，所證理是言教外故。此理一乘有二，一、以見道所證理爲一乘，則約因名一乘。二、以佛位所證理爲一乘，則就果名一乘。若無能證智，則不可有所證理，故智與理同一處所不可分離，故見道已上以果智爲一乘，佛位亦爾。故今家義以因、果理、智爲一乘，故云通能、所觀也。章主如是成立自義，故破古説，云理亦不然也。聲聞、緣覺等下，明古説不然由。聲聞者，下根。緣覺者，中根。不退菩薩者，由《玄贊》五有二：一者、初地已上名不退地，離分段死故，故名不退，以名乘一乘，《楞伽》《勝鬘》等由是初地已上名三種意生身也。二者、頓悟者，大乘因行從初發心雖亦是車，今取八地已去不退因行，七地已前猶有分段故。二義之中，今取前解名不退，今此經多分約漸悟故。《總料簡》中，判此經少分頓、多分漸。

乘此寶車者，《玄贊》六曰：三種意生身，乘此無漏寶一乘故，直至道場佛之位矣。菩提、涅槃蘊生道處名爲道場，或乘種智之因乘故，至佛位中大般涅槃之道場也，或至佛果真如道場，此乃因乘方至果乘。由是上來總説教、理、行、果俱是乘體。云云。

問：何云乘種智之因乘耶。答：《玄贊》五曰：佛果牛車以四智中一切種智爲性，即後得智，因車以妙觀、平等二智中種智爲體。雖五智慧皆是一乘，今此但取菩提相中種智爲體，無分別智導此種智牛非正車體，如表、無表雖俱是戒，從僧受時及後持時唯說無表，表戒一念更不相續，作白四羯磨和合得故，從僧乞時已得表故，表雖是本，唯取無表名持、犯戒。此車亦爾，前一大事雖取理、智，本智、後智總爲一乘，今者《譬喻品》。唯取後智名車，本智名牛，不說於理以爲車體。後化城中以真對化，乃說假擇滅以爲化城，說大涅槃真如妙理而爲寶處，各據一義，名爲一乘。云云。

問：何故白牛體爲本智耶。答：《玄贊》五曰：白牛體即根本無分別智，導引種智車如牛引車故。白者衆色之本，如白蓮華表經，諸乘本故，萬德主故。云云。今云：以七寶嚴飾車喻一切種智具足圓滿也。《贊》五曰：喻佛種智體高三界、用廣十方，照化俱能遍法界故。云云。基辨曰：今問：以無分別智爲牛體，有何所由耶。今答曰：凡果位無分別智爲體也，如、智冥合，平等平等，無戲論，無所得，大牟尼境一切相用不現在前。於此邊言，則火宅與寶嚴飾宅内門外大白小黑一切差別不現凝寂，唯於後得種智顯現說七寶嚴飾高三界、用廣十方而已。今釋《法華》所說故云無分別智導此種智牛非正車體，若以護法宗說，因位所熏習、識所識現，即絶言緣起境言，則如宅内所許牛車，則出門外所給亦牛，前牛與後見牛，二牛何別〔二〕。大白小黑是相有別後得智相，宅門許牛出門亦見牛，教衆生真性絶言與果位所證絶言真淨法界，無二平等，是如何別。我宗以因位境絶言緣起，示佛位亦同一絶言境界，不論火宅寶嚴飾等差別，示本來自性清淨涅槃，凡聖共有，等同一相故，但說三車，不以四衢別授大白牛車爲第四說有四車。《勝鬘經》乃以真理爲一乘，不說佛智一乘攝入二乘，從涅槃界流出一切俱盡無餘。世親菩薩既由契經說三界唯心教理安立大乘三界唯識宗教，護法論師由此宗教立可言中道宗，慈恩唯識法師備受三藏指麾，以心佛及衆生、此三無差別之文成立染淨諸法唯識，一切依他緣起皆是絶言境界，此三無差道理以何容疑。是故我宗由理一乘説無上乘，非由智一乘説大乘理，我黨學者會達此別，莫猥生是非見論教門別也。上來所云元興寺護命所傳也。

直至道場者，真[三]謂不退義也。道場者，道謂智也，場謂智之所依處即清淨法界也，二轉妙果云道場。故通因位者結今義，既云乘此又云直至，非因位則何有此語耶。此乃因乘至果乘，豈唯果智云乘耶。故知一乘名通因位也。《勝鬘經》中之下，舉餘經證立乘名通加行位故，可云因乘之義。

六法者，《勝鬘經》曰：一、正法住，大乘住者即正法住。二、正法滅，大乘滅者即正法滅。三、波羅提木叉，四、毘尼，五、出家，六、受具足。已上經。釋此住、滅古來有二家。初者、嘉祥意，《經寶窟》曰：今正論教法住、滅，於教法中通論三藏住、滅，若別論辨戒律住、滅，以戒律正是出家人所行故，如云戒律是佛法壽命，戒律住故佛法住，戒律滅故佛法滅。云云。已上《寶窟》。二者、章主意，《無垢稱贊》曰：經、論二藏善益名住，除障名滅。戒中略本名波羅提木叉，廣律本名毘尼，如是三藏所學之法，能學之人名出家、名受具足。云云。今云：章主明由能學小乘所學三藏之法爲學大乘之順助，云皆爲大乘故説。《無垢稱疏》云：能學之人名出家受具足。周云：沙彌云出家，大僧云受具足。云云。二乘人法合成六處，既言皆爲大乘故説，故知小乘爲成大因。云云。今章主意但由此經意作釋住、滅，能學小乘經論善順益助大乘名大乘住，又能學小乘經論除障助大乘除障名大乘滅，故云爲大乘説。又嘉祥意，由《雜心》及《毘尼母論》説以戒律釋住滅也。又《勝鬘經述記》基法師説，門人義令述。上曰：此六法中三義所攝依四法迹，謂無貪、無嗔爲戒學迹，正念定學迹，正定慧學迹，戒學但是滅[三]儀不能斷惑，唯有定、慧方能滅除。今此文中依斷惑次第先定、慧後説戒學，以定、慧二能斷惑修善故名住名滅，住故善法得生，滅故諸惑皆盡也。前四名所受教法，後二名能受者行法，前四中前二經法，後二律法。又六法中爲三對，初二住滅相當，中二廣略相當、始終相當。若此六法趣聲聞果，即是小乘家近方便。已上《述記》。今云：若由此《述記》意，則一正法住者，心安住名住，是配定故即修善也。二正法滅者，慧滅障名滅，是配慧故即斷惑也。大乘住者，小乘定學修善即大乘心住，是名正法住。又大乘滅者，小乘慧學斷惑即大乘障滅，是名正法滅也。三、波羅提木叉。四、毘尼。《述記》云：波羅提木叉者名爲解脱，略本也。毘尼者名爲調伏，廣本也。云云。經曰：波羅提木叉、毘尼，此二法者義一名異。云云。毘尼者即大乘學。《述記》云：明與大乘爲方便畢竟歸本也。云云。何以故。以依佛出家而受具足，故説大乘威儀戒是毘尼，是出家，是受具足。已上經文。今云：《菩薩地》説：聲聞地所説戒，菩薩地尸羅莊嚴也。云云。此即今經大乘威儀戒是毘尼義也。毘尼者，毘奈耶，此云調伏，意在調伏六根。《寶窟》曰：毘尼者此云滅，謂滅現在身、口七非，離過爲稱。云云。五、出家。六、受具足者，《寶窟》曰：小乘中受十戒爲出家，受大戒爲具足，大乘發菩提心爲出家，受菩薩戒爲具足。又《淨名》曰：發菩提心是則出家，是則具足。云云。今云：《寶窟》所言此是以經意釋律也，非純律意也。若由論意釋律，則如《瑜伽》説：出家菩薩其形居律儀，應如聲聞乘。景師釋曰：出家菩薩，沙彌事足。云云。故由《瑜伽》釋，則小乘出家及受具足，大乘尸羅莊嚴。圓測云：除不共菩薩者，其餘聲聞律儀皆出家菩薩律儀也。云云。故今經云六法爲大乘説，由如是等説釋應知，小乘戒律大乘學之順助也。

章故通加行至當具顯示。《鈔》曰：三、結一乘名通因乘。子島曰：二乘人法合云六法，既言爲大乘故説，明知小乘之所學法、能學人皆大乘之因。此六法有運載小乘人入大乘功德故得乘名，故知乘名亦通加行，加行者，方便之異名也。云云。今云加行者因行，故六法此因行即爲大乘，應知一乘名通因乘。

至乘章等者，《諸乘章》曰：總言之，教、理、行、果總名爲乘，教一乘者謂詮順大乘三藏教法，故《攝論》曰：《阿毘達磨大乘經》等，此正本教大乘。又《法華經》曰：此九部法，入大乘爲本。云云。又《勝鬘經》曰：正法住、正法滅等。云云。已上辨四類能、所觀已。

章《勝鬘經》中至名一實諦。《鈔》曰：自下明一名類有五中，第三舉十三類名。此有十四，初舉第一類，此下至第六類皆《勝鬘》所說。今釋名一實諦之名，彼經文曰：四諦之中，三諦是無常，一是常。何以故。三諦入有爲相，入有爲相者是無常，無常者是虛妄法，虛妄法者非諦、非常、非依，是故苦諦、集諦、道諦非第一義諦，非常非依。一若滅諦離有爲相，離有爲相者是常，常者非虛妄法，非虛妄法者是諦、是常、是依，是故滅諦是第一義不思議。云云。《述記》曰：今合二諦作文，故總名虛妄，據實道諦虛而非妄也。云云。又曰：今一諦者，一謂真理，更無差別，名爲一也。諦者實也，有即言有，無即言無，今非此義，唯實名諦。云云。《清素記》曰：遮餘徧計、依他虛妄，且說真如名一實諦，理實依他亦得名諦。云云。《勝鬘述記》云：道諦虛非妄，即依他亦名諦之義也。《寶窟》曰：言一諦者，四諦之中唯取一滅諦故名一，此以菩薩乘滅諦釋，謂滅諦即第一義諦也。此一非虛妄變異故名爲諦。云云。即《勝鬘述記》所云一謂真理更無差別之義也，任經文釋。

章顯法根本亦名一依。《鈔》曰：此第二類釋《勝鬘》所說一依名。經文曰：世尊此四依者是世間法，世尊一依者，一切依上出世間上上第一義依，所謂滅諦也。云云。《述記》曰：世尊此四依等者，此明安立諦。世尊一依者，此明非安立諦，謂滅諦更無差別名一，諸法之止依處名依，於一切依中此最上上第一義依，不可思議也。云云。

章由空爲證至亦名爲空。《鈔》曰：此第三類明《勝鬘》所説空智。經文曰：世尊如來藏智是如來空智。云云。《述記》釋曰：古來相傳以實空爲如來藏者，非也，此是清辨等宗。然梵本有二名，一、若若多名爲空，空者無也。二、瞬若多名云空性，空者有也。今言空者，從空所顯理故名空，據體有也。此明如來智，故不被覆。云云。今云：此章文有二空，曰空爲證者，空言遮空即若若多也，謂由二空爲門爲證真理也。又是空性者，由二空爲門顯已之空性，即瞬若多也，亦名爲空者，亦之言非空性真如。

章彰異出纏至名如來藏。《鈔》曰：此第四類明同經説如來藏。今釋此名文爲三段，初、釋經説如來藏，二、釋《佛性論》所説如來藏，三、准今章文釋。

初釋經説者，《勝鬘經》説此有二種，一者、空如來藏，二者、不空如來藏。説空如來藏名總有三意，一者、煩惱名空如來藏，經曰：一切煩惱藏。云云。《玄贊》釋云：煩惱者有漏，虚妄不實能覆真如名體。空無。如來真如能。藏。云云。《述記》曰：空如來藏金剛心斷。云云。子島釋云：空者虚無義，如來者真如也，藏者隱覆義也。二者、有漏第八識名空如來藏，《楞伽經》曰：阿梨耶識名空如來藏。云云。三者、不空如來藏出纏之時名法身，亦名空如來藏。《玄贊》三曰：藏覆隱因性義故，在煩惱纏裹之位名如來藏，出煩惱時名法身，即此法身因空所顯，空本性故，亦名空如來藏。云云。第二、不空如來藏者，此有二説，一、涅槃無漏，體是無爲，非虚妄法，由延善緣斷諸煩惱，漸次智起方便顯證名爲涅槃，體性非空，因空所顯，空之性故，煩惱覆位，名不空如來藏。《勝鬘經》曰：不離、不脱、不斷、不異、不思議如來藏。云云。二、法爾無漏種子名不空如來藏。《楞伽經》曰：具足熏習無漏法故，名不空如來藏。云云。已上釋經所説如來藏意。

第二釋《佛性論》所説如來藏者，《佛性論》第二《如來藏品》三説，如來藏義有三種，一、所攝藏，二、隱覆藏，三、能攝藏。初所攝藏義者，一切衆生名如來藏，約所攝藏之名，由此果能攝藏一切衆生故。如來能攝也，藏是所攝也，一切衆生悉在如來智内故名爲藏也，以如如智稱如如境故，一切衆生決無有。二、隱覆藏，謂如來隱而不現，如此章引《勝鬘經》等説。三、能攝藏，謂過恒沙萬德也，此萬德住因時攝之已盡故也。云云。今云：此中章經但就隱覆義釋明經所説故，此明論所説竟。

第三准今文釋者，此有二家別。初、《周記》及《清記》曰：出纏名法身，顯異出纏故名爲藏。云云。此任經説作釋，以隱覆義釋藏言也。二、《濱記》曰：彰異出纏者真如，在因位中云故云異出纏也。攝佛德者，真如佛實性故云攝佛德也。佛從中出者，佛在因位，從真如出故，爲佛從中也。云云。此中雖云攝佛德，非《佛性論》説攝之言，亦是隱覆義也。

章明體不染至性清淨心。《鈔》曰：此第五類，明自性清淨心名。《勝鬘經》説自性清淨如來藏，又名自性清淨心。《述記》下曰：有四藏，一、法界藏，通非情故。二、法身藏，唯情所收故。三、出世間藏，出纏也。四、清淨藏，在纏也。謂性雖本淨而爲客塵所染，故刹那善心者無垢如也，刹那不善心者有垢如也，即此二心性非煩惱故。心者，真實義，謂真如也。云云。子島曰：真如，諸法自性，煩惱不所[四]染，故名自性清淨，以真實義名心也。云云。

章功德自體亦名法身。《鈔》曰：此第六類，釋法身之名。《勝鬘經》説：世尊如來無有限齊時住。云云。《述記》曰：第一明法身也，真體凝然，無有限齊，遍周法界，無處不在，何語限齊。云云。《寶窟》曰：以一切佛法成就故，名爲法身。云云。今云：由《勝鬘經》説説[五]法身、受用身、變化身三中第一法身，《成唯識》及《佛地論》所説自性身，即出纏真如名法身也，無量無邊力、無畏等大功德法所依止故名爲法身。子島曰：非大牟尼名法之法身。云云。大牟尼名法之法身具自性、受用、變化三身故。

章《無垢稱經》至不二法門。《鈔》曰：此第七類，明不二法門之名。經第四《不二品》之説也。不二法門之體謂真如理也，《無垢贊》釋曰：今顯無相真如理唯是一，恐執聞一定一，不説於一，但遮妄異故言不二，不二之理可軌可推故名法，此通生無漏智解立以門名。據實，真如非二非不二、非法非非法、非門非非門，遮二故强名不二，遮非法故名法，遮非門故名門。云云。今此章文云有差别者，同《贊》釋曰：二者，差别之義也。二與非二共名二，一、三、四等名非二故。云云。又云：或三十一菩薩以分别執爲二，無分别理名不二，智會此理名入不二。文殊以言説爲二，離言法性名不二，智達此理名入不二。無垢稱以假智、言説俱名爲二，諸法真如爲不二，正智真證名入不二，故成名别。云云。今云：遮理有差别者，理謂真如，差别者假智、言説等二差别，如是二差别於真如理不稱法體，故今遮此强名不二法門也。

章《大慧經》中至不生不滅。《鈔》曰：此第八類，釋不生不滅之名，四卷《楞伽》第四三丁右之文也。《護命記》曰：《楞伽經》名《大慧經》，經曰：又世尊説：不生不滅是如來異名，乃至廣説。佛告大慧：我説一切法不生不滅，有無品不現。云云。子島曰：有無品不現者，有謂起也，無者盡也，無起盡故云有無品不現也。基辨云：有無不現者，非有非空中道，與三論宗八不中道相同。

章《涅槃經》中至多名凡性。《鈔》曰：此第九類，釋凡性之名也。《涅槃經》者，第七《如來性品》，二十五《高貴德王品》，二十六、二十七、八《師子吼品》，三十五、六《迦葉品》説佛性，其餘處處不遑枚舉。

彰法身因者，《二諦章》曰：在因名佛性，意曰，性者因也。《慧日論》曰：真如爲應得因，菩提心爲加行因。《慧日論》立三佛性，一、理佛性，在纏真如是佛果所證真淨法界之因，故名理佛性。二、行佛性，六度萬行成佛果菩提四智之因，故名行佛性。三、隱密佛性，貪、嗔等是所斷法生能斷智，如糞爲火因。《莊嚴論》説：淫欲即是道等也。云云。由如是説法身言，若云大牟尼名法之法身，則理佛性，是因也。若自性法身云法身，則理、行二佛性也。《樞要》《玄贊》但説此二也。受用、變化平等所依真淨法界，名自性法身故也。又《佛性論》二立三佛性，一、住自性佛性，二、引出佛性，三、至得果佛性。云云。今云：住自性佛性即理佛性也，論説凡夫位故。又引出佛性者是行佛性也，發心已上有學位也。又至得果佛性亦行佛性，無學果位故也。

章《楞伽經》中至名不思議。《鈔》曰：此第十類，釋不思議之名，十卷經第二之文。《成唯識》十釋頌不思議云：超過尋思言議道故。云云。與今相同。

章《瑜伽》等中至名非安立。《鈔》曰：此第十一類，釋非安立之名。《伽》六十四五丁。説也。六十四曰：云何非安立真實。謂諸法真如圓成實自性，聖智所行，聖智境界，聖智所緣。云云。施設者安立也，不可者非也，合非安立也。六十四説非安立，非説對安立非安立名也。

章《攝大乘》等至名圓成實。《鈔》曰：此第十二類，釋圓成實名，《無性攝論》四十九丁。説也。《成唯識》説圓成實云，圓成實顯此遍常體非虚謬。

今此章文云等者，等《成唯識》也。

章《對法論》等至名曰真如。《鈔》曰：此第十三類，釋真如之名。等言，等取《成唯識》，《對法》第二之文也。

非妄倒者，《成唯識》二云：理非妄倒故曰真如也。《對法》第二以無變異、無改轉、無我釋真如名也。

章此十三類至非更無也。《鈔》曰：舉十三類，十四文中第十四評十三類。

唯所觀理等者，問：能觀智是應唯識，何故唯所觀理云唯識耶。答：若約根本智，則如與智冥合，平等平等，故所觀與能觀同一處所不可分離，故是唯所觀理，亦唯識境智差別之名。若約後得智，則所觀理即真智境，境是相分，能緣心上所現相故，所觀理亦名唯識應理。恐文繁廣，下結略。

章謂法界法至《般若》廣釋。《鈔》曰：舉一名類中，第四舉十四類彰非更無，此十四類中法住名在《法華·方便品》，無我及勝義在《中邊論》，其餘十一名在《大般若經》二百九十六，六丁右。如是十四名真如唯識性之異名也。

法界者，《中邊論》曰：由聖法因義說爲法界，以一切聖法緣此生故。此中，界者即是因義。云云。此約唯聖法，其實一切凡聖法皆悉唯識變，唯識識性，故云法界。

法性者，《成唯識疏》曰：性，體義也，一切法體，故名法性。云云。

不虛妄性者，同疏曰：湛然離倒，名不虛妄。云云。

不變異性者，《對法論》曰：謂一切時無我實性無改轉故，說無變異。云云。

平等性者，《理趣分疏》曰：遍諸法故，名平等性。云云。

離生性者，同疏曰：離生滅故，名離生性。云云。

法定者，秋篠釋曰：諸法之中其性定有，其性者，唯識真如也。故名法定。云云。

法住者，《玄贊》曰：真如住在諸法之中，體性常有，名爲法住。云云。

法位者，同贊曰：法有染淨，離染得淨，分位顯之，名爲法位。云云。

真際者，《中邊論》曰：由無倒義說爲實際，非諸顛倒依緣事故。云云。子島云：真與實同也。

虛空界者，《對法論》曰：虛空者謂無色，性容受一切所作業故。云云。

無我者，《唯識疏》九末曰：性離二我名無我。云云。

勝義者，《中邊》曰：由聖智境義，説爲勝義。云云。

不思議界者，秋篠釋曰：名言路絶，尋思息故，名不思議。云云。

如《大般若》廣釋者，此十四名中，十一名《大般若》説，餘三名雖餘處説，今從多分云如《大般若》等也。

問：此十四名，能、所觀中何耶。答：唯所觀境，如前可知。若云法界智、法性智等，則能觀也。

章合前三十一單名。《鈔》曰：舉單名中第七結一名類也，已上一名類已。

章二名有四。《鈔》曰：當門八文大段，第四舉二名類。此中有七，初、標，二、標安、非安之名，舉《瑜伽》以《勝鬘》例，三、舉勝義、世俗之二名，四、舉名、事二法，五、評所舉三名，六、舉二無我之名，七評此名，今即初也。

章《瑜伽論》中至無作四聖諦。《鈔》曰：二、標安、非安舉《瑜伽》以《勝鬘》例，《瑜伽》六十四文也。施設者安立也，非施設者非安立也，《伽》六十四説，安立真實、非安立真實。云云。安立謂四聖諦，非安立謂諸法真實。

淺、深異故者，由《成唯識》第九説，安立諦二乘所觀，今名爲淺，非安立諦菩薩所觀，故今爲深。今謂，安立是施設門，名淺，非安立者謂離言門，指法體，名深也，即《勝鬘經》等，以《勝鬘》例。

問：《瑜伽》安、非安四諦安立。及一真法界，非安立。《勝鬘》有作、無作俱是四諦，無作與非安立體義既殊，而何爲同云即耶。答：子島云：《勝鬘》所説無作四諦名非安立有二義，謂一、微隱難知，非粗淺境，名非安立，此義與《瑜伽》非安立異也。二、或隨觀察二空真如，不作別觀，名非安立，此義與《瑜伽》非安立同也，今章家依後義相攝也。云云。又《法華攝釋》會曰：非安立名通於二義，一、唯廢詮，與無作別，即《瑜伽論》非安立諦唯一也。二、言非者即是無義，安立是作，名字有別，義體無差，經云非安立故，即無作也。云云。基辨云：按《勝鬘述記》云：無作者，作謂生，有生有滅，故有生滅四諦云有作四諦。無生滅云無作，又經有作云有量，無作云無量，有量是無(六)邊際，無量是無邊際，無邊際、無生滅四諦即是廢詮，非安立四諦。何故四諦云無邊際無生滅耶。謂苦諦是全體集諦，離因無果，故其苦、集全體本來無是滅諦，證滅無道，病息藥亡，故四諦但是滅，名無邊際、無生無滅，本來大牟尼故，可謂廢詮。故《攝釋》初義云唯廢與無作義別未穩，若由《攝釋》初義，此章即言意未彰也。絶待非安立即廢詮，前明《伽》文非安立也，又與安立相待非安立，即經所説無作也。爲言。然今意云《瑜伽》安、非安即《勝鬘》有作、無作故，不可云經與論意別也，故《攝釋》意未穩。

章《涅槃經》中至世俗二諦。《鈔》曰：舉真、俗二諦名，北本十三《聖行品》之説，如二諦等具釋。

章《顯揚論》中至名、事二法。《鈔》曰：四、舉名、事二法，彼論十二五丁右。説五相中，第一所詮相，第二能詮相，此爲名、事。所詮者，相等五法，能詮者，於其五法所發言説爲能詮相，即名、事二法也。秋篠曰：四尋思中説此二法名名尋思、事尋思，故云能詮、所詮名名、事二法。云云。

章此之三名至初、中、後智。《鈔》曰：五、評所舉三名。

通能、所觀者，若真智能觀是非安立及勝義也，若俗智能觀是安立世俗也，所觀准之可知。

問：安、非安及勝義、世俗二名通能、所觀，應爾《顯揚》所説能詮、所詮如何通能、所觀耶。

答：若能觀能、所詮智是能觀，若其智境是所觀。

亦真亦俗者，若非安立真俗共非安立，説俗不自俗待真而俗，真不自真待俗而真，故安立真俗共安立自可知。若《涅槃經》所説勝義亦真亦俗，後三俗前三真故，世俗亦准自知，前三真即後三俗故。若《顯揚論》所説能詮亦真亦俗名言能詮，所詮可知。

初、中、後智者，如次加行、根本、後得三能觀智，此中加行智，若四尋思觀，安立能觀也，若四如實觀，是非安立能觀，故加行智有勝義、世俗，即真非安。與俗。安。名、事二法但就加、後智立名，事二法也，根本智泯能、所故無能、所詮。

章《攝大乘》等至法二無我。《鈔》曰：六、舉生、法二無我，《無性攝論》八十二丁。之文本論頌曰：諸菩薩所緣，不可言法性，是無分別智，無我性真如。云云。《世親釋》云：不可言法性者，謂由遍計所執自性，一切諸法皆不可言。何等名爲不可言性。謂無我性所顯真如，遍計所執補特伽羅及一切法皆無自性名無我性，即此無性所顯有性名真如文。云云。子島云：舊名人，新云生，真如及加行智等無此生我執故，名生無我也。諸法別別體名法我，真如及三智無此法我，故名法無我也。

章亦通能、所至初、中、後智。《鈔》曰：七、例上評，亦言是例上辭。

亦通能、所觀者，《清素記》曰：若言無我理唯是所觀非能觀，若言無我智唯是能觀非所觀，今俱云生、法二無我故通能、所觀。云云。《周記》曰：能觀智亦名二無我法故。或云，以無漏能觀智作彼無我解行轉妄名無我，如十六行所觀俱名爲苦故，無漏智觀於苦諦亦名爲苦。云云。

通初、中、後智者，如次加行、根本、後得之三智也。加行有二，一、地前加行智，二、地上加行智。此之三名中，安、非安立及勝義、世俗通地前、地上加行智，名、事二法尋思觀故，但在地前加行智。

問：唯真非俗，云云。若加行智應通俗，何故云唯真非俗耶。答：約地上加行智云唯真也。地前加行智者，《唯識本疏》十末明能伏道通有、無漏云有漏道六行，此是一往義。《疏》同卷云：非以六行有所欣厭，菩薩不爲。云云。盡理釋義如《斷障章》。

又無漏加行能伏道者，《疏》十末云：無漏者，且如因第三地無分別智斷定、法愛俱所知障勢力，令煩惱亦不現行，名伏煩惱障，非別起道名伏煩惱，所智障自可知。云云。

地上加行智者，同疏十末云：問：加行智通無漏耶。答：不通，八地已上無加行智亦無有漏心故。問：若爾，《對法》第十文如何通。金剛心有二，一、加行道攝，二、無間道攝。云云。答：無違也。以無漏心任運趣入根本智故，如前已説名加行道非加行智，加行智者有趣求，彼但是前加行道，而非趣求，故加行智不通無漏。或復《對法》據二乘等通説金剛心有二，非通菩薩金剛心中有加行道故，加行智不通無漏，或説亦通無漏。

八地等無者，無有漏加行智。

別深趣求者，八地已上有任運趣求故。今此初説加行唯有漏，如《對法》説金剛心有加行道，不簡菩薩故。云云。又同疏十末曰：或加行道能漸伏，根本、後得二智頓伏，或根本、後得亦能斷伏，無加行道能頓伏者故。云云。基辨私云：以加行智通無漏義爲盡，通八地上故，八地已上進斷障是任運趣求。由是總論，加行言有二意，一、有功用云加行，是七地已前有漏善心中在。二、趣求云加行，是亦有二。一、有功用趣求，七地已前在。二、任運趣求，八地已上在。由是加行智通無漏爲盡。

章三名有四。《鈔》曰：此下當門八文中，第五舉三名類。此中有五，初、標牒，二、舉三性、三無性名，三、評此能、所觀，四、舉三解脱門及三無生忍，五、評此能、所觀，此即初也。

章《解深密》等至名三無性。《鈔》曰：二、舉三性、三無性名，《解深密經》第二初丁。《一切法相品》説三性，同卷四丁。《無自性品》説三無性。

有、無事、理者，有謂依、圓二性，無謂遍計所執，事謂依他，理謂圓成。

種類差別者，諸法法相緣起各別，云種類，云差別。

顯三俱無等下，釋三無性名。三謂三性，於前所説三性實有三性差別，遍計所執本來都無，今立各三無性。《三十頌》説即依此三性立彼三無性，故非離三性別有三無無〔七〕性，故今云三俱無，云亦名三無性也。《成唯識》九説：謂後二性雖體非無，而有愚夫於彼，增益妄執實有我、法自性，是即名爲遍計所執，爲除此執，故佛世尊於有及無總説無性。云云。南都先德立執空傳專以是等文證，是南寺所傳也〔八〕。北寺所傳者立體空傳〔九〕，體空者，三性法體上立三無性故。初、遍計所執性，由此體相畢竟非有，如空華故，立相無性。次、依他起性，此如幻事，託衆緣生，無如妄執實有圓執。自然生故，假説無性，如幻假有，非性全無，故立緣生無性。後、圓成實性，如太虛空，雖遍衆色，而是衆色無性所顯，由遠離前遍計所執議〔一〇〕所顯性故，假説勝義無性，非性全無。此傳由本論説三喻明三無性立體空義，又南寺傳亦由本論説，爲除所執故，佛世尊於有依、圓。及無計執。總説無性立執空義，此二傳義，光照千載，蘭菊爭美，不可毫加雌黄也，具明如《同學抄》中。

章此二唯所至智及真、俗。《鈔》曰：三、評能、所觀。此二者，一、三性，二、三無性，此二爲唯所觀。

亦通三智等者，亦二名三智者，加、根、後，以三智觀此三性、三無性，唯爲所觀，故云通三智。

真、俗二境者，根本智唯真所觀，緣廢詮境故。加、後二緣真、俗二爲所觀，以無分別智體達真如，即達三性、三無性絶言境。若以加、後有分別智緣，安立、非安立三性、三無性爲所觀境也。

若言三性等下，約能觀智以明，如文可知。

章《瑜伽》等中至三無生忍。《鈔》曰：四、舉三解脱門、三無生忍，《瑜伽》三十八三丁左。之文。等言等《唯識》第八，《清記》曰：能觀智離繫轉故，名解脱門。云云。今云：按《瑜伽》就定學立三解脱門，一、無願，二、無相，三、空也。所知境有二，一、有，二、非有。有有二種，一、有爲，二、無爲。於有爲見過患故無所願求，故立無願解脱門。於有爲無願求，故於涅槃深生願求，見永出離，故立無相解脱門。於其非有無所有中知爲非有，故云空解脱門也。

表印深理下，舉三無生忍，《瑜伽》七十四、二丁右。《顯揚》六六丁左。具說。

三無生忍者，一、本性無生忍，二、自然無生忍，三、惑苦無生忍也。《成唯識疏》九本曰：忍者智也，證印名忍。云云。

表印深理者，子島云：印者忍可決定義，深理者真如理也，無生忍者無漏智也。云云。

問：此無生忍何位得耶。答：本疏九本。云：《顯揚》六說，此三忍在不退地，即初地已去證此三性得此三忍。遍計所執本體無生，依他緣起無自然生，證圓成時惑苦不起，是名三無生忍也。

《瑜伽抄》曰：第八地得無生忍，初地亦得此二，何別耶。答：《顯揚》六說：初地斷二分別執故得本來無生忍，八地已去真俗雙行得自然、惑苦二無生忍。又七地已前得分段無生忍，八地以去證變易無生忍。又初地不入惡趣無生忍，八地不有漏心間生無生忍等。云云。

章唯能觀非至通真及俗。《鈔》曰：五、評此能、所觀。

問：何故云唯能觀耶。答：三解脱門此由定學立此方便，由定生慧名爲門，故唯能觀。

唯本、後等者，無生忍即印可，印可是能觀

智，唯在本、後二智，非加行，加行位無印深理也。子島舉《濱記》云：離繫縛之方便，唯取無漏故，除加行。云云。此但由地前加行釋，未盡，地前印可，似印可，非實印可。地上加行無忍可證智故，今云唯本、後也。又《周記》曰：即能觀智離繫縛故，名爲解脱，不論其境，故唯能觀。解脱即門，道入淨土之所由，故云所。云云。

章四名有四。《鈔》曰：此下當門第六舉四名類，此有六，一、標牒，二、舉四鄔陀南，三、舉四悉檀，四、評二門能、所觀，五、舉四尋思評能、所觀，六、舉四如實評能、所觀，此即初也。

章《菩薩地》中至涅槃寂靜。《鈔》曰：二、舉四鄔陀南，《菩薩地》四十六初丁。之文也。

明義總集者，義謂諸經所説義也，總集謂總略集也。四十六説：後有四種嗢陀南，諸佛菩薩欲令有情清淨故説。云云。

嗢陀南者，子島曰：有四釋，一、鄔陀南，此云説，無問自説，世尊常誦説之。《伽抄》。二、嗢陀南，此云攝散。《伽抄》。三、嗢陀南，此云略集。教略集也，《無垢疏》。四、鄔陀南，此云集施。子島。《伽抄》一曰：嗢陀南，此云集施，陀南者施也，嗢者集義也，以少略言集合多法施諸學者令易受持，故名集施。云云。由此第四義，則嗢陀南與鄔陀南意同爾。《倫記》云嗢字須改正，就字論，非以義，必不可是非。基辨私云：今所引《菩薩地》文作嗢，可亦得，既云明義總集，故是攝散、略集、集施之義也。若云世尊常誦亦集施義，則鄔陀南翻云説，此敵對翻，義翻應云集施，世尊常誦爲利他故。《倫記》中義翻名總略義，可言集施義，故《倫記》云作嗢字須改正，此就文字論，非就義辨。如上已辨。

諸行無常等四句，《海龍王法即〔二〕經》之文。現流經本，義淨三藏所譯，今疏主由梵本引用歟。

章《大智度論》至爲人悉檀。《鈔》曰：三、舉四悉檀，論第一八丁左。説。

四悉檀者，子島曰：舊釋梵名，新云悉彈多。如《瑜伽論》。悉檀翻名，由《周記》釋有三家異。一、慧遠云：此云宗成。《大乘義章》。二、南岳慧思禪師云：胡漢並稱，悉是隋音，檀是胡語，悉是遍，檀是施。未詳出處。三、今章主此云宗。已上《周記》。今章文亦云顯宗差別。

世界悉檀者，《智論》曰：有情從因緣和合故有，無別性，譬如車，轅、輻、輞等和合故有，無別車。人亦如是，五衆和合故有，無別人，是云世界悉檀。云云。浮涉非真云世，體分不同云界。

第一義悉檀者，論曰：一切法性、一切論議語言、一切是法非法，一一可分別破散，諸佛、辟支佛、阿羅漢所行真實法不可破、不可散。上三悉檀中所不通，此中皆通。通者，離一切過失，不可變易也。法中最精云第一，有深由云義也。

對治悉檀者，有法對治則有，實性則無，譬如重、熱、膩、酢、鹹、藥草、飲食等，於風病中名爲藥，於餘病非藥，乃至佛法中治必病亦如是，不淨觀思惟於貪欲病中名爲善對治法，於瞋恚病中不名爲善，非對治法。云云。已上《智論》。私云：藥病相應云對，以藥遣病云治。

爲人悉檀者，性、欲不同云各各，聖説被生云爲人。論曰：觀人心行而爲説法，於一事中或聽或不聽。云云。

章此上二門至真、俗三智。《鈔》曰：四、評二門能、所觀，此總評也。《周記》曰：談二四中有通能、所，非彼一一皆通能、所，如涅槃寂靜、第一義諦並唯所觀，餘准此知。云云。

三智者，初、加行。中、根本。後後得。能觀智，中智唯真，初、後智通真、俗，初加行智有地前、地上別，有真與俗別。如上應知。

章諸論以初至通真、俗二。《鈔》曰：五、舉四尋思評能所、觀，此下別評真、俗三智也。

初觀粗者，四尋思觀是似安立觀，觀假有實無故。子島曰：四尋思是推求行相故云麁。云云。

通真、俗二者，觀假有實無中，有世間、勝

義、道理、世俗故。

章諸論以後至真、俗所攝。《鈔》曰：六、舉四如實評能、所觀。

後觀細者，四如實觀若地前是似非安立觀，若地上真非安立觀，故共云細，觀境離識非有，識亦離境非有故。子島曰：四如實觀印可智，故云細也。云云。

通三智者，若地上印可故有根本智，有本智故有後得智故也。

章五名有一。《鈔》曰：此下當門八文之中，第七舉五名類。此中有四，初、標，二、舉五忍，三、評能、所觀，四、略六已上名，今即初也。

章《仁王經》中至圓滿寂故。《鈔》曰：二、舉五忍在地前者，資糧、加行二位。

伏印者，伏二取印二取空也。子島云：資糧、加行二位作勝解行相觀真、俗諦境，漸漸伏除印可二取故。云云。今云：伏除是俗，印可是真。

不壞信者，於佛、法、僧、戒得不壞信。

同世間等者，同諸有情世間類修施戒、修福業等也。

四、五、六地順爲出世行故者，子島云：順忍在四、五、六地，順二乘出世行，如次修菩提分法觀、四諦觀、緣起觀，故名順忍。云云。今云：順二乘出世行者恐不穩當，《本業經》說大順無生忍，亦順忍修道，復上順諸法觀三世諸法一合相。云云。

第四地修菩提分法者，《伽》四十八說：菩薩住焰慧，住長如來家，得彼體法觀一切種菩提薩埵故〔三〕，增上力故，修四念住爲上首三十七菩提分法勤行修習。云云。

又第五地修四諦觀者，同四十八說：菩薩住第五住中，多分希求智殊勝性，於四聖諦由十行相如實了知一切。又十平等清淨意樂成滿得入故，善行方便觀察諸諦。今此中顯示菩薩於諸聖諦決定〔三〕妙智妙極難可勝此故，此地名極難勝。已上《瑜伽》。又《本業經》上說：第五地法界智觀入，所謂十六諦觀也。云云。由是等非順二乘修可知，故子島釋不穩當。又曰：十六諦觀者，一、有諦，二、無諦，三、中道第一義諦，四、苦諦，五、集諦，六、滅諦，七、道諦，八、相諦，九、差別諦，十、示成諦，十一、説諦，十二、事諦，十三、生起諦，十四、盡無生諦，十五、入道諦，十六、如來智諦，已上第五地所修諸諦慧也。

又第六現前地緣起觀亦非順二乘修，經曰：六達有法緣起法修十種十二因緣觀，一、我見十二因緣，二、心爲十二因緣，三、無明十二因緣，四、相緣十二因緣，五、成助十二因緣，六、三乘十二因緣，七、三世十二因緣，八、三苦十二因緣，九、性空十十二因緣，十、緣生十二因緣，逆順觀故，觀無量身入一切佛土教化一切生，此等經文非順二乘修四諦緣起之證據也。

長時任運者，第七地無明觀如長時也，任運者，第八、第九地任運觀無相真如理也。

圓滿寂故者，因行圓滿、果德寂靜名爲大牟尼也。

章唯能觀非至皆通真、俗。《鈔》曰：三、評能、所觀。

初唯者，初伏忍唯加行智。

後可者，後四忍可通三智。

餘者，加行智餘，根、後二，云可通故，上加行智亦入餘智言也。子島云：忍者智也，故是能觀，然初伏忍唯是加行智也，後四忍通加行、根本、後得三智，五忍俱通真、俗也。

章或名六觀至故不別。《鈔》曰：四、略舉六已上名也。

六現觀者，一、思現觀，喜受俱思慧。二、信現觀，緣三寶淨信。三、戒現觀，無滿戒。四、現觀智諦現觀，謂一切種緣非安立根本、後得無分別智。五、現觀邊智諦現觀，謂初現觀智後邊緣安立世、出世智。六、究竟現觀，謂盡智等究竟位智。《唯識論》九具説。

七覺分者，《大般若》四百十五二丁。説。一、念等，二、擇法等，三、精進，四、喜等，五、輕安，六、定等，七、捨等也。

八聖道。如上已明。

九奢摩他者，《瑜伽》三十九丁。說九種心住，內住、等住〔四〕、近住、調順、寂靜、最極寂靜、專住、一趣、平等攝持。及《對法》十說，奢摩他九行心安住。

十無學法者，《顯揚》三十九丁。說，八聖道加正解脫、正智。

四念住等者，已下出《瑜伽》二十八。十五丁。四念住謂身、受、心、法。秋篠云：由念明記，惠於境住，鄰近爲名，即觀身不淨、受不樂、心無常、法無我。云云。

四正斷者，一、律儀斷，謂於已生惡不善，爲令斷故，生欲策勵發勤精進，策心持心正斷。二、斷斷，謂於未生惡不善法，爲不生故，生欲策勵正斷等。三、修習斷，謂於未生善法，爲令生故，生欲策勵。乃至四、防護斷。謂於已生善法，爲欲令住，令不忘失，生欲策勵。秋篠云：於此四中，精進起用，能正斷故，名爲正斷，即精進爲性。云云。

四如意足者，《瑜伽》二十八說：一、欲三摩地斷行成就神足，二、勤三摩地斷行成就神足，三、心三摩地斷行成就神足，四、觀三摩地斷行成就神足。云云。秋篠云：如意者，自在義，亦名神足，妙用無方。云神即變化心也，神所依名足，體即定也。云云。

五根、五力者，信等五根、五力。

非菩薩正觀者，已上三乘通觀，非菩薩不俱正觀也。

故不別說者，於明唯識別名處不說也，唯識是菩薩不共觀門故也。

章如是一切至差別名也。《鈔》曰：當門大段第八結歸唯識，如文可知。

章第四何識爲觀者。《鈔》曰：自下當《章》第四門，此門辨能觀識。此中有三，初、標，二、舉小乘所立，三、舉大乘，今即初也。

章大衆部等至皆能離染。《鈔》曰：此下二舉小乘所立。此有三文，初、大衆部，二、犢子部，三、薩婆多，今即初也。舉大衆部等一說、說出世、鷄胤之三部及他[一五]地部。《斷障章》曰：大衆部等四部及化地部，六識皆能爲斷障道，說五識身有離染故。云云。《宗輪疏》亦同說。此中第六識有染有離染自可知也，眼識等五有染亦自可知也，云有離染尤難了知，由《宗輪疏》可解。《疏》有二說，一、說爲加行引生聖道，如見道時聖道便起故名離染，非能斷染[一六]。今云：此約修入者釋離染。意云：五識爲離染，加行引生意識聖道。此雖非斷盡名爲無漏，如見道時聖道便起，故五識名離染，非能斷盡染。《宗輪疏》自釋曰：以見佛等爲近無間引生聖道。云云。二、說既許五識體通無漏，說能離染，其理無疑。今云：此文意約佛識說。上文說如來十八界無有漏法，大衆等計執。故今說五識染，其理無疑。

章犢子部等至第六俱有。《鈔》曰：二、明犢子等計。

等言等正量、法上、賢胄、密林山四部。

五識非染等者，《宗輪疏》曰：五識無染無離染，但有無記，都無善惡，無分別故，有分別者有善惡故。云云。

第六俱有者，此部立第六識能斷道故，有分別故，有善惡心，有染有離染也。

章薩婆多等至深唯第六。《鈔》曰：三、明薩婆多等計。

等言等雪轉[一七]部、經量、說假等部。

六識有染、離染唯第六者，《斷障章》曰：薩婆多等所斷通六識，若能斷道唯第六。云云。《雜心》及《俱舍》曰：離欲及退時，當知在意識。云云。秋篠云：薩婆多意五識地中遠近加行不能離染，唯第六能離染。云云。

問：此中小乘不作唯識觀，何故敍之耶。

答：周云：此汎敍之，彼無此觀，或彼能斷惑智即能觀識，是唯識今此門攝。云云。今云：以後解爲勝。小乘亦以識論離染故，今此中敍。

章於大乘中至不可依據。《鈔》曰：自下當門大段第三舉大乘。此中有三，初、標牒，於大乘中之四字，此也。二、舉古德說，古德或說已下文是也。三、舉今家說。次所牒已下也。

七識修道等者，古有兩類師計，一者、七識修道師，二者、八識修道師。初七識修道者有四家，一者、後魏菩提流支但說七識，謂眼識乃至阿陀那，第七識也。第八梨耶體非心識，是空理故。云云。二、後魏勒那摩提三藏所翻論，《究竟一乘寶性論》及《妙法蓮華經優波提舍》等是也。三、魏佛陀扇多三藏所翻論，《攝大乘論》。名元魏譯。此等兩三藏說有八識，謂眼識乃至阿梨耶也，阿梨耶識者不慮而知、不動而照，譬如明鏡，萬像俱現，境來現心，非是外境意。已上由《秋篠記》。四、十力法師未知何代人。說。《唯識義》濱曰：古德者，十力法師也，謂第八識無記劣故，非修道也，是故離染唯七識，然至果位第八識無漏也。云云。第二、八識修道者，真諦三藏說也，謂第八識因果二位皆常住清淨，故名爲進修也。雖非第八識修道，而七識緣修故，漸漸修明淨故，七識正修通故，名爲緣修也。是故第八識漸漸清故七識正修，故[一八]八識皆名離染也。

今問：此等小乘及大乘古師之所說，何故與今家相違耶。答：大衆部等四部及化地部意，約大乘所云，等流五識與起執或不起執第六識俱，第六攝五云有染有離染。又犢子部等約大乘所云率爾五識及異熟五識無記，云五識非染非離染，雖云第六離染，固執實有所立，故與大乘爲別也。又薩婆多所云亦法體恒有，云六識有染，離染唯第六，故與大乘別。又舊譯家說七識修道，約第六、第七爲觀有依同時轉故，第七識亦爲能斷道。雖第六識起，第七識與力故，應云七識修道，其實但第六能斷道，非第七識。阿梨耶識，若流支說，約廢詮妙理說空理也。若勒那等二師，約果上而論。若真諦法師，以賴耶就本淨涅槃而說進修。本淨涅槃，凡聖共有故，此等說皆互相攝釋，非相性別論，故今云皆非正義不可依據也。

章若能觀識至唯意識故。《鈔》曰：舉大乘中，第三明今家所立。此中有二，初、明能觀識，二、因明所觀識。初中有二，初、因位能觀，二、累〔一九〕位能觀也。初中亦二，初、明因第六識，二、明因第七識，今即初也。

《瑜伽》第一等者，舉唯第六識能斷道證説意識有十五種不共業之文也。《樞要》下舉十五不共業，頌云：分別、審、所緣，醉、狂、夢、覺、悶，醒、發業、離欲，退、斷、續、生、死。其中舉能離欲業爲意識不共業，《瑜伽》自釋曰：云何離欲。謂隨順離欲根成熟故，從他獲得隨順教誨故，遠離後障故，方便正修無倒思惟故，方能離欲。云云。此四因故方能離欲，能離欲業即能觀用也，有此用識爲能觀體也。

通真、俗三智者，子島釋云：是明能觀識通真、俗二及初、中、後智，兼明餘七識非能觀之所以也。

餘不能起行等者，明餘七識有二不能故非能觀用，餘言第六識之餘七識也。

不能等者，此有二不能，一、不能起空等三行及苦等十六行相趣入真也，二、不能總緣遍法真如。觀三性理及四諦理趣入真也。

趣入真者，趣入真見道也。秋篠云：除第六識，所餘七識不能趣空等三行及苦等十六行，總緣遍法觀三性理及四諦理，趣入真見道，此説不能起加行位入真行相，故云不能趣入真也。云云。

《瑜伽》又云等者，是亦第一卷十丁右。之文也。

審慮所緣等者，此亦十五不共業之中隨一。

已上二箇《伽》文，證唯第六識能觀也。

章第七由他至通中、後智。《鈔》曰：此因位能觀中，二、明因第七識亦爲能觀義。

由他引者，他謂妙觀察智，此觀謂平等性智，能觀唯識實性。意言：因位地上第七由他妙觀察智引，亦爲平等性智能觀。

平等性者，唯識實性，此智但根、後二，非加行位，第七爲能觀，第七無加行，由第六識加行得本智故，第七非趣求智，故云通中、後智也。

問：何故第七識不成能對治道耶。答：第七有漏位唯緣第八見分，無廣緣諸法，無廣行故，不能斷惑故，不成能對治道。但第六識斷惑之時，第七亦所引，亦成平等性智，故云由他引也。

章佛果通八至理或有真。《鈔》曰：明能觀識中，二、明果位能觀。意言：佛果自在故，通八識爲能觀識，此中圓鏡、平等、妙觀三智通真諦正體智、俗諦後得智，正智證真如理門，後智緣依他事門，成事智唯有後得智無正體智。

成事非真等者，此護法正義。《成唯識》十曰：護法正義云：成事智隨作意生，緣事相境起他業故，後得智攝。云云。故云成事非真。

唯觀俗識者，成事智後得智故，唯觀俗識變現，所觀俗諦以識爲主，故云俗識，故言真性識亦相同，識相、識性不離心故。

此解依論者，此護法義依《成唯識論》十，故云依論。

理或有真者，此親光菩薩義，如《佛地論》七說。論曰：經曰：法智彼所緣，自在無盡相。論云：法者大圓鏡智，智者平等性智，彼所緣者即餘二智，妙觀、成事。由對治力轉去世間分別六識，轉得清淨依他起性，或出世間，正智。或世、出世彼後所得，緣上真如及法智等依他起性以爲境界。

問：二論主師資義各殊，以何爲正耶。答：今由章主意二俱用之。

云理或有真下，文亦云或亦通真自在滿故。云云。又《唯識疏》五末。曰：爲緣如不。西方二說，一、云許緣，佛智通故。二、云不緣，名成所作緣事智。云云。由此等文應解此章文也。

章但真如識至真識亦爾。《鈔》曰：當門大段第三舉今家中，第二因明所觀識，識有九，合類爲二。一者、依他識，即八種識。二者、真如識，是爲第九，即圓實理也。此中真如理識唯是正體智之正所觀境故，定非能觀，依他八識因果二位中皆成所觀。因位中八識爲妙觀、平等二智成所觀境，果位中八識通爲四智成所觀境。

真識亦爾者，因位中相似觀真，果位中真實證真，故云亦爾。意云：緣真識因、果二位同亦爾，因位觀似，果上觀真。

章第五、顯類差別者。《鈔》曰：自下當章第五門大分爲三，初、標牒，二、明所觀識類，三、明能觀識類，今即初也。

章其圓成真性識。《鈔》曰：此下第二明所觀識類。此中大分有二，初、明真性識類，二、明幻性識類云其幼〔二〇〕性依地〔二一〕識類已下是也。初中有五，初、標，二、明以加行、後得二智觀真性識，三、明根本智觀真識，四、明根本智緣真如，名自相，亦名共相，五、成前自相觀之義，今即初也。

問：真性識之識言何義耶。答：此是所觀識，故圓成真性即識也。離無別二緣、三緣緣起，離識變緣起，無可名圓成真性者故。《三十頌》中說圓成實於彼故，《二十論疏》說圓成實性真實唯識故。云云。

章若加行、後至緣遍法故。《鈔》曰：二、明以加行、後得二智觀真性識。信叡云：如緣青色，若作青解，即緣遍通共相青色，若不作解，即緣各別自相青色。緣真亦爾，若加行、後得智緣真時作真解，故總緣遍諸法之共相真如也。云云。故云若加行、後得觀是共相等也。

非別相者，非各別自相觀也。

以總緣遍法故者，《清記》曰：總緣等者，此有三義爲共相，三名爲共相。一、真如法體通一切故，緣此遍法名爲共相。二、作二空門觀於識性，名能觀之心作行解故，名爲共相。云云。《周記》釋合此初、三作一釋，全無違。秋篠云：真如體性諸法皆有，義名共相，緣是之智名共相智，即是加行、後得智也。不緣諸法各別之性，故云總緣遍法也。云云。

章根本智觀至法別知故。《鈔》曰：三、明根本智觀真識。《清記》曰：別相觀智，觀自相境智證理時，得真自相，不作行解，名爲別觀。云云。《周記》如是。又《叡記》曰：若根本智不作真解，故親證別別自相真如也。云云。

是別相等者，親證別別自相，非遍緣共相也。

諸法別知故者，古作兩釋。一、秋篠云：諸

法別知故者，論實真如，法實性故，非覺共相，緣此之智名別相智，即根本智，由緣諸法各別實性故，云諸法別知也。真如之體不定自、共〔三〕，今隨能觀分爲自、共。云云。二、芳野云：爲顯緣如親、不親別故，置總緣別知言耳，非謂加行等都不能別知其根本智觀作如各別解。云云。今云：秋篠以決定、不決定釋彰實義，芳野以親、不親釋成，秋篠以所觀論，芳野就能觀釋，兩釋誠舉美。

章然體非共至并能詮說。《鈔》曰：四、明根本智親真如，亦名共相之義。子島云：此下文中有二然字，初然字表亦名共相觀，次云然諸法上之然字表前自相觀義。云云。

體非共相等者，謂圓實性體緣起諸法，各各別相，非共一相，然萬差諸法不離此圓成廢詮境之道理共一無二，故真如名自相亦名共相，此文意也。

萬法不離此〔三〕等者，由《辯中邊》所說。

諸經論者，《佛地經》及論七、《對法》七、《瑜伽》五十九也。

共相作意等者，《佛地論》四曰：妙觀察智遍知一切自相、共相，能斷世間一切種惑。云云。又《對法》七曰：總緣作意觀一切法皆無我性能斷煩惱。總緣作意者，謂合緣一切法共相行作意。云云。子島云：問：共相作意斷惑者，約根本智歟。如何。答：根本智也，根本智斷惑證理，名共相觀，凡有三義。一、觀遍在萬法真如故，二、由前加行智共相觀所引緣彼共相所顯理故，三、由能詮真如名言故。云云。

依此道理者，依萬法不離此理一無二道理也。此一。

前加行者，子島第二義。如前明，此二。

并能詮説者，子島第三義。

章然諸法上至不可言共。《鈔》曰：五、成前自相觀之義，釋上諸法別知故文。意云：雖真如性萬法不離故，由前加行故，由能詮門故，亦名共相。然正體智内證諸法上，所有各別真理故，遂名自相，不名共相。已上子島。

章其幻性依他識。《鈔》曰：明所觀識類中，第二明依他幻性識類。此中有五，初、以增數門辯識類，二、依異説門辯識類，三、依分類門辨識類，四、由同異門辯識類，五、總結。初中有十文，初、標牒，二、舉立一識師義，三、舉説二識師義，四、舉三識，五、明通因果説三識，六、舉果位四識，七、舉因果説六識類，八、舉七識之説，九、舉八識類，十、舉九識類，今即初也。

章或説因果至類菩薩義。《鈔》曰：二、舉立一識師義，此大乘中一類菩薩一意識計也。

問：此一類菩薩由五箇經文立一意識，其證文如何。答：《攝論》第四但舉三箇記文，復《三十論疏》一本舉二箇證文，合爲五箇證文。

問：《攝論》三箇證者如何。答：一者、《法足經》云：若遠行獨行，無身寢於窟，調此難調心，我説真梵志。云云。此師釋云：遊歷諸境故説遠行，無第二故復言獨行。二者、《五根生識經》曰：如是五根所行境界，意各能受，意爲彼依。云云。三者、《十二處經》曰：十二處中説六識身皆名意處。云云。已上《攝論》四説三證也。四、《深密》第一、《瑜伽》七十六説：如淨鏡面，若有一影生緣現前，唯一影起，若二、若多生緣現前，有多影起。云云。五、同經、同論曰：譬如暴水，若有一浪生緣現前，唯一浪轉，若二、若多浪緣現前，有多浪轉，然此暴流自類恒流，無斷無盡。已上《成唯識疏》所舉二證也。然由此等證，西明、神廓、道證三師云立六識體一是一意識計，章主破云：有云一意識，但説前六識爲一意識，理必不然，此説八識體是一故。云云。又《燈》主設四難破。廣如《子島私記》引，就中第二引《楞伽》難，第三引《三十論》諸識體同難，第四引無着本論如意業名身、語業難，以此等可知八識體一。又《世親攝論》云：非離意識别有餘識，唯除别有阿賴耶識，故知第八别有自體。云云。《燈》主云：無性但總説云無别餘識，《世親攝論》唯除第八更別師義。云云。

章或因果俱至識及轉識。《鈔》曰：三、舉說二識義。

謂本識及轉識者，本識謂《三十頌》說依止根本識。云云。論釋曰：根本識者，阿陀那染淨生根本故。云云。故云本識。轉識者有三義，一者、三受改轉，二者、三性改轉，三者、緣境易脱。此就前六，若第七名轉識，於因位中染淨改轉故云轉識也。

章成唯因説至情、我及了。《鈔》曰：四、舉説三識以二論證。

識生者，八識生變。

變似義等者，明三能變識所變現。子島云：義有情者，出第八識所變。《中邊》長行云：義者，境也，似内、外色等五境現也。有情者，似自、他有根身現也。此有安慧、護法別，如《三十論》二説。

我者，出第七識所變，我癡、我見、我慢、我變也。

了者，出前六識所變，即了別粗境，是前六識所變。已上第一證新《中邊》上三丁釋意。

《三十唯識》等者，第二證也。

異熟者，第八識，異類而熟，與因異性，果酬因故也。

思量者，第七識也，思量第八計爲我故。

了別境識者，前六識也，了別別境及粗顯境故也。

多異熟性者，明賴耶三位中但舉異熟由，三位中異熟名自凡夫至菩薩金剛心名多分異熟故也。

阿陀那名等者，明今不舉阿陀那之名，今舉唯因位名，不舉阿陀那通果，故初標云或唯因説三也。

章或因果俱至謂心、意、識。《鈔》曰：五、明通因果説三識。

謂心、意、識者，《成唯識》説《厚嚴經》心、意、識所緣等，《深密經》有《心意識品》，《楞伽》一、一丁。三、一丁。七、十一丁。八、一丁。九、八丁。

十一丁。說心、意、識，《瑜伽》五十三及七十六一丁。說心、意、識。

舉果位四識。

章或唯果說至說《四智品》。《鈔》曰：六、《佛地經》等者，等言等取《莊嚴論》《無性攝論》。

《四智品》者，此轉識得智有二箇說。一云：大圓、平等、妙觀、成事如次轉有漏八、七、六、五識相應品如次而得。云云。此《佛地論》第一師義也，《成唯識論》第十用之。二云：八、七、五、六識次第轉得。此《大莊佛〔三四〕論》慈氏頌并釋論，又《攝論》第九無性釋二義或隨所應之說也，《佛地》第二有義也。

問：此二說中以何爲正義耶。答：此有二，初、舉古師會釋，二、述今會釋。初古師會釋者，此有三家，初、《佛地論》會釋。彼論曰：復有義者，轉第六識得成所作，轉五現識得妙觀察。此不應爾，非次第故，說法除疑，周遍觀繁非五用故。云云。次、《成唯識疏》曰：無性及《莊嚴論》具說觀智轉五識等〔三五〕，此中即轉第六識得，《佛地》云彼非次等。云云。由是章主以《莊嚴》、無性後說爲粗相說，以《佛地》初義與無性第一師義爲如實義。後《了義燈》會釋有二義，初、同章主義，次、設別解言：《莊嚴論》中據第六識能作神通等諸事業云得事智，五因位粗不觀察果位方能云得觀察，故亦不違。無性兩釋各隨一義不違二論，然《佛地論》破轉五識得觀察智，云說法斷疑非五識能者，是破別師非破《莊嚴》，如《理門論》破古因明師言：諸師異釋，繁不具敘。云云。已上《了義燈》文。

問：《莊嚴論》是慈氏說，何破之耶。答：親光菩薩是慈氏之弟子，非可乖師意，但破之者，天竺得論傳誦之人自然亂文執轉六但得事智等，是故親光破之，非慈氏之謬也。已上子島。又子島釋傳誦之人自然亂文曰：經論之誤有二途，一者、西方誦經論輩自然錯亂，如諸部計異。二、翻譯家之誤，如新舊譯之異。

第二敘今會釋者，基辨會《莊嚴論》五、六次第云：於因位亦五識與第六不共所依，必爲俱有依故，至果位轉成事時亦與第六爲俱有依，同一時轉不可分離，彰於佛果上亦成事、妙觀一時轉不可分離，《莊嚴論》并無性後義以五、六不次示轉得也。又會《成唯識論》六、五次第云：《佛地論》《成唯識》約於因位先轉第六識得妙觀智，後轉五識得佛果次第，以六、五次第示轉得也，各據一義，理無相違，然《佛地論》破准《莊嚴》有義，非彰從因至果轉次第故，以此《莊嚴論》等八、七、五、六。義起執爲盡理者，破不應爾也，所餘疑難由古所會可消焉也。已上《私》。又《子島私記》曰：因問云：轉識得智者，可云改識成智耶。答：不爾，論有二釋。一云：智心所。雖非識知[二六]而依識心王。轉，識爲主故説轉識得也。二云：又有漏位智劣識强，無漏位中智强識劣，爲勸有情依智捨識，故云轉八識得四智也。此初釋意云識者心王，智者慧心所，轉有漏慧得無漏智，其有漏慧依心王轉，識爲主故寄總心王名轉現也。

問：就初釋七轉識有漏位有慧心所。故應云轉慧得智，第八識有漏位無慧俱，何云轉慧得智耶。又如何云餘信等善心所有漏位無佛果上有耶。第二問難，基辨私加。答：子島引從芳説云：第八識因中雖無有漏慧，即不妨有本有無漏慧轉成智，即從無漏鏡智種子中生現行也。子島云：先德未也，決未見此文。云云。基辨私助答云：從芳所言非無助據，《成唯識》十説四智心品所生得曰：所生得謂從本有種子所生。云云。本有者，非如僧佉等實有一物之本有自性爲因，大乘過、未無，但當念現行心法爾緣起顯現道理具足，此云本有種子。若爾，大圓鏡智從本有種生，鏡智及無漏善信等心所自可知已，遍行思心所於無漏善境造作心等故，無漏信等心所自本有種生，餘三智亦復爾。若爾，何云轉耶。謂轉識時得自本種鏡智相應心心品生，簡擇用增清淨云得智也。初地已上所得妙觀、平等二智亦自本有種生，云轉識得智也。轉者，轉捨，即斷捨、棄捨。得者，轉得，即顯得、生得也，如本論第十説。

章或因果俱至中説六識。《鈔》曰：七、舉因果説六識類。

《勝鬘經》中等者，彼經曰：若無如來藏者，不得厭苦樂求涅槃。何以故。於此六識及心法智，此七法刹那不住，不種衆苦，不得厭苦樂求涅槃。云云。此經述記曰：六識謂眼等六識也，心法智者，意識相應無漏智也。云云。

章或因果俱至説七心界。《鈔》曰：八、舉七識之説。

諸教者，《對法論》二十丁左。説七心界等也。《瑜伽論》中處處説。

章或因果俱至八謂八識。《鈔》曰：九、舉八識之説，《楞伽》《深密》《密嚴》等經，《瑜伽》《唯識》《百法》等論説八識也。

章或因果合説九。《鈔》曰：十、舉九識之説。此中有六，初、標牒，二、證第九識，三、舉舊經論明第九識體，四、舉今家所立，五、舉證成所立，六、結今家義，今即初也。

章《楞伽》第九至水中諸波。《鈔》曰：二、證第九識。

八、九種種識等者，十卷《楞伽》第九今所引前文曰：依諸邪念法，是故有識生，八九種種識，如水中諸波。云云。今家以第九識云染淨别開，他家難云：《楞伽》既説依諸邪念法，故第九非唯淨，染識位亦立第九識。今家通云：依邪念法有九、八識生者，含染、淨意，若染八識則邪念爲順之增上緣，若淨第八識則以邪念爲違之增上緣，如立隱密佛性。若不爾，則《如來品》〔三七〕現功德莊嚴經》文如何通是。

章依《無相論》至真、俗合説。《鈔》曰：三、舉舊經論明第九識體。

《無相論》者，按藏目無此論名，故古來種種異説。今詳以二門辨，初、舉古師説是非，二、敍今義。

初是非古説者，或釋言：《無相論》者，陳那所造《無相思塵論》真諦譯。一卷，與新譯《觀所緣緣論》同本異譯也。今云：檢《無相惡〔三八〕塵論》，無如是阿摩羅之名，故或説非也。又有云：此是《轉識論》中有如是説。云云。今云：次舉子島説是非中因辨。又《子島私記》曰：《無相論·轉識品》曰：能緣有三，一、果報識即阿梨耶，二、執識即末那，三、塵識即六識，境識俱泯即是空性，其空性者阿摩羅識，阿摩羅識即是真如。云云。今云：子島所引境識俱泯等文，《轉識論》文也，非有《無相論·轉識品》者故，子島釋不説。今撿《轉識論》。真諦三藏譯，都一卷，八紙有。論曰：問：遣境存識乃可稱唯識義，既境識俱遣，何識可成。答：立唯識乃一往遣境留心，卒終爲論，遣境爲欲空心，是其正意，是故境識俱泯是其義成，此境識俱泯即是實性，即是阿摩羅識，亦可卒終爲論，是阿末羅識也。云云。已上真諦譯《轉識論》文。基辨詳此《轉識論》文，斯論中有本論及釋論合糅成一部一卷，今此所引示問答文，釋論之文也。此釋論未詳何人所造，恐真諦三藏所釋歟。今按：本論文是唐譯《顯揚》第十六《成無性品》中文異譯顯然，如次下具辨。故有人云《轉識論》中有如是説，是非虚談，雖爾，無此《轉識論》名《無相論》義。又子島云《無相論·轉識品》亦不允當，無如是論品名故，應知非云《轉識論》亦名《無相論》，而《轉識論》初文云：識轉有二種，一轉爲衆生，二轉爲法。云云。由是應知，《轉識論》非説轉識得智論，但論識轉作二相貌也。若准論説相則應云《識轉論》，今准此方言應云《轉識論》也。又《瑜伽論記》一曰：文備師云：昔傳引《無相論》阿摩羅識證有九識，彼《無相論》即是《顯揚論》第十六《無性品》。云云。然彼品文無阿摩羅名。云云。基辨云：以《無相論》云《顯揚·無性品》誠爲善説，而云彼品文無阿摩羅名未盡，不許新舊論文同異故，至次下述自義，如見白日焉矣。

第二敘今義者，基辨謹撿，今此章所云《無相論》者，非云《轉識論》，此是真諦三藏所譯

《三無性論》也，有上、下二卷四十二紙，今以此《三無性論》併讀《顯揚》第十六《成無性品》，同本異譯顯然可知，《三無性論》文初云立空品中，人空已成，未立法空，爲顯法空故，説諸法無自性品，是與《顯揚論・成無性品》雖文少異稍同。其《成無性品》云：復次，《成空品》中已成立衆生無我，非法無我，今爲成立法無我故説成無性。(云云。今云：《三無性論》中亦有本論、釋論合糅，本論文與《顯揚論・成無性品》大同少異，釋論未知誰人釋。《三無性論》上十八丁右。)

曰：云識如如者，謂一切諸行但唯是識，此識二義故稱如如，一、攝無倒，二、無變異。攝無倒者，謂十二入等一切諸法但唯是識，離亂識外無別餘法故，一切諸法皆爲識攝，此義決定，故稱攝無倒如如，無倒如如未是無相如如也。無變異者，明此亂識即是分別、依他似塵識所顯，由分別性永無故，依他性亦不有。此二無所有，即是阿末羅識，唯有此識，獨無變異，故稱如如。今大乘義破諸入並皆是無，唯是亂識所作故，十二入則爲顛倒，唯一亂識則非顛倒，故稱如如。此識體猶變異，次以分別、依他遣此亂識，唯阿摩羅識是無顛倒，是無變異，是真如如也。前唯識義中亦應作此識説，先以唯一亂識遣於外境，次阿摩羅識遣於亂識，故究竟唯一淨識也。(云云。)基辨以此《三無性論》文併讀《顯揚論・成無性品》無似是阿摩羅識文，實如文備師所言。然《三無性論》中説七真如，其第三識如如下説此阿摩羅識文，《顯揚論・成無性品》中亦雖舉七種真如，云已前《攝事品》中説而略是，故無廣釋七真如文，由是閲前《攝事品》説七真如文，第三如云唯識真如，即《三無性論》所云識如如也。其文曰：三唯識真如作意，謂如前説，乃至於染淨法所依(第八識。)思惟諸法唯識之性，(識性真如即第九識。)既思惟已，如實了知唯心染故衆生染，唯心淨故衆生淨。(云云。)此文中云染淨法所依者，第八識也，云諸法唯識性者，識性真如即第九識，上有於言，此彰境第七聲，離第八識無別第九，於第八處有第九識，今染淨各別開且立名云可末羅識，章文云真俗合説，即今於言意也。推求《攝事品》文有如是意，《成無性品》讓《攝事品》而略之，文備師不識推《攝事品》，云《成無性品》無阿末羅識文，可謂麁説。是故今《無相論者》，《三無性論》炳然，新譯家中以相説性[二九]，其例尤多，云《轉識論》之説不可依用。

《同性經》者，《大乘同性經》上有全二卷，宇[三〇]文周三藏闍那耶舍共僧安譯。曰：佛言：楞伽王，衆生神識無邊廣大，無色、無相不可見，無礙、無形無定處，不可説乃至楞伽王，識相清淨，唯是無明、貪著、習氣、業等諸客煩惱之所覆障。楞伽王，譬如清淨虚空之界，唯有四種客塵染污。何等爲四。所謂烟、雲、塵、霧。楞伽王，識相如是，本清淨故，無邊不可捉，無有色染，唯是諸客煩惱之所覆染故。乃至廣説。云云。

若取真如等者，上來所舉《無相論》《同性經》説，立第九識名阿摩羅識，此云無垢。《倫記》一曰：地婆訶羅云：西方一解，第六識別義名爲阿末羅，斷惑證滅有勝用故。云云。新羅元曉師云：自性清淨心名爲阿末羅，與第八賴耶識體同義別。云云。今云：元曉師説能合《同性經》，亦准《如來功德莊嚴經》意也。

真、俗合説故者，真如是真諦，識者俗諦，今以真如爲識，故云真、俗合説也。《樞要》下末曰：依《無相論》及《同性經》，無垢識者，自性識心，即真如理，故知無垢通二種也。云云。又《倫記》一曰：基云：依《無相論》《同性經》中，彼取真如爲第九識，真一俗八，二合説故。云云。基辨云：《同性經》説識相之言，是約俗諦，説本性淨是真。《無相論》如上已辨，真、俗合説也。

章今取淨位至名別説故。《鈔》曰：四、舉今家所立。今家意言：云識是俗諦幻性識也，故以真如不可釋也，故今家淨位第八本識以爲第九識也。

染淨本識等者，染本識第八説[三一]，淨本識第九識，雖第八與第九各別説，其體即本識也。

章如來功德至阿末羅識。《鈔》曰：五、舉證成今家義。此中既言下章主釋經文，《成唯識疏》三末七十九丁右。曰：或名無垢識，唯無漏依，體性無垢，先名阿末羅識，或名阿摩羅識，古師立爲第九識者非也。然《楞伽經》第九有九種識，如上第一卷。下第三。會此無垢識是圓鏡智相應識名，轉因第八心體得之。云云。又同疏一本曰：《楞伽經》說：八九種種識，如水中諸波。說有九識即是增數，顯依他識略有三種，廣唯有八，離於增減，故說唯言。《楞伽經》中兼說識性，或以第八染淨別開，故言九識，非是依他識體有九，非亦體類別有九識。云云。

章故知第八至以爲九也。《鈔》曰：六、結今家義。

章或因八果至唯有漏故。《鈔》曰：此下明幻性識有五文中，第二依異說辨識類。此中有三，初、《佛地論》一師，二、安慧師，三、護法正義，今即初也。

因八者，因位八識。

果三者，無漏六、七、八三識。

章或因八果至那唯染故。《鈔》曰：二、安慧師義。《成唯識疏》五末。曰：准此師計，即成佛時無第七識，餘七識成佛。云云。

章或因果俱至正義所說。《鈔》曰：三、護法正義。

章依他識中至謂安慧師。《鈔》曰：此下第三依分類明識類。此中有五，初、標牒，依他識中四字是也。二、舉一分師，三、舉二分師，四、舉三分師，五、舉四分師，今即初、二也。安慧論師以《華嚴經》三界唯心文立唯一分。

章或說唯二至分離陀師。《鈔》曰：三、舉二分師。此師由《攝大乘》說唯二，依他性立唯二分義也。

章或說有三至分陳那師。《鈔》曰：四、舉三分師，由能量、所量、量果三量立三分義也。

章或說四分至分護法師。《鈔》曰：五、舉四分師，由陳那義立三分，以三量別義加第四分，如《成唯識》二說。

章如是所說至所相無故。《鈔》曰：此五文中，第四由同異門辨識類。此中三文，初、示上來所說，約理世俗一往之論。二、辨八識非一非異，示可言中道。三、舉非一非異證。

諸識差別者，三能變識諸心所法相等四分法相差別。《成唯識論》七說識差別相約理世俗說，理世俗者是假施設，故今云一往而論也。

依《成唯識》云等下，論第七十八丁。文也，此二辨八識非一非異，示可言中道。

因果性故者，因謂第八識，果謂七轉識，互爲因爲果故。定異則應非因果性，麥種不生豆故，因果性故非一非異。《阿毘達磨經》諸法於識藏等頌文意。

無定性故者，如幻事、陽炎等從緣現故，是《楞伽》《深密經》所說意。

問：如何八識緣起無定性耶。答：且二禪已上，五識皆無不現，是由業緣不現。若生初禪，眼、耳、身三識隨緣現，鼻、舌二識由業無。若欲界五識皆現。或無想天及五位無心位六識俱無，如無色界，諸色但種子不現行。如滅定，染第七識一向不現。皆隨緣現，無決定性，故云非有似有、如幻假有也。

如水波故者，彰無差別非無差別，是《楞伽》《深密》《伽》五十一之所說也。

行相所依、相應異者，第八行相，無分別現量見分，第七行相，非尋、伺任運計度見分，第六通現、比、非三見分，前五唯現量見分，隨應可知，故云行相異也。

所依異者，第八識依第七意根，第七識依第八意根，第六亦依第七意根，前五依眼等五根，故云所依異。

所緣異者，第八緣三種境，第七緣我、法相，第六通緣一切法，前五緣色等五境，故云所緣異。

相應異者，第八識但五遍行，無記性相應。

第七識五遍行有覆無記，我癡等四煩惱、八大隨惑、別境慧十八心所相應。第六識若善，五遍行善起，信等善十一、欲等別境善起，合二十一俱。若染五遍行染，別境五中隨染起根本惑，十八大隨惑，中隨惑二，小隨惑十，合俱起。若無記，四不定亦起，例可知。前五識亦隨三性別，例准可知，故云相應異也。

起滅異故者，八識中一滅時，餘不滅。

熏習異故者，能、七轉。所第八。熏等等總、別二報，其不共相等。相各有異。

《楞伽經》云等者，舉非一非異證，《成唯識疏》七本。釋曰：心、意、識等以理俗諦隨事差別相故可說有別，約勝義勝義真故相無別也。第四勝義理忘言慮，今頌意。遮有別但說無別，既曰離言，何別不別。以識自性能相無故所相亦無，能、所二性一切法互能、所。即依識立，求不可得，識上何者爲能相、所相。謂用四分等相用，心所緣別相。爲能相，體四分合識體，心王取總相。爲所相。若體爲能，用爲所相。若俗諦事中，有此用體，真勝義中，即離心言，俱不可得，故云真故相無別。無別者，無別亦無不別也。云云。

章如是一切至名爲唯識。《鈔》曰：五、結所觀識類差別。

章此幻性識至各各證故。《鈔》曰：當門大段第三明能觀識類。秋篠云：上明所觀識類差別，此下明能觀智類亦別。云云。

若加行觀者，四加行位所修唯識觀也。

唯共非自者，古來二家釋別。芳野云：理實而言，加行亦通自相觀也，雖是有漏而既現量，何都不得自相耶。故知一往說也。云云。又秋篠云：若加行智，總觀諸法皆無我性，趣求所證，故云唯共非自也。云云。基辨評二釋云：釋不悉地前加行，有漏觀故不契真如，故雖現量但遍緣也，故云非自也，秋篠釋爲好。

若後得智等者，秋篠云：若後得智，一一依他別別知故，名爲自相。云云。上來第五門訖。

大乘法苑義林章師子吼抄卷第八大尾

天明六年丙午十一月朔日，於南都興福寺菩提院方妙光院，對屋寓隱之砌，再校，大加删補竟。來未三月下旬，皇都京極善長寺，開演之所望，爲其用意加校正了。抑此《師子吼抄》，安永五年之比於皇都開演之砌書記之了，其後於東武淺草亦開演之砌一校了，其後於西京藥師寺開演，去已辛於專寺正智院講之。每講無不加删補，漸今年清書了。

回向四忍法界海。

法相沙門基辨，六十九歲書。

校勘記

〔一〕底本原校云：「原本冠註曰：《諸乘章》曰：若會破三者三之中之大乘，即火宅内所許牛車，出門等給皆亦牛乘。若破前牛，後别與牛，二牛何别。」

〔二〕「真」，底本原校疑爲「直」。

〔三〕「滅」，疑爲「威」。

〔四〕「所」，疑爲「能」。

〔五〕「説」，疑衍。

〔六〕「無」，疑爲「有」。

〔七〕「無」，疑衍。

〔八〕底本原校云：「原本、甲本冠註曰：南寺傳者，元興寺道昭僧都相承弟子勝虞僧都專唱此義，北寺仁秀大德及北寺平備大德亦傳之。」

〔九〕底本原校云：「原本、甲本冠註曰：北寺傳興福寺玄昉僧正相承弟子秋篠、善陳、空晴、松室等專唱此義，南寺護命僧正亦傳之。」

〔一〇〕「議」，底本原校云甲本作「我法」。

〔一一〕「即」，疑爲「印」。

〔一二〕「故」，底本原校云甲本無。

〔一三〕「定」，底本原校云甲本後有「心」字。

〔一四〕「住」，底本原校云甲本後有「安住」二字。

〔一五〕「他」，疑爲「化」。

〔一六〕底本原校云：「原本、甲本冠註曰：《開發》

曰：有説一云但爲意識引生無漏，非能斷染五識無漏，不明了故。云云。今云：此有説未了。」

〔一七〕「轉」，疑爲「山」。

〔一八〕「故」，底本原校云甲本無。

〔一九〕「累」，疑爲「果」。

〔二〇〕「幼」，疑爲「幻」。

〔二一〕「地」，疑爲「他」。

〔二二〕底本原校云：「原本冠註曰：真如體非別知非不別知，是絶言相。」

〔二三〕底本原校云：「原本冠註曰：萬法不離此。《中邊》云：以離真如無別有一法故，達是者於共相無倒。云云。」

〔二四〕「佛」，疑爲「嚴」。

〔二五〕底本原校云：「原本冠註曰：《唯識本疏》五本二十七丁《釋論》自在位具別境五，云佛地五識有作事智，故知有慧，《莊嚴論》等説故。云云。《莊嚴論》文追可考。」

〔二六〕「知」，底本原校云甲本有夾註「心王」。

〔二七〕「品」，疑爲「出」。

〔二八〕「惡」，疑爲「思」。

〔二九〕底本原校云：「原本冠註曰：《顯揚論》説法性以諸法相。」

〔三〇〕「宇」，底本作「字」，據文意改。

〔三一〕「説」，疑爲「識」。

大乘法苑義林章師子吼鈔卷第九

《唯識章》之餘。

南都西京藥師寺法相大乘沙門釋基辨撰

章第六、修證位次者。《鈔》曰：自下當章第六門。大分爲三，初、標牒，二、明修入位，三、明修證行相，今即初也。

章《攝大乘》説至一切障。《抄》曰：此下第二明修入位次。此中大分有二，初、舉三箇論文明位，後、會二論之違。初中有三，初、舉

《攝大乘》，二、舉《成唯識》，三、舉《瑜伽論》。初中亦二，初、本論，二、釋論，今即初也。《攝大乘》者，無性第六二紙左。之文也。

何處能入者，寄問而起。有二問，初、問所入處，二、問能入。何言，應再讀焉。初、問何處能入，後、問云何能入。答中有此二意故，謂即於彼有見者，答所入處也。神廓《攝大乘疏》作二釋，一、彼者意識也，有見者後念。生意識與耳識俱名爲有見，此釋意以見，照義爲見也。謂耳識親聞法義故名爲見，後生如理作意遠從耳識聞法而生，此後念。果第六識。有先因見故再識云見，俱云有也。名爲有見。二、若體對用意言，自體與見分用俱，故名有見。已上神廓。基辨詳二釋云：兩釋俱不爾。今辨初釋者，云意識與耳識俱親聞法義名爲見，於勝解行地資糧位聞慧故雖應爾，至四加行位唯修慧故，非與耳識俱之意識，四尋伺(二)遠以聞慧雖爲增上，至四如實緣非安立諦故但意識修慧，故不爾。又後釋中云意言自體與見分俱，是通漫釋，自證、見二分俱一切心、心所行相，爲何今云有見簡之，故爲未穩。今釋云：彼者指第六意識，見者推求即正見也，神廓以見言爲見照義，釋未了也。有者俱也，謂第六識與正見俱起，即四尋思、四如實觀也。《攝論》同處文曰：推求文名，唯是意言。云云。唯是言彰意言孤起與耳不俱，推求言是正見俱也，是爲證作今解。已上私。

似法、似義者，子島作二釋云：一、云影像文義似本質故，二、云依他文義似心外故。云云。今釋云：似者，假有實無四尋思觀，故假有云似。法者自性，義者差別也。意言者，意識變所緣境如言似故，意識現行相云意言也，於言境第七聲，子島釋云第六轉聲尤爲不是。今云：如於二空有迷謬者之於言，疏主釋境第七聲故，此文總意云：於彼第六意識有正見俱起，尋思推求假有實無自性、法。差別，義。觀似法、似義、意言境之意，是答所入處竟。

大乘法相者下，答能入之問。今謂：四如實

觀緣非安立大乘所觀，簡二乘觀，離識境無，離境識無，泯能、所相，觀即是大乘法相。此大乘法相言第三具聲。

等所生起者，今云：等謂能、所相平等起也。此等所生起言，於勝解行地資糧位，大乘法相聞熏習爲遠緣，意言正見爲近緣。四加行位唯意言境爲緣，彼彼心起云等所生起。若於見道，以其聞熏增長本熏淨種爲增上緣，自本熏種，如、智冥合現行，修道、究竟道皆此本種生起，今總合云等所生起也。

勝解行地者，地前資糧、加行位也。

隨聞勝解故者，地前位也。

如理通達故者，見道也。

治一切障故者，修道也。

離一切障故者，無學道究竟位也。

章無性解云至離諸障故。《抄》曰：二、以《釋論》文明位。

唯有識性者，大乘教法。

但隨聽聞者，聞熏習也。

通達此意言故者，此謂一切法名、義、自性、差別，通達此名、義意言境即是通達唯識。

由此者，此謂意言，即唯識變，第三具聲，此能觀有能作用，能對治用故。

章《成唯識》説至唯識相性。《抄》曰：二、舉《成唯識》。此中有七，初、問起，二、示立五位處所，三、資糧位，四、加行位，五、見道位，六、修習位，七、究竟位。

云何漸次二句初問起也。謂詣菩薩二句二示立五位處所，資糧位中二句三資糧位，在加行等四句四加行位，在通等二句五見道位，修習位等四句六修道位，至究竟等六句七究竟位。

章五十九説至正同《唯識》。《鈔》曰：三、舉《瑜伽》同《唯識》。《瑜伽》文有八問，今出二問：云何等六字初問，齊何等八字後問。問位。

謂善法等下，答二問。初九字資糧位，已得等下二句加行位，證得見地故一句通達位見道，積集修地等二句修習位修道，得究竟等三句究竟位無學道，正同《唯識》一句示此説與《唯識》同。

章《攝大乘》中至略隱不説。《抄》曰：明修入位次，二文中第二會二論違。此中二，初、《攝論》，後、《唯識》，今即初也。此會違意云，先舉《攝大乘》文中説勝解行地、見道、修道、究竟道説示四位，不云加行位，與《成唯識》説五位相違，此違云何會。今會云：勝解行地名在資糧位，資糧位以聞思思量唯識相性時位尤長，故云勝解行地，此地一大劫修行滿力，方起加行故。加行時位短少，故從多分長時資糧云勝解行地作論，故説四位，以加行位攝資糧説。

以觀時少等者，加行位唯識觀修時少，故略隱不説。

章《唯識》等中至上來明位。《抄》曰：二、會《唯識論》。

別修者，五位別修行相。

見道前位者，加行位也。

亦有伏除者，亦資糧位，《攝論》《唯識》等下舉加行位伏除之相，二論各言四加行位尋思、如實唯識觀，別伏除故別出加行。

直往、迂迴等者，通難。難云：地前有伏除，頓悟應爾，漸悟人已斷煩惱同心，何有伏除耶。迂迴之人下辨頓、漸二悟人別，意言迂迴人中有已得第四果等人，此人於地前中雖得生空無漏，無斷惑用，生空遊觀心中亦不能伏除，未證法空真如真識，終不能了如幻依他緣生識故。《成唯識》八如引《厚嚴經》明，經曰：不見圓成實，非知幻事等。云云。

上來明位者，結明修入位。

章下當辨修至三地修。《抄》曰：自下當門第三段明修證之行相。此中有四，初、標牒分科，二、明證修，三、明相修，四、明地修，今即初也。如是三修實雖同時，今別明之。證即修，相之修，地之修。修有二種，一、能修，二、具修。佛位證修、相修具修，地修佛位是無，見道已後，至金剛心之證修，漸漸證真起次修故，如至次明。

章證修者此至似而非真。《抄》曰：此下第二證修。此中有九，初、標牒，（證修者三字是。）二、明地前相似觀證修，三、明初地見道證修，四、明初地修道，二、三、四地證修，五、明第五地證修，六、明第六地證修，七、明第七地證修，八、明八、九、十地證修，九、明果上證修，此即初、二科也。

證修者，子島云：證者證知義，修者修習義也。觀行者修習有漏、無漏觀，證知依他、圓成之理，名爲證修也。云云。

此見道前者，表地前。（地前相似觀之證修也。）

真、俗二唯識觀者，非安立唯識觀云真，安立唯識云俗。今此云真四如實觀，又云俗者四尋思觀。爲得見道根本智所證真性，今此修非安立。爲得後得智所證有差別識相，今此修安立觀。是爲入見道證智而修，故此位雖無實證，此名證修。

似而非真者，雖作非安立觀，空有二相猶未能除，觀心有所得故云似。頌言：現前立少物，謂是唯識性，謂有所得故，非實住唯識。云云。

章入見道中至方了俗識。《鈔》曰：三、明初地見道之證修。

了真識者，證唯識性真如，（本智。）方了俗識者，緣淨依他識。（後得有分別智境。）

章四地以前真、俗別觀。《鈔》曰：四、明初地修道，二地、三地、四地證修。

真、俗別觀者，以根本智觀真，以後得智觀俗，未得念念真、俗合觀。

章第五地中至始能少起。《鈔》曰：五、明第五地證修。

真、俗方合者，本智、後[三]共真、俗合觀。西明《仁王疏》曰：經云善學菩薩四天王雙照二諦平等道，略有四種雙照。一、方便雙照，謂十回向中四善根位。二、證位雙照，如此經初地。三、功用雙照，謂第五地。四、任運變照，八地上。云云。《燈》主破是，如《子島私記》引。

然極用功等者，示劣於六地已上，用極功用，始能少分起合觀智。

章至第六地至未能長時。《鈔》曰：六、明第六地證修，五地已前全有相觀，第六地上無相觀，雖多分起，未能長時相續。

章於第七地至亦未任運。《抄》曰：七、明第七地證修。

方得長時者，示勝第六地，無相長時起故。

猶有加行等者，彰劣後八地上。

章八地已上至恒俱合緣。《抄》曰：八、明八、九、十地證修，如文可知。若爾，以何爲三地別耶。答：如《成唯識》九説。

章至佛位已至自在滿故。《抄》曰：九、明果上證起。

三智俱能者，大圓、平等、妙觀三智俱一刹那能緣真、俗識。

第六不定等者，觀察智或時一念緣二諦，或時唯緣真諦，如自受法樂智，或時緣唯俗諦，如説法利生時。

成事唯俗等者，非護法義。

行緣淺故者，行謂行相，緣謂所緣，成事智觀有情心行爲三業化，故云行緣淺也。

或亦通真等者，親光義也，如上已明。

章相修者云至修唯識觀。《抄》曰：此下第二明相修。此中有五，初、標牒，（相修者三字是也。）二、問起，三、總明相修行相，四、廣明五位觀心之相狀，五、重明五位修習別，此即初、二也。

相修者，子島曰：相者體相也，修者修習之義，觀行者修習有漏、無漏觀令其智種子現行，其體相展轉增勝生長圓滿，名爲相修也。云云。

章謂今有漏至生長圓滿。《抄》曰：三、總明相修之行相。

有漏、無漏觀心者，秋篠《義鏡》云：有漏觀心謂資糧、加行二位，無漏觀心者見、修、無學三道觀心。云云。

種子、現行者，種子得修，現行習修。

展轉、增勝者，地位展轉，無漏增勝。

生長、圓滿者，由現行熏新熏種生，本熏種子增長圓滿。

章初修習位至純熟自在。《鈔》曰：四、廣明五位觀心之相狀。

初修習者，資糧位也。

託境思惟等者，資糧位中，隨所聞大乘教法，託一切所緣境界，思惟唯識相性理，令此唯識觀心純熟自在。

章後伏所取至相像漸微。《鈔》曰：此明加行位觀心之狀。

後者加行位，資糧位之後故。

伏所取等者，四尋思觀折伏之狀。

觀心轉明勝者，四如實觀心轉明。

境相像漸微者，境謂安立有、空相，有所得境相。像漸微者，有所得影像云像，謂由四如實非安立諦觀心，有、空二相漸漸微隱。

章忽心境乃冥觀轉成無漏。《抄》曰：此明見道通達位觀心相狀。《三十頌》說：若時於所緣，智都無所得，爾時住唯識。云云。忽謂若時，猶云有一時。

心境乃冥者，如與智冥合，平等平等。

觀轉等者，地前所修有漏唯識觀，有一時忽然轉成無漏唯識觀也。

章如是展轉至名之爲修。《鈔》曰：此明十地修道及究竟位觀心。

如是者，指心境乃冥，觀轉無漏。

下轉成中等者，十地間次第展轉，無漏下品唯識相性觀心轉齊成中品觀，中品觀心轉齊成上品觀心，此修習位地地斷所知障，展轉轉齊觀心至究竟相也。

究竟圓滿等者，明究竟位觀心。究竟位雖無修得義，以已修義究竟圓滿名修也。

章於初二位至用漸增故。《鈔》曰：此下五重明五位修習之別。此中有四，初、明資糧、加行二位。

初二位者，資糧、加行二位。

有漏三慧者，資糧位聞、思二慧，加行位皆現、種修者，三慧俱以現行名修，亦現行時必有新熏種，此名種修。

種修無漏等者，明種修由，謂由有漏善新熏力，本熏無漏種自增長，種子用漸增長，損力益能轉故。子島云：資糧位以有漏聞、思二慧修唯識觀，加行位以有漏修慧修，即此二位修增有漏智現行，種子傍修增無漏智之用。云云。

章通達位中至種修有漏。《抄》曰：二、明見道位。

唯有修慧者，無漏修慧。

通現、種修者，無漏智現行即修，種修者，無漏智新熏種生，此種修增。

種修有漏者，無漏智種修增時，同念有漏善種子勢增，此名種修。

章在修習位至種修有漏。《抄》曰：三、明修道位。

有漏、無漏者，漏、無漏唯識觀。

通現、種修者，此亦通漏、無漏，自可知也。

種修有漏者，准前可知。

章於究竟位至無漏之觀。《鈔》曰：四、明究竟位。

無漏滿故等者，修義皆止故更不修。

然具現、種等者，非由具觀名修也。

章地修者有得修、習修。《抄》曰：自下辨修中，第三明地修。此中有三，初、略示，二、舉證，三、由證成義，今即初也。

地修者，子島云：地者，九地也。修者，修習義也。觀行者，隨在何地修唯識觀，令修習生長，增長自地、他地觀心種子、現行之體用名爲地修也。

得修者，同云：小乘得修在未來，大乘意現在無漏種未現行以熏習修增此種令生現行名云得修。《演祕》曰：得者謂所得，熏修云修，由現道力令所得法種子增明故。云云。《對法》九說四種修，一、得修，二、習修，三、除去修，四、對治修。云云。今舉唯初二。

章《對法》九云至現前行故。《抄》曰：二、舉證。

又道生時者，一本作見道生時，雖義意通以現本爲穩，道謂一切有、無漏道，有漏善智、無漏善智現行熏種時修增安立各自種子，是名得修。由有漏善熏習修增有漏善種及無漏善種等，准前應知。

從此種類等者，從此修增現行熏種云修增也。無漏觀心種類或有漏善心種類展轉增盛相續現行生起故，謂有漏善現行新熏自種增長本熏無漏種用，無漏善現行新熏自種增長本熏有漏善種。

又即此道等者，就現行釋習修。

此道者，漏、無漏道。

現前行者，心現起修行也。

章習謂現行，得謂種子。《抄》曰：此下三由證成義。此中有四，初、由前證略立二修，二、明地修行相有四類，三、結四類分別能修人，今即初也。

章有依下地至傍修得故。《抄》曰：二、明地修行相。此有四類，此即第一類也。

有依下地等者，明依身在下地，起下地心修唯識觀。

依下地者，或問予[三]基辨。云：由子島釋，依言古師存二義，一者、所依定，二者、所依身。雖有二義，今取定也。若依身者，何故次文引《唯識》文云前三無色等耶。入見道依身者，在欲界故。云云。已上子島。何今不由子島別釋第一類，而云明依身在下地起下地心等耶。基辨答曰：子島取定不取身，說破古之縷解，有得失，非全璧。今詳判古義，敘今義，其中玄黃自分。今立二科，初、出古義詳判，二、述今義彰實。初、出古義四家，初、《清素記》義，二、秋篠所釋，三、義濱所釋，四、子島釋義。於此四家詳判是非，於一一下自應辨明。

初《清素記》義者，彼《記》曰：依下欲界身起色界四定。心入現觀時，現行習修唯四靜慮，得修種子通上無色，以曾聞無色令其上地本、新種子用增長故，不同下地更熏新種名爲體增，種體多故，故引《唯識》成前義也。云云。基辨判此義是非云：此師釋依下地文云依下欲界身爲穩當也，然釋《章》起下地心云起色界心等未穩，强爲牽合《成唯識論》勝見道傍修等文應設此釋。既云起下地心，何云起色界心耶。若言自前三無色見，則第四定已下皆是起中地心，則是亦由證文强牽合焉。若章文云隨應起下地心，則似有理，既不云爾，云何曲文成理耶。故清素釋爲不允當。

二秋篠釋義者，《珠記》曰：依下地起下地心，身在欲界起欲界心，又身在第二禪還依初定起初定心。云云。基辨詳判云：秋篠云身在欲界起欲界心之釋尤得《章》意。又身在第二禪等之釋工而劫失。云依初定起初定心之釋未穩，既云依初定，即是起初定心，有何差別云依初定，復云起初定耶。不依則應無起定理，不起則應不可名依定，故秋篠釋半爲不當。又子島破秋篠云身在欲界起欲界心之釋云：不妨在欲界起散聞、思作唯識觀，然於此四類不可攝也。既説初類云得修通上，得緣上境令勢增長，云何以欲界散心修增上界定種子。若爾，則有定散間雜之失故也。基辨詳此破是非云：子島所斥不允，謂欲界散地心有二，一、散亂心，二、等持心。以初散心不能作唯識觀，以後定心作唯識觀。上章文云：於初二位有漏三慧，皆現種修、種修，無漏用漸增故。云云。此初二位中，資糧位以有漏聞、思二慧修唯識觀，修增有漏智現種之體，用傍修增無漏智種之用。既下文云欲界自地觀但聞、思慧，明知從欲界等持心起有漏聞、思熏修傍修得上界定種子，有漏聞、思熏修既説傍修無漏種，何況傍修有漏上定種，豈有定散間雜之失耶。今云得緣上境令勢增長，則凡作唯識觀緣三界一切法，了唯識故，欲界等持作唯識觀，豈不觀三界唯心。若觀三界，則是緣上境，何云無勢增長耶。故子島破斥爲不穩當。

第三義濱釋曰謂依初定起初定心。云云。基辨詳云：今此章文既云依下地起下地，豈應云依初定起初定耶。故不穩當。如秋篠文中斥。

四子島義云：依下地者指所依定，非明依身，謂身在欲界，依初定起初定。今云：依下地起下心，乃至在下地依無所有處定起無所有處心，亦云依下起下，是即第一句之旨也。引前三無色等文爲證，尤在此意也。云云。子島釋意云：引《成唯識》前三無色等文，意謂，身在欲界入菩薩見道之人以第四定爲所依定，以第四定無漏心入見道已，傍修前三無色地世俗智種子，現修在下第四定，種修通上三無色，故以此文證第一句也。已上子島意也。基辨詳子島義云：言依初定起初定心之釋，如詳秋篠義中斥，有煩重失。復云：依無所有處定起無所有處心，是亦重言，不依則不起故，云何以在欲下地修無所有處定攝依下地起下地之類耶。應攝在下地起上地之類也。又子島意以《成唯識》前三無色等文爲證，以四類皆令同此證，由舉證文却令難解，當知此文傍得修之證，亦以前三無色爲得修通上之證也。又此章明三修，證、相二修既就漏、無漏唯識觀辨已，云何此地修但局無漏明是耶。故此證文雖云勝見道，亦云前三無色有此根，非唯無漏證文，但舉四類傍得修通上之證也。智者擇而居諸，故子島所言爲不穩當。

第二敍今義彰實者，謂此第一類中依下地起下地心者，身依欲下地故，心亦起欲下地等持心修三界唯識觀也。

習修唯下者，身在下地起下地心修唯識觀之時，心現行修唯欲等持，故云唯下。

得修通上等者，意云：習修唯自地，得修通自、他地，其中自地體、用俱增，他地唯用增。

得緣上境等者，以下地心緣上地境熏時俱上地種勢力增長。

或問予云[四]：得修緣上境令勢增長。云云。此緣上境心不現行則不能緣上境，無相分不能緣，有相分是應現行，云何不云習修云得修耶。答：如前文言，習謂現行，得謂種子。云云。然有習修必有種修，現行熏種子故，如第一類習修唯下地現行，是必有二得修。一、正得修，下地現行漏似無漏隨應熏種，新熏體增，本熏用增，是種子體、用俱增長，今文云下體、用俱增故。二、傍得修，其下地得修時，傍以下地心緣上地境令上地種勢增唯用增云傍得修，今文云上唯用增故。

又或問云：以下地心緣上地境必有相分，若有相分現應習修，云何但云得修，爲唯用增種體不增耶。答：身在下起下心，下能緣心緣下境熏是現觀故，必種體用應俱增也。又起下地心，身在下地緣上地境，傍修得故相分雖上，能緣見分下地於上用劣弱故，種體不熏。《成唯識》二說能熏義，第二立有勝用非能緣强盛用，則非能熏，下心緣下是能緣强盛用，下心緣上能緣劣故，唯上相分無熏種體道理，是傍修得不現觀故，唯本種用增，無體增義，故緣上境唯得修非習修也。

又問：上境爲相分是應本質，下能緣心如本質相分現可謂下心緣下，何不熏種耶。答：上境爲相如鏡中似實，下能緣緣無用，是熏變相分故，不可熏種，如理應思。

得緣上境等者，明通上所由。意云：身居欲界起欲界等持用思慧，觀三界唯心即緣上境了唯識變，如是緣了熏下種體用時，令上地漏、無漏本、種勢力增也。

下體、用俱增者，現行熏種之時，下種新增體，亦增本種用，故云俱增也。

問云：體、用俱增者，種子是本識上功能差別，可俱云用，何故云體、用耶。答：體是體相，種子緣起道理，或善、或惡、或色、或心等緣起道理各別義增，新熏種子是云體增，其體相上應緣起因緣之用增云用增也。

上唯用增故者，觀三界唯識故，熏下地種時傍了上地境熏，於本熏上地種令勢用增長也，故云唯用增也。

《成唯識》云等者，論七三十三丁。之文也。今謂是但證傍得修之義也，然子島意以此證文爲四類上無漏唯識觀地修證，如前已斥。此地修文非但明無漏唯識觀地修，如前證修、相修章文以有、無漏唯識觀辨，此地修文亦通漏、無漏觀心明顯然可知，故知此文但證傍修得義。總今明地修相四類辨習修、得修之別爲要也，不應必以見道在欲界身依第四定無漏之義及四類上云但依定非依身也，故子島釋爲穿甚矣。

有此根者，指三無漏根云此也。

有勝見道等者，菩薩所修真見道爲勝，真見道無漏智如智冥合平等平等，故證一切法如。後得智時法則此智一切法唯識觀熏修種故，第四定無漏觀是現行修，此定心觀餘地境熏爲得修也。今就無漏證通有、無漏傍得修也。爲簡二乘見道，今云勝見道也。

章有依下地至修通下地。《抄》曰：明第二類，謂依身在下地，以上地心此上地言自初定至第四無色定。修唯識觀習修現行唯上地心，新熏種子之體及增本熏種之用亦同是爲得修，傍增欲下地有漏善種用亦是得修。《對法論》十曰：依初定地現修道時，亦修欲繫所有善根，如是依一切上地現修道時，皆能修習下界下地所有善根，於彼得自在故。子島釋云：依下地者明所依定，謂依初禪定起二禪已上心修時，現修唯第二定，種修通上、下地。云云。今云：此釋不穩。彼師引《對法》第五説入初定已，若欲以第二定心出等，即能現前而出於定，餘一切地如理當知，而成初定中起第二定義。雖然，《對法》説出定時，今四類修説住定時，故爲證不成。故依初定起二定已上心不應道理，凡依定不起彼彼定心，則不可名依定故。

章有依上地至修亦通下。《抄》曰：明第三類，謂依身在上地以上地心修唯識觀，現行習修唯上地心。

依上地者，自初定依身上至第四無色果報爲

依地也。起上地心者，自初定心上至非想地心起定修習爲起心也。種子得修新熏種子之體及增本熏種之用唯所起上地，傍得修欲下地所有善種故，云得修亦通下也。子島所釋但云依第二定起第二定等未穩，云起定即依定故作此解，如上已辨。

章有依上地至得修通上。《抄》曰：明第四類，謂依身在下地起下地心。

依上地者，自初定乃至非想地果報云依上地，他謂彼彼感果報心。

起下地心者，自無所有處心乃至欲界等持心，説初定地修欲界善故。《伽》六十四説以無色心了三界法，何況初定心不修欲界善。今明報心在非想地起下無所有處心，乃至在初定依身修欲界等持善爲第四類也。子島云：依上地者明所依定，謂依第二定起初定心，乃至依非想定起無所有處以下心修時，現行修唯在下初定，乃至無所有處種修亦通上。自第二定至非想地云上也。今云：不爾。身在上地，以下地心起唯識觀，現行習修唯彼彼下地心，自無所有處乃至欲等持心彼彼云下。熏種得修熏修新熏種體，及修本熏種用，傍修上地彼彼種用，故云通上也。

問：何故子島所釋不爾。云云。答：子島云依上定起下定心，故不爾。今章所云依上地者，依彼彼果報心地，初定已上彼彼定心即果依身。此身果報。若無色界唯定心爲果報，若果云身，定心即依身。

章諸上修下至非餘品類。《抄》曰：第三、結四類分別能修人。

諸上修下者，上八地身起隨應下地心習修者，即第四類全、第三類得修也。

及自地修者，上地身起上心，第三類餘第一類習修，謂下身起下心也。

通一切品者，如上已言，能修人不分曾得、未曾得、自在、未自在，通一切品，品者能修人品。

下修上者，謂身在下起上地心，第一類得修、第二類全也。如是修唯識觀者必曾得者、得自在者所修，非餘未曾得者、未自在者所修，故云非餘品類也。

章《對法論》云至勝者可爾。《抄》曰：第四會違成前義。《對法》第十卷取意也，彼雖不云下地不能修上，説依上地修下界所有善根得自在故，翻是今云下地不能等也。

諸初業者，未先修得上定之人初修上定人云初業，有上定八故云初也。

及漸隣近者，未得定自在人漸隣近上定自在者。未得自在者，漸隣近者。未得上定者，初修業人。不能上修者，下地身以上地心修唯識觀，初業及漸隣近者不能。

近未生果故者，近謂親也，未上界生果故不能上修。

非勝者可爾者，久習業人云勝者，如是勝者下修上起下自在，故云非可爾也。

章第七觀法何性者。《抄》曰：自下當章第七門，大分爲四，初、標牒，二、略示此門所明，三、出能觀性，四、明所觀性，今即初也。

觀法何性者，今云觀者能也，法者所觀也，何性者於三性中何性今此門所辨也。

章此有二種至二所觀。《鈔》曰：二、略示此門所明。

章能觀定非至此據正義。《抄》曰：此下三出能觀性。

能觀定非等者，謂唯識觀智能緣見分。若據安慧，立相、見分計執成計執能觀義，計執無體，故不可爲能觀。今彰非安慧義，據護法正義立，云定非所執，亦云此據正義。此者，指上能觀非執。彼無者，云計執無體也。

章有漏觀者至二性所攝。《抄》曰：此以正義約有、無漏觀辨。

若以有漏心作唯識觀者，定屬依他不屬圓實，非勝義智不可云圓實性。若無漏唯識觀，則淨依他圓成實攝，《深密》誠説，故依、圓二性所攝。

若安慧無有漏全無漏一分依他義，許相、見分計所執故，許因無漏有法執故。

章常、無常門至非真理故。《抄》曰：以常、無常，有、無漏辨無漏觀，能觀屬淨分依他起，則無常門非常，今云屬依他者彰無常門。又無漏觀淨分依他故云攝屬圓成，決定無不屬依他唯屬圓成者，能觀智非真理故，若是真理非能觀非非能觀，是絶言故。

章即顯地前至二性能觀。《抄》曰：下約地位辨。

即顯者，次上文以有、無漏明，此即彰地前、地上能觀智别。

七地已前有、無漏者，若出觀時有漏，入觀時無漏。

二性能觀者，二性謂依、圓二，出觀有漏善心唯識智唯依他也，入觀無漏唯識智[五]圓二性，今總合云二性能觀也。

章所觀性者至圓成實性。《抄》曰：四、明所觀性。此中有四，初、標牒，二、舉三箇論文成，三、列三文成所觀性，四、立似、實二觀判諸文。今初四字標牒。《攝大乘》云下第二科文，此中有三，初、《攝論》《無性》六，十二丁。文，二、《攝論》第二《無性》二，十八丁。文，三、《成唯識》文，今即初也。

意言似義相等者，第六意識所緣名、義、自性、差别，假有實無，云似義相。悟入此似義相故，悟計執本來都無已，此明四尋思觀。

悟入唯識等者，明四如實觀，謂觀離境無識、離識無境故悟入依他起性。

若已滅除等者，明泯空有相入見道位。

已滅除者，泯空有二相住非安立菩薩正觀。

意言聞法熏習等者，第六意識與耳識俱聞淨法界等流教法，意識與思俱起熏習，此相似觀，現前立少物故，觀心有所得，非實住唯識，故云種類唯識之相。

乃至爾時等者，明入見道悟達圓成實性。

乃至者，略文。

爾時者，若時，猶云有一時。

平等平等者，如與智冥合平等平等，此云無戲論、無所得，此即無分別智生起已相，此名爾時住唯識，即悟入圓成實性也。

章又云名事至即入三性。《抄》曰：二、《攝論》第二文，無性。文意如前釋。

章初半頌悟至圓成實性。《抄》曰：下章主文以論文爲三性文，如文可知。

章《成唯識》云至三處不同。《抄》曰：三、《成唯識》文第八卷二十一丁。文也。

非不見真如等者，《厚嚴經》頌，説見道位相。不見真如者，示真見道。

而能了諸行等者，示後得智悟淨依他。如是上下二句章主文也。

三處者，《攝論》二文、《唯識》一文。

章《攝論》初文至方悟三性。《抄》曰：此明所觀性中，第三判三文成所觀性。

煖、頂二位等者，四尋思觀。

忍、第一法等者，四如實觀。餘文可知。

章雖有三文至二者相似。《抄》曰：第四立二觀而判諸文。此中有五，初、舉二觀名，二、判《成唯識》文，三、判《攝論》初文，四、判《攝論》後文，五、會違，今即初也。

三文者，《攝論》二文、《唯識》一文。

實證者實證觀，謂初地上無所得觀。相似者相似觀，謂地前有所得觀。

章《成唯識》中至計所執無。《抄》曰：二、判唯識文。

《成唯識》中者，《厚嚴經》非不見真如文也。

實親證者，實證觀也。

無漏二智者，根本、後得二智。

真俗前後者，根本智爲前，是證圓成實真智，後得智爲後，悟淨依他俗智。

不見二取者，悟計執本來都無故離能、所二取相，此名證計執無。《三十頌》説：若時於所緣，智都無所得，爾時住唯識，離二取相故。云云。此即見道實證相也。

難成。

章無法體無至遍計所執。《抄》曰：下寄

無法等者，計執本來都無云體無。

智何所證者，以根、後二智證計執無，上文既明，計執體無如何證之耶。此難意也。

心所變無等者，難救成。若以心所變無云證執無，則不爾，心變無説意不壞法現前故。第六意識無之相分依他起攝，非證執無，亦應非證真如理無，絶言真如理上計執都無，圓成實攝，如何悟依、圓外説證計執無。云云。但於依、圓二性不見能、所取。此即悟計執本來無也。

章然正體智至證計所執。《抄》曰：此通難文。難云：若言根、後二智俱證所執無，則何故諸處云證真如智證所執無耶。今文通此難，如文可解。

章雖見道前至方名證得。《抄》曰：此通伏難。難云：地前加行位既觀二取空，何必云見道證二取無耶。今文通意云：雖見道已前亦不見二取，未親證得依、圓二性，加行位是似觀，不云證計執無也。故於初地等二句結判《成唯識》意，由上來所明意，《成唯識》意於初地方名證得三性。

章《攝論》初文至故據實説。《抄》曰：三、判《攝論》初文。此文由實、似二觀説，謂悟圓成據實觀説，悟依、計二性據相似觀。

相似悟者，有所得觀悟。

長時、多分等者，《周記》曰：煖、頂、忍、世第一法通此四位，思惟二性計、依。名云長時，忍、世第一少時亦有悟圓成，所以二性名多分也。

短時、少分者，世第一法名爲短時，忍位名爲少分。云云。今云：《周記》辨大好。仲算大德云：短時屬時，少分屬觀。云云。子島評是爲好。今詳云：少分者，示忍位四如實觀中有相似觀圓成實性，又由《周記》可云長時即多分亦短時即少分。

亦非親證等者，彰加行位少分觀圓成有所得

相似觀。

故據實説者，由上來所明理故，此《攝論》文據初地上實證説。

章《攝論》次文至實未悟入。《鈔》曰：四、判《攝論》後文。此後文意據地前相似悟入三性觀説。

創觀名、事等者，四尋思觀，觀假有實無名悟入所執。

次觀唯有識等者，明四尋思觀依他性。

雖未證實等者，未證實淨依他故雖難名悟依他，今具就相似有所得觀行名悟依他。

如實智位等下，四如實觀觀境離識非有識亦非有，此且名云能、所二取，然帶空有二相故此名相似，餘文由此意可解也。

章《攝論》據相至皆準此釋。《鈔》曰：五、會違。《私記》曰：《攝論》二處文爲初修業人約相似觀，故説别悟入三性，初修業人先悟識後悟深故。又《成唯識論》文爲久修業人約實證觀先悟圓實，次自悟依他，其二中悟計執。云云。

章第八諸地依起者。《鈔》曰：自下第八門。此中大分爲四，初、標牒，二、分科，三、明依身，四、明地起，今即初也。此門明修唯識觀人身心，諸地者修觀心之依地，諸言通下依起，起言亦通上地，具言諸地起、諸依起。依謂修觀者依身，起謂初起、後起由依身有别，今明是故云諸地依起也。

章此中有二至後明地起。《鈔》曰：二、分科。

章依身者名至唯欲界故。《鈔》曰：三、明依身，謂修唯識觀依身初起、後起有别。今明此中大分爲二，初、頓悟人依身，二、漸悟人依身。初中有四，初、總明有、無漏觀依身初起，二、舉其證，三、别明有漏觀依身後起，四、别明無漏觀依身後起，今即初也。

初起依於等者，修唯識觀初起非極勝心不能發心，唯欲界身有勝慧勝厭故，依此身得。《私記》曰：初發勝心，是極難故，依有勝慧勝厭之處，初發大心。云云。

創發勝心者，創發有、無漏勝心也。

章《顯揚》等説至出世現觀。《鈔》曰：二、舉其證，欲界初起之證，論第十六十六丁右。文也。

極戚非惡起者，地獄不起現觀，苦受恒隨故不能入三摩地也。

極欣非上二等者，色、無色界亦無現觀，欣掉重故、厭羸劣故云非上二，唯欲界人天有勝厭故，佛出世令現觀。

佛出世現觀者，《三十論疏》九末七十二丁。曰：唯欲人天趣有佛出世能起現觀，末法亦得有，佛出世攝故，無佛世佛出世已前。不得，無説法者令生厭故。云云。

章初地已前至得有是事。《鈔》曰：三、别明有漏觀依身後起。

初依已前者，除四加行資糧位中。何故除四加行位，謂四加行位菩薩不生無色爲正義故除也。

如《燈》辨一切容得者，除四加行位餘資糧位初地已前，三界有漏地依身緣自他一切法容得修唯識觀也。

許毗鉢舍那等者，許者，今所引毗鉢舍那文《瑜伽》六十五説，故云許也。

毗鉢舍那菩薩者，《伽》云毗鉢舍那行菩薩，即資糧位菩薩。毗鉢舍那，此云觀，觀謂慧也，資糧位菩薩未能得定，由聞教法聞、思慧增，故隨所行名毗鉢舍那行菩薩也。

生無色界等者，《周記》曰：地前菩薩任業受生，彼資糧位菩薩。有三界業故得生無色。若非菩薩，彼界何人能以一心緣一切法。故知資糧位中，三界俱可得起此唯識觀，並據後起。

一切者，《義演》曰：了一切者，即作唯識觀也。

非此何人等者，意言：非資糧位菩薩，何人得有緣一切作唯識觀。故云得者[六]是事也。

章七地以前至得菩提故。《鈔》曰：四、别明無漏觀依身後起。

七地已前者，自四加行位至第七地菩薩不生無色，四加行位依身必但欲界，今文明無漏觀後起故，初地至第七地之論也。

菩薩不生等者，《伽》六十五。《對法》十三。說，於無色不能現利生事，故菩薩不生。云云。

唯定依於等者，明八地已上無漏觀依身最後起。《成唯識》七曰：求佛果者定色界後引生無漏，彼必生在淨居大自在宮得菩提故。云云。

起，謂起唯識觀也。

勝所依者，淨居大自在宮也。

得菩提者，得佛菩提也。

章其漸悟者至欲界身得。《鈔》曰：此下明依身中第二明漸悟人修唯識觀依身。此中有十，初、明初、二果經生、不經生人，初起但依欲界，二、別明初、二果不經生人後起，三、不齊釋，明初、二果不經生人、未入地不生無色由。四、齊釋，明回心人不經生初、二果，亦生無色。五、別明初、二果經生人後起，六、明第三果不經生人修唯識觀初起、後起，七、明第三果經生人及第四果修唯識觀初起、後起，八、結頓悟人無漏觀初起由，九、結漸悟人初起亦通色界義，十、會違文重成漸悟初起亦通色界義，是即初也。

初、二果人等者，意言經生、不經生初二果人有欲界俱生惑未生上界，故回心修唯識觀，初起必欲界身也。

章不經生者至依身而起。《鈔》曰：二、別明初、二果不經生人後起。

亦通色界等者，亦言亦欲界、亦頓悟。

不經生者，不經極七返、家家等回心，云不經生人回心也。

章雖未入地至業力多故。《鈔》曰：三、不齊釋明初、二果不經生人未入地不生無色由。

悲願自在隨受生故者，明不生無色由。善珠、信叡、常騰、真興同云：此人回心成菩薩故，爲利有情悲願受生，而無色界非利有情處故，如地上菩薩不生彼處，此人亦不生彼處。云云。

亦不因修等者，因修二字一本作因循，古師釋作兩途。一、作因循爲釋，《清記》《周記》同云：因循者，任運也。《清記》釋云：菩薩依作意厭不生無色，亦不任運許生無色，今與彼異不任業。不生無色。因循者，任運也。云云。子島云：不許回心聖者任運受生，必以願力作意生故，爲對上悲願受生，更用亦言返成其義也。云云。二、作因循爲釋。秋篠并常騰初義現本由是。秋篠曰：因，由也。修者，造修也。若諸聖人造修新業以彼業力轉生彼處，無有是處，故云亦不因修許轉生故，長讀不字，義道亦遠。常騰初義用之，子島不用之。今云：作因循爲穩。詳釋曰：因循者任運之俗語也，不因循者不任運也，謂初、二果回心人雖未入地，但以願力許受生故，不隨任運業力，作意勢力受生自在轉。此人雖有無色惑，可許非利生處願力闕故不生也。亦[七]言亦頓悟地上，以願不生非利生處也，如周、清二《記》所言讀云亦不因循許轉生，則許言應在因循上。既不爾，故爲不是，秋篠、常騰所云亦不可也。許言在因循下故，秋篠等所云亦不是。

不同頓悟等者，謂初、二果回心人地前既得生空無漏智，無分別惑故，不能新作業生無色界，不同頓悟人未斷分別，惑業力多故，地前位中猶生無色也。是道已前下，明不同頓悟由。

章或亦許生至厭下染故。《鈔》曰：四、齊釋明回心不經生初、二果人亦生無色。

非此生上等者，示不同二乘定性。《周記》曰：若爾，託勝所依而證菩提既生無色，如何受佛位大菩提耶。爲有此難故，今説言非此生上厭下染故。意云：此初、二果回心人生無色者，非欣上厭下生，故暫生無色，還生下界受變易身，不同定姓二乘之人厭斷下染永生無色也。

章若經生者至唯欲界故。《鈔》曰：五、別明初、二果經生人後起。

發心及後者，唯識觀初起云發心，及後者唯

識觀後起。《周》云：此人怖生死故，於欲界初得後起也。

章第三果人至無利益故。《鈔》曰：六、明第三果不經生人修唯識觀初起、後起，初、二果不經生得，不還果名第三果不經生也，此文不齊釋。

問：初、二果不經生人有齊、不齊兩解，齊釋亦許生無色，何故此第三果不經生人不許齊釋耶。答：秋篠并《義濱》曰：雖無文説，准此上齊釋也。文，並應不還不經生人。有生無色界，然略不説。云云。此齊釋也。今云：准上經生齊釋，應有不欣上厭下任業暫時生無色，直生下受變易義也。

章若經生者至色界身起。《鈔》曰：七、明第三果經生人及第四果修唯識觀初起、後起。第三果經生者及第四果回心人若欲界身發大心者，初起、後起共唯依欲界身起，若色界發大心者，初、後共唯依色界身起，經生人怖生死故，但於初起處後起也。

章初證頓悟至慧厭深故。《鈔》曰：八、明頓悟人無漏觀初起。

初證頓悟者，證謂無漏智，根智云初。

必欲界身者，無漏觀初起必欲界身。

由斷生執等者，明必欲界身由，勝慧、勝厭但在欲界身故，此慧、厭心由斷我執煩惱障起故。

章漸證初依亦通色界。《鈔》曰：九、明漸悟人無漏觀初起亦通色界義。證者，本智無漏觀。初依者，初起依身。亦者，亦欲多。次具成也，《顯揚》文。

章《顯揚》等説至非深厭故。《鈔》曰：十、會違文重成慚悟初起亦通色界義。

據各初入者，據頓悟二乘説也。

唯斷法執等者，明唯欲界中入現觀非漸悟由，漸悟人人執先已斷後回心趣大故，回心已，唯法空無漏初起，非深厭心得故，通色界身而起，非深厭境故。

章上明依身至不取傍説。《鈔》曰：當門大段四文中第四明地起。此中有六，初、結上起下明欲界修唯識觀，二、明依色、無色定分別三慧、三得，三、引證成依無色心修唯識觀人，四、總明見道上修唯識觀所依地，五、明由上界定修無漏觀義説三慧，六、明二定已上七未至定不修唯識，今即初也。

欲界自地觀等者，以欲界心修唯識觀也。

通聞、思者，今云：如上所明，欲界有二，一、散亂心，二、等持心，今取等持心，若非等持心不能作唯識觀。今文云觀通因果故，聞、思二慧非等持心不起，所以上文云有漏三慧皆現、種修，種修無漏用漸增故，四類之中第一類此現、種修攝。

唯散非定者，明欲界自地觀但通聞、思非修。秋篠曰：欲界地中無起修惠，若欲修時墮思中故，唯散地故。云云。此釋由《三慧章》所明。

此依正義等者，唯散非定釋依云欲界無輕安之正義，不取欲界有輕安傍説也。

章色界觀中至非生得攝。《鈔》曰：二、明依色、無色定分別三慧、二得。

色界觀者，以色界定心所修唯識觀也。

通聞、修慧者，《周記》曰：以稍斂心即入定故云無有思，有耳根故，故得有聞。文。今云：此由《三慧章》意釋。子島云：色界定心是微細故無麁思慧，若欲思時還墮修中，然聞教法故有聞、修二慧也。云云。今云：此盡理。

無色界觀等者，無色界中無耳根故亦無聞惠，故唯有修慧也。《周》云：無色思同色界，無根故無聞。云云。今云：同色界者還墮修中也。

此唯加行善等者，明二得，此聞、思、修三慧唯加行善，非生得，如《三慧章》。

章然依《瑜伽》至及無漏法。《鈔》曰：三、引證成依無色心修唯識觀人。

六十五説者，五字寫誤，六十四十七紙。已下文也。

若定若生者，秋篠云：有二釋，一云：身在

下界起上界定名爲若定，身生彼地即起彼心名云若生。此《伽抄》文，芳野由之。二云：加行善心名爲若定，生得善心名爲若生。

毘鉢舍那菩薩者，資糧位菩薩。

及得廣慧者，《佛地論》曰：深廣圓滿善道達故名爲廣慧，即定波羅蜜多聲聞等。云云。謂不定姓聲聞也。

以無色界心者，三界業縛彼猶有故，非此生上厭下染故，如前既明，不同定姓二乘也，此就若生齊釋。

如實義者，今云以無色界心者，就若定論，非云若生。

了三界法者，此即唯識觀也。

章故知無色至緣於一切。《鈔》曰：下章主釋今所引《瑜伽》文。

菩薩即是等者，毘鉢舍那菩薩即見道前資糧位四十心位。

地上不生者，回心已去地上菩薩不生無色，如前已明，不能現利益事故。

隨應説之者，通定姓、不定姓故云隨應也。

廣慧者，不愚法聲聞不愚之名通不定姓及定姓，然此中不定姓人不生無色，多分唯若定修唯識觀。又少分有若生，直生下地修，其定姓人亦生無色，通若定若生不作唯識觀也。秋篠云：又定姓聲聞能信大乘藏識教等，生無色界得入滅定，名爲不愚法。此二者，地前毘鉢舍那菩薩及不定姓廣慧也。

章菩薩見道至隨應別説。《鈔》曰：四、總明見道上修唯識觀所依之地。

唯第四定者，菩薩見道及金剛心修唯識觀斷惑所依定心唯第四定。

後通諸地者，後修道十地行位云後。子島云：若見道、後修道十地斷惑證理所依定及金剛道後佛位所依定通上界十地。云云。廣如《私記》。

色六等者，釋諸地也，初未至、中間、四根本定云色六。《對法抄》曰：雖有中間無漏不言入見道，以遊觀無漏故，大梵居多散亂故。

隨應等者，十地中斷惑與遊觀隨應依心起唯識觀。斷惑九等下釋隨應言，斷惑無漏心除有頂故云九，色六、無色三，遊觀無漏心通有頂故云十也。

章無漏聞、思至隨依無爽。《鈔》曰：五、明由上界定修無漏觀二慧。秋篠云：隨依有二師説，一云：依者修慧也，謂義説聞、思隨所依修慧作唯識觀亦無爽也。二云：依者色六、無色四十所依地，是名依。色界無思，無色無聞，而體修慧，依十地故，義説聞、思隨體修慧亦依十地無爽也。云云。今云：後義芳野由之。

章上七未至至故不能作。《鈔》曰：六、明二定已上七未至定不修唯識，八定之中，除初定餘七未至定唯有欣上厭下心，不作總緣，行相局故，心不及一切故，不能作唯識觀也。《秋篠記》曰：初未至心總厭三界一切諸法，總緣諸謗故行相最寬，上七未至如地階級欣上厭下，無總緣行相故，云唯有欣、厭等。云云。《對法抄》曰：以聖弟子初無定心故，依初未至而斷下惑，初定已上爲前有定，皆依根本斷煩惱，不依未至。云云。

章第九斷諸障染者。《鈔》曰：自下第九門，此門大意明修唯識觀所斷障染差別。此中大分爲八，初、標牒，二、釋障言，三、釋二種障，此中有四，次下具明。四、明三住斷之三麁重，五、明三隨眠，六、明四障，七、明五住地，八、以所餘推斷除章，今即初也。

斷者，《顯揚論》曰：謂五種因斷諸煩惱，一、知彼體故，二、知彼事，三、知彼過故，四、避彼緣故，五、修彼對治作意故。云云。

章障有二種至二所知障。《鈔》曰：二、釋障字。

一俱生等者，如《成唯識》一説，此復有二者，俱生有煩惱、所知二障，分別亦爾。初煩惱即障，持業得名，後所知之障，依主得名。

章《成唯識論》至俱初地斷。《鈔》曰：三、釋二種煩惱、所知障。此中有四，初、明分別煩惱障伏斷，二、明俱生煩惱障伏斷，三、明分別所知障伏斷，四、明俱生所知障伏斷，今即初也。

現行資糧道中者，本疏十末曰：資糧位麁現行伏滅，細現行不能伏，至加行位亦皆伏。麁、細俱伏云皆。由此菩薩正願、勝解、世間力，邪見、疑等伏而不行，順世間故不起邪見。不以六行欣厭。云云。

頓伏者，一時皆伏。

種、習俱等者，初地入心無間道斷種，解脱道斷習，習謂餘氣，無堪任性。《疏》十末曰：無加行道能頓伏者，根本、後得能伏。云云。今云：此就伏俱生惑云。

章俱生煩惱至以害伴故。《鈔》曰：二、明俱生煩惱障伏斷。

地前漸伏者，一分伏云漸也。《成唯識》十說：謂初、二住由習勝解及慚愧故，損本識中染種勢力，益本識圓淨種功能，雖未斷障種實證轉依，而漸伏現行亦名爲轉。云云。此論文中初、二位者，資糧、加行二位，此位漸伏之亦名云損力益能轉。

習勝解者，資糧位信唯識勝故云習勝解，雖爾，猶未能伏唯識想。

及慚愧者，加行位伏唯識想，有所得云想。少伏煩惱故名有慚愧。又世親《攝論》曰：有慚愧故令諸煩惱少分現或不現，煩惱現行即深慚愧，慚愧者是勝解行之勝相故。已上世親《攝論》。由如是相俱生煩惱一分伏云漸伏也，《瓔珞經》說三賢菩薩唯伏不斷，餘處說地前不伏俱生惑者於資糧位不伏也，第十回向滿心四加行位伏之也。

能頓伏盡者，論曰：令永不行如阿羅漢。云云。今云：永不行者，初地已上俱生煩惱障現行能頓伏盡，第六識法空智、第七識法空平等性智現起故，二六、七。生空智亦現起，由此勢力雖出觀時能頓伏盡令永不行。

然故意力等者，前七地中，不怖煩惱者由故意力，前四地起我見等，七地已前起貪等故。

問：七地以前菩薩可故起貪、嗔、癡耶。若故起貪等，無性《攝論》中釋菩薩作殺等十種作業云唯作前七業不起後三。云云。依之則應云不起貪等三，如何。答：七地已前尚起貪等煩惱，其義源出《解深密經》、《瑜伽》、《唯識》同存此旨，所以或爲助願受生、或爲識戒力依大悲相應慧正知故起，自性染污故雖名性罪，不爲過失，大生功德。今論由故意力前七地中雖暫現起而不爲煩惱之文，復第二論文説地上菩薩所起煩惱皆由正知不爲過失之文，義意全同，無性《攝論》不起後三之文，依性罪不現行之義且説不起實貪、嗔、癡等也。已上《同學》。基辨云：起爲利生貪、嗔、癡心相故，非實迷執〔八〕貪等也。

又問：故起煩惱，故起已伏惑耶。故起未伏惑耶。若已伏者，菩薩故起爲助願受生，已伏煩惱損伏種子功能無潤生能，故起之何所爲耶。是以《瑜伽論》中初地上、中煩惱不現。云云。既下品煩惱不伏之，爾應云故起未伏惑下品耶。若未伏惑者，今論文説令永不行如阿羅漢，由故意力前七地中雖暫現起等。云云。此文應云故起已伏惑，如何。答：以云故起已伏惑爲正義。今立二理，一云：已伏煩惱以故意起之，是菩薩勝能，若云起未伏惑，非勝功能。二云：若起未伏者，違故意名言，但云上、中煩惱不現。六、七二識中，六識俱生煩惱爲上、中，第七俱生煩惱爲下品，故云伏上、中也。已上《同學》。由此等義云有時猶起也。

而不爲失者，爲利生故，爲試戒故，正知現故，不爲過失。

八地以上等者，八地已上第六生空無漏智相續起故無由起煩惱，故云永不現行。

習地地除等者，習謂無堪任性餘習氣分。地地除者，十地間地地所障，所知障每於地地斷，除俱生煩惱氣分令減種子勢力，而其種體金剛心時一時頓斷。如歲久置筥麝香，香氣雖減，麝體猶在，故云種金剛斷。

其身見等及此等者，其謂指故起俱生者。

身見等者，等邊見及此俱生者。其身、邊見俱貪等云此俱生也，至第四地此等現行永伏。

法執無故者，明永伏由。第六識身見、邊見俱所知障定愛、法愛等。於第四地斷已故，此第四地所障所知障俱身、邊見并貪、慢等永隱相不現行，故云法執無故。

此所生起等者，此謂指第四地，所生起謂害伴、不俱生煩惱，身見俱生貪等勢力所起煩惱慢等。云不俱生、又云獨起。云害伴。於第四地身見不起，俱起貪等亦無，是故至第五地不俱生煩惱、害伴亦無，故云五地不行等也。

章所知障中至習初地斷。《鈔》曰：三、明分別所知障伏斷，如文可知。

章俱生現行至方永伏盡。《鈔》曰：四、明俱生所知障伏斷。此有二，初、總説，後、別説，此即初也。

俱生現行者，俱生所知障現行。

地前漸伏者，由菩薩勝解、正願、世間力地前漸伏。

乃至十地等者，由於地地能爲障，十地之中地地無間道斷種，習氣解脱道斷。

方永伏盡者，問：俱生所知障由障地地，地地無間道斷種，解脱道斷習，何故不云永斷盡，云永伏盡耶。答：初標俱生現行故，今云伏盡，由前道力折伏後地所知障現令其不行，名之爲伏。云云。已上子島。今云：俱生所知現行地前一分伏，今云漸伏，十地間地地後地障現行永伏盡。

章若別説者至種、習俱斷。《鈔》曰：二、別説約第六、七二識委細説故云別説也。

前之六識者，前六俱所知障。

八地伏盡者，論曰八地上六識俱者不復現行，無漏觀心相續故。

七識現行等者，明第七俱生所知障，如文可知。

金剛喻定加行道者，《對法》第十説：金剛心有二，一、加行道攝，二、無間道攝。云云。《成唯識疏》十末作三釋，意云：一、以無漏心任運趣入根本智名加行道，非加行智，加行智者有趣求彼故，加行智不通無漏。云云。今云：此義加行道與加行智別，加行道唯無漏非趣求，加行智唯有漏有趣求故。二云：《對法》據二乘等説金剛心有二，非云菩薩金剛心中有加行道，故加行智不通無漏。云云。今云：此義加行道、加行智各異體一，故唯有漏。《對法論》金剛心加行道是非約菩薩説。三云：加行智亦通無漏。八地等無者，無有漏加行智如別深趣求者，八地已去有任運趣求故。《對法》説金剛心有加行道，不簡簡[九]菩薩故。云云。今云：此義加行道、加行智體一而通有、無漏，有功用趣求有漏加行智，任運趣求無漏加行智，八地已上純無漏加行智，七地已前亦雖少分有、無漏加行智，必墮有功用，故有漏善心有功用趣求也。地前全有功用加行道，此有漏心有加行、根本、後得三智，如《成唯識疏》十末具明。

章《菩薩地》説至入如來住。《鈔》曰：第四明三住斷之三粗重。

《菩薩地》説者，四十八、二十一丁右。七十三八丁左。已下應對撿。

三住所斷者，《深密經》四《地波羅蜜品》説三住斷，一皮粗重、二膚粗重、三骨粗重。云云。又《伽》四十八説一皮、二膚、三骨，又同七十三説一皮、二肉、三心。

或本作實者，以貞實與心義同歟。《私記》曰：以喻顯，謂見道所斷障易斷，如在皮病易療，第八地所斷障稍難斷，如在骨病極難療。云云。下斷章亦作皮、肉、骨。《三十論疏》十末廣明。

一極喜住等者，此舉見道斷。

一切惡趣等者，第六識俱分別起煩惱、所知二障因邪師、邪教、邪分別起者。

粗重者，種子、現行、無堪任性共名粗重，有二十四粗重，《雜集論》十一具明，又《義燈》七末廣明，又《子島私記》具會違。

能令一切中、上煩惱等者，細品爲中，粗品爲上，前六識俱生煩惱一切現行，今名一切中、上，至極喜住此一切中、上煩惱皆不現行，前六識俱生煩惱之一切不現行，故今云皆不，非有前六煩惱下品。今第七識俱生煩惱爲下品也，但一類品故此不名中、上，極微細故，不達道故，不能伏故，七地已前名我愛執藏現行位。子島曰：中、上煩惱者，即第七識相應俱生煩惱上、中品現行也，下品現行極微細故，不達道故，不能伏故，七地已前以故意力起者是也。云云。今云：此釋不爾。子島意起未伏下品惑爲故意方行，如前問答，以起已伏惑爲正義。中、上煩惱者，前六俱生煩惱一切也，第七識俱生惑但一類品，無粗細故非九地所攝，總是一品。

二無功用等下，明第八地斷。

一切能障等者，無生法忍有三，一、本性無生忍，緣所執得。二、自然無生忍，緣依他得。三、惑苦無生忍。緣圓成得。初地始得本性無生忍，故云少淨，第八地始得自然、惑苦二無生忍，故云多淨，第十地圓滿，故云極淨也。無生法者，謂真如，以無漏智忍可云忍。能障此忍，煩惱、所知二障云一切能障也。

諸煩惱品者，前六識俱生煩惱習氣。此種子，金剛心斷，今云習氣，無堪任性也。

及所知障者，前六識俱生所知現行、種子、習氣，非障地所知障、煩惱障品，所知障云在膚粗重也。

一切煩惱等者，第七識俱生下品細煩惱現行，七地已前尚自現起，至第八地無功用無相住一向不起，故云皆不現前。第七下品不現，何況得前六識俱生中、上煩惱一切現起。今總合初地已伏者云一切、云皆也，最初任運等明皆不現前由，第八地無功用初故云最初任運，無相住故云得無生忍也。

三最上成滿菩薩住下，明第十地所斷。

一切煩惱等者，第七俱生煩惱、習氣、無堪任性。種子，隨眠。及前六識俱生所知障種、習，第七識俱生所知障現、種、習，此云在骨粗重。

章《解深密經》説者三隨眠。《鈔》曰：此下第五明三隨眠。文有五，初、標牒，二、明害伴隨眠，三、羸劣隨眠，四、微細隨眠，五、由三重斷辨三隨眠所在，今即初也。《深密經》第四十六紙。《地波羅蜜品》説也。

章一害伴隨至永無復有。《鈔》曰：二、明害伴隨眠。此有二，初、經文，後、章主釋，今即初也。

謂前五地者，舉示害伴隨眠所在并斷位。此五地中，前四地唯害伴隨眠所在，非斷位也，第五地是斷位，亦所在處也。

問：害伴之名是第四地所伏害、身見等伴類故得名，而云何第四地、第三地、第二地有害伴者，不俱生惑今云前五地耶。又第五地、第四地斷害伴處，何云所在處耶。子島答云：害伴之名有二，一云：正得害伴名，是第五地所斷不俱生貪等，即第四地身見俱者。二云：五地中前四地亦有我見不俱起，獨起貪等，皆名我見伴類，此前四地亦有身見俱起貪等，第四地斷時隨無故，名我見伴類也，唯第五地所斷助伴一類不俱生貪等得別名害伴也。

諸不俱生等者，《燈》曰：此言俱生者，非對分別任運起名爲俱生，第六識中與身見俱起貪等名爲俱生。不俱生者，獨起貪等不與我見俱故名不俱生。由我見俱起貪等勢力所引煩惱，於第四地身見不起故，俱生起貪等亦無故，至於第五地不俱生者亦不生也。

彼於爾時等者，彼謂名助伴者，爾時者，於第五地時，永無復有者，我見俱起貪等既不起故，彼不俱生者亦自不起也。

章此意説言至故名害伴。《鈔》曰：二、章主釋經文。

所餘煩惱者，與身見不俱獨起貪等，此名不俱生。

然體稍粗者，不俱生惑體稍粗。

因彼而起等者，彼謂第四地斷害已煩惱，不俱生者因是起也，由俱生者斷害已故，此不俱生亦隨無也，此害伴義。

章二羸劣隨至稍難斷故。《鈔》曰：明三隨眠五文中，第三明羸劣隨眠，此《深密經》文。

云此隨眠體者，前六識相應俱生煩惱所知現行，示障稍微細云羸劣也。

謂第六、七地等者，第六、七地不起伏道，微細現行。

若修所伏等者，於第六、七地若修伏道時，微細現行，羸劣亦所伏不現行。

非俱生身見等者，第四地斷俱生身見，對此羸劣粗，此羸劣稍細故，非第四地斷俱生身見時此羸劣亦隨滅，微細難斷故，第五地中不能斷也。

章不違《楞伽》至貪即不生。《鈔》曰：下二章主會違。此中三文，初、總敘不違，二、正會第一釋，三、第二會釋，今即初也。難違云：若言身見雖第四斷，與身見不俱生羸劣隨眠六、七地中猶行，則如何《楞伽經》説俱生身見斷故即不生耶。會此違作二釋，如次下文。《楞伽》者，經第二二十一紙。所説也。

章彼約二乘至惱不生説。《鈔》曰：二、正會第一釋。

彼約二乘等者，彼謂指《楞伽》説。彼説約二乘斷第九品我見則貪等不生，非如《瑜伽》等説菩薩地地斷所知故煩惱不生。

章或依二隨至亦不相違。《鈔》曰：三、第二會釋意言《楞伽》依害伴、羸劣二隨眠究竟斷位貪等不生故，與《瑜伽論》説亦不相違。

章三微細隨至爲依止故。《鈔》曰：明三隨眠五文中，第四明微細隨眠，此隨眠體謂第七識相應所知障現行。

於第八地已上者，於者境第七聲，示微細隨眠現行之處。

從此已去等者，立理釋成。八地上生空觀

長時相續故，一切煩惱一向不現行，唯有障地所知障，故此微細隨眠此第七識相應所知障現行爲體也。

爲依止故者，子島云：依止謂所依止。一云：所知障是所依，煩惱障是能依。二云：第七識是所依，第六識是能依也。云云。今云：二釋俱不穩。今釋：所知障是所依止，微細隨眠是能依也。此彰微細隨眠唯有所知障爲體，依止謂體相也。

章然由初地至住在佛地。《鈔》曰：五、由三住斷辨三隨眠顯得位。

顯得者，初地已前在皮粗重分別二障。現行，故不顯有害伴羸劣俱生微細，已斷皮粗重時顯知初二隨眠所在位，謂示顯知處。顯微細隨眠位，例准可知。

章《寶性論》中至覺捨小障。《鈔》曰：自下當門文段八文中，第六明四障。此中有二，初、舉四障名，二、明伏斷四障位次，今即初也。

《寶性論》者，第三四紙左。文。堅慧菩薩造，菩提留支譯。

闡提不信障者，由《樞要》，闡提有三[一〇]，一者、一闡底迦，樂欲義，樂欲生死也。二者、阿闡底迦，不樂欲義，不樂涅槃故。三者、阿顛底迦。名畢竟無涅槃性故。子島云：此等中皆誹謗三寶、四諦，不信善惡因果故，名不信障。云云。

外道著我障者，《私記》曰：外道由邪師、邪教，執實我，我所名著我障也。

章十信第六至種金剛斷。《鈔》曰：二、明伏斷四障位次。

伏初障者，得信不退，伏闡提不信障。

伏第二障者，第四生貴住安住諦理故，伏外道著我障。

七地方斷等者，《三十論》九說：七、細相現行障，謂所知障中俱生一分執有生滅細相現行，彼障七地妙無相道，入七地時便能永斷。云云。

《疏》曰：由前六地作緣起觀，流轉、還滅尚有生滅微細相故，故名爲障。此地真如名種種無別真如，故此道名妙無相道，此細相爲障。云云。

此中猶觀十二緣者，此觀生死細相也，此名緣覺捨心障，此所知障。

或初二下，就斷煩惱種明。

後二煩惱者，後二所知俱煩惱，此種金剛心斷。

章《勝鬘經》説至無明住地。《鈔》曰：此下第七明五住地。此有二，初、明五住地名。

地者，《唯識疏》九末曰：地者依止，種子與現行爲依，名之爲地，此約數、五住不同。種、斷見、修二斷。名之爲地。云云。今云：住心也。地者，所因起即種子也。

見一處住地者，見道所斷分别起煩惱總名見一處，住地言此云煩惱。次三亦爾。

欲愛者，欲界俱生煩惱。色愛者，色界俱生煩惱。有愛者，無色界俱生惑。此三愛，修道斷。

無明住地者，見、修所斷所知障。此住地言所知障也。

章見一處住至頓、漸而斷。《鈔》曰：二、明五住地斷位。

頓、漸而斷者，見斷所知頓斷，修道斷所知修道地地漸漸斷也。

若初四習已下，明斷無堪任性，初四習中見一處習真見道、解脱道頓斷，欲愛等三修所斷，習雖種子金剛心斷，習於地地中斷，所知障時煩惱習隨斷滅，如麝體有香氣先滅，故今云隨同所知等也。

章或説六煩至説餘所除。《鈔》曰：大文第八以所餘推餘章。

六煩惱者，貪、嗔、癡、慢、疑、見也。如《對法》一十丁。説：七隨眠者，一、欲愛隨眠，二、瞋恚隨眠，三、有愛隨眠，四、慢隨眠，五、無明隨眠，六、見隨眠，七、疑隨眠，具如《對法》六十八丁。説。

八纏者，一、惛沈，二、睡眠，三、掉舉，

四、悔，五、嫉，六、慳，七、無慚，八、無愧，如《斷障章》中具辨。

九結者，一、愛結，二、恚結，三、慢結，四、無明結，五、見結，六、取結，七、疑結，八、嫉結，九、慳結，如《對法》六十六丁。說。

十煩惱者，十根本煩惱，如《對法》六十四丁。說。

十分別者，無性《攝論》四二十三丁。曰：一、根本分別，謂阿賴耶識。二、緣相分別，謂色等境爲所緣相所起分別，五識俱第六識。三、顯相分別，謂眼等五識并所依根、五根。識。第八識。四、緣相分別，謂第六識。五、顯相變異分別，謂前五、第八識。變異者，老等變異，樂受等變異，貪等變異，逼苦時節等變異。六、他引分別，由他教所起分別，即第六識。七、不如理分別。八、如理分別。九、執著分別，六、七識。十、散動分別，諸菩薩擾亂無分別智分別也，即前五、第六識。

十散動者，此十分別中第十散動分別，故十分別先舉十散動，後舉爲正。《無性》四曰：一、無相散動，二、有相散動，三、順益散動，四、損減散動，五、一性散動，六、具性散動，七、自性散動，八、著別散動，九、如名取義散動，十、如義取名散動。

等者等取十一障、二十二愚。

此說唯識等者，此門明斷說但唯識觀斷，不說餘觀所除也。

章第十歸攝二空者。《鈔》曰：自下當章第十門明以唯識觀攝生、法二空觀。此中有十，初、標牒，二、舉二空名，三、明唯識觀通二空觀所以，四、會難，五、難云法空必帶生空，六、釋通前難，七、明生空觀是唯識觀，八、立五門釋此有五。九、結定會《二十論》，十、以餘義推餘章，今即初也。

章諸論說二至空二法空。《鈔》曰：二、舉二空名。

諸論者，《瑜伽》《唯識》《攝論》，處處廣說。

章其唯識觀至通生、法空。《鈔》曰：三、明唯識觀通二空觀所以。

尋思實智等者，今云：尋思觀觀所取空，伏除生、法二執，如實智觀能取空，唯伏除法執，故尋思、如實兩觀通生、法二空觀，故知唯識觀通二空觀。

章爲生所依至論識說故。《鈔》曰：四、會難。難云：唯識觀通二空觀，則何故論云爲入我空説六二法，爲入法空復説唯識耶。今文以四義答釋此難。

爲生所依等者，第一義答。意言：以法空爲生空所依，但說法空唯識觀。

意求種智等二句，第二義答。謂菩薩所修本意爲斷法執得佛種智，專觀法空，故說法空唯識觀。秋篠云：種智者，盡所有性一切種智，即後得智是也。

爲於二空第二句，第三義答。《三十論》初曰：今造此論，爲於二空有迷謬者生正解故，既言爲令悟二空明唯識，云何不通生空觀耶。

然且法觀等三句，第四義答。《三十論》五說：我見起位，彼法我見亦必現前，我執必依法執而起，如要迷杌等方謂人等。同論第十疏曰：明法空觀必帶生觀，加行入心雖獨法空，入必細故帶其粗意。云云。

論誠說故者，《佛地論》曰：必執有法，而計我故。云云。《三十論》亦處處說。

章何故翻悟至不迷於體。《鈔》曰：五、難云法空必帶生空。又有二，初、難，後、難數，今即初也。難意言：不約求悟觀，但由迷執說我執必由法執，起帶法執，何故不約迷執說求悟觀，不云生空必帶法空耶。若以解有等七句設救難，此中初二句救，亦應迷有下正難救。救言以觀解有淺深，悟生空未必悟法空。今難救云：若爾，以應迷執亦有淺深，迷我用應不迷法體。

章今釋未有至未必帶法。《鈔》曰：六、釋通前難。

未有解體等者，未有已知杌木者迷爲鬼恐怖者，悟有淺深，但悟淺者不能達深，故生空未必帶法空也。

章《二十唯識》云至亦唯識故。《鈔》曰：七、明生空觀是唯識觀。

餘教者，說十二處之餘，即說唯識教。此唯識教已下章主文，此言指餘教，以說唯識教示悟入法空。

獨作生空等者，單生空觀，如內遣有情假緣智是也，亦言亦法空唯識觀。

章但是法空至唯識觀故。《鈔》曰：此下八立五門，釋文有五，此第一門，以二空觀對唯識觀，以定不定辨。

章唯識觀寬至唯是唯識。《鈔》曰：此次二門，以生法觀對唯識觀，以通局辨。

章生觀義寬至有生空非。《鈔》曰：此第三門，以生空觀對唯識觀，以通局辨。

唯識觀者，菩薩所修生空觀。

非唯識觀者，二乘生空觀。

有生空非者，二乘生空觀即非唯識觀。

章由此唯識至乘生空觀。《鈔》曰：此第四門，以唯識觀對生空觀，明無唯識觀非生空。前句者第三門也。

章法空對唯至其義可知。《鈔》曰：此第五門，以法空觀對唯識觀明。

此二作句者，子島云：作字作俱不是。今云：作俱爲是，生空亦唯識句，法空亦唯識句，自應知在前門中也。

章總相而言至據決定說。《鈔》曰：九、結定會《二十唯識論》。

章復說諸空至如《空章》說。《鈔》曰：十、以餘義推餘章。

《空章》者，子島曰：義寂纂第十《唯識章》次有《空章》，以五門分別，第一明增減，說一空乃至二十二空。第四三乘得門云：上諸空中，生空所顯者三乘皆能入，法空所顯者唯菩薩入。云云。又秋篠云：此章二執義末略標五頌説諸空義。子島評云：此强寄釋也，非全《空章》也。今云：不爾。以秋篠釋爲穩，然下二執義末《空章》文初有大脱落，顯然可知，至下應辨。

大乘法苑義林章師子吼鈔第八尾

安永第十巳四月即天明元年有改元，於東都淺草延命院講演之砌清書一校了。

草案安永五年記之。

慈恩末學受菩薩戒近住基辨書。

天明六年丙午十一月八日於南都興福寺妙光院對屋校正清書已，明年未歲三月下旬，於皇都京極善長寺東武緣山并高野山、京東山禪林寺所〔二〕衆依有懇望欲《義林章》令講演，爲其用意由《總料簡章》校閲漸至此章已，冀以此功德慈父悲母報恩謝德往生佛國，四恩法界，平等利益，回向無上大菩薩〔三〕。

法相大乘沙門釋基辨。大同坊，生年六十九歲。

校勘記

〔一〕「伺」，疑爲「思」。

〔二〕「後」，底本原校云甲本後有「智」字。

〔三〕底本原校云：「原本、甲本俱傍註曰：永安十年於東都講此章時問予。」

〔四〕底本原校云：「原本、甲本俱傍註曰：藥師寺地藏院良基法印爲此問。」

〔五〕「智」，疑後脱「依」字。

〔六〕「得者」，底本原校云甲本作「有」。

〔七〕底本原校云：「原本、甲本傍註曰：清、周、子島三家共云亦上句悲願受生，不爾。」

〔八〕「軌」，疑爲「執」。

〔九〕「簡」，疑衍。

〔一〇〕底本原校云：「原本冠註曰：《樞要》説三闡提中，第二大悲闡提故非不信障。第一、三樂欲生死，無涅槃行性，俱不信四諦、三寶故，此所云不信障，所言無性闡提。」

〔二〕「所」，底本原校云甲本後有「化」字。

〔三〕「薩」，疑爲「提」。

大乘法苑義林章師子吼鈔卷第十《諸乘章》。

南都西京藥師寺傳法相大乘沙門釋基辨撰

章乘義略以至問答料簡。《鈔》曰：自下《諸乘章》。此章大分爲二，初、牒章分科，後、隨科釋成，今即初也。

乘義者，乘謂運載義，若依俗釋，乘駕也，《廣雅》。乘載也。《周禮》。若由《攝論》釋曰：六度萬行亦乘亦大，法性真如所乘六性，事性但能運載行者，自運運他至於彼岸，皆名爲乘。云云。已上《玄贊》。又曰：乘謂運載，教、理、行、果健運之義。已上《對法抄》。義謂差別，一二三四五之運載，彼彼教、理、行、果施設建立，自成差別。此章中具明其差異，故云乘義。

增減者，乘有一二三等，今明是云明增減也。

章第一明增減者。《鈔》曰：自下此章大文第二隨科釋成。此中有五，前列五門。第一增減門中有六，初、標牒，二、舉一乘說處，三、舉二乘說處，四、舉三乘說處，五、舉四乘說處，六、舉五乘說處，此即初也。

章或說一乘至有一乘法。《鈔》曰：此下二舉一乘名說處。此有五文，初、引《法花經》證，二、引《勝鬘經》證，三、舉《辨中邊論》無上乘證，四、舉《顯揚》六因，五、舉《攝論》十因，此即初也，《法花經》第一《方便品》。之文也。經全文曰：說佛智慧故，諸佛出於世，唯此一事實，餘二則非真。云云。《玄贊》釋曰：佛智慧者有三義，一云：佛果上菩提、涅槃智性、慧用名智慧。二云：唯真智。三云：多說智性。此中以初義爲正。已上《玄贊》取意。今云：若不言智唯言理，則佛證真淨法界，遂自不彰故。智、理並取，爲今家實義。又經曰：十方佛土中，唯有一乘法。云云。今云：上説佛智慧，今復説佛土中唯有一乘，此顯説智一乘，即説四佛知見。下廢立門中云：《法花》分明以智慧爲一乘，隱説真如。云云。又釋：雖説化城，亦非真滅，説大涅槃俱爲實所，而未分明説真涅槃。由二乘者所得涅槃俱名爲化，菩提全不得故，顯以智慧爲一乘，令彼二乘欣求也。

章《勝鬘經》云至世間善法。《鈔》曰：此下二舉《勝鬘》一乘。此中引三箇文，是第一文。經曰：世尊，如阿耨大池出八大河，如是摩訶衍出生一切聲聞、緣覺、世間、出世間善法。云云。此經《述記》曰：聲聞等四有因果二故成八，故説八大河。云云。今云：此經説涅槃界流出一切爲涅槃界第一義乘，如下具明。

章及至又云至即是一乘。《鈔》曰：是第二文。

皆入大乘者，《述記》曰：小大對明攝入。云云。如下文言，《勝鬘》乃以真理爲一乘，不説智慧故，攝入、攝入二乘。出生從涅槃果流出一切。二種俱盡。經説涅槃界第一義乘故，以小入大由是應知。

即是佛乘者，《述記》曰：因果對明攝入。云云。大乘是因，佛乘是果，此經説涅槃界第一義乘，第一義乘今云大乘，理一乘故爲因。

是故三乘等者，《述記》曰：三一對明攝入，三乘入一乘名總明攝入。云云。

章又言若如至一義乘等。《鈔》曰：是第三文。《述記》曰：若如來等下明攝入。於中有二，初、明權，二、明實。若如來等下初明權也，即《法花經》中破三歸一俱有攝入，即是如來隨彼意欲而方便説，非真了義故名權説也。已上《述記》。又《述記》曰：二乘者，下二明實也。今此經中具明出生攝入一乘，真諦了義不隨他語名真説故。若《法花經》中説一乘是實、二乘稱權，以於一佛乘分別説三故，息處爲二，密遣二人等也。若此經中四乘是實、一乘稱權，以有無種姓、定姓二乘故，各別説説人爲實。若隱種姓，種姓別運載。總説一乘，一乘是權，《攝大乘論》爲引攝一類等，頌破不定姓令歸大乘，非定姓故。已上《述記》。

即第一義乘等者，下廢立中云：《勝鬘》乃以真理爲一乘，不説智慧，如下具明。

章《辨中邊論》至如彼廣説。《鈔》曰：三、舉《中邊論》無上乘。

一、正行無上者，有六種正行，一、最勝正行，此有十二最勝行。論云：十二最勝行者，一、廣大最勝，終不欣求一切世間富樂自在，志高遠故。二、長時最勝，三無數劫熏習成故。三、依處最勝，普爲利樂一切有情爲依處故。四、無盡最勝，回向無上正等菩提爲窮盡故。五、無間最勝，由自他平等勝解，於諸有情發起施等波羅密速圓滿故。六、無雜最勝，於他有情所修善法但深隨喜，令自施等波羅蜜多速圓滿故。七、自在最勝，由三摩地力令所修施等速圓滿故。八、攝受最勝，無分别智之所攝受，能令施等極清淨故。九、發起最勝，在勝解行地最上品忍中。十、至攝最勝，在極喜地。十一、等流最勝，在次八地。十二、究竟最勝，在第十地及佛地中，菩薩、如來因果圓滿故。云云。二、作意正行，謂聞、思、修三慧作意行。三、隨法正行，謂隨法無散倒、轉變行。四、離二邊正行，《寶積經》中所説中道行。五、差别正行，十地所修十波羅蜜多行。六、無差别正行，十地所修十波羅蜜，於一一地亦修行也。

二所緣無上者，有十二所緣。一、安立所緣，謂十波羅蜜多等安立法門爲所緣也。二、法界所緣，謂一真法界非安立諦之所緣也。三、所立。四、能立，謂前二種波羅蜜多等差别法門，要由證法界以成故，一一有所立、能立所緣。五、任持所緣，謂聞慧任持義所緣。六、即持所緣，謂思慧印持義所緣。七、内持，謂修慧内别持所緣。八、通達所緣，謂初地見道所緣。九、增所緣，謂修道位無漏增長所緣。十、證所緣，謂前七地所證境。十一、運所緣，謂第八地任運所緣。十二、最勝所緣，謂第九、第十、如來地之所緣境。

三修證無上者，有十種修證。一、無闕修證，謂簡無姓大乘種姓修證。二、不毁修證，謂勝解行地信解修證。三、不動修證，謂勝解行地發菩提心堅固修證。四、圓滿修證，謂勝解行圓滿修證。四加行位。五、現起修證，謂初地見道修證。

六、堅固修證，謂修道位善根長時積集成就有情修證。七、調柔修證，謂八地上心調柔位，即淨土因修證。八、不住修證，謂八地上不住著生死、涅槃，無住處涅槃因修證。九、無二障修證，謂佛地修證。十、無息修證，謂四智示現無休息盡未來際修證。《二十唯識疏》舉此三無上已曰：即由此教，唯識中道教。辨斯三義，正行、所緣、修證。名爲大乘。云云。

章《顯揚》第二十至所說十因。《鈔》曰：四、明《顯揚》六因。

不過《攝論》等者，《顯揚》六因、《攝論》十因相攝，如次章文。

章《攝論》第十至如下當說。《鈔》曰：五、明《攝論》十因，次下廢立中具明。

章或説二乘。《鈔》曰：此下第一門六文中，第三舉二乘名説處。此中三文，初、標牒，二、《攝論》文，三、《涅槃經》二箇文，今即初也。

章世親《攝論》至有差別故。《鈔》曰：此二舉《攝論》文。

章《涅槃》又云至大乘、小乘。《鈔》曰：此三舉《涅槃》二箇文因示，餘論亦有此例。

《涅槃》又云下，《涅槃經》第一箇文，北本五二十右。《如來性品》文也。

又云一者下，同經第二箇文也。《普耀經》二亦同説曰：菩薩在胎十月，開誨三十六載，諸天、人民使立聲聞及諸大乘。云云。

《唯識》《攝論》等下，示餘論亦有斯例。

《唯識》者，《成唯識》三二十一丁。曰：若無大乘，聲聞乘教亦應非有。云云。《攝論》者，《無性》一七丁。亦有大乘、聲聞乘文。

亦名大乘等者，聲聞乘名小乘，如次下釋，處處論文名大、小乘多在。

章或説三乘。《鈔》曰：此下第一門六段中，第四舉三乘名説處。此中有三，初、標牒，二、舉《涅槃經》，三、舉《法花經》，此即初也。

章《涅槃經》云至性爲第三。《鈔》曰：一、舉《涅槃經》，北本十一十五左。文也。

譬如病人等下，經約機別説四機中，説有三乘。

即以大乘等下，章主釋文。

章又有三乘至處處非一。《鈔》曰：三、舉《法華經》。

故契經言等者，《法華經・序品》文引之立菩薩、獨覺、聲聞三乘名。

此三乘文等者，章主示餘處説。《普耀經》五曰：爾時菩薩定坐六年現勤苦行，教授開化十二載，天人立之三乘文。

章或説四乘。《鈔》曰：此下第一門六段中，五、舉四乘名説處。此中有三，初、標牒，二、舉《勝鬘》四重任，三、舉《般若》四乘説，此即初也。

章《勝鬘經》言至校以大乘。《鈔》曰：二、舉《勝鬘》四重任。

攝受正法等者，《述記》曰：今攝受正法，能含四種衆生。云云。謂離善知識等，荷第一重任，無聞正法不由善法衆生即無姓有情。求聲聞者等者荷第二重任，求緣覺者等第三重任，求大乘者等第四重任。

章《大般若經》至爲答所問。《鈔》曰：三、舉《般若經》四乘説，經五百九十卷二十右。文也。

性決定者，今問：此性言云理性歟。將指體性歟。如何。答：若理性者，云何論決定、不決定。謂理性是本淨涅槃，其體真如淨法界，一切衆生凡聖共有故。論定、不定者，應非理性，《楞伽經》説真故無別即理性，又《樞要》上曰一切衆生悉有佛性者約理性全説是也，由此道理，今此性言應非理性。若爾，以何爲性。謂此性言指體性，體性者是體相，如計、依、圓三性，經中説三性相，亦云性相別論，或名相用別論。又問：體相者指何物耶。答：一切心相依緣顯現名體相別，體相別故相用亦別，《楞伽經》説俗故相亦別是，又《樞要》説悉有佛性者行性一分是。

今既有定、不定相別，明知此是心相緣起有定、不定相別，而此定、不定別非實有，非有似有如幻假有。若實有者，同大衆部計，學者勿忽。

章或説五乘至人天之乘。《鈔》曰：此文第一門六段中第六舉五乘名，此中三文，初、舉五乘名，初四句是，二、人天乘之證，《善戒經》等已下文是，三、舉五乘説處，又稱讚大乘等已下文是。已上第一明增減門已。

章第二辨體性者至總名爲乘。《鈔》曰：自下第二門辨乘體性。此中有六，初、標牒，總舉乘體，二、明一乘體，三、明二乘體，四、明三乘體，五、明四乘體，六、明五乘體，今即初也。

教、理、行、果業者，此四有根本、方便別，由天親《法花論》作此別已，如次廣明。此四之中，教、行、果三就能乘名爲乘，理是所乘非能乘，就所乘名爲乘，雖有此別，今總言爲乘也。《一乘章》曰：明真實體者，根本大乘教、理、行、果及能入大乘方便皆名一乘，咸有運載之功能故。云云。

章教一乘者至三藏教法。《鈔》曰：二、明一乘體。此中有五，初、明教一乘，二、明理大乘，三、明行大乘，四、明果大乘，五、舉助一乘體結。初中有四，初、標牒總明，二、明根本教大乘證，三、明方便教大乘證，四、結根本、方便二教大乘，今即初也。

詮順等者，總明詮，謂能詮，其詮順大乘故云教大乘。

問：今明教一乘以説大乘證文釋，又次不云理一乘云理大乘，一乘、大乘名既成異，何故今如是混合耶。答：契經誠説爲據。《勝鬘經》説：大乘即是一乘。云云。又曰：大乘者即是佛乘，是故三乘即是一乘也。云云。

問：以何義故云教大乘耶。答：詮順大乘三藏教等，文義方廣名大，有健運功曰乘，是持業釋，如《對法抄》一。十六丁。

問：成立大乘即是一乘，唯今家説，將他家

亦成立耶。答：《十二門論》説，諸佛所乘故名爲大，大士所乘故名爲大。一乘但果，如《法花》説。又嘉祥《法華論疏》上曰：問：大乘、一乘此有何異。答：有同有異。所言同者，即一而包故一乘稱大，即大無二，故大乘名一，故下經云爲諸聲聞説大乘經名《妙法蓮華》，故知一大無二。所言異者，《金剛般若》云，爲大乘者説、最上乘者説，故知大與一異。如《智論》云，是乘從三界出，至薩婆若中住，至佛乘反名一切種智，不復名乘。故知一乘但果，又大乘通因果，如《十二門論》説。先已引。

章故《攝論》言至本教大乘。《鈔》曰：二、明根本教大乘證，無性《攝論》第一之説也。

此正本教大乘者，此六字章主文。

問：何故引《阿毘達摩大乘經》等爲根本教大乘耶。答：能詮是大乘，名大乘經，非如九部六法等入大乘名爲大乘，但能詮方廣、授記等言教名教大乘。又《顯揚論》八曰：無上大乘施設建立有七種者，一、緣離言説一切法真如無分別平等出離慧，二、此慧所緣，三、此慧所依，因緣依、增上緣依也。四、此慧伴類，緣離言、緣記有無漏、第六心所等。五、此慧所作業，敬禮讚歎諸佛菩薩，讀誦大乘經典，念持呪、陀羅尼、佛名等，以聞、思慧聞持、觀察淨法界等流敬法，聞、思薰習及修造諸佛菩薩形像，供養大乘三寳，護持大乘六波羅蜜等也。六、助慧資糧，感勝異熟有漏善業及十勝行，遣虚存實唯識觀等。七、慧所證果。順解脱分、順決擇分，似所證果及見道已上，地地所證真果，如來位究竟圓滿所證果。本教大乘[二]，若依二乘施設建立，於四聖諦七種事爲能詮，説大乘名方便教大乘，《瑜伽論》中説真實義門根本大乘，隨轉理門説是方便教。

章又《法華》云至便教大乘。《鈔》曰：三、明方便教大乘證。

《法華》者，經第一《方便品》文也。經文曰：或説修多羅、伽陀及本事、本生、未曾有，亦説於因緣、譬喻並祇夜、優婆舍經，我此九部法入大乘爲本，隨順衆生説，以故説此經。云云。

又《勝鬘經》言等者，是亦方便教大乘證。

正法住等者，如前章辨。

爲大乘故者，《無垢稱贊》釋意由經意云。住滅者，能學小乘經論，善順益助大乘，名大乘住。又能學小乘經論除障、大乘除障，名大乘滅，故云爲大乘故也。

說此六處者，處謂門，即差別義、方便義。淨影《十地疏》。

此方便教大乘者，此六字章主文結方便教。

章故知詮順至皆教大乘。《鈔》曰：四、結根本、方便二教大乘。

若方便、若根本者，原出天親《法花論》中，《周記》釋今文曰：故知詮順至教大乘者，能詮教若根本教、方便教二皆名爲順大乘也。行等言順，亦准此知。已上《周記》。基辨詳云：《周記》所釋之中，且就教大乘根本、方便順大乘義釋教大乘，所餘理、行、果爲順大乘，委細差別如何。答：《一乘章》曰：真實體者，根本、大乘教、理、行、果及能入大乘方便四法皆名一乘，咸有運載之功能故。根本教者，此品初云其智慧門難解難入，本論釋言《阿含》甚深。基辨云：阿含者，此云教。甚深者，難解難入之大乘也，若本論釋云證其甚深，則約能證邊則行大乘根本，又約所證邊則理大乘根本。今爲教大乘之證故，以釋云《阿含》甚深而爲證文，學者思惟應辨意已。又《攝大乘》云《阿毘達磨大乘經》等。問：此文云何爲根本教、大乘之證耶。答：阿毘達磨者，議論決擇大乘性相也。經者，大乘三藏教法之中佛說修多羅藏故，彰修多羅藏教即大乘。今云大乘經爲證也。

方便教者，此品下云：或說修多羅伽陀等，亦說於因緣譬喻等，我此九部法入大乘爲本，隨順衆生說，以故說是經，《勝鬘》亦曰正法住等。等正法滅、波羅提木叉、毘尼、出家受具足。爲大乘故說此六處，故小三藏皆大方便。

根本理者，謂法性真如、六度等行，乘此真理能有所往，佛果大乘。故名大乘。今云：前云教大乘能詮，此明理大乘所詮。又次明行大乘能觀、能證智，對其智行則今明理大乘所觀、所證也。

方便理者，謂四諦理，二乘所觀皆方便理故。《勝鬘》云：聲聞知有作四聖諦，佛知無作四聖諦。《涅槃》亦言：聲聞有苦有諦而無有實，菩薩具有，由此二根本、方便。理皆理一乘。

根本行者，謂六度等菩薩萬行。如次下具明。

方便行者，小乘行等爲大乘説，依三藏教進善滅惡、修無漏行皆行大乘，由此二行皆行一乘。

根本果者，佛身所有菩提、涅槃。又《壽量品》説法、報、化身皆果一乘。

方便果者，二乘所有菩提、涅槃，此經下説汝等所行是菩薩道，次下如具明。羊、鹿二車爲求牛車出於火宅方便施設，二乘得蘇息處，四智究竟得涅槃者是佛方便，故二乘果亦是一乘。

總明由頓悟者，正學根本教、理、行、果，兼爲伏化二乘者故亦學方便教、理、行、果。其漸悟者初學方便，後回心已方學根本，所學法同，初、後全別，故知但有二種佛性，理、智二因，無漏現、種，有爲、無爲根本、方便所有教、理、行、果能成佛者，皆一乘體，兼取有漏地前功德及十地者助爲一乘，未乖正理。已上《一乘章》取意。由此等釋，以正與兼釋順大乘，如次具辨。

章理大乘者至名爲大乘。《鈔》曰：此下明一乘體五文之中，第二明理大乘。此中有三，初、標牒明理名大乘，二、明根本理大乘，三、明方便理大乘，今即初也。

謂真如理者，明理大乘體，《辨中道〔三〕論》説真如淨法界爲所緣無上，六度等行下明真如理名大乘，六度等行是能運載，真如理者所乘行，行大乘也，能觀、能證智俱身、語、意業也。能乘於真理，理大乘。必有所往，果大乘，正但佛果，兼取十地。名爲大乘。大之言爲真如大法，乘是能乘，大即所乘，此此理即大乘。名能運載行，行有大乘，大運載用。有財釋也。乘此真如之乘言通能、所乘，自行邊見則爲能乘，自真如理見則是所乘。

章故無性言至唯舉根本。《鈔》曰：二、明根本理大乘，論第一初丁。文也。

乘大性者，乘是所乘真如妙理，大謂一真法界體故名大性，乘即大性，持業釋。以此乘大性名於能乘，有財釋也。

此唯舉根本者，章主彰根本義之文，如《顯揚》八説，無上大乘施設建立於緣離言説真如境界、無分別平等慧七種事，故大乘之根本真如妙理，故以真如爲大乘，是根本乘非如，以二乘四諦等助大乘故，名大乘也。前所云教大乘所詮之理爲理大乘，如前明，次方便理大乘亦復爾，上所云方便教大乘之所詮也。

章《勝鬘經》言至皆理大乘。《鈔》曰：三、明方便理大乘。此文中有四文，三箇證文，一箇釋文。

《勝鬘經》言下第一箇證。

聖諦者，以四聖諦爲方便理大乘，何故今説非聲聞、獨覺諦等。謂今此經所説四諦以苦、集、道三諦歸一滅諦，滅諦即第一義諦故，非如二乘以有爲、無爲、漏、無漏因果等相有别觀證得四諦，故云非聲聞、獨覺等，是彰四諦所歸即大乘，非二乘説。

《法華論》云下第二箇證。

念觀者，四念處觀，此雖小乘修觀，聲聞人但於人無我觀身、受、心、法，菩薩於真如二無我修觀，是住大乘心地修小乘觀，即方便理大乘。

《涅槃》亦言下第三箇證。經北本十三六丁。《聖行品》文也。

有苦、有諦者，聲聞但於苦果觀人無我故云有苦，觀人無我是即諦理故云有諦。

無有實者，不作諸法絶言真如之觀，云無實也。

菩薩具有者，大乘菩薩於四諦一一觀絶言真如故，爲有四諦。有實今云具有，具謂周備義也。

故大乘下，一箇章主釋文。

大乘方便者，以小乘觀之境順助大乘絶言真如修觀，是修理大乘觀方便。若以大乘觀理不作小乘觀，則諸法真如觀不圓具故。

章行大乘者至故名大乘。《鈔》曰：此下第三明行大乘。此中有三，初、標牒，明根本行大乘，二、明方便行大乘，三、結根本、方便二行大乘，今即初也。

謂六度等者，明行大乘體。《辨中邊論》説正行無上有離二邊正行、中道觀行。差別正行、十地十波羅蜜行。無差別正行。十地十波羅蜜於一切地行也。復説所緣、所觀境也。無上有安立、十度四攝。法界一真法界非安立觀。等無上，是即行根本順絶言真如，名爲根本行順大乘。又《法華玄贊》云：六度等者，菩薩萬行。云云。

亦乘、亦大者，亦乘謂能運載即六度四攝等，亦大者謂六度行有七大性，大謂真如淨法界絶言妙理，此爲所觀。起能觀智名行，即身、語、意三遊履絶言境名行，即能運載名行，乘行。體相。持大絶言妙理。相，持業釋也。

章又《勝鬘》云至名曰大乘。《鈔》曰：二、明方便行大乘。

正法住等者，毘尼六法爲大乘方便行，謂此是聲聞乘別解脱戒，六法悉方便非真實，雖爾，順助大乘觀行故，經説爲大乘故説此六法，故今以是爲方便行順大乘也。又《一乘章》曰：依三藏教進善滅惡、修無漏行，皆行大乘。

章《法華論》言至名行大乘。《鈔》曰：三、引《法華論》結根本、方便行大乘。

厭苦、離苦等者，若聲聞人觀生無我厭苦離苦證得苦、集諦理但名方便，非真實故，不得名行大乘。若菩薩姓不定姓人以絶言真如理觀生無我苦、集，不見有、無爲漏、無漏因果，而歸滅諦第一義乘，爲方便行順大乘，與菩薩修六度、四攝所歸相同，即順大乘者菩薩所行觀絶言如，住自他無二平等心，修六度四攝等，自順真如妙理，誠是方便行順大乘。

若根本行、若方便等者，正結二行大乘。

章果大乘者至是果大乘。《鈔》曰：自下明果大乘。此中有三，初、標牒，舉根本果大乘證，二、舉方便果大乘證，三、結二果大乘，今即初也。

謂佛菩提等者，示根本義，佛謂彰諸佛圓證菩提、涅槃。若由《佛地論》意，亦取諸聖分證二果爲根本攝。若由《一乘章》意，教、理、行、果四法之中，根本果正取但佛身所有菩提、涅槃，兼取有漏地前功德及十地者。今此文置佛言，彰正取佛圓證二果。

菩提、涅槃果法者，《佛地經》曰：妙生，當知有五種法攝大覺地，何等爲五。所謂清淨法界、大圓鏡智、平等性智、妙觀察智、成所作智。云云。同論釋意曰：攝大覺地者，大覺是佛，具三種身，一者、自性身，二者、受用身，三者、變化身。地者謂大覺所依、所攝、所行境界。大覺地中無邊功德，略有二種，一者爲[三]二者無爲，無爲功德淨法界攝。清淨法界謂一切有爲、無爲等法無倒實性，一切聖法生長依因，如來真實自體，本來自性清淨具足極微塵性相功德，無生無滅猶如虛空，遍一切法，一切有情平等共有，與一切法不一不異，非有非無，離一切相分別名言，唯是清淨聖智所證，二空所顯真如爲性，諸聖分證，諸佛圓證，如是名爲清淨法界。四智謂具攝一切佛地無漏心及心法，若俱有法，若所變現品類差別。已上《佛地論》取意。今章准《成唯識論》文，四智云菩提，清淨法界名涅槃。彼論說果唯識爲菩提、涅槃二轉依妙果，又說二轉依果爲三種法身，涅槃謂佛所證真淨法界，諸佛共有自體，名自性身，受用、變化大功德法所依止故亦名法身。菩提謂四智心品一切實德以爲體性，自受法樂名受用身，極淨圓明常遍色身，又由平等、妙觀二智所現他受用身，又由成事智現變化身。如是受用、變化，今名菩提。

果法者，由《成唯識》意，此二轉依果，無上寂默大功德法之所莊嚴，故名大牟尼，亦名法身。果謂二轉依果，法謂大功德法。

《法華經》言下，此根本果智大乘之證，經是《方便品》文也。

説佛智慧故者，彰果智大乘。此佛智慧不證真理遂不現覺故，雖云智兼彰證理。

唯此一事實者，理智合名一事，即是一乘。雖爾，此理如來所證之理，不同《勝鬘》所説。

又云是法住等者，是根本約理所説果大乘也。此文上二句根本約理説，第三句彰果大乘，於道場三字正彰果，知已二字明能證、所證理智合果，導師方便説一句彰根本果必兼備方便。

是法住等者，《一乘章》曰：法住、法位者，真如住在諸法之中，體性常有名爲法住，法有染淨，離染得淨分位顯之，故云法位。相者體性，世間本體即是常住，真如實性一乘體也。云云。

導師方便説者，此方便言非對根本方便，根本果上必兼備方便故，此是根本果上之事，故是亦根本果大乘，於世間相常住，無名相離言處施設名相云方便説故，是亦根本果大乘也。

又《勝鬘》云等者，此約所顯真理明根本果大乘，若不至果，二乘即是一乘之理遂以不顯，此約根本佛果所顯真淨究竟理説故，根本所顯理果一乘之證也。

《法華》又言等者，《化城喻品》文也。《一乘章》曰：中路化城爲至寶所息處故，説二唯一非餘。云云。

息處者，止息處也，經説爲止息故，此亦約理根本果大乘也。

説二者，二乘涅槃，此彰唯一事所顯真理。實，餘二非真，故根本所顯理果大乘也。

又《壽量品》等者，此是根本果智大乘之證也。經文曰：然善男子，我實成佛已來無量無邊百千萬億那由他劫。彌勒等白言：一切聲聞、辟支佛不能思惟，我等住阿惟越致地，於是事中亦所不達。佛言：我成佛已來復過於此，百千萬億那由他阿僧祇劫，自從是來我常在此娑婆世界説法教化。文。云云。《贊》云：此明三乘所不知真身，論釋唯説報身道。云云。

説成道者，示果智大乘。

報佛者，彰果也。

《安樂行品》等者，是亦《壽量品》文也，今云《安樂行品》者，章主暗記之失歟，或後世寫誤歟。《玄贊》釋此文曰：論云：不如三界見於三界者，如來能見能證真如法身，凡夫不見。此句說言，如來正智能分明見，不如三界之妄相，而能證見三界之體性真如法身。云云。故此根本約理果大乘之證。

即菩提等者，結成根本理智果大乘。

章《勝鬘》又云至不了義說。《鈔》曰：二、舉方便果大乘證。

二乘涅槃等者，二乘涅槃四智不究竟名爲涅槃，故今說向涅槃界。

四智究竟等者，經全文曰：阿羅漢、辟支佛觀察解脫得蘇息處。云云。

蘇息處者，《瑜伽》九十九說此言，《倫記》二十四。景師云：蘇息處者，滅諦法也。云云。遠師云：蘇息處者，在見道住聖人也。云云。《勝鬘述記》曰：蘇息處者，以隨他意語不了義說，方便引導非真實義。云云。今云：蘇息處者，蘇謂蘇生義，息謂止息，無漏真智未發之間，沈沒苦海，非止息處。住見道時，初止息如蘇生人，由蘇之止息也。

是佛有餘等者，結方便果大乘。

不了義者，方便說也。

章故根本果至皆名大乘。《鈔》曰：三、結果大乘。

根本果者，佛身所有菩提、涅槃妙果。如上已辨。

若隨順果者，二乘得果，佛化方便說爲究竟等。

章有爲法中至皆爲乘體。《鈔》曰：第五總舉助義，以正、兼二取結果大乘。《一乘章》曰：一切無漏若種、若現、有爲、無爲、若因、若果、根本、方便能成佛德皆名一乘體，兼取有漏地前功德及十地者助名一乘。云云。

今問：上教行大乘文云順大乘，今果大乘云

若隨順果，有何別相違耶。答：按此章意，順言有二義，一者、順成義，二者、順助義。若由初順成義，則根本、方便俱有此義意。若約根本，能成佛德爲順成義，若約方便，隨順佛德爲順成義。又由後順助義則但在方便，但兼取爲疏遠緣者名順，非正顯取佛德全名順也。

章二乘體者大乘如前。《鈔》曰：自下第三明二乘體。此中有三，初、標牒，大乘推前，二、明小乘體，三、結二乘體，今即初也。

如前者，《勝鬘》説一乘者即大乘故，前所明一乘體即大乘體，故云如前。今所明二乘體者，大、小二乘也。

章聲聞乘體至以爲體性。《鈔》曰：此下二明小乘體。此中有五，初、明聲聞乘體，二、舉證，三、結聲聞乘體，四、明獨覺乘體，五、結獨覺乘體，今即初也。

三歸已去等者，三歸已前，外道所攝，翻邪三歸已去是佛弟子。三歸有二，一、大乘三歸，二、小乘三歸，如《涅槃經[四]》説：憍曇彌，莫供養我，當供養僧，若供養僧則得具足供養三歸。云云。

如《瑜伽》六十四説。

隨順出世者，隨順無漏、有漏五蘊。

隨所應者，二乘中隨應教、理、行、果以爲聲聞乘體性。

章故《瑜伽論》至至神通等。《鈔》曰：二、舉聲聞乘體證也。

謂先受歸依等者，論文曰：謂先受歸依，乃至沙門莊嚴爲依國故。歸依者，三歸依也。等者，等取五法、五欲求。五法者，一、聞法，二、戒法，三、攝受法，離奴婢、妻子等，四、受用法，離歌舞、妓樂、婬欲等，五、證得法。五欲求者，具説如《伽》六十四。

謂見及修等者，見謂初果，及修者，二、三向及果，第四向，究竟謂第四果。

二智證得者，神泰所覽本作證智因，現本爲是。

謂九智者，一、法智，二、種類智，三、苦

智，四、集智，五、滅智，六、道智，七、此後所得世俗智，八、盡智，九、無生智。

即法數四諦等者，《周記》曰：法、類兩智名之爲總，四諦各一名之爲別，並前爲六。云云。

問：何故十智之中除他心智爲九智耶。答：略有二釋，一、非明證故，二、八智無漏，俗智有漏，唯他心智通漏、無漏，離九外無，所以不説。云云。又神泰云：他心智是遊觀心，別修功德，故非證智。云云。

盡智者，無學位若正自知我已知苦、我已斷集、我已證滅、我已修道，是名盡智。

無生智者，若正自知我已知苦、我已斷集、我已證滅不復更證，我已修道不應更修，是名無生智。

謂四證淨者，一、佛證淨，謂已見諦者於如來所善住出世間信，及後所得善住世間信，如佛證淨。第二、法證淨，第三、僧證淨應知。四、聖所愛戒證淨者，謂已見諦者於已得決定不作律儀聖所愛、所善住出世間信及後所得善住世間信。

謂無量等者，無量謂四無量，慈、悲、喜、捨。勝處謂八勝處。如下《八解脱章》。

乃至者，略十遍處、無諍、願智、四無礙解也。神通謂六神通。等言等取所餘功德。

章故知教理至退故非因。《鈔》曰：三、結聲聞乘體。故知者承上意，謂由上所明五證得故，聲聞乘教、理、行、果並是乘體。

問：何故知由五證得聲聞乘教、理、行、果並乘體耶。答：五證得是行、果自可知解，此中行是能觀，云何有能觀無所觀境耶。所觀境是即教、理，應知五證得是聲聞乘教、理、行、果。此中，有能運載義教、理、行三，果是所乘。若前三果爲第四果因，此亦能運，由前三果斷惑證第四果故。若欲證第四果修前三有學道，則第四果亦有能運義，故今云並是乘體也。

此論證得等者，通伏難。難意云：若教、理、行、果爲乘體，見道已前亦有，何故但於初果已上論乘體耶。今文通之，上所明由《瑜伽》五證得論故，略初果已前，見道前無證得故。

歸依已後者，初果已前、三歸依已後有教、理、行、果，此即聲聞乘體。

此唯根本下，明無方便乘。

設有不定等者，簡濫意言。設雖有名不定姓者，自小入大，從小見之，則退小入大乘故，小乘是非大乘方便因，所修大行亦非彼小乘方便因也，故唯根本也。

章《瑜伽》復説至名麟角喻。《鈔》曰：四、明獨覺乘體，《瑜伽》六十四十丁。文也。

一先得順決擇分等者，神泰及《周記》曰：一、先已得聲聞決擇分善根，後得果時無師自悟。云云。基云：未得決擇分善同心人亦復爾，以更長時修習練根利故。云云。

二先已得等者，泰曰：二、先已得見道名證得，證得先時聞佛爲説四諦，得入見道成預流，後得第四果時無師獨覺。云云。

三先未得等者，謂先未得證得決擇分善根，但無師獨覺云麟角，次證得言無師自悟。

前二證得等者，泰云：此前二人先是聲聞後無師自悟名爲獨勝，是衆出辟支佛，最後喻如麟角獨出。云云。基云：獨覺三人中前二人成衆出。云云。

章故此根本至並爲乘體。《鈔》曰：明小乘體中，五結獨覺乘體，故言承上。

此者指獨覺乘，根本者無師自悟法寶，方便者以聲聞乘爲前方便。

章以合獨覺至故出二體。《鈔》曰：明二乘體中，三結二乘體。獨覺更無別戒律等，獨覺教少於聲聞，從多爲藏但名聲聞藏，藏攝既爾，乘准可知。

章《法華經》中至非依門故。《鈔》曰：此下四明三乘體。此中有三，初、由《法華》明三乘因果別，二、別説三乘體性，三、舉異説異名釋大乘，今即初也。

果爲三乘者，由《玄贊》意，門内爲因，門外爲果，既出三界火宅故，然於門外雖授唯一大牛車，既於門内長者告諸子云羊、鹿、牛三車今在門外，故《法華》所説三乘就果説，是果三乘，非云三乘因行也。然羊、鹿二車但有名施設已，不見不登故，此乃以二乘小、中種智爲體。

一乘因稱門者，一乘者門外所授等一大車也，謂果一乘之因名門，門者即出入之所由故。

唯有一門等者，《譬喻品》文也。經言：復更思惟，是舍唯有一門而復狹小。云云。《贊》五四十二丁左。曰：是二種生死三界之舍，唯有一箇大乘正門爲出之處，菩薩大性能具行之，二乘之性現耽不能依大教出，設爲彼説，彼不能行，不容彼行，名爲狹小。不容獨覺者行名狹，不容聲聞者行名小。譬如大海雖寬無量，不宿死屍亦名爲狹，一乘之因，行雖廣無邊，不容二行故名狹小也。云云。

二乘因稱等者，衣裓、机案爲二乘因，如前已明，二乘因各別，果亦各別，自可知已。

從舍出之等者，《贊》五曰：門外在羊、鹿、牛三車，雖果三乘別，小子、中子以衣裓、机案所由從舍不別出，三子俱自一乘因門而出故，出已長者與等一大車不與羊、鹿二車也。若小子爲以衣裓所由從舍出之，中子以机案爲所由從舍出，則於門外長者心[五]小子與羊車、中子與鹿車，既不爾故授等一大車也。由是可知，二乘之自因以衣裓與机案別喻之也，故三乘因及果皆別也。

章三乘體性至故成差別。《鈔》曰：二、別説三乘體性。

差別説者下，别説聲、緣、菩三能運別。

大乘如前者指前明一乘體，故成差別者成三乘體各別也。

章然有説爲至即包因果。《鈔》曰：三、舉異名異説釋大乘。有説者有處説也，《勝鬘》《涅槃經》説大乘爲菩薩乘也。

能自運等者，明名菩薩乘由，自他二利菩薩

所作。

《法華》但說等者，不對餘乘說，於一佛乘分別說三，故今云但。

三乘相望等者，意言：三乘中佛於何乘耶。如是推尋，可云佛自乘菩薩乘。所以者何。世尊但廣運他故。

若名大乘等者，因果二位共是大乘，故包因果名。

章若四乘者至三如前說。《鈔》曰：五、明四乘體，《勝鬘》四乘如前引文。

以人天善根等者，四乘之中三乘如前，故今不舉，但明人天乘體。

善根福分者，分謂因，善福種子名爲因也。

由果是彼等者，通難。難云：人天乘中以有漏善教、理、行三爲乘體性自可了知，果爲乘體如何。今文通云：由果是彼彼因，三歸十善等。眷屬故同教、理、行因以爲乘體。

若運載義等者，簡果非乘體，人天乘果是異熟無記故無能運義，故云果非。

餘三如前說者，人天教、理、行運載義准前應知。

章若《般若》四至便爲第四。《鈔》曰：前科中文明《般若經》四乘，五百九十三卷所說與《勝鬘》說少異，故別明之。

種具等者，四乘種姓具足，與《勝鬘》說有異，《勝鬘》於現行相說，《般若》於種姓說，此爲多異。《勝鬘》聲、緣、菩、人天爲四，《般若》聲、緣、菩、不定姓爲四，聲、緣、菩三雖同，人天與不定姓之一爲異，故爲少異。

教等無差者，教、理、行、果與《勝鬘》說無差，同是三乘教等四爲乘，故就唯根本論三乘也。

并方便爲第四者，不定姓乘以二乘爲方便助因故，以大乘爲根本，所以并根本、方便爲第四不定姓乘體也。

問：前既云設有不定姓稱退故非因，今復云

何云并方便邪。答：就自聲聞乘邊稱退小入大故，聲聞乘無方便因，聲聞人説而論。今從不定姓見，則悉是前修小乘爲大乘之因，就此義邊云并方便也。

明五乘體。

章《楞伽》等五至乘體無差。《鈔》曰：六、

《楞伽》者，十卷經第八卷。

等者，《稱讚功德經》。

通別異故者，不定爲通，通三乘種姓故，決定爲別，三乘別性故。

種有異者，不定與定種姓有異。

故又一種五乘等者，故字恐衍。

又一種者，《善戒經》所説五乘，不説不定姓，此以不定從定姓略。

以趣異故者，開人、天爲二由。

章第三釋名字中。《鈔》曰：自下第三門。此中有六，初、標牒，二、釋一乘名，三、釋二乘名，四、盡三乘名辨佛乘、菩薩乘因異，五、辨四乘，六、釋不定姓乘名，今即初也。

章一乘者帶至上持業釋。《鈔》曰：二、釋一乘名，如文可知。

帶數釋者，此有依主、持業、有財三之帶數。若一言遮之，一遮二三，立一言則乘能運依一之乘。依主帶數若一言非遮，圓滿之一真如妙理名一，乘是所乘，則一即乘持業帶數。真如理非能運，萬行能運乘此圓一妙理，則一乘名行能乘，有一即所乘，此有財帶數。

章二乘中下至並上下故。《鈔》曰：此下三釋二乘名。此中二，初、釋下上乘名，二、釋大小乘名，今即初也。

以機、以法等者，釋上依主、持業二釋之別。若以機釋下上言，依下劣機之乘，依主得名，依上勝機之乘，依主釋也。又以法釋下上言，下法即乘，上法即乘，二共能運載故，持業釋。上法體持能運用故，下法亦爾。

章又名大乘至如次當知。《鈔》曰：二、釋

大小乘名。

又名大乘等者，明下上乘亦名大乘、聲聞乘。

聲聞之乘下釋聲聞乘，謂聲聞是人乘是教等法，故依聲聞人之乘，依主釋也。

又《法華經》云下，明聲聞乘即小乘釋小乘名，經第一卷《方便品》文也。

終不以小乘法等者，由經文見此前句云餘二則非真，故小乘者即餘二之乘。

或亦依彼等者，亦聲聞乘名。

依彼者，依翻譯家。

可得説小者，明譯家爲小乘有道理。

即攝餘二者，三乘之中除菩薩乘餘二乘云餘二也，小乘言即攝餘二乘也。

相形爲名者，形待大乘名小乘也。

亦通二釋者，若以機釋小言，依小機之乘，依主釋也。若以法釋小言，小法即乘，小法體持能運用，持業釋也。

如大乘者下，釋大乘名。

兼佛菩薩者，大乘名佛乘、名菩薩乘故。

亦大、亦乘等者，以法爲大、爲乘，大即乘，持業釋。能乘體持七大用故，能乘教等法寶。

或乘大性等者，乘是所乘，大性者真如理，行能乘有所乘即大性他用，有財釋。

或依主等者，以機釋大之言，依大機之乘，依主釋。

章三乘名中至二皆依主。《鈔》曰：此下四釋三乘名。此中有二，初、明佛乘菩薩乘是一，二、明大乘名通因果二位，今即初也。有説有有言，非人有處説也。

二皆依主者，菩薩及佛之名，此人乘是法，依他主法立名故，依主釋也。

章若名大乘至非能運故。《鈔》曰：二、明大乘名通因果二位。

即兼因果者，大乘名兼因菩薩、果佛乘。

二極果者，色緣二極果。

皆名大乘者，三乘皆名大乘也，如此章初

引文。

初二皆依主下，約離合釋，亦乘亦大者明持業釋，乘於大性等者明依主釋，無性《攝論》一以此二釋之文也，故云無性説。

以大非運故者，示不得有財由，大謂真如理，此非能運故，能運用俱在教、行、果三故。

問：何故云大非能運耶。答：教、理、行、果四大乘中，教、行、果三持業釋，非有財，此二之大即能運故。又理大乘之大真如理故，非能運，爲所運，能運是六度等行，真如理是所乘。前文及《對法抄》等云：真如理能持諸法，衆德所依，勝遍稱大，六度等行乘此真理，能有所往故名大乘，有財釋。云云。今文云以大非運故有財不得，約理大乘爲釋，此彰真如理，此所乘非能運，以六度行爲能運，有所乘義也。又次文云以大爲所乘亦有財釋者，六度等所能乘，以真如理爲所乘，此能乘行有所乘真如大用，以他用屬己立大乘名，有財釋，故今云以大爲所乘等也。

然前解勝等者，以能乘釋乘言，爲實義故爲勝。

章《勝鬘經》中至亦依士釋。《鈔》曰：五、明四乘名。

亦依士釋者，亦聲聞、獨覺乘，人天以機名，機覺用，依士夫用故云依士釋也。

章《大般若》中至持業釋也。《鈔》曰：六、明種種姓乘名。種種姓乘者，不定姓乘。

亦依士釋者，亦上所云依士釋，種種姓是種子功能，依士夫用，依士釋也。

章第四彰廢立者。《鈔》曰：自下第四門。此中有七，初、標牒，二、廢餘乘，立一乘，三、明二乘廢立，四、明三乘廢立，五、明四乘廢立，六、明般若四乘，七、明五乘廢立，今即初也。

章何故立一至爲五乘故。《鈔》曰：第二廢餘果立一乘。此中有十，初、明對頓漸菩薩姓説一乘，二、以十義立一乘名，三、《法華》《勝鬘》相對辨一乘、三乘攝實別，四、總會二經違，五、約攝入、出生會一乘攝實，六、約所依處寬狹有姓、無姓會二經攝實，七、約決定、不定性會二經攝實，八、約菩提、涅槃辨二經攝實，九、明今家取《勝鬘》一乘，十、總結會釋，今即初也。

有決定等者，以二所由彰爲不定姓説一乘，爲運載決定姓説二乘故，翻對是知爲運載不定姓説一乘也。

有無種性等者，爲運載無種姓説人天乘，爲有五乘翻對是，自知爲運載不定姓説一乘也。今云：種姓心相緣起之體也，故約現起則但一相，五種姓相各別，例如隨業緣水或火等一相顯現，而論其緣起性，同一事處絶言緣起，不可云火，不可云水也。五種姓相亦復如是，隨緣顯現，但是一相，不可云有姓，不可云無姓，不可云決定，不可云不定。大乘緣起深妙離言，如《樞要》中舉無姓人證言：《涅槃》三十六云：善男子，若説一切衆生定有佛性，是人名爲謗佛、法、僧。若説一切定無佛性，此人亦名謗佛、法、僧。又云：善男子，如是諍訟是佛境界，非諸聲聞、緣覺所知，若人於此生疑心者，猶能摧壞無量煩惱如須彌山。若於是中生決定者是名執著，如是執著不名爲善。已上《樞要》。由是應知，五種姓差別相約理世俗非真勝義，真勝義中心言絶故。若約依詮勝義言，非有姓非不有姓，非無姓非不無姓，是名大乘緣起深妙離言境界。立決定姓量云：二乘之果應有定姓，乘所被故，如大乘者。立無種姓量云：所説無姓決定應有，無〔六〕二性隨一攝故，如有性者。又云：所説無姓決定應有，聖所説故，如説有性。已上《樞要》。今也澆季，法典世降，他家講學不辨大乘實相印、小乘三法印及乘施設建立有別，此五種姓亦以諸部、僧佉所云本有與種子名混合辨之，基辨愍受斯講學者遂立量云：我説五種姓〔七〕應非有似有唯識所變，許大乘唯識識相教門故，諸許大乘唯識識相教門者見非有似有因緣唯識所變，如餘辨依他起性相教門離作法云，諸立非非有似有唯識所變者，知非大乘唯識相教門，如非我宗教數、勝二論。

章此有十義至竟説一乘。《鈔》曰：此下第二以十義立一乘名。此有三文，初、舉十義名，二、以十因釋十義，三、以不定、應化簡十義，今即初也。

《攝大乘論》等者，《無性攝論》第一五丁。文也。

爲引攝一類者，此第一義。爲，謂順助，第四轉聲。一類者，利根不定姓也，爲引攝此，佛説一乘。引導攝化云引攝，引化令趣大乘之義也。

及任持所餘者，此第二義。及，謂合集，合集利鈍二不定姓，相違釋也。所餘者，利根不定姓之餘，即鈍根不定姓。任持者，任持捨小向大種姓令不捨離，佛説一乘，此爲是也。

由不定種姓等者，敍上二義屬不定姓立。

法無我者，法言示第三義，《顯揚》六義中第一、二也。次句等言及是，即法等義，《顯揚》所言諸法無差別義。無我者，此示第四義，《顯揚論》六義中第三義也，次第言亦及此。無我平等義，《顯揚》説衆生無我及法無我平等故。

解脱者，示第五義。《顯揚》六義中第四也。等故言及上二，亦解脱平等義。《顯揚》説：謂差別求者，有事虚妄分別煩惱對治，所緣法性不相違故。云云。

姓不同者，示第六義。

得二意樂者，示第七、第八義。

化者，示第九義。《顯揚》六義中第五也。《顯揚》説：善能變化住故。云云。

究竟者，示第十義。《顯揚》六義中第六也。

章此中十因至般涅槃故。《鈔》曰：此下二以十因釋十義。此中有十，即十義也，如次前釋《攝論》文中，以十義配屬也。因謂所由，以十所由今立十義。

一爲引攝等者，此第一義。如先已明，約利根一類不定姓説一乘義。

章二、爲任持至位可退故。《鈔》曰：此第二義，此亦約不定姓説一乘義。《法華經》云下舉任持不定姓證，經第一《方便品》之文也。

新發意等者，回心向大初修業菩薩也。《玄贊》曰：不定姓菩薩疑於佛果自亦無分，欲退向小故，今聞法，一乘法。此疑皆除。云云。

此中唯説等者，簡濫。意言：於云新發意疑網皆除中，唯説十住之第六住已前，不云第六住已後，第六住後不退故。

第六住者，正心住也，謂所聞讃毁心定不動名正心住。云云。

章三、法等故至亦與此同。《鈔》曰：此第三義，約定不二姓説一乘義。

乘雖有異等者，《法華論》曰：彼二乘非彼平等法身體，以因果行觀不同故。云云。謂三乘運載雖有異，所證得真如淨法界平等法身無差別故，云所趣真如無差別故。

《法華論》解等者，舉證。論曰：又依何義故，如來説三乘名爲一乘。依同義故，與諸聲聞大菩提記。

言同義者，以如來法身、聲聞法身彼此平等無差別故。云云。又曰：無二乘者，謂無二乘所得涅槃，唯佛如來證大菩提究竟滿足一切智慧名大涅槃，非諸聲聞、辟支佛等有涅槃法，唯一佛乘故。云云。

章四、無我等至故説一乘。《鈔》曰：此第四義約定、不定説義。《法華論》曰：於小乘諦中，人無我等，於大乘諦中，真如、法界、實際、法性及人無我、法無我無我等故。云云。

我既無異者，於補特伽羅無我三乘無別，故説一乘也。

章五、解脱等至無差别故。《鈔》曰：此第五義，此約定不説義。《成唯識》第十説：謂有二乘深樂圓寂得生空觀，親證真如永滅感生煩惱障盡，唯有清淨真如，離相湛然，寂滅安樂，依斯説彼與佛無差。但無菩提利樂他業故，復説彼與佛有異。云云。

解脱無差别故者，基辨謹按：此解脱恐衍字，應重寫誤。無字下有字恐落脱，應作無有差别。故字下説一乘三字恐脱乎。總言應作而得解脱無有差别，故説一乘也。尚應檢餘本也。

章六、姓不同至故説一乘。《鈔》曰：此第六義，但約不定姓而説義。

姓不同者，定姓與不定姓不同也。

聲聞之中者，未回心聲聞身中。此聲聞身已下，具明未回心聲聞一相續中具有聲聞及佛種姓，此不定種姓有差别之義也。

章第七、第八得意樂故。《鈔》曰：此第七、第八義總明，次文别明。

問：《玄贊》中第七與第八别舉，第七云得同體意樂，第八今章次文所言第二，然今章第七、第八共云得二意樂，指何云二意樂耶。七、八俱同得二意樂，如何爲七、八别耶。答：此文由《玄贊》應解，第七、第八共以得意樂立義故。總今云第七、第八得二意樂故。其二者，一者、諸佛於諸有情等者，第七得意樂也。此總約定、不定姓令得意樂義，故云於諸有情等也。二者、世尊法華會上等者，第八得意樂也。此但約不定姓令得意樂義，對機别故。第七、第八爲别意樂者令得平等法身，此意樂七、八相同故一處論。此總明已。

章一者、諸佛至得授記别。《鈔》曰：此别明二義，一者、諸佛下此第七義，約定、不定得意樂。

於諸有情者，五種姓各别有情。

同自體者，同謂平等，自體謂法身，令得平等法身意樂云得同自體等也。

言我即彼等者，令得同自體意樂，是即説一乘也。

二者、世尊下，此第八義，約令不定姓得同自體意樂，次下云第八少分是也。

我等與佛等者，此二句明令攝得如是意樂。與彼名同等者，彼謂昔菩薩，與昔名同云與彼名同也。《玄贊》四曰：同名菩薩得受記别。云云。

故佛一言等者，佛説我等與佛平等無二之一言含二種益。二益者，一、諸聲聞得同體意樂，二、菩薩得授記。

章九、化故如至而般涅槃。《鈔》曰：此第九義。《玄贊》立理曰：耽三昧酒醉逸而臥，後從彼起方發大心，皆佛菩薩之所化作。若不爾，則實入無餘依涅槃，身智都盡，後從彼起，法從何生。故知是化。云云。此成化作理。

章云何已成至之涅槃故。《鈔》曰：此寄難答成第九義，即爲調伏下答文。

佛菩薩等自化等者，《瑜伽・攝決擇分》第八十卷五巳下。説：世尊多依此回向菩提聲聞密意説言，總〔八〕類善男子，若有善修四神足已，能住一劫或餘一劫。餘一劫者，此中意説，過於一劫。彼雖如是增益壽行能發趣阿耨菩提，而所修行極成遲鈍，樂涅槃故，不如初心始業菩薩。彼既如是增壽行已，留有根身别作化身，同法者前方便示現，於無餘依般涅槃界而般涅槃。由此因緣皆作是念，某名尊者於無餘依涅槃界已般涅槃，彼以所留有根實身，即於此界贍部洲中隨其所樂遠離而住，一切諸天尚不能覩，何況其餘衆生能見。云云。

爲彼同類等者，問：有何所以，同法者前示入無餘耶。答：泰師等解云：恐彼同法發無見故作化身示入無餘。云云。

經百千劫耽寂滅酒等者，《倫記》曰：《楞伽經》云：味著三昧樂，安住無漏界，無有究竟處，亦復不退還。得諸三昧身，乃至歷劫不覺，譬如昏醉人，酒消然後覺，彼覺法亦爾。云云。又云：又解下説方便示現入無餘依界等，假説此人爲入無餘涅槃者，實回向菩提聲聞，住有餘涅槃。三昧酒醉是不定姓人住於寂定，後出定已，起大乘受變易身。云云。

況於我等等者，《玄贊》曰：今此會中富樓那等即其類也，《法華論》中爲化聲聞授記即此是故。云云。

亦爲降伏等者，亦言亦應化聲聞，此云伏增上慢聲聞。

我亦得汝等者，彼起慢心之相。

章十、究竟故至最爲勝故。《鈔》曰：此第十義，此不約機，但由理立，最勝理故説一乘也。

章《法華論》中至作佛名一。《鈔》曰：三以不定、應化簡十義。

四種聲聞者，一、決定聲聞，二、增上慢聲聞，三、退菩提心聲聞，四、應化聲聞。云云。

但爲不定等者，《法華論》云：二種聲聞如來與授記，謂應化聲聞及退已還發菩提心者，決定、增上慢之三根未熟故，如來不與記。云云。

不定者，退菩提心聲聞也。不定種姓下，正簡十義。

第一、第二等者，第二下第六二字恐落脱歟。

次云餘之六種故，又云第六就不定種姓立義故。云云。

小分別義者，第八少分如前所明，第八立不定聲聞及頓悟菩薩之二得益，其中初不定聲聞今云少分也。

亦非無姓[九]等者，《玄贊》四引涅槃云：一乘一道，四果聖人皆得作佛不解我意。云云。由之應知，無姓無作佛義。名一者，名一乘也。

章《顯揚》二十至不須別説。《鈔》曰：第四《顯揚》六義以十義相攝。《顯揚》曰：一、即彼諸法約無差別故，二、約無分別行相説故，三、衆生無我及法無我平等故，四、解脱平等故，謂差別求者，有事虛妄分別煩惱對治所緣法性不相違故，五、善能變化住故，六、行究竟故。云云。

以是十義相攝如上已明，恐煩不重述也。

章然《法華經》至乘爲真實。《鈔》曰：此下立一乘有九中，第三《法華》《勝鬘》相對明一乘、三乘權實。此中有三，初、舉三乘方便、一乘真實之證，二、舉一乘方便、三乘真實之證，三、章主判釋，今即初也。經第四《法師功德品》文也。

開方便門者，開二乘小權也。

顯真實相者，顯一乘實也。

章依《勝鬘經》至無有二乘。《鈔》曰：二、舉一乘方便、三乘真實之證。

若如來隨彼等者，《述記》下曰：此文明權也，即《法華經》中破三歸一，但有攝入一乘，即是如來隨彼意欲而方便説，非真了義，名爲權説也。云云。

隨彼意欲者，彼二乘所被意樂欲也。

唯有一乘者，涅槃界一乘也。

章此意即顯至不成佛故。《鈔》曰：三、章主釋此意即顯者，此《勝鬘經》説唯有一乘無有二乘意，即顯但攝二乘入大説一乘者，隨他意語是方便説。

決定種姓不授記別者，《法華論》説：決定聲聞根未熟故，如來不與記。云云。由是決定聲聞、無姓有情不能開佛智慧，然今説一乘隨他意語，《法華》通深智説，《勝鬘》《涅槃》唯説佛性，《勝鬘》亦但以真理説一乘，不説智慧故出生、攝入俱盡也。今云：以行、果論時，決定種姓、無姓有情不授記別，決定非唯一心相故，無姓非成佛心相故。若以理論，五姓皆悉成佛，唯有一乘義也。

章《法華》一會至乘爲真實。《鈔》曰：立一乘十文中，第四總會二經違。此中有二，初會《法華》，後會《勝鬘》，今即初也。由此會釋《法華》一乘爲真實，《勝鬘》一乘爲方便也。

對不定姓等者，不定姓以二乘爲大乘方便助因，一乘爲真實所[一〇]到故。章主云：若《法華經》中説一乘是實，二乘稱權，以於一佛乘分別説三，故息處説二，密遣二人等。已上《勝鬘述記》。

問：《法華》一乘蒙五姓中不定一姓，則應非一乘，不及一切有情故，云何以《法華》説爲一乘真實耶。答：《法華》一乘對不定姓說，即及一切有情。所以何者。云對不定姓，此約緣起所被心相而論，而觀其緣起性，離言說故非不定姓非非不定。如隨業緣，水與火相有別，而觀其緣起本性，水與火同一處非水非非水、非火非非火，離言説相。今亦如是，雖約所被心相緣起説對不定姓，約佛智慧所緣境性，緣絶言緣起故，一切情相同一處所，説諸佛證智不可言境故，説説佛智慧故，唯是一事定〔二〕故。佛智所證云何相有別境耶。應知於佛智所證離言緣起性説爲一乘，故是一乘真實。

章《勝鬘經》中至亦不相違。《鈔》曰：二、會《勝鬘》。

以道理周備等者，道理謂四乘種姓，周備者，若云四種姓，則心相緣起一切具足云周備。

機有不定者，機發品數不定即四種姓。此以行、果論種姓，機發盡故云四乘爲實。《述記》曰：若此經中四乘是實，説一乘稱權，以有、無種姓，定姓二乘故各別説，説人名實。若隱此種姓別説爲一乘，一乘是權。云云。

亦不相違者，互亦二説，《法華》與《勝鬘》雖一乘權實所望異，攝入四乘行、果各別説一乘方便，約佛智所證説一乘真實，於理全無違。

章又《法華》一至故是真實。《鈔》曰：第五約攝入、出生會一乘權實。若由此會釋，《法華》一乘爲方便，《勝鬘》一乘爲真實。

唯依攝入等者，意言：若《法華》一乘云破三歸一但有攝入一乘，即是如來隨彼意欲而方便説，但以攝入，不以出生，體用狹故，説一乘應云方便。

《勝鬘》一乘下，以此經一乘爲真實説。《述記》曰：經二乘入於一乘。一乘者即第一義乘者，《述》曰：明實也。今此經中具明出生攝入一乘，真常了義，不隨他語名真説故。云云。

出生攝入等者，意言：若《勝鬘》一乘云涅槃界第一義乘名爲一乘故，從涅槃界出生一切，以此出生道理攝入二乘説爲一乘，則出生、攝入二義皆周備故，《勝鬘》一乘亦真實也。

章又《法華》一至故是真實。《鈔》曰：第六、約所依處寬狹、有姓無姓會二經權實。

唯談有姓爲依等者，若云《法華》一乘説佛智故，唯以有種姓爲所被機説爲一乘，則方便一乘不盡理爲方便。何爲不盡理。謂此一乘中不攝無姓，無姓不成佛故，唯説佛智一乘非所被故，以無姓不爲依，是即不盡，故爲方便。以此道理，《法華》一乘任説佛智慧之文取義不可，云唯果智一乘故。光宅等説，成一乘方便之義。

《勝鬘》一乘等者，此經一乘説涅槃界第一義乘故，有姓、無姓悉皆爲依所談故，真實一乘有姓、無姓共從涅槃界所出生故，盡一切機説故是真實。亦言亦有種姓。

章又《法華》唯至可宜聞故。《鈔》曰：第七、約決定、不定二姓會二經權實。意言：《法華》一乘若云唯不定姓是所被機，無被餘姓道理，是方便一乘，不盡被機故。由此道理云被不定姓，且就被機相有別而論。其實佛觀緣起本性絶言妙理説一乘故，盡一切被機。既云説佛智慧，故知佛觀一切緣起本姓智，應名佛智，説諸佛證智不可言説故，若爾，是理、智合一乘，盡一切被機是一乘真實。

《勝鬘》亦談等者，《勝鬘》一乘説涅槃界第一義乘，則一會中決定姓人亦宜聞涅槃界第一義乘説機根故，是真實一乘，盡被機故。以此道理，則一乘真實。雖爾，若顯攝二乘入大説一乘，則《勝鬘》一乘亦方便説，隨他意故。亦言亦不定姓。

章《法華》分明至隱説真如。《鈔》曰：第八、約菩提、涅槃辨二經一乘。此科文中非辨方便、真實，但以菩提、涅槃結歸《勝鬘》一乘。此中三文，初、明《法華》一乘，二、明《勝鬘》一乘，三、以《法華》結歸《勝鬘》。初中有三，初、正辨《法華》，二、通伏難，三、結成《法華》一乘，此即初也。

分明等者，經《方便品》説説佛智慧故，唯此一事實，説四佛智見，説於道場知已，導師方便說，故云分明等。

隱說真如者，經雖說是法住法位，世間相常住，說知已說故，非顯說真如，今云隱說。此今家判《法華》一乘，云理、智併取一乘之義也。

章雖說化城至全不得故。《鈔》曰：二、通伏難。難云：《化城喩品》說大涅槃爲寶處，何故云隱說真如耶。今文通云。如文。

由二乘者下，明云分明不說涅槃由。

章顯以智慧至令彼欣求。《鈔》曰：三、結成《法華》一乘。意言：《方便品》顯說說佛智慧故，唯此一事實，此雖說佛智所證真如淨法界，隱理顯智令二乘欣求也。雖顯密說異，說真如淨法界爲一乘，《法華》《勝鬘》全無違也。

章《勝鬘》乃以至二種俱盡。《鈔》曰：二、辨《勝鬘》一乘。

乃以真理者，此經《述記》曰：經說涅槃界即第一義乘。又說：二乘者即是一乘，得一乘者得阿耨菩提，阿耨菩提者即是涅槃界，涅槃界者即是如來法身，得究竟法身者究竟一乘。云云。此以真理爲一乘，不說佛智爲一乘也。

攝入出生等者，如上已辨，謂以真理說攝入一切流出一切，悉攝入出生一切說盡故，說名一乘，故云二種俱盡。

章雖佛果涅至俱是一乘。《鈔》曰：三、以《法華》結歸《勝鬘》。意言：《法華》所說一乘是佛果上菩提、涅槃，雖似違《勝鬘》所說涅槃界，說涅槃界第一義乘故，菩提、涅槃俱是一乘，此以《法華》結歸《勝鬘》也。

章《勝鬘》了義至說於一乘。《鈔》曰：第九、明今家取《勝鬘》一乘。

了義者，顯了了義。

師子吼者，及一切義。

《法華》隱密等者，顯說佛智，隱密說涅槃界，第一義乘故，不同今家以因位識相與識性非即非離不可言境，示此三無差之所立，故今家以《法華》一乘結歸《勝鬘》第一義乘，以取是也。

章總説聲聞至方爲二記。《鈔》曰：此前科文中之文，依《法華論》明隱密義。

雖有四種者，一、趣寂，二、退菩提心，三、應化，四、增上慢。

《法華》初時等者，《方便品》説時初有應化、退菩提心、增上慢三聲聞，唯除趣寂。

其增上慢等者，增上慢在《方便品》末，故對初時云後，退席已去云起已去。

方爲二記者，應化、退菩提心之二，《法華論》説：二種聲聞如來與授記，謂應化聲聞、退菩提心者。決定、增上慢之二根未熟故，如來不與記。云云。

問：爲應化、退菩提心之二授記別自可知，以是云何成隱密説義耶。答：如《勝鬘》説，以涅槃界第一義乘説一乘時，四種聲聞一會之中可宜聞故，顯及一切之一乘也。《法華》隱密雖及一切，説佛智慧示一乘故，以行、果論時説示不及一切，故但云爲二記，此隱密義也。

章由如是理至不違餘教。《鈔》曰：第十、總結會釋。

如是理者，上來所會之理。

雖説一乘者，《法華》與《勝鬘》以別教示説一乘也。

不違餘教者，餘教所説，《勝鬘》一乘以《法華》説爲餘教説，《法華》一乘以《勝鬘》説爲餘教説，互爲餘教。

問：云何不違耶。答：且《法華》一乘非方便，説佛智慧所證境故，約佛果菩提、涅槃説一乘故。非非方便，説佛智慧不及決定姓、無姓故。又《勝鬘》一乘非方便，出生攝入四乘故，説涅槃界及決定姓及無姓故。非非方便，但攝二乘入大説一乘隨他意説故。由是應知，一乘體不可云攝，亦不可云實，離言説相，説權或實約理俗説，非真勝義，真勝義中心言絶故。故二經説互無相違，愚者任文是非此違，智者觀體示不違旨。若決定言是權是實，則如勝論執實、德、業，大乘學者慎莫忽緒〔三〕。

章說二乘中至皆二類故。《鈔》曰：第四門大文有七中，第三、明二乘廢立。此中有四，初、約機會，二、明定、不定姓之獨覺攝聲聞，三、約教少明獨覺乘不立，四、釋名大小乘，今即初也。

但說上下等者，釋《世親攝論》說下上乘，機根品類不過下上二故。

以機、以教等者，以上下根機對設教機，教共有二類故以教之，以謂對也。

章又聲聞、獨至名聲聞故。《鈔》曰：二、明定、不定姓之獨覺攝聲聞。

皆依聲故者，《義鏡》曰：若部行、若麟角初入自乘位亦多分依音聲。

問：若爾，何故《玄贊》五曰初可見佛後必不見。既云麟角不見佛，如何今云皆依音聲耶。解云：彼約彼得，此據初時，各舉一邊，故不相違。云云。已上秋篠。

以佛道聲等者，《法華經》第二說。

章又彼獨覺至故不別說。《鈔》曰：三、約教少明獨覺乘。

不立無多別教者，無聲聞乘外多別部教名獨覺乘，此下乘聲聞乘之類，故不說別名中乘也。

章又名大小至種類同故。《鈔》曰：四、釋名大小二乘。

彼二乘者，聲、獨二乘。

章何因三中至故亦不說。《鈔》曰：七科大文第四明三乘廢立。

三中者，三乘名中。不定姓中下應有具二字，雖不定姓中具聲、獨、菩三，或具聲、菩及獨、菩之二，究竟得果不過三名三乘。

人天淺近等者，《周記》曰：此定姓人而不能運出三界名非究竟。

章《勝鬘》四中至同淺近故。《鈔》曰：七科大文第五明四乘，如文可知。

章《般若經》中至得涅槃故。《鈔》曰：七科大文第六明《般若》四乘，如文可知。

章何故《楞伽》至淺近類故。《鈔》曰：七科大文第七明五乘廢立。此中有四，初、明五乘，二、會違，三、示不立六乘，四、明不說七等，今即初也，如文可知。

有四別故者，定姓有聲、緣、菩三別，復加不定姓爲四別也。

章餘處復說至趣類別故。《鈔》曰：二、會違。

餘處者，《善戒經》。

合不定姓等者，名不定就聲、緣、菩三立故，今合定姓不別說也，餘文可知。

章不開有姓至然無文證。《鈔》曰：三、示以[三]不立六乘，如文可知。

無文證者，無證六文說也。

章不說七等類更無故。《鈔》曰：四、明不說七等。

章第五、問答分別者。《鈔》曰：自下第五文有七番問答。文段有八，初、標牒，二、第一番問答，三、第二番問答，答以無二亦無三，說難云三、五乘別，四、第三番問答，答難藏乘同異，五、第四番問答，答難不可立佛乘，六、第五番問答，明但名聲聞乘不名獨覺乘，七、第六番問答，明不名佛藏，八、第七番問答，明教等四爲一乘體同異，今即初也。

章此中一乘至爲引不定。《鈔》曰：下第一番問答。此有二，初、問，後、答。問之中有二，初、問言爲引不定，二、問云有無種姓，今即初也。

唯一無餘二三等者，《開發[四]》曰：古諸德多說不同，有說，一乘如《法華》等。經曰：十方佛土中，唯有一乘法，無二亦無三。云云。然於此義，學者相傳有其二解。一云：由佛方便說有諸乘，究竟皆歸無上大乘，餘乘即是一乘方便，故說二乘即是佛乘。二云：理實非無五乘差別，各於自乘證果究竟，彼諸聖教說一佛乘，約別意言，非實唯一，乃至立理如今章文。已上《開發》。

《法華經》言等者，經第一《方便品》之文也。此舉唯一證，如文可知。

《涅槃》亦言等者，北本二十七《師子吼品》之文也，如文可知。

何故乃言等者，正問：經云聲聞及菩薩皆成佛，又云有心者皆得菩提，然今何故乃言爲説一乘引不定姓耶。此初問意也。

章乃至五乘至不歸於佛。《鈔》曰：此二問云有無種姓。五乘一切等文，《涅槃經》文，乃至言略中。何故究竟下正問：經云五乘一切有情皆大乘極果，爾今何故云究竟有被人天乘無種姓不歸佛耶。此二問意也。

章答《攝大乘》至無二三等。《鈔》曰：自下二答。此中有二，初、以十因、六因答初問。《攝大乘》十因、《顯揚》六因如前既明，今釋意者下與《開發》第二解同。

五乘各異者，能運載教、理、行、果有五，如前成立。爾説一乘爲引一類不定姓，非能運載唯一無二、三、四等乘也。

章《法華論》言至非餘二種。《鈔》曰：此下答中，二答聲聞聞法皆成佛無疑之説，非及一切聲聞。此中有二，初、引《法華論》總答，二、別答，今即初也。

《法華論》言等者，《瑜伽》第八十五十左。亦説四種聲聞，如《法華論》，列次第別。

章應化聲聞至即是此也。《鈔》曰：此下二別答。有六文，初、引經明應化聲聞作佛，二、引論明爲退心説一乘，三、立理及第二問答，四、引經明非皆成佛之説約行、果，五、由經立皆作佛之説不及一切之理，六、結成今家義應依怙，今即初也。

即經所説者，十卷《楞伽》第四、二十二丁。同七、六丁。七卷經三、二十四丁。四卷經二三十二丁。之説也。經曰：味著三昧樂，安住無漏界，無有究竟趣，亦復不退還。得諸三昧身，乃歷劫不覺，譬如昏醉人，酒消然後覺。彼覺法亦爾，得佛無上身。云云。故爲應化等下，章主文也。

章舍利弗等至說一乘等。《鈔》曰：二、引論明爲退心說一乘，《智度論》十二四丁。所說也，《根本十住斷結經》之說也。經曰：舍利弗退者，以施眼時，前人嫌穢以是蹈破，於是乃退起聲聞心也，廣如彼經。又《本業瓔珞經》上第七住退。云云。

章不爾便違至五種種姓。《鈔》曰：三、立理及第二問而答。意言：若不用上來所立理，云一切有情皆作佛，則違《楞伽》八、《莊嚴論》五所說五種姓說，此是約行、果現有無，非約理性立五種姓，此由《樞要》意也。

章又《涅槃》言至智得佛道。《鈔》曰：四、引經明非皆成佛之說及一切全，經北本三十四《迦葉品》之文也。

章若皆作佛至不解佛意。《鈔》曰：五、由經立皆作佛之說不及一切理。何故等下，翻成非皆作佛義。

章故知但應如此中說。《鈔》曰：六、結成今家義應依怙。由是應知，說皆成佛或說一乘，約理性說，非約行性說。若行性論，則有五姓，五乘各別，如前可知。如《顯揚》十四說，諸佛大智不可思議故，刹生平等無差，般涅槃法、不般涅槃法性無二故，是等皆約理性說也。

章問經自說至三五乘別。《鈔》曰：自下第三第二番問答。此中有二，初、問，後、答，今即初也。

破二、破三等者，他家意釋無二亦無三文言：既破二乘、破三乘云唯有一乘法，何故得云有三乘、五乘別耶。此問意也。

章答依梵本至非真破也。《鈔》曰：自下答文。此中有十，此文初由梵本釋無二亦無三答問。今家意答言：無二者無獨覺乘，無三者無聲聞乘，隱無此二乘歸大乘一，云唯有一乘法也。

章《法華》自言至非所破也。《鈔》曰：二、由餘二非真文答非破三，經《方便品》文也。

若破三者等者，破他家釋，立今家云大乘即菩薩乘之理。若如他家破三乘立一乘，則何故不言餘三非真但言餘二，三乘中一不云非真耶。又三之中菩薩乘是大乘，何但言不以小濟而不言不以大乘濟。明知菩薩大乘雖三乘中一非破是也。《玄贊》曰：此經中第一周云餘二則非真，第二周云密遺[一五]二人，第三周云息處故説二。此等文但説二皆不説三，故知不是總無三乘也。

章彼經又言至名爲二、三。《鈔》曰：三、由前理會何有三之説，經《方便品》文也。

二謂第二者，獨覺乘也。三謂第三者，聲聞乘也。

章《勝鬘經》云至何況大乘。《鈔》曰：四、由《勝鬘》成非會大乘爲一乘，大乘即一乘故不會是一乘也。

故但會二下，章主立理。意言：一乘即大乘故，經中但會不定姓中聲聞、獨覺二乘，非會彼定姓二乘，行、果異故。何況菩薩大乘云何得會。大乘即一乘故。

章又無三乘至斯理何爽。《鈔》曰：五、成大乘即一乘之義。此中有三，初、以即一義成大乘即一義。

無三乘等者，經説無三言，設解云無三乘義，顯三乘即一、大乘即一義，言説無三乘，有何所違。

非破大乘等者，大即一故，若破大乘即破一乘，故非破大乘之理何爽。有證文故，如經第一《譬喻品》説，爲説三乘聲聞、辟支佛、佛乘。云云。又曰：汝等速出三界，當得三乘聲聞、辟支佛、佛乘。云云。由是應知，菩薩乘即佛乘，故云斯理何爽。

章若會破三至二牛何別。《鈔》曰：二、由三車中牛車成大乘即一乘義。若會破三者五字牒他家義，意言：若經無三言，非云第二、第三。

會三乘破三乘者，此牒他義意。

所許牛車者，於宅内所許云在門外牛車。

皆亦牛乘者，亦宅内所許牛車，出門所給大白牛車云皆亦牛乘。

若破前牛者，宅内所許牛車云前牛。

後别與牛者，後於門外所給大白牛車。今謂：若破前牛已下，遮四車家説，立今家義。四車家云：如《法華》中宅内所指示門外三車誘引諸子令得出者，是三乘教也，界外露地所授大白牛車是一乘教也。以三中牛車亦同羊、鹿權引諸子務令得出，是故臨門三車俱是開方便門，四衢别授大白牛車方爲示真實相。又明所期差别云：以彼一乘非是界内先所許三，是故界外四衢道中授諸子時，皆云非本所望。又明德量差别云：謂宅内指外但言牛車不言餘德，露地所授七寶大車，謂寶網、寶鈴等無量衆寶而莊嚴等是體具德也。已上四車家之説。今家義意言：若宅内所指示牛車與四衢别授大白牛車别，則何故同云牛車耶。若宅内所指示牛車，四衢别授名爲象車，則是應别體。既宅内所指示是牛車，四衢别授亦是名牛車，故言其體性則全是同也。又以德量别立體别不應理。今家以門外爲果故，云菩薩亦非本所望也，其體是一故，同云牛車也。於宅内不歎德量，未顯果智故。又宅内開方便門，四衢别授示真實相，此亦不盡義。雖宅内開方便門與門外示真實其體是一故，同是牛車也，故因果、權實爲一體自可知已。已上護命僧正《解節記》之意。

二牛何别者，破前所許牛已後所與給牛别，則有何别所由二牛成别耶。

章又三中之大至成漸悟耶。《鈔》曰：六、破異義意言。又三乘之中大乘即是頓悟菩薩乘，會頓悟菩薩乘令入一乘，此即異義。豈令頓悟二句正破，會令入一，此即漸悟，不會令入直往云頓悟，云何頓悟成漸悟耶。

章又大乘一至何獨言二。《鈔》曰：七、成大乘、一乘解行是一。

新發意菩薩等者，舉經文成前理，此《方便

品》文，如先已引。

恐於精進等者，回心向大初修業菩薩，於大乘行精進且壞，起於成佛我無分疑，將退入無餘般故，今説我即彼、彼即是我，此既成佛、彼亦成佛，而得彼聞除其疑意。

此乃捨下位等者，此謂疑網除也。疑網除者，乃捨下品心位，令趣上品階。

不爾十地等者，若不爾，十地地地捨下品無漏智，趣次地上品無漏智，皆應亦名破三歸一。若云破三歸一，則應言餘三非真，何獨言餘二耶。

章《勝鬘》又言至不言三故。《鈔》曰：八、成非都無二唯有一名真義，立大乘即一乘義。

故會二乘等下，章主釋經意。章主意言：《勝鬘經》中説會定姓二乘入於一乘，此非説真實理，以涅槃界與佛同故。且約理性説入於一乘，非與佛行、果相同説故，自成佛智邊見之，非真實理。

經雖説言等下，明開方便顯真實之文，約不定姓説，非及一切姓説，示真實會入。

今説一乘者，《法華經》説時云今也。

令趣者，能運載即乘義也。

極果者，一義故，令趣極果四字釋一乘名。

名爲真實者，結成會有不定種姓二乘者令入真實爲真實會入。

非謂都無二等者，意言：會定姓二乘是非真實，何況有會菩薩大乘耶。菩薩大乘即是一乘故，何會之有。

故《法華》言等者，經第二《信解品》之文也。大乘即一乘證，今拜讀《信解品》，長行文云：而設方便密遣二人形色憔悴無威德者，汝可詣彼語等。文。又頌文曰：即以方便，更遣餘人，眇目矬陋，無威德者。云云。是故今文併取長行、頌文，取意引也。《玄贊》釋曰：實無二體，設有二乘之教，故云密遣。方便之教但化二乘，故云二人。智慧狹劣名色憔悴，神通不大名無威德。又曰：眇目者視不正也。《説文》曰：一目，少也。爲二乘説安立諦教，能詮顯義不圓名爲眇目，所詮生空理短故名矬，無法身功德醜故名陋，神用不廣故名無威德。云云。

不言三人者，示菩薩大乘即一乘。

又言息處故等者，經第三《化城喻品》之文也。今拜讀《化城喻品》，此所引文頌中文，長行文云：佛如[一六]是心性弱下劣，以方便力，而於中道爲止息故，説二涅槃。云云。《玄贊》釋曰：怯弱大乘，下劣樂小故，於中道説二涅槃，二機所學、三智所證名二涅槃，二涅槃體但是有餘。云云。

不言三故者，示菩薩乘即一乘也。

章若言迂會至所宜聞故。《鈔》曰：九、破但直往云一乘異義。

若言迂會下，牒異義。

經論一乘下，章主破異義。若但直往名爲一乘，機有簡別故，道理難成。若依《法華經》所説一乘，多分漸機所被，少分頓悟所被，如何云但直往所入名爲一乘。總經論所論，一乘或有被漸機，或有被頓機，實以不定爲如實義。《開發》曰：此亦非理廣智名文，遮餘説一非是一文，體性不同。《法華經》説唯有一乘，本爲二乘，豈名直往者。何云會二乘令入一乘。由直往名尚未了，義安在焉。文。《周記》曰：實不定者，不定説彼真[一七]往人大名爲一乘，迂會入者即名大乘也。

今二行位等者，《開發》曰：三外一乘無有，非有解行不殊，大乘即是一乘，教亦三階無別，有依前義破釋一大行殊有已。云云。今二者，一乘、大乘之二，此有何别耶。

所宜聞故者，謂方便隱無二乘而説一乘，如是所被機根是一會中在故。

章有説執佛至故但破二。《鈔》曰：十、破由小乘曲見立義。

執佛三劫等者，小乘人執，《婆沙》《俱舍·賢聖品》中廣説三劫滿已，猶是凡夫，三十四念成菩提。

今破此執等者，今謂：指説一乘時或作有説時。

此執者，小乘計有三十四念成菩提之佛之執，有人説破此小乘執云，説一乘而説一乘，亦破小乘中三乘。

不然下，章主破有説。

此乃佛滅已後等者，此三十四念成道所談，佛在世起佛滅後增長説，今由增長時云佛滅已後也。《周記》曰：彼本意者，學大乘者執大乘爲極，今破於名爲破三也。佛在世無大乘人執化身以爲極者，理實佛在小乘亦執化身爲極，然廣建立差別。今佛滅後據增相談，通應撿《發智》《阿含》等經有明三十四念文。云云。

豈是佛在等者，正破，意言：作此丈六佛爲真執在佛在世，破此説一乘在滅後今時，豈有如是前後理不盡事耶。故此有説爲妄説也。

故但破二者，結成正義，由是應知説一乘破二乘立此名。

章問何故立至乘三乘同。《鈔》曰：四、第三番問答明藏、乘。此中有二，初、問，後、答。説有六藏，《瑜伽》、二十，五七丁。《顯揚》、六，八丁。《對法》、十三，初丁。世親《攝論》，唐譯一，三丁。聲聞、菩薩各有三藏。《阿闍世王經》等言等菩薩經，此舉藏、乘同難藏、乘異也。

二藏、三藏者，聲、菩爲二，聲、獨、菩爲三也。

章答乘是運至然未見文。《鈔》曰：此下答中有二，初、明乘與藏或同或異。

藏是含容義者，《天親論》唐一。曰：云何緣名藏。由能攝故，謂攝一切所應知義，未可即令等者，以乘與藏不可云皆同皆異。

章又準菩薩至又應齊責。《鈔》曰：二、舉乘與藏不可云皆同皆異之例證。

《菩薩藏》等者，《大寶積經》三十五《菩薩藏會》也。

十度、十弊者，十度是十波羅蜜，十弊謂是十障也。如《深密》等説，以十度對治十弊。《中邊》第一説十度、十障頌曰：障富貴施。善趣，戒。

不捨有[一八]忍。於失得減增，進。令趣入靜慮。解脱，般若。障施等諸善，無盡。方便云云。

四輪、八難者，《周記》曰：諸本文言四輪，言三者應撿《菩薩藏經》。云云。

三輪者，一、神變輪，二、記心輪，三、教誡輪也。《諸藏章》云：四輪八難其數不等。云云。

章問乘是運至妨立佛乘。《鈔》曰：五、第四番問答明立佛乘，如文可知。

章問何於有至不相違也。《鈔》曰：六、第五番問答明不名獨覺乘。

章問既以果至自當廣釋。《鈔》曰：七、第六番問答明不名佛乘。

聲聞、獨覺等者，此舉例彰難意。難意云：《普曜》及《阿闍世經》説二藏、三藏，此聲聞爲因、獨覺爲果説，何故菩薩因佛果不名佛藏耶。

如《藏章》中等者，此答也。《諸藏章》曰：若名如來藏，願行名字不弘，欲顯願行名字深大弘遠，但名菩薩藏，不名如來藏。云云。又菩薩德行世易可成，如來德行世難可成，欲勸有情令依此教，易可成立，但名菩薩藏，不名如來藏。又小乘之中聲聞爲因、獨覺爲果，從因小乘不名獨覺藏，大乘之中菩薩爲因、如來爲果，從因小劣爲稱不名如來藏也。

章問教、理、行至説爲同異。《鈔》曰：八、第七番問答明教、理、行、果爲一乘體同異。

一雨普潤等者，《法華經》第三《藥草喻品》之所説也。

教同者，同言是一乘之一，下皆爾，今教處同一云教同也。

機異者，生長異也。

三獸渡河等者，《優婆塞戒經》《普曜經》一説。

理同者，一河水也。

證真者，淺、深兔、馬、番[一九]象之異也。

六處大因等者，《勝鬘經》六法，小乘六法云六處，云爲大乘説故云大因也。

行同者，行同小乘。

修異者，以心回大乘修。

三車誘引等者，《法華・譬喻品》。

果同者，門外等一大白牛車。

設異者，方便誘引宅内羊、鹿、牛三，此但指示無體故云設也。

或同或異者，教、理、行、果或同或異。

《勝鬘》會因等者，説六法大乘因會行也，説四智不究竟會果也。

顯唯教、行等者，《法華經》文顯不説真如故，唯教、行、果顯説也。

密實有四者，有教必有理故，密四法悉説也。

如《涅槃經》等者，《周記》曰：《涅槃經》又説一乘，説佛性爲一乘等。云云。

大乘法苑義林章師子吼鈔卷第十尾

安永五年申五月望日於皇都京極和泉式部境内通泉庵，隨講演早早注記之了。

法相大乘末學沙門基辨大同坊。生五丨九歲。

天明元年丑五月十五日，於東武江府淺草延命院講此《義林》之砌，任愚見作此注釋爲講資了。

同六年午十二月三日，於南都興福寺妙光院校正，爲明未年三月於京師京極善長寺開演此《義林章》，用意寡學，拙智謬錯多多，後學乞改作已。

回向四恩法界海，回向無上大菩提。

法相大乘受菩薩戒近住釋基辨。生年六十九歲，法六十二。

校勘記

〔一〕底本原校云：「原本、甲本冠註曰：今云：若就唯識宗教言，則《三十頌》説：圓成實於彼，常遠離前性，故此典依他，非異非不異等。《成唯識》釋此等義云：能薰與所薰同時同處、非即非離，及種生現、現薰種子，三法展轉，因果同時。復云：諸八識心、心所等差別相，約理世俗，非真勝義，真勝義中心言絶故，是等皆根本教順大乘也。若此上所詮理，次所云根本理，大乘所詮理，悉是絶言絶記性故。又説：世間我、法有種種相轉，彼依識所變，有漏識變染依地可斷，法虚妄熏現變似我、法，此等方便教大乘所詮理，理大乘順助大乘教理故名方便。」

〔二〕「道」，疑爲「邊」。

〔三〕「爲」，底本原校云甲本前有「有」字。

〔四〕底本原校云：「原本、甲本傍註曰：第五。」

〔五〕「心」，疑爲「必」。

〔六〕「無」，底本原校云甲本前有「有」字。

〔七〕底本原校云：「原本、甲本冠註曰：又成五種姓假。立量云：我説五種姓應色、心分位假立，許互所無不可成故。諸許不可成者，見色、心分位假立，如種子及自在不可成，離作法云非諸色、心分位假立者，知不説不可成，如二空所顯真如等説。」

〔八〕「總」，底本原校云甲本作「物」。

〔九〕底本原校云：「原本、甲本冠註曰：亦非無姓。今云：若强云無姓作佛，諸佛如何歷無量無數修行成佛。云云。云：今云無姓有情全無行佛性者皆作佛，何有别諸佛無行佛性而爲多劫修行。云云。今也末世，暮云無姓無行姓作佛，則令一切有情不起修道志，遂不有修道證果者。嗚呼，慎哉。」

〔一〇〕「所」，底本原校云甲本前有「實」字。

〔一一〕「定」，底本原校云甲本作「實」。

〔一二〕「緒」，疑爲「諸」。

〔一三〕「以」，底本原校云甲本無。

〔一四〕底本原校云：「原本傍註曰：第六十九。」

〔一五〕「遺」，疑爲「遣」。

〔一六〕「如」，疑爲「知」。

〔一七〕「真」，疑爲「直」。

〔一八〕「不捨有」，疑爲「不捨諸有情」，底本原校云甲本作「不持有情」。

〔一九〕「番」，疑爲「香」。

大乘法苑義林章師子吼鈔卷第十一

《諸藏》。

南都西京藥師寺法相大乘沙門釋基辨撰

章《諸藏》略以至釋通疑難。《鈔》曰：下《諸藏章》，此章大分爲二，初、牒《章》分門，後、隨牒門釋成，今即初也。

藏者能詮言教，聖者教示，能攝一切法云藏，此有別類故云諸藏也，次名數增減門廣明。

章第一結集至學者難知。《鈔》曰：自下此章大文第二隨牒門釋成，此有十門，前列門名是也。第一結集緣起門中，大分爲四，初、舉所據傳論，二、示結集處所，三、正辨結集緣由，四、正示結集時相，今即初也。

一切經中等者，本邦所流名一切經，自趙宋時至大明代，採集東流三藏聖教以所崇敬也。

問：章主所言一切經言，自漢明至唐初，取東流者顯然，隋《衆經目録》有兩本以可知已，然今所云《結集三藏傳》《付法藏傳》云別有一卷，既是名傳，云何云一切經中別有一卷耶。答：閲本邦所流明藏，《付法藏傳》一部六卷，元魏吉迦夜共曇曜所譯出，名《付法藏因緣經》，說自佛及迦葉至師子尊者付法傳承。既別名經，今云一切經中，何妨之有。《結集三藏傳》亦名《付法藏傳》故，今云有一卷歟。

結集者，佛滅後大迦葉應諸天請，恐正法盡，留諸聖滅，欲爲報佛法恩，撰集如來所說三藏以利衆生，此結集之基也。

章《西域記》云至處所不異。《鈔》曰：第一門中，二、示結集處所，《記》第九之文，述迦葉結集也。

迦蘭陀竹園者，《記》九十二丁。云：耆闍崛山城北門，行一里餘有精舍，石基甎室，東開其戶，如來在世，多居此中說法開化，導凡極俗，今作如來之像量等如來之身。初，此城中有大長者迦蘭陀，時稱豪貴，以大竹園施諸外道，及見如來，聞法淨信，追惜竹園居彼異衆，以今天人師無館舍。時諸神鬼感其誠心，追逐外道，長者於是立精舍請佛，故名云迦蘭陀竹園也。有大石室，今云此石室爲迦葉結集處，所謂分窟内窟外處也。《法顯傳》云賓波羅窟，真諦云七葉巖也。

真諦云等者，《部執異論疏》之説也。

《大智度論》等者，論二七丁。文，此示譯者之謬也。

此山者，耆闍崛山，今正示誤云非也。

三文名別者，《西域記》《部執疏》《集藏傳》三文。

章《大智度論》至皆入寂滅。《鈔》曰：此下第一門中，三、正辨結集緣由。此中五文，一、舉佛入滅災變相現，二、舉大迦葉以天眼見大涅槃，三、舉諸天請迦葉令護遺法，四、舉迦葉誠留諸聖入滅，五、舉迦葉由懈怠比丘賀佛滅，思集法藏據法治犯，此爲結集遺教正緣由，此即初也。

《大智度論》者，論第二三丁。文也。

地六振動者，與《涅槃經》後分説相同。六謂有三別，一、六時動，《長阿含》説，謂入胎、出胎、出家、成道、入涅槃。今云地六振動者，入涅槃時。二、六方動，《大般若》八説，謂東涌西没，西涌東没，南涌北没，北涌南没，中涌邊没，邊涌中没，是名爲六。三、六相動，《大般若》説，謂動、涌、震、擊、吼、爆，此云六相。摇動不安云動，鱗隴凹凸云涌，或六方出没名涌，隱隱有色爲震，有所相擊名擊，碎磕發響名吼，出聲驚異爲爆，此各有三，名十八相動。各有三者，《般若經》云：謂動、等動、等極動乃至爆、等爆、等極爆。但爾小動名動，諸處通動名等動，大傾動名等極動，餘皆准知。今此舉總但名六動，唯是十八變中一振動也。《勝思惟梵天經》説有七目振動，一、驚怖諸魔，二、令時衆不起散心，

三、令放逸者而自覺悟，四、令念法相，五、令觀說處，六、令成就者得解脫，七、令隨順問正義。云云。

章《西域記》云至入般涅槃。《鈔》曰：二、舉大迦葉以天眼見世尊入涅槃，《記》第九十二丁。之文也。

忽燭光明者，大迦葉宴坐山林，如來放光明忽照燭也。餘文應知。

章《智度論》云至忽然不現。《鈔》曰：三、舉諸天請迦葉令護遺法，論第二四丁左。之文也。

白迦葉言等者，諸天讚歎迦葉德已，請護持遺法之文也，文意易了。

章真諦三藏至以示迦葉。《鈔》曰：此下四舉迦葉誡留諸聖入滅。真諦《部執異論疏》說。此中四文，一、舉迦葉至佛涅槃所，後分廣說，今略說也。二、舉迦葉爲未生怨王作藥槽，未詳所據。三、舉阿闍世王聞佛入滅悶絶，迦葉以王安藥槽令得活，後分無此說。四、舉迦葉欲誡聖留滅撰集三藏，今即初也。

後經七日等者，《涅槃經》後分《荼毘品》曰：七寶大炬無數光焰投香樓所，亦皆殄滅，是時一切大衆，長時號哭，一切供養，不知如來何緣未已，投火香樓荼毘不然。爾時，世尊大悲普潤，待迦葉衆來至乃然。時大迦葉與五百弟子在耆闍崛山，去拘尸那城五十由旬，身心寂然入于三昧，於正中倏爾心驚舉身顫慄，從定中出，見諸山地皆大震動，即知如來已入涅槃。告諸弟子，我佛大師入般涅槃。告諸弟子，我佛大師入般涅槃(二)，時經七日，已入棺中，苦哉苦哉。應當疾往至如來所，恐已荼毘，不得見佛三十二相八十種好真淨色身。迦葉以敬佛故，不敢飛空往如來所，即將弟子，尋路疾行，悲哀速往，正滿七日至拘尸那城。城東路首，迦葉遇一婆羅門執一天華隨路而來。迦葉問言：仁者何來。答：佛般涅槃，我於荼毘所來。復問：此是何華。答言：於荼毘所得此天華。迦葉就乞，答云：不得，我期將歸，擬示六親家中供養。迦葉就借，著其頂上，便即悶絶昏迷躄地，暗咽悲哽，良久乃甦，即與弟子疾共前進至拘尸那城。云云。今云：上所言《西域記》與《部執疏》，同由此後分，併讀可知。

命屬徒衆者，《西域記》作尋命徒衆爲是，若作屬命徒衆同意歟。

逢外道等者，《西域記》作梵志，後分作婆羅門。

曼陀羅花者，《法華讚》曰：曼陀羅此云適意，見者心悦。

章迦葉往至云内八槽中。《鈔》曰：二、舉迦葉爲未生怨王作藥槽説。

八槽者，槽，《説文》：畜獸之食器。云云。和訓云：馬舟。又李賀詩：小槽酒滴真珠紅。云云。由此詩酒槽，和云酒船。迦葉白未生怨王阿闍世王。作八槽之説，未考所據。迦葉未至佛涅槃處已前，告王作八槽，而後伴王至佛涅槃所之説，今真諦法師所言，大違後分云王大悲哀速往，此是《異部計執》相傳異説，不可强責是非。

章即於是曰至王便得居。《鈔》曰：三、舉王聞佛滅悶絶。迦葉須王安藥槽得居之説，由後分説。阿闍世王夜夢種種惡相，王問諸臣，臣答佛滅不祥之相，王聞此語已，夜半即來至拘尸那城。已上後分。由是真諦法師説大違，此亦部執傳説相違，不可强責。

章佛於衣外至少有入滅。《鈔》曰：四、舉迦葉誡諸聖留滅撰集三藏之説。

佛於衣外等者，後分廣説曰：爾時，迦葉哽咽悲哀説是偈已，世尊大悲，即現二足千輻輪相，出於棺外迴示迦葉，從千輻輪放千光明，徧[三]照十方一切世界。爾時，迦葉與諸弟子見佛足已，一時禮拜千輻輪相。云云。《西域記》六二十丁。如後分説。

四部弟子等下，正迦葉誡諸聖留入滅欲撰集三藏之由，未詳此説所據。

四部弟子者，亦云四輩，一、比丘，二、比丘尼，三、優婆塞，四、優婆夷。

更無所持等者，《西域記》云：法王去世人天無導，諸大羅漢亦取滅度。云云。

與是意同語等下，正誡諸聖。

我等應欲等下，正勸諸聖，令起撰集遺教三藏報佛恩志。

章《西域記》云至據法治犯。《鈔》曰：此下第一門第三正辨結集緣由有五文中，第五舉迦葉由懈怠比丘賀佛滅，思集法藏據法治犯。此中三文，初、引《西域記》九，十三丁。次、出真諦說，後、舉結集三藏傳示分舍利相，今即初也。

懈怠比丘更相賀等者，《涅槃經》後分廣說曰：迦葉即與弟子疾共前進，至拘尸那城北門而入，於其城中入一僧坊，見諸比丘叢聚一處，語迦葉言：汝等遠來深勞苦耶。安座待食。迦葉答言：我之大師已入涅槃，我有何情安此待食。諸比丘言：汝師是誰。答言：汝不知耶。哀哉痛苦，大覺世尊今既涅槃。比丘聞已，各大歡喜而作是言：快哉快哉，如來在世禁制我等，甚不堪忍不能依行，今已涅槃，嚴峻禁戒已應放捨。汝且待食，有何急耶。佛神力故，掩諸天耳及迦葉弟子等耳，皆悉不聞惡比丘語，但有迦葉獨自聞之。於是，迦葉將弟子悲泣流淚，疾往佛所。云云。《西域記》由此後分略作此說。

迦葉聞已等四句，述結集法藏思極。

章真諦云至極思結集。《鈔》曰：二、舉真諦說，述極思結集。文意易了，未詳所據。

章《集藏傳》云至起十塔已。《鈔》曰：三、引《結集三藏傳》示分舍利相。經後分《聖軀廓潤品》曰：爾時，拘尸那城諸力士得第一分舍利，即於國起塔供養。又波肩羅婆國力士得第二分舍利，起塔供養。師伽那婆國拘羅樓衆得第三分舍利，起塔供養。阿勒遮國諸刹帝得第四分舍利，起塔供養。毘耨國諸婆羅門得第五分舍利，還國起塔供養。毘離國諸梨車得第六分舍利，還國供養。遮羅迦羅國諸釋子得第七分舍利，還國供養。摩伽陀國主阿闍世王得第八分舍利，還王舍城起塔供養。性熛婆羅門得盛舍利瓶，還頭那羅聚落起塔供養。必波羅延那婆羅門居士得灰還國，起塔供養。爾時閻浮提中八舍利塔，第九瓶塔，第十灰塔，如是分布舍利已。云云。今云：由後分有瓶塔，《集藏傳》以佛床爲塔，皆是部執之異，不可强責。《西域記》六二十丁。亦説分舍利。

問：今此結集緣起門中，但申此分舍利事，舉是云何爲結集緣由耶。答：不由佛涅槃處事，則不明結集起由。復不申分舍利事，則不明涅槃處事究竟，不辨此究竟，則次所申大迦葉擊大揵椎，集諸大弟子，結集三藏事，離涅槃所別處爲會，其意不分明。爲結前生後，引《集藏傳》略申分舍利事竟。

章《大智度論》至唯除阿難。《鈔》曰：第一結集緣起門有四文中，第四正示結集時相。此中三文，初、舉結集處來集大衆多少數，二、申除去居學地阿難，三、明阿難漏盡共大衆結集三藏。初文中有五文，一、舉大乘人相傳千人結集之説，二、舉薩婆羅部傳説五百結集，三、舉《集藏傳》大衆部説，四、舉法藏部説，五、明迦葉選集千人由，今即初也。

《大智度論》者，論一六丁。之文，《西域記》九十二丁。文，今所引《智論》全文，非《西域記》全文。

擊銅揵德者，《西域記》作擊大揵槌，梵云鍵稚，此云槌，由是誤作揵槌歟。

得九百九十九人等者，大乘相傳説也。《法苑珠林》此云大乘結集，《智度論》爲根本説處，《金剛仙論》中亦雖有此説，真僞未決，論故難依用也。

章真諦云得至唯除慶喜。《鈔》曰：二、明薩婆多傳説。由《宗輪論疏》云窟内有五百應真，外亦萬餘無學，是由《菩薩處胎經》説，今云得四百九十九人，但取窟内應真也。《阿育王傳》《付法藏傳》云五百人，是等有部傳説，名云五百結集，雖有窟外大衆，非攝之云五百。窟内居迦葉，爲上座阿難結集素呾覽藏，優婆羅結集毘奈耶藏，富樓那結集阿毘達磨藏，是薩婆多部傳説也。次下廣明。

章《集藏傳》云至有學、無學。《鈔》曰：三、舉《集藏傳》大衆部説。此傳説不分窟内、窟外及有學、無學，得聖者八萬大衆。八十千者八萬也。迦葉請阿難結集四藏，經、律、論、雜四也。此傳之説也。

問：此傳之説，何部所説耶。答：由下章文，此是窟外大衆部之説。《西域記》九十四丁。曰：大衆部結集之處，諸學、無學數百千人，不預大迦葉結集之衆，而來至此，更相謂曰：如來在世，同一師學，法王寂滅，簡異我曹，欲報佛恩，當集法藏。於是凡聖咸會，賢智畢華[三]。復集素呾覽藏、毘奈耶藏、阿毘達磨藏、雜集藏、禁呪藏，別爲五藏。而此結集凡聖同會，因而謂之大衆部。云云。今引《集藏傳》文，云通説有、無學，即此窟外結集，大衆部所傳之説顯然也。今謂：第一迦葉結集時，雖分窟内外，然尚渾一知見，教示貝葉傳通所修學道未替。及大天五事亂，流傳異爲二部。其時，大天徒衆襲窟外大衆稱大衆部，此《集藏傳》及《西域記》之説。大天已後，大衆部所傳明因不分窟内外。迦葉請阿難結集諸藏，作此説明，學者審知。

章《四分律》云至前后別也。《鈔》曰：四、申法藏部傳説。

《四分律》者，五十四九丁。之文也。彼意云：大迦葉本俱五百人結集三藏已時云，富耶奢[四]更與五百阿羅漢，來至迦葉結集處，欲聽更爲重集三藏故。根本迦葉五百人，與後富耶舍五百人，合論云有千人，至實義無相違。云云。今云：此律中會大乘相傳云千人結集也。此是佛滅後第三百年，烏仗那國有化他部，從其分出法藏部傳説也。

章真諦云夏至供養舍利。《鈔》曰：五、申迦葉選取千人由。此中三文，初、舉真諦説，次、舉《智度論》説，後、舉《西域記》説，今即初也。

真諦云者，未詳所據。

今夏安居等者，入涅槃年，其夏安居，如佛在世，請諸佛弟子，朝、暮、日中三時，禮拜供養舍利。

問：云何此説爲結集緣由耶。答：次所云阿奢世王供養千僧以令結集，是事自佛在世如是供養，至入涅槃年之夏安居，三時供養舍利。其夏安居初十五日，大迦葉語阿闍世乞千僧食。爲令意味連貫，舉真諦説爲始，論爲次，《記》爲終也。

以洴沙得道等者，洴沙謂頻婆沙羅王。論二六丁。曰：頻婆沙羅王得道，八萬四千眷屬亦各得道。此時王教勅官中常設飲食供養千人，阿闍世王不斷此法。爾時迦葉思惟言：若我等常乞食者，當有外道强來難問廢闕法事，今王舍城常設飲食供給千人，是中可住結集經藏。以是故選取千人，不得多取。云云。

是時夏安居等者，結集始日時也。

章《西域記》云至十五日集。《鈔》曰：後舉《西域記》説，《記》第九十四丁。文，此示夏安居三月初十五日結集始日時也。

章《智度論》云至故留殘結。《鈔》曰：示結集時相中，第二申除去居學地阿難。此中大分爲三，初、申阿難留殘結不令住，二、申迦葉舉阿難罪不令住，三、申阿難令去，令即初也。

牽阿難出等者，《西域記》九曰：大迦葉召阿難而謂言，汝未盡漏，宜出聖衆。阿難曰：隨侍如來多歷年所，每有法義曾未棄遺，今將結集而見擯出，法王寂滅失所依估[五]。迦葉告曰：勿懷憂惱。汝親侍佛，誠復多聞，然愛惑未盡，習結未斷。阿難辭屈而去。云云。

久可得道者，阿難自言：我能有力智疾應得道，但諸佛法，阿羅漢者不得隨侍，我留殘結，故思供給左右。由此，久謂疾也，故謂故思。

章大迦葉言至故可聽度。《鈔》曰：此下二申迦葉舉阿難罪不令住。此中六文，初、舉度女罪，二、舉索水不與罪，三、舉不答罪，四、舉蹈衣罪，五、舉陰藏相示女人罪，六、明舉罪違文，今即初也。

突吉羅懺者，對首懺悔也，至下具釋。

《四分律》雜揵度者，《律》四十八、十丁。《揵度》五十四六丁。之説，此舉阿難答違文。揵度，梵語，此云蘊，又云法聚，真諦、天親傳製爲八伽蘭陀，即此間云八犍度。伽蘭陀，譯爲結，亦云節，謂義類各相結屬故云結，又攝義令不散故云結，義類各有分限故云節。云云。雜者，入揵度之一也。八謂一雜、明小乘不相似義。二使、百八煩惱。三智、十智。四業、三。五大、四。六根、練。七定、入。八見。六十二見也。

大愛道尼者，摩訶波闍波提，此云大愛道，佛摩耶夫人之妹，佛姨母，具如《大愛道比丘尼經》中。

章二者、迦葉至令水清也。《鈔》曰：二、舉索水不與罪。

《四分》法云者，《律》五十四六丁。舉違文也。

欝多羅僧者，此云中價衣，如資明。

章三者、迦葉至非我惡心。《鈔》曰：三、舉佛問不答罪。

若有能修等者，《西域記》七十三丁。曰：菴没羅國側有窣堵波，是如來告涅槃處。佛昔在此告阿難言：其得四神足者，能住壽一劫，如來今者當幾何。如是再三，阿難不答，天魔迷惑故也。阿難從坐而起，林中宴默，魔來請佛請入涅槃。佛許期，劫〔六〕後三月吾當涅槃。魔聞，歡喜而退。阿難林中感惡夢，驚問佛。佛告阿難，吾先告他，他爲魔弊不時乞留，魔王勸我早入涅槃，許之期，斯夢是也。云云。又《智度論》八丁。二曰：佛問汝：若有人四神足好修，可住壽一劫若减一劫，佛四神足好修，欲住壽一劫若减一劫。汝默然不答。問汝至三，汝故默然。汝若答佛，佛四神足好修，應住一劫若减一劫。由汝故，令佛世尊早入涅槃，是汝突吉羅罪。云云。

四神足者，四謂一欲、二勤、三心、四觀，此四皆以心所法中定爲自性。言神足者，定所生果名神，謂神通變化靈妙德用也，足謂欲、勤心觀四因所生等持名足，神之所依名足，從因定〔七〕

果神變。名云四神足也。從因與果者，此有兩重因果。初重謂欲、勤、心、觀爲因則四因，所生定爲果。後重謂欲等四定爲因，則此因所生果神變爲果，因名足，果名神。初重因果，以用四法也爲因，四法自性體定爲果。後重因果，具四法用定爲因，定所生神變爲果。

章四者、迦葉至蹈佛衣上。《鈔》曰：四、舉蹈衣罪。

僧伽梨者，三衣中大衣也。

三衣者，一、僧伽胝婆參，唐譯云上衣，入王宫聚落，此衣最在上被故，或上講座得著，不得掃地及禮拜師尊長等。舊云僧伽梨，此云雜碎衣，條相多故爲名。二、嗢怛羅僧伽波參，唐譯云上被衣，在寺内即被七條，在五條上。嗢怛羅僧伽是上被義，婆參是衣。若上講座禮拜三寶著是，此亦云中衣，在大衣下、五條上故云中，舊云欝多羅僧，此云中價衣，約衣財直可謂爲賤。三、安怛婆參，唐譯云内衣，安怛内義。但三衣時，五條儭體故云内衣，亦名少衣，亦名下衣，行路作務時著此小衣。舊云安陀會，此云下衣。若小乘教説三衣，以《長阿含經》二十二《因緣品》爲根本，廣説如諸部律中。若大乘説，則以《瑜伽》二十四《聲聞地出離品》爲根本説，廣據大乘諸師釋義。

辨三衣條相者，由小乘諸師所言，下衣五條，一長一短。中衣七條，兩長一短。大衣有三，下品三，謂九條、十一條、十三條，各兩長一短。中品三，謂十五條、十七條、十九條，各三長一短。上品三，謂二十一條、二十三條、二十五條，各四長一短。此是薩婆多論之説也。若由大乘説，《瑜伽·聲聞地》曰：謂有大衣，或六十條，或九條等，或兩重刺名僧伽胝，被服受用，能正將護説名爲持，中衣、下衣條相同小乘説。

《四分律》云等者，舉違，五十四六丁。五百結集法之文。

章五者、迦葉至而故破戒。《鈔》曰：五、舉陰藏相示女人罪。佛陰藏相，三十二相中之一相也。餘文易了。

章《四分律》中至及不問戒。《鈔》曰：六、舉罪違文。

無此一種者，無前所明示陰藏相舉罪。

佛遺爲侍者等者，《涅槃經》四十《憍陳如品》曰：佛意爲欲令誰作給使耶。目連即便入定，見如來心在阿難許。阿難辭去，目連言佛意在汝，阿難立三願，衆許，是故奉給如來。云云。是今云阿難不肯爲一罪。

《集藏傳》等下，是亦所舉違。

章《智度論》云至迦葉語竟。《鈔》曰：申除去阿難云文中，第三申阿難令去。雖説有六等三句，章主文。

《四分律》云已下，五十四六丁。取意也，文意易了。

章便自閉門至空何所求。《鈔》曰：正示結集時相三文中，第三明阿難漏盡共大衆結集法藏。此中五文，初、明由阿難去喚憍梵波提，不來，入滅，二、明阿難漏盡至結集所，三、明阿難降魔結集相，四、辨諸部相傳有異説，五、舉異説會，今即初也。

阿那律等下，申選取千人，阿難留結令去已，闕一人故，欲喚憍梵波提。阿那律，梵云阿泥律陀，此云無滅，佛之黨弟也，云阿㝹婁陀，訛也。憍梵波提，梵云笈房鉢底，此云牛相，前生從牛來，作牛蹄、牛呞之相，號曰牛相。已上《玄贊》。

遣使請來者，此僧使名善覺比丘，常爲衆僧作使至天上。是《分別功德論》之説也，《法苑珠林》三十四初丁引。

汝可疾來者，迦葉指憍梵云汝。

佛日滅那者，《周記》曰：問：《西域記》等言：迦葉登山擊槌時，彼三千聖憍梵已知，何故今問佛滅度耶。答：且爲二釋，一、自不知，問。二、部説不同，不旁會釋。已上《周説(八)》。今云：迦葉擊槌之時，憍梵入滅盡定，故不聞聲。

佛法欲散大人等，散謂欲散滅也。大人者，《周記》曰：佛、舍利弗俱名大人。云云。今云：大人過去四字，恐應在佛法欲散之上。不爾，佛入大人言義不成也。

離欲大師者，《周記》曰：佛世尊也。

和上者，舍利弗也。

即起神變等下，明憍梵不來，入滅。

《集藏傳》下舉違文，由此傳文不入滅、不來也。

章《大智度論》云至衆覩感歎。《鈔》曰：二、明阿難漏盡至結集所，論第二十二丁。文，《西域記》九十四丁。意同。《西域記》九曰：至空寂處，欲取無學果，勤求不證。既已疲息，便欲假寢，不及伏體，遂證羅漢。至結集所，叩門白至。迦葉問曰：汝結盡耶。宜運神通，非門而入耶。阿難承命，從鑰隙入，禮衆已畢，進而復坐。與論文稍同。

《集藏傳》云等下，舉大衆部相傳説，申阿難結集行粧。

滅結漏盡者，《周記》曰：自思久來奉事於佛，今日一旦而彼將去，遂及悲，滅結根，而漏即盡。云云。

來詣大會者，來迦葉結集大會也。修理衆僧和合一味云修理也。

迦葉舉聲等者，《西域記》九云：於是迦葉揚聲曰：念哉諦聽，阿難聞持如來稱贊，集素呾覽藏。優波離持律明究，衆所知識，集毘奈耶藏。我迦葉彼集阿毘達磨藏。云云。今云：此記言迦葉集阿毘達磨，大乘相傳之説也。

儀似山頂者，《周記》曰：儀容似須彌山頂也。云云。

章魔聞名色至天稱勝善。《鈔》曰：三、明阿難降魔結集之相。此中二文，初、申阿難降魔之相，後、正申阿難結集之相，今即初也。

此三所德者，迦葉、阿難、阿那律云三所也。

殘法者，佛滅後遺法。

出教者，魔王出教命。

四兵者，喻貪、瞋、癡、慢。

起化兵者，隨煩惱等。

四種將主者，貪、嗔、癡、慢根本惑。

嚴仗，嚴重兵仗。頓駕者，駕謂行也。

羅漢應者，應供人也。

迦葉我前者，我言，魔自云我。

叉手者，謹敬貌也。

章迦葉勑衆至皆歸本行。《鈔》曰：後、正申阿難結果相。

師子振欠者，《涅槃經·師子吼品》說：如師子王，晨朝出穴頻申，欠呿發聲震吼。是爲十一事，如前委明，譬阿難不怖大衆威儀嚴重。

說聞如是等者，後分經曰：阿難如汝所問，如來滅後結集法義，一切經初安何等語者。阿難，如來滅後結集法藏，一切經初當安：如是我聞，一時佛住某方某處，與諸大衆而說是經。云云。由是今說聞如是及一時等，皆是從佛意起。

以爲一藏者，第一素呾覽藏。

爲二藏者，第二毘奈耶藏。

大法者，《對法疏》一曰：阿毘達磨，大衆部名大法、上法，迦延造竟，持以上佛，佛言上法，是《分別功德論》所說，是爲第三阿毘達磨藏也。

得見道跡者，無漏智云道，各各自得無漏智，今見得云得見跡也。

皆歸本所者，結集法藏已，各各歸本國也。

已上《集藏傳》文已。

章驗此集四至阿難結果。《鈔》曰：此下四辨諸部相傳有異說。此中五文，初、章主評定上所舉《集藏傳》說，此傳說由大衆部所傳《分別功德論》說，四藏俱阿難一人結集，是餘部所無也。

章《智度論》云至鄔波毱多。《鈔》曰：二、舉上所言在三屍說違。鄔波毱多，鄔波毱多[九]，經說尊者毱多說法度人，其數極多，魔王欲燒[一〇]衆心，施以寶冠。毱多聖者悠受，語云：汝施以冠，我有寶環謝之。取人、蛇、狗三屍，變作寶環，繫魔頸下。魔喜返宮，至四天王，毱多攝神力，還作死屍，波旬憂惱不能除去等，乃至廣說。

章《智度論》云至智無明燈。《鈔》曰：三、舉置如是我聞言，及阿難集經、論二藏異説，論二十二丁。文也。次下章主云不辨何部説。

《轉法輪經》等者，出《雜阿含》十一，別譯爲兩本，一名《轉法輪經》，二名《佛説三轉法輪經》。

是千阿羅漢等者，來集論議阿羅漢，若是云千人選取之千，則似大乘相傳之説。又以阿難俱集《四含》，云集修多羅，用《轉法輪經》言，則似小乘説，誠難究何部説。

七多羅樹者，《勝鬘述記》曰七多羅樹者，一樹高七仞，一仞者高七尺，總一樹高四十九尺也。七樹者，即説三百四十三尺也。云云。

無滅者，阿那律也。《周記》曰：由因挑燈令不滅，故云無滅，從因爲名。

阿難如是集等者，《智論》文云：迦葉語阿難，從《轉法輪經》至《大般涅槃》，集作《四阿含》，《增一》《中》《長》《相應阿含》，名修始[二]路。云云。

五怖畏者，《智論》二云：何等五怖畏應遠。一者、殺生，二、盜，三、邪婬，四、妄語，五、飲酒。云云。又《華嚴經》及《佛地論》二説：超五怖畏即三業清淨，出諸怖畏，無犯戒等諸惡趣等怖畏因故，一者、不活畏，二、惡名畏，三、死畏，四、惡趣畏，五、怯衆畏。經云大衆成[三]德畏。如是五畏證得清淨意樂地時，皆已遠離。云云。《華嚴經》説：初地菩薩遠離此五怖畏。《玄贊》四。五罪、今云：五逆罪歟。五怨，謂貪、嗔、癡、慢、疑也。

受無量苦者，身心受苦無量。

智無明燈等者，《周記》曰：惠是彼無明之燈，依主釋也。

章又云彌勒至爲菩薩藏。《鈔》曰：四、明大乘三藏結集。此中二文，初、舉《智論》説，第一百二十五丁。文。

於鐵圍山間者，鐵圍山與鐵圍山之間。私云：表大乘教理出於三界外，云兩鐵圍之間歟。

深意非凡智所識知。

章《西域記》云至大乘三藏。《鈔》曰：後舉大乘者說，釋將阿難，《記》九十四丁。之文。我迦葉波集，今云：迦葉爲上座，阿難集素多覽，優婆離集毘那耶，富婁那集阿毘達磨之說，薩婆多部相傳之說。迦葉集阿毘達磨，阿難集素多覽，優婆離集毘那耶，大乘者相傳之說。

大乘三藏等下，章主評定《記》文。

西域相傳者，《記》之所說。

亦於此山者，亦小乘三藏。此山者，指耆闍崛山窟内結集之處。

同處者，與小乘同處。

章《部執疏》云至集於三藏。《鈔》曰：五、明窟外結集異說。

迦葉令阿難等下，欲明窟外，先辨窟内，云令富婁那誦阿毘曇，是薩婆多傳說。今言，迦葉爲上座故，下命令令誦出也。

此時乃有等下，正明窟外結集。

此時者，彰與窟内結果同一時事，簡法藏部所云富婁那後來重結集。

無量比丘者，萬餘無學，如《宗論疏》所言。

不許令住界外者，雖界内、界外一味和合，界内選取五百人羯磨訖故，令住界外，如次下明。

有阿羅漢等下，彰窟外亦以婆師婆爲大衆主。

一由羯磨訖等下，明分窟内、外二衆由。

羯磨訖者，《四分律》云：大迦葉即作白，大德僧聽，諸比丘爲僧所差，若僧時到僧忍聽僧，令往王舍城集共論法。比丘白。如是作白已，俱往毘舍離。比丘從毘舍離往王舍城。云云。

得偷蘭遮罪者，《明了論》解云：偷蘭爲粗，遮那爲過，故云偷蘭遮那。粗有二種，一、是重罪方便，二、能斷善根等。云云。《事鈔中》一云。此中重罪方便者，七聚中初二聚。波羅夷、僧殘。方便罪，義含輕重，及有果罪諸偷蘭遮，如用人皮、石鉢、人髮、露形等，定賓《四分戒本》衆上二十丁。是七聚中第三聚云偷蘭遮。

二由不令衆雜者，《三論玄》云：五百人皆聰明故。今云：不令雜鈍衆也。

故不聽等者，以窟外人不許入窟内衆也。

雖有二處等者，彰雖分内、外居二處，情見同一和合。

又周者，法事周圓已。

阿闍世王等者，示結集時檀越。

衣鉢者，猶云衣食。儭謂施也。

號爲多衆者，示窟外衆名大衆部。

由界内之衆下，示窟内衆名上座部由。此時有上座、大衆二部名，雖爾，情見一味和合，全無乖競，及大天五事亂興，遠襲此二部名，偏黨二分。

其年十二月下，示結集已大衆亦歸本所。

《四分律》説等下，舉法藏部説，此説但説王舍城集三藏，不説窟内、外別處，阿難集經、論二藏，富婁那後來請迦葉重結集之三事，與薩波多異。初有五百人，後富婁那與五百應真來，合爲千人，似會大乘云選取千人，與云薩婆多分窟内、外二處結集合爲一説。還是阿難等二句，次行後成一千之句，次應入也，次具辨焉。

章五百初集至結集緣起。《鈔》曰：明阿難結集法藏五文中，五、舉異説會。

同真諦説者，此五百初集，同真諦言薩婆多説也。此前句云阿難集二藏，同《西域記》大乘相傳，而不同真諦師所云薩婆多，由是知前所云還是阿難等二句，後成一千句之次句，《西域記》句上應置，還是之還謂亦，亦後成一千也。後成一千，阿難集二藏二事，同《西域記》，阿難集二藏，同《智度論》也。

其《集藏傳》下，正會，文意易了。

集處既别等者，真諦云王舍城七葉巖，今章主亦用此名，如《宗輪疏》《集藏傳》云僧伽尸城北，《西域記》九云：耆闍崛山北門，行一里餘有伽蘭陀竹園，其園西南行五六里有大石室，大迦葉波結集之處，此章前文云三説同也。但以《智論》云者闍崛山結集爲非，明非由云，此者闍崛山在王舍城正北十四五里，接北山之陽，結集處在大城北門外，記跡現存，故知非也。《記》《疏》《傳》三文名異，處所相同，是爲好，故指《智論》説云集處既别。

人復不同者，《智論》云得九百九十九人，唯除阿難，真諦云得四百九十九人，唯除阿難，《集藏傳》云八十千，但申窟外，《四分律》云後富婁那至更有五百，然先有五百結集與餘説同，但《智論》説爲違故云。

又復不同總是下，結第一結集緣起門已。

章第二名數增減者。《鈔》曰：集此章十門之中，第二名數增減門也。此中有七，初、明二藏名數，二、示三藏名數，三、明四藏名數，四、示五藏，五、示六藏、七藏，六、示八藏、九藏，七、示餘藏，今標牒第二門。

章經量部師至第一卷説。《鈔》曰：當門大分七中，第一明二藏名數。此中有三，初、申經部説，二、申大乘説，三、示獨覺藏，亦名聲聞藏，此即初也。

有别部類者，部謂部帙，類謂部類，若經與律部帙成異，義類亦差，非知如對法無别部帙，俱經中詮惠處爲對法義類也。

章然大乘中至廣自建立。《鈔》曰：二、申大乘説。

亦依機行等者，亦言亦經量部但立二藏。

依機行下，明大乘分二藏所由。經部分二，由部帙、部類有差别，今大乘不爾，菩薩與聲聞所被機異，所修觀行差。自能詮教示，亦隨以分二，立二藏名也。

章由彼獨覺至《涅槃》等説。《鈔》曰：三、申獨覺藏亦名聲聞藏，此通伏難。難云：獨覺亦機行别，教示亦應别，何故不立獨覺藏名，但云菩薩、聲聞二藏耶。爲通此難，申今文義從多者，獨覺來教，少分與聲聞别，多分從聲聞説。

即依半、滿等者，舉攝説二藏，證《涅槃經》

五說半、滿二教，以分此二藏。

故獨覺者等下，具明獨覺攝聲聞中，如文可知。

又初發心下，獨覺初發心，亦與聲聞同，至忍位與聲聞行同修，至忍悟入成獨覺，如《賢聖品》廣說，故云亦名聲聞，嘉祥《中論疏》廣明。

如《法華》等者，二經中處處但說二乘，不別舉說。

章然大乘中至故別開也。《鈔》曰：當門七科中，第二示三藏名字。此有二門，初、明大、小二乘俱說經、律、論三藏，二、明說聲、緣、菩三藏。

然大乘中下，初文，如《毘婆沙》者，新論第一、三丁。舊論一。四紙。

大乘教者，教謂教示即藏也，前緣起門出之故略。

《普曜經》等下第二文。《普曜經》者，全有八卷，竺法護譯，經一二十丁。以兔、馬、白象渡水喻，說聲、緣、菩三機不同，機別教異，故說有三藏也。阿闍世至者未考。

前以行等下，會前說二藏不說獨覺。今據機、果下，明今說獨覺藏爲三。機者，聲聞下根，獨覺中根。果者，聲聞隨他教證，獨覺自悟證。行者，聲聞四諦觀行，獨覺十二緣起觀。如是有少分殊，別開今爲三也。

章或說四藏至廣解四別。《鈔》曰：當門七科中，第三示四藏名字。此中大分二，初、明大衆部四藏，後、明犢子部四藏。初中二文，初、由本說明，後、由傳說明，即初也。

僧祇律者，四十二。十紙。

《分別功德經》者，失譯人名，附《後漢録》，有三卷八十四紙，名《分別功德論》，上卷九紙。中四藏。

同大衆部等者，與窟外結集大衆部四藏，律及《功德經》說四藏全同。

謂但詮定等下，明三藏外立雜藏由。

章《集藏傳》說至不能煩引。《鈔》曰：明大衆部四藏中，後由傳説明。此亦分三，初、明傳說，次、別釋雜藏名，後、章主評釋，今即初也。

迦旃延造竟等下，釋大法名。

此衆經明者，此謂大法，衆多經之破癡益世明燈，故名大法。

有二復次等者，《分別功德論》中委說，故云不能煩引。

章佛說宿緣至是名雜藏。《鈔》曰：明傳說中，次、別釋雜藏名。

佛說宿緣下，約能說人交雜，釋雜之言。《周記》曰：天魔外道等者，此天魔等，由佛加故，亦說衆因。云云。

於中有多偈頌等者，約所說相別能證智彼彼證，釋雜之言。《周記》曰：問十二緣此各異者，問答此十二因緣，十二一一別相而智證，故云異入。

於中者，於雜藏中有多偈頌，現章文多脫落。

異入者，別別悟入也。

章今觀北傳至彼傳第二。《鈔》曰：明傳說中，後章主評釋，此傳者《集藏傳》也。

初釋之意者，云前約能說人交雜名雜藏。

第二釋意等者，云後約於一法相各各智解證別悟入交雜名雜藏。章主意，此第二釋，智解交雜爲詮惠學。

今此初解等者，會合本說與傳說違。

今此初解者，指前本說合二、戒定或定惠等。合三詮名雜藏。

當彼傳第二者，當次傳說，後解智解交雜，兼有解戒、惠有，又有解定、惠者，故名雜藏也。

章復次犢子至非此能詮。《鈔》曰：明四藏中，後明犢子部四藏名數。此中文二，亦說四藏下，正今明四藏，其三世無名下，簡濫。五法藏約所詮云藏，今明四藏，約能詮教有別立爲四藏，此章所明諸藏皆爾。

章法藏部中至及菩薩説。《鈔》曰：當門七科中，第四示五藏名數。此亦有二，即於此四下，初、正明法藏部五藏。此四者，前所舉犢子部四藏，一、經，二、律，三、對法，四、明呪，五、菩薩戒。《成實論》中下，後、明成實者五藏，此於大衆部加菩薩藏。

章然大乘中至可分成九。《鈔》曰：當門七科中，第五示六藏、七藏名數。此亦有二，初、示六藏，後、示七藏，此即初也。

《瑜伽》者，論二十五。七紙。《顯揚》者，六。八紙。《對法》者，論十一。初丁。《攝論》者，唐譯一。五丁。

《法華經》言下，明菩薩、聲聞各有三藏，證經《安樂行品》。

亦有三藏者，亦小乘三藏。

獨覺教少下，申不立獨覺三藏由。

章義可有七至然無別文。《鈔》曰：此後示七藏名數。

小乘説四者，以大衆部等説四藏小乘，對大乘三藏，義可云七藏。彰無所據教，云義成無文。

章又《胎藏經》至各有四故。《鈔》曰：當門七科中，第六示八藏、九藏名數。此亦有二，初、八藏，後、九藏，今即初也。

《胎藏經》者，《菩薩處胎經》，有一部五卷，姚秦竺佛念譯經五説八藏云，一、胎化藏，二、中陰藏，三、摩訶衍方等藏，四、戒律藏，五、十住菩薩藏，六、雜藏，七、金剛藏，八、佛藏也。云云。

大衆部又説下，如前所説四藏，於菩薩、聲聞説之各四合成八藏。

章或可説九至故義立九。《鈔》曰：此後立九藏。

《普曜》等經者，經第一説三獸渡水喻，以有聲、緣、菩三種機。等言等《阿闍王經》，聲、緣、菩三，各有經、律、論故，義立九藏。

章或爲八萬至名數增減。《鈔》曰：當門七科中，第七示餘藏結當門已。

八萬四千法藏者，即八萬四千法蘊，小乘說如《婆沙》七十四、十七丁。《俱舍·界品》。若大乘說，《大集經》十五、《賢劫經》、《佛地經論》、《無性攝論》八、《智度論》五十九、《對法論》十一、《對法疏》九具釋。今大、小乘合說，當明八萬四千聚集相，《俱舍·界品》一說。

如實說者，所化有情有貪、嗔、癡等八萬別，對治彼八萬行故，世尊宜說八萬法蘊。文。《光記》一之餘四十九丁。曰：依大數說，但言八萬，若具足說，有八萬四千。真諦師解曰〔三〕：十隨眠爲十，一一各有九隨眠爲方便，一一具十成一百，此現在當念者也，貪爲主九隨爲伴，嗔爲主餘九爲伴等。餘准應知。此有前分一百、後分一百，加行已起者云前分，猶云前念，後念未起者云後分也。合成三百。置本一百，置謂捨置也。本一百者，現在當念起一百云本也。就前分一百，一一皆以九隨眠爲方便，成一千，後分一百，亦以九隨眠爲方便，復成一千，問：何故捨置現在當念本一百，但於前、後念一百，云以九隨眠爲方便耶。答：《孔目章》云：現在一百，時但不論相助，於過、未二百，亦各以一使爲首，九使爲助，共成二百也。兼本一百成二千一百，已起有二千一百，上來所云本一百，前、後二分合，今云已起，已起上前、後分故。未起有二千一百，此上所云之餘後念將起者，於此上亦有前、後分相助故，云二千一百也。足滿四千二百，約多貪、多嗔、多癡、偏增者云多也。著我、此亦偏增非無餘。思覺，疑惑、散亂此亦偏增。此五人，一一有四千二百，合二萬一千。更就貪、瞋、癡等分四人，以配一一，有二萬一千，遂成八萬四千。云云。上來由《光記》，文難解。以圓暉《頌疏》中。由《光記》住文，間加私意解釋之已。

問：此中所云三毒等分四人者，云何差別耶。

答：此有二說，一云：三毒之等分依主釋，《俱舍本義鈔》東大寺尊勝院宗性僧正撰述。曰：此依主得名義有四：一者、貪與瞋等分起一人，二者、貪與癡等分起一人，三者、瞋與癡等分起一人，四者、三毒等分起一人，合云四人也。此意由《智度論》五十九卷十四紙。說。《波論》曰：般若能除八萬四千病，貪、瞋、癡等分，婬欲病分二萬一千，瞋恚、愚癡各二萬一千。三毒等分，二萬一千也。云云。第二説云：三毒及等分四人相違釋，一、多貪，二、多瞋，三、多癡，四、等分，合爲四人。多貪者，於上上品境多生染著也。瞋與癡自應准知。等分有二解，一云：一切有情平等有貪、瞋、癡三法，名等分。二云：等分者，於中品境上起中品貪，名等分貪。瞋與癡類是知。云云。此是《賢愚經》所説意[一四]。圭峯《華嚴經行願品抄》第三十八丁引《賢愚經》成此義，已上《本義抄》。此第二説中，於中品境者，《雜集論》十三云：等分行者，遠離猛劣住平等位諸煩惱故，隨境界勢力煩惱行故。文。已上基辨私注加之。

問：二説之中以何爲正邪。答：前説爲勝，後説濫偏增者故。前既云約多貪、多瞋、多癡，以舉偏增者竟，所以今云前説爲勝也。已上《本義抄》。

基辨評二説云：必但前説不可爲勝，後説亦有道理，前説約能迷智分四人也，後説約所迷境有上、中品多貪等爲四人。由境差别分人故，與偏增不同，故後説亦爲有道理。基辨云：今問：大乘經中説三毒等分，經證如何。答：《大集經》十五云：一一衆生有八萬四千諸行皆能了知，所謂貪欲行二萬一千，瞋恚行二萬一千，愚癡行二萬一千，等分行二萬一千，是爲八萬四千諸行。云云。又《賢愚經·雲無極品》説：八萬四千法門者，從成道始至涅槃終，都三百五十度大會説法。度者遍也，始從第一修習度，第二名光曜度乃至第三百五十名論布舍利度，一一説法皆具六度，即三百度各有六，故成三六一千八百，更五十度亦成五六三百，總合成三千一百，將是對治多貪、瞋、癡、等分四人也，即對治有情心行八千四百，除伏四大種及六無義所生過失，十轉合數八萬四千。修習此故，復得成就八萬四千陀羅尼門、三摩地等。云云。《佛地論》《智度論》《無性攝論》八，亦引此經具明。今云：《菩薩藏經》《無量義經》曰：聲聞八萬，緣覺九萬，菩薩十億。云云。

又《悲華經》云：聲聞有八萬四千法聚，緣覺九億，大乘法藏有十億法聚。云云。由是應知，云八萬法蕴，云八萬四千法門，且約聲聞説。如《雜集論》十一説，如是三藏，具有八萬四千法蕴，謂是依聲聞乘，尊者阿難常所受持。云云。又《本業瓔珞經》下曰：攝善法戒，所謂八萬四千法門。又曰：菩薩十重有八萬四千威儀，十重有犯無悔，得使重受戒，八萬四千威儀戒盡名輕，有犯得使悔過，對首悔滅。云云。由是應知，《梵網經》所説八萬威儀者，是八萬四千威儀，今准上所説計是。十戒一一各有九戒爲方便，一一具十成一百。此有前分一百、後分一百，合有三百。置本一百，就前分一百，一一皆以九戒爲方便成一千。後分一百，亦以九戒爲方便，復成一千。合本一百，成二千一百。已起十重有二千一百，未起十重有二千一百，合上成四千二百。約事、意樂、方便、煩惱、究竟之五相，一一有四千二百，合成二萬一千。更就因、緣、法、業之四，以配一一有二萬一千，遂合成八萬四千威儀也。傍論已竟。

如此增減等者，如是之言承上，猶云上來。七異者，七差別也，次所云二、三、四、五等也。

差別説有者，若不拘上來所説增減，而別約對治有情心行差別，説法藏數，爲八萬四千法藏。

乘此廣説者，次下廢立門終云：八萬四千隨所治惑不增不減乘，此復成八百萬億諸法藏也，如《對法論》十一説。云云。由此教見今文，乘此者乘所對治十數，十數謂前所引《賢愚經》説，對治四大種及六塵所生過失之十數也，乘此十數計八萬四千心行，則成八十億四十萬能治法藏。俱服[一五]謂十億，洛叉謂十萬。

如《宗輪疏》者，現流《宗輪疏》，不見八萬四千釋義。《對法論》十一明乘數，如次下引。

總是第二等二句，結第二門竟。

章第三辨廢至非宗所明。《鈔》曰：自下當《章》十門之中，第三辨廢立門。此中大分爲三，初、標牒，次、廢小乘，後、立大乘，今即初次也。

章於大乘中至萬四千等。《鈔》曰：此下大文後立大乘。此中大分二文，初、總明，二、別明，此即初也。

唯立二藏者，下、上二藏。

二種三藏者，經、律、論三，聲、緣、菩三。

六藏者，大小乘各三藏。

問：廢小立大中，云何舉聲、緣二及舉小乘三藏耶。答：此中廢小廢小[一六]乘傳説四藏，唯立大乘教所説藏。此所舉二藏，天親《攝論》所説。二種二藏，諸大乘教處處所説。六藏、八萬四千等，亦如前明，大乘經論所説，故今舉此等云立大乘。

章天親菩薩至唯説二藏。《鈔》曰：此下二別明。此中有四，初、明二藏，二、明二種二藏，三、明六藏、八萬四千藏，四、總明大乘不共説結，今即初也。

如是三藏者，經、律、論三藏。

下乘、上乘等者，乘謂能運載、教、理、行、果。所運載，所被機根。下謂下劣、機根。不遍、所修、所益。不盡，所斷、所證。故上謂、上根。遍、所修觀行、所益二利。盡所斷我法二執、所證佛果圓滿。故。如是能運、行等。所運機根。有差別故，能詮教攝所詮亦立下乘藏、上乘藏。

此意説言下，章主文，明雖有中根獨覺攝入下乘之由。

又如力中等下，舉例示力，謂智力即十智力，十智力中有根上下智力，不云中智力，若云有上下力，自知相形有中，故但云下上。

或上或下者，或謂不定之辭，於上品中稍近下是應中，亦於下品其中稍近上亦是應中，故雖云中，在上下間不説中力。今亦復爾，但以下上一往相形不言中乘。

根劣業淺下，明一往形獨覺攝下乘由。獨覺雖中根品，以勝、劣分爲劣，意業亦雖勝聲聞，以淺、深分爲淺。所以何者。獨覺所斷亦唯人執，不斷法執盡故，所證果亦生空，不證法空盡故，所修行亦十二因緣，不修不共佛法二空真如，不廣大故，所利益之亦唯自利，不利有情，不廣大故。一往相形，與聲聞同，唯立二藏不別立也。

章《普曜》等經至不增不減。《鈔》曰：此下別明中，二、明二種二(一七)藏。此中亦二，初、第一種三藏，後、第二種三藏，今即初也。

等言等《阿闍世王經》，以兔、馬、象譬喻，立聲、緣、菩三藏，隨機上、中、下三行，有淺、深能乘，教示亦有淺、深，立此三藏不可增不可減。

章又立素呾至非增減者。《鈔》曰：此下後第二種三藏。此中三文，初、標牒，次、以四釋十義辨三藏不增不減，後、結釋三藏不增不減，今即初也。一、素呾纜藏，二、毗奈耶藏，三、阿毘達磨藏，如次經、律、論三，此三不可增亦不可減也。

章天親菩薩至與《對法》同。《鈔》曰：第二種三藏中，第二以四釋十義辨三藏不增不減。此有二文，初、標天親《攝論》有四釋中，含拾義以辨，二、正以十義辨。

其四釋者，一、由九緣立三藏，二、開示三學立三藏，三、由說滿決擇法義立三藏，四、以四故立三藏。此四釋中，《攝論》所說三復次，如《對法》第十一四丁。廣明。四釋與十義相攝如何。謂第一義，以四故立三藏，第二、第三義由說故立，第九、十義由滿故立，第八義由決擇故立，第四義開示三學故立，第五、六、七義，由九緣故立。

章第一義云至作證所由。《鈔》曰：此下二正立十義辨，有十文，即十義。

二邊行者，著苦樂二邊行，在家著欲樂，外道著苦行等。

初不肯修者，多疑惑者不信三寶，因不如教修習，說契經對治此疑失。

次修顛倒者，耽著苦行、樂行者，因著修習漸增顛倒，由戒律知開遮得中行。

後解非真者，自見取者正智不生，由論藏決斷簡擇，明了照諸法相，惠解令真。

爲對治故者，四故第一故，爲對治此等三失故，如次説經、律、論三藏，此總舉故。

經中爲彼等者，四故中第一故。彼謂彼疑惑事，世親《攝論》曰：謂爲對治疑惑立素呾纜藏。若於彼彼義中有疑惑者，即爲決定宜(一八)説彼彼義故。云云。《對法論》亦同説。

令其趣入者，由疑信不決者，令聽契經決趣入真實。

律中開許等者，世親《攝論》曰：爲對治二邊受用立毘奈耶藏，謂遮有罪著欲樂邊受用故，及開無罪不自苦邊受用故。云云。《對法論》曰：爲欲對治受用二邊隨惑故，建立毘奈耶藏。二邊者，謂欲樂行邊、自苦行邊。對治受用者，遮彼畜積等故，開彼受用百千如法衣服等故。云云。

一百一具故者，如法衣服等也。四故中第三故。

令處中行者，不苦不樂行云處中行也。

論中顯照等者，四故中第四故。論藏問答決擇諸法性相，破邪顯正故，破自見取令生真樂。

此中即是等者，謂此第一義中，即是對治未入佛法疑惑説經，對治已入者著苦樂二邊行説律，爲對治自見取以正智作證説論。所由謂故。即四故之故也。

章第二又約至即戒取故。《鈔》曰：此第二義，四教中第三一分約説立三，三藏能治，疑、邊行、見取所對治也。此所治三，初無漏見道所斷，三共分別起故。就見道斷，説經、律、論能治立三藏名。

二邊行等者，苦樂二邊行非惑故，是云見斷所治，難了故別設，釋惑中戒禁取見攝故，是見道斷。

章第三又依至唯説三藏。《鈔》曰：此第三義，四釋中同前。

障入道者，障悟入真理無漏道。道謂上智也。諸惑、業所對治，三藏能對治，此總舉惑、業也。

一切煩惱下，別明，初、舉惑。

二類者，攝一切煩惱相。今爲二類，一者、猶預疑惑爲本，一切惑起以經對治。二者、決定見取執爲最勝，能得淨爲首，一切惑起以論對治。

雖求入道等下，後、舉業。

妙行者，諸善行也，爲得人天果報受五欲樂，著苦樂二邊行，此是以律對治。此是現在所受惑、業，爲令除是，唯説三藏不説餘也。

章第四又諸至不增不減。《鈔》曰：此第四義，四釋中第二釋。

一一增上等者，諸聖教中，或戒學爲宗説，或定學爲宗説，慧學爲宗。三學之中，一一增上，對機説各不同，多説定經，多説慧論，阿毘達磨。多説戒律，故唯三藏。

章第五又爲至阿毘達磨。《鈔》曰：此第五義，四釋中初釋，由九緣立。

惡律儀者下，《表無表章》明此名體，爲是者以律對治，多散亂者以經對治，多煩惱者以論對治。

章第六又爲至次第立三。《鈔》曰：此第六義，四釋中同前。惡業多者以律對治，愛多者以經對治，見多者以論對治。

章第七又爲至次第立三。《鈔》曰：是第七義，四釋中同前，五、六、七合爲九緣立。嗔多者以律對治，貪多者以經治，癡多者以論治。

章第八又爲至次第立三。《鈔》曰：此第八義，四釋中第三一分。畏惡趣者以律對治，畏欲界以經對治，《周記》曰：由欲界而修定者也。畏三界者以論對治，《周記》曰：於修慧得離三界也。

章第九爲得至得法身故。《鈔》曰：此第九義，四釋中第三，由滿立。

三事等者，法身、般若、解脱，是名大般涅槃，《大涅槃經》。

章第十爲得至定發通故。《鈔》曰：此第十義，四釋中與第九同，文意易了。

章如是差別至增不減故。《鈔》曰：此第二種三藏中，第三結三藏不增不減。

章即以此義至第十一說。《鈔》曰：此別明有四中，第三明六藏、八萬四千藏。

此義者，上所云不增不減經、律、論三藏義也。

分上下乘者，菩薩乘經、律、論三藏，聲聞藏經、律、論三藏，合爲六藏，前文所論外更無別義也。

乘此復成等者，《對法論》十一初紙以下。曰：如是三藏，具有八萬四千法蘊，謂依聲聞乘，尊者阿難常所受持。

問：一一法蘊其量如何。答：十百之數是法蘊量，十百者千數義也。若爾，何故不直說此千千數耶。爲顯建立一一法蘊千數因故。所以者何。初一數增以成十數，十數復增以成百數，千等數量，因十百數方得成立，謂十百名千，百千名百千，百百千名俱胝。如是等一切後後數位決定，用此十百二數隨一爲因，是故此中唯總取十百兩數，以用建立一一法蘊，由此數量，總計八萬四千法蘊，成八俱胝四十洛叉。云云。《對法疏》九釋曰：八萬四千法蘊中，如《賢劫經》廣辨，始從修習行法波羅密多，乃至最後分布佛體波羅密多，合三百五十度，皆有六到彼岸，合計二千一百。對貪、嗔、癡及等分煩惱，一一皆有二千〔一九〕百，四法三毒、等分云四。乘此有八千四百。復以此數法對四大、六塵，亦名無義所生過失，一一皆有八千四百，以十法四大、六塵。乘合有八萬四千。

論云百千名百千者，梵語云一洛叉，即百千也，今云十萬也。此土大數之名，然合計當一億。

百百千一俱服〔二〇〕者，俱服謂梵語，即千萬也，即合計是京，就別號亦名百億。其八萬四千法蘊，一一以十乘之，即八俱服四十洛叉，計當八千四百萬，大數乘此，當八京四兆，細算之可知。論云以千乘之，其本但以十百二數之，今就此言故知千也，此如《佛地論》亦明。已上《對法抄》文。

章然佛隨宜至辨廢立也。《鈔》曰：此別明中第四總明大乘不共説結。

隨宜者，隨宜聞者機根，佛立藏名。

機根法者，心上所現真善無漏聲、名、句、文爲體性，不取聞者識上所現似無漏聲、名、句、文爲體。今此所云假似無漏，實謂真善無漏，取實不取假故。是相、用別論，佛真無漏爲質，聞者識上現似無漏，是故真無漏質是能教相，聞者識現似無漏相似能教用故，取相不取用，取真不取似，是別別論，以真教相爲收體故，云假實殊途也。藏是能詮，收藏義意相同。

隨其所應等者，三性中，能説真教是淨依他，即圓成實，聞者似相染依他性。五法中真教正智、如如，似相相分別。蘊中色、行二蘊，處中色、法處，界中亦同，而真收取無漏蘊、處、界，似相有漏三科，故隨所應所收自知。

所引教、理者，以教、理貳證成，如前章説。

章第五釋名至後釋別名。《鈔》曰：自下當《章》十門之中第五釋名義門。此中大分五門，初、標牒，二、分科，三、總釋藏名，四、別釋諸藏名，五、結成，此即初、二也。

章釋總名者至所應知義。《鈔》曰：此下當門五科之中，三、總釋藏名。此有四文，初、標科舉證，二、章主釋，三、舉有釋，四、舉舊人説，此即初也。

《天親論》者，唐譯一三丁。文。

所應知義者，義謂境也，差別也，所應知差別云義。

章此義意言至立以藏名。《鈔》曰：二、章主釋。

此義意者，今所證《天親論》義意，以今家意釋。《周記》釋次，有釋評章主釋云：初釋攝義，此有釋。釋雙攝所詮之義及能詮法，俱名所應知故。云云。基辨詳曰：《周記》釋、有釋意萬差，立藏名亦不定。

正法教藏者，正法謂所詮教，藏謂能詮，依正法教藏，依主得名。能詮教藏有正法用，以他財用爲已名，有財得名。如來設教，無一不正法教藏故，唯以一藏名以盡。

所詮義藏門者，藏謂能詮，門謂差別，依所詮義能詮藏門，依主釋。所詮義門種種有別，能詮言字唯是一相，無離聲相，約此義邊，如來聖教無不字藏，字謂言體，即能詮教藏，字即藏，持業得名。

或説二等者，所詮義異，能詮教藏，設名亦自成異，故云一藏、二藏乃至八萬四千藏等。

如《涅槃經》等者[三]，説十二者，諸十二分教等，是皆由宜聞者機別。

此藏亦爾等者，説一説二等所設立，皆隨機宜別，故論是非不可責難。

此即第三等者，結第三門已。

章第四出體至廣如前説。《鈔》曰：此當《章》十門中第四出體門。

三藏體性等者，經、律、論三既異名相，能詮教藏能攝持法義邊體性，三俱不殊，故今云義類不殊。

已顯四體者，前總料簡已申四重出體，今出體亦同彼。藏是能詮教故，藏體與教體何別之有。故推前不繁述。

具如設法等下，前章出四重體，委細論釋，今此門且由護法正義，但以相、用別論一重，出能詮教藏體性。

此即總以等者，正出護法正義。此謂指護法相、用別論義。假實殊途謂此一句，彰相、用別論，護法等説教體。以能説可言得意評章主釋意，云初釋攝義，不得今家之實意。今謂章主釋《天親論》意，以能詮釋能攝爲今釋意，以能詮教示爲藏，其藏即爲能攝。論云能攝一切所應智法，是今家釋意，故《周記》云初釋攝義粗漫爲甚。

今不失三字，能攝意即藏義，然非能詮不可能攝，故能詮教即能攝藏也。

章又有釋言至帶數釋也。《鈔》曰：三、舉有釋。此有釋意，但以能攝義釋，不以能詮教也。《周記》釋有釋意，如前便爲好。

皆此所攝者，此謂藏言，所應知法言，能詮、所詮一切所應知法，此爲所攝法。基辨詳云：此有釋意，能詮教亦爲所應知而爲所攝法，能持藏令其所攝法不失。若爾，有釋所言藏者，非能、所詮教義，何等體者別云能攝持是藏耶。由有此妨，有釋不得《天親論》意。已上有釋了。

此別不同下，章主釋，意言：能詮教能攝持所應知法，差別不同有二三等，故令不失藏有二三等別。

是其數法者，二三等云數，藏云法，藏能攝持諸法故，如能攝持刀鞘共名刀。

帶數釋也者，帶數持業、帶數依主之兩釋也。

章古者釋言至名之爲藏。《鈔》曰：四、舉舊說。

能刊記等者，記謂記別，聖者言教能刊定能記別義。若由此義，則藏言非令不失義。

章釋別名者至二聲聞藏。《鈔》曰：自下此門五科中，第四別釋名。此中有三，初、釋二義名義，二、釋三義名義，三、釋六藏名義。初中有二，初、總牒二藏名，後、別釋二藏名義，今即初也。

章言菩薩者至但名菩薩。《鈔》曰：此下別釋二藏名義。此有三文，初、釋菩薩二字名義，次、釋聲聞二字名義，後、釋此二名藏。初中有二，初、舉梵名具略，後、正釋名義，今即初也。

章《無性釋》云至智悲別故。《鈔》曰：此下後正釋菩薩名義。此有四文，初、由無性第一釋明，今云：此義以有情義釋薩埵言，此即當《瑜伽釋》第一義也。二、由無性第二釋明，今云：此義以勇健義釋薩埵言，此即當《瑜伽釋》第二義也。三、示《瑜伽釋》亦有二義，四、舉經説釋。今即初也。

《無性釋》云者，論一十二丁。文也。

菩提者，一向志求一切智智大誓。薩埵者，當普度法界衆生大願。

爲所緣境者，菩薩以一切智、諸有情爲所現境起大誓心，大誓心之所觀境故云爲所緣境。

依弘誓語等者，菩薩本誓有志求、普度語，志求菩提爲境，普度有情爲境，其實雖應呼云菩提薩埵，隨方存略，譯家但云菩薩聲。聲謂言，即度囀聲，義翻爲言。

立聲者，立菩薩言也，章主釋無性意。

此有財釋下，以離合釋，菩薩大士人是能有，能有佛一切智及他有情，以能有他財用爲名，有財釋也。

以彼二種下，釋有財。由彼二種者，佛菩薩他有情，俱他財用，大士人以此他用二爲所觀境，以他財用爲己名名菩薩，有財釋。

或相違釋下，《周記》云：此釋意云，非兩別合而言之名相違釋，菩薩之名而不同彼行之有情，名同有情，非相違也，思之。云云。今云：此釋恐非章主意。既云亦菩亦薩故，合菩提與有情別立名，云相違釋也。

亦菩亦薩下，釋相違由。大士一人亦名菩亦名薩，然菩是智，薩所悲境。

大相違者，然一人上立如是名，相違得名。

章又云或即至依士如前。《鈔》曰：二、由無性第二義釋，與上舉第一義如何相違。謂前義就以有情義釋薩埵名，明菩薩名義，今義以勇健義釋薩埵名，此爲二義差別。

彼心者，彼大士人行者心上。

有志有能者，此勇健義，廣大志意、堪任功能在行者心，名爲勇健。

此意說言下，章主釋。

此依主釋求菩等者，依求菩提之勇健意志也。

或薩埵者下，以有情義立依士名。雖體用不變，就依士夫用義邊而釋。求菩提士夫用，薩埵有情士夫之體，今依用體得名，依士非依主。

章《瑜伽釋》中至義亦同此。《鈔》曰：三、明《瑜伽釋》亦有此二義。《瑜伽釋》曰：菩薩地者，希求大覺、菩提。悲愍有情，薩埵。或示菩提志願堅猛，長時修證永出世間大行大果，故名菩薩。如是菩薩種姓、發心、修行、得果，一切總説爲菩薩地。云云。

義亦同此者，以有情、勇健二義而釋同，云義亦同也。

章《十一面經》至亦依主釋。《鈔》曰：四、舉經説釋，此經具題云《十一面觀世音神呪心經》，玄奘三藏譯爲一卷，又有《佛説十一面觀世音神呪經》一卷，耶舍崛多譯，同本異譯。

如此二法下，章主文。二法者，般若、方便。

菩提之薩埵等者，菩提即般若，是爲體，薩埵謂方便，是般若之功用，此功用依般若主體立名云菩提薩埵，依主釋也，不依士夫用立名故，不云依士也。《周記》曰：《十一面經》至亦依主釋也，即菩薩名，不同彼行之有情。凡菩薩言有此相違、依主二義，故今明之。云云。今云：《周記》所言不然。此經菩提即般若，薩埵謂方便，若由此説，般若是體，無分別根本智，方便是用，後得有分別智。由依得般若之體，自起方便功用，化諸有情，依般若主體之方便用，故爲依主得名，是此章釋意也。由此《十一面經》説，無相違釋義，但依主已。若上所云無性第一義，以有情義釋薩埵故，菩提是佛智，薩埵是衆生，其體相違，由悲智别，相違得名，其餘無相違得名之義。《周記》以《十一面經》説爲相違、依主二，不得章主意也。

問：《章》云亦依主釋，此亦之言非亦相違何耶。答：不爾。是亦之言，上由無性第二義立依主義，今亦其依主云亦依主也。

章言聲聞者至亦有財釋。《鈔》曰：此下别釋二藏名義有三文中，二、明聲聞二字名義。此有三文，初、總釋聲聞名義，次、約二利釋，後、明獨覺攝聲聞爲二藏，今即初也。

聲謂音聲等者，今此總釋，由《法華經》《瑜伽釋》説，今此處釋由《瑜伽釋》。

若修行者下，由《法華經》如次舉證，故《法華經》等下舉證《譬喻品》文。《玄贊》釋云：依因、善友、作意、資糧四勝力故，專自修行，求於涅槃名聲聞乘，聞法不能化他名爲自求。云云。由此見經：内有智性者内因力，從佛世尊者善友力，聞法信受者作意力，慇勤精進者資糧力。

此依初入等下，章主釋文。依教者教示聲，即佛説法，依教入道言釋聲聞名。

《瑜伽釋》言下，亦舉證。以聲聞等，章主釋文，此意言，聲聞名，聞在自己，聲自他出，自聞有他聲用，以他聲用名自聞上云聲聞，有財得名。亦名亦菩薩名，有財釋也。

章又此但依至即依主釋。《鈔》曰：二、約二利辨名義。

此但依住者，此言次上所釋名義，不拘定、不定二姓別，但依住聲聞自乘修自利行立聲聞名。不定姓人，亦回心以前同定姓者故，此約彼聞法修自利行釋名。

若不定姓等下，約回心向大修利他行釋名。

理即不爾者，不定姓者初雖修聲聞自利行，發回心機後以向大心、利他心生，未入菩薩地位，雖名聲聞，其名道理非自利名。今云：不然。

故《法花經》下，舉證《信解品》末文。

令一切聞等者，以自己聞佛道聲令一切有情聞名聲聞，由發回心機利他心生。

即有財釋者，自聲能有他聞用，有財得名。

若聲之聞等者，依佛道聲之他聞名聲聞，依主得名。

章獨覺初入至合名聲聞。《鈔》曰：三、明攝獨覺入聲聞名二藏。獨覺攝聲聞有三所由，初入自乘等下，初所由。《玄贊》曰：如有經中言：釋迦出世，五百獨覺從山中出來至佛處。《仁王經》中，有獨覺衆，先成道已後逢佛，非如聲聞佛處得道故。云云。

又教小故等者，第二所由。多分依聲聞乘教，入自乘故云從多。

又所修證等者，第三所由。修、證、斷、果，與聲聞有少異，於唯自利得，非廣大同於聲聞故，云合名聲聞。

章隨其所應至依士釋也。《鈔》曰：別釋二藏名義有三文中，第三釋此二名藏。

二機者，菩薩、聲聞二機。

此二所知者，菩、聲二機所知。

法義者，能詮教法所詮義，皆此菩、聲二藏隨應所攝。菩薩藏依菩薩機所知所有，能詮教法所詮義之藏，依士釋也。聲聞藏亦爾，依能、所功用立名，云依士也。

章三藏別名至主釋如前。《鈔》曰：自下別釋名義中，第二釋三藏名義。此中有二，初、明聲、緣、菩三藏名義，後、明經、律、論三藏名義，今即初也。

所說三藏等者，《普曜經》所說聲、緣、菩三藏，其中聲、菩二藏，如次前明。

《法華經》說者，《譬喻品》文。

從佛世尊等者，獨覺者初入自乘位，多分聞佛說法入故云聞法信受。

精進自求等者，不求與佛同時出世，非見佛已方得果故，云求自然惠。

樂獨善寂者，是獨覺義，出無佛世得能證道，獨自善證寂滅理，故云獨覺。

深知諸法因緣者，《玄贊》曰：又以此自然惠，深知諸法因緣者，是緣覺義。

《瑜伽論》言下，引《瑜伽釋》明。

獨證者下，章主釋文。依獨之覺，依主得名。

或觀待緣等下，《瑜伽釋》文緣者，觀十二緣起悟果，亦名緣覺。

待緣而覺下，章主釋文，依主義准前自知。

章素呾覽等三藏者。《鈔》曰：此下等二釋經、律、論名義。此中有四，初、標牒，二、明素呾覽藏，三、明毘奈耶藏，四、明阿毘達磨藏，今即初也。

章《成實論》云至結鬘五義。《鈔》曰：此下二明素呾覽藏，此亦有二，初、舉異部説，二、舉大乘説，此即初也。

《雜心論》等者，論第八五丁。文。《瑜伽倫記》云：《雜心》有五義，《明了論》有七義，廣釋如彼。云云。

章今大乘解至一切契經。《鈔》曰：此下二舉大乘解。此有三文，初、舉翻名示證，二、廣釋契經名義，三、章主以離合結釋，今即初也。

故《瑜伽》等下，正示名契經證。

二十五者，《瑜伽》二十五卷無此文。

《顯揚》第六者，第六卷無此文，第二十卷有此文，章主暗記之失乎。

云何素呾覽下，《顯揚論》文，由二十四事文，論文作由四事、九事、二十四事，一本作二十九事，是非未詳。

章契者契當至合之義。《鈔》曰：此下二廣釋契經名義。此有二，初、釋契言，後、釋經言，今即初也。

章所言經者至釋素呾覽。《鈔》曰：此下後釋經言。此有二文，初、以能貫義釋，二、以貫穿能攝義釋。初中亦二，初、舉《天親論》能貫四故文爲證釋，後、舉《瑜伽》《顯揚》能貫穿義爲證釋，今即初也。

《天親論》者，唐譯一文。謂於是處下，章主取天親論意，釋貫穿四故義。

於是處三字，以境第七轉義釋依故言。

由此者，以第三能作具轉義釋依故言。爲此者，以第四爲轉義釋依故。而有所説四字，屬上三轉義應見也。

真、俗諦相者，真諦相無別，亦無不別相。俗諦相有別相。

十善巧法者，一、蘊，二、處，三、界，四、緣起，五、諦，六、食，七、靜慮，八、無量，九、無聲，十、解脱、勝處等。

隨密意等者，隨四意趣一、平等意趣，二、別時意趣，

三、別義意趣，四、隨自意樂意趣也。以説諸法。

以四種義等者，以能貫穿四故義名爲經也。

章《瑜伽》第二至是名契經。《鈔》曰：釋經言中，二、舉《瑜伽》《顯揚》能貫穿義爲證作釋。

《顯揚》二十者，論第六之説謂佛世尊下，《瑜伽論》文，《顯揚》文異義同。

彼彼方所者，住處成就。

爲彼有情者，眷屬成就。

依彼所化等者，對機説法。

攝聚聖語者，此攝言非能攝義，貫穿之穿義。

貫穿縫綴等者，《倫記》云：解契經名略二義，一、貫穿等，即是結鬘義。二、引義利等，即是出生義。云云。今云：此《倫記》釋，與今章主意相違，章主但以貫穿一義釋此《瑜伽》文。次云前來雖以貫穿之義等故，由是貫穿縫綴能引義利，能引梵行真善妙義爲章主意。

章前來雖以至名爲契經。《鈔》曰：釋經言二文中，二、以貫穿、能攝義釋。此中三文，初、以教攝教貫義釋，二、爲成能貫、能攝義舉《四分律》爲證，三、爲成能貫、能攝義舉《佛地論》證，今即初也。

以教貫義等者，正以能貫、能攝二義釋經言，謂以能詮教貫所詮義，以能詮教引攝衆生名經。

猶綖貫花等者，舉譬。

衆生由教等者，以譬合法。此下意以貫穿、能攝二義釋，謂衆生由佛菩薩教示引攝，不散流惡趣中。此二句意，教有能攝義。

理由教貫等者，此二句教貫義，謂諸義理由言教貫穿，令不散失、不隱没。此立教攝、教貫二義，以貫穿、能攝二義釋經言已。

章《四分律》説至法即不滅。《鈔》曰：二、舉《四分律》成能貫、能攝義，《律》第一卷。

如種種花等下舉譬，十二年前下合法。

堪受略教者，以如花散置喻合受略教法。

若有經教下，以能貫、能攝結名經。

若有經教二句，能貫義。

人無異見二句，能攝義也。法謂如來正法。

章故《佛地論》至因之爲經。《鈔》曰：三、舉《佛地論》成能貫、能攝義。

以佛聖教者，能貫、能攝義。

及所化生者，如次所貫、所攝。

章契理之經至俱屬教故。《鈔》曰：舉大乘解有三文中，等三章主以離合結釋。契理之教下，契經二字，離合作釋。

若但若經等者，以素呾覽不云契，但翻名經，非六釋，無離合故。然素呾覽等下，以教貫、教攝釋，謂有教貫、教攝。素呾覽體即是能詮教藏，謂能詮教藏體，持教貫、教攝素呾覽，用持業釋也。素呾覽體，持能詮教藏用亦得。

以經及藏等者，成同依義，彰持業釋，體用不離故互有體用，翻爲持用，自應知已。今檢《靜法華嚴刊定記》曰：修多羅此云契經，古來相傳多同此釋乃至若契經二字皆是名者，云何梵本不云欲底修多羅。云云。《攝大乘論》《佛地論》等皆云，由能貫攝故名爲經，不言貫攝即是經目，由是譯家借義助名稱契經耳。今依敵對但可稱經，故《智論》第二呼修多羅藏以爲聖藏。此經之一字，尚非六釋所收，何通持業、依主。若帶藏教之名，容有藏教名，容有持業。應知諸論所釋契字，自解經契義，非契是經名也。云云。今云：此釋尤爾。

章毘奈耶者至此云調伏。《鈔》曰：此下釋經律論三藏名義中，第三明毘奈耶藏。此中四文，初、標牒示翻名，二、舉證釋調伏名義，三、舉《攝論》四故釋，四、章主結釋，今即初也。

章八十五云至名爲調伏。《鈔》曰：二、舉證釋調伏名義。

四種有情等者，《伽》八十五三丁。曰：何等爲四。謂於先世身自體中，聽聞常見，今起常見、感見，是一。由斷見，是二。由現法涅槃界見，是三。由薩迦耶見，是四。是云四種有情。

數習解脱見者，數數因邪勝解起邪解脱見熏種名界，非涅槃謂涅槃名邪解脱見。

所集成界者，《倫記》曰：習邪勝解熏種名界，謂先世聞説我身是常，不從因生，則是解脱，數習此見熏成種子，故於今世由彼爲因，熏習邪解脱熏種成果。云云。

及界智力者，上句種種之言，令冠界智上須意解也。

彼先所有等者，以佛智力，尋求彼先世先身所熏習有邪勝解界，種子。彼後念熏習界，隨應調伏。

爲轉四種法教示者，此中四種法教，謂無常、苦、空、無我四種法教。此四云何轉。《伽》八十五説：爲初邪界有情常見。説因滅故行滅，由行盡門説無常性，爲調伏彼邪勝解界故。爲隨第二邪界斷見有情，説因集故行集，由行起門説無常性，爲調伏彼邪勝解界故。爲隨第三邪界現法涅槃。有情，由諸行苦門轉正法教，爲調伏彼邪勝解界故。爲隨第四邪界薩迦耶見。有情，若離諸行起薩迦耶見行者，由諸行空門轉正法教，若即諸行起薩迦耶見行者，由無我門轉正法教，爲調伏彼邪勝解界故。云云。

今問：轉無常、苦、空、無我四教，云何爲調伏爲戒律藏耶。答：於諸有爲行現空、無我，則無由起貪、嗔、癡，此三不起，無起殺、盜、婬、恚由等。又離斷、常二見，遠離諸罪等，自應准知。

章《天親釋》云至此論第一。《鈔》曰：三、舉《攝論》四故釋。唐譯《攝論》一釋曰：此中犯罪者，謂五衆罪，等起故者，謂無智故、無知故前後等起犯罪。放逸故、放逸數數現行無愧犯。煩惱盛故、由三毒不善心起犯。不尊敬故無慚不崇重賢善犯罪。而犯諸罪。出離故者有七種，一、各各相對説悔所犯。懺悔不犯罪。二、誓受治罰，謂授學處等。三、等有妨害，先制學處，後由異門還復開許。四、别更止息，謂僧和合還捨所制。五、轉依，謂苾芻、苾芻尼轉男女形故捨不共罪。六、由真實觀，謂作殊勝法殟柁南諸行相觀。七、由法爾得，謂由見諦法爾得，無小隨小罪。云云。《周記》釋曰：等起者，由不善心等起身、語業，還淨故也，懺悔也。出離故者，依前大衆出煩惱也。前三七種中第一也。或云出離者，依持。云云。前云七章第二。

章調者和御至亦依主釋。《鈔》曰：四、章主結釋。

和御者，調謂和，御謂即調也。制滅者，制滅罪也。

調和控御身、語等者，以身、語、意業不令麁惡爲調和，敬慎發身、語業云控御。

亦調亦伏者，調和即制伏，非在別起，同依釋也。

調伏之藏等者，調伏身、語是修行事，藏是教示，依調伏行之教示。藏，依主得名。

章阿毘達磨至伏法、通法。《鈔》曰：此下釋經、律、論名義有四文中，四、明阿毘達磨藏。此中有四，初、標牒舉翻名，二、由天親解出四義釋，三、舉所餘釋義，四、對摩呾理迦釋，今即初也。

阿毘四義者，大、小乘教各立四義。若由小乘，對法者，《婆沙》第一所說，世友六義中第三、四義。數法者，同論一所說，世友六義中第六義。《婆沙》一十二丁。曰：復次能於諸法，以無量門數分別故，名阿毘達磨，亦名數法。伏法者，《婆沙》一所說，十二大論師二十四復次第一說。《婆沙》曰：復次，能伏一切外道他論故，名阿毘達磨。阿毘達磨諸大論，邪徒異學無能敵故，亦名伏法。云云。通法者，《順正理論》一說，謂諸契經名爲達磨。云云。若大乘說，《天親攝論》一舉四義說，今章所引四義是也。

章天親解云至皆持業釋。《抄》曰：二、由天親解出四義釋，此中四文，初、釋對法，二、釋數法，三、釋伏法，四、釋通法，今即初也。

此法對向無住涅槃者，此教法對向無住涅槃

果。能説諸諦等三句，明對向所由，謂能説二字即教法也，此教法能説諸諦理、小乘對法四諦理，今大乘對法第一義諦。於一切法説，故云諸也。菩提分法十八不共佛法等。等妙行故，對向無住處涅槃果，小乘對法有餘、無餘涅槃，今大乘對法無住處涅槃，即佛果也。由是能説二字，即對向義也。《對法疏》一引《天親論》文已云：今依大乘，對法之體不唯慧論，通教、理、行、果，與《俱舍》所説不同，由此教、理、行、果。釋法體，即是教能説妙行對向果故。今云：此以大乘教法能説理行故，對向果云對法義也，以教對果也。又云：此法大乘教法。能説諸諦理故，亦可言以教對理。今云：能説爲對向，大乘教法對向諦理故，以教對理云對理。又云：此大乘教法。能説菩提分法等，而亦可言以教對行。上來。即以教法對理、行、果名爲對法，次第隔越，其義皆成。以行向果，以理向果，此隔越言雖爾，非今所用。今但以教對理及行、果云對法，今釋藏名故。

若依此解下，章主結釋對法藏名義。《對法疏》中，次第隔越説成其義，今但以教法對向果云對法也。

能對名對者，能對言能説者，義即大乘教法，此教能對名對。

體即是教者，能對體即是教法。

能説妙行等者，能對教法，能説妙行，令對向無住處涅槃果，此彰能對向教法名云對法。

對即是法等者，此教法體，持能對向用，持業得名。

對法即藏等者，對法藏三字，離合釋。能對教法即能詮教藏，能詮教體持能對法教業用，持業釋也。

章亦名數法至是持業釋。《抄》曰：二、釋數法。於一一法下，《天親論》文。法謂理法，數數宣説者釋數字，猶云種種，宣説即能詮教法。

訓釋言詞者，《贊》云：然今經文恐人不解，翻譯之家遂依第二展轉訓釋法而釋，然少不次，以義正之，不違聖教。若別義釋，便是人情，非爲聖教。求義有五句，一、何等法，二、云何法，

三、何似法，四、何相法，五、何體法。且示三乘、一乘何等法。謂有爲、無爲。云何法。謂因緣、非因緣，以因緣生釋有爲，以非因緣生釋無爲。何似法。謂常、無常法等，以常釋非因緣生，無常釋因緣生。云何相法。謂生等三相法，不生等三相法。何體法。謂謂[三]五藴體、非五藴體法。云云。如此展轉訓釋申所詮理，不爾，失法根本，悉爲人情。

自相等故者，等共相，即自性差別法，謂理法數謂能詮教，數數宣説訓釋言詞自性差別，於諸理法名數法，此由《天親論》釋。又由《婆娑》第一説於諸法以無量門數分別故名教法義。章主餘處釋是云：分別法故名教，法爾則數，謂數度體，惠數非數數義，數是數度，數、法、理、教俱爲所度，離能詮無所詮，雖應離分別無豈混，教、理、行、果能、所相混故。《天親論》所説爲勝。

此以理爲法下，章主結釋數法名叉。

以教爲數等者，以數數宣説能詮教爲數，依理法之數數宣説故名數法，依主得名。

數法即藏等者，能詮教藏體，持數説理法業用，是持業釋。

章又名伏法至亦持業釋。《抄》曰：三、釋伏法。由此具足等四句，《天親論》文。

論處所等者，《伽》十五説七因明，一、論體，二、論處所，三、論所依，四、論莊嚴，五、論負，六、論出離，七、論多所作法，廣如《因明大疏》。謂此七中缺一，論議決擇不成，故云具足。

能伏勝者，摧伏他論，免脱他論，若缺此二非伏勝他。伏體是理下，章主結釋伏法名義。

是理字下，教能詮辨四字恐脱，不爾，離合不成。能伏他邪，體是理教，能詮辨伏理，依詮辨伏理之教法名爲伏法，依主得名。

或教法即伏等者，能詮教法即能伏，此能詮教法具七因明，體持能摧伏他邪業用，即持業釋。

伏法即藏下三字，離合能伏他，能詮教法即

能詮藏，此藏體持能伏他能詮用名伏法藏，持業釋也。

章亦名通法至如《對法疏》。《抄》曰：四、釋通法。此能釋通二句，《天親論》文。此大乘論，能詮教能釋通契經義理故，名爲通法。

經義稱法下，章主結釋，謂契經中所詮義理稱法理，此大乘論能詮教，能通彼契經義理，依契經理法之能通教，依主釋。通法即藏，二句三字離合，此能詮教藏體，持能通契經理業用，持業釋也。

更有別解等者，教、理、行、果隔越成釋等，如《對法疏》一。十八已下。

章分別功德至不能煩述。《抄》曰：釋阿毘達磨藏名中，第三舉所餘釋義。

《分別功德經》者，論上文也。

一者名無比法者，《大乘義章·三藏義》中云無比法。《三論玄義》亦阿毘曇云無比法，釋云無漏慧根，會理隔凡，其功冠絶，故云無比。

二者名大法者，《對法疏》云：迦延造竟上師，佛言上法故名上法。大法名如前釋。

結集傳者，大衆部傳也。

《無性釋》云等者，論一初丁。文。

撰法因故者，無漏惠簡釋諸法故云擇法。《對法》爲擇法因，因謂起因。

或共了故者，《對法疏》一引此《無性釋》已云：或共了故，世人共了對法。阿毘達磨總爲標幟，即無漏惠等亦名對法。云云。

二十四復次解者，《婆娑》第一十三丁已下。說其中法藏部云：此法藏上名阿毘達磨，化地部中名爲照法，譬喻部師名爲次法，涅槃最上，次涅槃故。聲論師云，阿除棄義，毘決擇義，此法能除棄結縛隨眠，決擇諸法性相故，名阿毘達磨。大衆部名大法、上法。

《順正理》云等者，論一文也，論能決了。決了，對也，能對也。

以教對教者，以論教對決了契經教法。

《俱舍》有二解等者，對向、對觀爲二解。或教、理、行、果等者，勝義是果，四諦是理，淨慧隨行名教，對觀、對向爲行。俱名對法如對法釋者，《對法疏》一廣明。

章此藏亦名至即持業釋。《鈔》曰：四、對摩呾理迦釋阿毘達磨名義。

此藏名鄔波題等者，今指阿毘達磨藏云此藏也。

此云本母者，新譯梵名摩呾理迦，此云本母，此有三種，一、字本母，二、教本母，三、義本母。《周記》曰：本母有三，一者、字本母，謂阿、伊二字也，西方説是諸字母。二者、教本母，謂即佛教依此經尋而尋餘故。三者、義本母，謂論議藏是一切義母，即論議十一分中義故。《俱舍》云：佛教名教母，論義名義母。已上取意。

八十一等云下，摩呾理迦名阿毘達磨之證。

八十五云下，釋摩呾理迦名義。

如來所説等者，今釋迦尊説摩呾理迦。

先聖契經者，過去諸佛并滅後契經。

譬如無本母字等者，《倫記》云：字本母者，十四音也。又解：三百字界名爲本母。云云。

如是本母等者，摩呾理迦義本母所不攝持，經教其義隱昧，義不明了，與此相違等。此理隱昧不明了義，謂摩呾理迦義本母所論，與義隱昧相違義明了。

此屬於義者，摩呾理迦論議藏屬於義母也。

藏者是教下，釋摩呾理迦藏名，依義本母之能詮教藏，依主得名。

若此論教下，以教本母離合。

彼義母者，摩呾理迦義之母教本母，論教名爲教本母，教本母即藏。此能詮教藏體，持教本母業用，持業釋也。

章六藏名義至故不別釋。《鈔》曰：別釋名義中，第三明六藏名義。

不異二、三者，與二藏、三藏無相違故，先已廣明。

章上來所釋至釋名義門。《鈔》曰：當門第五結成。

合是第五等者，結第五門已。

章第六辨差別有。《鈔》曰：自下第六辨差別門。此中大分爲四，初、標，二、辨二藏及聲、緣、菩薩三別，三、辨經、律、論三藏別，四、辨六藏別結，今即初也。

章辨二藏別至亦廣顯示。《鈔》曰：當門四料[二三]中，第二辨二藏及聲、緣、菩三藏別。釋名中者，次上第五門。

章素呾覽等至皆無差別。《鈔》曰：此門四科中，第三辨經、律、論三藏別。此中分三[二四]，初、約無差別相辨，無差別相者，真諦相也。二、約有差別相辨，有差別相謂俗諦相。十卷《楞伽》說：真故相無別，俗故相無[二五]別。今即初利[二六]也。

一法性等者，如來所證真淨法界。

一言及次下大定等，一大定、一正智、一後得、一大悲。云何言一。謂從一切法體性真如淨法界流一大定，能流、所流共一真法界相故乃至流一大悲，亦一真法界，從諸佛證智不可言境故。《義燈》曰：如來設教體一真如，機有三品不同，教遂三時異。今所云經、律、論亦復爾，從淨法界貫流能詮教藏，體一真如，約佛證智通，經、律、論三藏相無差別一真法界，故云皆無差別。

章然以義理至故成差別。《鈔》曰：第二約有差別相辨三藏別。此中有十，初、以所詮各異，總辨三藏差別，二、以能、所詮具闕辨藏別，三、以三對治辨藏別，四、以三開示辨藏別[二七]，六、以所詮增上辨藏別，七、由九絲辨藏別，八、舉《顯揚》別義辨，九、舉《瑜伽》辨，十、舉小乘執說，今即初也。

然者，發端辨，又轉語，上文明無差別，已下文明有差別，故示語義轉也。

問：此文云所詮各異成別，次文以詮三學有具、不具辨三藏別，二文差別云何。答：上文但所詮義異以成三藏別，不拘能詮別辨。次文詮定、戒、慧，以能、所詮具、不具辨三藏別，不唯依所詮異，此爲前後文別。

章又以詮三至唯各有二。《鈔》曰：二、以能詮、所詮具、闕辨藏別。

故毗奈耶等者，素呾覽中詮戒學、詮慧學，非律、論二藏，皆即素呾覽藏。

既詮戒、定等者，明毗奈耶亦可云經，不可云論。律中雖詮戒、定，不云詮慧故。

對法之中等者，明論藏亦可云經，不可云律。對法之中，雖詮定、慧，不云詮戒故。律、論共詮定故，是詮三學契經故。如是應說下結義。

章然《對法論》至阿毗達磨。《鈔》云：三、約三對治辨三藏別。然言前文，就能、所詮具、闕辨別，今此文就能對治有三辨別，前後意別，中間置轉語辭令知差別。

除疑隨惑等者，《周記》釋曰：隨惑中掉舉、散亂。云云。今云：此釋不爾。按《對法論》，此隨惑言流至次二邊行自見取處。彼文云：爲欲對治疑隨煩惱故，立素呾覽藏。爲欲對治受用二邊隨煩惱故，立毗奈耶藏。爲欲對治執取自見隨煩惱故，立阿毗達磨藏。云云。由是應知，此隨惑言，根本煩惱云隨惑也，隨逐身故本惑云隨惑也。

除二邊行者，執苦、樂二邊行受用，即戒禁取本惑，如前所明。

章後次開示至義即可殊。《鈔》曰：四、約三開示辨三藏別，此亦《對法》十一文。

此依別部等者，章主釋：此謂指約三開示辨別義。依別部者，由次下第七彰總、別部類門云：一會三中，唯被聲聞不被菩薩，如《阿含》等，是名別部聲聞藏。又一會中，唯被菩薩不被聲聞，如《十地》等，是名別部菩薩藏。若一會中，但被二機，大、小。教益二種，名無別部，如說《深密》。復立三藏別部，大、小乘異，如次下辨。由是見今文意，就開示三學立三藏別，聲聞與菩薩開示三學，各應有別故。三開示三學必應有二種三藏故，云義即可殊也。

章若依所至如前已說。《鈔》曰：五、依唯所詮具、闕立三藏別。前明依具、闕三藏別，約能、所詮具、闕，今約唯所詮具、闕。前明三對治、三開示，但約能、所詮辨故，今所云彰唯所詮，簡云若依所詮等，具、缺與前無別，推前云如前已說也。

章若所詮至是對法義。《鈔》曰：六、依所詮增上辨別。復次開正法下，正明所詮增上。

作安定處者，由《天親論》，成滿義云安定。

章天親釋云至故今成九。《鈔》曰：七、由九緣辨藏別。

略有九緣者，《周記》曰：藏藏之中各有三緣合成九，非一藏成九。云云。

此三復次者，前所明，初、約三對治，二、約三開示，三、約三增上，此三復次，各有三藏合成九也。

章天親釋云至故分成九。《鈔》曰：八、舉《顯揚》別義辨。諸佛世尊下，論全文。

攝事者，依略攝事顯了。言攝事者下，論取意文。

四事、九事等者，論第二十十二丁。廣說四事等。

爲諸聲聞下，論全文。

有七種相等下，論取意文。彼論文曰：一、宣說受持軌則，二、宣說波羅闍已迦處事，三、宣說毀犯處事，四、宣說毀犯體性，五、宣說無犯體性，六、宣說出所毀犯，七、宣說捨律儀事。云云。

以十一相下，論全文。十一相者，彼論二十十六丁已下。曰：云何名爲十一種相。一、世俗諦相，二、勝義諦相，三、菩提分法所緣相，四、此行相，五、此自體相，六、得此果相，七、此領受顯了相，八、此障礙法相，九、此隨順法相，十、此遍思相，十一、此稱贊相。

世俗相者，當知宣說補特伽羅，宣說遍計所

執自性，宣説諸法作用業等相。

勝義相者，七種真如相、菩提分法。

所緣相者，當知宣説一切種所知事。此行相者，宣説八觀察行。八，一、謂真如，二、建立，謂建立補特伽羅，三、過失，四、功德，五、理趣，六、流轉，七、道理。八、廣略，此爲八也。

此自體相者，謂能取若行、若緣菩提分法、四念住等。

得此果相者[二八]。

章八十五説至不能煩引。《鈔》曰：九、舉《瑜伽論》説，一本作八十一。

二十四處者，八十五説，云何素呾覽事。謂由二十四處，略攝一切契經，乃至廣説二十四處如彼。

章《毘婆娑》中至亦廣如波[二九]。《鈔》曰：十、舉小乘執説。有説無別下，此小乘三藏無別説。有説有別下，小乘三藏有別説。

今問：此無別、有別説，與大乘所言如何異耶。答：小乘所言無別，決定無別，必無三藏有別。有別説亦決定有別，必無三藏無別。皆執説故。大乘所言不爾，無定説無別或有別，但因所被、所治、所詮等緣有三藏。能詮別，約如來能證智根本，從一真法界。出三藏教，説爲無別。而其一真法界三藏教相緣起因故，本來三藏具足故，非無別非非無別。此即大乘三藏緣起妙理，如餘處廣明。

章辨六藏別至辨差別也。《鈔》曰：當門第四辨六藏別結，文自易了。前所明三藏，大、小乘別辨爲大藏，可准前知，是名第六等二句，結第六門已。

章第七彰佛至別部類者。《鈔》曰：自下第七彰總別部類門。此中大分爲四，初、標牒，二、辨二藏，三、辨三藏，四、辨六藏，今即初也。

佛自説者，簡弟子集説佛語名爲佛説，云自説也。

總、別部類者，無別部類云總，有別部類云

別也，如資明。

章且二藏中至所以云何。《鈔》曰：當門四科中，第二辨二藏。此中亦四，初、總明，二、別明有別部之義，三、別明無別部之義，四、結二藏別部有無，今即初也。

或有別部類等者，聲聞藏與菩薩藏，有別部帙聖教差別，無別部帙聖教二義總言也。

所以云何者，寄徵而起。

章一念之中至菩薩也。《鈔》曰：辨二藏中，二、別明有別部義。唯被聲聞等，明聲聞藏。

如《何[三〇]含》等者，示有別部帙。

其一會中等下，示別部菩薩藏。

如《十地》等者，示有別部帙，《十地經》列衆唯菩薩衆。

章若一念中至無生法忍。《鈔》曰：辨二藏中，三、明無別部帙二藏。

俱被二機者，一念所說，被聲聞、菩薩二機，一會有教益二種故名無別部。

如說《深密》者，凡斯經教益二機，一部帙教望聲聞機，是聲聞藏，望菩薩益，是菩薩藏。

三乘衆生下，明一會一經被三乘機，悟入各自乘。

佛爲勝義下，無自性品得益，被聲聞、菩薩漸、頓二悟定、不定二機之說，由此誠證，立頓、漸無別定教之判，如《總料簡鈔》廣辨。

六百千衆生等者，蒙頓悟機證。

三百千等者，蒙決定性聲聞證。

遠塵離垢等者，得初果益。

永盡諸漏等者，得第四果益。

七十五千等者，蒙不定姓菩薩之證。

章故知二藏至總、別部類。《鈔》曰：四、結二藏別部有、無。

亦有別部等者，聲、菩二藏，互亦有無互亦。

此說下結藏。

章素呾覽等三總別者。《鈔》曰：當門四科，第三辨三藏。此中有三，初、標牒，二、舉異部說，三、舉大乘同說，今即初也。

章詮部師說至無別部說。《鈔》曰：二、舉異部說。此有三，初、經部說，後、舉薩婆多兩說，此即初也。三藏初二有別，後一無別。

章薩婆多師至存於二解。《鈔》曰：後舉薩婆多兩說，兩說共，經、律二藏有別，但對法一藏，存有、無兩說。

有言世尊下，第一師說。《周記》曰：攝名歸彼者，由迦旃延集佛經中所說法所以，彼論攝云迦旃延造，有云由迦旃延請佛說。云云。

歸彼者，能集佛語人云彼。

有說世尊下，第二師，立對法藏無別部師。

若作此解下，章主評，此解指評第二有說解。

既正理師等者，薩婆多正理師，既立對法有別說，與經部廣爲論諍。明知，佛別說對法，是薩婆多正義，故《婆沙》存有、無別二義。

章今大乘中至是毘尼藏。《鈔》曰：三、舉大乘兩說。此有三文，初、標牒，二、舉有別部說，三、舉無別部說，今即初二也。

西域相傳者，印度大乘學徒相傳作此二說。

一師說云下，立有別部帙說。

世尊亦者，亦弟子說。

舊人者，舊譯釋家傳也。

章第二師曰至定無別部。《鈔》曰：三、舉無別部說。多謂多分詮。

《首楞嚴經》者，姚秦羅什譯有三卷。

俱是修多羅者，此亦約多分說，如《涅槃經》從初至終，戒、定、慧俱多分故，今云修多羅。

具足亦有者，戒、定、慧具說。

直、非直說者，長行云直說，頌云非直說。

故彼定非等者，斥第一師云《阿毘達磨經》爲別部對法藏說。彼謂指《阿毘達磨經》。定非二字，彰不決定。三學俱多非別部對法，此是師說。

故隨多分等者，結無別類義。三學俱多下，明隨多分立藏。

此約佛說者，簡弟子說對法。西域相傳有別、無別二師說，就佛自說論，非如弟子說有別部名唯對法。

其《普曜經》下，彰無別部獨覺藏。

唯有餘二者，聲聞、菩薩二。

就機行等者，獨覺機行果與聲聞少異，如前已明。

故分三藏者，有少異故，分聲、緣、菩三藏立名，然定無別部也。

章其六藏中至總別部類也。《鈔》曰：當門四科中，第四辨六藏結第七門。

初師既許等者，西域相傳二說中初師。

有六藏不同者，大、小乘經、律、論爲六藏。

第二師意下不許別部說，但隨所詮立爲六藏。

別部類說等者，論弟子說別部論，爲別有六。

別有多小等者，約佛自說但隨所詮爲六多，今隨詮說六。若約弟子說，有別部唯對法，少分唯有三，聲、緣、菩，但有對法一故。

此即第七等三句，結第七門已。

章第八師資至幾通弟子。《鈔》曰：自下第八師資建立門。此中大分爲六，初、標，二、寄問起，三、舉證成弟子說對法藏，四、舉傳受釋，立弟子說是對法藏，五、辨六藏師資建立，六、結弟子說亦對法藏攝，今即初、二也。

章如《瑜伽論》至阿毗達磨。《鈔》曰：此門六科，第三舉證釋弟子說亦對法藏。

循環研覈者，諸經典義理循環研覈。《倫記》六曰：論議者，謂研究經義宣賜宗要。又二十一曰：論議者，非直分別諸法體相名論義。若解義用，若解名相，但令循環研覈并名論議。云云。

摩呾理迦者，此云本母，論議經義本母也，如次章明。《伽》八十一說：猶如世間一切書、算、詩、論皆有摩呾理迦，當知經中循環研覈諸法體相，亦復如是。又如諸字若無摩呾理迦即不明了，如是契經等十二分聖教，若不建立諸法體相，即不明了，若建立已，即得明了。又無雜亂宣說法相，是故即此摩呾理迦，亦名阿毗達磨。又即依此摩呾理迦，所餘解釋諸經義者，亦名論義。云云。《倫記》二十一下三十七左。云：又如諸字若無摩呾理迦即不明了者，依《西域記》說，劫初時，梵王造百萬偈聲明論，後天帝釋及波膩尼仙等，略作聲明論，當今盛行。云云。是即字本母也。

謂於是處者，於一切了義經處也。

諸聖弟子者，地上薩埵，云已見諦迦[三]故。見諦迹者，四諦道理，見謂見照，以根本無漏無分別智照四諦理已，依自所證淨法界理，無倒後得智，分別諸法體相，名摩呾理迦，亦名阿毘達磨。今文雖云已見諸迹，由此門結釋。章主意爲地前菩薩所造，亦對法摩呾理迦攝。

章由此文故至此義非一。《鈔》曰：四、舉傳受釋立弟子說是對法藏。

若應頌等下，明十一分教及經、律二藏，唯如來說，不通弟子說。

改佛本頌故者，示應頌等無佛說，由必改作佛說頌爲弟子說頌故。

逗機說經者，示弟子說無契經由。

待犯說戒者，示弟子說無毘奈耶由。

非佛自說等者，示經、律唯佛說由。

由此設令下，明弟子說皆名對法、名論議經。

若弟子造下，立理成前義。

若佛在時下，明佛在世弟子說，立滅後弟子說，對法論議攝無遮。

章由如是義至通弟子說。《鈔》曰：前餘文結成弟子說名對法藏，生起次文六藏中在弟子說對法藏。

章六藏之中至一切無遮。《鈔》曰：此門六科，第五辨六藏師資建立。

二對法藏者，聲聞、菩薩對法藏，佛自說，諸弟子佛在世說，亦滅後說，說二藏、三藏、六藏，弟子說一切對法藏攝無遮。

章然此經中至亦是彼攝。《鈔》曰：此門六科，第六結成弟子說亦對法藏攝。

此經中等者，前文所引《瑜伽》所說論議經

中云已見諦迹，且舉地上菩薩有所證説無失。

若實而論下，明通取地前菩薩所造，亦論議經對法藏攝。

章第九次第分別者。《鈔》曰：自下當《章》十門中第九次第分別門。此中大分爲四，初、標牒，二、以二種次第明次第，三、以三種類次第明，四、以無次第明，今即初也。

章勘檢諸處至次第亦爾。《鈔》曰：當門四科中，第二以二種次第明次第。

二種次第者，深淺次第、勝劣次第。

《天親攝論》者，第一卷之文。

説聲聞藏等者，《攝論》文説下乘、上乘有差別故説二藏，一、聲聞藏，二、菩薩藏，下爲先，上爲後，故淺深次第説也。

第二餘處等者，餘處《瑜伽》三十八、七丁。《顯揚》六、九丁。《對法》十一三丁。以菩薩、聲聞次第説，是勝爲先，劣爲後也。然《對法》十一，雖非勝劣次第，以勝劣藏爲説，一、聲聞藏，二、菩薩藏。又《顯揚》亦由勝劣義説三藏，非勝劣次第説。

準説三乘下，明準三乘次第説三藏次第。若以勝劣次第，菩薩爲先云三乘，則三藏亦菩薩三藏爲先，次獨覺，次聲聞。若以淺深次第，聲聞爲先云三乘，則三藏亦聲聞三藏爲初，次獨覺，次菩薩。

次第亦爾者，亦三乘次第有二種，説三藏次第爾。

章復有三種次第前。《鈔》曰：第三由三種類次第明。此有四文，初、標牒，二、別標第一種類列次第，三、列第二種類次第，四、列第三種類次第，今即初也。

章一種次第至後對法藏。《鈔》曰：二、別標一種類列次第。此有七文，初、正別標，二、標有五義作次第，三、申第一義，四、申第二義，五、申第三義，六、申第四義，七、申第五義，今即初也。

章此有五義作此次第。《鈔》曰：二、標有五義作次第。此者初、素呾覽，次、毘奈耶，後、對法次第，五義次所申次也。

章一依說次至後說對法。《鈔》曰：此三申第一義。

依說次等者，依佛出世說教次第，經爲初，律爲次，對法爲後。

《普曜經》說者，經第七文。

次於舍衛下，經第八文。

後於毘耶離等下，《普曜經》中無同此文。

五怖畏者，如前已明。

章二、結集至子集對法。《鈔》曰：此四申第二義。初命阿難下，《智論》第二說，如前已引。然《普曜經》等文，現流經本無此文，阿難集經、論二藏，《智論》二、《四分律》說，如前已引。

真諦云下，《部執疏》說，如前。

章三、所化次至說對法藏。《鈔》曰：此五申第三義。

所化者，所化益次第。

爲初入者，爲未入者令初入佛法。

爲已入法者，爲已入佛法者立戒，令護持善。

爲有斷、證者，非惠不能斷、證故。

章四、本末次至惠方得起。《鈔》曰：此六申第四義。

從此生者，戒學從契經定生也。

惠方得起者，由定、戒二，惠方生起。

章五、寬狹次至對法爲後。《鈔》曰：此七申第五義，文易了。

章第二次第至阿毘達磨。《鈔》曰：三種類中第二種類，依修行次第，如文可知。

章第三次第至後毘奈耶。《鈔》曰：三種類中第三種類，依勝劣次第，如文易了。

章又無次第至准義應知。《鈔》曰：此門大文第四由無次第明。

然諸經典下，明通所用次第，文相易了。

章第十釋通疑難者。《鈔》曰：自下第十釋釋通疑難門。此中有九文，初、標門名，二、結集緣起中通疑，三、名數增減中通疑，四、辨廢立中通疑，五、出體性中通妨，六、釋總別名中通疑，七、辨差別中通疑，八、彰總別部類中通疑，九、師資建立中通疑，今即初也。

章第一結集至未可爲難。《鈔》曰：二、結集緣起中諸部說，互成違故，論疏亦自違文，此是諸部傳說相違，今也末代，不能爲難是非，不可强責。

章第二名教至非大乘義。《鈔》曰：三、名數增減中通疑。

問意難知，今由意云：《分別功德經》說有雜藏，又《瑜伽論》中云如雜事說，既是大乘教中用雜事品說，何故不別立雜藏耶。答：分別等者，今以《分別功德經》說有雜藏爲證，難大乘別不立雜藏，非我大乘宗所許經證，不及成藏答，是爲答意。

設同《瑜伽》下，設難。意云：《分別功德經》，大衆部義，非宗許故爲證不成。既《瑜伽論》中云如雜事說，《分別功德經》說有雜藏，亦與《瑜伽》所說雜事相同，何故大乘不別立雜藏耶。是設難意，此雖無難有，答者設難作釋通也。

如《法蘊足》下，通設難。通意云：《瑜伽》說有雜事，如《蘊足論》八薩婆多部說有《雜事品》，別不立雜藏。

本是經文下，彰薩婆多大乘共說有《雜事品》，不立雜藏所由。《雜事品》本是經文，隨經說雜事所詮，屬經、律、論中彼彼藏。

唯詮行雜下，委釋隨彼所詮，如文可知。

若三俱雜下，由具、闕攝三藏，三謂行、事、理三。

然非大乘下，結不立別有雜藏。

此依所詮下，彰雜藏中所詮以三藏攝。

若部帙別下，明部帙別雜藏，亦其中說所說多分相從，三藏中彼彼收。

《胎藏經》者，《菩薩處胎經》第五卷説八藏中有雜藏，大衆部義，非大乘義。

章第三辨廢至教不立也。《鈔》曰：四、辨廢立中通疑。

機運濟者，運載即乘，機之能運濟也。

機攝持者，機根之能攝持故即藏也，故准一乘、五乘應有一藏、五藏，此問意也。

《勝鬘經》云下，舉理證爲有一藏、五藏。

約機論藏下，成諸教中雖不立一藏、五藏名，以理應有。約機論藏，諸三藏教唯小機藏，是故不立一藏、五藏。

又乘依機行下，明乘説一、五藏不立由。

章第四門中至前已具述。《鈔》曰：五、出體性中通妨，前《總料簡章》中具明。

章第五釋總、別名中。《鈔》曰：自下六釋總、別名通疑。此中有四，初、標牒，二、二藏別名問答，三、三藏別名問答，四、六藏別問答，今即初也。

章問何故二至名如來藏。《鈔》曰：二、二藏別名問答。此中有兩重問答，此初重問答也。問意易了，答之中有三支，初、明但名聲聞藏不名獨覺藏，二、明名菩薩藏不名如來藏，三、約因果明二藏名。

獨覺之教下，隨教多少，但名聲聞藏不名獨覺，教少分故。

又初入法下，明獨覺初入亦依聲教，獨覺教亦名聲聞藏不名獨覺藏。

若名如來藏下，明但名菩薩藏不名如來藏。此有二文，初、由願行名字弘、不弘別釋，後由世人可成難易釋。

願行名字不弘等者，凡如來名，乘如實道來成正覺之義，故願行名字不弘遠。菩薩名如前明，大誓願、大志求之名故，廣大志願、勇健心行，於菩薩名自顯，故名菩薩藏，不名如來藏。

又菩薩德行下，由世人可成難易釋，文義易了。

又小乘之中下，三、約因果明二藏名。

從小爲名者，從因劣少名聲聞藏，不名獨覺。次所云從小之言，亦從菩薩因比如來果德是劣小，但名菩薩藏，不名如來藏。

章問何故菩至誓願爲號。《鈔》曰：二藏問答有兩重中，此即第二重問答。

以誓願所求等者，如先已明。

不以境緣等者，菩薩自證無相爲緣境。其聲聞藏以境等者，聲聞名是境緣爲稱。

名涅槃薩埵藏者，涅槃聲聞所求，薩埵聲聞利生。問意：以菩薩藏爲例，離聲聞藏名，菩薩以願求爲名，不以境緣，然聲聞返以境緣爲名，不以願求如何意。答意：以願求有深淺異，立名有異。是答意也。

且約一德者，菩薩願求利益，廣大悲智深廣成德，欲顯此德但名菩薩藏，（菩謂上求菩提，薩謂下化衆生。）不以境緣名無師藏。聲聞亦有願求，而俱不深，但欲顯依聲教緣成德爲勝，名聲聞藏，不名菩薩藏也。

由此獨覺下，由獨覺亦依境緣爲名云聲聞藏。

章問三藏中至各一得名。《鈔》曰：三、三藏別名問答。問意：除素呾覽餘二藏，應有貫生理義故，經、律、論亦應名經。契經調伏，應有對向果等義故，經、律亦應論名。是問意也。答意：三藏俱互有貫穿、調伏、對向，雖爾，貫穿生理，契經爲本，律、論不得名契經。律，調伏爲本。論，對向果等爲本。從本立經、律、論三藏名，不得互名，是答意也。

如色法、法處等者，色有軌持義，應名法處。色義，青、黄等是根本故，名色不名法也。

又貫穿理下，答第二義，約勝一得名非餘，經貫穿勝，律調伏勝，論對法勝，故各一得名也。

章問六藏之至不分成九。《鈔》曰：三、六藏別名問答。

問意可知，答有別部下，有二意答。答：獨覺教無別部帙故，別立經、律、論，以無爲九藏義。又機性全別下，第二意答。獨覺中品機根種姓，《普曜經》等以三獸渡水喻示三品機，由是可念三藏，教法少分別、多分同，與聲聞教各別，不可立經、律、論成九，是第二意答。

章第六辨差至差別藏攝。《鈔》曰：七、辨差別中通疑，有兩重問答。初問意易知。

生無悔等者，先造罪惡，委懺悔已，住淨尸羅故，無悔自得心寂靜，云漸次得定也。

應俱名對法者，律、論俱應名對法，此問意也。答戒定俱下初答，此答意，以福、智簡別。

竝調伏者，依戒得定俱福，所詮、所生俱調伏。

異藏攝者，定與惠，福與智，所詮、所生各別，經與論異藏所攝。

問定、惠類殊下，第二重問答。問意承初答此問起，初、二句牒，初答散、定差別，二句正難意，謂調伏藏中別解脱戒散無表爲體故，不可如前答。云戒、定俱福並調伏，是難意也。答中易了。

專、擇異者，專謂專注一境名定，擇謂簡擇諸法是惠，惠必斷惑，定不斷惑故，福、智殊，別藏攝。

章第七彰佛至如自門説。《鈔》曰：八、彰總、別部類中通疑，此第七門中廣明，故今略。

章第八師資至及三藏等。《鈔》曰：九、師資建立中通疑。有兩重問答，此即初重問答也，問意易了。答中若爾者，牒問意，謂若佛滅後，弟子説三藏十二分教者，無師資別。淺法者弟子説，深法者佛説。比法者弟子説，比量以理知法，證法者佛説，如來以無分別智自證所説。聖法者佛説，凡法者，弟子中有凡夫故。一切智法者佛説，一切種智者弟子説，生聖智弟子説，一切種智所生法。若無師資別，則一向無如是差別。

又許造者下，答不許造意。謂佛滅後，弟子雖不許説三藏十二分教，許造此者，佛説藏教應云佛説，弟子説應云造三藏，故藏教自爲殊，故佛不許滅後弟子造三藏等也。

章問如是諸至《瑜伽》等說。《鈔》曰：第二重問答。問答文少，有二問意：一、三界五趣中，何處三藏具足有耶。二、三界五趣中，何衆生被此化耶。兩問意有，答中不分兩問答，以被化處，直爲三藏彼彼弘通處也。

《仁王經》中者，舊譯經此章造時無新翻經，故無色界衆現身，皆是定果變色身，又無色界天等者《阿含經》說。

《陀羅尼經》等者，《大方等陀羅尼經》第一卷說，此經四卷，北涼法衆譯。

智契經下，結經弘通處，真身、化身共被益。

《盧舍那佛經》下，明調伏藏弘能蒙益。《盧舍那佛經》者，下卷《梵網經》所說，俱能解語。今云：此四字恐寫誤，應作但能解語，《梵網經》說但解法師語盡受得戒，皆名第一清淨者故。

故知調伏下，結調伏藏所被身。

無色界中下，明調伏但蒙欲、色二界五趣實身，不被無色等化身。

無有耳識等下，明不被由。何故無耳識不被耶。答：如《梵網經》說但解法師語，聞聲不解語，不被益故。

故知但被下，結二界五趣實身蒙益。

以經威力下，明地獄趣蒙益，結二界五趣無遮。

然得戒者下，明得戒差別，五趣中三惡趣得戒三歸得，三之中令歸一心起名爲三歸，是大乘三歸也。大乘用薩婆多十種得戒，十種得戒中有三歸得[三]，具如《表無表章》。

尋伺上地下，明上地身借下地身起尋伺等蒙益。

阿毘達磨下，明對法藏弘通蒙益處。

大乘宗者下，明大乘無色無中有，若中有有無色衆生，則化衆生定非實身。

無業果故者，明非真身由，無色業果現身，中有無故。

《瑜伽》等説者，論第一説中有除無色界，等言等《顯揚論》一也。

上來《諸藏章》十門竟。

大乘法苑義林章師子吼鈔卷第十一尾

安永第五申五月晦日，於皇都和泉式部境内通庵隨講，早筆記之。

法相大乘末學沙門基辨。大同坊，五十九歲。

天明元年丑五月十五日，於東武江府淺草延命院，講此《義林章》之砌，加一校已，同六年午十二月二十一日，於南都興福寺妙光院加第二校，爲明年未三月於京師京極善長寺開演此《義林章》用意。寡學拙智，謬錯多多，後學勿誹謗已。

回向四恩法界海，回向無上大菩提。

法相大乘末學沙門基辨。大同坊，生六〔一三〕十九歲。

校勘記

〔一〕「告諸弟子我佛大師入般涅槃」，疑衍。

〔二〕「偏」，疑爲「徧」。

〔三〕「華」，疑爲「萃」。

〔四〕「富耶奢」，底本原校云原本作「富婁那」。

〔五〕「估」，疑爲「怙」。

〔六〕「劫」，疑爲「卻」。

〔七〕「定」，疑爲「與」。

〔八〕「説」，疑爲「記」。

〔九〕「鄔波毱多」，疑衍。

〔一〇〕「燒」，疑爲「嬈」。

〔一一〕「始」，疑爲「姤」。

〔一二〕「成」，疑爲「威」。

〔一三〕底本原校云：「原本冠註曰：今云：《寶疏》亦引此説，但牒言相傳云。又云：檢真諦《俱舍疏》，未見此説。云云。」

〔一四〕底本原校云：「原本冠註曰：《賢愚經本義抄》中具引，章主《對法疏》九廣引《賢劫經》，其文相全與

《本義抄》所引《賢愚經》大同，追應併考也。」

〔一五〕「服」，疑爲「胝」。

〔一六〕「廢小」，疑衍。

〔一七〕「二」，疑爲「三」。

〔一八〕「宜」，疑爲「宣」。

〔一九〕「千」，疑後脱「一」字。

〔二〇〕「服」，疑爲「胝」，下二「服」字同。

〔二一〕底本原校云：「此下原本一行空白。」

〔二二〕「謂」，疑衍。

〔二三〕「料」，疑爲「科」。

〔二四〕「三」，底本原校疑爲「二」。

〔二五〕「無」，底本原校疑爲「有」。

〔二六〕「利」，底本原校疑衍。

〔二七〕「別」，底本原校疑後有脱文。

〔二八〕底本原校云：「此下原本數行空白。」

〔二九〕「波」，疑爲「彼」。

〔三〇〕「何」，疑爲「阿」。

〔三一〕「迦」，疑爲「迹」。

〔三二〕底本原校云：「原本冠註曰：十種得戒者，《十誦律》曰：一、自然得，二、見初得，三、善來得，四、自誓得，五、論議得，六、受熏得，七、遣信得，八、邊五得，九、羯摩得，十、三歸得。」

〔三三〕「六」，疑爲「五」。

大乘法苑義林章師子吼鈔卷第十二《十二分章》。

南都西京藥師寺傳法相大乘沙門釋基辨撰

章第六十二至問答分別。《鈔》曰：自下《十二分章》。此章大分爲二，初、牒章示科，後、隨科釋成。

十二分教者，舊云十二部經。《大般涅槃經》十五《梵行品》說曰：善男子，是菩薩摩訶薩知十二部經，謂修多羅、祇夜、授記、伽陀、優陀那、尼陀那、阿波陀那、伊帝目多伽、闍陀伽、毘佛略、阿浮陀達磨、優波提舍。云云。餘經亦説，與此少異，我宗以此經説爲據，廣、略作釋故。今此舉廣釋，如次七門中明。

章第一列名至十二論議。《鈔》曰：此七門中，第一列名門，如文可知。

四諷誦者，《瑜伽》《顯揚》《對法》作諷頌，《玄贊》十二文章作諷誦，如次下辨。

章第二辨相至意趣體性。《鈔》曰：自下第二辨相門。此中大分爲四，初、舉別相説，二、舉總相説，三、判總、別二相，四、總結，今即初也。

契經相者下，初別相契經説處，次舉總相契經，一經全分爲契經，如次具辨。今此所云別相，非云一經全分，於一經中以長行總、略説所應説義。《玄贊・十二分章》引《對法》已云：此唯長行，名爲別相，偈頌便非別契經攝。云云。謂貫穿義下，正明別契經。直説多分者，云以長行總略。攝受意趣者，云總、略説所應説義，至次第四門中具辨。

章《瑜伽》第二十至名修多羅。《鈔》曰：二、舉總相契經説。《玄贊・十二分章》曰：契經有二，一、通，二、別。《涅槃經》曰：從如是我聞乃至歡喜奉行，如是一切名修多羅，攝十二盡名通相也，以教貫理及攝生故。云云。此即次引經《梵行品》文全同。

章然修多羅至亦不相違。《鈔》曰：此下三判總、別二相。此中有十二文，初、從修多羅至論故，一一判總、別二相故有十二文，今即初判契經總、別二相。總相亦應云通相，修多羅名即攝十二部盡名總相，亦爲通相。別者唯攝下，由《伽》八十一、《對法》十一，立別相契經義可知。

章應頌相者至易可解故。《鈔》曰：十二文中二判應頌二相，舊云祇夜經，新云應頌教。《對法》等下，約益後來相，辨應頌別相。《對法論》十一説，等言等《顯揚》六。

或中或後等者，《倫》六曰：泰云：應頌有三，

一、於説義中間，應以偈頌上義，二、於説義最後，重頌前義，三、於諸經中頌及長行未了義經，應更分別故云應頌。云云。

又曰等者，此亦《對法》《顯揚》之説，約顯未了義相，明應頌別相。

不了義者，隱密不了義，亦總義難分名不了義，此更以應頌釋義。

長行雖説下，以説義未盡，重更頌之爲別相。

即以貳義下，攝前來所云二別相而結。

一者爲益下，前云第一相。利根後來者，以略説知故云利根。應利根者，後世出來好略，此云爲益。

二者爲顯下，前云第二相，此根鈍者自初來説法會雖聽法，未明淨，爲令此義明淨，重頌之。

前不了義者，《倫》六曰：基師述三藏説曰：非經未了，謂聽者未了，此未之所聞也。文。

《涅槃》但有者，在南本經十四。

《成實論》中者，第一卷文。

欲令義理下明契經，又嚴飾詞下明諷頌，又義入偈中下明應頌，顯未了相。此文正今所用，上契經、諷頌因舉來也。

章記別相者至當成佛事。《鈔》曰：明記別相。此有三相，舊曰《授記經》，新云《記別經》，初明三相，后總判，文段有四。

《對法》等曰下，記別有三相中，初、明死生因果記別相，等言等《顯揚》六。

此依世尊下，章主文。

論文得、失生處者，生善處爲得，生惡處爲失。

又諸論云下，二、明分明記別深密義。諸論者同上，《對法》《顯揚》文。

記者明也下，章主文。

深密者，所説義深遠隱密也。

以少言等者，以少言總、略記説，餘處名不了義。

不據分明下，意云餘處所言不了義經名記別，非以分明説深義與不説云了義不了義也。

《涅槃經》云下，三、明記别當得作佛相，經北本十五，南本十四，如文可知。

準諸教言下，四、總判釋。

章諷誦相者至名《伽陀經》。《鈔》曰：四、明諷誦别相。此有二文，初、舉證明二種諷頌有，後、章主判釋二證遠，此即初也。舊云《伽陀經》《瑜伽》《對法》《顯揚》，云諷頌教，《玄贊》十二分章作諷誦。今謂，誦與頌音通，古今通用，頌字爲本，《倫記》等中一誦云一頌。

《顯揚》等云下，論第六文，等《對法》十一。

非長行重説等者，明應頌與諷誦别。此引《顯揚》《對法》明以爲二句、三句、四句、五句、六句等，説别意法名諷誦教。《倫記》六下曰：四諷誦者，非長行直説，但以巧妙言調結於句韻，或作二句乃至六句等諷頌法，是不重頌，伽陀頌也，不同室路伽頌，不問有義無義，但滿三十二字以爲一誦。云云。

《涅槃經》云下，明説四句偈等説别意法名諷誦教，經第十五《梵行品》文。

除修多羅等者，簡濫，别修多羅濫此諷誦，故云除修多羅也。謂别相修多羅，長行中攝略説所應説義名契經，非偈頌也。今此名諷誦偈頌，非契經攝，故今除簡濫也。

及諸戒律者，此亦除簡濫。《涅槃經》十五説偈言：莫輕少惡，以爲無殃，水滴雖微，漸盈大器。此十二品教中，名緣起教，非諷誦也，此亦恐濫除之。

其餘等者，除長行中攝略説、義説、緣起、制學處之二，其餘説四句等偈説法是諷誦，如諸惡莫作等偈是也。

章此意説言至少故不説。《鈔》曰：此章主判二證違也。

非長行直説者，釋除契經。

及非因緣者，釋除諸戒律。

爲他以偈等者，除上所云二分，爲利他有情，以四句或六句偈說法名爲諷誦，舊云伽陀。

以此《涅槃》等者，明《涅槃》亦經有別相修多羅。

以此等者，意謂以如上引除修多羅，《涅槃經》中亦自知有別相修多羅，亦言亦通相修多羅。通相契經如前已明。

不爾等者，立理意言，若不爾，《涅槃經》唯有通相修多羅，則從如是我聞至作禮而去，是修多羅，云何除修多羅耶。故《涅槃經》中亦有別相修多羅，云除之顯然知。少句至二十，會上明《顯揚》《對法》所說諷誦。自二句至六句以上，亦《涅槃經》以四句一頌文名爲諷誦之相，違先初舉《顯揚》《對法》諷誦。少句者，極少分諷誦，自二句云至二。

多句無量者，多分句名諷誦，至無量句。其中間三句、四句、五句等，一切皆是名諷誦。

《涅槃》且舉等者，前所引諸惡莫作之四句一頌，以指示是諷誦教，今舉一隅捨不舉云且也。

諸論舉難下，正會《顯揚》《對法》等，說或以二句、三句、四句、五句、六句等爲諷誦。舉難者，舉與長行難分。

不滿頌等者，釋諸論舉難由。凡諷誦體，自二句至無量句，故不滿四句一頌者，二句或三句諷誦者。故但至六者，但以六句成諷誦說，是一頌半不滿二頌者。

若唯一句下，明唯一句不爲諷誦由。《周記》少有二句，雖不滿頌，頌與長行自易簡別，一句即濫，所以指明。云云。

此與長行等者，此謂唯有一句，諷誦與長行一句如何可分。故唯一句不名諷誦。

舉一頌半下，明論說六句等意，五句、七句皆得名諷誦，五句、七句諷誦少分有多無，故不說也。

章自說相者至義理同也。《鈔》曰：五、明自說別相。此有二文，初、舉三證指事以明，後、設兩重問答明，今即初也。舊云優陀耶經，新云自説教。

《瑜伽》等云下，第一證，舉無請自説之證。等言等《顯揚》六、《瑜伽論》二十五文。

於是中者，於如來所説經有許多中也。餘文易知。

《對法論》云下，第二證，此亦無請自説，論第十一文。

此佛爲令下，章主申三論無請自説意也。

《涅槃經》説下，第三證，舉無問自説之證，經第十五文。

乃至者，由經説爲諸天衆廣説法要時，諸比丘各作是念：如來今者爲何所作。有如是二十四字，今略云乃至也。餘文易了。

如是諸經下，章主文。

指事雖殊等者，初、《瑜伽》《顯揚》二，指爲正法教久住不請而説之事，明無情[一]自説。次、《對法》指示佛勸勇猛精進修行偈頌，明自説相。後《涅槃經》指佛晡時入定，明旦出定，以他心智説法事。雖如是指事殊，明無問自説全相同也。

章問曰何故至無言非請。《鈔》曰：此下設兩重問答，明自説相，此即初重問答。此問以默答便無問難，此問意：言對如來發言問，如來默然無言，雖無言自得益，是許默答。今以是翻成問者無言心起請念，此問意也。答中一心念者，無言但心念請。二口宣者，口宣説心念請也。

口宣動業下，明心念不爲請。動業謂第三動發勝思，動身、語爲慇懃深重之表誠故。口宣成請，但心念輕者，心念口無請身無敬，決定思初念，不成業道，爲輕業，故但心念不爲請也。

答亦有二等下，明以答不可例問。

但令生解下，意言：凡答言，不簡默與語，但令生解名爲答，不拘輕重，不與問有輕重同日之論也。

又諸經中下，彰無言非請。諸經中者，示處處經説爲證。

佛智其念等者，佛以他心智知心念請，雖無

言請即爲説法。

亦名爲請者，亦口宣請，心念請亦名請。

要彰語重等者，意謂雖心念亦名爲請，然彰語請慇重，於口喧與請名，無言非請也。

章又問既有至自説經也。《鈔》曰：第二重問答。此問以有問無答例難，意謂十二分教中，立無問自説經，何故翻不立有問無答經耶。

答曰下，意言：縱無問有答有説，必得成經。無答無説，無説云何名經。故無答爲經不成。

然理而言下，以理無答，攝無問自説。

諸置答者等者，亦言亦無問自説，同無問自説，捨置記答，即默答名爲經。置答者，捨置記答，即默答也。《對法疏》五具明。《周記》曰：諸置答者，雖無言，然非答彼所問之事故爲無答。云云。

又香積佛國下，成他方土無説成經，而翻成此土無答不作經。

二種俱無者，無問自説經與有問無答經二種俱無，不以聲説法，但香爲佛事故，如《維摩經・佛國品》説。《周記》曰：香積佛國二種俱無者，今助一釋二種俱有，既許依香立名句，句字依香問答，又何夾理也。若不許，香積佛土應不説法。云云。今云：《周記》助釋雖有道理，與章主意不同。今文云二種俱無者，無如此土以聲爲説論有説、無説，以香論有、無説，亦此土所無故。次章文云此土如來聲爲佛事，是故無答不得成經。又香爲佛事無説者，意言自如此土以聲爲佛事見，則即無説成經，由是自知，此土無以聲説法，不得成經。

不以有問等下，舉十二分教爲要處，結成無問自説經。意言：不拘有問、無問，説法即名爲經，彰雖無問，佛發言説皆名經，云立無問自説經也。

章緣起相者至義理周圓。《鈔》曰：六、明緣起別相。此亦有二，初、明三義具名緣起經，後、明三義不具亦名緣起。舊云尼陀那經，此云緣起。

八十一説下，明三義具名緣起。三義者，《贊・十二分章》曰：緣起有三相，壹、因請而説，二、因犯制戒，三、因事説法。云云。此等明三義説，今所引八十一説爲本。

謂依有請等者，《倫》六曰：因請而説，即一切經、律，但是有請而説者，一切皆名因緣經。云云。

如經説言等者，未詳何經。有《佛説鹿母經》，其中有此説歟。《倫記》二十一云：如彼經初説云，有一黑鹿未至我所等，如斯經文名緣起經。云云。《周記》云：章黑鹿子母者，毘舍佉母從子立稱。云云。今云：《倫》與《周》釋大相違，《倫》既見經釋，云有黑鹿是爲勝歟。世尊一時等言，因請説之證。有云：依黑鹿子者，此黑子來因緣也。云云。

又依別解脱等者，《倫》二十一下。曰：如律文中，時跋陀摩子犯於其罪。云云。又同六下。曰：十二年前，衆未有犯，但略教誡。十二年後，因衆有犯，廣説戒經名因緣經。云云。

又於是處等者，《倫》云：佛因此事等言，亦是緣起經。云云。

此具三義等者，結三義具名爲因緣，此是章主文。此具之此言，指緣起相，云具三義。

《對法》等論下，明三義不具亦名緣起經，論十一説。

唯有初二者，但有因請、因犯二説，無因事説。

《涅槃經》等者，第十五説，但有因事説法。

《對法》等下，具明有初二。

《涅槃經》云下，其舉唯有後一證。

此唯因事等下，總結成。此謂指次上引《涅槃經》，此經唯由三義中第三説緣起相故，皆下正結非三具名緣起。

唯八十一下，結三義具足名緣起相。

章譬喻相者至並此所攝。《鈔》曰：七、明譬喻別相。舊云阿波陀那經，此云譬喻。

《對法》等者，論十一文，等《顯揚》六。

有比況説者，《倫》六云：引淺況深，令物曉悟名譬喻經。餘文可知。

《瑜伽》總説者，論八十一説。

章本事相者至皆名本事。《鈔》曰：八、明本事别相，舊云伊帝目多伽。

謂除本生者，簡濫。

除佛本生等者以下，章主文。

今問：本事與本生如何别。答：本事非云前生依身，但説佛及衆生宿世人與法一切事。本生謂但説佛往昔生死依身，或説佛因位事，寄生死身，説修苦行等。不依寄身，但説宿世人及法事，是名本事也。

説餘一初等者，《倫》六曰：八、本事者，通説世尊因事未發心前所經之事，及餘衆生宿世之事名爲本事。云云。今云：《倫》所云餘言，除世尊因地本地之餘。此章所云餘，除佛本生之餘佛，及衆生本事也。

一切者，若凡、若聖人，及法前際事宣説，是本事經也。

《對法論》者，第十一文。

相應事者，人、法相應事也。

《涅槃經》言下，以《贊》十二文、章文撿今文，此經文舉今佛所説法名爲契經，例今令知過去佛説教法名。《贊章》曰：《涅槃經》中唯説往法，如我出世所可説法名曰界經，拘樓秦佛名甘露鼓等。餘同今章。由是應知，例今佛之法事，令知過去佛之法事，名曰契經者，《涅槃經》文作名曰戒經，《贊章》及《周記》牒文作界經。《周記》釋云：名曰界經者，此界經等而是總名，出世所説教法，總立此名等。界者，因義，如彼甘露能鼓法類，同於鏡能照一切，分别生、法二種空，如《法花抄》所述。雖爾，未見聖教明文。云云。今云：作契甚爲勝，有道理故。由通相言，十二分教皆契經故，今佛所説無非契經者故。又亦作界應好，《周記》釋云界者因義，亦有理故，今佛説教無不說諸法因者故。雖有此理未見收證故，自於作契爲劣，作戒亦爾，雖有理無收證爲劣。

《甘露鼓》者、未詳此名所由，有《佛說樓閣正法甘露鼓經》一卷，宋天息災譯，應撿。《法鏡》者。未詳，有《佛說法鏡經》二卷，後漢安玄共嚴佛調譯也，同名故，舉此二經名，他日必須併考也。

《對法》俱說下，判上所引三文，而結本事相，《對法》判除佛餘弟子人事說名本事。

以對本生等者，明唯說人事由。《涅槃經》說二句，判經說但過去佛說法事不說人事。

《瑜伽》通說下，判前際壹切本事說爲此相。

章本生相者至皆名本生。《鈔》曰：九、明本生相，舊云闍陀伽經。

《瑜伽》二十五下，就往昔菩薩若身、若行說本生相。

於是中三字，由《顯揚論》文，作於諸經中。

《對法》及八十一下，但就菩薩行說本生相。

《涅槃經》言下，但就菩薩身說，經第十五《梵行品》文也。彼經全文云，如佛世尊本爲菩薩修諸苦行，所謂比丘當知，我於過去作鹿、作羆、作麞、作兔、作粟散王、作轉輪聖王、作龍、作金翅鳥等，諸如是等行菩薩道時，所可受身，是名闍陀伽經。

《對法》但說下，判上所引三合至論文。

章方廣相者至時長遠故。《鈔》曰：十門方廣相，舊云毘佛略經。此中大分有四段文，初、舉證示有二相，今即初也。

謂說菩薩道下，方廣有二相中第一相證，以此相釋方廣，唯大乘不通小，云說菩薩道故。

如說七地等者，明菩薩道相。七地者，四十九《菩薩地》說。何等力[三]七地。一者、種姓地，二者、勝解行地，三者、淨勝意樂地，四者、行正行地，五者、決定地，六、決定行地，七、到究竟地，是名七地。云云。

四菩薩行者，門地說，一者、波羅蜜多行，二者、菩提分法行，三者、神通行，四者、成就有情行。

及百四十不共佛法者，四十九《菩薩地》説：諸佛世尊有百四十不共佛法，謂如來三十二相、八十隨好、四一切種清淨、十力、四無所畏、三念住、三不護、大悲、無忘失法、永害習氣、一切種妙智。云云。

又復此法下，方廣有二相中第二相，以四故釋，是第二相。依《贊章》舉第二相已云：此通聲聞亦有方廣，今取《涅槃》具二大、小二乘方廣。爲正。云云。又依今章次釋，章主以《伽》八十一二十一文及《涅槃經》第三説，爲方廣通小乘證。

問：《贊》與此章云何相違耶。答：《贊》存略二於爲通、不通二義，此章具立別證，但爲具略違已。《贊章》中亦不云第二相唯小乘義，根本雖大乘名方廣，約取義邊盡利，力亦通小乘也。

章此義忠言至名爲方廣。《鈔》曰：二、明方廣唯在大乘。此義二字，指《伽》八十一二相文之義，菩薩道不俱佛法言第一相。

二空理下正等二句第二相，正謂方也，包滿二字釋廣言。此《周記》釋意也。

唯在大乘等者，《對法論》曰：此方廣等皆是大乘義差別名，與七大相應故名大乘。云云。

《毘佛略經》者，舉《涅槃經》説梵名，次示多含翻名，其翻名唯在大乘義故爲證。

《對法》説言下，章主舉《對法》十一説二翻名，成唯在大乘義。

一切有情利益下，立二故釋方廣。此二故義，唯在大乘不通小義。

能破諸障等者，釋對法名廣破。諸障者，能顯煩惱、所知二障。

無法比類等者，釋對法名無比，宣説廣大深甚法名無比類。由此等義，《瑜伽》三十八云：除方廣一分，舊分有聲聞藏故，今云唯在大乘也。

章《瑜伽》第二至故小乘有。《鈔》曰：三、明小乘亦有方廣名。

自列方廣者，聲聞具十二，自列方廣，由彼

所證四諦理名方廣，如次文明。

此中正法等下，示小乘方廣義，如文可知。

章《法花》《瑜伽》至文最爲正。《鈔》曰：四、舉通、不通證結。

《法花》者，經《方便品》說：我此六部法，隨順衆生說。云云。

《瑜伽》者，八十五云：除方廣一分，餘名聲聞乘相應契經故。云云。又三十八說：如前引故，云但說大乘也。

章希法相者至名爲希法。《鈔》曰：十一、明希法相，舊云阿浮陀達磨經，舊翻云未曾有經，今云希法經。此中文有三段，初、舉《顯揚論》說功德事名希法，今即此也。

八衆所有者，若由《顯揚論》文，應作九衆。彼全文曰：謂諸經中宣說諸佛及諸弟子、苾芻尼、式叉摩那、沙彌、沙彌尼、勤策男、勤策女、鄔波索迦、鄔波斯迦等共、不共德。云云。若由是，則應云九衆所有。

今問：沙彌，梵語翻云勤策，此分男女，恐重出歟。如何。答：重出寫誤雖顯然，若出家十戒沙彌、沙彌尼別舉已，復白衣近住八齊戒者，此別云勤策男女歟。常呼近住者稱沙彌故，此攝沙彌或鄔波索迦，不攝之違歟。不可定云寫誤也。若由《倫記》釋，則應作七衆所有。彼《記》云：十一希法者，謂說佛及弟子七衆所盡功德若共、不共，勝於餘故名希法。云云。今云：攝白衣沙彌入出家沙彌或鄔波索迦成七衆，若開成九，七、九俱有道理，現本作八不是。

共、不共德者，《倫記》釋曰：其若七衆爲求涅槃，斷惡修善所生功德，近感人天同餘福分故名共因，此遠剋出世涅槃故名不共。以不共故，勝於其餘外道功德。雖共感人天，人天中勝故，云勝諸世間，知勝義一切智者同意所許，甚奇希有大福。云云。

此意說言下，章主判釋。

章《涅槃經》言至及弟子事。《鈔》曰：二、明說佛果上現殊特事名未曾有。

《涅槃經》言下，經十五《梵行品》説，與北本併讀，文少異，恐脱落歟。彼全文曰：如彼菩薩初出生時，無人扶持，即行七步，放大光明遍觀十方，亦如猴獼手捧蜜器以獻如來，如白項狗佛邊聽法，如魔波旬變爲青牛行瓦鉢間，令諸瓦鉢互相振觸無所傷損，如佛初生入天廟時，令彼天像起下禮敬，如是等經名未曾有經。已上經全文。今云：見經本如字有四，知舉四希有事，章主界引與文脱落難辨別故，舉示全文，應知舉四。

此説佛等下，章主判釋。

不說功德等者，不說功德及弟子事，但說佛殊特事，此爲與前經異。然《贊章》文云：但說弟子及非弟子希有之事，皆名希法。云云。此章文無此義意，恐文脱歟。《贊》文作皆名，皆字恐亦字歟。皆與亦意相近，故通用歟。

章《對法論》云至不相違也。《鈔》曰：三、明說一切聖者奇特之法名希法義。

但說聖者下，章主判釋，所餘者不說功德殊特也。

章論議相者至阿毘達磨。《鈔》曰：十二、明論議相，舊云優婆提舍經。此中文有四段，初、舉證，明佛說及弟子說有論議相，同名摩呾理迦，今即是也。《贊章》曰：論議有二相，一、佛自說，二、弟子說。云云。

循環研覈者，《倫》六曰：論議者，謂研究經義，宜暢宗要。云云。又二十一曰：論議者，非直分別諸法體相名論議，若解義用，若解名相，但令循環研覈，并名論議。云云。今云：《諸藏章》具已辨。

摩呾理迦者，此云本母，《伽》八十一十三紙。說。又如諸字，若無摩呾理迦即不明了。如是契經等十二分經教，若不建立諸法體相即不明了，若建立已即得明了。又無雜亂宣説法相，是故即此摩呾理迦亦名阿毘達磨。又即依此摩呾理迦，所餘解釋諸經義者亦名論義。云云。又由《顯揚》六十一紙。說，摩呾理迦立有十二種教：一、事教，說色等、眼等一切法教。二、總差別教，兑[三]蘊、處、界緣起處、非處等總差別教。三、自宗觀察教，謂契經、應頌等教，依攝釋中之所顯示。四、他宗觀察教，依七因明摧伏他論成立自論教。五、不了義教，謂契經、應頌、記別等中，薄伽梵略票[四]其義未廣分別，應更開示教也。六、了義教，翻前可知。七、俗諦教，諸所有言路顯示，彼一切皆名俗諦，又依名想、言說增上所起相、名、分別，亦是俗諦。八、勝義諦教，四聖諦教及真如、實際、法性教。九、隱密教，多分聲聞藏教。十、顯了教，多分大乘藏藏[五]。十一、可記事教，四嗢柁南諸行無常等教。十二、不可記事教。默置答等也。今云：是等所釋，由前章中所辯三本母應解了也。

一切了義經等者，若佛說、若弟子說，一切了義經名摩呾理迦[六]。即名義本母，非義本母不名論議教。謂於是處下，明佛自說、弟子說，共名論義，名摩呾理迦，名對法藏。

是處等者，於此義母論議經處，佛世尊亦自廣分別諸法體相。又聖弟子下，明弟子說論議摩呾理迦相。

已見諦跡者，跡謂道也、智也，諦理四諦及第一義諦。見謂見照也，已以無漏智見照第一義諦人也。《倫記》六下。曰：問：凡夫所造論、疏爲是論議經攝不耶。解曰：若此論八十一曰：謂於是處，世尊自廣分別諸法體相。又於是處，諸弟子已見諦迹，於自所證，無倒分前[七]諸法體相，既云見諦跡者所造，即知異生所造論疏，並非論議經攝。依《大智度論》，凡夫所造亦是論議經。云云。已上《論[八]記》。今云：《倫記》所明未決，今探章主意，如前章言。然此經中，且論弟子見諦者說舉其勝者，顯難諸失有所證故。若實而論，通取未見聖諦者造，亦是彼攝。云云。

亦名阿毘達磨者，由是弟子說論議經，摩呾理迦，亦阿毘達磨藏。已上《伽》八十一論文也。

章《涅槃經》說至婆提舍經。《鈔》曰：二、舉於唯佛說名論議經證，經《梵行品》文也。

章《顯揚》第六至是名論釋。《鈔》曰：三、舉於弟子說名論議經證。《對法》皆言下，牒三個論，《對法》《顯揚》文少異，意全同。今此所引云何論議下文，《伽》二十五全文，研究素呾覽義之言，宣暢一切契經宗要，是諸弟子研究宣暢佛説契經義要論議經之證。《對法》全文曰：論議者，若於是處無有顛倒，解釋一切深隱法相，以無顛倒一切法相，論議經等深隱義故。云云。今云：既云解釋，是弟子説論議經之論也。

章《涅槃》但説至論議經故。《鈔》曰：四、以佛説、弟子説二相，判結前引經論，《涅槃》唯佛自説論議。

《顯揚》等者，等《對法》十一、《伽》二十五，但説弟子説論議經。《顯揚》全文云：研究解釋諸經中義，故知弟子説論議經。

名聲一種者，章主文，經唯舉論，但説弟子説，一經與三箇論各舉佛與弟子之一。

具苞二種者，苞明佛説與弟子説二。

章如是總説至並隨會説。《鈔》曰：當門有四文中，第四總結別擇。

此相者，別釋此十二分教之相，如《瑜伽》等。

已上二門竟。

章第三釋總至即帶數釋。《鈔》曰：自下第三釋總別名門。此中有三段文，初、標門立科，次、釋總名，后、釋別名，今即初、次也。

總名者，總云十二分教之名。

先德者，指舊釋三藏釋家。

但以部言等者，明新翻改云分教由。

部裹者，部帙也，今此十二非部帙。《贊章》云：此是部類也，十二義類有差別故。云云。

世人謂有等者，示云十二部經即世人誤監。《贊章》云：古人疑云十二部裹經，由是道士説三十六部，老莊徒各爲一部。今云十二分教，分謂分段，文義差別有十二分段故。云云。

經名亦監者，同云經者乃監契經，今翻爲教。十二通稱，更無所監。云云。

總、別難明者，意言：十二者通稱，何故但

名於别契經以云經耶之疑生故，今云難明。

教義如前者，教言通稱，十二言亦通稱。爾分言義類文條分段義，十二之分依主釋，十二之分之教，兩重依主，别依總，總依别，依主兩重，即世帶數依主釋。教有十二下，已上離釋，以下合釋。

章釋别名者至並通二釋。《鈔》曰：此後釋别名。大分爲二，初、二字離合，後、三字離合，今即初也。

應重述頌下，明十二别名唯依主釋。此中，應重述頌四字明應頌依主，由《周記》牒作應重説之頌。之一字脱，説字錯述。《周記》釋曰：應重説之頌者，長行未了，應頌説頌，依於彼得，彼謂長行，此一句明依主。重説名頌，不爾非應頌故。云云。可諷之頌，《贊章》曰：或諷誦，亦持業釋，可諷可誦故不同應頌，彼頌是教，此誦是言。云云。

待緣而起者，明緣起依主釋，待緣起而言有依意也。餘四名自可知。

論體即義等下，彰論議一名唯持業釋，論體持議業用故。

若言契理下，彰所餘四名通依主、持業二釋。契理者，所契即理，依所契理之經教，依他法體得名依主。

能契即等者，經持能契業用，持業得名。

記即是别等者，記識體持分别業用，持業釋也。所餘易了。

章然此十二至並持業釋。《鈔》曰：此二明三字離合。教是體，持契經業用，乃至教體持論議業用，中間准此應知。

章第四通别至一往爲論。《鈔》曰：自下第四通、别門，大分爲十八，初、標門評上來説，二、超今門徵，三、就契經明通、别，四、示例，五、以應頌爲首，對餘明應頌具十，六、結應頌有通、别，七、結略，八、明記别有通、别，九、明諷誦之通相，十、明自説通相，十一、明緣起通相，十二、明譬喻通相，十三、明本事通相，

十四、明本生通相，十五、明方廣通相，十六、明希法通相，十七、明記別已下別相，十八、總釋諸通相，今即初也。

此中諸教等者，謂此《十二分章》中所明十二諸教，一往爲論，無以一對餘釋義，無契經爲首，餘十一對説乃至方廣爲首，餘二對説等云一往論也。

章據實皆有至所以者何。《鈔》曰：此二起今門而徵。

章但契經中至唯除二頌。《鈔》曰：此三就契經明通、別。

且契經中下，明通相。

終至奉行下，脱皆修多羅四字，無此四字，通義不明故，有本爲是正。

即十二分等者，一經中皆十二分教故，通十二分名契經也。

《瑜伽》等説下，明別相契經。等言等《對法》十一、《瑜伽》八十一文，如前已釋，但長行綴緝略説名爲契經，故云別相。別中具九二句，明別相中亦有通相，謂但以長行爲契經故。於十二中，除應頌、諷頌二，餘九長行，通名契經。九中有契經通相故，云別中具九也。

章此一段門至一切應智。《鈔》曰：四示例。

此一段門者，此第三通、別門。

以一對餘等者，謂以契經或應頌等一，對餘十一門作門。

其對説已者，其次下更不別説，爲此第三門例。或以契經爲首對餘十一説時，至其次應頌爲首對説餘十，除已對説契經，不更對説爲例也。

章應頌之中至隨應有無。《鈔》曰：五、以應頌爲首對餘説，明應頌具九。此有十文，今即初明應頌有記別。

雖無文許等者，明十二分教處處文中雖無應頌中有記別之説，以有教證，云應頌亦有記別，《法花》説，《説譬喻品》説。

故應頌中等者，結成重頌。

前長行等者，前長行中已説記別，今復重説此頌授記別故。此應頌中有記別證，此即應頌等等。今引《譬喻品》文，應頌有成佛記別也。

章應頌之中至所應説故。《鈔》曰：應頌爲首中，二、明應頌中無諷頌。

諷誦非前等者，申無諷誦由，長行即直説也。此文意言：諷誦非前長行説已事，重今更説故，應頌中有諷誦，決無但二句或三句等，以説云諷誦故。應頌之中，定無諷誦顯然可知。

章應頌之中至無請者故。《鈔》曰：應頌爲首中，三、明應頌又有自説。如授記等下，明亦有自説由。

頌中有記別者，無請者佛自説故。

章應頌之中至隨應有無。《鈔》曰：四、明應頌理有緣起。

如《法花經》等下，示應頌中因請而説例。經《方便品》，世尊長行雖已爲説，因舍利弗請更重頌中，亦説一乘。

隨應有無者，因戒因事緣起，頌中説處或有或無。

章應頌之中至皆重説故。《鈔》曰：五、明應頌理有譬喻。

火宅者，《法花經・譬喻品》説長行重頌，説火宅喻。

窮子者，《信解品》長行重頌，説長者窮子喻。

化城者，《化城品》説喻，三譬俱皆重説。

章應頌之中至亦有本事。《鈔》曰：六、明應頌亦有本事。

彼佛滅度者，日月燈明佛滅度。

我在十六數者，我者世尊自言，十六數者十六王子數中在，云我在數也。

章應頌之中至類此應知。《鈔》曰：七、明應頌亦有本生。

章應頌之中至有方廣也。《鈔》曰：八、明應頌理有方廣。

又《解深密》云下，經第一《正意識品》文也。

章應頌之中至亦有希法。《鈔》曰：九、明應頌亦理有希法，文自易知。

章應頌之中至亦有論議。《鈔》曰：十、明應頌亦有論議。

如《解深密經》者，第二《無自性品》文。彼長行文曰：勝義生當知，我依三種無自性性密意説言一切諸法皆無自性，所謂相無自性性、生無自性性、勝義無自性性。善男子，云何諸法相無自性性。謂諸法遍計所執相。何以故。此由假名安立爲相，非由自性立[九]立爲相，是故説名相無自性性。云何諸法生無自性性。謂諸法依他起相。何以故。此由依他緣力故有，非自然有，是故説名生無自性性。云何諸法勝義無自性性。謂諸法由生無自性性故，説名無自性性，即緣生法，亦名勝義無自性性。何以故。於諸法中，若是清淨所緣境界，我顯示彼以爲勝義無自性性，依他起相非是清淨所緣境界，是故亦説名爲勝義無自性性。復有諸法圓成實相，亦名勝義無自性性。何以故。一切諸法法無我性名爲勝義，亦得名爲無自性性，是一切法勝義淨故，無自性性之處顯故，由此因緣名爲勝義無自性性。善男子，譬如空花，相無自性性，當知亦爾。譬如幻像，生無自性性，當知亦爾。一分依他勝義無自性性，當知亦爾。譬如虛空惟是衆色無性所顯，遍一切處，一分圓成勝義無自性性，當知亦爾，法無我性之所顯故，遍一切處故。善男子，我依如是三種無自性性，密意説言一切諸法皆無自性，乃至廣説。已上《深密經》長行文。長行如是説三無性已，次説應頌，亦重説三無性是密意旨，此應頌有論議之證也。

故於其中立一乘等者，述三無性密意旨。意言：有情情識變現依他緣起相，非無差別。五性心相，皆是依性起，如幻事等生無自性。若此五性心相固執實有，起增益見，是偏[一〇]計所執相無性，如空華等。五性心相等空無處，圓成實真如淨界相顯現，喻如太虛空衆色無處顯現，而太虛空含容衆色，無不遍一切處故。五性性心相緣起，於真如淨法界處，是即《勝鬘經》所説理切乘。今亦爾，故於勝義自性處含容一切，而不見其一切處淨法界顯現故，云於其中立一乘等也。

研覈三無自性等者，無性言，知非一切都無云無性，真、俗、依他、圓成之相宛然；此云研覈三無性也。由此道理，可知《顯揚》十四説諸佛大智不可思議故，利生平等無差別，涅槃法、不般涅槃法性二故已。

已上十八文中，第五明應頌具十已。

章由此雖無至義可成立。《鈔》曰：十八科中，第六結應頌有通、別。此有二文，初、總明，二、別明，今即初也。文相易了。

章故應頌中至如諸教説。《鈔》曰：此二別明，謂以通相與別相各別明也。

具十一分等者，十二分中，除諷誦餘十一分。

並自説者，以頌記別，即佛自説。故應頌中，具除諷誦餘十一分，并以頌記別自説。

此約通相修等者，意言：若應頌中具十一分并自説義，約通相契經説。若不爾，以別契經，則應頌中無長行契經故。

若對於後等者，後謂餘殘分教，應頌之餘唯有九，十一分中除長行契經、諷誦二，九也。

如諸教説者，如上已説。

章上來廣引至子細研究。《鈔》曰：七、結略。略指者，指示也。

章其記別中至有後九分。《鈔》曰：八、明記別有通、別。

通相中下，明記別中有通、別有二説。

有説有五下，是第一説。不見記別下，舉餘無者。

有説不爾下，第二説。亦有之亦，亦前五。

有後九分者，記別之餘九分。

章諷誦之中通有後八。《鈔》曰：九、明諷誦之通相。

通有後八者，諷誦之後餘自説、緣起、譬喻、本事、本生、廣[二]、希法、論議。

章自説通相具有後七。《鈔》曰：十、明自説通相。

章因緣通相至因事説故。《鈔》曰：十一、名緣起通相。

方廣等下，方廣有緣起難了別明。待請因事説者，是緣起相。

章譬喻通相至此二種故。《鈔》云：十二、明譬喻通相。此有二説。

但有後五者，第一説。本事、本生、方廣、希法、論議云後五。

有義但有下，第二説，文相易了。

章本事通相至師資別故。《鈔》曰：十三、明本事通相。

有後三分者，方廣、希法、論議之三。

師資別者，此約多分，言本生説師事，本事説弟子事，有本事中亦説師之本事故。

章本生亦有後之三種。《鈔》曰：十四、明本生通、別。

章方廣通相具有後二。《鈔》曰：十五、明方廣通相。後二者，希法、論議。

章希法通相具有後一。《鈔》曰：十六、明希法通相。後一者，論議。

章記別已下至然稍難知。《鈔》曰：十七、明記別已下別相。此有二，初、本釋，後、有釋。

有多有少者，有多教相云多有，有少分教相云有少也。

或有釋言下，二舉有釋。

餘所不攝者，《周記》云：餘所不攝名爲別相者，即是希法之別相也。據實餘相等不相攝盡，一一得爲餘分別相，且舉希法。云云。今云：此中云希法別相，稍難了知，此除自分餘不攝盡爲別相顯然。

亦隨義釋之下，章主評自釋也。

章如是總釋至非定有也。《鈔》曰：十八、總釋諸通相。

且攝餘十一者，意言：義具足攝除自一分餘

十一分。

於其中者，此八部一一中義具足與自具十二也。

《涅槃》中等者，舉證。《梵行品》説，各有餘十者，除自分及互無爲十。

於其有十一者，入自分爲十一。

或可具有者，義具足，或時有義具，或時不具，故爲不定云或。

且如説別下，舉義具、不具例示。

章第五廢立者。《鈔》曰：自下第五門。此中分爲三，初、標門，二、寄門總廢立，三、別廢立，今即初也。

章何故但立至此總廢立。《鈔》曰：此第二寄門總廢立。

《涅槃經》云下，《周記》云：以類同故，引以爲證。云云。北本二十五所説。

三周總説等者，如總料簡。

類分十二者，分十二分教也。又以下立別義，如文可知。

章別廢立者至及有本生。《鈔》曰：此下當門三段科第三別廢立。此中有四，初、明立，二、明廢，三、十二分別廢立，四、廢立本末相對，今即初也。

相對爲門者，門謂差別，爲是云爲門。

直説者，長行也。非直説者，偈頌也。

因緣經下釋有門。佛事非佛事下，約多分説。有本事者，非佛事也。有本生者，佛事也。

章如是亦應至應冥聞故。《鈔》曰：二、明廢。此不應爾下正廢，此四字總廢辭。

如十力中等者，舉例廢。

章又別解者至有廣教故。《鈔》曰：三、十二分別廢立。初記、非記相對，廢非記。諸有知者下，喻、非喻相對，廢非喻。入契經中，論、非論下，立勝、劣一切，廢劣。此依聲聞等二句，釋廣勝於略。《周記》曰：廣勝於略者，依聲聞明方廣也，若依菩薩，極廣大等名爲方廣。云云。

章既有本經至等經無失。《鈔》曰：四、廢立本末相對。既是末故，意言：授記經記未來事故，對本經立末經亦應爾，更不別立名者，未來事名未經，不別立也。

章第六諸藏相攝寬狹者。《鈔》曰：自下當《章》第六門，此中有五，初、標門，二、分科，三、隨科而釋，四、約通門相對攝，五、總結，今即初也。

章初以諸藏至別相相攝。《鈔》曰：二、分科諸藏者，二藏、三藏、六藏等，餘文可知。

章初以諸藏至後六藏對。《鈔》曰：此下三隨科而釋，此中大分有二，初、通相相攝，後、別相相攝。初中亦二，初、標科分子科，次、隨科釋，今即初也。

二藏對者，以聲聞、菩薩二藏對十二分釋也，三藏、六藏之對言對十二分也。

章二藏對者至皆具十二。《鈔》曰：此下二隨子科釋。此中有三，初、以二藏對十二分，二、三藏對三六藏對，今即初也。

二藏之中等者，菩薩藏十二分教，不論自知，聲聞藏十二分教難知故。今此論《瑜伽》第二十一等《聲聞地》文，舉證明聲聞藏有十二分通相。又《涅槃經》中下，引證翻爲聲聞藏有十二分，證辨通相。

彼自説九者，大乘者受持九部，翻知聲聞有十二分。

謂除因緣、譬喻等者，大乘者受持九部，十二分中除因緣、譬喻、論議。

問：如何大乘者受持除此三耶。答：《贊・十二分章》曰：因犯制戒説爲因緣，菩薩無犯故，略云無，非無因請因事説法之緣起也。夫説譬喻開中下根至如鶖子利根上品，尚多不待喻，況諸菩薩，多分不待故，無理亦有也。又大菩薩性皆利根，舉宗便解，不假徵詰方生慧心説無論義，理實非天〔三〕。又護法者多誦素呾覽藏，緣起、譬喻多調伏藏，論義多是對法藏攝故，云大唯九也。如次別相下具明。

不説聲聞等者，成聲聞有十二分通相。故知聲聞等下，結成聲聞藏有十二分。不可説言等下，翻立一理，成聲聞有十二。《瑜伽》二十五下會違。

理實通有者，對略方廣義聲聞亦[一三]。《法華經》中下，成菩薩藏有十二分通相。彼自説九下，章主文。

除記別等者，《贊·十二分章》曰：説聲聞無，彼先不求大菩提故。譬如以寶示其愚人，愚人便笑。聲聞闍記亦復如是，故説無，非記別弟子謝徒死生之事亦無。又聲聞二乘多聞淺法，若不待請而即爲説，憍慢便生，言無自説。又聲聞人但證小果不得正覺，理非至極行，不苟弘説，無方廣，其實又有正法廣陳之[一四]方便[一五]也。今云：此《贊》文約別相釋，如次明。

故知二藏等者，聲聞、菩薩二藏，取十二分互不遮，不遮二字是示通相。

大全非小等者，大乘十二分教全分有，小乘除三餘有九故。《法華經》説，小乘有九。

小全非大者，《涅槃經》三説，大乘者受持九部之説。

二俱不全者，大小乘俱取小分不取全分。餘文可知。

章三藏對者至皆有十二。《鈔》曰：隨子科釋中二，三藏對十二分明。

既許契經者，《涅槃經》説，從如是我聞至信受奉行，契經故云許契經。

緣起者，一切經教目請因事説法故云許緣起。論議者，《壽量品》中，佛自往復説三身相，是論議。又《方便品》中説十如實相，亦是論議故云許論議。

通相皆有十二分教者，契經有餘十一分，乃至論議餘十一分有故，云皆有十二等。

教、理廣成者，以教、理二證廣成通相。

於三藏中等者，聲聞、獨覺、菩薩中，經、律、論三藏中，一一義具足有十二分教，聲、緣、菩三別義具。隨其所應下，明菩薩藏經、律、論三藏十二分相攝。

毘奈那〔一六〕攝等者，菩薩藏毘奈耶十二分相攝難了故，別設一釋。

既名方廣等者，菩薩戒大乘方廣戒，方廣毘奈耶攝。餘文易了。

故知三藏等者，菩薩之經、律、論三藏有十二分。

章六藏對者至通相相攝。《鈔》曰：隨子科釋中第三，六藏對十二分。

正法廣陳等者，聲聞藏方廣記別難辯故，別辨正法廣陳之言，此即通相。

已上總説等者，結通相。

章後以諸藏至後以六對。《鈔》曰：自下隨科釋中，第二別相相攝十二分。此有二，初、標牒分科，後、隨科釋，今即初也。

章以二對者至大乘唯方廣。《鈔》曰：此下後隨科釋文。此中有三，初、以二藏對十二分，二、以三藏對，三、以六藏對。初中有二，初、舉四文不同，復辨四文別相，今即初也。

《涅槃》第三等下，明小乘有十二分，大乘有九文，故言具有者，具有十二分教。《瑜伽》二十一下，明小乘有十二之文。《法華經》等下，明大乘有十二，小乘有九之文。《瑜伽論》中等下，明大乘有十二，小乘有十一之文。又《瑜伽論》八十五下，明小乘有十一，大乘唯一分之文。

章四文不同至有此三故。《鈔》曰：此以三對中，二、辨四文別相，初四句總明四文不同。且《涅槃經》下，正明四文格別別相。此中有六段文，此初由前舉《涅槃經》第三文明別相，此中亦有五文。

依因犯制戒下，初、明大乘無因緣別相。

諸大菩薩等者，成大乘無因緣理。

夫説喻況下，二、明説無譬喻別相。

諸大菩薩等者，成説無譬喻理理非無也，成大乘實有譬喻。有説喻者故者，如《譬喻品》等之〔一七〕也。

又大菩薩下，三、明説無論議別相理。實非無等者，成大乘實有論議。

問既説菩薩下，四、問答成大乘理實有三。

爲益後來者，爲益説法會上説長行，後來入説重頌。

依此別義者，上來所申別相別義云此別義。

無此三分者，因、譬、論三分。

具有者，十二分具有。

又護法者下，五、准《涅槃》第三文，明説餘三無別相。

誦三藏中者，約經、律、論三藏明無三。

餘三者，因、譬、論中之三，因、譬是毘奈耶相，論是阿毘達磨相。理實大乘下，結成理實有餘三。

章又《法華經》至云方廣也。《鈔》曰：四文格別別相六段中，二、由《法華經》明別相。

此中有三段文，依授弟子下，初、明小乘無記別別相。

彼不求者，聲聞人不求也。記諸弟子下，明聲聞記別，非成佛記別別有，《伽》後文明別相。

又八十五所説下，重明別相。

攝十二故者，方廣一名攝大乘十二分也。

更不假説者，別不假説十二分，方廣一攝餘十一分爲菩薩藏十二分也。

章此即四文至二藏對訖。《鈔》曰：六段文中，第六結二藏對。

章以三對者至是對法藏。《鈔》曰：隨科釋中，第二以三藏對十二文釋別相。此中有四，初、標牒示三藏有二種，二、以獨覺等三對十二分，三、以素呾覽等三對十二分，四、以通、別、眷屬、自性會相違，今即初、二、三也。

獨覺之教下第二文，不可別説等者，除聲聞藏別無獨覺十二分，故云不可別説。

聲聞、菩薩等者，聲、菩二藏十二分，前二藏對中明已故，今但明獨覺十二分攝，《顯揚》

第六等下第三文。此説十部下，章主文，已上《伽》文。

唯説一部者，説因緣一部毘奈耶。

一部是對法者，論議一部爲對法藏。

章素呾覽中至非無四二。《鈔》曰：三藏對有四文中，第四以通、别、眷屬、自性會相違。此中有二，初、以通、别會，二、以眷屬、自性會，今即初也。

離具十一等者，《涅槃經》十五説素呾覽具十二分，是通相。若爾，素呾覽雖攝十二分，於其通相素呾覽中，因事制戒毘奈耶藏，論深唯對法藏。

略此二部等下，以别相與通相相。

又聲聞人下，二、明小乘無自説别相。

又聲聞法但證下，三、明小乘無方廣别相。

章又《法花》一至實可具有。《鈔》曰：六段文中，三、重就《法華》説相明别相。此中有三，宗説一乘下，初、示聲聞無記别别相。

彼類者，不定姓聲聞一類。

已前者，法華會已前。

説聲聞等者，説法華已前聲聞教略無記别。

初《方便品》下，二、示聲聞無自説别相。

恐聲聞等下，三、示聲聞無方廣别相。

故説聲聞等者，意言：説《法華》已前聲聞乘略無方廣。

章《瑜伽論》第至具有十二。《鈔》曰：六段文中，四、由《瑜伽論》明别相。此中有四，初、總明《瑜伽》三十八説，小乘唯無方廣，有所餘十一部。

同《法華經》者，《法華經》説，小乘有九部中除方廣，同是《瑜伽》三十八説，小乘無方廣經説除記别自説，然但除方廣與經同故，今云同也。

小乘經中下，明《瑜伽論》三十八説，小乘有記别别相。

小乘經中亦顯下，三、明論三十八説，小乘

有自說別相。

略無此二者，經不說記別不說二。

說大乘中有十二等下，四、會前舉《涅槃經》，立大乘有十二分。

亦有因請等者，如《法華經・方便品》等說相故。

有因緣者者，由戒律有因緣。

亦有況說者，如《法華經・譬喻品》及《深密・無自性品》。

章又《瑜伽論》至故須除之。《鈔》曰：六段文中，五、由《瑜》對辨有無。意言：若以別相言，則此因緣、譬喻二部非別相，契經素呾覽。

素呾覽中等者，以通相言則非無，此毘奈耶、對法藏二，即因緣、論議之二也。

章等喻本事至三藏對也。《鈔》曰：二、以眷屬、自性會違。

理實亦通等者，亦於因緣。

《對法》說爲等者，《對法》十一說。彼論說緣起、譬喻、本事、本生之四爲毘奈耶藏。

是眷屬等下，正會文。是眷屬者，《對法》十一四十三丁。說，緣起、譬喻、本事、本生，此四二藏中毘奈耶藏，并眷屬攝。緣起，宜說有因緣建立諸學處，是正毘奈耶藏攝。譬喻等三，是彼眷屬攝。云云。

自性即非者，以毘奈耶自性言，則譬喻、本事、本生三，非毘奈耶。若眷屬攝毘奈耶，《顯揚》等論下正會，《顯揚》第六卷文，等言等《瑜伽》。此二論中，以譬喻、本事、本生爲素呾覽藏，不說毘奈耶所攝，依自性不攝譬等三，非毘奈耶自性故。又《對法論》中，此三說爲毘奈耶攝，依眷屬說也，各據一邊也。

上來總是等者，結三藏對也。

章以六對者至無有彼五。《鈔》曰：別相相攝下，隨科釋中，第三以六藏對十二分釋。此中有五，初、標，二、由《對法論》對說，三、由《瑜伽》三十八對說，會對法成菩薩藏十二分，

四、會《對法論》，成聲聞藏三藏與十二分相對，五、今義總釋，今即初、二也。

以六對者四字，初、標牒也。

此中意説下，二、由《對法論》對説。《對法論》中下，章主文，《對法論》中意説也。

五唯聲聞等者，契、應、記、諷、自五，聲聞素呾覽。

四通二藏等者，緣、譬、本事、本生四，聲、菩二藏毘奈耶攝。

二唯菩薩等者，方、希二，唯菩薩藏素呾覽攝也。

一通二藏等者，論議一通聲、菩二。

對法藏依此等者，依《對法論》説意相攝。但有十種者，契、應、記、諷、自、緣、譬、本事、本生、論議十，爲聲聞藏攝。唯有其七者，緣、譬、事、生、方、希、論七，菩薩藏七。

分據實初五下，章主述如實義。亦通者，亦聲聞。但説彼五者，《對法論》中但説契、應等五，爲聲之素呾覽。非菩薩中等者，正述如實義。

章三十八云至亦毘奈耶攝。《鈔》曰：五文中，三、由《瑜伽》對説，會《對法論》成菩薩藏十二分。《伽》三十八云：當知，於彼十二分教，方廣一分唯菩薩藏，所餘諸分有聲聞藏。云云。既云所餘諸分有聲聞藏故，十二分皆通菩薩藏也。

緣起等四下，會《對法論》違。等言等譬、本事、本生。

亦非二藏等者，以通相言，則非聲、菩二藏中素呾纜，不攝緣起等四。亦言亦以別相不攝素呾覽。

以説自性等下，會《對法》違，明《對法》緣起等四，不説聲、菩素呾覽爲毘奈耶由。自性謂緣起，助伴謂譬、本事、本[一八]也。

但説因犯下，正會。但説二字正會辭，意言：但欲説自性、眷屬爲聲聞藏毘奈耶，非不菩薩素呾覽藏，是以自性辨因緣，以眷屬辨譬、本事、本生，會《對法》成十二分，皆通菩薩藏義。

因緣、自性等者，意言：説由犯制戒因緣、自性毘奈耶攝。

《涅槃經》説等者，因舉《涅槃經》及《伽》二十五説，會《對法》違，經北本十五《梵行品》文。會意云，《涅槃經》説皆修多羅，《伽》二十五説十部名素呾覽故。《對法論》中雖説譬喻、本事、本生三毘奈耶攝，此三亦素呾覽。

因請、因事等者，明譬等説素呾覽由。別意言：因犯制戒之緣起，素呾覽、毘奈耶二藏攝，其餘因請、因事而説於法名云因緣，故亦説因緣爲素呾覽也。

此三相從等者，譬喻等三雖素呾覽攝，相從因犯制戒之緣起，《對法論》云毘奈耶攝也。

章又非聲聞至素呾覽也。《鈔》曰：六對有五中，第四成聲聞藏三藏與十二分相對。此有四文，初、會《對法》説方廣、希法，菩薩藏中素呾覽攝成，二、會方廣、希法但在菩薩藏説，三、會論議聲、菩二藏中阿毘達磨攝，四、舉《涅槃經》文，示聲、菩二藏十二分同一處，今即初也。

又非下，立理。《涅槃》不遮下舉證。正法廣陳等二句，成聲聞方廣。

又説十一等者，以《伽》三十八之説，成希法聲聞素呾覽義。

章今以理極至其實通也。《鈔》曰：二、會方廣、希法但在菩薩藏説。

今以理極之下，立方、希二分但菩薩藏之理。

故説聲聞等下，承上示翻理實聲聞亦有。理有者，謂方廣是正法廣陳，希法是説現神通等故，云聲聞素呾覽中亦有也。

諸文共同者，諸經論文同説聲聞藏無方廣。

無希法者等者，希法方廣眷屬故，云唯菩薩藏，其實通聲聞藏，亦云有希法也。

章論議多分至故略不述。《鈔》曰：三、會論議聲、菩二藏中阿毘達磨攝。

理實亦通等者，以理言，則實則實[一九]亦通菩、聲二藏素怛覽，素怛覽中有調伏對法故。二藏中有論義，論義是對法故。

以菩薩等者，《周記》云，前以六中，且以經翻對律、論二而以聊簡。云云。由此釋，對餘者，律、論二藏云餘。

初文且舉等者，《周記》初文作前文爲是，上來所舉《對法論》文云前文也。《周記》曰：前對六中對法等文，據一邊説菩薩、聲聞經藏中不攝緣起等毘奈耶云云。

又以二藏等下，二藏聲、菩二藏互對。

十二部等者，《周記》云：十二分中，研覈之名對法故通十二也。云云。以通相論，義皆通有云皆通有。

章《涅槃經》云至互流出也。《鈔》曰：四、舉《涅槃經》示聲、菩二藏之十二分同一處所，經第十四《聖行品》文也。經全文云：從佛出於十二部經，從十二部經出修多羅，從修多羅出方等經，從方等經出般若波羅密，從般若出大涅槃。云云。

此以別中等下，釋經意。此經説意，以十二部別中流出於總修多羅，云從十二部出修多羅等。《周記》云：始從如是下，引經釋成總所以。出修多羅者，出總修多羅也。

又從總中等下，此亦經文翻成。《周記》云：即方廣分由有兩義，爲名、方廣之名。爲總。總方廣也。一云：大乘十二，顯小乘十總名廣，方廣名含其十二。二十二分中，廣教理處皆悉名方廣，方廣名故通十二，意取前義。云云。翻成文意云：又從總修多羅中，流出於總大乘方廣，方廣亦具有聲聞等一切十二分故，從總修多羅，流出總十二分方廣。

又有釋云下，有釋云下[三〇]，有釋前所引《涅槃經》文云也。意云：初經文意，從別十二分出總修多羅，後翻成文意，從總修多羅出別十二分，顯總與別互流出也。《周記》云：此釋於理亦好。

章今准諸文至不違諸教。《鈔》曰：六對五文中，五今義總釋。

諸教者，《瑜伽》《顯揚》《對法》及《涅槃經》等諸文。

別相者，十二分別相。

此據多分者，上來總釋，據《瑜伽》《顯揚》等諸文多分教説也。

或方廣分等下，如前釋。方廣通聲、菩二藏之説，亦不相違。

章若總通門至隨應廣説。《鈔》曰：第六門大文第四約通、別相攝釋。此有二，初、正相攝。以藏分部等者，以三藏分十二部，每一藏有十二故，以十二部分三藏亦三十六。

隨應廣説者，如上已明，四文不同別相，則聲、菩二所説各別，十二分具、不具隨應各別，定不成三十六，自准廣説。

章由此三藏至准義應知。《鈔》曰：二、辨寬狹四句分別。

由此者，由次前所云通、別二相。三藏者，經、律、論三也。

有三藏中下，第一句分別，三藏中修多羅，此寬，十二分中修多羅別攝故狹。

有十二分下，第二句分別，十二分中修多羅通相故，此寬，非三藏中修多羅藏者，此修多羅不通律、論，此狹。

謂通相等者，修多羅因緣是律、論議、對法。

有二俱是下，第三句分別，三藏中修多，亦十二分中修多羅，此別相，十二分中契經即修多羅。入三藏中素呾覽故有此句，此狹句也。

有二俱非下，第四非句分別，謂十二中別相緣起等，此毘奈耶非三藏中修多羅，亦非十二分中修多羅。

其餘藏中互爲句者下，有毘奈耶非阿毘達，此爲體寬，此爲非句，爲體狹，餘應准知。

章上來所辨至相攝寬狹。《鈔》曰：當門大段第五總結。

章第七問答至不名契經。《鈔》曰：自下第七問答分別。此有四文，初、標牒，二、第一問隨義增上辨得名別，三、第二問答辨十二分次第，四、辨論議爲終，今即初初[三]二也。

章問何故契至故次希法。《鈔》曰：三、第二問答辨十二分次第。

此依文義下，總辨次第。

如是貫穿等下，辨九分先後次第。

此前諸法等下，《周記》云：釋前九部次第所以。云云。

理有不正等者，理不正者，爲前九分，理正者，爲次説方廣。教行寛者次説方廣，狹者前説九分。

理有正方等下，《周記》云：釋彼三所以。云云。今云：此下明方廣、希法、論議三所以。

理教既有下明方廣，次説希法。

章上來十一至增減所由。《鈔》曰：四、辨論議爲終。故十二分下，結上來文。

亦是者，亦説次第，説次第所以，即廢立、增減所由。如上既廣明已。

大乘法苑義林章師子吼抄卷十二尾

天明七年未三有下旬，於平安城四條京極善長寺，講演《義林》全部。先年講演之砌，雖作述此鈔，未脱草稿，從舊年午正月校正文義，清書之了。自《唯識章》末至此章，管見定多所闕漏，冀後來有學之人重加訂正焉。

大乘沙門釋基辨謹書。大同房，七十歲。

明治二十八年十二月，於京都僑寓，以基辨上人真筆之本謄寫之。

日宗沙門照善日氤。

校勘記

〔一〕「情」，疑爲「請」。

〔二〕「力」，疑爲「爲」。

〔三〕「兑」，疑爲「説」。

〔四〕「票」，疑爲「標」。
〔五〕「藏」，底本原校疑爲「教」。
〔六〕底本原校云：「原本冠註曰：了義經皆《顯揚》六説以十一相顯了分別開示諸法是摩呾理迦藏。云云。」
〔七〕「前」，疑爲「別」。
〔八〕「論」，疑爲「倫」。
〔九〕「立」，疑爲「安」。
〔一〇〕「偏」，疑爲「徧」。
〔一一〕「廣」，疑前脱「方」字。
〔一二〕「天」，疑爲「無」。
〔一三〕底本原校云：「此下原本數字空白。」
〔一四〕「之」，底本原校疑爲「云」。
〔一五〕「便」，底本原校疑爲「廣」。
〔一六〕「那」，疑爲「耶」，下二「那」字同。
〔一七〕「之」，疑爲「文」。
〔一八〕「本」，疑後脱「生」字。
〔一九〕「則實」，疑衍。
〔二〇〕「有釋云下」，底本原校疑衍。
〔二一〕「初」，底本原校疑衍。

大乘法苑義林章師子吼鈔卷第十

南都西京藥師寺傳法相大乘沙門基辨撰

三《斷障章》。

章斷障義略至問答分別。《鈔》曰：自下《斷障章》大分爲二，初、牒章示門，後、由門釋成。初科之中，斷障義三字牒章，略以十門下，示門數。由門釋成中有十，即十門分別。

釋名者，釋斷及障之名。

出體者，出斷及障之體。

依識分別者，以六識、八識爲依分別斷障。

依道分別者，道謂加行、無間、解脱、勝進四道，以此四道智爲依，分別斷有斷伏，與障有體用別。

依觀分別者，觀有唯識、人法二空、聞思修

等十種，分别斷障有别。

依行分别者，空、無相等三行，粗苦等六行，四諦十六行别爲依，分别斷障。

依品分别者，界地九品爲依，分别斷障。

依障分别者，煩惱、所知二障，皮、膚、骨三住障爲依，分别斷障。

所依分别者，以所依身、所依地，分别斷障。

問答分别者，餘義問答。

章第一釋名至故立障名。《鈔》曰：此下第一釋名門。此中有三，初、標牒，二、釋障名，三、釋斷名，今即初、二也。

障者覆義、閡義者，此下釋障名，此六字釋障言義。秋篠云：問：覆、閡二義，有何差别，所知名覆、煩惱名閡耶。解云：有説，覆義通二，閡義唯在煩惱。已上《義鏡》。基辨詳云：此有説不盡。今由俗典，覆者有二意，一者、反覆義，二者、蔽蓋義，今二意俱存。由此俗典二意，約所知障體相釋，則反覆義，是所知障法執之相，謂如起法執，非有爲有，非無爲無等，皆反覆所知真實相起自心相。又法執所知障起，約令正智不生邊，則蓋覆義，亦所知障法執之相，謂蓋覆一切所知實相，如其實相令正智不生也。此等以俗典釋爲助文義，若由内典釋，《三十論》三説：覆者謂染法覆障爲義，障聖道無漏智。故。又覆者蔽義，謂能蔽心令不淨故。云云。由是則覆者障也、蔽也，今章云覆所知境之覆，具如是四義。上來釋覆義已。次閡義者，若由俗典釋，閡者藏塞義、障礙義，俗典閡亦作礙，南史引浮屠書作礙。云云。今文云閡者，是障礙義也，礙大涅槃是煩惱體相。由此等義可謂覆義釋所知障之障，閡義釋煩惱障之障，故《義鏡》中有説，云覆義通二，閡義唯在煩惱，不得《章》意。《三十論疏》中亦云障者覆礙，覆所知境、礙大涅槃。云云。此釋與今章文又同，以覆釋所知障，以閡釋煩惱障故。

問：若爾，秋篠有説，次自解云，二義二障通用，《三十論疏》一云障蔽涅槃、障礙正解故。

云云。此自義及《三十疏釋》與今章文相違，以何爲正耶。答：釋二障名應由今章，若釋二障義，應由二義通用，煩惱障於有所知障處起故，覆與礙同一時處具足，故釋二障體義不以通用義，則不盡理故。秋篠自義有别意也，由所知障等。

問：此二由言，八囀聲中何聲耶。答：若准《成唯識》第九，説云煩惱障者謂執遍計所執實我薩迦耶見而爲上首，百二十八根本煩惱及彼等流諸隨惑名爲煩惱障。又云所知障者，謂執遍計所執實法薩迦耶見而爲上首，見、疑、無明、愛、恚、慢等。而釋二障體，二障有别體相。若由此義，今文由言，第三轉之能作具聲，此二障體相爲能作具故，覆閡所知、涅槃，云由所知障、由煩惱障。又若以末攝本，二障者即二執，則此由言，第五轉所因聲，謂所知障法執，遍轉覆所知境令正智不生，令覆正智不生，即法執相。煩惱障我執，准之遍轉可知，令閡涅槃不證，即我執相。據此義，由謂因由，由故之義，故今云由所知障、由煩惱障也。

所知障者，秋篠云：梵云爾炎，此云所知。云云。《勝鬘經》説云爾炎，基法師《疏》云：爾炎翻爲境界，亦名智母，能生起故。云云。謂真、俗二諦境相即智母。又《勝鬘上宫疏》等云：爾炎云智母，智母謂真諦境。云云。此由覆無顛倒性作釋，與今家全無别。又《三十論》九説：覆所知境無顛倒性，能障菩提名所知障。云云。本疏釋云：以有爲、無爲所知境，以真如爲無顛倒性故。《上宫疏》攝相歸性云真諦境，於理無違。所知之障，所障受稱，依士釋也。

煩惱障者，秋篠云：梵云緼灑鑠，此云煩惱。《三十疏》一本云：煩是擾義，惱是亂義，擾亂有情身心，令縛發業潤生。恒處生死，苦海。能障涅槃，名煩惱障。是縛法，煩惱即障，當體立名。

大涅槃者，秋篠云：問：大涅槃者，四涅槃中是何涅槃耶。若無住者，斷所知得，何故文云由煩惱障閡大涅槃耶。若有餘、無餘，彼滅非大，如何今云闕大涅槃耶。解云：如來所證四種涅槃者名爲大，設雖住二滅中，智、悲常運無息故通名大，故論九曰：由轉煩惱得大涅槃，轉所知障證無上覺。問：以何得知四皆名大。解云：《疏》第一釋云：又二乘等雖得二滅，住此二中，非爲不住，解脱非真，以是假故。云云。

由覆、闕義等者，結覆、所知。闕煩惱。二義，二障名障。

章斷者不續至名之爲斷。《抄》曰：此下第三釋斷名。此文有四，初、以不續義名斷，二、以除害義名斷，三、以不生義名斷，四、結三義具名斷障。初中文亦有四，初、總釋斷言，二、以種子不續義釋，三、以現行不續義釋，四、種、現合釋，今即初、二也。

斷者不續義者，初總釋斷言。

由無漏道等者，二以種子不續義釋斷言。秋篠有釋：由無漏道者，由言有第五轉、第三轉義，無漏道者無漏智，謂緣真如智，起明來暗去，令斷種不續，無漏智遍轉斷種不續處。又以無漏智爲能作具，有斷種不續義，是第三轉具聲。次由有漏之由言亦爾。

斷其種子者，斷二障種子。

煩惱障種者，根本惑、隨惑心相染依他種子，無始時來熏習習氣。

所知障種者，一切法染依他種子，是亦無始時來熏習氣分。今云斷不續者，無漏智明來，二障染依他生起闇法緣起道理息亡，則再不續，此所斷名斷也。

章及由有漏至亦名爲斷。《抄》曰：三、以現行不續釋斷言。

由有漏等者，此由言含二意，一者、由有漏道力伏分別、俱生現行，二者、由無漏道力伏俱生、現行。今合作言，伏其現行者，伏二障現行。亦名爲斷者，亦種不續，此爲斷之斷言，伏名斷，此亦所伏名斷。

章此釋即以至是持業釋。《抄》曰：四、種、現合釋不續義。

即以所斷等者，所斷種、現不續名斷故。

障即是斷等者，所斷二障種、現不續，即斷障種、現。體持所斷不續業用，持業得名。

章又釋斷者是除害義。《抄》曰：釋斷名有四中，第二以除害義名斷。此亦四文，初、總釋義，二、明斷除，三、明伏除，四、合釋伏斷結成，今即初也。

除害義者，今問：除與害二義有何差別耶。答：秋篠云：有説，除是拔除義，害即拆害義，必取苗中稗，拔根喻種，拆莖喻現，由是除種。害現。二義爲別。秋篠評是云不然，二義互通故。論第十説損力益能轉云，損本識中染種勢力，益本識内淨種功能言損害也。既云損害種子，明知二義互通。云云。基辨詳云：秋篠所評不穩，謂檢諸論，既云斷障云伏害，應知除種、害現。縱云斷害有害言故，此斷是伏，故害言必是伏現義也。除言若云斷除則斷種義，若云伏除則伏現義，今此章既云除種，又云害現，故知除言斷除義也，害是害現義也。秋篠雖以損害種子爲例，未可也，既云損染種勢用，故知是亦非斷捨種，而但損害種用。損用有二，一、伏現用，二、伏種用，伏現行時，必損種子用故。《對法》《瑜伽》説種、現成、不成，本疏二本。以體與用成、不成釋，由是可知焉已。

章由無漏道除二障種。《抄》曰：二、明斷除。由言二義准前應知，除謂斷除，斷捨種體。

章及由有漏至名之爲斷。《抄》曰：三、明伏除。謂由有漏道力伏害分別二障現行令不生起，名之爲斷，又由無漏道力伏害俱生二障現行令不生起，名之爲斷。能伏有有、無漏道別，所伏亦有分別與俱生別。

章此釋即以至依主釋也。《鈔》曰：合釋伏、斷結成。謂此以除害義名斷之釋，以有漏、無漏道力能伏害現，能斷除種義，總以能斷爲斷。此斷言由此合釋，含伏現、斷種二義。

障之斷等者，示依主得名。障謂所斷之言，彰能與所別依，斷謂能斷，依所斷障之能斷道，依主得名，名斷障也。

章又釋斷者至亦依主釋。《抄》曰：三、以不生義名斷。

斷者體性等者，今謂以斷體釋斷言也。

此第三義意者，斷謂滅也，今云斷障之斷即滅諦也。滅諦，斷之體性故。何者。不證滅諦，則不得煩惱不生故，今此義以斷之體性滅諦釋斷之言也。

能令障法等者，障法謂煩惱、所知之二障法也。

不生者，永離二障之義也。能令二字，謂證滅諦時，必有此永離不生之義，云能令也。此文意謂斷之體性即滅諦，能令煩惱、所知二障法不生爲斷。《對法論》八十五丁五。說：問：何故此滅復名無生耶。答：離相續生故。苦諦相者，續生已後自身衆分漸次圓滿，爲翻彼相，此滅名不生，永離未來相續生故。云云。又同論說：問：何故名滅。答：當來彼果苦不生故，不生即滅。能成未來苦不生法，故名爲滅。云云。今云：此《對法》說，約所依身釋滅，所依身依煩惱起，煩惱從我執生，我執自法執起。今此章約障法談不生由本釋，《對法論》約所依由未論，至實義全無相違。

不生義是斷義者，秋篠釋是云以斷依釋斷義，道理雖通，今章以斷體釋斷言，故爲不穩也。

性即真理等者下，釋斷者體性之言，此是《對法論》八十二丁左。說滅諦相文意也。彼論文曰：滅諦相者謂真如，聖道煩惱不生，若滅依、煩惱、所知。若能滅、智。若滅性，真如。是滅諦相。云云。又《法華玄贊》七《四諦章》曰：依詮顯實，真如亦是滅諦所攝，故《對法論》中說，滅性正是滅諦所攝，廢詮談旨即非滅諦。云云。

性即真理者，斷之體性是即滅諦，滅諦者謂真如，故云斷性即真理，此義難解，故翻復云理是斷性。若具言，則應言斷之性是滅諦，滅諦是真如理，真如理是滅諦，斷不生之性，謂此真理言，非廢詮境。由《四諦章》依詮顯旨邊，可謂斷之性是真如理性，若約絶言邊非斷非不斷故。

道是斷用等者，彰唯絶言真如邊，非今所言斷性，如何。則今以真如理爲滅諦，名云斷性，有、無漏道之智顯能斷用，緣斷性真如理時，始能令障法不生，是名爲斷。故《對法》八云：滅諦相者，謂真如聖道煩惱不生。云云。秋篠云如逆次第配前三釋，三釋混合不分，故爲不穩。

故《對法》第九等者，《對法》第九卷無此文，第八卷有如是文，然文少異。

解三轉依等者，秋篠引此第八文釋云：真如是滅依，是爲心轉依。聖道是能滅，是爲道轉依。煩惱不生是滅性。是爲麁轉依。已上秋篠書。今云：章主引《對法》意非如秋篠，云若所滅者，即所斷二障法。是麁重轉依。若能滅者，即能斷用，即有漏、無漏道。是道轉依。若滅性者，能令不生滅諦也，即聖道緣真理時，所顯不生之滅也。是爲心轉依。是章主解三轉依引《對法》意，秋篠所釋不穩。

真理名斷等者，結釋第三義，不生之滅所顯真理，名斷、名滅諦也，障法不生之滅名斷故，斷障之名，是依主釋。亦言亦前依生。

章三義具足至斷障名也。《抄》曰：四、結以三義釋名。

章第二出體者。《抄》曰：當《章》十門之中，自下第二門大分爲三，初、標牒，二、出所斷體性，三、出能斷體性，今即初也。

章所斷障以至而爲體性。《抄》曰：二、出所斷體性。此中有六，初、總出所斷體，二、舉《對法》出業及果是所斷義，三、舉經論證成煩惱障及業果是所斷義，四、舉證成所知障、所發業果亦所斷，五、舉業果攝二障之證，通難結俱是所斷，六、以三斷三捨相攝，今即初也。

二障者，若根本則人我執，若枝末則煩惱障，又若根本則法我執，若枝末則所知障。本論九曰：煩惱障者，以人我執爲上首，所有百二十八根本煩惱及二十二隨煩惱爲體。若所知障，以法我執爲上首，所有百二十八根本煩惱爲體。二障頭數何故齊等。煩惱依於所知障立能依、所依故數等也。云云。

現行種子習氣者，無堪任性云習氣，此三於二障各各有如常途釋。

此業果者，此謂二障也，二障所有業果，云此業果也。

章故《對法》云至見道所斷。《抄》曰：二、舉《對法》成業及果亦是所斷障義。

故《對法》者，論第四七十右。文也。

謂一切分別者，邪師、邪教、邪分別云一切。

分別者，簡俱生。

染污見、疑者，簡淨見、疑。

淨見者，無漏正見，如見道。

又淨疑者，《涅槃經》說：若於佛性有無能起疑者，摧破無量煩惱如須彌山。云云。又《法華・序品》，彌勒疑放光現瑞等，今簡是云染污。

見、疑者，邪見、見取、戒取全分，身、邊二見一分分別起者。此約現行，見、疑是迷理惑。

問：何故但云見、疑，不云餘惑耶。答：秋篠釋此問云：以准見道障無我理二義。今云：此釋汎漫難了，謂分別起惑，以惡見、不信爲首，惡見故分別惑起，不信疑故，信等善心不生，不善心生招惡果故，但舉見、疑，不云餘惑也。

及見處、疑處者，《周記》云：處者因義，見、疑種子，如十力中處、非處，是所以道理之義，所以即因也。云云。秋篠由此釋增加云：見、疑相應、俱有因處，并種子因處。處者，所依義，因爲所依，果方得起，故名爲處。相應、俱有因，即是邊[二]行、別境，并心王，非餘心所。云云。非餘心所者，但見、疑起時，相應起心所故，雖染污心所、非染污心所全分，非善心所，自可知也。今云：秋篠以相應、俱有因及彼種子釋，由《雜集論》四所明師子覺之釋義，復釋處字爲所依處，甚爲允當。《周記》所釋，由四真釋，甚有道理。

乃至及由見等者，由見等者，由分別起見、疑等所發。

所發身、語業者，秋篠云：所發身、語業者，即通三行，謂福、非福及不動行。云云。今云：此釋未盡，此文但明見所斷故，此業招三惡趣果總業、別業等。若爾，非福業全分，福業一分，不生斷者。不動業一分，無想果報不生斷者。非福總業，福別業也。次云：一切惡趣果相對業故，秋篠所釋汎漫難了。

并一切惡趣等者，一切非福總、別二業感之總報、別報果，俱見斷故。今云：一切惡趣，人、天別報非福業感，亦同見斷，攝此一切之言也。等言等取無想天、半擇迦、二形、北欝單越等。《唯識本疏》八末五十三丁。云：《對法》第四、《瑜伽》六十六等，說諸惡趣異熟趣體第八識等唯見所斷，及無想定等亦唯見所斷。云云。彼入善、無記門，即修道攝，入依亡門，即唯見斷，彼等唯是分別煩惱皆斷，捨外道等所依身故，彼無想定等故亦不起。云云。

問：此云見道斷，此斷言有三種，一、自性斷，謂染污法。二、離縛斷，謂能斷緣雜彼煩惱，善、無記法修道所斷，方究竟盡。三、不生斷，謂斷彼依令永不起。如是三種斷中何斷耶。答：非福業中三途總、別業自性斷，人、天別報業中一分非福亦自性斷，其餘三惡趣別報福業感不生斷。此有二種，一、謂因亡果隨喪，謂三惡趣果名見道斷，由因惑業無故，果永不生故。二、果盡因隨斷，謂三惡趣別報善業亦見道斷，所依果無，因隨亡故。無想天等引發煩惱，見位因亡，果隨見斷，半擇迦等多由分別煩惱正發故，入見時因亡果滅也。

如本疏八末。蘊、處、界者，果報故云蘊、處、界。

即三惡趣等者下，結成業果所斷。總、別二報果云三惡趣，自性斷、不生斷云見道所斷也。

章《解深密經》至初地所斷。《抄》曰：三、舉經論證成煩惱障及業果是所斷義。此中有四，此即初舉經，經第四卷《地波羅蜜品》説。

惡趣雜染愚者，惡趣言攝業果，雜染言攝人、天趣分別起別報業果，愚者經中云愚癡，《瑜伽論》中但云愚，《三十論疏》十末三十九丁。曰：諸業果等雖體非愚，業是愚所起，果是愚所感，愚之品類亦名爲愚。云云。

章《成唯識論》至諸業果等。《抄》曰：二、舉論釋經。《三十論疏》十本五十九丁。釋論引此經云：諸業果等者，如次前等字，等取人、天善趣中分別所起別報業及果等，直言惡趣不攝盡故。經中既言惡趣雜染，雜染之言，通善趣分別雜染故，前説無記。

章無餘涅槃既是擇滅。《抄》曰：三、舉業果爲所斷、證。《周記》釋此意曰：身、智等亡名無餘，無餘既名擇滅，明知俱生惑助發業果是擇滅，由是知分別所起業果亦是所斷也。云云。又秋篠釋曰：此即述理，證俱生惑所起業果亦是所斷，非謂證上初地所斷。云云。今云：二家釋中《周記》爲好，秋篠未盡，謂此無餘涅槃文，舉俱生惑助發所起業果所斷，以理明分別惑起業果亦是所斷，故秋篠云述理證俱生惑所起業果亦是所斷不盡之釋，《周記》爲正。

章故煩惱障至皆是所斷。《抄》曰：四、結成煩惱障等所斷義。此煩惱障正舉分別起，兼明俱生煩惱障也，俱生惑助發惡趣果故。次所知障正舉俱生，兼明分別起故。影略互顯，自可知。

問：正發、助發，差別如何。答：本疏八末云：正發行者唯見所斷，謂麁猛故，助者不定，見、修二斷不決定也。謂助發人、天總報之業，亦通修道斷俱生惑，助發惡趣總報之行，多唯見斷，發別報等少亦通修。云云。

章《解深密經》至稱業趣愚。《抄》曰：出所斷體性有六中，四、舉證成所知障所發業果亦所斷。此有三文，初、舉經證。

二種愚者，一、微細誤犯愚，二、種種業趣

愚。今文不舉初愚，不云業趣故。此業趣言，毁責多趣，實此愚所知障。

種種業趣愚者，《成唯識》九釋言：謂所知障中俱生一分，及彼所起誤犯三業。云云。本疏釋云：此業能障第二地淨尸羅故，名趣毁責爲名，如人惡趣，不可言能取趣名趣，不取惡趣故。云云。又云：誤犯三業名愚者，愚之品類。諸業果等雖體非愚，業是愚所起，果是愚所感，愚之品故，亦名爲愚。後諸地言愚准此解，如第二地業趣愚，非體是愚故。云云。

章《唯識》解云至誤犯三業。《抄》曰：二、舉釋義證。

章故所知障至亦皆所斷。《抄》曰：三、結成正舉俱生所知，兼明分别所知。

章《佛地論》中至俱是所斷。《抄》曰：出所斷體性六文之中，五、舉業果攝二障之證通難，結俱是所斷。難云：本疏十本六丁四左。有此難問：何故前二種生死中，云所知障不能發業。何故此中云俱生一分所發三業是業趣愚耶。答：若發業招生死，所知障即不能非縛法故，前二生死由此説不發。若障智三業，不招惡果，此亦能發。障智業。此文所明所知發業果。但是等流、增上業果。

《佛地論》中等者，論第七説：若所發業、障正智所知障所發有分别無漏善業。所得果皆所知障體。云云。此是有分别無漏善業名所發業，變易生死名細相果，如是業果皆是所知障攝。

故知二障等者，正結成。

二障執者，《周記》云：通我、法二執。云云。二言屬障、執二也。業之與果，有煩惱業所招之果也。

章然此所斷至皆離縛斷。《抄》曰：所斷體性六文之中，第六以三斷二捨相攝。此中二文，初、以三斷攝相，二、以二捨相攝，此即初也。

三斷者，一者、自性斷，二者、離縛斷，三、不生斷。《成唯識》八二十丁。説：又染污法自性應斷，對治起時彼永斷故。闇法種與無漏法相乖返。又一切有漏不染污法，善及無覆無記即通五蘊。非性應斷，不違道無漏。故，然有二義説不染污法爲斷，一、離縛故，謂斷緣彼雜彼煩惱(三)，二、不生斷，謂斷彼依惡趣第八識等云依。令永不起。此中，今舉初、二斷。斷彼依者，因依無故，果必不起，果依無故，因亦不生。明來暗去，自性斷無云自性應斷。

體是染者等，法體自性名體，無漏道起時，

非染業果等者，異熟、無記等業所生果，離緣彼雜彼煩惱名斷非染業果，實離縛云斷也。

章《唯識》由此至名所棄捨。《抄》曰：二、以二捨相攝，《成唯識》第十十丁左。説：所轉捨有二，一、所斷捨，謂二障種真無間道現在前時，障不悟執無妄情。治無漏悟本來無智。相違，明來暗去。彼便二障種依他法。斷滅，永不成就，二障種生緣不成就。説之爲捨。二、所棄捨，謂餘有漏、有漏善、無記法，異熟生少分。劣無漏種，十地中所生無漏法現行，及此種類中、下品種子。金剛喻定現在前時，引極圓明分。純淨本識，大圓鏡智相應第八識。非彼有漏、劣無漏。依故，皆永棄捨。彼種捨已，現有漏法及劣無漏畢竟不生，既永不生亦説爲捨，由此名捨生死劣法。云云。

由此者，由此上説二斷意説二捨也。

非染有漏者，上説餘有漏也。

章能斷障體以三智爲體。《抄》曰：當門三段中，第三出能體性。此中四文，初、總出體，二、舉《成唯識》明能轉道有二，三義故。云云。又西明解云：有漏伏道有二，一、學六行觀，伏下界地修惑令不現起，二、學二空觀，通伏二障令不現起。云云。今云：此西明解尤殊勝，初約二乘，次約菩薩，初但當加行伏，後通加行、勢力二伏。有漏聞、思、修熏習，學二空智加行伏，熏已、本熏種子增長勢力伏。今文意言，伏義非要六行，以有漏、無漏二空智亦伏，此通加行、勢力二伏，六行但加行伏，無勢力伏義。

若趣德果等者，此下文，《周記》、秋篠所釋意別。初《周記》云：謂初果後超越趣求無學，可得六行以爲加行而伏諸色惑。所以然者，漸斷三界○俱生煩惱，得有欣上厭下之義。若取初果不趣無學，不得六行而伏於惑。所以然者，見道頓斷三界惑，唯有頂地，無上可欣故，非以六行爲加行伏惑理。是故修道得有六行，即是四道之中加行所攝，見道已前不以六行爲加行智，無欣厭故。據實修道趣中二果，亦得六行爲加行智，但言無學約極果說。乃至廣釋，具如彼。今詳云：由《周記》意，六行之加行智，但在修道爲非見道已前。又秋篠云：若趣聖道方便六行，是加行智行相差別，非別六行故加智攝，此即約得聖果故，云若趣極果等。若異生不趣聖道，欣上厭下起六行智，能伏惑等，是六行智非加行智，唯定非散故，唯修惠非聞、思慧。云云。今云：秋篠意，趣聖道云趣極果，是故爲起無漏智，修六行伏惑爲加行智，非爲起無漏智，但修六行伏惑，不名加行智。此由大乘菩薩趣初地見道爲主，兼通小乘釋。二家釋中，秋篠釋善合章主意。

故趣極果者，以六行智趣無漏智果也。

若不趣極果者，此下明非趣無漏智果，修六行伏惑非加行智。

修慧者，慧謂觀，欣上厭下六行觀。

章二能斷道至二障隨眠。《抄》曰：此下三明能斷道。此中有三，初、總釋，二、簡非能斷者，三、示正能斷者，今即初也。

章此道定非至未成辨故。《抄》曰：二、簡非能斷者。

此道者，此能斷道。

定非等者，意言：此能斷道，決定簡非是有漏三道及三智中加行智，彰但無漏根本、後得智。

有漏智曾習等者，以二所由明簡非有漏由。

曾習故者，明有漏智非能斷由。謂能斷用，在未曾得、今得處，有漏智曾得故，無能斷用，縱地上起有漏，以虛妄熏力起故，相執所引故非能斷用。

未泯相故者，有漏智未泯隔執相故，無能斷用，彰相執所引非能斷用。

加行智等下，明加行智非能斷道由。意言：加行智但趣求證所證真如，未成辨能證智，不能斷惑也。

章無漏智中至非後得智。《抄》曰：此下三示正能斷者。此中有五，初、標二義出第一說，二、出第二說，三、結判二說，四、章主通難，《疏》第一解，五、重通難，《疏》第二解，今即初也。

略有二說者，標牒有二義。

有義根本智等者，出第一說。論云根本無分別智，簡後得無分別智。

證空理等者，意言：根本無分別智親證二空所顯真理，如與智冥合，平等平等無境相影像相。故，明來暗去，能斷二障隨眠，後得有無分別，共非能斷道。云云。

非後得智者，《疏》云：後得不然，設作無相觀，相分境相仍有故不能斷，唯無分別智有此斷能。諸經論中，無說後得能斷隨眠。云云。由此云非後得智。

章有義後得至如彼成立。《抄》曰：示正能斷有五中，第二出第二說。論云後得無分別，今略作文，論意後得有二，一、無分別智，二、有分別智，今但論後得無分別智。

雖不證等者，謂後得有相觀故，不能親證二空所顯真理故，無力能斷見、修二斷迷理隨眠。雖然，於安立、四諦十六行相。非安立三心相見道。相，明了現前無倒證故，亦能永斷迷事隨眠。本疏釋此意云：迷理隨眠行相深遠，要證彼四諦真如理，方能斷之。迷事隨眠行相淺近，雖實有相觀，亦能斷之。云云。

廣引《瑜伽》等者，本論十曰：《瑜伽》五十五十七左。說：修道位中，有出世斷道，根本智無分別。世、出世斷道，後得智有分別智云世，同無分別智云出世。無純世間道，有漏。有永害隨眠，是曾習故，相執引故。云云。《瑜伽》五十五十七丁。廣說。

如彼成立者，本論第十，由《瑜伽》說成立

此義，如次上引。

章由此理趣至通二智斷。《抄》曰：五文中三結判二説。此是《成唯識》中護法論主結判文也。

由此等者，由上二説理趣也。

一切見惑者，由《疏》意云：諸見所斷惑雖有迷事忿等十法，見斷頓斷故，迷事之隨眠，隨理觀一品斷。云云。今云：如是見惑，迷理、事俱，唯根本無分別智斷故，今此云一切見惑也。

及修道斷等者，俱生無明，身、邊二見，及此俱根本及隨惑，此云修斷迷理隨眠，是唯以根本無分別智親證理斷也。

餘修所斷等者，意言：除修斷迷理惑，餘修斷迷事惑，通以根、後二智斷也。本疏釋此文云：餘有貪、恚、慢、無明，及此俱隨惑迷事者，後得智亦能斷，行相淺近故。云云。

章此在二乘至一時斷故。《抄》曰：五文之中，四、章主意通難。難云：如何云以修斷迷事惑通根、後二智斷。菩薩因行十地中，不斷煩惱迷事惑故，是疑難也。通此難，《三十本疏》有二解，此是第一解通。此意言：以根、後二智斷修斷迷事惑，在二乘斷惑而説故，云此在二乘。菩薩因中下，明非菩薩位由，因行十地間云因中也。十地間地地但斷障地所知障，不斷俱生煩惱迷事惑故，金剛心中，與俱生所知障同時斷俱生煩惱障，云一時斷也。

章又所知障至後解爲勝。《抄》曰：五文中，五、由護法正義通難，是《三十本疏》中第二解通難，即護法菩薩正義通也。本疏十末二十八。云：又解：用後得智斷，菩薩亦能，十地斷所知障中，有執、非執，今云：此中執者，謂法執爲本，起所知障堅執，是迷理者，根本智斷。又非執者，謂法執爲本，所知障起不堅執者，是迷事者，以後得智亦斷。非執者亦名迷事，故亦許斷，以障智故，雖未斷本堅執之者，何妨先斷。如煩惱障俱生者，以我見爲首故，先斷時未能斷本，先迷事者亦可斷故，斷所知障類亦應爾。此

不爾，聞、思等者，意言：若不爾，云不定中

末八下。九門分別。

爲四道，此有大小乘別，廣如《唯識了義燈》七

四道伏諸煩惱者，加行、無間、解脫、勝進

定中，彰散聞、思無能伏道。

指通有、無漏唯修者，此定中者，有、無漏

此説定中等者，此之言，前門此門所明。

通有漏、無漏等者，第三門漏、無漏分別。

唯修非聞、思一句，第二門三慧分別。

加行、根本、後得三智，是爲能斷。

故能斷障一句，第一門三智分別。三智者，

體四文中，第三以三門分別。

章：故能斷障至亦能制伏。《抄》曰：明能斷

後解爲勝者，立後得智斷爲勝。

非執障智名迷事者。

亦有迷事者，亦所知障中迷理者，所知障中，

師，實未聞也。云云。以此所釋應解今文。

等分別分別執與非執。妙絶古今，歎護法正義也。於諸論

得擇滅，則應無三乘所得解脫也云。

若不爾者一句，意言：若不爾，無三乘隨應

三乘同得等者，三乘人隨其應，二乘人空無漏擇滅，菩薩二空無漏擇滅。雖有其異，名爲擇滅同一。

斷體。

言詮談斷二障得滅二空，則由擇力所得之滅爲能

指斷二障得滅。假謂依詮，假施設爲詮故。若隨

若隨其假下，約依詮俗明能斷體。其之言，

以所證真如爲能斷性。

證二空所顯真如，則無能斷義故，至實義論，則

即以二空等一句，約勝義明能斷體性。若不

此三爲能斷道。

體中，四、總結能斷體。三謂加、根、後三智，

章：三能斷性至應無解脫。《抄》曰：明能斷

云云。

聞、思不修慧位，故云不爾。聞、思亦能制伏。

釋此文云：如欲界中麁攝斂心，伏煩惱等，此在

伏，則散地聞、思慧亦能伏道，尤違道理。秋篠

章第三依識分别於中有三。《抄》曰：自下當《章》第三依識分别門。何云依識。謂識者心王，依謂能斷道、所斷障以識心王爲依。今分别其義故云依識分别，謂能斷道體是慧數，所斷障體染污心所，契經説心王、心所如日與光，若無日輪，何光之有。故能斷、所斷，必依識心王而談，其識有大小别，今分是等故云依識分别也。此第三門大分爲四，初、標牒分科，二、所斷障業果依識分别，三、能斷道依識分别，四、能斷性依識分别，今即初也。

章一所斷在何識。《抄》曰：此下二所斷障業果依識分别。此中四文，初、寄問起，二、就所斷障辨依識，三、就障所發業辨依識，四、就所生果辨依識，今即初也。

章薩婆多等至識無染故。《抄》曰：下二就所斷障辨依識。此中有二，初、明小乘所斷依識，二、明大乘所斷依識，今即初也。

薩婆多等下，舉説有部所立。《宗輪》曰：五識有染，無離染者，但取自相，唯無分别。云云。意識是染污故，通所斷自可知。

犢子部下，舉犢子部所立。《宗輪論》説五識無染，亦非離染。《疏》云：五識無染者，但有無記，都無善惡，無分别故，有分别者有善惡故。云云。

章大乘所斷至執即差别。《抄》曰：此下二明大乘所斷依識。此有二文，初、安慧義，後、護法義，今即初也。

安慧所知等者，此師立第七識無所知障，但煩惱障相應，以説彼四惑相應文爲證。

除第八等者，第八識異熟故，不貪等俱，除是在餘。

執即差别者，秋篠云：此有二説。一云：執、障無寬狹，而與護法其義差别，故云執即差别。二云：執之所在與障所在其義差别，第七識中唯有人執，五、八二識唯有法執，第六意識二執俱有，知是差别故，云執即差别。云云。今云：第二說意，恐可言安慧師義已。

章護法論師至執即差別。《抄》曰：此大乘二文中，後護法論師義。

二障即通等者，問：護法論師云五、八二識同無二執，何故五識有障、第八無障耶。答：秋篠云：五識力方由第六引方得有障，第八不爾故無二障。《三惠章》云：五識雖無分別，由第六識分別引生，有分別惑等。云云。又問：六、七二識有人執故應起煩惱，五識無人執，何得起煩惱。解云：由第六人執而引生五識惑故，雖無執而有。又問：若爾，由第六分別而可引生五識二執。解云：凡起執者，由猛利慧深自計度方自得起，其五識中無猛利慧，亦無計度分別，故無二執。已上《義鏡》。今云：秋篠三重問答滅[三]妙哉，得護法正義深意也。

執即差別者，秋篠云：此亦有二說。一云：執、障有寬狹，執必是障也，有是障而非是執，謂不慧俱心、心所。而與安慧其義差別，故云執即差別。二云：執之所在與障所在其義差別，第六、第七二執俱有，五、八二識二執俱無，故云執即差別。云云。今云：二說俱得正義意趣。

上來就所斷障辨依識已，已下辨業果依識。

章所發業至不能發業。《抄》曰：此三就障所發業辨依識。今問：爲何說業果依識耶。答：上出體中明所斷體，以二障執及業果爲所斷體故，今辨依識亦准上出體而釋也。

障所發業者，秋篠云：若煩惱障所發業者，即法有漏善惡業也。若所知障所發業者，即法無漏有分別業。此等二業，唯在前六，餘七、八識是無記故，雖有思數，劣緣内故爲非業性。云云。今云：第七識自體有覆無記，非性善惡，故非業性。第八識劣弱無記，爲非業性。秋篠總云劣緣内，學法相者應委細焉。

章果在餘七至非等流果。《抄》曰：此四就所生果辨依識。

果在餘七識者，秋篠云：若煩惱障所得果者，分段麁果也。若所知障所得果者，變易妙果也。

此等二果，除第七識，在餘七識。所以爾者。其第七識，非他六識業勢所引生故。云云。今云：此中分段麁果者，三界總、別二報果也。變易妙果者，無漏定、所知障爲緣所感故，性是有漏望感現業，五果之中異熟果攝，通五蘊性。此果望於無漏業是增上果，疎緣與力故。此變易生死名變化身，無漏定力轉令異於本分段身，清淨微妙，廣大光潔，如變化故。雖諸煩惱所潤分段得非擇滅[四]，而由願力受變易生，三無數劫修菩薩因，無有過失。分段言三界果，變易生死不云三界，不同分段死屬此界業，無漏業助感故。○何故名變易。由大悲願力故，改轉舊鄙惡身命，舊分段身成今殊勝身命，轉先麁劣異熟身命成今妙細身命，變先有齊限身成此業、此洲、此界、此地等齊限不定身命故，名變易生死。此以異熟無記五蘊爲自性，於五果中異熟果攝，具如《三十本疏》八末七十丁末說。

非他所生故者，示非第七識由。

此說異熟等下，以五果辨非第七。意言：今此前文云果在餘七識之果，於五果中何果攝耶。謂此所云果，唯說善、不善，異熟因等業勢之所引生異熟果、增上果、士用果，不說等流果，第七識有等流果義故。今除等流、離繫二果，取餘異熟業種勢力生異熟果，此有業種與力不障生異熟果、增上果，亦有業種能作者用生異熟、士用果三，云果在餘非第七也。上來明所斷障依識已。○士用業勢生者等，今云：善惡業種有能作者作用故，業種勢力引當來可愛、不可愛果起故，云士用因生士用果也。

章二若能斷至智慧正斷。《抄》曰：當門分四，其中第三能斷道依識分別。此有三，初、標牒，二、明小乘四說，三、明大乘所立，今即初、二也。

二若能斷道者，初、標牒。

薩婆多等下，二、小乘四說，一、薩婆多說，二、大衆部等說，三、犢子部說，四、成實論師說，此云四說。

唯第六識者，示薩婆多所立。

《雜心》云等者，舉所立證，論第三十九丁。之說。《義鏡》秋篠云：今此宗意說：凡聖斷惑用意識俱生智慧斷諸結使，此通世俗及無漏慧，不用五識，以其五識唯一念故，不相續故。《婆沙》《俱舍》等亦因[五]是。云云。《雜心》所云離欲者，即能斷道也。

大衆等四部下，示大衆部、一說、說出世、雞胤四部及化地部說。

說五識身等二句，立六識能斷中，第六識有染有分別易了知故無釋。

說五識身二句，五識能斷難了，引《宗輪論》爲證。《宗輪疏》釋此論文云：此有二說。一說爲加行引生聖道，如見道時聖道便起故，名五識離染非能斷染。二說既許五識通無漏，說能離染，其理無疑。云云。又釋前義云：即見佛識能斷煩惱故，然修道中起此五識，加行定中無五識故。云云。又秋篠引此《宗輪疏》文云：今此文中亦舉後說。云云。今云：秋篠釋疏文不爾，由前說當釋，後說就佛果明故，非此所用。

犢子部說等下，明犢子部所立，說能斷道唯第六識，立善性起有分別故。

說五識身等者，五識身無記性無分別故，無染無離染，如《宗輪疏》釋。

成實論師等者，示成實論師能斷依識。說非六識者，意言：說六識非能斷道，是成實師所立。

識是無記者，此師意，非通三性不爲能斷。《周記》釋此師能斷依識云：此即許有心所宗，初念名識，第二名受，第三名想，第四名行，但此一心義分有四。行是造作故，通三性名爲斷道。云云。

但依第四等者，四心中第四。《成實論》說意識四心，四心者，一、識，二、受，三、想，四、行，此中初三無記，第四行心通於三性。此師意顯凡夫世俗不得斷惑，聖人聖慧方斷煩惱，能斷智慧非六識俱，以彼論師說識無記故，但依第四末後行心智慧正斷。是《成實論》意，基辨私案。

章大乘唯在至故說非也。《抄》曰：三、明大乘所立。

唯在第六等者，彰大乘立能斷識唯在第六非

在餘識。

退及離欲等下，舉能斷唯在第六證。退者離欲退，凡夫伏惑必有退故。《瑜伽》一説：云何離欲退。謂性煖根故，新修善品者數數思惟彼形狀相故，受行順退法故，煩惱所障，惡友所攝故，從離欲退。云云。

及離欲者，離欲有伏與斷別，伏有退，聖人斷種，一向不退。《瑜伽》一説：云何離欲。謂隨順離欲根成熟故，從他獲得隨順教論故，遠離彼障故，方便正修無倒思惟故，方能離欲。云云。

爲第六不共業等者，舉唯在第六之證，《瑜伽》第一十丁。説文，諸意識望餘識身有勝作業，謂分別所緣、審慮所緣，若醉若狂，若夢若覺，若悶若醒，若能發起身、語業，若能離欲，若離欲退，若斷善根，若續善根，若死若生等。○既云不共業，彰此勝業唯在第六，餘識所無，次云餘識不能，章主文，簡餘識非斷道。

平等智起下，通伏疑文。伏疑云：何故第七識非能斷。第七爲第六不共根，能與力故。今通云：見道平等初起，由第六妙觀所引生故，説第七非斷道。

章三若能斷至非依他識。《抄》曰：當門四段第四，能斷性依識分別。此有二，一、真識，二、淨識，初是無爲，後是有爲。今取真性圓成識爲能斷性故，非依他識，如上已辨。上來第三門竟。

章第四依道至道勝進道。《抄》曰：自下當《章》第四門，此門論辨四道中何道能斷道耶也。此中有八段文，初、標門舉四道名，二、舉四道名義，三、明有、無漏有四道，論四道中能斷道，四、會相違寄難成，五、重會釋二論意，六、明菩薩乘四道，七、三乘四道能斷對辨，八、以三慧辨菩薩乘有、無漏四道，今即初也。廣説四道，《瑜伽》六十九。《顯揚》《對法》八、九。《唯識》九、十。明四道在處，諸師同説，資糧位等五位之中，唯修道位具起四道，若見道中起，諸師所説不同。

或由《瑜伽論》説見道是速進道故，云見道不具四道。或相傳言，但無加行，有餘三道也。

章加行者加至修餘勝道。《抄》曰：二、釋四道名義，文自可解。此中加用欣求四字，加行道之爲要，無欣求意，不能名加行道。無隔能斷，無間道之爲主，證無爲爲解脱道之要，修餘勝道爲勝進道之要，若闕此要，雖無漏智不名四道。

章此四皆通至道能斷惑。《抄》曰：三、明有、無漏有四道，論四道中能斷道。此中有四，初、問起，二、約二乘明無漏斷道，三、結成四道中能斷道，四、明有漏斷道，今即初問起也。

何道能斷惑者，此有、無漏四道中，以何道爲能斷耶。是問起之意也。

章《成唯識論》至或別或總。《抄》曰：自下二約二乘明無漏斷道。此中有二，初、舉論文，二、章主文，辨斷、非斷，今即初也。

漸斷障時等者，意言：二乘根鈍，漸漸斷一一障品時，必九品各別起無間、解脱，是難斷故，無間斷一品，次起其解脱道。

加行、勝進等者，意言：由有九品漸漸能斷者故，説加行、勝進二道，異餘二道各別起相。若一觀中隨斷多品，總一加行後一勝進，今云或別或總。若修道中各別起無間、解脱，九品云或別，此非見道，一加行、一勝進云或總難故，九品別能斷云或別易故，一加行、一勝進云或總也。

章此文意説至麁重性故。《抄》曰：此二章主文，辨斷、非斷。加行趣斷等三句，彰修道中非斷。無間、解脱等下，明鈍根二乘無間、解脱各別起。

起此不能等者，意言：二乘者若鈍根，起此無間、解脱二道，不能以其起中一道，即爲次加行、勝進二道或三道行相，各別每品起無間、解脱。

即爲三道等者，秋篠云：言二道者，有本云二道，有本云三道，并無違也。若作三道，則約斷第二品無間道説。起此第二品無間道時，不能望初品爲解脱，望第二品爲無間，望第三品爲加行。若作二道者，如起無間道斷一品已，即起第二念解脱。此第二念解脱，不能望第二品爲無間道，其第二品要別起無間、解脱，以根鈍故。乃至九品亦爾，次第、超越亦爾。云云。

第九卷云下，舉四道中無間、解脱爲能斷道證，此以大乘答小乘難文，成小乘無間、解脱別立，《成唯識》第九二十八丁。之文。若由論意解，則此通難。小乘難云：我無間道，猶有惑得，可起解脱道，與得相違。今汝無間道，已無惑種，何用復起解脱道爲。用之何作。論文答此難有二意。斷惑證滅等三句，論中初答小乘難大乘文也。意言：雖無間道已無惑種，證彼無爲，有此用別起解脱道也。期心別故者，前加行時，前斷惑次證滅，期心別故，今正斷時，前斷後證。解脱道中等三句，論中答小乘難大乘後文也。意言：無間道斷惑種，解脱道捨二障品無堪任性，爲此用別，起解脱道。

章故無間解至二種道也。《抄》曰：論四道中能斷道，第三、正結成四道中能斷道。無間斷隨眠等四句，明二念立二能斷道由。

章若有漏六至解脱不別。《抄》曰：同第四明有漏斷道。

若有漏六行等者，二乘前三果人作六行觀，是唯無漏。聖者由六行觀力，斷下染生上地，今文明有漏六行爲四道，初果已前觀。

若麁障三隨一等者，《婆沙》評家説，今爲大乘義，如文可知。

加行、勝進等者，秋篠云：別起九道名之爲別，若合二、三等名爲總也。云云。今云：秋篠所言一往説也，謂六行下三隨一爲無間，上三隨一爲解脱。此云別也，加行、勝進，亦就別起云別也。或二或三總合，解脱、無間云總也，加行、勝進亦爾總也。同前者，同無間、解脱總、別，云加行、勝進總、別，云同前總、別也。

二乘無漏道下，以無漏二道，例立有漏無間、解脱別念起理，此上。

章然《對法論》至不相違也。《抄》曰：當門八段文中，第四、會相違，寄難成，舉違文難，《對法論》第九十二丁。之文也。彼全文云：勝進道者，謂爲斷餘品，所有加行、無間、解脱道名勝進道，望此品則名勝進道。云云。今云：今文後品上，加爲斷二字可解。

何故唯識等二句，正難。唯識依別下，正會成。會意言：依此品加行外，更別起勝進説爲唯識意，唯約後品所有加行等進前道理，爲皆前品勝進，爲《對法》意，各據一偏語故，云理不相違也。

章若準此義至亦後加行。《抄》曰：八段文中，第五、重會二論意。

準此義者，前文所會依別修行相，又及約道理進前義。今云：此義，此言承上，如是之意，今准如是義重會也。

別修等者，九品別別修斷行相加行、勝進二道，如《成唯識》十三丁。所説或總或別，可會《對法論》文。如何會耶。謂爲斷前品對治餘品，所有加行、無間、解脱三道，自對治前品已，進後品斷勝進。此勝進約九地中一地九品合邊，立前後品云，則一加行、一勝進，是或總攝。若以此前後品，約九九八十一品別別斷邊云，則別別一品斷加行、無間等三道，進斷別別後品勝進道，是以《唯識》所説會《對法》文。

若道理論下，准前會《對法》義，會《唯識》文，如何會之耶。謂前一地九品合斷四道，能引後一地九品合斷四道故。前斷四道，皆後斷四道加行，亦前品合斷四道，後斷四道勝進，是約或總。又前品斷無間道，後品斷無間道之勝進，前品解脱，後品無間、加行。如是九九八十一品，各各別修前後，有加行、勝進理，是以《唯識》或別會《對法》文，由是二論理自無違。二論文意互和會已。

章《唯識》復云至二乘何別。《抄》曰：八段文中，六、明菩薩乘四道，論第十文也。

漸斷障等者，菩薩漸漸斷二障位，不別別起無間、解脱。本疏釋云：如初品無間，至第二念即爲解脱，初品無間，望第二品爲加行，次次准之。

能斷、證故者，能斷能證，即如次無間、解脱。

皆容具有者，四道具有。

此依菩薩等下，章主文。

念念行相者，一念一念四道別修行相，皆能具足。

不爾道理下，立大小乘斷道有別理。

章依此所説至皆不説能。《抄》曰：八段文中，七、三乘四道能斷對辨。此中有二，初、明二乘異生能斷，二、明菩薩乘能斷，今即初也。

及餘異生者，二乘種姓餘異生故，地前直往種姓。

有漏、無漏道等者，本疏云：有漏四道通上二界十地心起，謂未至、中間、四禪、四無色，欲界心唯有加行、勝進。無漏四道，除有頂心皆通四道。云云。今云：有漏四道，二乘、頓悟異生所修，無漏四道，二乘、菩薩聖者所修。

皆不説能者，不説能斷。

章菩薩利根至然有差別。《抄》曰：二、明菩薩能斷。

四道皆能者，菩薩念力[六]具四道故，一一皆能，有漏四道皆能伏，無漏四道能伏能斷。

伏唯障體等者，《瑜伽論》曰：擇滅有二，一、滅惑無間，二、滅果無間。業名斷者，據不生説也。云云。今云：唯障體者，伏現行唯二障體上用伏，於業果不云伏也。亦言，亦二障體。

或二皆通者，《周記》釋云：或二皆通者，漏通伏體及業果，無漏雙斷業果及體。云云。

斷必證真者，斷惑種，如與智冥合，明來暗去能斷故，云必證真也。

菩薩伏障等者，釋上句伏不必爾，由菩薩修

道，由初地證真，伏第二地所知障，乃至第十地，如是由前地證真伏後障也，故云證真亦伏。

二乘異生等未必能爾者，二乘異生未必能證真亦伏，如六行觀伏等。

然有差別者，明二乘、異生等不必爾有差別。秋篠釋此一句作兩說。初說云：此文屬上。所以爾者，二乘、異生斷、伏於障各有差別，略有三類。一云：八十一品類別斷，此依漸斷，二乘者斷及異生斷。二云：隨其凡位已伏多少，入見以後，便次第斷，如倍離欲、全離欲等。三云：各爲九品斷，束三界九地一切煩惱，總爲九品斷，如頓出離等。此等類別，故云然有差別。已上初說畢。後說云：此文屬下文。今冠有漏四道初起之句，伏斷於惑，有二師義，如下自說。今存彼意，故云然有差別。已上後說義。基辨詳云：秋篠初說，以二乘、異生斷、伏有三類，釋然有差別文未穩，亦後說義不當。下有漏四道已下文，非說二乘、異生伏、斷文故，不可用說。今謂：此四字意，二乘有證真亦伏，亦修六行等無證真，唯有伏理，異生一向無證果亦伏，是云然有差別也。

章有漏四道至遠離方斷。《抄》曰：八段文中，八、以三慧辨菩薩乘有漏、無漏四道。此有二有義，今即初有義也。有漏四道二句，牒今所釋。有義三慧等下，初有義也。

問：三慧俱爲加行言中，修慧既爲加行，何故次復云修慧爲近耶。答：由秋篠釋云，三慧爲加行者，顯遠加行也。修慧爲近者，顯近加行也。修慧有二。一云：未有相續，即了相作意所攝修慧故〔七〕《對法》論第九，七丁五行。云：由定地作意。由此文證故知，了相作意，體非聞、思，唯是修慧，由未相續專註故爲散善，聞、思之所聞〔八〕雜故。總相云三慧爲加行。二云：已相續，即勝解作意所攝修慧，故《對法》論第九，七八行。云：從此已上〔九〕超越聞、思，即勝解作意名爲聞、思，所雜一向唯是長時修慧。今云修慧爲近者，據此而說，此文稍幽，學者應思。已上秋篠。今云：秋篠所釋由《對法論》文，明三慧俱爲加行，及修慧爲近之兩義，實爲允當。然釋爲近、爲遠今少不審。今由《對法助解》云：了相作意時，三慧俱間雜起，爲能斷果遠離作意。爲遠加行，未修慧相續故，散善聞、思隔能斷果，而此了相作意不起。次勝解、遠離二作意，無起所由故，雖疎遠名爲加行方便。復由此遠加行，已至修慧相續，勝解作意思惟麁靜相故，因如是修習故，最初斷道俱行遠離作意生起。此是由修慧專注相續故，至斷果生，相續修慧，爲斷果親近加行故，云修慧爲近也。

問：由《對法》文，初、二作意生中，了相多分聞、思間雜，勝解生時，云數數思惟如所尋思麁靜相，何故但云修慧爲近，不云修、思爲近耶。答：三慧生相，就大小乘所修各別，及界、地異，諸門多端，具明如《三慧章》。今且就菩薩乘所修入見道位加行，答釋來問。《成唯識》第九說：唯識相性，資糧位中，聽聞思惟能深信解，在加行位，能漸伏除所取、能取引發真見。云云。章主釋彼文意說，四十心位，起聞、思慧修習唯識，四善根後方起修慧，從多增修非理實爾。又舉非理實爾證云，《華嚴經》中，說十住位初發心住八相成道，能現神通。今云：非修定力，則不能現八相成道之相，故如十住位初由修慧入定。又云：《瑜伽》六十九說：毘鈔〔一〇〕舍那菩薩今云：住現修行菩薩名毘鉢舍那菩薩也。若定、居欲界身修上界定云若定。若生，依身生上界起他界心云若生。以無色界心，了三界法及無漏法。云云。章主釋此證文云，此非決擇分位，初地入無漏後云決擇分位，資糧位地前故云非也。不生彼故，資糧位菩薩不生無色界故。彼地無故〔一一〕，故資糧位起修慧行，未能觀理也。加行位中方能觀理，雖決擇分體唯修慧，位起聞、思，欲思身故。於見道位，唯有修慧，內觀諦理，非散心故，彼聞、思慧，種子得修，於修道位，七地已前，定、散心間皆容得起。云云。已上《三慧章》中義，此次亦有明八地上義說三慧文，今明別體三慧故略之。由此等章主釋當知，資糧位中三慧間雜生起，爲加行道，四善根位雖修慧長時續，居欲界身，聞、思并起，而住諸靜慮心修慧起故，假令少思慧起，隨修慧中，聞慧俱種子得修，以助修慧故〔二〕，但云修慧爲近，不云修、思爲近也。

又因約界地異明三慧起者，欲界地心修，但有聞、思二慧〔三〕，若不定界地、今云：不定何界地心入定云不定界地。非離染地、不離欲心。設欲修時墮思中故。欲界之心行相麁故，由是欲界散心無修慧。色界地有二，謂聞、修二慧，若欲思時，墮修中故。上界地心行相細故，由是可知，不住初靜慮心，無修慧起，由了相作意不生故，如前引《對法論》文。由此色界無思，云此思但欲界心。云云。無色亦無思慧，上地雖有慧與思俱，不由思成，相非明了。諸善性者，或生得，或聞、修，定非思慧。

復因明三慧三界所在者，聞慧通在六地，欲界、四靜慮及靜慮中閒〔四〕，或加初未至云在七地。思慧唯在一欲界地。修慧有漏者十七地，八根本、八近分、靜慮中間，若無漏者，在色界六，除上三未至，無色界中四根本地。又《周記》釋有義

三慧至遠離方斷之文，此師意説：聞、思、修三皆於爲加行中，聞、思是遠，不能伏惑，修慧是近加行故能伏惑，七作意中了相、勝解二，是聞、思，遠離一種，而是修慧。《對法》既言了相、勝解不能斷惑，遠離能斷，故知三慧斷有别也。斷者，有漏慧伏故名斷。若約小乘，有漏道能斷也。如又《燈》五末二十五丁。説。已上《周記》文。今詳云：此《周記》釋可謂麁〔五〕漫，此中云聞、思是遠不能伏惑，修慧是近加行故能伏惑，與如前已明秋篠由《對法論》文意之所釋，併讀觀察，當知《周記》所釋通漫。檢章主意，如《三慧章》中明，以界、地辨云，欲界地但有二，聞、思所成慧，不定界地、非離染地，設欲修時，墮思中故。欲界之心，行相麁故。云云。又云，色界地有二，謂聞、修所成，若欲思時墮修中故，上界地心行相細故。云云。由是資糧位中觀理，修慧由不專注，由入定地作意，見欲界中過患等故，了達麁相是了相作意，體非聞、思，唯是修慧。由不專注故

爲散善，聞、思間雜修慧，出三慧爲加行，爲能伏遠自故，名遠加行。如上已明。故《周記》釋通漫，不辨別加行義名遠，倶聞、思不加行故。《周記》中復云七作意中了相、勝解二是聞、思，遠離一種而是修慧，引用今此有義爲證《對法》文，成三慧斷有別，尤爲麁釋，至次文應具辨。修大乘者先識三慧及七作意大小乘所立別，而思惟大乘教法，當能令善根界得增長，能正悟入所求實義，能令所求事業成滿，具如《辨中邊》説，謂能趣入修治地故。此三妙慧，以十法行而爲助伴，十法行者，一、書寫，二、供養，三、施他，四、若他誦讀專心諦聽，五、自披讀，六、受持，七、正爲他開演文義，八、諷誦，九、思惟，十、修習行。章主釋云：初八法行名爲聞慧，第九法行名爲思慧，第十法行修慧所攝。由此三慧，於此大乘修諸法行，獲最大果，一、最勝故，二、無盡故，由能攝益他諸有情，是故大乘説爲最勝，由雖證得無餘涅槃利益他事而恒不息，是故大乘説爲無盡。又云：三慧皆非生得，非闇昧故，並加行得，加行善故，用力功力方生，明了解心所應得故，由此應知大乘所説。又云：聞爲三慧因，思爲二慧因，修爲一慧因，修爲三慧果〔一六〕，思爲二慧果〔一七〕，聞爲一慧果〔一八〕。云云。由是聞、思與修間生，爲勝修定遠因加行，自可知已。

故《對法》云等者，初有義師舉三慧倶爲加行之證，《對法》是第九卷。七丁右已下取意文。

加行道亦伏惑者，秋篠釋云：加行道亦伏惑等者，即《對法論》第九卷文也。然加行道亦伏惑六字，即後文也，了相、勝解猶未斷惑等十二字文，是前文也，今合前以爲一文。云云。基辨今披讀《對法論》第九卷，如秋篠言，《對法論》第九明本第九卷，自七丁右初至八丁右。説七作意捨三品惑。次第文曰：又由了相由定地作意，見欲界中過患等故，了達鹿〔一九〕相，初定中此相無故名爲靜相，是名了相作意。作意，發希願心，爲正了知所應斷所應得爲斷故，爲得故由勝解如是了相作意猶爲聞、思之所間雜，從此已上超越聞、思，一向修相緣鹿靜相以爲境界，修奢摩他、毘鉢舍那，數數思惟如所尋思鹿靜性相，是名勝解作意。作意爲所求義發正方便，由遠離由修習此故，最初斷道生彼俱行作意名遠離作意。作意捨上品惑，上品者麁品。由攝樂由此能斷上品煩惱故，及能遠離彼品麁重故，此觀行者復欣樂上斷，見上斷功德已，觸少分遠離喜樂，爲欲除去惛睡眠，時時修習淨妙作意以悦其心，是名揚〔二〇〕樂作意。作意捨中品惑，由觀察如是正修行者，方便善品所資持故，令欲界繫煩惱纏垢不復現行，因此爲欲審察煩惱斷與未斷，復更作意觀察，彼生隨順淨相，是名觀察作意。作意安心於所證，遠離增上慢，由方便究竟如是行者數數觀察進修對治，爲令欲界一切煩惱於暫時間得離繫，故此對治道相應作意，是初靜慮最後方便故，名方便究竟作意。作意捨下品惑，由方便究竟果從此無間證得根本最初靜慮俱行作意，是名方便究竟果作意。作意，領彼所修作意修果。如爲證入初靜慮定修七作意，如是乃至爲證入非想非非想處定，如應當知。已上《對法》第九卷七丁右已下八丁右所説七作意未斷與方斷之文也。復第九卷十一丁左。説修道中方便道文云：方便道者，謂由此道能捨煩惱。所以者何。由正修如是道時，能漸捨離各別上品等

煩惱所生品類麁重一分，漸得轉依，是名修道中方便道。云云。基辨詳云：秋篠釋意，加行道亦伏惑，《對法論》文在後，了相、勝解二作意未斷惑等，同論文在前。今此引用以在後文置前，亦以在前之文置于後，合爲一文引之。秋篠所言，然《對法》第九所説方便道，能捨煩惱等文，是修道中方便道，非見道前有漏四道中加行道之説，《對法》第九不説見道前有漏四道中加行道故。秋篠云前後別處文合爲一文引爲證，恐不穩當，修道中方便道，通有、無漏，今所舉有義，有漏四道中初起加行道，如何云以修道中方便道爲證。《對法論》中第九卷不見説有漏四道伏惑文，第八卷中雖有説資糧、加行二位行相文，不説四道伏惑，故亦不當。基辨詳云：此初有義爲引證《對法》文，應但以了相、勝解等三句。加行道亦伏惑六字，恐文錯亂歟。當以此六字置修慧爲近之下解，若爾，此六字文，爲明修慧爲近加行所由之句，而次牒故《對法》云，以了相、勝解猶未斷惑、

遠離方斷之文，成資糧、加行二位修慧專注，遠離作意俱起，最初斷道生之義。以前所引《對法論》文義意炳然，且併讀《周記》，舉此初有義立聞、思是遠不能伏惑，修慧是近加行故能伏惑，了相、勝解二是聞、思，遠離一是修慧之證云，《對法論》既言了相、勝解不能斷惑、遠離能斷。云云。由是檢察，《周記》舉有義爲證《對法》文，無加行道亦伏惑文，但舉了相、勝解已下文，加行能伏惑文，附有義成修慧爲近句末，不云《對法》既言，非爲證也，由是可知此六字錯亂。

今問：初有義爲證《對法論》文，了相、勝解猶未斷惑，遠離方斷。云云。既云未斷及斷，何故以此文成加行道亦伏義。答：此有漏四道所論，加行道伏惑總云斷也，有漏道無證真斷不待論也。基辨私釋了、勝二作意未斷惑、遠離方斷，又云：了相作意，聞、思間雜修，勝解作意思惟尋思之修十六，故未能伏惑，今云未斷。遠離作意，此雖有漏，唯修慧與無漏無間爲近加行即伏盡惑，今云方斷。已上有漏四道伏惑云初有義已。

章有義初以至末爲正位（三）。《抄》曰：辨有漏四道二有義中第二有義，此義立有漏無間道伏惑、加行道無伏惑義。

後入修時等者，文意云：後謂加行道後念，其後念入修慧時，與見道無漏無間隔故，則約隣次云無間道，此亦雖加行道所攝，後念入修慧時，能以修慧伏惑也。彰與無漏入見無間隔故，云即無間道等也。

《對法》等說等者，會初有義爲證《對法論》文。秋篠釋云：此師意顯，加行唯聞、思慧，若入修慧即無間道。

《對法》等說了相、勝解不斷惑者，依斷初三品猶未盡，說至遠離時三品方盡，此時得斷名，據實初、二能。能伏名能。《纂》云：詳此後說，理雖可爾，而違《瑜伽》以七作意配四道文，故六十二云：了相、勝解，方便道攝。遠離、究竟，無間道攝。攝樂作意，四種道攝。觀察作意，勝進道攝。既云方便道攝，故知了相、勝解猶未伏惑。已上初有義師難後師。後有義師通初師難云：《瑜伽》三十三云：了相、勝解名厭壞對治，故知伏惑。已上秋篠。今云：此釋尤妙，盡後師意。又《周記》所釋，亦與秋篠稍同，會初師引《對法》云：七作意伏九品惑，初三作意，伏初三品等[二二]，《對法論》談初、二作意未以有伏盡三品惑故名不斷惑，非初、二作意不斷初、二品惑。云云。

不伏惑者，秋篠所覽本。作不斷惑者，《周記》如現本。《周記》云：有漏慧伏故名斷。云云。如斷伏令不現行亦名斷，今此文意，了相、勝解二作意生，初三品中，但伏初、二猶未伏盡故，示不伏盡云未斷惑，遠離伏盡初三故云方斷，是後師意，故秋篠爲好，《周記》亦無違害。

初三品者，九品惑爲上中下三，其上三品云初三品[二三]。

據貴[二四]初伏者，至遠離作意生，伏三品已如斷不理，今云方斷，據實初二作意，但應云伏，是此一句意。

若爲諦觀等下，後有義詳說自所立。

爲諦觀入見道等者，若爲四諦十六行相觀，欲入見道時，諦觀已前六行智，皆非伏惑。菩薩伏見惑時，不欣上厭下故。

加行能伏者等者，入見道前加行，即四諦十六行觀故，是六行也。此加行智，雖有漏能伏惑，此無間能引見道無漏智斷惑故，不云加行位斷，云無間道斷。《周記》釋云：斷惑見道前，有漏加行能伏惑者，是彼見道無漏智無間隔，約隣次云無間道斷也。

有漏道中等者，彼入見道加行智位，進無漏力雖有伏惑，不作意伏故，今云無折伏，不爲正伏位也。已上由秋篠私注。又《周記》意云：見道已前遠有漏加行位，未廣折伏名爲折伏，未得正加行位，更陶練已得爲加行。已上《周記》意。

章後時亦通至無漏加行。《抄》曰：明菩薩乘有無漏四道[二五]三文中，上來辨有漏四道竟，此下二明無漏四道。《周記》科云：此約見道後雖無害爲通漫。

後時者，入見道後時之加行道時云後時也。

亦通修慧加行者，亦謂亦于引無漏智有漏道最後念修慧加行，此最後念有漏修慧爲加行道引無漏智，當念加行道無漏纔起，彼修慧加行屬無間道，即斷惑種。此當一念，不可分有、無漏修慧加行故，如辨來[二六]蘆因果俱時故。今云亦通修慧加行言具有、無漏，如明與闇[二七]，闇全分是明相亦爲闇，明全分是見闇。

其無漏道初起之時等下，正明無漏初起後，體無漏雖少分無有漏相，得云有漏修慧爲加行道，始得見道無漏今斷惑種，如闇全分成明已後，此明是闇去成明。

必有漏修慧等者，四善根位、四尋思、四如實等，修慧之得修增長，今始得見道無漏斷惑種也。

後時亦得無漏加行者，明入見已後至修道位，亦以有、無漏智爲前加行，謂見道已上，同有漏加行趣求所證、證真如。所引，無分別根本智斷惑。亦得無漏根、後二智，趣求以上地勝進滅，爲進上地之加行道也。

章然加行智至如常分別。《抄》曰：三、明三智有四道、四道有三智，謂如本疏釋，以三智中加行智亦無分別，此有漏道亦有加行、無間、解脱，前言有漏攝彼三道，後言加行爲簡三智中根本、後得智别故。已上《疏》文。基辨云：有漏四道中，加行道自易了知，有漏無間、解脱二道相如之何。答：無間道，有漏修慧住定，入靜細相，起能伏惑智，至四如實觀，是爲無間。解脱道能伏惑已，猶斷惑盡，是爲解脱。勝進道，有無不定。《對法論》九云：勝進道者，謂爲斷或伏餘品，所有加行、無間、解脱名勝進道，望此前品，則是勝進道。已上《對法論》意約道理論。

雖八地上等下，通伏難。難云：若加行智必通四道，則八地已上任運無功用無漏起，如何云有加行智耶。答：如章文，如常分別者，本疏十末二十四丁右。云：問：加行智通無漏不。答：不通，八地以上無加行智，亦無於有漏心故也。問：若爾，《對法論》第十等如何通耶。説金剛心有二，一、加行道攝，二、無間道攝也。答：無違也。以無漏心任運趣入根本智故，如前已説，名加行道，非加行智。加行智者，有趣求彼，但是前加行道，而非趣求故，加行智不通無漏。或云：復《對法論》據二乘等，通説金剛心有二，非謂菩薩金剛心中有加行道故，加行智不通無漏，或説亦通無漏。

八地等無者，無有漏加行智别深趣求者，八地以去，有任運趣求故。今此初説加行唯有漏，如《對法》説金剛心有加行道，不簡菩薩故。已上本疏十末，二十四丁。

章第五依觀分别者。《抄》曰：當《章》十門之中第五門，此中發端三文。今此文，三文中初標牒由十觀辨斷障。

章觀有十種至十八聖道。《抄》曰：發端三文中，第二舉十觀名。觀者梵云毘鉢舍那，此翻云觀，正慧爲體，觀是智、見、明、慧等名之差别，慧謂簡擇爲義，簡擇法相，周審觀察，普遍尋思，與止俱行心、心所法爲體。《解深密經》三《分别瑜伽品》説：若緣總法，修奢摩他〔二八〕、毘鉢舍那〔二九〕所有妙慧，是名爲智。若緣别法，修奢摩他、毘鉢舍那所有妙慧是名爲見。云云。又《對法論》十十二丁。云：立四種道，或有一類，已得奢摩他非毘鉢舍那，此類依奢摩他進修毘鉢舍那。或有一類，已得毘鉢舍那非奢摩他，此類依毘鉢舍那進修奢摩他。或有一類，不得奢摩他，亦非毘鉢舍那，此類專心制伏沈、掉，雙修二道。或有一類，已得奢摩他及毘鉢舍那，此類奢摩他、毘鉢舍那二道和合，平等雙轉。此中依於止觀説四種道，初已得止故，宴坐住心，乃至平等攝持，未得觀故，還復宴坐，依三摩地簡擇諸法，乃至周審觀察。第二與此相違。第三二俱未得，雙進修習，謂聽聞法，由受持門進修正觀，此爲先進修止是修次第。第四已得二種相應俱轉。已上論文。具説止與觀別，如《對法論》十十二丁一。及第一卷當知。止有九行，觀略有四種，大乘學者不可有不了知。

依觀分别者，能分别是觀，即能斷，所分别是障，即所斷，謂正慧起位相有别，自能、所斷差别。今且舉十觀品分别能斷所障，故云依觀分别也。

一、唯識者，如《成唯識論》説，及辨今家所傳，如《唯識章》中。

二、二空者，分别人、法二空觀隨乘有差，所斷亦有差别。

三、三慧者，分别聞、思、修位有漏、無漏四道，慧自差别明所斷異。

佛説三慧者，《深密經》三：佛告慈氏言：善男子，聞所成慧依止於文，但如其説，未善意趣，未現在前[三〇]，隨順解脱，不能領受成解脱義。思所成慧亦依於文，不唯如説，能善意趣，未現在前，轉順解脱，未能領受成解脱義。若諸菩薩奢摩他、毘鉢舍那修所成慧，亦依文亦不依文，亦如其説，亦不如説，能善意趣，所知事同分[三一]三摩地所行影像現前，極順解脱，已能領受成解脱義。已上經文。

四、三智者，加行、根本、亦名正體，亦名正智。後得三智，此三名所據佛説未考，俟後來君子。無著菩薩《攝大乘論》《無性釋》八，七丁論文。頌曰：如瘂求受義，義謂境也。如瘂正受義，如非瘂受義，三智譬如是。此間有二頌，愚求受及五識求受之兩頌，文異義同，恐煩今略。如未解於論，求論受法義，次第譬三智，應知加行等。已上無著本論四頌中前後二頌也。《無性釋》云：如瘂求受義者，譬如瘂人求受境界而未能受，亦不能説，如是加行無分别求證真如而未能證，寂無言説，當知亦爾。如瘂正受義者，譬如瘂人正受境界無所言説，如是根本無分别智正證真如，離諸戲論，當知亦爾。如非瘂受義者，如不瘂人受諸境界亦起言説，如是後得無分别智返照真如，現證境界，能起言教，當知亦爾。乃至廣釋。如未解論，求誦於論而未能誦，如是加行無分別智，當知亦爾。如温習論領受文字，如是根本無分別智，當知亦爾。如已聽習通達法義，如是後得無分別智，當知亦爾。由如是等衆多譬喻，如數次第，喻加行等三智差別。又復次顯根本、後得二智譬喻差別。本頌曰：如人正閉目，是無分別智，即彼復開目，後得智亦爾。應知如虚空，是無分別智，於中現色像，後得智亦爾已上無著頌文。《無性釋》云：由此二頌，顯示根本、後得差別，閉目、開目，虚空、色像，倶顯二智是無分別、是有分別，是其平等、是不平等，其加行智，未有所證，故略不説。又加行智，是本智因，其後得智，是本智果，是故且辨無分別智成所作事，無分別智修成佛果，已上《無性釋》。廣如《無性釋》一〔三二〕、六丁。同八〔三三〕、十丁。《世親釋》八十二丁。釋〔三四〕。

五、四念處者，身、受、心、法之四，舊譯云四念處，新譯云四念住，名異意同。撿《周記》云：大乘無文作四念處而斷於惑，法念名通，以理而言，得是法念而斷於惑。云云。至次章主釋文，當併辨別，謂大乘所觀真實道理，一切法絶言體，即可言法念處之總縁念處，由是分別斷惑。此一段意，至次具明。

六、五忍者，《仁王護國般若波羅蜜經》姚秦鳩摩羅什三藏譯有二卷。第一卷《教化品第三》説：佛言：大王，波斯匿王。五忍是菩薩法，伏忍上、中、下，信忍上、中、下，順忍上、中、下，無生忍上、中、下，寂滅忍上、下，名爲諸佛菩薩修般若波羅蜜乃至廣説。亦出《本業瓔珞經》，至下具明。

七、六現觀者，出《成唯識》第九。十六丁。現觀者，《疏》九末八丁九丁。云：現謂現前，明了現前觀此現境，故名現觀。《瑜伽論》五十五及七十一説六現觀，《顯揚》第十七説六或十八，《對法》第十三説十，《攝論》第六説十一，具明如彼。何等爲六。一、思現觀，謂最上品喜受相應思所成慧，此思慧能觀察諸法共相，引生煗等修惠，加行道中觀察諸法，此用最猛〔三五〕，故於思偏立現觀。煗等起修惠，不能廣分別法，不立爲現觀。二、信現觀，謂緣三寶世、出世間決淨信，此信助惠現觀諸法，令不退轉，立退〔三六〕觀名。信亦上品，通漏（四加行）、無漏（見道）。現觀者，慧現觀諸法故也。三、戒現觀，謂無漏道共戒現行思無漏起，爲此現觀體，由破戒令心不清淨故，無漏觀不增明，除破戒垢，令觀增明也。四、現觀智諦現觀，謂一切見道、修道等根，後無分別智〔三七〕，不入無學智，次究竟現觀攝故，緣非安立諸法自相一切種智也。五、現觀邊智諦現觀，謂現觀智諦現觀後，諸緣安立世、出世智。世謂有漏出觀心，出世謂無漏入住心也，邊謂後邊智後得智也。六、究竟現觀。謂盡智、無生智等究竟位智，即十智，無學果位所有十智與小乘名同體異，《瑜伽》七十一、《對法》十一說。

八、七作意者，前文具明，《瑜伽》六十二、《對法》第九具說，少有不同。今準《對法》，由是應解。

九、七覺支者，《顯揚》第二說：一、念，二、擇法，三、正勤，四、喜，五、輕安，六、三摩地，七、捨，名七遍覺支。支謂分，故亦云七覺分。《對法》第十亦同說，然說七覺支所緣境，云四聖諦如實性。

如實性者，即是勝義，清淨所緣故。

覺支自體者，念、擇法等與《顯揚》同。復說覺支助伴，云彼相應心、心法等。復說同修習，云依止遠離、無欲、寂滅回向棄捨，緣四諦境修習。

覺支修果者，謂見道所斷煩惱永斷，由七覺支是見道自體故。已上《對法》第十。

十、八聖道者，《顯揚》第二云：八聖道支者，廣說如經，一、正見，謂於見道中，得遍覺支時見清淨，及於修道中安立後得遍覺支見清淨，總合此二名爲正見。又《對法》十說：正見者，是分別支，如先所證，真實簡擇故。二、正思惟，《對法》云：是論示他支。如其所證，方便安立發語言故。三、正語，同云：由正語故，隨自所證，善能問答、論議、決擇，由此了知有見清淨。四、正業，同云：由正業故，往來進止正行具足，由了知有戒清淨。五、正命，同云：如法乞求，佛所聽許衣鉢資具，以正命故了知命清淨。六、正精進，同云：是淨煩惱障支，由此永斷一切結故。七、正念同云：是淨隨煩惱障支，由此不忘失正止、舉相等相，永不容受沈、掉等隨煩惱故。八、正定。同云：是能淨最勝功德障支，由此引發神通等無量勝功德故。道支助伴修習如覺支說。

修果者，謂分別論示他，令他信，煩惱障淨，隨煩惱障淨，最勝功德障淨故。已上《對法》文。《顯揚論》說二正思惟已下，於修道中，與無漏作意相應觀察思惟性等。

章初《唯識》斷障已如前辨。《抄》曰：發端三文之中，三十觀別分別。此中十文，此即初唯識觀斷障，上《唯識章》中明故，今略云已如前辨。

章二、二空人至故言不斷。《抄》曰：十文之中，二、二空觀斷障。此中二文，初、人空觀斷障，後、法空觀斷障，此即初也。

人空觀唯等者，明約二乘人空觀，但斷煩惱障等現行、種子，不斷習氣。習氣者，非云種子，斷種子後之氣分，無堪任性也。

以觀麁故者，明二乘人空觀不斷習氣所由。觀麁者，謂二乘人觀麁相煩惱障及業果，以令人空無我，不觀諸法細相故，與菩薩所修人空觀異，如次具辨。

然云解脱道斷等者，會前所言違文，釋不斷習氣文。或疑云：前明四道文中，云唯無間正斷伏惑，解脱道中斷伏麁重，此約一切二乘及餘異生，二乘性念頓悟地前菩薩云。漏、無漏四道説，而今文云二乘人空觀不斷習氣，習氣是麁重故，似前後文相違，云何會耶。今文通此疑云：然云等二句，牒舉前文。

略有二種下，立二解會。初解易解，但局菩薩云非二乘，不盡實理故，自立第二解。

二者麁重等下，第二解明麁重有麁、細別。今不斷細等二句，明二乘觀麁相煩惱障等故，不斷細習氣，釋不斷習氣之一句。今者指前文云不斷習氣。不斷細者，二乘不〔三八〕諸法細相故，不得斷細習氣。由是當知，二乘亦斷麁習氣麁重。秋篠釋云：麁者可除等者，此後師意。謂二乘者三心唯斷生執，第一心中遣離蘊我，第二心中遣即蘊我，第三心中捨麁重故，第三心捨即離二蘊我麁重習氣無堪任性。訖，今云麁者可除。已上《秋篠抄》取意。

故入二禪等下，舉證立二乘斷麁重理。《瑜伽》第十一説第二定斷苦根種子，初定已斷，今文斷彼苦根麁重，説第二定斷彼苦根故，今云入二禪名斷苦根麁重也。已上《秋篠抄》取意。

二乘不斷等二句，就不斷細，結云不斷習氣。

章法空觀有至所以雙斷。《抄》曰：二文中，二、法空觀斷障。

有三時者，菩薩十地以法空觀斷障有三時別，如次文釋。

初後法觀等下，明三時斷障別。初謂初地入心見道時也，中謂自初地住心至第十地終也，後謂金剛心無間、解脱二時也。

雙能斷二等者，初地入心見道，修法空觀時，雙能永斷分別二障及業果習，後法空觀時，雙能永斷俱生二障，具如《成唯識》第十説。

及業果習惡趣人天隨應永斷者，惡趣業、果，初地永斷，人天業、果，若入初地受變易者，即初地斷，若至八地受變易者，即八地斷，故云隨應永斷。秋篠由是。又解：惡趣業、果，初地法觀能斷，人天業、果，中法觀斷，故名隨應。秋篠由是。今云：此隨應言，秋篠兩解未盡。人天業、果，金剛心無間道猶未捨彼，解脱道起方棄捨之，是護法正義。然人天業、果中，人北洲、半擇迦、二形，天無想異熟，無想定依身亡門攝故，初見道法觀斷，若是入善、無記門論，修道斷攝。又秋篠依變易受、不受論，是亦不究論，變易生死，由種子潤，八地已上令受時長，此《唯識論》所説。由是秋篠兩解，唯約現行論，不及種子，含是等義永斷言故，隨應言亦大應有意，必不但可兩解已。

中法空觀等下，明初地住心後，修道法觀斷障別，如秋篠釋。中法空觀者，即修道位，此位唯斷所知障現、種子及二障習，無堪任性。今具明是。謂障第二地無漏智所證所知障現，初地住心能伏，至第二地無漏智現無間道時，斷障第二地所知障種，後念解脱道時，斷無堪任性習氣麁重。已。第二地住心，伏障第三地所知，至第三地無間道生斷障種，及斷無堪任性，乃至第十地，同前解了。

隨所知障等者，明地上斷俱生煩惱障麁重不斷種，先地地隨斷所知障麁或細品類，煩惱障無堪任性麁或細能斷捨。無堪任性習氣分雖有種子，先斷氣分，如箱入麝香，雖有其體，年久失香氣。所知麁、細者，初地斷麁，第二地斷所知障可云細，雖爾，對第三地斷障亦可云麁乃至第十地斷極細，前九地次第皆是麁相。故煩惱障斷亦隨麁細，即可知已。

謂十地修道等下，明隨所知障斷，煩惱障麁重雙斷之所由。修道者示俱生二障雙斷義，修道所習法空觀細故，必帶人空觀，所以所知障種斷捨，麁重必捨，其麁重斷，煩惱麁重雙斷，能斷觀智必帶人觀故。

問：何故法空觀細必帶人空耶。答：深必兼淺，淺觀不兼深細，生空不云帶法空觀。秋篠云：問：若起法觀必帶人者，亦應斷法執必兼斷生執。解云：見理斷惑，其義爲異。見理唯由解，解深必達淺，斷惑由作意，斷細未必麁。

問：斷惑由作意，解起惑不斷，亦應由作意、解不起惑斷。解云：無如是義。

問：若爾，解起惑不斷，亦應無此義耶。解云：由悲願資故，有解起不斷惑也。解既全不起，則誰資得斷。唯空作意言我斷惑而斷惑，應無理故。已上《秋篠抄》。

章三、三慧者至三慧皆能。《抄》曰：十文之中，三、三慧斷障。此中四文，此文即初標牒總釋。

三慧皆能者，聞、思、修中，能伏在聞、思二，能斷唯在修，是大乘義也。三俱有能，義云智能也。

章勢分力伏至在聞、思位。《抄》曰：四文中，二、明能伏唯聞、思二慧。伏有二種，一、勢力伏，二、加行伏。聞、思雖散，顯現善慧，不善惑自不起，云勢力伏。是在散心，非定中伏故，云非正觀伏也。正觀者，無漏觀，若正觀伏，必居定中爲四道伏[三九]，此唯修慧。然於欲界，以麁心攝斂心，坐禪等亦伏煩惱，此是唯在聞、思，非修慧位，此云勢力伏也。二、加行伏者，菩薩有漏、無漏四道皆能中有加行伏，二乘無加行伏，如前已辨。

章若能斷道至止觀智故。《抄》曰：四文中，三、舉證明斷唯修慧。

若能斷等者，若爲正能斷，斷惑種唯在修慧。《攝論》説爲等者，舉修慧斷惑證也。《世親攝論》第六十二丁。所舉無著本論曰：復次爲何義故入唯識性。由緣總法出世止觀智故[四〇]，由此後得種種相、所緣。識能緣。智故，爲斷及相阿賴耶識諸相種子。乃至廣説[四一]。又《無性攝論》六十二丁。所舉本論文全同前，兩《釋論》意稍同，《無性釋》尤委曲。又舊《攝論》云：奢摩他、毘鉢舍那智緣總法爲境，刹那刹那能破壞諸惑聚。云云。秋篠用之。今云：舊譯所言刹那刹那破惑所由不明，須據《無性釋》意解能斷唯修慧也。

章《十地經》云至非是欲界。《抄》曰：四文中，四、會違文，明無漏義説二慧皆能伏、斷。

《十地經》云等者，《十地經》中法雲地文，《世親釋論》第十一卷十四丁右。有此本經文。其經文云：法雲菩薩於無量大法，明大法、照大法，而於一念間[四二]皆悉能受、能堪、能思、能持。云云。今謂：經中就極位説法雲，今章主意，理實八、九二地，任運無功用地，隨分亦能爾故，以理引文云第八地等，是舉初顯後意。能堪者修慧，能思者思慧，能持者聞慧，以皆言彰生一慧，餘二慧同一念生，是即義説。

《天親釋》云等者，世親菩薩釋經於一念間皆悉能受、能堪、能思、能持文也。彼釋具文云：於中起信故云受，受所説字句故言堪，以能取義故云思，彼二攝受不失故云持。云云。

即是三慧者，聖智迅速任運無功用故，於一念慧又分爲三，實無別體故。今云：即是言，一念慧即是三，三亦即一念慧，此今云即是三慧。

真、俗雙行者，真是無別，俗即有別，謂於定中修慧，有別三慧與無別一念慧雙現行故，非有別三，一念慧也。非不有別。是即絶言聖智顯現，云何非不有別。謂雖一慧，一刹那中能取解教而尋求義爲，名爲聞慧，能深籌度，先理後文，名爲思慧，於此二中，能證明顯，名爲修慧。如是三慧，於一念慧生起無別，故云義說，是《釋論》意。

義說故能者，於一念中，有能堪、能思、能持生，唯義說三，非實有三能體。由是能伏、能斷，於一念慧生起，是亦義說。一念能伏、能斷，以理可知。

何妨聞、思等下，章主以理立無漏聞、思上具修慧能斷，修上亦具能伏之義故，云何妨也。

餘人不能等者，謂七地已前有功用行人無義說三慧生，故今云除八、九、十三地人，餘人不能以漏七地已前義說聞、思不能仕(四三)斷也。也。此義說三慧伏斷，但在第四定爲依起無漏定，下三定及欲界散心不爲依起，今云此在上地非是欲界也。

章四、三智者至如前已辨。《抄》曰：十文之中，第四、三智斷障。此中三文，此文即初總明也。三智者，加行、根本、後得三智也，於此三智，論伏、斷之有無，有大小乘異義。古道基法師云：薩婆多與《成實論》同計，斷結之智，雖不說加行智名，然對治智，正當三智中加行智，非正體、後得。今大乘宗，伏通三智，斷非加行。已上古師義。今謂：章主所言亦同。秋篠云：問：若加行智唯伏非斷者，何故《對法論》云加行是斷對治等耶。答：隨修斷道漸伏惑故，故名之爲斷，非云正斷故不相違。問：若爾，八地已上，即於二智義說加行，今就別體說非斷道，亦無相違。

漸頓有殊者，既伏通加、根、後三智，斷但

在根、後二智爲非加行，若爾，三智能伏如何有殊耶。謂加行伏但是漸伏，根、後無漏智伏，通漸、頓二伏，是云漸頓有殊也。

問：漸、頓二伏相何別。答：《成唯識》十説能伏道曰：加行、根本、後得三智，隨其所應漸、頓伏彼。云云。秋篠《肝心》云：根本、後得伏已更起名爲漸伏，一伏不起者名爲頓伏。云云。

如前已辨者，此章初二丁。具辨。

章《佛性論》云至名無生智。《抄》曰：三文中，二、會違。

《佛性論》云等者，此正舉違文，第三《總攝品》取意引文。此論天親菩薩造，真諦三藏譯，有四卷，彼論文曰：拔除梨耶識中一切生死果報，依阿梨耶識爲本故，未離此識，果報不斷。於法身中，由兩道故二世滅盡，故説拔除。解云：言兩道者，一、無分別智能拔除現在虛妄，能清淨法身即名盡智。二、無分別後智能令未來虛妄永不得起，圓滿法身，即無生智。拔者，清淨滅現在惑。除者，圓滿斷未來惑故名拔除。今取大意引之，故文段異。又《纂》中解云：依唯識正義捨斷果報，共解脱道故，此中拔除本識，依盡、無生。雖《瑜伽》等云盡、無生智通出、出世，今就一相初起盡智，無分別後起無生名後得智，不違諸文，何煩和會。云云。已上《秋篠抄》解釋也。

章此依斷迷至不須和會。《鈔》曰：會違中，此文正會章主文。

此依斷迷等下，與會釋文。此謂指《佛性論》文。

依斷迷理者，見道斷惑。迷事者，修道斷惑。初、後大位者，初言指初見道，集因斷故，苦果不生。真見道位，是現在故，真智起，迷理集因惑斷，是名盡智。相見道位，是未來故，增長智起，苦果不生，是無生智。後言指修道位，而復初言，真見道根本智，後言相見後得，亦修道位根、後名初後位，悉有斷惑功用。

判此二智者，《佛性論》説：盡、無生二智，爲丁[四]切根、後二智。

論實等二句，結與會意。

又非典據等二句，此奪釋文。《周記》云：此

《佛性論》中義，與諸教有相違故，云非典據，翻譯家加增文，名非典據。云云。秋篠云：《佛性論》中雖有此文，勘梵本無此説，故知真諦所量非正論文，故不須會。云云。已上秋篠。

章五、四念處至成相違也。《鈔》曰：十文之中，五、四念處斷障。

四念處者，新譯云四念住，如《瑜伽》《顯揚》十九卷十八丁已。《雜集》第十初丁已下。身、受、心、法爲所緣境，欲勤、策勵、勇猛、不息正念、正知及不放逸，是能修習心差別，念、慧二心所爲能觀體，與念、慧法相應心、心所，爲念住助伴也。

大乘雖不作等者，《周記》釋云：大乘無文作四念處而斷於惑，法念名通，以理而言，得此法念而斷於惑。小乘宗中，總緣四諦名法念處，別觀於苦，實以爲苦，名受念處。今文(四五)乘者，觀於苦等非苦非不苦，不定執一，名之爲總，與彼不同。云云。今云：此《周記》釋雖無違害，云大乘無作四念處而斷於惑之文，恐爲不穩。讀大乘論文，《顯揚》《對法》等中説身、受、心、法各別影像隨觀，亦説各別斷捨所治，不可云大乘無文。故今章文無文之字，但云雖不作念處行相，此文意説大乘論中説四念住觀行及斷惑相，約身、受、心、法之四各別行相之觀稍少，總合身等四説能習、所習助伴等相尤爲多，《瑜伽》《顯揚》《對法》尤爾。

然道理是等者，此文意云：雖不作念處各別行相，然大乘所觀道理，身、受、心、法四與一切法，非別非不別，是絶言境，諸法法體，真實道理，即法念處之總緣念處，應云非別相念處觀行，故云非別相也。

總緣法觀等三句，明總緣法觀是能對治。

諸文同故者，大乘者説初、念身三種，一、念內身不淨，二、念身似清淨，如身皮分，三、念身分變壞不淨，如死後青瘀等身分。二、念受三種，苦、樂、捨三。三、念心三種，樂等三受相應一切心、心所法。四、念法三種。一切善、惡、無記三性諸法相。如是四三種影像隨觀，與所觀事同分類名影像，與其影像相似聞、思、修三所成慧云隨觀，與其慧俱念力故。由念力故，念法無迷無惑名念力住，是大乘四念住修觀相，如《顯揚論》第十十八丁。説。又四念住斷惑相，亦俱斷九種障，三雜染、三所愛、二隨惑，非四念各別有斷障，是亦同論同處說也。又小乘者說身、受、心、法並慧爲體，觀身不淨，觀受無樂，觀心無常，觀法無我，是爲修相。《秋篠抄》以此修相爲大小乘通修相，《對法論》第十雖有如是修相說，此隨轉理門，《顯揚》所說，應爲大乘實義。又小乘說斷惑相，《婆沙》《俱舍》《雜心》等云：四念處中，以法念處斷諸結使，非餘三處。修慧中具四念，彼法念處能斷煩惱，總境界故，非餘念處，事境界故。已上薩婆多說。亦《成實論》中，雖不說一一念處治如是煩惱，然彼論云念斷假名心惑，當知四念處俱斷煩惱。已上《秋篠抄》中所舉取意。大乘宗中說斷惑相，如《攝大乘論》中。《無性》第三九丁已下。彼論曰：復次，云何一切種子異熟果識爲雜染因，復爲出世能對治彼淨心種子。又出世心昔未曾有，故彼熏習決定應無，既無熏習，從何種生。是故應答從最清淨法界等流正聞熏習種子所生。云云。《無性釋》云：最清淨法界者，諸佛法界永離一切客塵障故。言等流者，謂從法界所起教法無倒聽聞如是教法故名正聞，依此正聞所起熏習，是名熏習。即此熏習能生出世無漏之心，名爲種子。如是種子，非阿賴耶識，是未曾有故。論曰：此中依下品熏習成中品熏習，依中品熏習成上品熏習，依聞、思、修多分修作得相應故，此正聞熏習種子下、中、上品應知，亦是法身種子，與賴耶違，非賴耶攝，是出世間最淨法界等流性故，雖是世間，而是出世心種子性。又出世心雖未生時，已能對治諸煩惱纏，及諸嶮惡趣，已對治一切惡業令朽壞。又能隨順逢事諸佛菩薩，雖是世間，《無性釋》云：似有漏故。應知初修業菩薩[四六]所得，亦法身攝，聲聞、獨覺所得，唯解脱身攝。又此熏習非阿賴耶識，是法身、解脱身攝[四七]，如如熏習下、中、上品，次第漸增，如是如是異熟果識次第漸減，即轉所依。既一切種所依轉已，即異熟果識，及一切種子，無種子而轉，一切種永斷。《無性釋》云：即轉所依者，如服仙藥轉所依身，集無命終受生，而有捨劣得勝無種子而轉者，應知異熟果識，唯無一切雜染種子，是故説斷一切種永斷者，一切種子品斷故。云云。今云：大乘所説斷惑，如如熏習，依聞、思、修增長所得永斷應知。《顯揚》所説諸念住影像隨觀，由念力故，念法如如無惑，熏習永斷，是即今文所云總緣法觀，能斷諸惑者是也。

諸文同故者，小乘教總緣四諦觀名總緣念處，大乘教於一念一法觀一切法，同時同處、非即非離、絶言緣起，如如體相，是名總緣法觀。但於四諦，總緣斷惑，與一切法如如總法觀斷惑，大、小二教所詮法體，雖有差別，所由能詮教文同，云總觀斷惑故。彼於大乘不生疑惑，爲益彼等，於彼能詮近我宗處，説絶言如如法性也，是今取諸文同之旨趣也。

空無我觀等者，大乘立總緣法觀能斷諸惑之理，謂小乘宗亦言空無我觀能斷諸惑，總緣諸法作空無我觀故，但别緣苦諦空無我智，非能斷惑者。我大乘《對法論》等，亦皆唯緣總法觀能斷諸惑，故今云大小乘諸文同。

不爾唯苦等者，正立理文。若不前來如所言説，唯苦諦上别緣空無我智能斷惑者，即違自他所據論文，故云不爾唯苦成相違也。又《周記》釋不爾唯苦成相違也二句云：不非總緣名爲法念，不同小乘等緣於苦等實爲苦等，故云成相違也。大乘通一切法，以安立、非安立不作總緣，闕一切法如如非安立諦也。若强爾，則應成與無上大乘施設建立，於緣絶言真如之無分别慧之誠言相違也。已上《周記》取意。今云：《周記》所釋尤優也。

藥師寺三松院法相大乘末學釋基辨。生年七十三歲。

大乘法苑義林章師子吼抄卷第十三終

寬政第二歲次庚戌臘月二十一日，於南都興福寺蓮成院對屋寓居越年之砌，拭老眼筆記之竟。解釋若有過失，俟後之君子而已。願以此少善，臨命終時心不顛倒，一切諸佛現安慰，願共諸衆生速得往生都史内衆面見慈尊。

回向無上大菩提，回向四恩法界海。

校勘記

〔一〕「邊」，疑爲「遍」。

〔二〕底本原校云：「原本冠註曰：緣彼者善等，謂有煩惱緣彼有漏善等法生，若斷能緣煩惱，說境緣境名得斷也。」

〔三〕「滅」，底本原校云甲本作「誠」。

〔四〕底本原校云：「原本冠註曰：非擇滅者，衆緣不具，於此時中畢竟不生，非永不生。」

〔五〕「因」，底本原校云甲本作「同」。

〔六〕「力」，底本原校云甲本作「念」。

〔七〕底本原校云：「原本冠註曰：《對法論》前文云由七種作意證入初靜慮乃至非非想，云何證入初靜慮時由七種作意。謂如次由定地作意。《對法論》全文云：謂由定地作意見欲界中過患等故，了達麁相，初靜慮中此相無故，名爲靜相，是名了相作意。」

〔八〕「聞」，底本原校云甲本作「間」。

〔九〕底本原校云：「原本冠註曰：從此已上，《對法論》全文云：如是作意猶爲聞、思之所間雜，從此已上超越聞、思，一向修相，修慧緣麁靜相以爲境，思、修止觀數數思惟，如所尋思麁、靜性、相名勝解作意。由修習此故，最初斷道生彼俱行作意，名遠離作意。云云。」

〔一〇〕「鈔」，底本原校云甲本作「鉢」。

〔一一〕底本原校云：「原本冠註曰：彼地無故者，今云無色界無毘鉢舍那菩薩故。」

〔一二〕底本原校云：「原本冠註曰：聞等助修，《三慧章》引《顯揚》十七說十八智云：據實現觀體唯修慧，聞等助修，五現觀攝。」

〔一三〕底本原校云：「原本傍註曰：《勝鬘經》說厭苦求滅智，究竟唯修，方便通聞、思二。云云。」

〔一四〕「聞」，底本原校云甲本作「間」。

〔一五〕底本原校云：「原本冠註曰：不辨別名遠近之所由，但引《對法》成伏、未伏，而云三慧斷有別。」

〔一六〕底本原校云：「原本冠註曰：修爲三慧果。意云：勝爲劣因之果，故修謂修慧，三慧之中尤勝，是定力故。爲三慧果者，此劣三慧，劣聞、思、修，三慧爲因，勝修慧果顯現，故云修爲三慧果也。」

〔一七〕底本原校云：「原本冠註曰：思爲二慧果。意云：思謂勝思慧，以劣聞、思二慧爲因，勝思慧果顯現，故云思爲二慧果也。」

〔一八〕底本原校云：「原本冠註曰：聞爲一慧果。意云：聞謂勝聞慧，以劣聞慧種勝聞慧現，故云聞爲一慧果也。」

〔一九〕「鹿」，底本原校云甲本作「麁」，下二「鹿」字同。

〔二〇〕「揚」，疑爲「攝」。

〔二一〕底本原校云：「原本冠註曰：有義初以等者，今云：此第二有義也。與初有義如何有別。答：初有義以三慧、三作意（了、遠、勝三）爲加行道，其中以遠加行三慧，了、勝二作意爲未伏惑，但於其三慧加行道中，以近加行修慧遠離作意爲能伏惑。此初有義意也。又後有義意，謂於三慧中，以聞、思二慧爲加行道，其加行道後念入修慧時，與見道無漏作無間隔，故雖加行道，後念名爲有漏無間道，能以修慧伏惑故。又云：初有義立初、二作意未斷第二。有義初、二作意立一分伏也。」

〔二二〕底本原校云：「原本冠註曰：伏初三品等。今云：等言等取第四攝樂作意伏中三品，後觀察、方便、究竟同果作意伏後三品之文。」

〔二三〕底本原校云：「原本冠註曰：斷初三品。《周記》釋云：七作意伏九品惑，初三作意伏初三品，第四作意伏中三品，後三作意伏後三品。云云。比《瑜伽》三十三文意如《義燈》五末二十六左。今私問：《燈》中云遠離作意無間道，何故初師云遠離作意加行道。又第二有義遠離作意爲何道。云云。答：《燈》意第二師意相同，云後入修時即無間道，是即遠離作意故。以第二有義爲勝。」

〔二四〕「貴」，底本原校云甲本作「實」。

〔二五〕底本原校云：「原本冠註曰：有、無漏四道。《成唯識論》第十（六丁已下）云：能伏道謂伏二障隨眠勢力，令不引起二障現行。此通有漏（六行智及有漏信解智力）、無漏，加行、根本、後得三智隨應漸、頓伏彼

（有漏、無漏加行智漸伏，無漏根、後二智頓伏）。能斷道謂能永斷二障隨眠（種子），此（能斷）道定非有漏（三道）。加行（無漏）有漏曾習相執，所引未泯相故。加行（無漏）趣求所證，所引未成辨故，不能斷惑。云云。本疏十末（二十三已下）已下委釋。又《了義燈》七末（八丁已下）以九門料簡，一、出體，二、釋名，三、作用，四、依界地，五、漏、無漏，六、攝對治，七、約修辨，八、四差别，九、因果殊，廣釋如彼。」

〔二六〕「來」，底本原校云甲本作「束」。

〔二七〕底本原校云：「原本冠註曰：如明與闇爲其法體，非明非不明，非闇非不闇，是離言説緣起也。」

〔二八〕底本原校云：「原本冠註曰：奢摩他，《對法疏》一云：奢摩他者，此翻爲止，即等引位（定七名之中一），略有九種（又名九行），謂内攝心令住、等住、安住、近住、調順、寂靜、最極寂靜、惠住、一趣、平等攝持文。」

〔二九〕底本原校云：「原本冠註曰：毘鉢舍那。同云：毘鉢舍那，此翻爲觀，謂簡擇法，極簡擇，普遍尋思，周審觀，略有四種，如下第十卷説。」

〔三〇〕底本原校云：「原本冠註曰：未現在前。景師云：不現證智云未現前，即非現量，但此度，但遠隨順涅槃文。」

〔三一〕底本原校云：「原本冠註曰：同分相似。所知事云同分也。」

〔三二〕底本原校云：「原本冠註曰：《無性釋》一釋云：增上慧學者，此性即無分別智，對治一切戲論。此中加行無分别智，根本依止即此根本無分别智，後得依止。云云。」

〔三三〕底本原校云：「原本冠註曰：同八釋云：其加行慧依根本學，其根本慧依後得學，其後得慧依二無間而起修學。何等名爲增上慧學。謂無分别智。云云。」

〔三四〕底本原校云：「原本冠註曰：《世親釋》八釋云：無分别智名增上慧。此復三種，一、加行無分别智，謂尋思慧。二、根本無分别智，謂正證慧。三、後得無分别智，謂起用慧。此中，希求慧是第一增上慧，内證慧是第二慧，攝持慧第三增上慧。云云。」

〔三五〕底本原校云：「原本冠註曰：此用最猛者，思惠能生修之用，最猛利也。爲勝以觀一切行無常，或一切法真如等共相之用。思慧尤勝故，偏立思現觀。見道等雖不廣分別法，緣真理故，立爲現觀。《伽》七十一說：煖等非現觀，是等流故。云云。」

〔三六〕「退」，疑爲「現」。

〔三七〕底本原校云：「原本冠註曰：後得智雖有分別，智緣非安立無分別智，故云後得無分別智。」

〔三八〕「不」，底本原校云甲本後有「觀」字。

〔三九〕底本原校云：「原本冠註曰：爲四道伏。正觀伏時即在定中，爲四伏道也文意。」

〔四〇〕底本原校云：「原本冠註曰：由緣總法者，《無性釋》云：緣一切法總相所顯真如爲境，謂大乘教中所說一切皆真如爲性故，緣如即解了一切法性如。不爾，雖經多時，無分別智亦應不生。○出世者，是無漏故，無分別故。○止觀智故者，由三摩呬多無顛倒智故。」

〔四一〕底本原校云：「原本冠註曰：種種相識者，謂安立諸法因性、果性、有上、無上等，即是所取、能取分義。○爲斷及相阿賴耶識諸相種子者，爲斷阿賴耶識中似色等相諸法種子及能熏相，此即說斷種子因果（已上《無性釋》），乃至廣說。」

〔四二〕「聞」，底本原校云甲本作「問」。

〔四三〕「仕」，底本原校云甲本作「伏」。

〔四四〕「丁」，底本原校云甲本作「一」。

〔四五〕「文」，底本原校云甲本作「大」。

〔四六〕底本原校云：「原本冠註曰：初修業菩薩，《無性釋》云：法身攝者，解脱一切煩惱、所知一障縛并諸習氣。力、無畏等無量希奇妙功德衆之所莊嚴，一切富樂自在所依，證得第一最自在，隨樂而行。譬如王子先蒙灌頂，少有僭犯，閉在囹圄，纔得解脱，即與第一最勝自在富樂相應。」

〔四七〕底本原校云：「原本冠註曰：解脱身攝者，《無性釋》云：謂解脱身唯永遠離煩惱障縛，如村邑人離枷鎖等所有禁繫，息除衆苦，而無殊勝增上自在富樂相應。文。」

大乘法苑義林章師子頻伸鈔卷第十四《斷障章》之餘。

南都西京藥師大寺法相大乘宗沙門釋基辨撰

章六五忍謂至通斷伏故。《鈔》曰：上來當《章》十門之中，第五、依觀分別門。其中三文之第三，十觀別分別有中，文中第五依四念處斷障別竟。今此標文，第六依五忍斷障分別。

五忍者，如前列名。《唯識章》云：《仁王經》中舊上七丁、新上八丁。位別印可，亦名五忍。云云。忍謂忍可，決定智爲體。其忍可位有五差別，名爲五忍。五忍者，舊《仁王護國般若經·菩薩教化品》所說，三賢十聖諦了別分爲五忍，所謂十住、中[一]行、十迴向、十地、妙覺。十三住中除初種姓住，於第二勝解行住已下，十三住設立五忍，十三住別如《菩薩地》四十七《八住品》中說。又《梵門[二]經》中亦說五忍，其相與今稍違，至別說。五忍同異別明，應當了知。凡此五忍，三品、二品合十四忍具足，是衆生本業，是諸佛菩薩本所修行，是本業清淨化衆生。名本業者，初地菩薩住，有百佛國中，作閻浮四天王，修百法門，二諦王等心化一切衆生乃至廣說，名第一地菩薩住，不可說不可說佛國中，作第四禪王三界主，修不可說不可說法門，如佛境界，盡三界源，教化一切衆生故，一切佛菩薩本業。善男子，是十四忍法門，三世切[三]衆生，一切三乘，一切諸佛之所修習，一切佛菩薩，不由此門，得一切智智，無有此[四]處。何以故。一切佛菩薩無異路故。是故諸善男子，若有人聞[五]諸忍法門者，是人超通[六]百劫、千劫無量恒河沙生生苦難，入此法門現身得報。廣如《仁王經》說。基辨。由此經意，爲教示所修本業，信三寶常住，令住十善道，雖恐繁文，考覈新舊經論，研求諸家所釋，採集五忍法門所說，而後來同志學者勿忽諸。

問：十三住中，取第二住已下説立王〔七〕忍，除初種姓住所由如何。答：初種姓住，於除〔八〕十一菩薩住及如來住，唯有因輕〔九〕攝受彼因，於除*菩薩住，尚未發趣未得未淨，況如來住。未入僧祇分齊，今除此住不攝五忍。於此住中，雖修諸善，性仁賢故爲之，非爲菩提故作也。未名發趣故，不入僧祇也。非如住第二勝解行住中思擇力勝，所作加行，以分別慧，爲令清淨而修正行，普於一切餘菩薩住及如來住雖未得淨，皆名發趣，由是此種姓性不攝五忍。第二勝解行住已下十二住，名爲五忍，具如《成唯識疏》九末十五丁。曰，《瑜伽》四十七意廣明。

伏忍者，《唯識章》云：一、伏忍，在地前伏印故。云云。子島云：釋資糧、加行二位，作勝解行相觀真、俗諦境，漸漸伏除，即可二取故。云云。今云：伏即者，伏二取即二取空也。在除者，是俗即可是真也。今此伏忍，總名勝解行住，以爲十三住中第二住，別立三種性名示三賢別，亦示此伏忍。

在下、中、上三品三種性者，《本業》《梵網》《仁王》等經所説六種性中，但取習性違三爲伏忍。三品之住，所謂十住、十行、十迴向之三賢，如次爲伏忍下、中、上之三品位也。若六種性者，此三品加十地、等覺、妙覺之三爲六種也。若《瑜伽論》四十七《八住品》取〔一〇〕説十三住，與此六種性對見，則此六種，十三住中除第一本性住。今云：除本性住者，於菩薩住及如來住，唯有日〔一一〕轉，攝受彼因，雖修諸善，性仁賢故爲之，非爲菩提故作，尚未名發趣，未入僧祇分介〔一二〕故除之，前已明。勝解行住至如來住之十二住，爲六種性。第二勝解行住，非如本性住，此位思擇力勝，所作加行，以分別慧，雖未得無漏定，非已得有漏靜慮修習，此位不得神變化等，有五畏〔一三〕、三忘失〔一四〕，或具聰慧，爲他説法勉勵而轉，如闇中射或中、不中。或於菩提雖已發趣，而復退捨，或時捨戒，或利有情而生厭倦，利益安樂未廣大無量，於一切菩薩學中，未能普學，菩薩相中，未皆成就，在家及出家二分菩薩正加行中，未等顯現。具如四十七及本疏九末釋。至入初地，此一切相皆無所有，一切相違白法顯現。又六種性名，諸經所説，互稍相違，《梵網經》惡求弟子戒文，説習種性、長養性、不可壞性、道種性、正法性五種，不云六種。又《本業經・賢聖學觀品》説六種性，一、習種性，二、性種性，三、道種性，四、聖種性，五、等學性，六、妙學性。又同經説佛子六入法門，所謂十住、習。十行、性。十迴向、道。十地、聖。無垢地、等。妙覺地。又《仁王經・教化品》説，伏忍三品下、中、上，如次名習種、性種、道種，十地已上不説種性，但説信、順、無生、寂滅四忍，十地已上至如來位。又《梵網經》中別説四名，亦立五種性名，一、十發趣，即十住位，是名習種性，謂自初發心住，有順趣諸菩薩住及如來住之意樂故，名十發趣。復從順趣心現行熏發習修故，爲習種性。二、十長養，即十行位，是名長養性，初長養聖胎故。聖胎者，法爾無漏種子，至十行位，一一習修長養法爾無漏種子，是四修中得修故，名十長養，亦爲長養性。三、十金剛，即十迴向位，是名不可壞性，謂此位中，其心堅固，觀無相平等回向一切，如金剛故名小金剛，云不可壞性。又此十迴向中，第十迴向漏心四加行位，名道種性。此曰加行觀，能引是道無漏故名道。道謂無漏，四加行位未現行唯云種性，其種性能引現行無漏心故，名道種性也。又自初地見道至如覺位名正法性，一切真如云正法性，十地、等覺、妙覺，俱住真如境故。《本業經》〔一五〕唯是開合，其意可知，如次具明。一、習種性者，伏忍下品，三賢中十住位也。十住者，一、發心住。謂此位菩薩創首發金剛堅固大菩提心故。二、治地住。謂此位菩薩淨治三等〔一六〕悲及有識也。《本業經》下四常修空心，淨八萬四千法門，清淨鮮白，故名治地。三、修行住。此位菩薩修勝理觀起上如〔一七〕行故。同經曰：長養一切行，故名修行也。四、生貴住。此位菩薩從諸聖法正教中生故。曰生在佛家，種姓清淨，故名生貴住。五、方便具足住。此位菩薩所修善根皆爲救物故。量善根故名方便具足。六、正心住。此位菩薩，所聞讃、毁心定不動故。同經曰：成就第六般若故名正心。七、不退住。此位菩薩明説三寶三際有無，心堅固不動故。同經曰：入無生畢竟空界，心心常行空、無相、無願，故名不退。八、童真住。此位菩薩三業清潔，悟二世間，真簡僞虚，童表無垢，亦猶温繫嬰兒之行也。同經曰：從發心住不生倒，不起邪魔，不破菩提心，故名童真。九、法王子住。此位菩薩解真、俗諦，悟法王法將有所襲故也。同經曰：從佛王教中生解，當紹佛位，故名法王子。十、灌頂住。此位菩薩如生大字，堪受王位，行漸勝故。同經曰：從上九觀空得無生心最上，故名灌頂也。已上十住菩薩，在此創首安其心，於六度等行未殊勝，但得住名。《本業經》下説：行十信心，信三寶常住，八萬四千般若波羅蜜，一切行一切法門，皆習受行，常起信心，不作邪見、十重、五逆、八倒，不生難處，常值佛法，廣多聞慧，多求方便，如入空界住空住位，故名爲住。空理智心習古佛法，一切功德不自造，心生一切功德故，不名〔一八〕名爲地，但得名住。云云。又《梵網經》中説：此十住位，亦名十發趣，謂發起順趣心故，名爲發趣。云云。此十住位，四十七説十三住中，第二勝解行住，初位以一切佛法無漏種子有漏，隨順一切現種功德爲性，起順趣心故名十發趣。四十七説住第二勝解行住中，普於一切餘菩薩住及如來住皆名發趣故。已上四十七論文。

問：若爾，何故但十住名發趣，於除〔一九〕十行、十迴向、十地不名發趣耶。答：此十住位，創起順趣心故，别名十發趣也。若初住中不發趣心，應無於餘九住發順上地心趣求慧。若十住無順趣不安住心，則應無次十行，無次十行則應則無迴向，一切心若復如是，應三賢加行無，則應入見道無漏智不顯現，則等、妙覺何時得顯。是故所餘行、向、地位就修習勝增進有功用，别以與彼彼名也。但此十住發順趣心爲修習相，仍但此位名發趣也。復次，此十住初發心住位，有十信心名住内十信，一、信心，二、精進心，三、念心，四、定心，五、惠心，六、施心，七、戒心，八、護法心，九、願心，十、迴向心也。由是《仁王經》中說：此於三寶中生習種姓十心。列舉此十信名，以初發心甚難，離出舉名云習種性十心，亦名住内十信也。又《本業經》上卷。說住前十信列心名，如右文，舊譯經論以爲依據，學者多是云輕毛，十信有實退隨〔一〇〕故，住内十信無真實退，但有攝退，住前十信非三賢攝，未入僧祇分也。同經下卷。說有退與不退曰：佛子，發心住者，此人從如具。云云〔一一〕。凡夫未識三寶聖人，未識善惡因果，一切不識、不解、不知。佛子，自不識始，凡夫值佛菩薩，於教法中起一念信，便發菩提心。此人爾時住前名信想菩薩，亦名假名菩薩，亦名名宗〔一二〕菩薩。其人略行十心，所謂信心、念心、精進心、定心、惠心、戒心、迴向心、護法心、捨心、願心。復有十心、十善戒、五戒、八戒、十戒、六度戒。此人復行十善，若一劫、二劫、三劫修十信，受六天果報。十善有三品，上品鐵輪王，化一天。中品粟散王，下品人中王，具足一切煩惱，集無量善業亦退亦出。若值善知識修學佛法，若一劫、二劫方入住位。若不爾者，常設不出，住退分善根。云云。又同經上卷六丁。說自住前行十信入初位相曰：所謂初發心住，未上住前有十順名字，菩薩常行十心，所謂信心、念心、精進心、定心、惠心、戒心、迴心、護法心、捨心、願心。佛子，修行是心，若經一劫、二劫、三劫，乃得入初住位中。住此位中增修有〔一三〕法明門，所謂十信心心各有十故，修行百法明門，當發無量有行、無行大願，得入習種性中，廣行一切願。云云。又同經：上卷八丁。住是住中發大願已，過外一切凡夫行十信者，令復修行無量功德，所謂十波羅蜜，三空無相、無願、無作空觀成就，即除我人主者，衆生漸捨諸見四倒，三界繫縛無明漸破，伏斷一切業習故，厚集一切善法，八萬四千般若波羅蜜，一切法門攝我心中，念念不去心。又有十不可悔戒，應受應持。廣說十重禁戒。佛子，失發心住法，乃至妙覺地，一切皆失。是故此戒十重禁戒。是一切佛、一切菩薩行之根本，若一切停(二四)一切菩薩，不由此十戒法門得賢聖果者，無有是處。是初住相，習種性中第一人，如是餘九人法行，漸漸增廣乃至九住、十行、十迴向、十地、無垢地，亦漸增廣不可思議行。云云。由是同經下卷初丁。説初發心住是進聖種性上進分善根人，曰：佛子，發心住者，是上進分善根人，若一劫、二劫、三劫，一恒、二恒、三恒，佛所行十信，信三寶常住，八萬四千般若波羅蜜，一切行一切行一切法門，皆習受行。云云。由是復同經下九丁。説，初發心住所行十信，漸漸增廣，至餘九住、十行、十迴向、十地、無垢地故，初住十信名是上進方善根，曰：佛子，法門者，所謂十信心是一切行之根本，是故十信中一信心有十品信心，爲百法明門。今云：是十住位增廣之相。復從百法明心中，一心有百心故，今云：一信心起處，十住修習時，十心一一心有一信心，無餘九心同時處起，則名信心者。故十心同時生，九心一一起餘九心，同時故，一一心爲百法明門。今復入十行時，一心百心，是生十心上，宛然百心有十故，自是爲千法明門，是增心增廣相。爲千法明門。今云：已上十行增進、增廣相。復從是千法明心中，一心有千心，爲萬法明門。已上十回向位增進增廣相也。如是增進，至無量明轉轉勝進上上法，今云：自初地至等覺位，是轉轉勝進上上法也。故爲明明法門，百萬阿僧祇功德一切行盡入此明門。云云。今云：十信中一信心，餘九心同時處具足，如云信三寶常住，此三寶中，先信佛寶，佛三身同時信。次前三萬法明門有三，而地愛(二五)用報身十地所見各別，若信是爲三億法明門，佛德不可計量故，云阿僧祇功德菩提。又同經下十八丁。説自地前勝進初地上法相曰：中道第一義諦心，念念寂滅入萬法明門，從十信乃至十迴向，自然流入平等道，無得一相真實觀，一照相入初地道。云云。已上辨住前假名菩薩所修十信，與住内菩薩所修十信差別竟。

又假名菩薩受世間果報修習十信，由十善化衆生，由舊譯説，如前已辨。今略辨住内菩薩爲救世間衆生所受世間果報，謂入住内衆爲習種性第一人，時《仁王經》中説習種銅輪二天下，《本業經》上九丁。亦銅寶，《瓔珞》菩薩字者，所謂習種性中有十人，其名發心住菩薩乃至灌頂菩薩，銅輪王一百福子爲眷屬，生一佛國，受佛教行化二天下。云云。是十住菩薩世間果報化衆生相。又諸佛菩薩有世間、出世間二種果報，至次下自可知。

二、性種性者，即是中品伏忍三賢中十行位，亦名十長養。《仁王經》説銀輪三天性種性，《梵網經》説長養性，古來會兩説云：性謂法爾無漏種，即聖胎也，故云性種性。《仁王經》説：一切諸佛菩薩，長養十心爲聖胎。太賢《古迹》云：長養性，即十長養性，漸增長故是也。已上《古迹》。《仁王經》説：性種性，就所長養云性，雖未現行，有漸長用也，能長養十心，如次其〔二六〕明。又《仁王經》偈説：伏忍聖胎三十人，十信、十心、十堅心，三世諸佛於中行，無不由此伏忍生。十行者，此位菩薩行六度等，所行勝故名行。入道次第。《本業經》説：佛子，從灌頂心第十住心。進入五陰法性空位，亦行八萬四千般若波羅蜜故名中伏忍中品。十行。云云。云何是十行位之行。云何名差別。謂一、歡喜行。此位菩薩，爲大施至一切能捨，三時無悔，愍生慕法時者歡敬，故名歡敬。今云：此位菩薩作布施波羅蜜相也。《本業經》説：佛子，説中如入法空，不爲外道邪論所倒，入正位故名歡喜。又説：此行所修云正勤，爲自得一切種智故。二、説〔二七〕益行。此位菩薩常持淨戒，不染五欲，能令伏衆魔，一切衆生，立無上戒得不退地，故名饒益。今云：此位菩薩行戒。《本業經》説：佛子，得常位法化一切衆生，皆得法利衆（婆〔二八〕羅蜜之相也）生，故名饒益。又説：所行云四如音心〔二九〕足（念、精進、定、惠也）。三、無恚行。此位菩薩常修忍辱，謙卑恭敬，和顏愛語，不害自他，悟身空寂，怨對能忍，故名無恚。今云：是此位行。《本業》説：佛子，於實得法忍，無我、無我所，故名無恚。又説：所行。云云。謂信等五根爲願無畏，是故爲信等五無相觀也。四、無盡行。此位菩薩設歷多劫受諸劇苦，求法濟生，念念不息，故名無盡。今云：是此位行精進波羅蜜之相也。《本業》曰：佛子，常住功德現化衆生故名盡。又説：此位所觀曰謂求三寶是[三〇]足五分法身觀也。五、無癡亂行。此位菩薩常住正念，恒無散散[三一]，故名無癡亂。今云：是此位行。《本業》曰：佛子，命終（禪那波羅蜜之相也）之時，無明鬼不亂不濁，不失正念，故名無癡亂。又説：此位所觀曰謂爲化一切衆生，作八正道不二合相之觀也。六、善現行。此位菩薩善入人、法華[三二]無性相，三業寂滅，無縛無著，而復不捨化衆生心，巧能隨類現生救物，故名善現。今云：是位此行般若波羅蜜，自般若起方便之相也。《本業》曰：佛子，生生常在佛國中生，故名善現。又説：所觀法曰謂爲得大慈悲觀七學分相爲所修也。七、無著行。此位菩薩歷諸塵剎供佛求法，傳燈度生，心無厭足，然以寂滅觀諸法故，而於一切心無所著，故名無著。今云：由般若波羅蜜修度生方便行。《本業》曰：佛子，於我、無我乃至一切法空，故名無著。又説：所觀法曰爲得四無礙觀吾善根，謂正觀煙觀忍觀三界空，第一觀修此五觀。八、尊重行。此位菩薩尊重善根知惠等法華悉成就，而由得此諸尊重法二利之行，更增修習，故云尊重。今云：此亦由般若生度生惠之行。《本業》曰：佛子，三世佛法中，常敬順，故名尊重。又説：此行所觀法曰入一切佛國中行故，所謂四化，法辨、義辨、樂[三三]説辨，此四名惠性。照一切法無生，入第一義諦中行故。九、善法行。此位菩薩得四無礙陀羅尼門，諸善惠法能爲衆生作清涼池，守護正法，佛種不絶，故名善法。今云：此亦四般若生度生惠爲行。《本業》曰：佛子，説法授人動成物則故名善法。又説：所修行云，佛子，爲於一念中照一切法故，所謂三世十二因緣，過去二無明、諸行，現在識、名色、六入、觸、受、愛、取、有，未來生、老死，皆假會合成性，不可得故，是爲觀行。十、真實行。此位菩薩成就第一義諦之語，學三世佛真實之語，習亡行無二之語，如説能行，如行能説，語行相應，色心皆順，故名真實。今云：是亦由般若生后得智之相也。《本業》下曰：佛子，二諦非如、非相、非非相，故名真實。又上卷説：此行所觀，曰佛子爲自在轉大法輪故，所謂菩薩三寶，是爲所觀菩薩。爾時於中道第一義智爲覺寶，是佛寶也。一切法無生，動與則用爲法寶。常行六道，與六道衆生和合故爲僧寶。轉一切衆生流入佛海故，是爲所觀也。已上十行菩薩，專由般若波羅蜜修六度等餘波羅蜜諸行長養聖胎之相也。《仁王經》説：能長養十心，曰一切諸佛菩薩長養十心以爲聖胎，次第起於乾惠性種性，有十種心所，謂四意心，身、觀不淨。受、觀苦。心、觀無常。法，觀無我。三意心，慈、無瞋。施、無貪。惠，即三善根也，三意心，所謂三世忍，過去因忍，現在因果忍，未來果忍。合十種心，四念住、三善根、三世忍，此即能長養心。是菩薩亦能化一切衆生，已能過教人知，是等想及外道倒相所不能壞。今云：身、受、心、法，如次一、二、三、四之行。施、慈、惠，如次無貪、無瞋、無變，即五、六、七行能長養。過去因忍，第八行能長養。現在因果忍，第九行能長養。未來果忍，第十行能長養。合名十長養心，是能長養也。又此十行菩薩，世門果始化王，偈曰：銀輪三天性種性。云云。《本業經》曰：銀寶瓔珞，菩薩字者，所謂性種性中有十人，其名歡喜菩薩乃至真實菩薩，銀輪王，五百福子爲眷屬，生二佛土，受佛教行化三天下。云云。

三、道種性者，即是上品伏忍，三賢之中十迴向位。道種性者，《梵網經》説不可壞性，即十迴向中，初凡迴向全及第十迴向少分，取入、住二心，不取滿、小。次説道種性，即第一迴向滿心四善根位。《古迹》云：不可壞性者，十迴向也，已堅固故。道種性者，順決擇分引聖道故，雖迴向攝别説如常途解。由是《仁王經》十迴向位，皆名道種。云云。又《仁王經》説：復有十道種性地，所謂戒忍、知見忍、定忍、慧忍、解脱忍、空忍、無相忍、無願忍、無常忍、無生忍，此菩薩十堅心作轉輪王，亦能化四天下，生一切衆生善根。云云。又同經偈曰：道種堅德轉輪王，七寶金光四天下。云云。今會兩經所説相違云：不可壞性與道種性，其心體一如何。則非不可壞，則非名道。若非道種性者，不可名不可壞性也，凡十迴向爲修習之狀也。遊心法界，心順如相，寂然不動，一切平等，悉同虛空。若不爾者，不可名不可壞，非不可壞者，不可同虛空如如相迴向，同一切非順如修習心，應不能爲道種性，引發見道無漏智，不能引無漏者，應非名道種性者。既如入道次第釋，地前三十心中前二十九心，全分是資糧位，第三十心入、住二心資糧位攝也。其餘一分滿心，是加行位，名順決擇分。此加行位亦總言第十囘向心攝，前九心不可壞堅心，修習若無，則順決擇心智應不生。由是二性名雖別，其體全同，謂道是無漏，即初地已上名也。此四善根名可壞心，以能引發故，亦名種姓，種姓即種子。道即種性，此種性體持道業用，持業釋也，道體持種姓業用亦得也。已上釋道種性名體已。

十囘向者，囘向，謂遊心法界平等無別，一觀一合爲相，囘因向果名爲囘向。謂此位菩薩，從真實心入衆生空、無我空二空，平等無別，一觀相、一合相，學習百千萬億般若波羅蜜空觀故，囘因向果。復次〔三四〕無量心，不捨不受故，十囘向法如是。云何十囘向菩薩名字。一、救護衆生離生相囘向。此位菩薩，而行六度四揚〔三五〕等法，悉爲救攝一切有情，令離生死得涅槃樂，名救護衆生。入平等觀不見怨親衆生等相，名離生相，故名救護生等。舊《本業》上説：十向所觀云，一、諦二諦正直，所謂學習第一義論〔三六〕，觀一切法相如不可得故，以離生相回向等也。二、不壞囘向。此位菩薩於三寶所得不壞信，同持諸善囘向衆生，令得善利，故名不壞。舊云：二、深第一義智，所謂五神通，是惠性差別用故。天身通、天眼是微細色等，是三世一切法，天耳聞十方聲等，天他心智如一切人心，天宿命通知三世六道命分，以無生智見一切故。三、等諸佛囘向，此位菩薩學三世佛不著生死，不離菩提修囘向事，名等諸佛。舊云：三、淳至，所謂於無生惠中四不壞淨，於佛、法、僧、戒信不可壞故，名等諸佛。囘〔三七〕、至一切處囘向。此位菩薩修習一切善根時，以彼善根如是囘向，分此善根功德之力，至一切三寶之所，一切世界衆生之所，作謂供養利益之事，譬如實際無處不有故，名經一切處囘向。舊云：四、量同神力，所謂生、住、滅三相。諸法本無，假名生。已有還無，假名滅。不空有法，假名住。是故通達一切空而不二，名世諦相，空一諦相故名經一切處。五、無盡功德藏囘向。此位菩薩修悔過善根離一切業障，於諸如來、一切衆生所有善根皆悉隨喜，以此善根皆悉囘向，莊嚴一切諸佛淨刹，常作佛事善巧方便，具諸功德離諸虛妄而無所著，由迴向已得無盡善根，名無盡功德藏。舊云：互[三八]、善計量衆生力。所謂五陰色者，異空色集成大色分故，色相空，刹那刹那成心故。心相空，受、相[三九]、行、識無集無散，一相無相。無相故，名無盡功德藏。六、隨順一切堅固善根迴向。此位菩薩以内、外財隨衆生意而惠施之，見諸苦者，悲以身代，堅因[四〇]安住自在功德，以如是等諸善功德而迴向已，令一切生得大智惠除滅大苦故，名隨順一切堅固等。舊云：六、佛教化力。所謂十二入，内六根、外六塵爲識所入處故，名爲入。其惠者，不在内、不在中間、不在外，一切法無自、無他，故名隨順等。七、等心隨順一切衆生回向。此位菩薩而能增長一切善根修習，究竟安住忍力，閉惡趣門，永離顛倒，不著諸行，一切善根由皆悉回向，爲一切衆生作功德藏，菩薩一切拔出生死令得善等，死[四一]差異故，名等心隨順。舊云：七、趣向無礙智。所謂十八界，六根、六識、六境。一合相，一切法亦一合相故，故名等心隨順等也。八、如相迴向。此位菩薩成就念智，安住不動，心無所依，寂然不亂，不違一切平等正法，嚴刹度生，所修諸善，皆順如相，而爲回向名如相。舊云：八、隨順自然智。所謂因果，善惡名因，苦樂名果，所由爲因，所起爲果。由起相待，通名因果故。因果二空，無生無滅，皆一合相，故名如相。九、無著無縛解脱心回向。此位菩薩所攝善根，離憍慢等所有縛等，得解脱心，行普賢行，所習諸善不執，爲己及以他人以無縛著解脱之心回向，饒益品物一切，故名無著無縛解脱以[四二]舊云：凡[四三]、能受佛、法、僧故。所謂二諦空，因緣集故，謂之有，非云有是有。因緣散故，謂之無，非云有是無。故有無，般若、解脱無二相故，文名無著無縛解脱以。十、法界無盡回向。此位菩薩離垢僧繫頂，受大法師記别，法施化生，嚴淨世界，出生智等，悉同虚空而無限量，凡有善根，修於回向，悉等法界，故名法界無盡。舊云：十、以自在惠化一切衆生。所謂中道第一義諦，般若處中而觀達一切法而不二，其觀惠轉轉入聖地，初大故名相似第一義諦觀，而非真中道第一義諦觀故，名法界無盡也。今云：第十回向位以自在觀惠作中道第一義諦觀，雖然，有漏觀惠故，非真觀，名相似觀，雖相似法，以有漏惠離言中道爲境，習修同時，必得修本有無漏種，由是此相似觀惠縛入聖地位，初地見道。得入真中道第一義諦觀。其真觀者，初地上有三觀心入一切地也。三觀心者，從假名入空，名二諦觀。是一。從空入假名，名平等觀。是二。如是二觀方便觀，因二空觀得入中道第一義諦觀。是三。雙照二諦，心心寂滅，進入初地法流水中，名摩訶薩。

已上十迴向菩薩，在此位中，凡所修行皆迴一切，名爲回向。此十回向即名十金剛心。何由名金剛心。謂此十回向位，世間有漏心。修習之終，堅固不可壞故，名爲金剛，由是《仁王經》亦名十堅心。何等爲十。經説：十堅心者，初觀五藴五忍，一、戒忍，二、知見忍，三、定忍，四、惠忍，五、解脱忍也。復次觀三界因果三忍，一、空忍，二、無相忍，三、無願忍。復次觀二諦虛實，及一切無常之無常忍，後觀一切法空無生忍，如是十忍心名十堅心，亦名十金剛心。如是十堅心修習相，可謂回因向果，一一順如相故，無不法界無盡故，名爲十回向。又第十回向滿心四加行位，欣求趣向彼見道決擇故，雖名順決擇分，《仁王經》總以十位爲道種姓，説伏忍三十人，即三賢三十心。但於《梵網經》中，別離出滿心位名道種姓，前回向位名不可壞。今此章文，以五忍別分別伏斷，今此滿心，但伏無斷，《仁王經》説，尤以爲近。上來所明伏忍三品下、中、上，如次了知，謂忍可有品，伏惑亦自有品，雖爾，今對次四忍斷爲主，總名伏忍，忍忍[四四]可達悟故，由此忍可之伏，第三轉之依士釋。忍是惠故，此忍起惠體持伏業用，持業得名。亦能伏忍，是體持所伏業用，是持業釋。

自是已上《梵網》《仁王》《本業》所説六種惱中，第一、二、三種性釋義，即五忍中初伏忍下、中、上三品釋已，即十三住中除本種性，除*十二住中第一勝解行住全分釋已，亦是三賢十聖中，三賢全分三十心釋義，大[四五]不如是。

信忍者，此亦有下、中、上三品，下品謂十地中初歡喜地，中品謂第二離垢地，上品謂第三發光地，是爲三品信忍。如《唯識章》云：一、信忍在初、二、三地，創得不壞信，相同世間類故。云云。今云：名〔四六〕壞信者，於佛、法、僧、戒得不壞信也。同世間類等者，同諸有情世間類，一修施戒、修福業等也。初歡喜地者，亦名極喜地，《深密經》四《地波羅蜜品》說：善男子，成就大義，得未曾得，出世間心生大歡喜最初，是故名極喜地。《十地論》十三，《世親攝論》出名極喜地，亦《瑜伽》四十七住品名極歡喜住。《成唯識論》九曰：一、極喜地，初獲聖性，第一因。具證二空，第二因。能益自他，第三因。以此三因生大喜。今云：初護聖憐〔四七〕者，法爾無漏種本來雖有，不名獲、成就。今極喜地時，初得名成就，故云初獲也。第二、離垢地者，《深密經》四說：遠離一切微細犯戒，是故第二名離垢地。《瑜伽》四十八說：於此住中，淨心意樂成滿趣入，在所生處多作輪王，王四大洲，以自在力，令多有情止息初戒不善業道，勸彼受行諸善道當知。威力過前十倍，謂意樂淨故，性戒具足故，離功德毀犯戒垢故，一切業道、一切因果了知通達故，於諸淨業能自受行亦樂勸他令其受行故，於有情界諸業所生衆苦艱辛得大哀愍，如實觀照故，善根清淨故，受生故，威力故。由離一切犯戒垢故，名離垢地，此名爲增上戒住。云云。《成唯識》九曰：二、離垢地，具淨尸羅，遠離能起微細毀犯煩惱垢故。云云〔四八〕。第三、發光地者，《深密經》四，《瑜伽》四十八，《十地論》十三，《世親攝論》七，《成唯識》九，同名發光地。《深密經》說：由彼所得三摩地及聞持陀羅尼，能爲無量智光依止故，第三名發光地。云云。《瑜伽》四十八說：若諸菩薩先於增上戒住已得十種清淨意樂，作意思惟解了通達，復於餘十種淨心意樂作意思惟，成上品圓滿故，過增上戒位，入增上心住。菩薩安住增上心住，觀能成辨彼智光明，唯是無倒勝三摩地，觀所引發一切靜慮、等持、等至，皆菩薩藏聽聞爲先，皆聞正法以爲緣起。觀見是已，發大精進勤求多聞，名聞正法。不借〔四九〕身命，無有資財、内外愛物而不能捨。有遇師長，必誓承事，若蒙尊教，必誓奉行。若聞佛法一四句頌，歡喜踊躍，勝得三千大千世界充滿大珍寶聚。聞一句法，是佛所説，能引正等覺，能淨菩薩行，歡喜踊躍，勝得一切釋、梵、護世、四天王。轉輪等極尊貴位，乃至廣説。由發聞行，正法光明等持，光明之所顯示見[五〇]故，此地名發光地。由内心淨能發光明，是故説名增上心住。云云。又《成唯識》九説：三、發光地，成就勝定、《疏》云：三摩地，此云等持，即靜慮。三摩鉢底，此云等至，即無色定。大法、《疏》云：殊勝名大，真如，淨界云大法也。法者，教法也。總持，《疏》云：四陀羅尼，此云總持，念、惠爲體。能發無邊如[五一]慧光。云今云：經云：三摩地，《唯識》云勝定，體相同，謂此地所得定聞持，聞持定中差別，依定發智光名發光地，發謂因，光謂果也。陀羅尼，此云總持，念惠爲體，有四，一、法陀羅尼，二、義陀羅尼，三、呪陀羅尼，四、能得忍陀羅尼也。法、義者，如次能詮、所詮。呪如常。能得忍者，此地斷，於三惠有忘失，所知障故，得大法真如之總持。此中能得忍者，能念得菩薩即可也。云何得忍可了。謂菩薩了知呪陀羅尼都無有義，其一切義圓成實。已上謂習陀羅尼云能得忍，《伽》四十五《菩薩地》説。已上就新譯家釋，若由舊譯，《仁王》《本業》二經名明惠地。《本業經》説曰：此地菩薩習古佛十二部經，化諸衆生故，名明惠。云云。今云：此理難了。

問：三賢初有十信，一一有十，爲有[五二]法明門，亦中品修十信，一一有百，爲千法明，亦上品修十信，一一有千，爲萬法明，前既具明，然今復入聖位進上地名爲信忍，信心體性，與前別如何。答：如《本業經》下卷。説：佛子，捨凡夫行，有漏分云凡夫。行生在佛家，入見道無漏云生佛家。紹菩薩位入聖衆中，四魔不例，有無二邊，平等雙照，大信如滿，習學無生中道第一義諦觀，上至二地、三地乃至第十一地，明觀法門，心心寂滅，法流水中，一相無相，二身無方，通同佛土故名歡喜地。云云。今云：由今家意，地前十信有亦進亦退，故爲可壞信。初地入見道，初得不壞信也。何故不壞耶。謂初地無間道，如與智冥合，平等平等，無戲論，無所得處，信初起，全無可壞理也。又云：舊譯云大信，於中道第一義諦觀信心始滿者爲大信，與今家意全同也。又同經上同，一、歡喜地，住中道第一義諦惠，十無盡願，現百法身入十方佛土，作五神通，入如幻三昧，現作佛化無量功德，不受三界凡夫時果，常入上乘位，一心四諦，二種法身下卷曰：佛子，有二法身，一、果極法身，二、應化法身。其應化身，如影役形，以果身當曰應身等常也。變易受生，三觀一、二諦觀，二、平等觀，三、中道觀，是云三觀。現前，常修其心入百法明門，所謂十信，一信有十，爲百法明門。滅十三故〔五三〕，七見、六著云十三煩惱，經上卷説。煩惱畢竟不受，心心寂滅，法流水中，自然流入薩婆若海。今云：此經所説，與《瑜伽》説稍有相違。四十七住品曰：若諸菩薩從勝解行住入極歡喜住，先於無上正等菩提，菩薩弘願，未善通達菩提自性，未善通達菩提方便，爲〔五四〕分隨順他緣而轉，不善次〔五五〕定除捨彼故，發起六相，新善決定内證修性。菩薩大願超過一切餘白溪〔五六〕願無等不共果，是世間超越一切世間境界，隨救一切有情苦故，不共一切聲聞、獨覺。雖一念起此願，法性自爾，能得菩提無量白法可愛之果，如此菩薩善決定願亦名發心。又諸菩薩發廣大願心已，超過菩薩凡異生，證入菩薩正性離生，生如來家，成佛真子，決定趣向正等菩提，決定紹如來聖種。又正獲得如實證淨極多歡喜，一切利有情事，一切菩提資糧圓滿，一切無上菩提，一切佛法，一切佛作事，是等諸法速疾圓證，自觀已身能正隨順，如是解了，極多歡喜。又自了知，我於無上菩提，今已隣近於大菩提，我勝意樂已得清淨，我今已離一切怖畏，由是因緣極多歡喜。又現法中能起菩薩一切精進，信增上力爲前導故，於當來世，如前所説菩提分品十種大願，今即於此極歡喜住能具引發。十種大願者，受〔五七〕持無上法，二、勸請妙法論〔五八〕，三、順行菩薩行，四、成就器有情，五、見佛供養事，六、修治白佛因，七、不違佛菩薩，八、利生無空避，九、爲證作佛事，大〔五九〕以無斷盡。復有十種淨修住法，由是能令極歡喜住速得清淨，一者、諸佛法深生信，二者、發大悲，三者、發大慈，四者、行喜捨，五者、利有無厭倦，六者、善處解諸論，七者、善解了世間，八者、等正行修慚，九者、堅固力持性，十者、供養諸如來。又諸菩薩於此十法受學隨轉多修習已，復於餘九增上戒等諸菩薩住，從佛菩薩專精訪求一切種道過失及神通樂無失壞道，善取其行得等流相，於一切住自然升進，證大菩提，爲大導師，率領一切有情商旅，超度生死曠野嶮道，當知。此中諸行能入説名爲行，若正入時説名爲得，入已乘利成辦圓證説名等流。又住於此，在在生處多作輪王，王贍部洲，得大自在，遠離一切所有慳垢，威被有情調伏慳吝，諸四攝事所作業中，一切不離佛、法、僧寶，證一切種菩提，作意恒發願言：我當一切有情中尊，作諸有情一切義利所依止處。若樂發起如是精進，棄捨一切家屬、財位，歸佛聖教，淨信出家，一剎那頃、瞬息、須臾能證百三摩地[六〇]，以淨天眼能於種種諸佛國土見百如來。又即於彼變化住持、菩薩住持皆能解了，以神通力動百世界，身亦能往，放大光明，周匝遍然，普令他見。化爲百類，成熟百種所化有情。若欲留命，能住百劫，見[六一]前後際各百劫事，知見能入蘊、界、處業諸法門虫[六二]。於百法門能正思擇，化作百身，百身皆能現百菩薩，眷屬圍繞。自茲以去，是諸菩薩由願力故，當知無量威力神變，安住如是極歡喜住。諸菩薩衆願力增上，能引無量殊勝正願，所作神變，如是正願，乃至俱胝那庾多百千大劫，不易可數。當知是名略説菩薩極歡喜住。謂善決定故，四相發心故[六三]，發起精進引發正願故，淨修住法故，開曉餘住故，修治善根故，受生故，威力故。已上以人所由説極歡喜住，是略説也，廣説如《十地》至極喜地所説。此中由能攝持菩薩義故，説名爲地，能爲受用居處義故，説名爲住。已上《瑜伽論》住品取意。云云。又《本業經》下卷。説：從住前進初地道，從初地入無垢地相，曰住前信想菩薩，信佛教，修十戒，歷劫滿足，入初住位。復從是位修行百法觀門，所謂十信等，如前已明，以是百法觀達三正觀，滅十三經如實相入十行初住。爾時，佛子，復從是行觀修千法明門，所謂十信等如前已説，又將至十回向，轉轉達一切法無相，百千生滅皆不可得，入初回向位。復從是回向，明明轉照，照智學相做〔六四〕平等觀，假得中道第一義諦心，念念寂滅，入萬法明門。從十信乃至十回向，自然流入平等道無得一相，真實觀一照相入初地道。佛子，復從初地正觀一照智入百方阿僧祇功德法門，於一相觀中一時行乃至第十地心心寂滅，自然得入無垢等覺。地。云云。今云：由是可知，從十信初至等覺地，信之爲體，毫無差異，若異者，云何有自然流入平等道。故知信體雖一，真與做惠有別，有與無相有差，遂隔位次。寬與狹，勝與劣，不壞與壞，自爲差别。今此信忍以歡喜地聖種性中真觀淨法智不壞現前創首故，爲示是云大信始滿，亦爲信忍之初。大謂真淨法界，絕言法性，遍滿一切法處名大，當知。信忍之信，十地位初，極歡喜住始滿，不壞大信，由是所生忍故名爲信忍。自地前初發心至三賢終，修習相似第一義諦觀，起不壞信，真淨法界，大心現前，真實三觀無相百法明門，與智冥合，平等平等，無戲論，無所得，自是修習增進，自然流入薩婆若海。地前修習十信，轉轉今增進，創得聖性大信滿。

上來所云，自三賢初，今入聖位中門修習增進之行相也。由十信之忍可，第三囀依士釋也。亦今始滿大信，體持忍可達悟等用，持業釋也。又初歡喜地至第十法雲地，六種性中，名聖種性，亦名正法性。《梵網古迹》云：正法性者，即聖種性，通攝佛地，已了真性，名正法性。云云。今云：此《古迹》意。正性中，初地見道，至第十地，地地勝進修道，住如來他〔六五〕名究意〔六六〕道。初地已上，一分證故，漸漸勝道云已了真性。若至佛地，經〔六七〕圓證也，故云究竟道。正法，謂真如淨法界也。《仁王經》曰：信忍菩薩，所謂善達明中今云：達謂達悟也，明謂菩薩所修明觀法門。今云：善達明者，達悟百法明門也。三賢初住修習百法明門，至三賢終增進爲無量門，是即如與智冥合，心心寂滅。而今初入聖位時了達明明法門，百萬阿僧祇功德，一切行盡入百法明門云善達。明明謂無漏，觀謂慧也。入初地時，無量明明法門，一切行盡入此百法明門故，達悟百法明門云善達明也。行者，斷三界色煩惱縛，今云：初地見道所斷惑，分別起煩惱、所知二障，種子、習氣共斷，俱生煩惱障現行地前漸伏，初地已上伏令然盡然故，意力有時猶起而不然，八地已上永不現行，習氣每斷，所知地地斷除，種金剛斷。又分別所知障現行，地前資糧位中漸伏，加行位中頓伏盡，種、習初地斷。又俱生所知障現行，地前漸伏，乃至十地方永伏盡。又種、習斷前六俱者，八地伏盡，種、習皆地地斷。又第七俱者現行，金剛心加行道伏，曰無間道斷，種解脱道斷，習是今家所論，如《成唯識》九説。問：由今家所論，今所引舊經説，初地行者斷三界色煩惱縛，何故舉色不舉心，亦舉煩惱不舉所知耶。答：《本業》上卷説，喜忍伏三惡道，離忍伏人中業道，明忍伏六欲天業道，是即如次明初、二、三之地所伏、所斷。今此文言斷者，永伏名斷。煩惱縛者，俱生煩惱，非分別起也。縛謂現行，非種子，種子金剛心斷故。又故意方行貪等，是非色惑可云心惑，會間故意方行貪等，云色煩惱縛。《本業經》三惡道者，就見道斷分別起惑，明永伏盡名爲斷，永伏盡相，猶斷種故也。能化今云：化益名爲化。百佛、今云：信忍下品初地位，化度百佛國土也。千佛、今云：信忍中品第二地，化生千佛國土也。萬佛今云：信忍上品第三地，化度生萬佛國土也。國今云：化度佛國土生。中現百身、今云：現百身化生初地菩薩也。千身、第二地所現也。萬身，第三地所現也。神通無量，功德常以十五心爲首，四攝法、今云：施心、好語心、益心、同事心也。四無量心、慈、悲、喜、捨。四弘願、今云：度生、學法、事佛、證菩提。三解脱門，空、無相、無願。是菩薩從善覺地今云：初觀〔六八〕喜地，舊譯家名。至薩婆若，一切智覺位也。以此十五心爲一切行根本種子，已上舊譯《仁王經》，以私意注之。由是初、二、三地菩薩，信忍下、中、上三品也。又同經偈曰：若得信忍必不退，進入無生初地道，教化衆生覺中行，是名菩薩初發心。善覺菩薩四天王，初地菩薩所受世間果報也。雙照二諦平等道，今云：新譯所云離言中道觀。攝化衆生遊化百佛國，始登一乘今云：理一乘也。無相道。入現般若名爲住，今云：名極觀〔六九〕喜住，持德不退名爲住。《瑜伽》四十七説：能爲受用居處義故名爲住。住生德行名爲地，初住一心足德，功德。行，於第一義而不動。已上初歡喜地。離達今云：第二離垢地，達悟菩薩也。開士忉利王，第二地離垢菩薩，所受世間果報也。現形六道千國土，無緣無相第三諦，今云中道。無無無生無二照，今云：照者智也。已上第二離垢地了。明慧空照焰天王，今云：第三地菩薩，舊譯云明慧菩薩，新譯云發光菩薩。但云明慧，可言通漫，餘地無漏智亦皆明慧故。新譯此地初獲勝定四陀羅尼，此爲因發無邊妙慧光，能照法現別能故，名發光地，發言彰現別能。此明惠等一句，明第三地菩薩所受世間果報。空照者，《本業經》説入如幻三昧爲此地心因故，與今此説空照意稍相同。焰天王者，天欲第四天，新譯所云夜摩天也，舊云焰摩王，故今略云焰天王。夜與焰，音相近。**應形萬國導羣生，**今云：入萬法明門，所應第三地，故云應形萬國也。**忍心無二三諦中，**今云：空、有、中三諦，即計、依、因〔七〇〕三性，忍可三性非即非離絶言心故，今云無上也。**出有入無變化生。**今云：出有者，出離有相、有分別也。入無者，悟入無相、無分別心。不執一切故，自在變化度生。**善覺離明三道人，能滅三界色煩惱，還觀三界身口色，法性第一無遺照。**今云：此四句一頌，合説信忍三品斷惑。初一句表信忍三地名。善覺者，初地。離者，第二離垢地。明者，第三明惠地。指三地菩薩，故云三道人。一能滅者，能斷非伏，如《本業經》上説：三賢名爲伏斷，喜忍已上亦伏亦斷一切煩惱覺忍。妙覺位現時，於法界中下〔七一〕切無明頓斷元〔七二〕餘。云云。乃至廣説。今又明初地已上能滅故，永伏盡故，猶斷種故，云能滅。《本業》云：亦伏、亦斷，意全無違。色煩惱者，如前已明，欲界五趣色業道故。問：若爾，云何云三界色耶。無色應無色故。答：無色定中雖無業果，起定果色生貪慢等，云無色見色煩惱，今能滅是云能滅三界等。還觀三界身、口色等者，還觀三思業、非業門，生身、口色。爲絶言緣起，法性第一義不遺照，照一切法已，云無遺照也。**已上聖種性，十地中信忍下、中、上三品，初、二、三地曰名釋竟。**

順忍者，聖種性中第四焰惠地，第五極難勝地，第六現前地，是即如次順忍下、中、上三品也。何所由此三地名順忍耶。答：《唯識章》云：三、順忍者，在四、五、六地，順爲出世行故。云云。**子島釋云：順忍在四、五、六地，順二乘出世行，如次修菩提分法四諦緣起觀故名順忍。**云云。今詳云：子島所釋不穩，當違《瑜伽論》説故。《瑜伽論》意，順八地已上忍智云順，第三理修菩提分法，并唯非四諦，諸諦、十二緣起，皆菩薩所修，非順乘所修菩提分法等，如四十八説四、五、六地所修文。

問：何故第四地名焰惠地耶。名有新舊兩譯相違耶。答：舊《本業經》名焰光地，又舊《仁王經》名炎惠地，新譯《深密經》《瑜伽論》《十地論》《世親攝論》《成唯識論》同名焰惠地。論曰：四、焰惠地，安住最勝菩提分法，燒煩惱薪，惠焰增故。云云。**《世親攝論》曰：由安住最勝菩提分**

法故，能燒一切根本煩惱及隨煩惱皆爲灰燼。云云。今云：此中菩提分法者，《瑜伽》四十五說三十七助道品，以菩提分法爲惠者，非皆是惠，惠之焰故。已上本疏所釋。今由四十五意釋云：菩提分法有二，一者、二乘所修三十七菩提分法，二者、菩薩乘三十七菩提分法。三十七者，四念住、四正勤、四如意足、欲、勤、定、惠。五根、五力、七覺分、八聖道分。於此三十七品，如名相觀，名二乘菩提分法，於是觀離言法性，菩薩所修菩提分法。由四十八所說，自極歡喜住至第四地增上慧住，其中間次第超過增進，偏由得十種意樂淨，其第九必深信解大乘教，不愛樂下劣乘作意，思性淨心意樂，由此意樂思惟超過增進入第四地，長如來家得彼體性，觀一切種菩薩薩埵增上力故，修四念住而爲上首三十七種菩提分法，方便攝受，策勤修習，由是極細我見執著動亂，皆得畢竟不現行斷故。今此中菩薩所有智慧光明，一切聲聞、獨覺等不能映奪。已上四十八合文取意。由是等說，子島云：順二乘修菩提分法釋順忍名，違《瑜伽》順止[七三]地忍說故爲不穩，當至第五地應委細辨。

問：順上地名順忍義如何。答：如《本業經》說：佛子，大順無生超忍。云云。此數第四地文。今以新譯意釋此經文，則順者，趣向欣求之義，無生者，所謂第八地，無切[七四]用無相，即離言說真如境界。今第四焰惠已上，近順趣第八地已上所起無相無功用智，遠順趣妙覺位趣向欣求起忍可智，是第四、五、六地所修習相，是《瑜伽論》名猛利忍，舊譯云大順無生忍，四十八說以有猛利忍起，隨順上地忍，名爲隨順忍。

問：若爾，如初三地，何故不攝順忍，別爲信忍名無猛利忍耶。如何。答：可謂如初三地，不起隨順上地忍，俱生煩惱現起，地前漸伏，初地已上頓伏盡，習氣隨障地所知障斷，與其俱起煩惱、習地地除，種金剛斷。雖然，俱生故，起身、邊二見俱貪等，前三地不能伏現起故，不能以猛利忍起隨順上地忍，今是第四地位，永伏現故，法執無處永伏彼貪等故。下品順忍生起第五地中，亦其餘不俱生貪等名，害伴者永伏。由是第五地中，亦近無相，真俗合觀大起順忍。由是等猛利修惠增進，第六地中起殊勝觀智，以不起染淨差別，順逆爲十二緣起觀，皆順無相多作意故，名勝智現前地也。又《本業經》說，此第四地入七觀法，一、大順無生觀一切法二諦相，二、大順無生諸[七五]佛功德，三、大順無生觀六道衆生，四、大慈觀說法授樂，大謂無相，順無用無相。五、大悲觀救三苦生，六、大喜觀喜他受樂，七、大捨觀令諸衆生入平等性，如是入七觀法故名焰惠地。已上由舊譯意釋也。又由新譯經論意云：此地菩薩觀一切種菩提薩埵增上力故，修四念住而爲上首，三十七種菩提分法，方便攝受，策勤修習，由是此住菩薩智慧光明，超過菩提分法爲因惠，是智火光明，餘三十六爲焰，能斷煩惱，如火焚薪，名焰惠地[七六]。已上第四地釋也。

問：第五地何故名極觀勝地。云何爲中品順忍耶。新舊兩譯立名等相違，如何。答：舊譯《仁王經》，此第五地名勝惠地，又舊《本業經》名觀勝地，無極字，新譯經論總名極難時地。《瑜伽》四十八說：今此地中，顯示菩薩於諸聖諦決定妙智極難可勝，是故此地名極離[七七]勝，即由此義應如[七八]，此中諦諦相應增上惠正住。已上《伽》四十八。《成唯識》九云：五、極離勝地，真、俗兩智行互違，合令押[七九]應極離勝故。已上論文。本疏云：真是無分別，俗是五明論，有、無分別，令離合一念心合。合令相應者，今令一念二智並生名合，又境同名相應。《疏》文云：相應者，謂於真觀爲俗令境押入名相應，爲一念中二智並起名相應。前四地中，不能合也。又舊《本業經》說：入法界智，觀一切法盡在一念心中，十六諦一時行。今云：與新譯論義意稍同。又《本業經》說此難勝地云：佛子，順忍修道，三界無明疑見，一切無不皆空，入辨功德及五明論，內、外、方道、因果、鬼師無不通達故，名難勝地。已上《本業經》文。

今詳云：此舊譯文，立難勝名，釋此地爲順忍中忍，雖爾，難了故，今由今家餘處釋文義令易了，云：此地菩薩，能令俗諦有分別智而與真諦無分別智同時俱起，以互違法令不相違，一時並生故名難也。前四地未能得，今乃此地得之，故稱爲勝，勝前地以順趣無相故，此地名難勝地。新譯加極言，意謂：此名標順趣無功用無相地，今真、俗合觀之極難，今得云極難勝地也。上來第五極難勝地釋已。

問：第六地何故名現前地耶。何爲上品順忍耶。新舊兩翻立名有相違耶。答：新舊兩譯大有相違，舊譯《仁王經》說法現地，《本業經》與新譯同名現前地，《深密經》及《成唯識論》同說住緣起智觀十二緣起智也。引無分別，觀無染淨令現前故，無無分別也。最勝般若令現前故。云云。《深密經》說於無相多修作意方現在前，即無除染淨觀智現前也。最勝般若者，染淨無差別智現前也。《瑜伽》四十八說：第五地中，於諸諦相應增上慧住已得十種法平等性，此平等性，今此第六地。地中成上品故，極圓滿故，超過前住得入此住菩薩住，此住中智慧隨逐名無著智現前，般若波羅蜜多住現前。由此住故，於一切世間行無染而行，此住有猛利忍，於第七地有加行行邊際忍，是彼隨順忍攝。又此無著智現前，般若波羅蜜多住現前，能引菩提衆緣，於諸世間有爲諸行住而不住，雖於寂滅見寂靜德而亦能不住，如是般若所隨逐能入空、無願、無相三摩地。由此三摩地門現前意樂不壞，證同〔八〇〕無量三摩地，由此地中，無著智現前，般若波羅蜜多住現在前故，名現前地。已上《伽》四十八取云。今云：由此新譯論意，解了《深密》《唯識》經論義意，可覺其深意。叶應知現前地順忍上品，復由新譯意，可知舊《本業經》所說意味。《本業經》說：佛子，上順諸法觀過去一切法一合相，現在一切法一合相，未來一切法一合相，法界因緣寂滅無二故，名現前地。已上《本業經》。今由新譯家意解此文云：此中，上者勝也，示順忍上品，順趣無相殊勝。一切法一合相者，示同時同處非即非離絕言緣起故。今文云：法界因緣寂滅無二，今此地中，觀十二緣起智，觀無染淨令現前故，引無分別最勝般若令現前故，名現前地也。《瑜伽》四十八曰：又於無相多修作意方現在前也。云云。今云：一切法一合相之言，甚難解了，若謬執解，則外道見，如《本業經》十卷。說：佛子，凡夫善心中尚無不善，何況無相心中而有無明。佛子，而言善惡一心者，是併沙王國中外道安陀師偈，明闇一相，善惡一心。佛子，我法正義，而可得言善惡同一行者，有縛、有解、有凡、有佛，相續有[八一]劫。同一行者，而不得善惡同一心。古佛常說，無相智火滅無明開[八二]，乃至廣說。舊《中邊》云：因第六地十二緣生因處觀，於四諦染淨因果，無有一法可染可淨。新《中邊》云：由通達此，知緣起法無染無淨，非謂如也。由真如故，法無染淨，名真如爲無染淨。此論等談如體，《中邊》因如體談法也。已上本疏十末十六紙左。是故，今家談性，談非即非離絕言法性。三十六《真實義品》由此諸菩薩，於彼名事，或離相觀，或合相觀。依合相觀故，通達二種自性、差別假立。依離相觀，別觀二種自性。云云。已上本疏九末。故說一合相爲令達緣起理，於是觀同時處，知離言境已上以新譯義意釋《本業經》也。又羅什《仁王經·數[八三]化品》曰：又順忍菩薩，所謂觀、今云：第四地所修七觀也。勝、今云：第五地諸諦入觀極難勝觀，勤習爲所行故名勝地也。現、今云：第六地染淨無別，勝智現在前故。法觀法。能斷三界心等煩惱縛。今由舊譯意釋者，第四、五、六地伏諸見，邪見、我見、常見、斷見、或盜見、具盜見、疑見也。從見起六著，貪、愛、慢、癡、欲、瞋。疑見、因業、三業道，上舊譯經文意。此三但於心起煩惱故，今舊經文云滅三界心等煩惱縛也。又《本業經》說：無明與十三七見、六著。爲本，是以就法界中別爲三界報。云云。又《仁王經》偈曰：焰惠妙光大精進，兜率天王遊億國，實智緣寂方便道，達無生照空有了。今云：此四句一頌說第四地順忍所修。初句意云：智惠光順趣無相忍故，云焰惠妙光。此地菩薩以順無相忍修三十七菩提分法，現億法身化度一切衆生故，云大精進也。第二句意示：第四地菩薩所受世間果報，妙光現億法身遊億佛國度生。第三句意謂：以緣寂滅忍實智爲入無相大惠方便。第四句意云：以一一念心。同時照了空、有二諦。已上一頌説第四地了。勝惠三諦自達明，化樂天王百億國，空空諦觀無二相，變化六道入無間。今云：此四句一頌説第五地所修順忍之相。勝惠者，第五地諸諦相應極難勝之惠，略名勝惠。此初句意云，於一切法空、有、中三諦，以一念心同時行，以現無量身爲度衆生，入一切佛土受佛法化，是極唯[八四]勝地也。達謂達悟，明謂明觀法門。第二句意云：第五地菩薩所受世間果報，六欲天中化樂天。百億國者，現法身所化國土也。第三句意：順忍修道三界無明，疑，見，一切無不皆空故，於一念心上空、有、中三諦同一時現，空空現，即一切法無二觀也。第四句意：一切法在一念心欲[八五]有、空、中三，苦、集等四諦，一時現行，無量身一時變化，苦樂同時現，云變化六道入無間。已上一頌，第五極難勝地順忍之相也。法現開士自在王，無二無照達理空，三諦現前大智光，照千億土教一切。今云：此四句一頌舉第六地一切法一合相宗滅無二之名云法現，具云法現前地故。開士者，菩薩之異名。六欲之第六他化自在[八六]天王，爲第六地所受世間果報故，云自在王也。次三句意云：此第六地上品順趣無相忍智，以觀一切法一合相寂滅無二故，能、所照冥合，平等平等，達凝宗空三諦同時現前大智妙光，照千億土，化一切相。已上六現前地順忍之相也。已上順忍三地別説偈文釋已，又同經説順忍三地斷惑總合頌曰：焰勝法現無相定，今云：焰謂第四焰惠地，勝謂第五極唯勝地，法現者第六法現前地，謂此三地菩薩順趣上地天相，下、中、上三品類各別入定，今總合云無相定也。能説三界迷心惑，經上卷説：焰忍伏諸見業道，勝忍伏疑見業道，現忍伏因業道。此三業道，自心惑起爲三界[八七]故，云三界迷心惑也。空惠寂然無緣觀，中道第一義諦觀名云空惠。寂然者，以[八八]照二諦心心寂滅，流入薩婆若海之相。無緣者，心心寂然常住一相，湛如虛空，心王所遊履，無極無際云無緣觀也。還觀心空無量報。此四、五、六地雖有三品順忍別，各於一念心中，一切法一時觀故，心空寂無相上顯現無量身也。已上總合順忍三地頌釋已，上來聖種性中第四、五、六地，即順忍三品釋竟。

無生忍者，聖種性中，第七遠行地，第八不動地，第九善惠地是，即無生忍下、中、上三品。

問：何所由名無生忍耶。答：《唯識章》云：四無生忍，在七、八、九地，長時任運觀無相理故。云云。今云：長時任運者，第七地無相觀始長時，第八、九地任運觀真如無相理故。本疏九末。云：即如文[八九]智名無生忍體，此釋由《瑜伽》四十八意，如次具引。

問：第七名遠行地有何由耶。自前地轉證入此地之相如何。答：初明名遠行由者，有新、舊兩釋説別。初舉舊譯説者，《本業經》一卷五紙。曰：佛子，無生忍諸法觀，非有煩惱，非無煩惱，一生一滅，一果三界，最得[九〇]一身一入一出，集無量功德，常向上地，念念寂滅故名遠行地。已上舊譯。今云：此文任文取義，難了名遠行義，解得新譯義意而讀此文，兩譯義意全無相違。今舉新譯，次會此文，後學審察。後舉新譯説者，《世親攝論》云：何故名爲遠行地。謂此地中，於功用行得至究竟，雖一切相不能動摇，而於無相猶名有行。已上《世親攝論》。今云：此中於無想者，即無生法忍也。新譯論云：第八地中得無生法忍極清淨，云妙無相智不爲現行煩惱所動。由是應知，無生法忍者，妙無相智。今引《世親論》，云而於無相有加行，是下品忍故也。舊譯經文云：非有煩惱，以無相智，第七地中爲修惠故，云一切相不能動摇。是亦云，非無煩惱，第七地中，於無相智猶有行故。《瑜伽》四十八説：此第七住猶名爲雜，墮雜染除斷煩惱，亦云非有煩惱非離煩惱等。與舊譯全無違。又《成唯識》九曰：遠行地至無相住功用後邊，出過世間、二乘道故。云云。本疏九末。釋云：可六地中法執生滅流轉還滅相故，未能空中起有勝行。今此地中，遠離彼生滅流轉還滅。障所知所[九一]也。亦能空中起有勝行。又四十八説：披[九二]第八地一向清淨，此第七地猶名爲雜，與第八地淨住爲前導故，當言此地名不染污，猶未得故，當言此住墮雜染行。今此地中，一切貪等上首煩惱皆悉除斷，當知此住非有煩惱，非離煩惱，一切煩惱不現行故。菩薩如是一切煩惱，皆悉遠離，難可了知，一切分別現行隨逐，身、語、意業，皆悉安住，而不捨離尋求勝進勇猛如[九三]行，顧念有情，爲大菩提速圓滿故，離一切相，無量身、語、意業隨轉，妙善修治，無生法忍之所顯發。於此地中，由自覺惠境界故，超過一切二乘境界。已上四十八文。今云：名遠行地者，遠謂遠離，行謂有知[九四]行、有功用，即第六俱生所知障，此障俱生煩惱名微細隨眠。此地中斷除已，名超過二乘，亦云出過世間等也。舊經文說：常向上地，念念寂滅，即遠離有加行、有功用之義，全無邊。本疏五末。云：四十八卷第十住中說住，此住中得無生法忍極清淨，此復云何。謂諸菩薩由四尋思，於一切法正尋思已，先時獲得四如實智，如實了如一切諸流，爾時一切邪分別執皆悉遠離，於現法中隨順一切雜染無生觀等乃至應說，此如實智，始從勝解行住乃至有加行、有功用住，未極清淨。今此住中，已極清淨，是故說云無生法忍，即如實智名無生忍體。然今實義尋思，唯有漏唯加行心推求，非根、後二智故，如實智通有漏、加行時有漏智。無漏，根、後時無漏也。通三智故，如實唯忍可故是果，尋思唯加行故是因，七十三中四如實智，唯依無漏說爲無生忍體，不言通有漏，有漏加行者。餘處據實通有、無漏，未即可位名爲尋思，起忍印時名如實智。云云。已上本疏文。

又問：超過第六地，得入第七地之相狀如何。答：四十八說：云何菩薩有加行有功用無相住。是第七地住之名也。謂謂[九五]菩薩於前第六緣起相應增上慧住，已得十種妙方便慧，所引世間不共一切有情而共一切世間進道勝行，即由如是妙方便慧所引不共進道勝行成上品故極圓滿故，超過第六住，得入第七住，謂依能起世間興盛攝受福德，依於有情利益安樂增上意樂，依爲菩提福德資糧，依菩提分德[九六]後後勝進，伏[九七]不共聲聞，依不共獨覺，依有情界，依諸法界，依諸世界，依諸如來身、語、心知，是名妙方便慧所引不共進道勝行處所略義。菩薩與彼共相應故，便能通達無量如來境界，及爲彼起無功用、無相、無分別、無異分別，觀無量佛境界，起無間無閡[九八]精勤修學一切威儀行、住、作意，一切分位名遠離道。彼於一一心刹那中，十波羅蜜多而爲上首，一切菩提分法圓滿殊勝。今即於此第七住中，具足發起一切佛法，覺支圓滿，此住菩薩加行行圓滿所攝故，妙智神通行清淨，能入第八住故，由是菩薩此住無間能入第八極清淨住。乃至廣説，如前所引。謂如方便慧所引世間進道勝行成滿，得入此住故，通達佛境界，無間斷、無間滅，勤加行故，刹那云云〔九九〕。圓證一切菩提分法故，安立染污、不染污故，有加行行圓滿攝故，名遠行地，即由此義亦名有加行、有功用、無相住。已上《瑜伽》四十八取意。

第八不動地者，聖種性中，無生忍中品位也。

初舉舊記〔一〇〇〕説者，《本業經》下卷。曰：佛子，是故菩薩無生觀捨三界報變易果，用入中忍無相慧，出有入無，化現無常，自見己身當果，諸佛摩頂説法，身心別行〔一〇一〕，不可思議故名不動地。已上舊譯。今以新譯意釋云：無生觀者，無相觀也。捨三界報業者，舊譯意以新譯所云變易生死爲無漏界外生死。新譯云轉異熟，如《成唯識》第八。舊譯立四種生死，一、分段生死，二、變易生〔一〇二〕，三、爾中間生死，四、初流來生死，新譯立分段、變易二生死。今捨三界報變易果者，菩薩居二爾中間生死之意也，具會如《勝鬘義疏》下卷。

次示新譯意者，《瑜伽》四十八説，自第七地轉入第八地之相，云菩薩無加行、無功用、無相住，謂諸菩薩於初無相住中已得十種入一切法第一義智，如經《十地經》。廣説。謂依三世如其所應，本來無生、無起、無相，依餘因性無成無壞，依第一義畢竟離言諸自性事，言説造作影像自性，由體相故，及因性故，都無所有。即由如是雜染體性，無流轉性，無止息性，依此無智邪執爲因，於彼離言諸有體事初、中、後位一切時分，染平等性，依於真如無倒證入，無有分別平等性故，能除雜染，是名十種入一切法第一義智略所説義。如是十種入一切法第一義智成上品故，極圓滿故，超過第七雜清淨住，得入第八經清淨住，住此住中，於無生法證得菩薩第一最勝極清淨忍。是諸菩薩得此忍最勝極清淨忍。故，得甚深住，先於第一無相住中無四種災患，今悉除斷。四種災患如首注〔一〇三〕。又此菩薩於甚深詮極生受〔一〇四〕樂，即於如是法門流中，蒙諸如來覺悟勸導，授與無量引發門智神通事業。如是蒙佛覺悟勸導，引發無量分身妙智得十自在，得自在故，隨所欲住，如意能住，隨樂安住，靜慮解脱等諸心住，如意能住。若暫思惟一切食等諸資生具，悉皆成辦一切世間工業明處，如其所欲悉能現行，普於一切能感生業，及於一切受生處所，皆隨所欲，自在往生，隨所愛〔一〇五〕樂一切神通所作事業，皆能起作，一切妙願，隨其所欲，皆得稱遂。又能棄捨麁見諸佛，恒常無間不離見佛，其餘所有善根清淨，金喻、光喻，如經《十地經》。應知，此住菩薩受生威力諸殊勝事，皆如經《十地經》。説，是名略説菩薩無加行、無功用、無相住。於此他〔一〇六〕中，捨先所有加行有功用道具〔一〇七〕，心升上無行無功用，任運而轉不動勝道，是故地名不動地，即由此義當知，説名無加行、無功用、無相住。已上《瑜伽論》四十八取意。又《無性攝論》云：一切有相、一切加行，皆不能動第八地心故。第七地雖一地相不能動之不現行故，然不自在任運而轉，有加行故。第八地中任運而轉，不依加行，無功用故，亦無煩惱見〔一〇八〕，爲七、入〔一〇九〕二地之別也。已上《無性釋》文，本疏引之云：有加行者，猶有煩惱故。云云。又《十地經》曰：報行純就〔一一〇〕無間雜故名不動，此地已上明知無相非有間雜。今云：間者間雜，無有相心間雜云無間也。此地中以有相、有功用、加行名煩惱，是皆從法執所知障起故，爲起賴耶愛因故，亦名煩惱也。又《大乘入道章》云：八此地菩薩妙無相智，不被一切有相、動用及諸煩惱而鼓擊，所以此名爲不動。云云。今云：功謂有相、有功用、有加行間雜，無間雜云不動也。

今問：何故第八地於無生忍爲極清淨。然舊譯《仁王》《本業經》，第八地爲無生忍中品，如何。答：第七地無相住有加行間雜，故爲下品。第八地無相、無加行、無功用、無間雜，雖極清淨，但於自利任運，於利他生有不欲行障故，是爲中品，不爲上品也。

第九善慧地者，聖種性中，無生忍三品之上品位，亦名無礙解住。《本業經》中説妙慧地，亦此地中菩薩云善慧菩薩，意謂，善慧即妙慧，如《世親攝論》云：此慧妙善，故名善慧。云云。《瑜伽》四十八曰：謂諸菩薩於甚深住不生喜足，復於增上智殊勝性愛樂隨入，是諸菩薩於諸法中起智加行，應爲他説一切種智，普於一〔二二〕於一切説法所作皆如寳〔二三〕知。當知此中説法所作諸〔二三〕於一切近稠林行，如此雜染，如此清淨，由此雜染，由此清淨，若所雜染，若所清淨，若非一向，若是一向，若通二種，如是一切皆如實〔二四〕。如是菩薩於説法中方便善巧，於説所作方便善巧，於一切種成大法師，獲得無量陀羅門，於一切種音説與具剖析，善巧辨才，無盡成就如是法陀羅尼，領受堪能。菩薩由此勝無礙解引發言辭宣説正法盡所有門，若由是故，於諸有情勸導慰喻，安處事業，是等堪能，皆悉成就，是名菩薩無礙解住。謂能甚深寂靜解脱，不生喜足，入勝進故。於諸法中，起智加行宣説法故，此所作事如實知故，得不思議大法師故，善根清淨故，受生故，威力故。由是地中，一切有情利益安樂清淨，逮得菩薩無礙解慧，由此善能宣説正法，是故此地名善慧地，復名無礙解住。已上《瑜伽論》四十八文。又《成唯識》九曰：九善慧地，成就微妙四無礙解，能遍十方善説法故。已上《成唯識論》文。《無性攝論釋》云：四無礙者，由法無礙了知法句，由義無礙通達義理，由詞無礙分別言詞，由辨無礙自在辨説。云云。如本疏十本七十六。釋，又舊譯《仁王經》中説無生忍三地斷惑功德所現曰：又無生忍菩薩，所謂遠行、不動、善慧皆亦能斷三界心、色、業習、煩惱故，現不可説不可説功德神通。云云。

問：何故此無生忍三地云能斷三界心、色、等〔二五〕習、煩惱耶。答：今由新譯家所釋解，則前五地有相觀多無相觀少，於第六地有相觀少無相觀多，第七地中純無相觀，雖恒相續，而有加行，由無相中有加行故，未能任運現相、金銀等相，長約寬云相。及土，大小、白(一六)土等是約挾云也。入第八地時，便能永斷彼，第八地斷二愚云彼，一、於無相作相用愚，二、於相自在愚，令施相中不自在故。永斷故得二相、土。自在。又障第九地四無礙解者，入九地時，便能永斷四無礙者，法、於能詮總持自在，於一名、句、字中現一切名、句、字也。義、於所詮總持自在也，於一義中現一切義也。詞、於一音聲中現一切音聲，即於言音展轉訓釋自在也。辨，有七辯，一、迅辯，二、應辯，三、揵辯，四、無疎謬辯，五、無斷盡辯，六、凡所説豐義味辯，七、一切世間最勝妙辯，如本疏十本七十五紙引《伽》七十八。入九地時，於此四種總持自在。今引《仁王經》文，習謂習氣，無堪任性，煩惱者俱生煩惱，種現俱名。若第七地中純無相觀，雖恒相續，有加行，不自在，是即所知障中俱生一分，名無相中作加行障者，有此障故，與是俱起俱生煩惱羸劣者，伏道不起現行。若修伏道不現行故，於第七地有加行不自在，爲雜染、煩惱、習氣，斷所知障，地地自除，種金剛斷故，云能斷習、煩惱。復若於第八地亦斷障地所知障，俱生煩惱、習氣自除，但種金剛心斷，於第九地亦斷障地所知，煩惱、習氣自除，云能斷習煩惱也。

心、色等者，若第七地者，取流轉細生相，是即心、色俱愚，其習亦同心、色俱愚。又若第八地中無相作功用愚，是心惑障其習氣，亦同心惑習相上不自在愚，是色惑障其習亦同。又第九地中四無礙不欲行中，法、詞是色惑愚，義、辨是心惑愚，其習亦色、心，善達機宜，是在心故。此種非一故，云等也。由是此三地中，云能斷三界心、色等習煩惱也。三界者，示雜染相也。

問：又《仁王》《本業》兩經所説，此忍三品菩薩所受世間果報，所屬、所化如何。答：《仁王經》説：速達無生初禪王，今云：第七地所受用世間果報，《本業經》亦同説。《瑜伽論》《十地經》説多作他化自在王。常萬億土教衆生，今云：此是第七地所化國王及所度衆生無數也。未度報身一生在，今由《本業經》敍云：經説：此地菩薩一生一滅，一果三界，最後一氣。意言：第七地三界分段生死，以此地爲限，此一果報一生報身，事化神遍所爲化未度者，入第八地，唯變易生死化度也。進大等觀法流也[二七]。今云：第八地無相平等觀所現云等觀法流，經何[二八]上地念寂滅意同也。第七地三義報變易生死，第八地捨分段、變易。始入無緣金剛忍，今云：無緣者，無相平等觀，不動云金剛也。三界報形永不受，今由《本業經》説云，以三空智觀三界二習色、心果報滅無所餘，十初變化神通所爲所作不一不二，皆是滿足修行開發，一切功德行土功用開發，乃至上地一切功德行已修竟開發，功用一切行具足。觀第三義無二照，二十一生空寂行。三界愛習順道定，遠達正士獨諦了。今云：第三義者，中道第一義觀。三界愛習等者，業力變果報，順無相平等道，定爲因遠爲實智變國土，云遠達正士也。等觀菩薩二禪王，今云：舉示第八地菩薩所變所化，無相平等觀獲得自爲故，捨三界報變易果用入無相平等慧故，不思變易生死也。變生法身無量光，《本業經》曰：八不思議無功用觀，所謂無相大慧、方便大用，無有色習無明，亦盡百百劫事、無量佛土事，以一念心，一時行現如佛形，現一切衆生，以一念心中一時行已無功用故。云云。已下經文四句，以是可了。入百恒土化一切。由照三世恒劫事，以前引《本業經》文自可解了。返照樂虛無盡源，於第三諦常寂然，已上説七、八二地已。慧光開士三禪王。已下示第九善慧地所變世間果報，所化、所利。能於千恒一時觀，常在無爲空寂行，恒沙佛藏一念了。《本業經》曰：九入法際智觀，所謂四下辯才，一切功德行皆成就，心習已滅，無明亦除，一切佛藏一切變通藏，以一心中一時行，無量三千大千世界中作佛所作衆生形，教化一切有情故。已上經文。

問：初地已上無漏境界，何故受世間果報耶。

答：《本業經》上曰：敬首菩薩白佛言：從初地至後一地有果報、神變二身，一、法性身、二、應化身，爲何名相、爲何心相耶。佛言：佛子，出世間果報者，從初地至佛地各有二種法身，於第一義諦法流水中，從實性生智故，實智爲法身。法名自體，集藏名身，一切衆生善根感此實智法身故，法身能現應無量法身乃至應[二九]説，國土亦爾。佛子，土名一切賢聖所居之處，是故一切衆生賢聖，各自居果報之土。若凡夫衆生，住五陰中爲正報之土，山林、大地共有名依報土。初地聖人亦有二土，一、實智土，前智住後智爲土，變化淨穢，經劫數量應現之土乃至無垢地土，亦復如是。一切衆生乃至無垢地盡非淨土，住果報故，唯佛居中道第一法性之土。云云。又同經下卷曰：佛子，是五賢菩薩修諸道法，證一大果爲法性體，其體非有非無乃至廣説。言語道斷，心行處滅，其量難測，就有諦中修劫量行，而有果報。佛子，有二法身，一、果極法身，二、應化法身。其應化法身，如影隨形，以果身常故，應身亦常。佛子，古昔諸佛二身道同。佛子，一切菩薩二身俱是無常身。佛子，一切凡夫亦有二身，一、報身，二、方便身，報身不共有，方便身共一切衆生有。佛子，一切菩薩、一切衆生，皆有二身，一切諸如來常作如是説故，名決定了義。佛子，世間果報有所謂十住銅輪王，生一佛土，化二天下乃至廣説。如前文引釋，上來聖種性中無生忍三品七、八、九地略釋竟。

寂滅忍者，《唯識章》云：五、寂滅忍，在十地、佛地，因果位中圓滿寂故。云云。子島釋云：寂滅忍在十地、佛地，因行圓滿，果德寂靜故，名寂滅忍。云云。今將釋寂滅忍，分爲二文，初、由舊譯經説而明，後、由新譯經前而辨。初由舊譯經論而明者，此亦分二，初、由羅什所譯《仁王經》説而明，於寂滅忍作下、上二品別。彼經文曰：復次寂滅忍，佛與菩薩固用此忍入金剛三昧，下忍中行名爲菩薩，今云：第十地菩薩也。上忍中行名爲薩婆若，今云：此云一切智智，即妙覺位也。共佛與菩薩觀第一義諦，今云：真如淨法界中邊離言法性。斷三界心習，無明盡相名爲金剛，盡相無相，今云：非有非空，湛然凝寂，本來自性清淨境界也。爲薩婆若，今云：亦名第十一地，名妙覺地，於世諦、第一義諦，心言超絶之境，常住不變真際也。超度世諦、第一義諦之外爲第十一地今云：即盡相無相也。薩婆若，今云：即第十一妙覺地也。覺非有非無，湛然清淨，常住不變，同真際，等法性，無緣今云：無邊際，平等平等無緣云。大悲教化一切衆生，乘薩婆若來化三界。今云：是故名如來也。已上由舊譯經文，加私意注，是於此忍不立中忍，第十地滿心位，正斷惑種名爲金剛。其金剛三昧心，一轉妙覺地位之義，即此經偈曰：寂滅忍下品觀，一轉妙覺常湛然。今云：一轉者，能斷盡相無相，是湛寂清淨，常住不變，即妙覺地位相也。第二由《本業經》而辨者，於寂滅忍立三品別，一云：下品忍觀，即第十法雲地。彼經文曰：佛子，菩薩爾時入中道第一義諦大寂忍，下品中行行佛行處，坐千寶相蓮華，受佛記位，學佛化功，化益功用。二習色、心二惑之習。伏斷，大信成就，同真際，等法界，二諦一相，今云：此一相智佛菩薩智母，此經《佛母品》同佛子二諦義者，不一亦不二，不常亦不斷，不來亦不去，不生亦不滅，而二相即是聖智無二，無二故是諸佛菩薩智母也。具一切功德，入衆生根，無量瓔珞功德一時等現一切形相，故名法雲地。二云：中品忍觀，爲金剛心等覺無垢地。彼經文曰：佛子，菩薩爾時住大寂門中品忍觀，功行滿足，登大山臺，入百千三昧，集佛儀用，唯有累果無常生滅，心心無爲，行過十地，解與佛同，坐佛坐處，其智見二常、無常一切法境，當知。如佛名爲學佛，下地一切菩薩，於此菩薩不能別知，於佛名菩薩，於下菩薩名佛。所以者何。是菩薩以大變力住壽百十萬劫，現作佛化，初生、得道、轉法輪〔三〇〕、入無餘滅度、説八法輪，似佛非佛，一切佛等今云：當知如佛至此文，等名爲等覺由。威儀進止，一切法同住是百十三昧中。如是佛行故，入金剛三昧，一相無相，寂滅無爲，故名無垢地。今云：入金剛三昧者，此位金剛喻交〔三一〕現在前也，至最極微細二障種無不斷盡，如次金剛碎破故斷折已，一切法一相無相，寂滅無爲，湛然凝寂，名等覺無垢。三云：上品忍寂滅妙觀，爲妙覺位薩婆若海，彼經文曰：佛子，妙觀上忍大寂滅忍。無相，平等心地。唯以十〔三二〕切衆生緣生善法，亦自持一切功德故名佛藏，而寂照一切法，自佛以下一切菩薩照寂。已上經文。今云：此經餘處文曰：第四十二地名寂滅心妙覺地，常住一相，第一無極，湛若虛空。云云。今私釋云：是即凝然常住寂滅一相，今引經文，佛名寂照之寂言相，自此寂滅心現一切種智照達無生，佛一念心稱量盡原，有諦始終，唯佛窮盡一切煩惱，衆生果報，衆生根本，有始有終，佛心照盡，是由寂滅照達一切故名寂照。又一切菩薩照寂者，照謂即坐照達法性原智，由此照智，等覺菩薩頓覺無二一切法一合相，一念心中入一切法寂滅無爲，此是由照至寂云照寂也。自是下地菩薩，隨其所應，皆照寂無二，一切法一合相，是菩薩漸覺相也。又以不空三藏所譯《仁王經》，與羅什所譯本併考，後譯不空之本文義易了，其經文曰：後次寂滅忍，佛與菩薩同依此忍，金剛喻定任[三三]下忍位，名爲菩薩，今云第十地菩薩也。至於上忍名一切智，羅什云薩婆若是也。觀勝義諦，斷無明相，是名等覺，一相無相，平等無二，爲第十一一切智地。今云：羅什云薩婆若也。非有非無，湛然清淨，無來無去，常住不變，同真際，等法性，無緣大悲常化衆生，乘一切智來化三界。云云。已上不空三藏所譯之經文也。今由此經文意釋云：佛與菩薩共以寂滅忍爲依止故，佛一切種智照必應故，寂滅無爲爲依，可言由寂之照。又第一地菩薩及等覺薩埵，共金剛喻定住下忍位，而有第一地菩薩，但斷障地所知障，障大法智雲所含藏所起事業二愚，與等覺菩薩觀第一義寂滅無爲，斷最極微細無明任運俱生六、七二識煩惱種盡之別，可言有一分斷與全分斷之異。若爾，第十地爲下忍，等覺位爲中忍。《本業經》說，甚有道理，亦名云《仁王經》說，第十地等覺位之寂滅忍，同爲金剛喻定之依，入寂滅無爲，共是由照智之寂，中品攝於下品，云住下忍位名爲菩薩，何故不言共住中忍耶。今謂：對爲一切智之依，寂滅忍云至上忍，以不云住中忍，說住下忍位名爲菩薩也。此是以《本業經》會《仁王經》之釋，可知兩經深意全無相違。

問：以六種性攝入五忍，此寂滅忍如何攝耶。

答：《本業經》上九。說：佛子，六種性者，所謂習種性、性種性、道種性、聖種性、等覺性、妙覺性，復名六忍，信忍、法忍、修忍、正忍、無垢忍、一切智忍，復名六慧，聞慧、思慧、修慧、無相慧、照寂慧、寂照慧乃至廣説。文。説瑠璃寶瓔珞菩薩名字曰：所謂聖種性中有十人，初名歡喜菩薩乃至第十名法雲菩薩。復次説摩尼寶瓔珞菩薩等曰：所謂等覺性中有一人，其名金剛惠幢菩薩，住須寂定，以大願力住壽百劫，修下三昧已入金剛三昧，復住壽一劫學佛威儀，修佛無量神通化導之法，復住壽萬劫，化現成佛，入大寂定等覺。諸佛二諦界外，非有非無，無色無心，因果二習，無有遺餘乃至廣説。復説水精寶瓔珞曰：内外清徹，妙覺常住，湛然明淨，名一切智地。云云。由是應知第十地法雲菩薩聖種性十人中，第十位人外有等覺性中一人，説等覺相，復説如覺性一切智地故，寂滅忍有三品位。又以大唐遍學三藏所譯經論，與前所舉舊譯兩經相對考覆是非，以有三品應爲是正。《瑜伽論》四十八十九。説第十地相曰：謂諸菩薩無礙解住一切行相，遍清淨已堪爲法王，受法灌頂，得離垢等無量無數勝三摩地，作彼所作，一切智智，殊勝灌頂後三摩地現在前故，得一切佛相稱妙座，身諸眷屬得大光明往來，普照一切行相，一切智智灌灑其頂，既灌頂已，普能引導所化有情，於彼解脱方便佛事得如實智，逮得無量無邊解脱陀羅門大神通力，及此增上大念、大智增上引發訓辭安立，及大神通增上引發，善根清淨受生威力，諸殊勝事一切如經，《十地經》。應知其相，是諸菩薩住。此地中諸菩薩道皆得圓滿，菩提資糧極善周備，從諸如來大法雲所，堪能領受其餘一切有情之類離[一二四]可領受最極廣大微妙法雨。又此菩薩自知大雲未現等覺無上菩薩[一二五]，若現等覺無上菩提，能爲無量無邊有情等雨無此[一二六]微妙法雨，殄息一切煩惱塵埃，能令種種善根稼穡生長成熟，是故此地名法雲地，即由此義，復名最上成滿菩薩住。如是所説後後住中支分功德，非前前住一切都無，然下品故不隨其數，當知即彼展轉修習成中、上品，於後餘地證得成滿，方乃建立。又即於此二位中，經多俱胝百千大劫，或過是數，方乃證得及成滿也。

又説：於極歡喜住中，一切惡趣諸煩惱品所有麁重皆悉永斷，一切上、中煩惱品皆不現行。於無加行、無功用無功用(二七)中，一切能障一向清淨無法忍，諸煩惱品所有麁重皆悉永斷，一切煩惱皆不現前。於最上成滿菩薩住中，當知一切煩惱習氣、無堪任性。隨眠種子。障尋皆悉永斷。入如來住，於成滿菩薩住入一切種，一切所知障習氣、隨眠皆悉永斷，入一切種一切妙智清淨故，於如來住，一切煩惱及所知障并諸習氣究竟清淨。當知菩薩住中修果成滿，如來住中當知獲得究竟出離。已上《瑜伽》四十八取意。又同卷《生品》説：諸菩薩生界有五種攝一切生，於一切住，一切菩薩受無罪生，利益安樂一切有情。何等爲五。一、除災生，二、隨類生，三、大勢生，四、增上生，五、最后生。初三生廣説如論，第四增上生者，謂諸菩薩從初地作轉輪王王贍部洲得大自在乃至第十地作大自在，過色究竟，一切生處爲最殊勝，唯第十地菩薩摩訶薩衆得生其生，彼諸菩薩即由此業增上所感，是名增上生。第五最後生者，諸菩薩於此生中，菩提資糧已極圓滿，或生婆羅門大國師家，或生刹帝利大國王家，能現等覺阿耨多羅三藐三菩提，廣作一切佛所作事，是名略説菩薩最后生。已上《瑜伽論·生品》取意。又《成唯識》九説第一法雲地云：十法雲地，大法智雲含衆德水，蔽如空麁重，充滿法身故。云云。《無性攝論》七二十一紙。云：言法雲者，由得總緣一切法智，總緣一切契經等法，不離真如，此一切法共相境智譬如大雲，陀羅尼門、三摩地門，猶如淨水，智能藏彼如雲含水，有能生彼勝功能故。又如大雲覆隱虛空，如是法智覆如空廣大無邊惑、智二障。惑、智二障，此名麁重。後論又云：又如大雲樹(二八)清淨水充滿虛空，如是法智出生無量殊勝功德，充滿所證、所依身故。世親云：言充滿者，是周遍義。《十地經論》一云：得大法身具足自在名法雲地。第十二云：如雲身遍滿故除垢，八相成道，度衆生萌芽故。又此地如是受法王位，如王大子於諸王子而得自在，但由是處有微智障故不自在，對此障故說後佛地。又第十二云：此地得受位者有十相，一、主相，大寶花王出，二、量相，周圓如十阿僧祇百千三千大千世界，三、勝相，一切衆寶間錯莊嚴，四、地相，過一切世界境界故，五、因相，出世善根所生等，皆如彼說。已上無性、世親《十地》等論文，如本疏十本十三紙。又《成唯識》九說十地斷障終，舉第十地斷障曰：十於諸法中未得自在，障謂所知障中俱生一分，令於諸法不得自在，彼障十地大法智雲今云：大法者，真如也。緣如之智如雲故，云大法智雲也。及所含藏、陀羅尼門、三摩地門等也。所起事業，大法智所起神通等。入十地時便能永斷。由斯十地說斷二愚及彼麁重，一、大神通愚，即是此中障所起事業智所起神通等事業。者，二、悟入微細祕密愚，即是此中障大法智雲及所含藏者。已上說第十地斷障。又說：金剛心時斷障，究竟入如來地，曰此地今云：指第十地也。於法總持及定、神通業也。雖得自在，而有餘障，未名最極，謂有俱生微所知障，今云：最極微細無明。及有任運煩惱障種，金剛一切皆摧破已，故云金剛。喻定現在前時，彼皆頓斷入如來地。由斯佛地說斷二愚及彼麁重，一、於一切所知境一切諸法。極微細著愚，即是此中微所知障，二、極微細礙愚，即是此中一切任運煩惱障種。種言含無堪任性，已上《成唯識論》文。又同論第十釋頌轉依言，立能轉道與所轉捨，後釋所轉捨分爲二，一、所斷捨，謂二障種真無間道今云：地地無漏智及金剛喻定無間道智也。現在前時，障治相違〔二九〕，彼便斷滅，永不成就，二障種子生緣不成就。說之爲捨，彼種斷故，今云：妄情緣起道理名彼種，是故悟虛妄本來無已，妄緣正相永起名斷。不復現行妄執我、法，今云：妄情之依他緣缺不用〔三〇〕起故，無應起妄執，見杌思鬼，妄情鬼此處本來都無，悟上此想像都無故，怖畏眩迷絕倒無也。此云不復現行妄執我、法也。所執我、法不對妄情鬼想像無怖畏絕倒，云不對妄情。亦說爲捨，由此名捨遍計所執。已上所斷捨釋文。二、所棄捨，謂餘有漏、《疏》云：有漏善除法執餘異熟生少分，又異熟、威儀、工巧三無記法全分。劣無漏《疏》云：十地中所重生無漏法現行，及此種類中、下品種子。種，金剛喻定現在前時引極圓明純淨本識，《疏》云：無漏相續純一無雜大圓鏡智相應第八識。非彼依故，《疏》云：彼者餘有漏、劣無漏意，謂大圓鏡智應第八識，非彼二依，若無所依無四緣之緣故，無應起由故，自永棄捨也。彼餘有漏、劣無漏。種捨已現行。有漏善法。及劣無漏畢竟不生，既永不生，亦説爲捨，由此名捨生死劣法。今云：生死者，有漏善異熟法等。劣者，劣弱無漏法也。於此所棄捨，存二有義。初有義：金剛定真無間道棄捨餘有漏法及劣無漏，解脱道證滅。後有義，護法論師正義，金剛心無間道時猶未捨彼，餘有漏異熟法等、劣弱無漏法。與無間道不相違故，意云：無間道無漏智但斷障種，與餘有漏、劣無漏非障治相違故。菩薩應無生死法故，今云：護法論師立三箇理，是第一理。意云：若金剛心間無道時無餘有漏者，既應無異熟識故，此位菩薩有漏善、劣無漏應無所熏識故。住無間道應名佛故，是第二理。意云：金剛心位菩薩應無變易生死，最初無間斷餘有漏異熟，無記等已云故。後解脱道應無用故。是第三理。意云：若言金剛心位無所熏識，云此位菩薩名佛故，解脱道爲何起。由此下結正義。應知，餘有漏等解脱道起方棄捨之，第八淨識非彼依故。《疏》云：前師亦不違理，立前師理如《疏》中。已上釋所棄捨。

今問：上來所舉新譯諸餘第十地，與金剛心時爲別爲不別耶。答：非別非不別，今應真辨明是。讀《解深密經・地波羅蜜多品》應領解已，彼品説十地中一一地，有自分圓滿與勝進分來滿之別，安立十一種分攝諸地曰：云何名爲十一種分能攝諸地。謂諸菩薩先於勝解行地，依十法行極善修習勝解忍故，今云：此五句説於地前修習初地加行道也。超過彼地説入菩薩正性離生，彼諸菩薩由是因緣此分圓滿，今云：此六句初地自分圓滿。而未能於微細毀犯誤現行中正智而行，由是因緣於此分中猶未圓滿，今云：此七句而未能已下，明初地勝進分未滿，是即初地勝進道，第二地之加行道也。又地地自分圓滿無間、解脱二道。乃至廣説，如經。而未能於四無礙解宣説法中得大自在。是則障第九地之所知障也。由是因緣，於此分中猶未圓滿。今云：已上七句明第八地勝進分未滿，即是第八地勝進道、第九地之加行道也。爲令此分得圓滿故，精勤修習，便能證得。彼諸菩薩由是因緣，此分圓滿，今云：此七句説第九地自分圓滿說法自在。而未能得圓滿法身現前證受，由是因緣，於此分中猶未圓滿。今云：此六句說第九地勝進分未滿，即是第九地勝進道，爲第一〔一三〕地之加行道也。爲令此分得圓滿故，精勤修習，便能證得。由是因緣，此分圓滿，今云：此六句說第十地自分圓滿，得圓滿法身現前說〔一三〕受也。而未能得徧於一切所知境界無著、無礙、妙智、妙見，由是因緣，於此分中猶未圓滿。今云：此八句說第十地勝進分未滿，此是爲第十一等覺地爲加行道也。爲令此分得圓滿故，精勤修習，便能證得。由是因緣，此分圓滿。今云：此六句說第十一等覺地自分圓滿，即入如來地加行道也。此分滿故，於一切分皆得圓滿。今云：此四句說等覺地圓滿故，如來地一切分究竟圓滿也。已上《深密經》十一種分了。今云：由此經文考覈《成唯識》第九文，既指第十地說，此地於法雖得自在，而有餘障，未名最猛。此中餘障，謂一切所知境極微細著與極微細礙之二愚，是即任運煩惱、所知二障種及麁重，是既說金剛喻定現在前時，彼皆頓斷入如來地。是經文言：勝進分未滿故，爲次〔一三〕地圓滿，精勤修習，即金剛喻定現在前，其時斷障，究竟圓滿，一切分皆圓滿，入如來地。由是第十法雲地與等覺地心地應別，又金剛喻定，亦有無間、解脫二道，捨亦有斷、棄別故。復菩薩生說，有增上與最后別，別有第十一地炳然，是故《本業經》說爲下、中二品，同新譯說。雖應云第十地勝進道未滿，爲令圓滿，精勤修習，名金剛喻定，故第十地攝，義意麁相，末學恐失實義。

今問：若以第十地與等覺位爲別位，《了義燈》中所破《要集》等說相似故，非被《燈》破耶。答：由此問應有如〔一四〕初所云，第十地與等覺非別非不別，是地前中，以第十迴向滿心離出立四加行，有別功用故。今亦如是，雖第十地勝進道，金剛喻定有別功用，頓斷入如來地，如四加行位暦劫修行，此金剛心亦經百千萬劫精勤修習入大覺地，前引《瑜伽論》所說文，深應翫味，勿執文解。上來第十地、聖種性一分，寂滅下忍。等覺地六種性中等覺性，寂滅中忍。釋義竟。又妙覺地六種性中妙覺性，寂滅上忍。如《佛地經論》及《成唯識》第十具說，總是釋五忍名義竟，次應釋章文。

章伏忍不斷等者，伏忍如名，唯伏非斷，地前修習伏故，無斷種義。

餘通斷、伏等者，釋餘四忍斷伏，其四忍中信忍、順忍，加行智伏，勢分力伏，根本智斷，無漏地故必斷種子，無王[一三五]忍中真無漏智斷，勢分力伏，謂非由故意力而能伏之，但真無漏智起時，以其勢力自伏不現。如初地真見道無漏智起，斷除地障種時，由其勢力伏障第二地所知障，令不現行，如是地地皆有名勢力伏。

然寂滅淨者，明寂滅忍中有非斷攝與通斷伏，如經所說，寂滅忍通佛與菩薩故。佛寂滅是非斷攝，第一地菩薩、等覺菩薩，寂滅忍勝進未滿，精勤修習道位既長，通斷與伏，加、根二智起故。

已上十觀別分別十文中，六、五忍斷降[一三六]分別已。

章七、六現觀至先已斷故。《鈔》曰：此別分別十文中，七、六現觀斷障分別，《瑜伽》五十五、七十一及第十，《顯揚》十七說六現觀，一、思，二、信，三、戒，四、智諦，五、邊智諦，六、究竟之現觀，如前已列明。此《抄》第十三、四十四具引釋。《成唯識》九十六紙。同《疏》九末八十九紙。具釋，《對法》第六說第十一現觀。

思現觀唯伏等者，欲界散地思所成惠以能觀察諸法共相，引生煖等善根加行位中，觀察諸法思惠用最猛，偏立現觀，此現觀地前修故，唯伏現不能斷惑。

信、智、諸戒等者，信謂信現觀，緣三寶世、出世淨信，此助現觀令不退轉。智諦謂一切種緣非安立，根本、後得無分別智。戒謂無漏戒，道共戒。除破戒垢令觀增明亦名現觀。邊謂現觀邊智諦現觀，現觀智諦現觀後諸緣安立世、出觀後觀有漏善惠。出世入觀之間。智通伏、斷者，信世淨信，有加行伏，出世淨信，亦通勢力伏。

正斷、助斷等者，釋通斷由，智諦與邊智諦

之現觀，是唯正斷，信戒之上助斷故，此四云通正、助。皆與斷名者，四現觀皆云通斷。

信通無漏等者，釋信與邊之二，有助與正別，謂信現觀通地前、地上故，通漏、無漏，云通助斷。

邊斷事惑故者，《瑜伽》《唯識》取後得智斷迷事惑，爲如實義故，邊現觀是正斷也。《周記》釋云：問：何故唯辨信、邊二耶。答：道共戒現觀，即八道中戒支所攝，正業支、三戒支。又在地前無戒根力，無濫不簡。四不壞信，即是無漏加行位中信爲根本，爲在兩處故，云通無漏，意雙取故。《瑜伽》《唯識》，取後得智名爲邊智故言斷惑，簡有漏智以爲邊，《對法》意取有漏世俗名邊智者，順有宗也。云云。今云，《周記》問答尤妙，尤可翫已。

今取《瑜伽》等者，謂今章文取《瑜伽》七十二，説邊智爲正斷，《唯識》第十亦同，究竟觀等、盡智等之究竟位智云究竟現觀。

非先已斷故者，非字下脱斷煩惱三字，異本有之。意云：究竟現觀非斷煩惱，先已斷故，是約斷煩惱説。若斷定障等，二乘究竟容有斷義也。

章八、七作意至《瑜伽》不同。《鈔》曰：別分別十文中，八、七作意斷障分別。

七作意者，《對法》九七紙。説，謂以作意心所爲體，相從言體，則隨其所應，俱起心、心所爲體。一、了相者，了達大行。二、勝解者，思惟六行。三、遠離者，能斷智。四、攝樂者，爲除惛沈、睡眠，修習淨妙作意悦其心。五、觀察者，數數觀察進修對治。六、加行究竟者，初定近分究竟。七、加行究竟果者，根本定究竟。

若准《對法》等者，《秋篠抄》曰：《瑜伽論》中，通世、出世説七作意，《對法論》中唯據世道説七作意，此爲不同。

問：此七作意斷障，云何爲伏爲斷耶。答：《對法》九説唯世道，唯伏麁細非斷隨眠。若據《瑜伽》説，通世、出世二道説七作意，故通伏、斷，了相、勝解二作意，唯伏非斷，遠離作意已上通伏與斷，具説如《對法》九，七紙。如此《鈔》第十三。三十一紙已下。

章九、七覺支，十、八聖道。《鈔》曰：別分別十文中，第九、七覺支斷分別，第十、八聖支斷障分別。

七覺支者，《顯揚》二説，一、念覺支，二、擇法覺支，三、正勤覺支，四、喜覺支，五、輕安覺支，六、三摩地覺支，七、捨覺支。一、念遍覺支，謂由世間道得偏善力見道現前，由先修習世間念遍覺支，引得出世無功用、無分別，於諦明了，於諦不忘。二、擇法覺支，謂由先所引無功用、無分別，依正[三七]於念，與念俱行，於諦解了，於諦覺悟。如是一切諸遍覺支，由先所引無功用、無分別，後依止前，與彼俱行，皆應了知是中差別。三、正勤遍覺支，謂於諦心勇。四、喜遍覺支，謂於諦心悦。五、安遍覺支，謂於真諦中身心堪任。六、三摩地遍覺支，謂於真諦中，心住一境。七、捨遍覺支，謂於真諦中，心平等、心正直、心無轉動悦。又如經説：即於是中，復善修習寂靜依止，乃至廣説寂靜依止者，謂欲界寂靜依故。離欲依止者，色、無色離欲依故。滅依止者，謂已得蘊、處、界無餘永斷依故。趣向棄捨者，謂未來蘊、界、處不相續故。云云。《雜集論》十曰：七覺支所緣境者，謂四聖諦如實性。如實性者，即是勝義清淨所緣故。覺支自體者，謂念、擇法、精進、喜、安、定、捨如是七法，是覺支自體。念者，是所依支，由繫念故，令諸善法皆不忘失。擇法者，是自體支，是覺自相故。精進者，是出離支，由此勢力，能到所到故。喜者，是利益支，由此勢力，身調適故。安、定、捨有[三八]，是不染污支，由此不染行故，依此不染污故，體是染污故，如其次第，由安故名染污，由此能除麁重過故，依定故，不染污依止於定，得轉依故，捨是不染污體，永除貧憂，不染污位爲自性故。覺支助伴，修習修果文長如論廣説。修果謂是道所斷，煩惱永斷，由七覺支，是見道自體故。云云。今云：由七覺支辨斷伏者，勝義清淨所緣故，修果云見斷煩惱永斷故，通正、助二斷。念、勤、喜是助伴，擇法、安、定、捨者，是正斷也。伏唯勢分，非加行伏，此約見道。若地前修，唯加行伏。若約修道者，十地中初、二、三、四出觀時，世善心修習，度有加行伏，如前五忍分別廣辨。

十八聖道又[三九]者，明八聖道支斷障分別，是聖道故，唯斷非伏。《雜集論》十八紙。說：八聖道支所緣境者，謂即此後時四聖諦如實性，由見道後所緣境界，即先所是[四〇]諸諦如實性爲體故。道支自體者，謂正見、正思惟、正語、正業、正命、正精進、正念、正定，如是八法，名道支自體。正見者，是分別支，如先所證，真實簡擇故。正思惟者，是誨示他支，如其所證，方便安立，發語言故。正語、正業、正命者，是令他信支，如其次第，令他於證理者決定信，有見、戒、正命清淨性故。所以者何。由正語故，隨自所證，善能問答、論議、決擇，由此了知有見清淨。由正業故，往來進止正行具足，由此了知有戒清淨。由正命故，如法乞求佛所聽許衣鉢資具，由此了知命清淨。正精進者，是淨煩惱障支，由此永斷一切結故。正念者，是淨隨煩惱障支，由此不忘失正止舉相等，永不容受沈掉等隨煩惱故。正定者，是能淨最勝功德障支，由此引發神通等無量勝功德故。道支助伴者，彼相應心、心法等道支。修習者，如覺支說，謂依止遠離，依止無欲，依止寂滅，迴向棄捨，修習正見乃至廣說。如是諸句義，如前所説道理應隨順知。道支修果者，謂分別，正見。誨示他，正思惟。令他信，正語、正業、正命。煩惱障淨，正精進。隨煩惱障淨，正念。最勝功德障淨正定。故。已上《對法論》文。

前文道支修習下，依止遠離等者，如前覺支修習下四句，隨次示緣四諦境修習。所以者何。若緣苦體爲惱苦時，於苦境界必求遠離故，名依止遠離。若緣愛相苦集，爲苦集時於此境界必求離欲，故云依止離欲。苦〔一四一〕緣苦滅，爲苦滅時，於此境界，必求作證，故云依止寂滅。

迴向棄捨者，謂趣苦滅行，由此勢力棄捨苦故，是故若緣此境時，於此境界必求修習，故名迴向棄捨也。

大乘法苑義林章師子吼鈔卷十四尾

寬政第二歲次辛亥二月十九日，於興福寺蓮成院對屋寓隱之砌，掛老眼第三校正說。自先年於處處講演之次，正誤、削文、補闕，雌黄加乙甚多，粗至不可讀。自云戌八月始執筆，漸至第五門終，五忍新舊兩譯之考文，長成此一册。讀者莫厭煩重，五忍法門讀誦、書寫之功德，《仁王般若經》所説儼然，後來讀者，可仰可信。

回向四恩法界海，回向無上大菩提。

法〔一四二〕相〔一四三〕沙門基辨。生年七十四歲。

校勘記

〔一〕「中」，底本原校疑爲「十」。

〔二〕「門」，底本原校云甲本作「網」。

〔三〕「切」，底本原校疑前脱「一」字。

〔四〕「此」，疑爲「是」。

〔五〕「間」，疑爲「聞」。

〔六〕「通」，疑爲「過」。

〔七〕「王」，底本原校疑爲「五」。

〔八〕「除」，底本原校云甲本作「餘」，下「除」同。

〔九〕「輕」，底本原校云甲本及異本作「轉」。

〔一〇〕「取」，底本原校云甲本作「所」。

〔一一〕「日」，底本原校疑爲「因」。

〔一二〕「介」，底本原校疑爲「齊」。

〔一三〕底本原校云：「原本冠註曰：五畏，一、不活畏，二、惡名畏，三、死畏，四、惡趣畏，五、處衆怯畏。」

〔一四〕底本原校云：「原本冠註曰：三忘失，一云失正念於五境（可意、不可意色、聲等五）顛倒，二云失念於受生（彼彼身中忘前生事受生），三云於所受持法久作久説有所忘失。」

〔一五〕底本原校云：「原本冠註曰：《本業經》上説十住位所觀法曰：一、發心住，以四弘誓以爲所觀。二、治地住，謂四念住（身、受四法）。三、修行住，謂十一切處，觀地、水、火、風、青、黄、赤、白、空處、識處，皆如實相觀。四、生貴住，謂八勝處觀。五、方便具足住，謂八大人覺觀，少欲、知足、寂靜、精進、正念、正定、正慧、不諍論。六、正心住，謂八解脱觀。七、不退住，謂六和敬（立空觀）。八、童真住，謂三空觀。九、法王子住，四前不三念相觀。十、灌頂住，六念觀，佛、法、僧衹、戒、捨、天。」

〔一六〕「等」，底本原校云甲本作「業」。

〔一七〕「如」，底本原校云甲本作「妙」。

〔一八〕「名」，底本原校云一本無。

〔一九〕「除」，疑爲「餘」。

〔二〇〕「隨」，疑爲「墮」。

〔二一〕「云云」，底本原校云甲本作「縛」。

〔二二〕「宗」，底本原校疑爲「字」。

〔二三〕「有」，底本原校云甲本作「百」。

〔二四〕「停」，疑爲「佛」。

〔二五〕「地愛」，底本原校云甲本作「他受」。

〔二六〕「其」，底本原校云甲本作「具」。

〔二七〕「説」，疑爲「饒」。

〔二八〕「婆」，疑爲「波」。

〔二九〕「音心」，疑爲「意」。

〔三〇〕「是」，底本原校云甲本作「具」。

〔三一〕「散」，疑爲「亂」。

〔三二〕「華」，底本原校云甲本作「皆」，下一「華」字同。

〔三三〕「樂」，疑前脱「辭辨」二字。

〔三四〕「次」，底本原校云甲本作「以」。

〔三五〕「揚」，疑爲「攝」。

〔三六〕「論」，底本原校云甲本作「諦」。

〔三七〕「回」，疑爲「四」。

〔三八〕「互」，疑爲「五」。

〔三九〕「相」，底本原校云甲本作「想」。

〔四〇〕「因」，疑爲「固」。

〔四一〕「死」，疑爲「無」。

〔四二〕「以」，底本原校疑爲「心」。

〔四三〕「凡」，疑爲「九」。

〔四四〕「忍」，疑衍。

〔四五〕「大」，底本原校云甲本後有「既」字。

〔四六〕「名」，疑爲「不」。

〔四七〕「憐」，底本原校疑爲「性」。

〔四八〕底本原校云：「此下，原本、甲本俱二行空白。」

〔四九〕「借」，底本原校疑爲「惜」。

〔五〇〕「見」，底本原校云甲本作「是」。

〔五一〕「如」，底本原校疑爲「妙」。

〔五二〕「有」，底本原校云甲本作「百」。

〔五三〕底本原校云：「原本冠註曰：滅十三故。經上卷曰：從無明緣起十三煩惱。十三者，七見、六著。七見者，邪見、我見、常見、斷見、戒盜見、果盜見、也（整理者按：「也」，疑爲「疑」）見，一切處求故説爲見也。又六著者，貪、愛、瞋、癡、欲、慢，於法界中一切時起也。下卷曰：一切煩惱以十三爲本，無門以十三爲本。云云。」

〔五四〕「爲」，底本原校疑爲「多」。

〔五五〕「次」，底本原校疑爲「決」。

〔五六〕「溪」，底本原校疑爲「淨」。

〔五七〕「受」，疑前脱「一」字。

〔五八〕「論」，疑爲「輪」。

〔五九〕「大」，底本原校云甲本前有「十」字。

〔六〇〕底本原校云：「原本冠註曰：百三摩地，已下説十百門。《十地經》第三説十二百加三種，一、加知百佛神力，此中即見佛攝。二、加能入百佛世界，即此中動百世界中攝。三、加照百佛世界，亦此動百世界中攝。又缺此成熟百類，翻譯者誤失，如本疏九末終。又《本業經》亦但説現百身，不説餘百，是亦譯者失也。」

〔六一〕「見」，底本原校疑爲「於」。

〔六二〕「虫」，底本原校疑爲「中」。

〔六三〕底本原校云：「原本冠註曰：四相發心故，四十七《住品》説菩薩發心略由四相應當了知。何第爲四。一者、何相菩薩發心。二者、發心何所緣慮。三者、發心何狀、何相、何自性起。四者、發心有何勝利。由此四相應當了知。初發心相者謂勝解住，已善積身一切善根，於菩薩行已正超出，是初發心相。所餘三相，如《住品》中。」

〔六四〕「做」，疑爲「似」，下一「做」字同。

〔六五〕「他」，底本原校云甲本作「地」。

〔六六〕「意」，底本原校疑爲「竟」。

〔六七〕「經」，底本原校云甲本作「全」。

〔六八〕「觀」，疑爲「歡」。

〔六九〕「觀」，疑爲「歡」。

〔七〇〕「因」，疑爲「圓」。

〔七一〕「下」，底本原校疑爲「一」。

〔七二〕「元」，疑爲「無」。

〔七三〕「止」，底本原校云甲本作「上」。

〔七四〕「切」，疑爲「功」。

〔七五〕「諸」，疑爲「觀」。

〔七六〕底本原校云：「原本冠註曰：四十八説，於此地中菩提分法如實智焰，能成正法教惠照明，是故此地名焰惠地。又即彼地，此中説名覺分相應增上惠住也。」

〔七七〕「離」，疑爲「難」，下二「離」字同。

〔七八〕「如」，底本原校云甲本作「知」。

〔七九〕「押」，底本原校疑爲「相」，下一「押」字同。

〔八〇〕「同」，底本原校云甲本作「得」。

〔八一〕「有」，底本原校云甲本作「百」。

〔八二〕「開」，底本原校云甲本作「闇」。

〔八三〕「數」，底本原校疑爲「教」。

〔八四〕「唯」，底本原校云甲本作「難」，下一「唯」字同。

〔八五〕「欲」，底本原校云甲本作「故」。

〔八六〕「在」，底本缺，據文意補。

〔八七〕「界」，底本原校云甲本作「果」。

〔八八〕「以」，底本原校云甲本作「雙」。

〔八九〕「文」，底本原校云甲本作「實」。
〔九〇〕「得」，底本原校云甲本作「後」。
〔九一〕「所」，疑爲「障」。
〔九二〕「披」，疑爲「彼」。
〔九三〕「如」，底本原校疑爲「加」。
〔九四〕「知」，疑爲「加」。
〔九五〕「謂」，底本原校疑爲「諸」。
〔九六〕「德」，底本原校云甲本作「法」。
〔九七〕「伏」，底本原校疑爲「依」。
〔九八〕「閲」，底本原校疑爲「闕」。
〔九九〕「云云」，底本原校云甲本作「刹那」。
〔一〇〇〕「記」，底本原校疑爲「譯」。
〔一〇一〕底本原校云：「原本冠註曰：身、心别行者，二爾中間生死，謂以有漏勝善爲因，三界餘習爲緣，所感之果，猶有形色壽命有限，似同分段念念生滅，亦同變易，名爲二爾中間生死。」
〔一〇二〕「生」，疑後脱「死」字。
〔一〇三〕底本原校云：「甲本冠註曰：四種災患，一云除斷無相中五加行有功用事，二云除斷，三云除斷於一切利有情事精勤思慕，四云除斷有微細想現在前行，是故此住名極清淨。」
〔一〇四〕「受」，底本原校云甲本作「愛」。
〔一〇五〕「愛」，底本原校云甲本作「受」。
〔一〇六〕「他」，底本原校云甲本作「地」。
〔一〇七〕「具」，底本原校云甲本作「其」。
〔一〇八〕「見」，底本原校云甲本作「是」。
〔一〇九〕「入」，底本原校云甲本作「八」。
〔一一〇〕「就」，底本原校疑爲「熟」。
〔一一一〕「於一」，底本原校疑衍。
〔一一二〕「寶」，底本原校疑爲「實」。
〔一一三〕「諸」，底本原校疑爲「謂」。
〔一一四〕「實」，底本原校疑後脱「知」字。
〔一一五〕「等」，疑爲「業」。
〔一一六〕「白」，底本原校云甲本作「國」。
〔一一七〕「也」，底本原校云甲本作「地」。
〔一一八〕「何」，底本原校云甲本作「向」。

〔一九〕「應」，疑爲「廣」。

〔二〇〕「輪」，底本原校疑爲「輪」。

〔二一〕「交」，疑爲「定」。

〔二二〕「十」，底本原校疑爲「一」。

〔二三〕「任」，底本原校疑爲「住」。

〔二四〕「離」，疑爲「難」。

〔二五〕「薩」，疑爲「提」。

〔二六〕「此」，疑爲「比」。

〔二七〕「無功用」，疑衍。

〔二八〕「樹」，底本原校云甲本作「澍」。

〔二九〕「違」，底本原校云甲本後有細注「如明來暗去」五字。

〔三〇〕「用」，底本原校云甲本作「再」。

〔三一〕「一」，疑爲「十」。

〔三二〕「說」，疑爲「證」。

〔三三〕「次」，底本原校疑前脱「令」字。

〔三四〕「如」，底本原校云甲本作「知」。

〔三五〕「王」，底本原校疑爲「生」。

〔三六〕「降」，底本原校疑爲「障」。

〔三七〕「正」，底本原校疑爲「止」。

〔三八〕「有」，底本原校疑爲「者」。

〔三九〕「又」，底本原校疑爲「支」。

〔四〇〕「是」，底本原校疑爲「證」。

〔四一〕「苦」，疑爲「若」。

〔四二〕「法」，底本原校云甲本前有「西京藥師寺」五字。

〔四三〕「相」，底本原校云甲本後有「宗教」二字。

（接下册）